डॉ.बी.आर.अम्बेडकर

श्याम नारायण

INDIA • SINGAPORE • MALAYSIA

ISBN 979-8-89133-419-9

विषय-सूची

लेखक का संक्षिप्त परिचय

श्री श्याम नारायणन, इस पुस्तक के लेखक जिसका शीर्षक "डॉ. बी.आर. अम्बेडकर: भारतीय जन-जीवन के लिए बहु-आयामी परिवर्तनकारी क्रांतिकारी एवं सुधारवादी महान युग पुरुष",बनारस हिंदू विश्वविद्यालय, वाराणसी, भारत से विज्ञान में स्नाकोत्तर है और मेटलर्जी के क्षेत्र में पेशेवर शोधकर्ता रहे है। उन्होंने राष्ट्रीय सांस्कृतिक संपदा संरक्षण अनुसंधान प्रयोगशाला, भारत सरकार, लखनऊ जो भारत सरकार की एक प्रमुख संस्थान में तीन दसको से अधिक समय तक सेवा की है। उन्होंने अपने कार्य काल में राष्ट्रीय और अन्तर-राष्ट्रीय प्रक्षिक्षुओं को प्रशिक्षण प्रदान किया है। उन्हें इस क्षेत्र में नई तकनीक का ज्ञान अर्जन के लिए भारत सरकार द्वारा विदेश में प्रतिनियुक्त पर भेजा गया था। श्री नारायण की 'आयरन आर्टीफेक्ट्स: हिस्ट्री, मेटल्लर्जी, डीटरिओरेशन एंड कंजर्वेशन; ' एन्सिएंट ब्रान्जेज : हिस्ट्री, मेटल्लर्जी, डीटरिओरेशन एंड कंजर्वेशन ; डॉ. बी.आर .अम्बेडकर: इन्नोवेटिव मल्टी डायरेक्शनल रेफोर्मिस्ट फॉर इंडियन लाईव्स, सहित चार अत्यधिक प्रशंसित पुस्तकें विभिन्न प्रशासकों द्वारा प्रकाशित हुई हैं, उनके शोध पत्र, रिपोर्ट और लेख राष्ट्रीय एवं अंतरराष्ट्रीय पत्रिकाओं में प्रकाशित हुए हैं।

पूर्वपीठिका

यह पुस्तक, “डॉ. बी.आर. अम्बेडकर : भारतीय जन-जीवन के लिए बहु-आयामी परिवर्तनकारी क्रांतिकारी एवं सुधारवादी महान युग पुरुष,” सभी क्षेत्रों और सभी आयु वर्गो के व्यक्तियों, विद्यार्थियों, शोधकर्ता लोगो तथा सामान्य जन मानस के मन-मस्तिष्क में एक नयी जिज्ञासा के साथ- साथ उनके बारे में नए आयाम के जिज्ञासुओ के लिए ज्ञानवर्धक एवं लाभदायक है।इस पुस्तक में डॉ. अम्बेडकर की सामाजिक न्याय क्रांति, राष्ट्र के आधुनिकीकरण में योगदान, राजनेता और सांसद के रूप में देश निर्माण में योगदान, देश के आर्थिक विकास में दूरदृष्टि सोच एवं योगदान, आधुनिक प्रगतिशील भारत के नव निर्माण में दूरगामी सोच, भारत के शिक्षा व्यवस्था में उनका शिक्षा दर्शन, निर्भीक निडर पत्रकार के रूप में उनकी पत्रकारिता और ब्राह्मणवादी हिन्दू धर्म के उच्च श्रेणी के अनुयायियों द्वारा प्रताड़ित वंचित, बहिकृत वर्ग के धार्मिक नायक के रूप में विस्तार से वर्णन किया गया है। इस पुस्तक का उद्देश्य भारतीय समाज के वंचित,बहिकृत, अति पिछडा वर्ग और भारतीय पुरुष प्रधान संस्कृति में प्रत्यक्ष और अप्रत्यक्ष रूप से सदियों से बहु आयामी गुलामी से ग्रसित महिला वर्ग के लिए न्याय और उत्थान के लिए उनके योगदान एवं लड़ाइयों के सन्दर्भ में वर्णित कर सामान्य जन को जानकारी उबलब्ध कराने का पूर्ण रूप से प्रयास किया गया है। इस पुस्तक के कुल सात अध्याय है।

प्रथम अध्याय जिसका शीर्षक डॉ. बी.आर. अम्बेडकर: सामाजिक न्याय के लिए कलमबद्ध क्रांतिकारी योद्धा है जिसमें डॉ. बी.आर. अम्बेडकर महान समाज सुधारक, सामाजिक न्याय के लिए न्याय की आवश्यकता, धर्मांतरण के सामाजिक निहितार्थ, सामाजिक न्याय का महत्व, समाजिक न्याय से सामाजिक प्रगति, भारतीय संविधान में सामाजिक न्याय का समावेश एवं सामाजिक न्याय की अवधारणा शामिल है। सामाजिक न्याय और मानव अधिकार, तत्कालीन अछूत- अस्पृश्यता के लिए न्याय की मांग की उपेक्षा, सामाजिक रूप से दलित वर्गों में गहरी असुरक्षा की भावना, जाति व्यवस्था में श्रेष्ठता एवं जटिलता, ब्राह्मणवादी सामाजिक व्यवस्था, ब्राह्मणवाद का वर्चस्व, भारतीय समाज में मनुस्मृति का वर्चस्व, भारत में महिला

सशक्तिकरण, अंतर्जातीय विवाह और सामाजिक-धार्मिक सुधार की योजना जैसे विषयों पर चर्चा की गयी है।

द्वितीय अध्याय जिसका शीर्षक डॉ. बी.आर. अम्बेडकर महान राजनीतिज्ञ एवं कुशल सांसद है,जिसमें भारत में पश्चिमी राजनीति की स्थिति, भारतीय राजनीतिक का विश्लेषण, आधुनिक राजनीतिक के प्रतीक, स्वतंत्र श्रमिक दल का गठन एवं राजनीतिक लड़ाई, राजनीतिक दलो के विश्वासघाती खेल का पर्दाफाश, अनुसूचित जाति संघ की आंदोलन की गतिशीलता, मानेगांव में प्रथम अखिल भारतीय वंचित,दलित वर्ग का सम्मेलन जैसे विषय शामिल है। इसके आलावा डिप्रेस्ड सोसाइटी कांफ्रेंस, नागपुर, नासिक का कालाराम मंदिर प्रवेश आंदोलन, महाड़ चावदार तालाब का आंदोलन, डॉ.बी.आर. अम्बेडकर एक सच्चे राष्ट्रवादी,ब्रिटिश काल में आन्दोलन, जस्टिस पार्टी मूवमेंट, स्वाभिमान आंदोलन, सामाजिक रूप से वंचित,बहिकृत वर्ग की महिलाओं द्वारा जन्म नियंत्रण की वकालत जैसे के सन्दर्भ में संक्षेप में चर्चा की गयी है।

तीसरा अध्याय जिसका शीर्षक डॉ. बी.आर.अम्बेडकर का शिक्षा दर्शन है जिसमें भारत में शिक्षा दर्शन का कालानुक्रमिक सुधार, शिक्षा का उद्देश्य, शिक्षा का अर्थ, शिक्षा में एक आदर्श शिक्षक की भूमिका, शिक्षण पद्धति, शिक्षण के तरीके, छात्र अनुशासन, शिक्षा का पाठ्यक्रम, डॉ.अम्बेडकर एक महान विचारक और शिक्षा में उनका योगदान, शिक्षा का उद्देश्य और दर्शन, शिक्षा पर डॉ. अम्बेडकर के विचार, डॉ. अम्बेडकर वंचित वर्ग के एक महान शिक्षाविद्, डॉ. अम्बेडकर का सामाजिक-आर्थिक वंचित,बहिकृत,पिछड़े एवं अति पिछड़े वर्गों के लिए शिक्षा के लिए संघर्ष, डॉ. अम्बेडकर का शिक्षा पर विचार, शिक्षा व्यवस्था में डॉ. अम्बेडकर की भूमिका, मुफ्त एवं अनिवार्य शिक्षा की वकालत, सामाजिक मुक्ति शिक्षा, शिक्षा का सार्वभौमिकरण, महिला शिक्षा के लिए प्रोत्साहन, शिक्षा के माध्यम से सामाजिक विमुक्ति में महिलाओं की भूमिका, शिक्षा के माध्यम से महिला सशक्तिकरण की वकालत जैसे विषय शामिल किया गया है। महिलाओं की आर्थिक, सामाजिक और राजनीतिक स्थिति के उत्थान के लिए डॉ. अम्बेडकर दृष्टिकोण की प्रासंगिकता, नैतिक शिक्षा और चरित्र निर्माण, शिक्षा में धार्मिक और धर्म और संस्कृति, नौकरी-उन्मुख और कौशल-आधारित शिक्षा, सामाजिक-आर्थिक रूप से वंचित वर्गों के लिए तकनीकी शिक्षा, सामाजिक-आर्थिक दलित वर्गों के छात्रों के लिए आरक्षण और छात्रवृत्ति, मातृभाषा में शिक्षा और विदेशी भाषा के ज्ञान कि आवश्यकता, वर्तमान परिदृश्य में शिक्षा पर डॉ.बी.आर.अंबेडकर के विचारों की प्रासंगिकता जैसे विषयो को संदर्भित किया गया है।

चतुर्थ अध्याय जिसका शीर्षक भारत के आर्थिक विकास में डॉ. बी.आर. अम्बेडकर का महत्वपूर्ण योगदान है जिसमें डॉ. बी.आर. अम्बेडकर एक प्रतिष्ठित एवं महान अर्थशास्त्री, आर्थिक क्षेत्र पर विचार और योगदान, रुपये की समस्या: स्वर्ण मानक बनाम स्वर्ण विनिमय मानक, सार्वजनिक वित्त में योगदान, खोती प्रणाली का उन्मूलन, सार्वजनिक व्यय और उसके सिद्धांत, कृषि अर्थशास्त्र में योगदान: भारत में छोटी जोत की समस्या, जाति व्यवस्था भारत के आर्थिक विकास में प्रमुख बाधा, भारत के आर्थिक विकास में अन्य अन्य क्षेत्र का योगदान, नई जल और बिजली नीति, श्रम कानूनों में उनका योगदान, राज्य समाजवाद, भारतीय अर्थव्यवस्था के लिए उनके विचार, आर्थिक विकास का परिप्रेक्ष्य, द्वितीय विश्व युद्ध के बाद की आर्थिक योजना, पूंजीवाद और संसदीय लोकतंत्र जैसे विषयो पर चर्चा की गयी है।

पंचम अध्याय जिसका शीर्षक राष्ट्र निर्माण एवं आधुनिकीकरण में डॉ. बी.आर. अम्बेडकर का योगदान है जिसमें डॉ. अम्बेडकर का विज्ञान और प्रौद्योगिकी के विकास में योगदान, कृषि विकास और भूमि सुधार, औद्योगीकरण नीति एवं गरीबी उन्मूलन नीति,जल नीति और योजना, सिंचाई और बिजली पर नीति वक्तव्य, अंतर्देशीय जल परिवहन, विद्युत शक्ति का विकास, नई जल नीति, नदी घाटी प्राधिकरण शामिल हैं। इसके आलावा इसमे नदी घाटी घाटियों का बहुउद्देशीय और क्षेत्रीय विकास, तकनीकी विशेषज्ञ निकाय, द्वितीय विश्व युद्ध के बाद की योजना: विकास रणनीति पुनर्नस्थापन, सिंचाई का विकास, श्रम और गरीबी, नई जल नीति पर अम्बेडकर का प्रभाव, दामोदर घाटी परियोजना, कृषि उत्पादन पर कारको का प्रभाव,फसल बीमा, विज्ञान और प्रौद्योगिकी का विकास, जल नीति योजनाओ जैसे विषयो को शामिल किया गया है।

छष्ठम अध्याय जिसका शीर्षक डॉ. बी.आर. अम्बेडकर की अद्वितीय पत्रकारिता है जिसमे डॉ. अम्बेडकर की पत्रकारिता, भारतीय मीडिया में डॉ.अम्बेडकर का प्रतिनिधित्व, तत्कालीन प्रिंट मीडिया पर डॉ. अम्बेडकर की टिप्पणियां, मूकनायक समाचार पत्र,बहिष्कृत भारत समाचार पत्र,समता समाचार पत्र और जनता समाचार पत्र का प्रकाशन,डॉ. अम्बेडकर जनता समाचार पत्र के संपादक, डॉ.आंबेडकर का जनता समाचार पत्र में सांप्रदायिक हिंसा पर लेख, प्रबुद्ध भारत समाचार पत्र,डॉ अम्बेडकर और द्वितीय विश्व युद्ध, वर्तमान में अम्बेडकर के पत्रकारिता का महत्व जैसे विषयों पर चर्चा की गयी है।

सप्तम अध्याय जिसका शीर्षक डॉ.बी.आर. अम्बेडकर एक महान धर्म परिवर्तनकारी नायक है जिसमे डॉ. बी.आर. अम्बेडकर और बौद्ध धर्म, बुद्ध के सहज मार्ग, चार आर्य सत्य, और अष्टांगिक पथ को कवर किया; बुद्ध के त्रिरत्न, डॉ. अम्बेडकर का

अंतिम लक्ष्य, बौद्ध धर्म पर उनका प्रेरणा श्रोत भाषण, धर्म परिवर्तन के आलोचकों को डॉ. अम्बेडकर का सटीक प्रत्युत्तर, धर्म की आवश्यकता और उसके धर्म दर्शन, द टर्म ऑफ़ फिलॉसोफी; धर्म; देवत्व, धर्म का दर्शन, धर्मो के दर्शन में विषयांतर, बुद्ध धर्म की वैज्ञानिकता, हिंदू धर्म के दर्शन की अनिवार्यता, धर्म के लिए आवश्यकता पर डॉ.अम्बेडकर के विचार और नागपुर में महान धर्मांतरण जैसे विषयों को समावेशित करने का प्रयाश किया गया है।

यह पुस्तक स्कूल एवं विश्वविद्यालय के छात्रों, शोधकर्ता वर्गों, युवा, समाजशास्त्रियों, प्रौद्योगिकीविदों और उन सभी के लिए उपयोगी होने की उम्मीद है जिन्हें सामाजिक संरचना की सुरक्षा की जिम्मेदारी पूर्ण निर्वहन करने की सोच अपने मन मस्तिष्क में बना रखी है। इसलिए, विभिन्न विषयों को उसकी संपूर्णता में समाहित करने वाली एक पुस्तक संदर्भित करने और सभी के लिए अनिवार्य साधन के रूप में काम करने का प्रस्ताव है। पाठकों को यह पुस्तक जिसका शीर्षक 'डॉ. बी.आर. अम्बेडकर : भारतीय जन-जीवन के लिए बहु-आयामी परिवर्तनकारी क्रांतिकारी एवं सुधारवादी रुपी महानतम युग पुरुष ' है, विशिष्ट ज्ञानार्जन में सहायक होगी। यह पुस्तक इस क्षेत्र में मेरे अनुभव और शोध का एक उत्पाद है। यह पुस्तक डॉ.बी. आर. अम्बेडकर के संघर्ष और उपलब्धियों पर विभिन्न पुस्तकों, शोध पत्रों, समाचार पत्रों, पत्रिकाओं, रिपोर्टों और वेबसाइटों की सामूहिक जानकारी का एक उत्पाद है। अम्बेडकर को भारतीय जीवन के लिए एक महान नवीन सुधारवादी के रूप में जाना जाता है।

एकत्रित सामग्री के लिए मैं उन सभी लेखकों, शोधकर्ताओं, प्रकाशकों और वेबसाइट के मालिकों का आभारी हूं, जहाँ से इस पुस्तक के लिए सामग्री एकत्र किया हूँ। मैं उन सभी को धन्यवाद देना चाहता हूं जिन्होंने बहुमूल्य सहायता प्रदान की है। मैं ऋचा पुंजिका, सतीश कुमार सिंह,वर्तिका पुंजा,अविचल सिंह, सृष्टि पुंजा, प्रभांशु प्रभाकर और कौस्तुभ सिंह,इर्शिका सिंह और मेरी जीवन साथी श्रीमती उर्मिला नारायण के प्रति आभार व्यक्त करता हूँ। जिन्होंने मुझे इस पुस्तक के डिजाइन करने के लिए प्रोत्साहित किया। इस पुस्तक को प्रकशित करने में मदद करने के लिए परिवार के सदस्यों को विशेष धन्यवाद हैं।

दिनांक -22 .8 .2023

श्याम नारायण
लखनऊ

विषय परिचय

डॉ. भीम राव रामजी अम्बेडकर भारत के बहुसंख्यक मूल निवासियों के आलावा हर भारतीय नागरिक के लिए लिए ब्रह्मांड के निर्माता से कहीं अधिक महान हैं। क्या ऐसा कुछ था जो उन्होंने हमारे लिए नहीं किया हो? पहले उन्होंने हमें जीवन दिया, फिर उन्होंने हमें एक वास्तविक मनुष्य बनाया। मनुष्य की पहली आवश्यकता शिक्षा है। उन्होंने हमारे लिए शिक्षा प्राप्त करना संभव बनाया; उन्होंने इसके लिए अपना धन भी खर्च किया। उन्होंने हमें स्नातक बनने के लिए प्रोत्साहित किया। जो हमें प्रतिष्ठित नौकरियां प्राप्त करने और प्रतिष्ठित व्यवसाय करने में मदद करता है। उन्होंने हमारे घरों को समृद्ध बनाया। उन्होंने हमें धन और शक्ति प्राप्त करने के लिए सशक्त बनाया। उन्होंने पूरी दुनिया को दिखाया कि सामान्य गण के पास भी सर्वोच्च स्थान तक पहुंचने की क्षमता है; कि सामान्य गण मंत्री भी बन सकते, शासक, प्रशासक,वैज्ञानिक,चिकित्सक, इंजिनियर, न्यायधीश, बैरिस्टर,उद्योगपति एवं व्यवसायी भी बन सकते हैं। जाहिर है, चूंकि उन्होंने यह सब संभव किया, वह हमारे भगवान के समकक्ष हैं, नहीं, वह तो इससे भी उपर हैं ; वह ईश्वर के ईश्वर हैं क्योंकि उन्हीं के कारण पचहत्तर वर्षों के भीतर लाखों-लाखो नर हो या नारी की सदियों पुरानी असहनीय पीड़ा को मिटाया जा सका है। वह निश्चय ही ईश्वर से श्रेष्ठ है। उन्ही के कारण हम जिसके बारे में सोच बी नहीं सकते थे वह भी हासिल करते जा रहे हैं।

एक महान समाज सुधारक, प्रतिष्ठित अर्थशास्त्री, विद्वान प्रोफेसर, उत्कृष्ट लेखक, प्रतिष्ठित नेतृत्व, आधुनिक भारत का नीव रखने वाले,जल एवं विद्युत् क्षेत्र के संसाधनों के विकास में अग्रणी डॉ. भीम राव रामजी अम्बेडकर के बारे में यह पुस्तक लिखने के लिए मुझे एक महान दिव्य अवसर प्राप्त हुआ है। वे बहुमुखी विकास के क्षेत्र में एक दूरदर्शी व्यक्तित्व वाले महापुरुष थे तथा भारत के बहुमुखी विकाश के साथ –साथ कृषि भूमि के सिंचाई संसाधनों को नए आयाम देने में अग्रणी थे। भारत को उत्कृष्ट आधुनिकीकरण और विकास में उनका विशेष योगदान रहा है। उन्होंने सामाजिक परिवर्तन, वित्त, बिजली क्षेत्र, सिंचाई क्षेत्र, जल संसाधन और कई अन्य क्षेत्रों के विकास में अपनी एक अलग छाप छोड़ी है जिसको हम आज भी

याद करते है। हम में से बहुत कम लोग जानते हैं कि इस क्षेत्र में उनके योगदान को एक राष्ट्र के रूप में भारतीय संविधान के पिता के रूप में मान्यता दी गई है।

भारत इस महान व्यक्ति का ऋणी है और हमेशा ऋणी रहेगा, और मुझे यहाँ यह उल्लेख करने में तनिक भी संकोच नहीं है कि डॉ. अम्बेडकर, स्वतंत्रता पूर्व 1942 के बाद और स्वतंत्रता के बाद के वर्षों में भी विभिन्न क्षेत्रों के लिए विभिन्न नीति निर्धारण और विकास में, साथ-साथ ऊर्जा क्षेत्र और जल संसाधन के क्षेत्र और कई अन्य क्षेत्र के लिए भी उनके अमूल्य योगदान के लिए वे हमेशा याद किये जायेगें। भारत के संविधान पिता के रूप में उन्हें जाना जाता है। मैं इस देहधारी महापुरुष को जो लाखों भारत के सामाजिक,आर्थिक,धार्मिक रूप से वंचित,उत्पीड़ित, पिछड़ों,अति पिछडो और महिलाओ, के भगवान के रूप में जाने जाते है, को नमन करता हूं।

डॉ भीम राव रामजी अम्बेडकर का जन्म 14 अप्रैल, 1891 को एक ब्रिटिश-स्थापित शहर और सैन्य छावनी महू में सामाजिक रूप से वंचित,बहिकृत और पिछड़े परिवार में हुआ था। वह भारत के मूल निवासी थे। उन्होंने सन् 1912 में बॉम्बे विश्वविद्यालय से अर्थशास्त्र और राजनीति विज्ञान में स्नातक की डिग्री और सन् 1913 में कोलंबिया विश्वविद्यालय से अर्थशास्त्र में स्नातकोत्तर की उपाधि प्राप्त की, अपने जीवन में मेधावी छात्र और विद्वत्ता के कारण कई छात्रवृत्तिया प्राप्त की। सन्1922 में, उन्होंने अपनी पीएच.डी.डिग्री लंदन स्कूल ऑफ इकोनॉमिक्स एंड पॉलिटिकल साइंस,लन्दन से अर्थशास्त्र में प्राप्त किया जो उन्हें इस भारत देश का पहला उच्च शिक्षित विद्वान बना दिया।इस प्रकार उन्होंने इस देश के प्रथम उच्च शिक्षित व्यक्ति बनने गौरव हासिल किया।

डॉ.बी.आर. अम्बेडकर भारतीय इतिहास में एक महत्वपूर्ण व्यक्ति थे। आधुनिक भारत के विकास में उनके अमूल्य और बहुस्तरीय योगदान के लिए उन्हें मरणोपरांत भारत रत्न से सम्मानित किया गया। भारत उन्हें भारतीय समाज के सबसे निचले तबके के सामाजिक उत्थान आलावा भारतीय नारी उत्थान तथा सभी भारतीयों के आर्थिक, राजनीतिक, धार्मिक, और मौलिक अधिकारों में समानता के लिए प्रयासों एवं लडाई के लिए सम्मानित करता है और मै आशा करता हूँ हमेशा उनका सम्मान करता रहेगा, जिन्हें भारतीय समाज किसी न किसी रूप में वंचित,बहिष्कृत,पिछडो और महिलाओ के अधिकारों से वंचित रखता था और इन वर्गों को अलग रूप से मान्यता दी गयी थी। डॉ.अम्बेडकर ने एक अर्थशास्त्री, समाजशास्त्री, कानूनविद, शिक्षक, लेखक, संपादक और सामाजिक क्रांतिकारी के रूप में महत्वपूर्ण योगदान दिया हैं। उनके योगदान में मानव अधिकारों को आगे बढ़ाना और भारत के

आधुनिकीकरण और विकास जैसे कई अन्य क्षेत्र शामिल हैं। उन्होंने न केवल सामाजिक न्याय और मानवाधिकारों के लिए बल्कि मानव जाति के लिए शिक्षा और आर्थिक समानता के लिए भी जीवनभर संघर्ष किया।

सामाजिक न्याय के लिए डॉ.बी.आर.अम्बेडकर की सक्रियता और अथक संघर्ष मुख्य रूप से उनके लक्ष्य थे : समाज में समानता और सामाजिक बहिष्कार से लोगो की मुक्ति, जिसे सामाजिक रूप से वंचित,बहिकृत वर्ग के रूप में भी जाना जाता है। सामाजिक, आर्थिक, राजनीतिक, नैतिक, सांस्कृतिक और भावनात्मक सहित जीवन के सभी पहलुओं में उनके साथ भेदभाव, घृणा और अपमान किया जाता रहा है और आज भी बहुतायत में इस वर्ग के साथ परोक्ष और अपरोक्ष रूप उसी तरह का व्यवहार किया जा रहा है। वे लाखों गरीबों को समानता प्रदान करना चाहते थे, जो केवल तभी संभव हो सकता है जब वे हिंदू अधीनता और जाति व्यवस्था से मुक्त हो। हालाँकि, उनकी दूरदृश्य योजनाओ के साथ कुछ उच्च स्थान पर बैठे लोगों द्वारा छेड़छाड़ की गई है, और उनके विचारों पर परोक्ष और अपरोक्ष रूप से उन्ही लोगों द्वारा आक्रमण किया गया है। जो लोग उनके विचारों का पालन करने का दावा करते हैं, वे उनकी अपेक्षाओं पर खरे नहीं उतरे हैं। वे जीवन के प्रतेक क्षेत्र में,अपने सोच और दर्शन के प्रति समर्पित तथा ईमानदार थे। उनके अनुयाईयों ने और कालान्तर की सरकारों द्वारा उनके कारवां को ठीक से गति नहीं दी गयी। उन्होंने आधुनिक नाम दलित,जो सामाजिक रूप से वंचित,बहिकृत समुदाय है,जिसके जीवन के हर क्षेत्र में नया बदलाव किया था और सामाजिक जीवन के समानता की दौड़ में पीछे रह गए लोगों को ऊपर उठाने के लिए उनको खुद को समर्पित करना पड़ा।

भारतीय संविधान के तहत सामाजिक न्याय का अधिकार है। कानून से वंचित किए बिना बड़ी संख्या में लोगों का अंगीकार ही सामाजिक न्याय है। यदि यह संभव हो,तो सामाजिक न्याय को हर तकनीकी कानून पर अभिभूत करनी चाहिए। सामाजिक न्याय का मौलिक सिद्धांत संविधान का अभिन्न अंग है; वर्णक्रम के दोनों सिरों पर, सामाजिक न्याय की अवधारणा एक मौलिक तत्व है और होनी भी चाहिए,जो कि वकीलों, न्यायाधीशों और न्यायविदों को बहस करने को प्रेरित करती है।

भारत में वर्तमान में डॉ. अम्बेडकर के सामाजिक न्याय और उसके महान विचारो पर अत्यधिक महत्व दिया जा रहा है। यह आंशिक रूप से भारतीय राजनीतिक नेतृत्व की गलती है कि उन्हें उत्पीड़ित वर्ग के नेता के रूप में चित्रित करने आलावा और अन्य क्षेत्रों उनके अतुलनीय योगदान को चित्रित नहीं किया। जब कि वे एक भारतीय वकील, राजनेता, बुद्धजीवी, सिद्धांतवादी, मानवविज्ञानी, इतिहासकार,

निपुण वक्ता, महान लेखक, अर्थशास्त्री, विद्याविद, क्रांतिकारी संपादक और भारत में बौद्ध धर्म के पुनरुत्थानवादी थे। उन्होंने स्वतंत्रता के बाद सामाजिक रूप से वंचित,बहिकृत समाज के लिए भारत की आरक्षण नीति के बारे में अथक रूप से प्रयास किया और उसमें उन्होंने सफलता हासिल किया। वास्तव में भारत में भेद-भाव की समस्या शताब्दियो से है जिससे बहुसख्यक मूलनिवासी सतही लोग विदेशी आर्य यानि ब्राह्मण वादी व्यवस्था के कारण विभिन्न प्रकार के विभत्स समस्या से ग्रस्त थे। इस प्रकार उन्होंने ने सामाजिक न्याय की पहल को लागू किया है। सभी मानव जन्म से ही समान होते है,लेकिन कुछ लोगों ने अपने को सर्वोच्च दिखाने के लिए जाति व्यवस्था की संरचना किया और इसको समयांतराल काम के आधार पर व्यवस्थित किये और अंत में सछूत और अछूत परंपरा को जन्म दिया। इस प्रकार भारत के मूल निवासियों को ब्राह्मणवादी व्यवस्था ने सछूत और अछूत दो भागो में विभक्त कर दिया।

डा. भीम राव राम जी अम्बेडकर भारत में सामाजिक न्याय के एक प्रबल पैरोकार थे। उनके विचार और दर्शन में, भारत में हिन्दू धर्म में व्याप्त जाति व्यवस्था भारतीय समाज में असमानता का मूल कारण थी और वर्तमान में भी है, और ब्राह्मणवादी हिंदू धर्म ही विभिन्न वर्ण और जातियों के उत्पत्ति और उनमे विभेद का कारण है। भारत में हिंदू धर्म के उच्च जातियों के लोग वर्तमान संवैधानिक रूप से अनुसूचित जाति, अनुसूचित जनजाति, अन्य पिछड़ी जातियों के मौलिक मानवाधिकारों को धरातल पर लाने से इनकार करती रही हैं। डॉ. अम्बेडकर ने देश से सभी प्रकार की असमानताए, शोषण और अन्याय को समाप्त करने के लिए हर संभव प्रयास किये और उसमें काफी हद तक सफलता प्राप्त किया। भारत के संविधान में उन्होंने अनुसूचित जाति, अनुसूचित जनजाति, अन्य पिछड़ा वर्ग, महिलाओं, बच्चों और राज्य सहित समाज के कमजोर वर्गों के हितों की रक्षा, प्रचार और सुरक्षा के लिए कई प्रावधान किए हैं।

भारतीय संविधान का मसौदा तैयार करने के लिए डॉ. अम्बेडकर के जेहन में दूरदर्शी दृष्टिकोण और उद्देश्य था। 'भारत का संविधान' और डॉ. भीमराव रामजी अम्बेडकर' दोनों शब्द एक दुसरे के पर्यायवाची और पूरक हैं। दोनों आधुनिक भारत के इतिहास के पन्नों और जन-जन के मन - मस्तिष्क में चिरस्थायी है। डॉ. अम्बेडकर को भारतीय संविधान को गढ़ने में उनकी विद्वत्ता, मानववादीय, कानूनी,विधि-सम्मत और श्रमसाध्य योगदान के लिए भारत की तत्कालीन संविधान सभा के प्रतिनिधियों द्वारा बधाई दी गई थी।

भारत में राजभाषा नीति का मूल्यांकन अंग्रेजी में होता है। औपनिवेशिक काल से ही अंग्रेजी ने भारतीयों के बीच उच्च स्थान प्राप्त किया है, क्योंकि यह सशक्तिकरण का एक साधन है। आज भी हम आर्थिक प्रगति के लिए अंग्रेजी पर निर्भर है। प्रशासन और शिक्षण संस्थानो में अंग्रेजी सबसे आम और प्रमुख भाषा है। भारत में अंग्रेजी ने दूसरी भाषा का दर्जा प्राप्त कर लिया है और अब किसी अन्य भाषा की कोई स्थान नहीं है। लेकिन राजभाषा नीतियों का कार्यान्वयन अभी भी अंग्रेजी अस्वीकृति की बात करता है, हालांकि अंग्रेजी संघ का आधिकारिक भाषा है।

औपनिवेशिक परिवेश में राष्ट्रवादी भाषण पारंपरिक परंपराओं की विफलता का विस्तार करने और साम्राज्यवाद की सांस्कृतिक श्रेष्ठता के तर्कों का मुकाबला करने के लिए उन्हें सुदृढ़ करने का प्रयास करते हैं। इस प्रकार, इसमें कोई आश्चर्य की बात नहीं है कि तीसरी दुनिया के देशों के राष्ट्रवादी बयान पितृसत्तात्मक, सम्भ्रान्तवादी और रूढ़िवादी विचारों पर ध्यान केंद्रित करते हुए दास्य मुक्ति की सही राष्ट्रीय कल्पना हैं। इसके अलावा, औपनिवेशिक संस्थान, शैक्षणिक संस्थान, प्रेस और विविध सार्वजनिक मंचों को पश्चिमी राजनीतिक मॉडल के रूप अपनाया गया है। वर्तमान के राष्ट्रीय नेता लोग अतीत की महिमा से घिरे हुए है और उसी का कहानियो के रूप में बयांन करते हैं।

डॉ. अम्बेडकर को जातिगत पूर्वाग्रह और भेद भाव का अनुभव बचपन से ही था। उनके माता-पिता महार जाति के तथा हिन्दू धर्म के अनुयायी थे। ब्राह्मणवादी हिन्दू धर्म के उच्च वर्ग के लोग उनके साथ "अछूत" के रूप में व्यवहार करते थे। परिणामस्वरूप, समाज के कोने-कोने में डॉ. अम्बेडकर को गंभीर पूर्वाग्रह का सामना करना पड़ा। ब्रिटिश सरकार द्वारा चलाए जा रहे एक आर्मी स्कूल में भी डॉ .अम्बेडकर सामाजिक भेदभाव और अपमान का शिकार रहे हैं। सामाजिक हंगामे और अशांति के डर से, ब्राह्मणवादी शिक्षक और अन्य उच्च वर्गों से उन्हें उनकी कक्षा से अलग कर देते थे। अछूत और आर्थिक रूप से कमजोर छात्रों को शिक्षक द्वारा कक्षा के बाहर बैठने के लिए भी मजबूर किया जाता था।

डॉ. अम्बेडकर के सामाजिक न्याय के प्रति तर्कसंगत सोच और उनके दर्शन भारत वर्ष के विविध समाजों में एक लोकतांत्रिक सामाजिक, आर्थिक और राजनीतिक संगठन बनाने के लिए सबसे आधिक प्रभावकारी प्रेरणा रहा है, और विशेष रूप से वंचित,बहिकृत वर्गों को सम्मानजनक जीवन जीने को जागरूक किया है। डॉ. अम्बेडकर के सामाजिक न्याय के तर्कसंगत सोच और दर्शन इतना प्रभावी रहा है कि भारत में लाखों –लाखों लोग प्रतिदिन भगवान बुद्ध के साथ उनकी पूजा करते

हैं। मेरी जानकारी के अनुसार शायद ही उनके समकालीन नेताओं में से किसी को भी दुनिया में ऐसी "ईश्वरीय श्रद्धा" मिली हो।

उनके जीवन के हर राह पर उनके रूप,रंग,जाति, धर्म, समाज के संदर्भ में ब्राह्मण धर्म के अनुयाईयों ने भेदभाव करते रहे हैं। इसके आलावा मध्यम और निचली जातियों के लोगो ने भी कम या ज्यादा इसी तरह से व्यवहार किये,क्योंकि वे ज्यादातर अशिक्षित थे। समाज के सबसे निचले तबके से गरीब से गरीब लोग जो नियम कानून के बारे में कुछ भी नहीं जानते थे और वर्तमान में भी वंचित समाज के अधिकांश लोग उसी श्रेणी में हैं। उन्हें यह मालूम नहीं है कि कानून सामाजिक विकारों,अन्यायों, और असमानताओं से मुक्ति दिला सकता है।

डॉ. अम्बेडकर का प्रबुद्ध लोकतंत्र का सपना शिक्षा, आंदोलन और संगठन का था जो कि उनकी परिकल्पना से साकार हुआ है। डॉ.अम्बेडकर की विचारधारा अभी भी दलित वर्ग की राजनीतिक और प्रतिज्ञान में एक मील का पत्थर है। वे और अन्य जाति के पीड़ित लोग, देश में सांस्कृतिक और सामाजिक अत्याचार के खिलाफ, राजनीतिक अधीनता और सामाजिक उत्पीड़न के खिलाफ लड़ाई में मुख्य नायक थे और, लोकतंत्र आंदोलन के समर्थक के रूप में अग्रसर थे। उन्होंने लोगों को शिक्षा, आंदोलन और संगठनात्मक तरीके को पालन करने लिए जोर दिया था।

डॉ. अम्बेडकर के विचार,जैसा कि उनके लेखों और संबोधनों में परिलक्षित होता है, भारत में सामाजिक सोच के इतिहास और उन्नति एवं प्रगति के अनुसार बहुत महत्वपूर्ण हैं। उनके दर्शन को आंदोलन की सैद्धांतिक नींव के रूप में समझना चाहिए। उनकी मूल राजनीतिक सोच उनकी दो घोषणाओं में निहित है - अधिकारों की गारंटी कानून द्वारा नहीं, बल्कि समाज में सामाजिक और नैतिक विवेक द्वारा दी जाती है। सिद्धांत:, वे लोकतंत्र को समाज का एक तरीका या जीवन का एक तरीका मानते हैं, और केवल सामाजिक अन्तश्चेतना मूलक ही इन अधिकारों को सुरक्षित कर सकता है।

लोकतंत्र की जड़ें समाज का गठन करने वाले लोगों के बीच जीवन के संदर्भ में सामाजिक संबंधों में पाई जानी चाहिए। उनके लिए सामाजिक संबंध लोकतंत्र का रहस्य हैं। डॉ. अम्बेडकर मनोवृत्त और व्यवहार में एक सामाजिक प्रजातांत्रिक व्यक्तित्व वाले थे। राजनीतिक दर्शन में उनका विशेष योगदान स्वतंत्रता, समानता और बंधुत्व के बीच में संबंध है, जो बदले में सरकार के रूप में लोकतंत्र से संबंधित है।

डॉ. अम्बेडकर हमें सामाजिक लोकतंत्र के रोजमर्रा के काम की सीमाओं को भी याद कराते हैं। 25 नवंबर 1949 को संविधान सभा में उन्होंने कहा था कि "राजनीतिक

लोकतंत्र तब तक नहीं टिक सकता जब तक कि वह सामाजिक लोकतंत्र की नींव पर न हो" जिसका अर्थ है जीवन का एक तरीका जो स्वतंत्रता, समानता और बंधुत्व को जीवन के मूल्यों के रूप में मानता हो।

डॉ.अम्बेडकर के अधिकांश भाषणों और लेखों में, सामाजिक सामूहिकता मुख्य विषय है। उन्होंने राजनीतिक मुद्दों पर सामाजिक प्रसार की समस्या को भी संबोधित किया और चुनौती भी दी। राजनीति को अनिवार्य रूप से सामाजिक मुद्दों से जोड़ा जाये। लोकतंत्र अपने आप में इसी तरह के सामाजिक जीवन पर आधारित है। जहां तक एक सामाजिक विकल्प का संबंध है, कांग्रेस और समाजवादियों का संबंध है। यह उनके सभी कार्यों में अच्छी तरह से प्रदर्शित होता है, और विशेष रूप से, 'कांग्रेस और गांधी ने अछूतों के लिए क्या किया,' 'जाति विनाश',यानि हिन्दू धर्म में जाति प्रथा को समाप्त करने के संदर्भ में। वर्तमान में भी अभी तक इस व्यवस्था को समाप्त करने के लिए सतही तौर पर भी कुछ भी कार्य नहीं हुआ है। जब कि हिदू धर्म के प्रमुख ग्रन्थ इन मान्यताओ को बढावा देते रहे है, और परिणाम स्वरुप सामाजिक वंचित वर्गों में हीन भावना लाने में उनकी निरंतरता बनी हुई है।

वर्तमान समाज में भी, स्थापित राजनीतिक और सामाजिक सिद्धांतों का एक नया महत्व है जब कि 'जाति' को सैद्धांतिक रूप से मान्यता दी गई और इसे भारतीय सामाजिक सत्य के रूप में परिभाषित किया गया। डॉ.अम्बेडकर को उनकी विश्वविद्यालयी अवधारणा और भारतीय समाज में उनके कामकाज के लिए एक दूरदर्शी के रूप में जाना जाता है। उन्होंने जाति व्यवस्था के शिकार लोगों के जीवन को बेहतर बनाने के लिए भारतीय सामाजिक दुनिया को देखा और समझा और उस पर कार्य किया। उस समय की अन्य प्रमुख राजनीतिक धाराओं के विपरीत, डॉ. अम्बेडकर के राजनीतिक दर्शन को ठीक से मापा जाना चाहिए। डॉ. अम्बेडकर मार्क्सवादी अर्थों में एक वास्तविक दार्शनिक थे।

डॉ. अम्बेडकर के आर्थिक विचार उनके राजनीतिक विचारों की तरह ही जटिल थे, और यह संभव है कि वे एक दूसरे को प्रभावित किये हो। जैसा कि भारत के कृषि मुद्दों पर उनके विचारों से स्पष्ट है, उन्होंने एक ओर औद्योगीकरण के लिए अभियान शुरू किया तो दूसरी ओर सहकारी खेती के बीच कोई संघर्ष नहीं पाया। सभी मामलों में,उन्होंने दुनिया के अन्य हिस्सों के उदाहरणों के साथ अपने दावों का समर्थन किया जहां उनके विचारों को लागू किया गया। ऐसा प्रतीत होता है कि उनकी कई नीतिगत स्थितियाँ सिद्धांत के बजाय अनुभवजन्य तथ्यों द्वारा निर्देशित हैं। हालांकि उन्होंने औद्योगीकरण और शहरीकरण के पक्ष में बात की, उन्होंने

पूंजीवाद से नुकसान के बारे में भी चेतावनी दी, यह तर्क देते हुए कहते हैं कि निरंकुश पूंजीवाद उत्पीड़न और शोषण की ताकत में बदल सकता है।

आधुनिक समय में सामाजिक-आर्थिक रूप वंचित, बहिकृत लोगों के आंदोलन के उदय के साथ डॉ. अम्बेडकर एक प्रमुख राजनीतिक दार्शनिक के रूप में उभरे हैं। डॉ. अम्बेडकर और उनके दर्शन का अनुकरण करने के लिए कई प्रयास किए गए हैं। उनके द्वारा विभिन्न, अक्सर विरोधाभासी सैद्धांतिक मूल्यांकनों की उपस्थिति शिक्षाविदों के बीच अनिश्चितता पैदा करती है। छात्रों की सामाजिक पृष्ठभूमि और उनकी व्यक्तिपरक स्थिति विचारकों के मूल्यांकन में एक महत्वपूर्ण भूमिका निभाती है, और विद्वानों की राय अक्सर गंभीर प्रतिक्रियाएं उत्पन्न करती हैं जो या तो डॉ. अम्बेडकर को ऊंचा या नीचा दिखाती हैं।

राष्ट्रवादी आंदोलन के बाद से भारतीय राजनीति पर सार्थक प्रभाव पड़ने से पहले उनकी विद्वतापूर्ण चर्चा कम ही होती थी। एक विचारक और सामाजिक वैज्ञानिक रूप में, विद्वत समुदायों और सत्ता संरचनाओं यानि सत्तासीन द्वारा या तो उनकी उपेक्षा की गई या उद्देश्यपूर्ण रूप से हाशिए पर डाल दिया गया। समकालीन भारतीय दर्शन और दार्शनिक प्रवचन में डॉ. अम्बेडकर का उल्लेख नहीं है। उनके बहुआयामी विचारधारा,जैसा कि उनके लेखन और भाषणों में व्यक्त किया गया है, ने भारत में सामाजिक सोच के इतिहास और विकास में महत्वपूर्ण भूमिका निभाई है। सामाजिक-आर्थिक रूप से वंचित,बहिकृत,तथा पिछड़े वर्गों के आंदोलन की सैद्धांतिक आधार को समझने के लिए उनकी विचारधारा को समझना होगा।

डॉ. अम्बेडकर अपने आप में एक प्रबुद्ध एवं प्रसिद्ध क्रांतिकारी पत्रकार थे। उन्होंने अपने लेखन के माध्यम से सामाजिक क्रांति के लिए अपनी क्रन्तिकारी आवाज बुलंद किया। यह ध्यान देने योग्य बात है कि उनके कारण ही महात्मा गांधी ने तत्कालीन अछूतों को बढ़ावा देने के लिए सन् 1933 में 'हरिजन' नामक पत्रिका की स्थापना की थी। उन्होंने पूना समझौते के बाद ही ऐसा करना शुरू किया। डॉ. अम्बेडकर के कार्यबल, जो उनके नागरिकों के लिए चार समाचार पत्र चलाने के लिए महत्वपूर्ण हैं, उनका तत्कालीन भारतीय प्रिंट मीडिया में कभी भी उल्लेख नहीं किया गया, वर्तमान में मीडिया का वही रवैया है, जबकि तत्कालीन अछूतों के लिए एक समाचार पत्र शुरू करने के लिए गांधी के प्रयासों की प्रशंसा करते नहीं थकते थे, और वर्तमान में भी प्रमुखता से केवल उनके ही कार्यो का प्रशंसा करते रहते हैं। उस समय डॉ. अम्बेडकर को एक समाचार पत्र, एक मुखपत्र की आवश्यकता थी क्योंकि कांग्रेस समर्थक तत्कालीन प्रिंट मीडिया ने सामाजिक रूप से वंचित, बहिकृत तथा अन्य पिछड़े वर्ग के लोगों, उनके संघर्षों और उनके दर्शन के बारे में सुनने से इनकार

कर दिया करते था। डॉ. अम्बेडकर को विश्वास था कि समाचार पत्र लाखों गरीब लोगों के जीवन में बदलाव ला सकता है। डॉ. अम्बेडकर के मराठी समाचार पत्रों ने एक न्यायसंगत सामाजिक व्यवस्था की भविष्यवाणी की और एक नई राजनीति और नैतिकता की घोषणा की। उन्होंने साप्ताहिक 'मूक नायक', अर्धमासिक 'बहिकृत भारत' और साप्ताहिक पत्रिका 'जनता' सहित कई समाचार पत्र प्रकाशित किए।

देश के निर्माण और स्वतंत्रता आंदोलन में शामिल होने के लिए जनता को लामबंद करने में समाचार पत्र का सक्रिय रूप से योगदान होता है। लगभग उसी समय, डॉ. अम्बेडकर ने अपने समाचार पत्र 'जनता' के माध्यम से सामाजिक रूप से वंचित, अति पिछड़े और बहिकृत लोगों के बारे में एक अलग दृष्टिकोण का प्रसार प्रचार शुरू किया, जिसने राष्ट्र के मुख्यधारा से सामाजिक रूप से दलित वर्ग के भेद पर जोर दिया। एक सुसंगत, महात्मा गांधी के सजातीय राष्ट्र के निर्माण के एजेंडे जिसमें सामाजिक रूप से वंचित,बहिकृत वर्ग अर्थात दलित वर्ग के लिए बद से बदतर था,डॉ अम्बेडकर ने एक अलग से इन वंचित, दलितों के लिए एक सुरक्षित स्थान की मांग किया। उस समय भास्करराव काद्रेकर साप्ताहिक 'जनता' के संपादक थे।उन्होंने उनके मांग को 'जनता' समाचार पत्र में प्रमुखता से प्रकाशित किया। जिससे डॉ.अम्बेडकर के माँग को गति मिला।

डॉ. अम्बेडकर ने 32 जनवरी,1920 को कोल्हापुर के महाराजा की सहायता से एक पाक्षिक समाचार पत्र 'मूक नायक' की स्थापना की थी। डॉ. अम्बेडकर अधिकारिक रूप से इस पाक्षिक पत्रिका के प्रकाशक नहीं थे, बल्कि वे इसके पीछे प्रेरक शक्ति थे। केसरी अखबार ने मुखपत्र मूक नायक के विज्ञापन को विज्ञापित करने से मना कर दिया था। केसरी समाचार पत्र के तत्कालीन सम्पदाक ने सशुल्क विज्ञापन के रूप में ऐसा करने के लिए कहे जाने के बावजूद भी, इसे प्रकाशित करने से इनकार कर दिया था, इससे यह प्रदर्शित होता है कि उस समय तथा कथित उच्च वर्ग के ब्राह्मणवादी लोग तत्कालीन दलित वर्ग के प्रति कितना आक्रामक और प्रतिकूल थे। इस तरह कि घटना जब घट रही थी जब स्वंत्रता संग्राम सेनानी लोक मान्य तिलक जीवित थे। उस समय गरीब लोगों को छूना न केवल अछूत था, बल्कि उनके विज्ञापन को अखबार में छापना भी अछूत जैसा भेद भाव करना था। अमेरिका के ब्लैक समुदाय का और वहाँ की मीडिया का भेद -भाव इतिहास और भारत के गरीब, वंचित,दलित, अछूत का और भारतीय मीडिया में बहुत ही समानताएं हैं।

यह कहा जा सकता है कि डॉ. अम्बेडकर का शिक्षा दर्शन प्राचीन और समकालीन शिक्षा का मेल है। शिक्षा दर्शन में उनका विशेष योगदान उल्लेखनीय रहा है, क्योंकि उन्होंने भारतीय समाज के एक व्यापक और विस्तृत वर्ग की आवश्यकता के लिए

प्रदर्शन और नेतृत्व किया जो लंबे समय से शैक्षिक उन्नति के लिए शिक्षा से वंचित थे और वर्तमान में भी इस वर्ग के अधिकांश लोग शिक्षा से किसी न किसी रूप में वंचित ही है। संविधान निर्माण के समय उन्होंने दलित और पिछड़े वर्गों की शिक्षा और सामाजिक सशक्तिकरण के लिए कई कानून बनाने में महत्वपूर्ण भूमिका निभाई। यह याद रखना आवश्यक है कि यदि जनसंख्या का एक बड़ा हिस्सा शिक्षा से वंचित रहता है, तो समाज कभी भी व्यावहारिक रूप से विकसित नहीं हो पाएगा। भारत देश में सामाजिक विभाजन का जो दानव मुँह खोले खड़ा है उससे जीतना बहुत महत्वपूर्ण है; अन्यथा, समाज में सामाजिक स्थिरता यानि वंचित,बहिकृत,पिछड़े और अति पिछड़े वर्ग का विकास संभव नहीं होगा। इसलिए डॉ. अम्बेडकर ने इस बात पर जोर दिया कि राज्य नागरिकों को सार्वभौमिक गुणात्मक शिक्षा प्रदान करे और तकनीकी शिक्षा भी प्रदान करे ताकि हमारे समाज में सामाजिक और आर्थिक समानता विकसित हो सके ताकि हमारे देश का विकास हो सके।

उनके शिक्षा दर्शन में यथार्थवादी प्रतिपूर्ति के लिए और महान विचार आधुनिक समाज के लिए महत्वपूर्ण हैं। डॉ. अम्बेडकर की अवधारणा में शिक्षा एक आंदोलन है। उनके अनुसार यदि यह अपने लक्ष्यों को पूरा नहीं कर सकता, तो यह बेकार है। सच्ची शिक्षा समाज को आजीविका के स्रोत स्थापित करती है, जागरूकता प्रदान करती है और उन्हें समतावाद से भर देती है। उनके तर्क के अनुसार शिक्षा लोगों के जीवन स्तर को बढ़ाने का सबसे सफल साधन है। उनका नारा था "शिक्षित करो, संगठित करो, संघर्ष करो।" उनके सामाजिक दर्शन में समाज में न्याय, समानता, एकता, स्वतंत्रता और निर्भयता का निर्माण करने के लिए मानवीय गरिमा और स्वाभिमान केंद्रीय हो गया। वे शिक्षा का व्यावहारिक उपयोग करना चाहते थे। उन्होंने जन्म के आधार पर समाज को मूल्य-आधारित समाज में बदलने का फैसला किया। यह हो सकता है कि इन नैतिक सिद्धांतों का समर्थन केवल ज्ञानियों और प्रबुद्ध लोगो द्वारा ही किया जा सकता है।

उन्होंने देश के विकास में शिक्षा की भूमिका पर प्रकाश डाला, शिक्षा को सार्वभौमिक बनाने के लिए उसकी वकालत किया। उनका विचारधारा था कि शिक्षा भारतीय संस्कृति और सामाजिक अन्याय में वर्तमान सामाजिक आर्थिक असमानता को कमतर करती है। वे महिलाओं के लिए शिक्षा का समान अवसर और सह-शिक्षा के बहुत बड़े पैरोकार थे।

डॉ. अम्बेडकर के आर्थिक सिद्धांत वर्षों की उपेक्षा के बाद चलन में आये। यद्यपि वे भारतीय समाज और नीति के बारे में अधिक सोचते रहे, उनके कुछ आर्थिक विचारों पर अधिक ध्यान देने की आवश्यकता है। उन्हें भारतीय संविधान के पिता

और आर्थिक रूप से उत्पीड़ित वर्ग के नेता के रूप में जाना जाता है। उस समय के दौरान, उन्होंने प्रमुख आर्थिक बहस में महत्वपूर्ण योगदान के साथ एक अर्थशास्त्री के रूप में अपना करियर शुरू किया था। वास्तव में, वे भारत के सर्वश्रेष्ठ प्रशिक्षित अर्थशास्त्रियों में से एक थे और उन्होंने यूनाइटेड स्टेट ऑफ़ अमेरिका के कोलंबिया विश्वविद्यालय से अर्थशास्त्र में पी.एच.डी. और लंदन स्कूल ऑफ इकोनॉमिक्स से पी.एच.डी' प्राप्त की थी। उनकी पी.एच.डी. थीसिस रुपये के प्रबंधन से संबंधित है जिसे बाद में पुस्तक के रूप में प्रकाशित किया गया। उस समय, स्वर्ण मानक के आभासी गुणों के साथ-साथ स्वर्ण विनिमय मानक पर व्यापक रूप से चर्चा की गई थी, जो इस प्रकार है।

गोल्ड स्टैण्डर्ड एक मुद्रा को संदर्भित करता है जिसमे सोने के सिक्को का उत्पादन और परिचालित किया जाता है। जिसे पेपर कैश पर लागू किया जा सकता है यह सोने के वादे में पूरी तरह से मोचन है। स्वर्ण विनिमय मानक के तहत केवल कागजी मुद्रा जारी की जाती है जो सोने के साथ विनिमय योग्य निश्चित दरों पर होती है और स्वर्ण-मानक देशों के विदेशी मुद्रा भंडार द्वारा समर्थित होती है। स्वर्ण मुद्रा अपभाषण के संदर्भ में, डॉ. अम्बेडकर ने जॉन मेनार्ड कीन्स के सुझाव के खिलाफ तर्क दिया और बचाव किया कि भारत में सोने के व्यापार के मानक का पालन किया जाना चाहिए। उन्होंने दावा किया कि जारीकर्ता को स्वर्ण विनिमय मानक के माध्यम से मुद्रा आपूर्ति को संचालित करने में अधिक स्वतंत्रता है, जिससे मौद्रिक इकाई की स्थिरता को चुनौती मिली।

उनका अध्ययन दुनिया के प्रमुख सार्वजनिक वित्त अधिकारियों में से एक, एडविन सेलिगमैन के मार्गदर्शन में राज्य वित्तीय संबंध के केंद्र से संबंधित है। उनका मानना था कि प्रत्येक राजनीतिक इकाई को दूसरे पर बहुत अधिक निर्भर हुए बिना अपने स्वयं के संसाधनों को बढ़ाकर, एक अच्छे प्रशासनिक ढांचे के तहत अपनी लागतों को वित्तपोषित करने में सक्षम होना चाहिए। आज के दिन भी सार्वजनिक वित्त और रुपये पर उनके विचार एक मजबूत आर्थिक मुद्दों के जवाब है, जो आज भी उसकी समीक्षा पूरी नहीं हो सकती। लेकिन आज भी, मूल्य स्थिरता और राजकोषीय उत्तरदायित्व जैसे मूल्य महत्वपूर्ण बने हुए हैं। आर्थिक बहस सन् 1918 में इंडियन इकोनॉमिक सोसाइटी जर्नल में कृषि और खेती के क्षेत्र में एक लेख के रूप में प्रकाशित हुई थी। यह उनकी सबसे महत्वपूर्ण बहसों में से एक है।

डॉ. अम्बेडकर ने भारत में छोटे खेतों के मुद्दे को ध्यान में रखा और उन्हें शामिल किया। समामेलन और विस्तार के विविध प्रस्तावों की समीक्षा करने के बाद, डॉ अम्बेडकर इस निष्कर्ष पर पहुंचे कि वे सभी प्रस्ताव अंततः दोषपूर्ण और अधूरे थे।

उन्होंने दावा किया कि भूमि फसलों के लिए आवश्यक विकास कारकों में से एक है, जो कि अन्य विनिर्माण कारकों के साथ सर्वोत्तम संभव सीमा तक उपयोग नहीं किए जाने पर अक्षम और अनुत्पादक होगी। जोत को निर्धारित नहीं किया जाना चाहिए, लेकिन आदर्श रूप से अन्य उत्पादन कारकों की उपलब्धता के साथ भिन्न होता है क्योंकि कृषि मशीनरी की उपलब्धता बढ़ जाती है और यदि बाद में उपलब्धता कम जाती है, तो उत्पादकता घट जाती है।

डॉ. अम्बेडकर ने तर्क दिया कि खेतों के विस्तार की कोई भी योजना तभी बनाई जा सकती है जब यह दिखाया जा सके कि देश में खेतों की उपलब्धता में उल्लेखनीय वृद्धि हुई है। वास्तव में, उन्होंने पूंजीगत स्टॉक में गिरावट का उदाहरण देकर दावे को ध्वस्त करने के लिए आंकड़ों को सुव्यवस्थित किया। उन्होंने यह भी तर्क दिया कि वास्तविक चुनौती पूंजीगत स्टॉक को बढ़ावा देना है और यह तभी संभव होगा जब अर्थव्यवस्था अधिक बचत करे। उनका यह सोचना था कि यह तब तक नहीं किया जा सकता जब तक एक बड़ी जनसँख्या जमीन पर निर्भर न हो। इसलिए, उन्होंने भारत की कृषि समस्या के उत्तर के रूप में औद्योगीकरण का सुझाव दिया।

भारत इस महान व्यक्ति का ऋणी है, और मुझे यह उल्लेख करने में मुझे कोई संकोच नहीं है कि डॉ अम्बेडकर, स्वतंत्रता पूर्व और स्वतंत्रता के बाद के वर्षों में विभिन्न क्षेत्रों के लिए विभिन्न नीतियों के विकास और उसके निर्धारण में अपने अमूल्य योगदान दिए। वे भारत के संविधान के पिता हैं। इसके आलावा उन्होंने ऊर्जा क्षेत्र और जल संसाधन क्षेत्र और कई अन्य क्षेत्र के विकाश में अपना विशेष योगदान दिया।इस लिए मैं लाखों सामाजिक रूप से वंचित,उत्पीड़ित, पिछड़े अति पिछड़े भारतीयों के भगवान के रूप में इस देहधारी महापुरुष को नमन करता हूं।

भारतीय कृषि पर उनके विचारों को विभिन्न विषयों में वर्गीकृत किया जा सकता है, जैसे कि भू-राजस्व, लघु भूमि स्वामित्व, भूमि कार्यकाल प्रणाली, कृषि श्रम, सामूहिक खेती और कृषि संगठन इत्यादि। भारतीय खेती में, भूमि वितरण पैटर्न पक्षपाती होता है। जाति व्यवस्था से जुड़े होने के कारण, विशेष रूप से भारत में भूमि का अनुपातहीन वितरण महत्वपूर्ण रहा है। बड़े जमींदार तथाकथित उच्च जातियों से संबंधित हैं, मध्यम जातियां किसानों से संबंधित हैं, और गरीब वर्ग, जैसे कि सामाजिक-आर्थिक रूप से वंचित, बहिकृत,अति पिछड़ा वर्ग मुख्य रूप से कृषि श्रमिकों से संबंधित हैं। इस संबंध में कृषि क्षेत्र के विकास, भूमि स्वामित्व की प्रवृत्ति और सामाजिक-आर्थिक रूप से वंचित वर्गों के व्यावसायिक वितरण पर डॉ. अम्बेडकर के विचारों पर ध्यान केंद्रित किया गया है। भारतीय अर्थव्यवस्था के लिए एक महत्वपूर्ण क्षेत्र कृषि है। कृषि क्षेत्र का यह महत्वपूर्ण विकास मूल रूप से भूमि

के कार्यकाल की प्रणाली, सिंचाई और अन्य मापदंडों, जैसे भूमि की उर्वरता और प्रौद्योगिकी पर निर्भर करता है। अर्थव्यवस्था के सभी चरणों में, भूमि विकास का एक कारक है, और यह ग्रामीण लोगों के जीवन में एक अहम् महत्वपूर्ण भूमिका भी निभाती है। ग्रामीण भारत में, भूमि न केवल राजस्व का एक प्रमुख स्रोत है, बल्कि सामाजिक स्थिति का भी प्रतीक है। भारत की ग्रामीण आबादी का लगभग पचासी प्रतिशत प्रत्यक्ष और अप्रत्यक्ष रूप से भूमि और उसके विकास पर निर्भर है।

कुल मिलाकर, ग्रामीण क्षेत्रों में आय के स्तर का जुडाव स्वामित्व वाली या प्रबंधित भूमि की मात्रा से सबंधित है। ग्रामीण क्षेत्रों में सामाजिक असमानता का पैटर्न भूमि वितरण प्रणाली और नागरिकों के बीच बिजली वितरण के बीच ओवरलैप को दर्शाता है। भारतीय ग्रामीण शक्ति और वर्चस्व को प्राप्त करने में भूमि की महत्वपूर्ण भूमिका है। हालांकि, भारत में कृषि में भूमि वितरण का पैटर्न हमेशा से पक्षपाती बना हुआ है।

जाति व्यवस्था से जुड़े होने के कारण, विशेष रूप से भारत में भूमि का विषम वितरण महत्वपूर्ण है। बड़े जमींदार ऊंची जातियों के हैं, किसान मध्यम जातियों के हैं, और खेतिहर मजदूर ज्यादातर कमजोर और वंचित,अति पिछ्ड़ी वर्ग के हैं। भूमि सुधार के लिए शामिल कदम, जो स्थायी बंदोबस्त अधिनियम 1793 के माध्यम से ब्रिटिश सरकार के लिए अभिप्रेरित हैं, स्वतंत्रता के बाद सभी राज्यों द्वारा राष्ट्रीय अर्थव्यवस्था की नीतियों के अनुसार, शोषक मध्यवर्ती भूमि कार्यकाल को समाप्त करने के लिए अपनाया गया और इस प्रकार वृद्धि के क्रम में कास्तकारो को स्वामित्व का अधिकार प्रदान किया गया। उत्पादकता और भारतीय खेती में समान विकास को प्रोत्साहित करना और भारतीय कृषि भी साठ के दशक के मध्य से हरित क्रांति के रूप में जानी जाने वाली उभरती प्रौद्योगिकियों के संपर्क में थी।

कृषि उत्पादन, मुख्य रूप से खाद्य उत्पादन है क्योकि हरित और खाद्य पदार्थ का वास्तविक उत्पादन,अत्यधिक वृद्धि हुई है।एक महत्वपूर्ण व्याख्या यह है कि इसने केवल बेहतर रूप से किसानों को लाभान्वित किया है, और सीमित, सीमांत और कृषि श्रमिक, जो कम भूमिवाले या जिनके पास कोई भूमि का आधार नहीं है, को अधिक लाभ नहीं हुआ है। जिन महत्वपूर्ण प्रश्नों से निपटना है वे हैं: भूमिहीन और सीमांत कौन है? इसका उत्तर सामाजिक-आर्थिक वंचित,बहिकृत और अति पिछ्ड़ा वर्ग है, जो अभी भी लगभग अन्नासी प्रतिशत भूमिहीन और ग्रामीण श्रमिकों के रूप में है? किसका आर्थिक सिद्धांत भूमिहीन और शोषित सामाजिक-आर्थिक रूप से वंचित,बहिकृत और अति पिछ्ड़े वर्गों को बढ़ाने में मदद करेगा? हमें राज्य स्तर पर सामाजिक-आर्थिक रूप से पिछ्ड़े वर्गों के लिए स्वतंत्रता के बाद के युग में भूमि

तक पहुंच पर शोध करने का प्रयास करना चाहिए; सामाजिक-आर्थिक रूप से वंचित,बहिकृत,अति पिछड़े वर्गों पर भूमि सुधारों के प्रभाव का मूल्यांकन करना; कृषि विकास पर विशेष रूप से कृषि सुधारों और कृषि के लिए उनके सिद्धांत की प्रासंगिकता के संबंध में डॉ. अम्बेडकर के विचारों का अध्ययन करने के कि आवश्यकता है।

डॉ. भीम राव रामजी अम्बेडकर एक धार्मिक व्यक्ति थे, लेकिन धर्म के नाम पर उन्हें पाखंड पसंद नहीं था। उनके लिए धर्म अध्यात्म था। धर्म का प्रभाव उनके द्वारा अभिव्यक्त और अनुभव किया गया था। उनके अनुसार, एक धर्म, जैसे चरित्र, व्यवहार, प्रतिक्रिया, पसंद और घृणा, प्रत्येक व्यक्ति के जीवन को प्रभावित करता है। ब्राह्मणवादी हिंदू धर्म में, उन्हें अति गंभीर और कड़वा अनुभव था और उन्होंने जाति व्यवस्था को महसूस किया और उसकी कड़वाहट की आलोचना भी किया। इस प्रकार, उन्होंने ब्राह्मणवादी हिंदू धर्म का विरोध किया और सामाजिक रूप से वंचित, बहिकृत वर्गों के धार्मिक मुद्दों के समाधान के रूप में बौद्ध धर्म को स्वीकार किया। उन्होंने इस्लाम, सिख और ईसाई धर्म का भी विरोध किया और दो कारणों से बौद्ध धर्म को प्राथमिकता दिया। सबसे पहले, बौद्ध धर्म की उत्पत्ति भारतीय देश में हुई है, और दूसरी बात, आचार विचार,नैतिकता और शिक्षा के धर्म में जाति व्यवस्था के लिए कोई जगह नहीं है। उन्होंने उन लोगों के लिए शपथ की सिफारिश की जो बौद्ध धर्म को ग्रहण चाहते थे। उन्होंने भारत के दलित, उत्पीड़ित और वंचित वर्गों के जीवन में एक महत्वपूर्ण क्रांति लाई। उन्होंने शपथ ली ताकि हिंदू धर्म से उनका संबंध पूरी तरह से अलग हो सकें। ये शपथ हिंदू मूल्यों और परंपराओं की नींव पर आघात करती हैं; वे शपथ बौद्ध धर्म को गलतफहमी और अंतर्विरोधों से बचाने के लिए एक कवच के रूप में काम करते हैं। ये शपथ अंधविश्वासों, अनुष्ठानों से मुक्त हो सकती हैं जो अनावश्यक और व्यर्थ थे और वर्तमान में भी भारतीय हिन्दू समाज में मौजूद है,जो व्यापक रूप से गरीबी और विभाजन और हिंदुओं की उच्च जातियों के संवर्धन में योगदान करते रहे है। उन्होंने धर्मांतरण की बाईस प्रसिद्ध शपथों का पालन किया।

चूंकि ब्राह्मणवादी हिंदू धर्म वर्गीकृत और वर्गीकृत असमानता के सिद्धांतों की वकालत करता है और अमानवीयता और दुराचार का प्रचार करता है। उन्होंने ब्राह्मणवादी हिंदू धर्म की कड़ी आलोचना किया और कहा कि ब्राह्मणवादी हिंदू धर्म एक धर्म नहीं है, बल्कि एक राजनीतिक विचारधारा है जिसका उद्देश्य अधिकांश लोगों को मानसिक गुलामी में रखना है। वे धर्म के पक्ष में थे, लेकिन उस धर्म के पक्ष में नहीं थे जो पूरी तरह से पाखंड का वकालत करता हो और अपने शब्दों में

कहा कि उन्हें धर्म की जरूरत है लेकिन धर्म के नाम पर पाखंड नहीं। ब्राह्मणवादी हिंदू धर्म आचार विचार और नैतिकता की शिक्षा नहीं देता है कि एक वर्ग को दूसरे वर्ग के साथ समानता का व्यवहार करना चाहिए। यह हमेशा पुरुष से पुरुष, पुरुष से महिला और जाति से जाति तक पक्षपाती रहा है और वर्तमान में भी उसी राह पर चल रहा है।

वर्गीकृत असमानता की अवधारणा और अमानवीयता और घृणा की शिक्षा,ब्राह्मणवादी हिंदू धर्म द्वारा वकालत की जाती है। उन्होंने हिंदू धर्म में ब्राह्मणवाद की अत्यधिक निंदा की और तर्क दिया कि हिंदू धर्म एक धर्म नहीं है, बल्कि एक राजनीतिक दर्शन है जिसे अधिकांश लोगों को मानसिक गुलामी में रखने के लिए डिज़ाइन किया गया है। हिंदू धर्म ने दूसरों के साथ व्यवहार करने की समानता का नैतिकता प्रदान नहीं करता है। यह हमेशा पक्षपाती रहा है और मनुष्य से मनुष्य को, जाति में जाति मे भेदभाव,छुआ छुत और वैमनस्यता फैलाता रहा है।

* * * * * * * * * *

अध्याय – एक

डॉ. बी.आर.अम्बेडकरः सामाजिक न्याय के लिए कलमबद्ध क्रांतिकारी योद्धा

"मनुष्य से सब कुछ छीना जा सकता है, मानव स्वतंत्रता को छोड़कर - किसी भी स्थिति में अपने दृष्टिकोण को चुनने की क्षमता और अपने तरीके से किये जाने की क्षमता।"

डॉ. बी.आर.अम्बेडकर: सामाजिक न्याय के कलमबद्ध क्रांतिकारी योद्धा

"मनुष्य से सब कुछ छीना जा सकता है, मानव स्वतंत्रता को छोड़कर - किसी भी स्थिति में अपने दृष्टिकोण को चुनने की क्षमता और अपने तरीके से किये जाने की क्षमता।"

भारत में तर्क के आधार पर ब्राह्मणवादी हिन्दू धर्म में जातियों और उपजातियों के बीच अंतर्संबंध स्थापित नहीं हैं। इस धार्मिक व्यवस्था में उच्च जाति का व्यक्ति कितना भी अयोग्य क्यों न हो, उसका दर्जा हमेशा ऊँचा रहेगा। भारतीय धार्मिक सामाजिक व्यवस्था पूरी तरह से जाति व्यवस्था पर आधारित है। समय के साथ, इसमें कई बदलावों का अनुभव किया गया, लेकिन इसके मूल निर्माण आधारशिला अपरिवर्तित ही रहे। जाति व्यवस्था भारत में एकता के सबसे महत्वपूर्ण कारणों में से एक थी और है। असंख्य जातियों और उपजातियों के कारण भारतीय समाज का विभाजन हुआ है। एक जाति या उप-जाति से संबंधित सामाजिक, आर्थिक, शैक्षणिक और कानूनी रूप से कम आबादी वाली थी, लेकिन मजबूत थी। आबादी का एक बड़ा हिस्सा सामाजिक रूप से वंचित था और उसे 'अछूत या सामाजिक रूप से वंचित, बहिष्कृत ' माना जाता था और आज भी अपरोक्ष-परोक्ष रूप से धार्मिक,समाजिक और आर्थिक रूप से वंचित और बहिकृत ही हैं।

मूल भारतीयों को असाधारण रूप से ब्राह्मणवाद द्वारा हजारों जातियों में विभाजित किया गया। जिस जाति में लोग पैदा हुए थे और है, उनके जीवन का सम्पूर्ण भाग उसी जाति के कार्यो के लिए निर्धारित किया गया था और आज भी अधिकांशतः उसी तरह के असम्मानित जीवन को जी रहे है। ब्राह्मणवाद द्वारा यह निर्धारित किया गया था कि कौन -कौन लोग किससे शादी करेंगे और किसके साथ भोजन करेंगे। ब्राह्मणवाद ने मूल रूप से लोगों के पेशे से भारत के लोगों की सामाजिक स्थिति को भी निर्धारित किया था। इसके अलावा, जातियों को सावधानीपूर्वक और चालाकी से एक पदानुक्रम में वर्गीकृत किया गया। इस पदानुक्रम में सीढ़ी के सबसे नीचले स्तर पर सामाजिक रूप से वंचित यानि सामाजिक बहिकृत वर्ग को

रखा गया,क्योंकि वे सम्पूर्ण आबादी के सबसे बड़ा हिस्सा थे। सामाजिक रूप से वंचित,बहिकृत वर्ग के लोगों को विभिन्न और गंभीर कठिनाइयों और प्रतिबंधों का सामना करना पड़ा, जो अनिवार्य रूप से एक स्थान से दूसरे स्थान पर भिन्न था। ब्राह्मणवादियों द्वारा उनके संपर्क को पापपूर्ण और सामाजिक प्रदूषण का स्रोत माना जाता था। भारत देश के अधिकांश हिस्सों में, खासकर दक्षिण में उनकी छाया भी पूर्ण रूप से प्रतिबंधित था, ताकि ब्राह्मण को आते या दूर से ही उनकी आवाज सुनते ही उन्हें दूर जाना पड़ता था ताकि उनकी छाया किसी विदेशी आर्य अल्पसंख्यक ब्राह्मण पर न पड़े। इस वर्ग कि छाया से तथाकथित विदेशी आर्य ब्राह्मणवर्ग पूर्ण रूप अपने को शारीरिक और मानसिक रूप से अशुद्ध महसूस करता था। सामाजिक रूप से वंचित लोगों के कपड़े, भोजन, निवास स्थान, सभी को सावधानी पूर्वक नियंत्रित किया जाता था। वे ऊंची जातियों द्वारा इस्तेमाल किए जाने वाले कुओं और तालाबों से पानी को उपयोग नहीं कर सकते थे; वे ऐसा केवल सामाजिक रूप से वंचित,वंचित वर्गों के लिए आरक्षित कुओं और तालाबों से ही पानी का उपयोग कर सकते थे। यदि ऐसा कोई कुआँ या तालाब नहीं उपलब्ध होता तो उन्हें तालाबों और सिंचाई नहरों का गंदा पानी पीने के लिए बाध्य होना पड़ता था, अन्यथा अंतिम सांस तक प्यासा रहना पड़ता था। उन्हें ब्राह्मणवादी हिंदू मंदिरों में प्रवेश करने और हिंदू धार्मिक प्रतिलेखन और पुस्तकों, ग्रंथो का अध्ययन और सीखने की अनुमति नहीं थी। उनके लिए शिक्षा पूर्ण रूप से प्रतिबंधित थी। यदि वे ब्राह्मणवाद के इस तरह के आदेश का पालन नहीं करते तो उन्हें जानवरों की तरह प्रताड़ित और दंडित किया जाता था। अगर कोई वंचित वर्ग का व्यक्ति अपने बच्चों को पढ़ाना चाहता था तो अक्सर उनके बच्चे उस स्कूल और कक्षाओं में नहीं जा पाते थे जिनमें उच्च जाति के हिंदुओं के बच्चे पढ़ते थे। पुलिस और सेना जैसी सार्वजनिक सेवाएं उनके लिए पूरी तरह से प्रतिबंधित थीं। सामाजिक रूप से वंचित वर्गों को अकुशल और अन्य ऐसी सेवाओ को अपनाने के लिए मजबूर किया गया जिन्हें 'अशुद्ध' माना जाता था। उन्हें कृषि भूमि के स्वामित्व का कोई अधिकार नहीं था। आमतौर पर,उन्हें भूमि के स्वामित्व से वंचित कर दिया गया था।

भारत में ब्राह्मणवादी यानि तत्कालीन तथाकथित बुद्धिजीवी जाति व्यवस्था अपमानजनक और शर्मनाक थी जो कि वर्तमान में भी मौजूद है। यह व्यवस्था जन्म से असमानता के अलोकतांत्रिक सिद्धांत पर आधारित थी और अनवरत रूप से जारी है,यही सामाजिक संरचना सामाजिक विघटन का कारण है। भारत के मूल निवासियों को,जो कि बहु संख्यक है, अनेक जातियों और उपजातियो में विभाजित कर दिया गया। प्राचीन काल के साथ-साथ स्वतंत्र भारत में जाति व्यवस्था का इस

प्रकार का बिखराव और वर्गीकरण लोगों में राष्ट्रीय भावना को एकजुट करने के लिए लोकतंत्र के विकास में एक बड़ी बाधा बन गया है।

भारत हमेशा से ही बुद्धिजीवियों और आर्थिक संपदा से परिपूर्ण रहा है। इस दृष्टि से एक प्रसंग में बुद्ध धर्म का उदय हुआ है। इस प्राचीन बुद्ध धर्म का उदय उस समय हुआ जब सामाजिक और आर्थिक स्थिति में स्थायी विकृति के कारण पुराने प्राचीन धर्म का स्थायी रूप से क्षरण हुआ। समय के साथ-साथ बुद्ध धर्म का खूब प्रचार-प्रसार हुआ। यह प्रचार न केवल भारत में फैला, बल्कि पूरे विश्व में पंचतंत्र की मूल सिद्धांत का एक अलग पहचान बनाई। यह धर्म भी कई सदियों तक भारत में फला- फूला, लोग इसके सिद्धांतो का अनुपालन करते रहे हैं। समय के अंतराल में इस धर्म के प्रसार - प्रचार की कमी के कारण अतीत में धर्म में एक लंबी गिरावट आई और समाजवाद में लंबे समय तक क्षरण के साथ ब्राह्मणवाद विकसित हुआ। इस पराधीनता और पराजय के कारण, समाजों के बीच अलगाव और दूरी बढ़ गई है, एक समाज ने दूसरे समाज के साथ दमनकारी व्यवहार करने के लिए उकसाये जाने लगा। एक समाज अत्याचारी, विनाशकारी और विश्वासहीन के रूप में उभरा, जबकि दूसरे मूल निवासी समाज को जो पीड़ित, शोषित, निराश, सामाजिक रूप से वंचित, बहिष्कृत था,को गहरी खाई में धकेल दिया गया। वर्तमान की तरह इस देश में समानता की जगह असमानता का क्रूर और दमनकारी शासन स्थापित हुआ। अठारहवीं शताब्दी में इस प्रकार के क्रूर समाज के विरुद्ध कुछ लड़ाइयाँ लड़ी गईं। महात्मा फुले सामाजिक न्याय के सेनानियों में से एक प्रमुख थे। उनका जन्म तत्कालीन मध्य प्रांत जो अब महाराष्ट्र है, में हुआ था, एक महान सामाजिक क्रांतिकारी के रूप में उभरे और सामाजिक मंच पर अपना एक अलग स्थान बनाया। वे एक महान सामाजिक क्रांतिकारी, बहुमुखी, प्रतिभाशाली और सक्षम, दूरदर्शी और अपार साहस युक्त के साथ-साथ अद्वितीय व्यक्ति थे। उन्होंने एक ऐसे आंदोलन को फिर से जीवंत किया जो सामाजिक असमानता, विध्वंसक, आस्था, अत्याचारी और तानाशाही सामाजिक व्यवस्था के खिलाफ था। उनके काल में ब्राह्मणवादी तर्क-वितर्क, भूत-प्रेत और क्रूरता का भय बिना किसी झिझक के एक अनिच्छुक समाज से पूर्णतया मुक्त था और उन्हें शून्य रूप में अवशोषित कर उनका शोषण करता था। ब्राह्मणवाद को पूरे भारतीय समाज और सामाजिक रूप से वंचित,बहिकृत वर्ग को गधा जैसा जानवर बना दिया गया था जो अपने मालिक के आदेश के आलावा कुछ भी नहीं सुनता,न सोचता, न कोई कार्य करता था।वर्तमान 'अमृत काल' में भी काफी हद तक उसी प्रकार का व्यवहार वंचित समाज के प्रति परोक्ष-अपरोक्ष रूप से अनवरत रूप से जारी है। मै समझता हूँ कि सत्ता धारी सरकारों में इस वर्ग के राजनेताओं के साथ परोक्ष-अपरोक्ष उसी तरह का व्यवहार होता रहा है।वर्तमान

में इस वर्ग के राजनेता अपने समाज के मूलभूत अधिकारों और उनके सामाजिक उत्पीडन के आवाज को उठाने में असक्षम साबित हो रहे है।

डॉ. भीमराव रामजी अम्बेडकर एक प्रगतिशील विचारक और युग के सुपरमैन थे। भारतीय समाज के सबसे बड़े वर्गों में से एक, जो मुख्यधारा से वंचित था, इन ब्राह्मणवादी पूर्वाग्रहों से अलग-थलग था; भगवान ने डॉ.बी.आर.अम्बेडकर को शुरू से ही धार्मिक, आर्थिक और सामाजिक रूप से वंचित वर्गों के उत्थान के लिए नियत कर दिया था। वे इस पृथ्वी पर एक दिव्य शिक्षक और समाज सुधारक के रूप में अवतरित हुए जब कि सामाजिक संरचना का संपूर्ण क्षरण पूरा हो चूका था और कुछ भी शेष नहीं बचा था। सामाजिक रूप से वंचित के रूप में जाने जाना वाला समाज का एक वर्ग एक पुरातन, अपमानजनक और स्थिर,निर्जीव जीवन जी रहा था। उनका जीवन पूरी तरह से स्थिर मरणासन्न की तरह था। उन पर सामाजिक,आर्थिक और धार्मिक निषेध पूरी तरह से लागू था। मनु के अनुयायियों ने इन समाजों के लिए धार्मिक और सांप्रदायिक रीति-रिवाजों पर पूर्ण विराम लगा दिया था।

मनु ब्राह्मणवादी हिंदू पौराणिक कथाओं के अनुसार इस पृथ्वी पर पहले व्यक्ति मनुष्य के रूप में थे। वे एक महत्वपूर्ण संस्कृत कानून संहिता के महान लेखक थे जिसे मनु स्मृति के रूप में जाना जाता है।जिसे मनु के कानून के रूप में भी जाना जाता है। मनु वेदों में, ब्राह्मणवादी हिंदू धर्म के पवित्र ग्रन्थ,साहित्य में दिखाई देते हैं। उन्होंने लोगों को चार श्रेणियों में विभाजित किया, पुजारी वर्ग को ब्राह्मण,योद्धा वर्ग को क्षत्रिय और अन्य वर्ग को वश्य और शूद्र के रूप में जाना जाता रहा है। डॉ.अम्बेडकर युग से ही शूद्र को दलित वर्ग या सामाजिक वाचित बहिकृत रूप में जाना जाता रहा है।

सामाजिक रूप से वंचित,बहिकृत वर्ग बहुसंख्यक और मूल निवासी हैं, जिन्हें मनु ने शूद्र उपनाम दिया है। ब्राह्मणवाद मनु का अनुयायी है। मनु कानून ने इन दलित वर्गों के सामाजिक, धार्मिक और आर्थिक रूप से उत्थान को पूरी तरह से प्रतिबंधित कर दिया और उन्हें बहिष्कृत के रूप में हकदार बना दिया था।

डॉ.बी.आर. अम्बेडकर सामाजिक रूप से दलित वर्गों के उत्थान के लिए किसी भी सक्रिय कार्य करने के लिए पूरी तरह से इच्छुक रहते थे। उस मानव जाति के लिए पूरी सामाजिक संरचना आंशिक थी, अछूत और सछूत किसी भी मानवीय और शोषण गतिविधियों को करने के लिए। दरअसल, उनके साथ मानवीय व्यवहार के बजाय अमानवीय व्यवहार किया गया। उस ब्राह्मणवादी व्यवस्था में भी,

सामाजिक रूप से वंचित,बहिकृत वर्ग को समान रूप से मानवीय स्थिति प्राप्त नहीं थी। इस वर्ग के लोगों को स्वतंत्र या स्वतंत्र रूप से अपने विचार व्यक्त करने की स्वतंत्रता नहीं थी। उन्हें कभी भी किसी भी दूसरे वर्ग से भी किसी तरह का समर्थन नहीं मिला। सामाजिक रूप से वंचित वर्ग का जीवन पूरी तरह से बंधन, गुलामी और ब्राह्मणवादी आतंक से भरा था। वर्तमान में भी ब्राह्मणवादी आतंक परोक्ष –अपरोक्ष रूप से अपना एक अदृश्य मानसिक और भौतिक अत्याचार,तानाशाही सत्ता स्थापित किया हुआ है। जिसको समाप्त करना नामुमकीन है। वह युग उन वंचित, बहिकृत,शोषित, अछूत और सछूत वर्गों के लिए खतरा से भरा हुआ था, जो एक अंधकारमय युग के रूप में बहुसंख्यक थे, जिसमें सभी प्रकार के अत्याचार, तत्ववाद, तानाशाही और क्रूरता का गहरा दमनकारी युक्तियो से दमन किया गया था। उनका जीवन एक निर्दोष, विशुद्ध और असहाय प्राणी के रूप में था। समाज का यह वर्ग अज्ञानी होते हुए भी सामाजिक, आर्थिक और धार्मिक कार्यक्रमों में भाग लेने पर निर्दयता और क्रूरता पूर्ण दण्ड का भागी रहता था। उन्हें ब्राह्मणवादी व्यवस्था द्वारा असामाजिक, दुर्व्यवहार और दुर्व्यवहार पूर्ण जिंदगी जीने के अधिकार दिए गए थे। उन्हें कम, महत्वहीन, स्पष्ट, अविश्वसनीय, असभ्य लोगों के इंसान के रूप में माना जाता था। इस तरह दलित वर्ग के उद्दमी और मेहनती बहुसंख्यक यानी सामाजिक रूप से वंचित,बहिकृत वर्ग इस तरह की गुलामी में फंस गया कि जीने के लिए गुलामी के अलावा उनके पास और कोई चारा नहीं था। उन्होंने गुलामी के जीवन में ही अपना आनंद और खुशी पाई और इसे पाने के लिए कड़ी मेहनत करते रहे है।

सामाजिक रूप से वंचित समाज का इस प्रकार के युगों से अंधकारमय जीवन में परिवर्तन लाना आसान मिशन और कार्य नहीं था। एक बड़ी, ज्वलंत और बहुमुखी मूर्ति के साथ-साथ एक बड़े और विशद आंदोलन की आवश्यकता थी। इस प्रकार के आंदोलन में सफलता प्राप्त करने के लिए बुद्धिजीवियों जैसी बहुमुखी प्रतिभावान विशाल शक्ति वाले व्यक्तित्व की आवश्यकता होती है। डा.बी.आर.अम्बेडकर केवल इस तरह की पूर्ण रूप से सतही निर्माण और स्थापना कर रहे थे,व्यापक क्षमता,उचित सलाह, अद्वितीय आंदोलनकारी की भूमिका निभाई। उन्होंने सामाजिक विज्ञान, धर्म विज्ञान और भारत के संविधान सहित अन्य क्षेत्रों के सभी प्रकार के ज्ञान-विज्ञान के साथ आत्मविश्वास, बहुमुखी प्रतिभा हासिल की थी।

भारत में सामाजिक रूप से वंचित, बहिकृत,उत्पीडित समाज को अंधकार युग को बल देने के लिए ब्राह्मणवाद, पूंजीवाद, जातिवाद और रूढ़िवाद जिम्मेदार रहा है। ब्राह्मणवाद प्राचीन भारत की धार्मिक प्रथा और मान्यता है जैसा कि वेदों और हिंदू

धर्म के अन्य धार्मिक ग्रंथों में परिलक्षित होता है। रूढ़िवादी ब्राह्मणवादी हिंदू की सामाजिक और धार्मिक व्यवस्था, मुख्य रूप से ब्राह्मण, जाति संरचना और विभिन्न प्रकार के पंथवाद पर आधारित है। ब्राह्मणवाद के अनुयाइयों द्वारा विनाशकारी शिक्षाओं और उपदेशों के कारण, वंचित,बहिकृत,उत्पीडित समाज अंध युग के चोरों और लुटेरों के असहनीय कष्टों को उन्मुक्त करके एक असहनीय जीवन व्यतीत कर रहा था। इस युग में, अल्पसंख्यक लोगों का मतलब है कि ब्राह्मणवाद के अनुयायियों का कर्मकांड और जातिवाद की पारस्परिकता के साथ एकाधिकार था। ब्राह्मणवाद अपने आप में सभी सामाजिक, धार्मिक आर्थिक शक्तियों को छल और एकाधिकार के साथ पूर्ण रूप से कब्ज़ा कर लिया था। जवाहरलाल नेहरूकी प्रसिद्द पुस्तक भारत की खोज के अनुसार आर्य यानि ब्राह्मण भी अल्पसंख्यक और विदेशी मूल के थे, लेकिन अधिकांश सामाजिक बहिष्कृत और सामाजिक रूप से वंचित बहिकृत वर्ग को हर तरह से अपनी गुलामी की जंजीरों से जकड़े हुए थे। दरिद्रता, शोषण, गुलामी के कारण बहुसंख्यक लोगों का जीवन ब्राह्मणवाद, पूंजीवाद, जातिवाद और रूढ़िवादिता भारत में सामाजिक रूप से वंचित समाज को अंधकार युग में ढकेलने के लिए जिम्मेदार था, और वर्तमान में भी ब्राह्मणवादी मानसिकता के लोग उसी जुगत में लगे हुए है। उनका मुख्य उद्देश्य दरिद्रता, शोषण, गुलामी के कारण मूल निवासी बहुसंख्यक यानि सामाजिक रूप से वंचित,बहिकृत और पिछडे वर्ग को मानसिक रूप से मूर्ख और शिकार बनाना,इन वर्गों को अभी भी परोक्ष -अपरोक्ष मुर्ख बनाकर धार्मिक रूप से भय पैदा कर अपनी सत्ता और वर्चस्व हासिल करना है। इस वर्ग के लोग आसानी से उनके बिछाए गये धार्मिक रुपी जाल में फँस जाते है और उनकी गुलामी में तत्पर रहते है।

डॉ.अम्बेडकर की मुख्य भूमिका भारतीय समाज के एक बड़े समूह को जो सामाजिक रूप से वंचित वर्ग थे, उनको दरिद्रता, शोषण, गुलामी से मुक्ति करने की थी, जो विभिन्न प्रकार की प्रतिकूलताओं से पीड़ित थे। वे भारतीय महाद्वीप में सामाजिक वंचित, बहिकृत वर्ग के आलावा भारत के मूल निवासी और अधिसंख्यक रहे हैं। डॉ. अम्बेडकर सामाजिक उत्पीड़ित, बहिष्कृत, और पतित समाज की पूरी गुलामी के लिए ब्राह्मणवाद अनुयायी प्रणाली से प्राचीन समाज के लिए एक सम्मानजनक, संकल्पशील कार्य करने के लिए एक अविस्मरणीय प्रगतिशील व्यक्ति थे। उन्होंने ब्राह्मणवाद से सामाजिक और आर्थिक रूप से मुक्ति के लिए और संघर्ष के पथ पर चलने के लिए निर्दिष्ट किया।

डॉ. अम्बेडकर ने अपने ज्ञान और विवेक से उन सामाजिक रूप से वंचित,बहिष्कृत लोगों को गहरी नींद से जगाया और उनमें चेतना की एक नयी शक्ति भर दी,

जिन्होंने अपने मूल अधिकारों को प्राप्त करने के लिए संघर्ष और आंदोलन की अनंत शक्तियों का निर्माण करके त्वरित विकास किया। सामाजिक रूप से वंचित,बहिकृत लोगों के साथ अन्याय के खिलाफ बौद्धिक लड़ाई और ज्ञान के नए मार्ग को प्रतस्त किया।

डॉ. अम्बेडकर को सामाजिक-आर्थिक रूप से वंचित,,बहिकृत वर्गों के के आलावा पूरे भारतीय जन मानस के मनु के रूप में जाना जाता है। वे जन मानस के सर्वोच्च शिक्षक और उपदेशक होने के नाते, संत कबीर दास, संत रविदास, महात्मा फुले, भगवान बुद्ध और कई अन्य समाज सुधारकों जैसे महान संतों और बुद्धिजीवियों से प्रेरित थे। उन्होंने इन वर्गों के जीवन में स्वेच्छापूर्ण प्रबुद्ध मद्धिम मद्धिम रोशनी डालने की कोशिश किया और उसमें सफल रहे। उसी भूतकाल के प्रकाशित प्रकाश को आज के समय में उजागर किया जाता है और अपने लक्ष्य की ओर उन्मुख किया जाता है। मुझे पूर्ण विश्वाश है कि आने वाली पीढ़ियां डॉ. अम्बेडकर के पदचिन्हों पर चल कर अपने लक्ष्यों में सफल होंगी।

डॉ.अम्बेडकर ने सामाजिक बहुसंख्यक लोगों में अंदर एक नई इच्छा और जरुरतों को जगाया। उनके अनुसार किसी भी व्यक्ति में 'इच्छा और जरुरत ' के बिना उसके जीवन में किसी भी प्रकार का उत्थान संभव नहीं है। अतः उसे आशावान होना चाहिए और अपने उत्थान की कामना और प्रयास करनी चाहिए। उनका पहला बुनियादी, मौलिक सोच और सिद्धांत सामाजिक रूप से वंचित,बहिकृत समाज में सदियों से मृत और मृततुल्य इच्छा को जगाना था। उनकी इच्छा समाज के लिए कुछ करने की थी। इस वंचित,उत्पीड़ित समाज से सब कुछ ब्राह्मणवादी हिदू अनुयायियों द्वारा छीन लिया गया था,और इसलिए वे नीरस और निम्नतम स्तर का जीवन जीने को मजबूर थे। उन्होंने इस विषय पर गहराई से सोचा और समझा, उनके निदान और संसाधनों की खोज की और इस विषय पर मनन किया कि इसे कैसे लागू किया जाय। वे इस समाज के लोगों के बीच शिक्षा की लालसा और जिज्ञासा जगाने के लिए भी प्रयास करते रहे। वह समय सामाजिक रूप से वंचित,बहिकृत वर्ग का अंधकार युग था, जिसमें लोगों को सामाजिक, आर्थिक और कई अन्य कारकों के कारण शिक्षा प्राप्त करने की जानकारी नहीं थी। जैसा कि हम जानते है कि लोगों को नए विचारों से परिचित कराने में शिक्षा की महत्वपूर्ण भूमिका होती है। उन्होंने सार्वजनिक रूप से शिक्षा, मौलिक अधिकार और विरोध की आवश्यकता के बारे में एक दृष्टिकोण रखा ; लोगों को संगठित करके सामाजिक और धार्मिक संरचनाओं को संगठित किया। संगठनों ने नए रास्ते से अपना लक्ष्य पाने की पूरी कोशिश किया। सफलता की पहली सीढ़ी के लोग परिणामस्वरूप

अनुयायी बने और आगे बढ़े। वह समय सामाजिक असमानता, गुलामी, अन्याय, घृणा और क्रूरता का दौर था। इसके विपरीत, उनका मुख्य लक्ष्य वंचित,बहिकृत वर्ग को विश्व मानचित्र पर लाकर उनका उज्ज्वल भविष्य बनाना था।

यदि पूरे विश्व का लेखा-जोखा किया जाए तो इतने सीमित समय में कोई भी व्यक्ति ऐसा बहुमुखी कार्य नहीं किया होगा। यह देश में ही नहीं अपितु पूरे विश्व में एक अलग इतिहास है। उनके पास उत्कृष्ट एकाग्रता, टेलीपैथीयुक्त व्यक्तित्व था। उन्हें अपने जीवन में कई अवसरों पर चुनौतीपूर्ण परिस्थितियों में विभिन्न कठिनाइयों का सामना करना पड़ा था। उन्होंने अपना पूरा जीवन पृथ्वी के इस देश में पहले जन्मे राष्ट्र और संस्कृति को आगे बढ़ाने और केवल मूल निवासियों को ही नहीं बल्कि भारत गण राज्य के सभी नागरिकों को उनका नागरिक अधिकार को दिलाने में बिताया। यह उनका मूल कर्तव्य और मिशन था जिसमें उन्होंने सफलता पाई। भारत की आने वाली पीढ़ी दर पीढ़ी और मानव जाति की यह प्राचीन सभ्यता उनके विशिष्ट कार्यों के लिए उनका ऋणी रहेगी।

डॉ. अम्बेडकर ने देश और मानवता दोनों के लिए देश के संबंध में कई मिशनों का शुरुआत किया और उसमे सफल रहे।उन्होंने अपने नये उपजाऊ दृष्टिकोण और मौलिक कर्तव्य को पूरी तरह से रचनात्मक दृष्टिकोण में बदल दिया, दृढ और सकारात्मक विचार के साथ, भारत गणराज्य के लिए उपयुक्त एक विशिष्ट संविधान की स्थापना किया।एक आविष्कार के रूप और एक मील का पत्थर के रूप में, उन्होंने एक अलग पहचान विकसित की और भारतीय संविधान में नए कानूनों को स्थापित किया। जिसने न केवल भारत के लोगों के मन मस्तिष्क पर व्यापक प्रभाव छोड़ा, बल्कि दुनिया भर में अपनी अलग छाप छोड़ी। उन्होंने भारत गणराज्य को एक मजबूत गणराज्य के रूप में परिभाषित किया, संविधान के कानून, देश के उप-नियमों ने भारत के संविधान में उत्पीड़न,भेदभाव,गुलामी और अस्पृश्यता जैसी अमानवतावादी अवधारणाओं को मिटाने के लिए अथक प्रयास किया। इस संबंध में, इसे भारतीय संविधान के कानूनों और उप-नियमों में एकीकृत किया गया है।

बौद्ध धर्म,पूंजीवाद और भेदभाव का धर्म ब्राह्मणवाद में प्रचलित था,और बौद्ध धर्म अपने धर्म की दिशा में अनवरत रूप से जारी रहा और समाज के पूर्वोक्त पूर्वाग्रहों को समाप्त करने के लिए उन्होंने अपने जीवन के अंतिम दिनों तक यह प्रयास जारी रखा। यह आमूल प्रश्न है और बहस योग्य विषय है कि ब्राह्मणवाद क्या है, इसका भारतीय समाज में कैसे प्रचार -प्रसार हुआ, यह समाज में किसी चीज का गलत व्याख्या कैसे करता है, क्या यह उदारवाद है, समाज इससे कैसे पीड़ित रहा है, क्या यह एक आवश्यक और बुनियादी मुद्दा है?

वास्तव में ब्राह्मणवाद, पितृसत्ता, जातिवाद, मस्तिष्क और बौद्धिकता के हेरफेर का एक रूप है, यह लोगों की कमजोरियो को चालाकी पूर्वक गलत तरीके से उपयोग कर अपना सत्ता स्थापित करता है, जैसे भारत के मूल निवासियों के निर्दोष लोगों का शोषण करना और सामाजिक रूप से वंचित, बहिकृत लोगों के समस्याओं का समाधान ढूढने का प्रलोभन देना। इस प्रकार से वंचित,बहिकृत समुदाय और देश का हर समाज इनके धूर्तता पूर्ण चालकी से अछूता नहीं रहा है। वर्तमान और भविष्य में ब्राह्मणवाद से भारतीय समाज को बहुत ही खतरा है यह लोगों को कुरितियों और अन्धविश्वास की ओर निरंतर धकेलते जा रहा है।जिस प्रकार से निवर्तमान ब्राह्मणवादी सरकारों के कार्यकाल में आम जनता को कुरीतियों और अन्धविश्वाश की ओर ढकेलने की हर संभव प्रयास जारी है।

डॉ.अम्बेडकर ने सामाजिक शांतिपूर्ण आंदोलन के माध्यम से जबरदस्त काम करने एवं उसको पूरा करने का अपना मिशन बनाया। विविध मिशनों को पूरा करने के लिए, उन्होंने संगठनों का गठन किया। इस संगठन के माध्यम से जो व्यक्ति समाज की मुख्य धारा से अलग-थलग पड़ जाते हैं,वे अपने भीतर अपने जन्मसिद्ध अधिकारों की पहचान बनाते हैं। यह उनके कर्तव्यों का मुख्य मुख्य केंत्द्र बिंदु था।

डॉ. अम्बेडकर को भारत में जाति व्यवस्था का कटु अनुभव

क्या जाति एक संस्कृति निर्माता है? क्या जाति व्यवस्था पिछड़ेपन की व्यवस्था है? क्या जाति आरक्षण और योग्यता तक सीमित है? क्या इक्कीसवीं सदी के भारत में जाति मौजूद है? जाति को विभिन्न चश्मे से समझा जाता है, इस प्रकार यह भारत में संवाद का सबसे गलत समझा जाने वाला विषय है। जाति को आरक्षण को पैमाना माना जाता है: दलित, आदिवासी, गरीबी, दलित पूंजीपति, दिहाड़ी मजदूर, जघन्य हिंसा, अपराध, ओबीसी, ब्राह्मण, बनिया, क्षत्रिय आदि। हालाँकि, जिस पर चर्चा नहीं हुई है, वह है कई रूप जिसमें जाति अपनी पवित्रता बनाए रखती है और भारत में मानव जीवन के हर पहलू के माध्यम से अपने एजेंडे को आगे बढ़ाती है। जाति हर पहलू में और सार्वजनिक और निजी जीवन के एक अकल्पनीय रूप से बड़े क्षेत्र में एक महत्वपूर्ण भूमिका निभाती है।

विश्व में मानव सभ्यता के विकास में अनेक परिवर्तन हुए हैं। जब हम बारीकी से सोचेंगे और गौर करेंगे,तो हम जानवरों की गुलामी के रूप में प्रतिरूपण पर कुछ लोगों के आधिपत्य को पा सकते हैं जिसने पूरी मानव सभ्यता को कैद कर लिया है। डॉ. अम्बेडकर ने सामाजिक-राजनीतिक, धार्मिक असमानता और आर्थिक मुद्दों को मिटाने के लिए एक सामाजिक रूप से वंचित,उत्पीड़ित समुदाय में अवतार लिया।

कालान्तर में तत्कालीन बुद्धजीवी ब्राह्मणवादी हिन्दू ने अपनी सर्वश्रेष्ठता स्थापित करने के लिए भारतीय संस्कृति को चार वर्णों और हजारों जातियों और उपजातियों में विभाजित किया। इस निष्ठुर बौद्धिक मुख्य रूप से कुछ उच्च जातियाँ, जिनमें ब्राह्मणवादी समुदाय को जाति के रूप जाना जाता है। इन्होंने अन्य जातियों और वर्गों के लोग जो हाशिए पर खड़ा कर दिया और जो सामाजिक रूप से दबे हुए थे, उनके साथ जीवन प्रत्यंत प्रताड़ित और दुर्व्यवहार किया और वही व्यवहार अभी भी अनवरत रूप में किसी न किसी रूप में जारी है। भारत के इन सभी मूल नागरिकों को राजनीतिक, सामाजिक, शैक्षिक, धार्मिक और आर्थिक विशेषाधिकारों से वंचित किया गया, और अनवरत रूप से इन वर्गों को मूलभूत अधिकारों और सुविधओं वंचित करने की कोशिश जारी है।

ब्राह्मण के पास ब्राह्मणवाद के रूप में पारंपरिक और रूढ़िवादी ब्राह्मण धर्म का लेबल सदियों से है, जिसके द्वारा सामाजिक रूप से वंचित,बहिकृत,उत्पीड़ित, गरीब समुदायों को शूद्र जैसे शीर्षक नवाजा गया,फिर उनमें ससछूत और अछूत में अपनी सुविधा के अनुसार विभाजित किया,जो हिन्दू ब्राह्मणवादी जाति व्यवस्था की जंजीरों में सदियों से अछूत और सामाजिक रूप से वंचित, बहिष्कृत हैं। ये बहुसंख्यक मूल निवासी लोग अपने ही जीवन में एक मृत व्यक्ति के आलावा और कुछ नहीं थे। अभी भी देश के अधिकांश हिस्सों इस प्रकार लोग आसानी से देखने को मिल जायेंगे।इस विषय पर देश की निवर्तमान राष्ट्रपति महामहिम द्रौपदी मुर्मू ने अपने अभिभाषण में जीवन में भी इस तरह के दुर्व्यवहार के कड़वे अनुभव का जिक्र किया है,और डॉ. बी.आर.अम्बेडकर को भगवान रूप में संदर्भित किया है। इस लिए डा.अम्बेडकर ने उन उत्पीड़ित और दलित वर्गों के लिए व्यक्तिगत रूप से सभी प्रकार के मानवाधिकारों के बारे में सोचा और उसे सामाजिक पटल पर रखने की कोशिश किया। डॉ. अम्बेडकर उत्पीडित वर्ग के प्रति दुर्व्यवहार के निदान के लिए एक वसीयतनामा थे, क्योर्कि उनके जीवन में भी इस तरह के दुर्व्यवहार के कड़वे अनुभव थे।

उन्होंने बचपन में ही जाति व्यवस्था की विभत्स क्रूरता को उजागर करना शुरू किया। उन्होंने एक आत्मकथात्मक टिप्पणी में वर्णन किया कि एक पारिवारिक अवकाश के दौरान उन्हें तरह –तरह के अनुभव करना पड़ा। जब वे संयुक्त राज्य अमेरिका से लौटने के बाद बड़ौदा सरकार में नौकरी करने के लिए आये तो शहर में उन्हें आवास प्राप्त करना बहुत ही मुश्किल हो गया था। ऐसा कहा जाता है कि जब उन्होंने बडौदा सरकार में नौकरी करना शुरू किया तो उनको रहने के लिए किराये पर मकान देने के लिए उच्च वर्ग का कोई भी व्यक्ति उनकी जाति के आधार

पर तैयार नहीं था। उन्हें मकान देने से पहले जाति के बारे में मकान मालिक द्वारा विस्तृत जानकारी ली जाती थी, वर्तमान में भी काफी हद तक वही स्थिति है।एक दिन वे अपने दोस्तों के साथ किराये का मकान ढूढने निकले, किसी तरह एक सज्जन ने किराया पर उनको अपना मकान देने को तैयार हो गये,और उसने कोई भी जानकारी नहीं माँगी। उसी दिन शाम को वे उस मकान में रहने के लिए चले गये। सुबह –सुबह यह देखा गया कि सैकड़ो लोग लाठी –डंडो के साथ मकान के दरवाजे पर खड़े है,और डॉ. अम्बेडकर को बाहर निकलने का इंतजार कर रहे हैं। उनके हितैषी दोस्तों ने किसी तरह मकान के पिछले दरवाजे से उन्हें बाहर निकाला। इस प्रकार से उनके दोस्तों ने क्रूर ब्राह्मणवादी लोगों से उनकी जान बचाई।

डॉ.भीम राव रामजी अम्बेडकर भारत के अब तक सभी समाज सुधारकों में सबसे उल्लेखनीय हैं। भारत जैसे देश में जहां जाति व्यवस्था की जड़ें इतनी गहरी और मजबूत हैं, वहाँ उनकी भूमिका को भुलाया नहीं जा सकता। एक बार हिंदू सुधारवादियों की संस्था 'सोसाइटी फॉर द एबोलिशन ऑफ द कास्ट सिस्टम' ने उनको अपनी वार्षिक बैठक को संबोधित करने के लिए आमंत्रित किया। उन्हें जाति व्यवस्था द्वारा देश पर किए गए विस्तृत और वास्तविक परिणामों के बारे में बात करने के लिए कहा गया था। हालाँकि, जब उन्होंने अपने भाषण आयोजक को भेजा तो उनके द्वारा इसे अस्वीकार कर दिया गया। आयोजको द्वारा कहा गया कि उनके भाषण में बहुत ही विवादास्पद शब्द पाये गये हैं,और कोई भी आयोजक उच्च जातियों को किसी भी प्रकार से ठेस पहुचने का जोखिम नहीं उठाना चाहता है।उन्होंने दृढ़ता से जवाब दिया था कि जब वे किसी भी प्रकार की टिप्पणी को वापस लेने के लिए कहेंगे तो वह उस भाषण का अल्पविराम तक भी नहीं बदलेंगे। उन्होंने एक साल बाद भाषण को 'एनिहिलेशन ऑफ़ कास्ट' लेख के रूप में लिखा, जिसे जाति व्यवस्था के सबसे तीखे आकलनों में से एक के रूप में प्रस्तुत किया गया था। निस्संदेह, प्राचीन भारतीय रीति-रिवाजों से पैदा होने वाली सबसे शर्मनाक व्यवस्थाओ में से एक जाति व्यवस्था है। जाति व्यवस्था, एक दमनकारी और अमानवीय दर्शन,उन समसामाजिक व्यवस्थाओं में से एक थी, जिसे कई भारतीय महान सुधारवादियों ने इसको जड़ से खत्म करने का प्रयास किया,और डॉ. अम्बेडकर का योगदान सबसे महत्वपूर्ण रहा है।

उन्होंने अपना पूरा जीवन ब्राह्मणवादी हिन्दू धर्म के जाति प्रथा के उन्मूलन के लिए समर्पित कर दिया, और इस व्यवस्था को मूल से खत्म करने में उनका योगदान बेहद महत्वपूर्ण रहा है। वे एक महार परिवार में जन्मे स्कूल जाने वाले पहले सामाजिक रूप से वंचित, बहिष्कृत बच्चों में से एक थे तथा पूर्वाग्रहो के बीच

प्रतिष्ठित एलफिंस्टन हाई स्कूल में शिक्षित होने वाले पहले सामाजिक आउट कास्ट छात्र बने, और तीन साल के लिए बड़ौदा राज्य से छात्रवृत्ति भी प्राप्त किया। उन्होंने न्यूयॉर्क में कोलंबिया विश्वविद्यालय में अपनी स्नातकोत्तर शिक्षा पूरा किया और अपनी थीसिस 'कास्ट इन इंडिया' के बारे में लिखा, अपनी थीसिस को कोलंबिया विश्वविद्यालय में प्रस्तुत किया जिसके उपरांत उनको स्नातकोत्तर की उपाधि दी गयी।

सन्1924 में विदेश से भारत लौटने पर उन्होंने तत्कालीन अस्पृश्यता के खिलाफ सामाजिक न्याय का एक अभियान शुरू किया। उन्होंने 'बहिष्कृत हितकारिणी सभा' की स्थापना किया,जो भारत में जाति व्यवस्था पर तीखी बहस के लिए समर्पित लोगों का एक संघ था। उन्होंने सामाजिक-आर्थिक रूप से वंचित,बहिकृत वर्गों के अधिकारों तथा मानव कुप्रथाओं की समाप्ति के लिए अपने अनुयाइयो के साथ कई जलूस निकालने के आलावा प्रदर्शन भी किया।इस वर्ग के लोगों को सार्वजनिक पेयजल और धार्मिक स्थानों में प्रवेश करने से ब्राह्मणवादियों द्वारा मना कर दिया गया था। डॉ. अम्बेडकर, अन्य प्रदर्शनकारियों के साथ, उनके पीने के पानी के लिए असमानता के खिलाफ लड़ाई लड़ी तथा सार्वजनिक टैंकों और जलाशयों के जल का उपयोग इस वर्ग के लिए एक लोकप्रिय प्रतीक के रूप में जलूस निकाले। सन्1927 के अंत में, एक बैठक में, उन्होंने हिंदू धर्म की धार्मिक पुस्तक मनुस्मृति जो जातिगत भेदभाव और अस्पृश्यता के सिद्धांत से ओत- प्रोत है, इस पुस्तक की अमानवीयता को जन समूह में संबोधित किया और सार्वजनिक रूप से निंदा किया। उसके एक वर्ष बाद में एक जलूस का नेतृत्व किया, जहां प्रतिरोध और विरोध के प्रतीक के रूप में, उन्होंने और उनके साथी प्रदर्शनकारियों ने इस हिंदू धार्मिक पुस्तक मनुस्मृति की प्रतियां जलायी।

डॉ. अम्बेडकर वर्षों तक ब्राह्मणवादी हिंदू धर्म के पुराने ढांचे के खिलाफ लडाई लड़ते रहे। संविधान मसौदा समिति के अध्यक्ष के रूप में,उनकी देखरेख में, भारतीय संविधान के निर्माण में उनका सबसे प्रमुख योगदान रहा है। उस समय के सबसे क्रांतिकारी ग्रंथों में से एक के रूप में प्रशंसित, भारत के संविधान में ब्राह्मणवाद हिन्दू धर्म से सभी प्रकार की अस्पृश्यता को स्थान नहीं मिला और उसे हटा दिया गया,जो कि हिंदू धर्म का प्रभुत्व था।

डॉ. अम्बेडकर के सामाजिक, राजनीतिक और आर्थिक सुधारों को सात दशक से अधिक समय हो गया है, जबकि जाति प्रथा अभी भी जस की तस है, यह एक ऐसी बुराई है जो भारतीय सभ्यता को कलंकित कर रही है, यह मानना उचित होगा कि

उनके लम्बे और विशाल संघर्ष और प्रगतिशील विचार ने जाति व्यवस्था के उन्मूलन में मुख्य रूप से योगदान दिया।

डॉ.अम्बेडकर की पुस्तक 'एनिहीलेशन ऑफ़ कास्ट' में कहा कि, "राजनीतिक अत्याचार सामाजिक अत्याचार की तुलना में कुछ भी नहीं है यानि नगण्य है,और एक बहुमुखी सुधारक जो एक समाज को चुनौती देता है,विद्रोह करता है, वह सरकार की अवज्ञा, विद्रोह करने वाले राजनेता की तुलना में एक बहादुर व्यक्ति है।"

डॉ. अम्बेडकर ने अपने विचारों और कटु अनुभवों को ब्राह्मणवादी हिंदू धर्म में जाति व्यवस्था पर लेख के रूप में पुस्तकों और समाचार पत्रों में लेखों के रूप में व्यक्त किया है जो कि मनुष्य और मनुष्य के बीच भेदभाव करते हैं। कोरेगांव की यात्रा उनकी कड़वी यादगारो में से एक है। उन्होंने अपने बचपन की कोरेगांव की यात्रा का अनुभव को लोगों के सामने रखने का प्रयास किया कि कोई भी चीज जाति व्यवस्था के कारण एक बुरा और डरावना सपना बन जाती है।

उन्होंने अपनी पुस्तक में लिखा है कि "हमारा परिवार मूल रूप से बॉम्बे प्रेसीडेंसी के रत्नागिरी जिले के दापोली तालुका से आया था। ईस्ट इंडिया कंपनी के शासन की शुरुआत से ही, मेरे पूर्वजों ने कंपनी की सेना में सेवा के लिए अपना वंशानुगत व्यवसाय छोड़ दिया था। मेरे पिता ने भी पारिवारिक परंपरा का पालन किया और सेना में सेवा मांगी। वह एक अधिकारी के पद तक पहुंचे और सेवानिवृत्त होने के समय सूबेदार पद पर थे। उनके सेवा निवृत्त होने पर, मेरे पिता परिवार को दापोली ले गए ताकि वे वहां स्थायी रूप से बस सकें। लेकिन किसी कारण से, मेरे पिता ने अपना विचार बदल दिया। परिवार दापोली से सतारा चला गया, जहां हम सन् 1904 तक रहे। मेरे पिता जब कोरेगांव गए तो उन्होंने मुझे, मेरे भाई, जो मुझसे बड़े थे, और मेरी सबसे बड़ी बहन (जो जीवित नहीं है) के दो बेटे और मेरी बुआ को पड़ोसियों देख रेख में छोड़ गये थे। मेरी बुआ बहुत ही दयालु थीं जिन्हें मैं जानता हूं, लेकिन उन्होंने हमारी कोई मदद नहीं कर पायी। वह कुछ हद तक छोटी कद की थी और उसके पैरों में कुछ परेशानी थी, जिससे उसके लिए किसी की सहायता के बिना आगे बढ़ना बहुत मुश्किल हो गया था। कई बार उन्हें उठाना पड़ता था। मेरी बहनें शादीशुदा थी और अपने परिवार के साथ हमारे परिवार से दूर रह रही थी। यात्रा के लिए खूब तैयारी की गई। जिसके लिए अंग्रेजी मेक की नई शर्ट, चमकीले रंग की टोपी, नए जूते, रेशम की नई धोती मंगवाई गई। मेरे पिता ने हमें हमारी यात्रा के बारे में सभी विवरण दिए थे और हमें बताया था कि हमें किस दिन यात्रा शुरू करना हैं, ताकि वह अपने चपरासी को हम लोगो को लेने और कोरेगांव ले जाने के लिए रेलवे स्टेशन भेज सके। इस व्यवस्था के अनुसार, मेरे भाई, और मेरी बहन

के पुत्रों में से एक ने सतारा को छोड़ दिया, हमारी बुआ हमारे पड़ोसियों की देख-रेख में रूक गयीं, जिन्होंने उसकी देखभाल करने लिए कहा था। रेलवे स्टेशन हमारे निवास स्थान से दस मील दूर था, और हमें स्टेशन तक ले जाने के लिए एक तांगे वाले को पहले कह दिया गया था। हमने इस अवसर के लिए विशेष रूप से बनाए गए नए कपड़े पहने, और हम लोग खुशी- ख़ुशी अपने घर से निकल गए। हम लोगों के घर से निकलते ही मेरी बुआ बीच में ही रोने लगी थी। जब हम स्टेशन पहुंचे तो मेरे भाई ने टिकट खरीदा और मुझे और मेरी बहन के बेटों को दो-दो 'आने' पॉकेट मनी के रूप में दिए, ताकि हम अपनी खुशी के लिए खर्च कर सकें। हमने फौरन कोलाहल शुरू किया, और प्रत्येक ने शुरुआत में नींबू पानी की एक बोतल ऑर्डर किये। थोड़ी देर बाद ट्रेन ने सीटी बजाई और पीछे छूट जाने के डर से हम जितनी जल्दी हो सके उसमें सवार हो गए। हमें कोरेगांव के नजदीक ही 'मसूर' रेलवे स्टेशन पर ट्रेन से उतरने के लिए कहा गया था। शाम करीब पांच बजे ट्रेन 'मसूर' रेलवे स्टेशन पहुंची और हम अपना सामान लेकर नीचे उतर गये। कुछ ही मिनटों में ट्रेन से उतरे सभी यात्री अपने गंतव्य को चले गये। पिताजी के नौकर की तलाश और प्रतीक्षा में हम चार बच्चे प्लेटफार्म पर ही रुके रहे, जिसे उन्होंने भेजने का वादा किया था। हमने बहुत देर तक इंतजार किया, लेकिन कोई नहीं आया। एक घंटा बीत गया और स्टेशन मास्टर पूछताछ करने आया। उसने हमसे टिकट मांगा। हमने उसे टिकेट दिखाया। उसने हमसे पूछा कि आप लोग यहाँ क्यों रुके हो। हमने उससे कहा कि हमें कोरेगांव जाना हैं, और हम पिताजी के नौकर के आने की प्रतीक्षा कर रहे है लेकिन वह अभी नहीं आया, और हमें नहीं पता है कि कोरेगांव कैसे पहुंचा जाए। हम अच्छे कपड़े पहने थे। हमारे पहनावे और बातों से कोई यह नहीं बता सकता था कि हम अछूत की संतान हैं। वास्तव में स्टेशन-मास्टर को पूरा यकीन था कि हम ब्राह्मण के ही बच्चे हैं, और जिस वेश भूषा में उसने हमें पाया उससे वह बहुत प्रभावित हुआ। जैसा कि ब्राह्मणवादी मानसिकता के हिंदुओं द्वारा हमेशा पूछा जाता है,उसी तरह स्टेशन मास्टर ने हमसे पूछा कि आप कौन लोग हैं यानि आप किस जाति के हैं। एक पल में बिना विचार के एका - एक मुहँ से निकल गया कि हम 'महार' हैं। वह चौंक उठा। उसके चेहरे में अचानक बदलाव आया। हमने देखा कि वह प्रतिकर्षण की एक अजीब भावना से अभिभूत था। जैसे ही उसने मेरा उत्तर सुना, वह अपने कमरे में चला गया, और हम वहीं खड़े रहे जहाँ हम थे। पंद्रह से बीस मिनट बीत गए; सूरज लगभग ढलने वाला था। हमारे पिता जी नही आए, न ही उन्होंने अपने नौकर को भेजा, और अब स्टेशन मास्टर भी हमें छोड़कर चला गया। हम काफी हैरान थे, और यात्रा की शुरुआत में हमने जो आनंद और खुशी महसूस की थी, अब अत्यधिक दुखी महसूस कर रहे थे। आधे घंटे के बाद, स्टेशन मास्टर

पुनः लौटा और हमसे पूछा कि हमने क्या सोचा। हमने कहा कि यदि हमें भाड़े पर बैलगाड़ी मिल जाए तो हम कोरेगांव चलें जायेंगे। अगर यह बहुत दूर नहीं है, तो हम शीघ्र अपनी यात्रा की शुरुआत करना चाहेंगे। वहाँ पर भाड़े कई बैलगाड़ियाँ थीं। लेकिन स्टेशन मास्टर को मेरा जवाब कि हम महार है, उसने बैल गाड़ी वालों से संपर्क किया। उनमें से कोई भी अछूत वर्ग के यात्रियों को लेकर अपवित्र होने और खुद को नीचा दिखाने के लिए तैयार नहीं था। हम दोगुना किराया देने को तैयार थे, लेकिन हमने पाया कि पैसा काम नहीं आया। हमारी ओर से बातचीत कर रहे स्टेशन मास्टर चुप रहे, समझ नहीं आ रहा था कि क्या करें। अचानक उसके दिमाग में एक विचार आया और उसने हमसे पूछा, 'क्या आप गाड़ी चला सकते हो?' वह हमारी कठिनाई का समाधान ढूंढ रहे थे, हमने कहा, 'हाँ, हम बैल गाड़ी चला सकते हैं।' हम गाड़ी वाले को दुगना किराया देकर गाड़ी चलाएँ, और वह हमारी यात्रा में गाड़ी के साथ-साथ पैदल चले। एक गाड़ी वाला इससे सहमत हो गया क्योंकि इससे उसे अपना किराया मिल जायेगा और साथ में अछूत होने से भी बच जायेगा। शाम के लगभग 6:30 बज रहे थे जब हम बैलगाड़ी से यात्रा शुरू करने के लिए तैयार थे। लेकिन हम चिंतित थे कि हम तब तक स्टेशन नहीं छोड़ेंगे जब तक हमें यह आश्वासन नहीं मिल जाता कि हम अंधेरा होने से पहले कोरेगांव पहुंच जाएंगे। इसलिए हमने गाड़ी वाले से दूरी और उसे कोरेगांव पहुंचने में लगने वाले समय के बारे में पूछताछ किया। उन्होंने हमें आश्वासन दिया कि वहाँ पहुचने में तीन घंटे से अधिक समय नहीं लगेगा। उनकी बात पर विश्वास करके हमने अपना सामान बैल गाड़ी में रख दिया, स्टेशन मास्टर को धन्यवाद दिया और बैलगाड़ी में बैठ गए। हम में से एक ने बागडोर संभाली और बैलगाड़ी चल पड़ी, वह आदमी हमारे बगल में पैदल चल रहा था। स्टेशन से कुछ ही दूर पर एक नदी बह रही थी। वह काफी हद तक सूखी थी, सिवाय उन जगहों को छोड़कर जहां पानी के छोटे-छोटे कुंड थे। गाड़ी के मालिक ने कहा कि हमें वहीं रुकना चाहिए और अपना भोजन कर लेना चाहिए, क्योंकि हमें रास्ते में पानी मिलने की कम संभावना है। हमने उसकी बात मान ली। उसने हमें अपने किराए का एक हिस्सा देने के लिए कहा ताकि वह गाँव जा सके और अपना भोजन कर सके। मेरे भाई ने उसे कुछ पैसे दिए और वह जल्द ही लौटने का वादा करते हुए चला गया। हम बहुत भूखे थे और खुश थे कि हमें खाना खाने का मौका मिला.......... हमने टिफिन की टोकरी खोली और खाना शुरू कर दिया। हमें चीजों को धोने के लिए पानी की जरूरत थी। हम में से एक ने पास के नदी तलहटी में पानी के कुंड के पास गया। लेकिन वास्तव में वहाँ पानी नहीं था। वह गायों, भैंसों और अन्य मवेशियों के मल और मूत्र का गाढ़ा कीचड़ था जो पानी के कुंड में इकठ्ठा हो गया था। वास्तव में, वह पानी मानव उपयोग के लायक नहीं था। उस पानी में

इतनी तेज बदबू थी कि किसी भी हालत में हम उसे पी नहीं सकते थे। इसलिए, संतुष्ट होने से पहले हमें अपना भोजन बंद करना पड़ा और गाड़ीवान के आने का इंतजार करने लगे। उनकी सलाह पर, मैं टोल कलेक्टर की झोपड़ी में गया और उससे पूछा कि क्या वह हमें कुछ पानी दे सकते है। 'तुम कौन हो?' उसने पूछा। मैंने जवाब दिया कि हम मुसलमान हैं। मैंने उनसे उर्दू में बात की (जिसे मैं बहुत अच्छी तरह जानता था), इस बात में कोई शक नहीं कि मैं एक असली मुसलमान नहीं था। लेकिन यह तरकीब काम नहीं आई और उनका जवाब बेहद बेरूखा था।उसने कहा कि 'तुम्हारे लिए पानी किसने रखा है? पहाड़ी के उपर पानी है अगर तुम वहाँ जाओगे तो मिलेगा ; मेरे पास कोई पानी नहीं है।' इसके साथ ही उन्होंने मुझे मना कर दिया। मैं गाड़ी के पास लौट आया और अपने भाई को उसका जवाब बता दिया। मुझे नहीं पता कि मेरे भाई को क्या लगा होगा। उसने हमें लेटने के लिए कहा। बैलों को खोल दिया गया,और गाड़ी को जमीन पर झुका दिया गया। हमने अपने बिस्तर गाड़ी के अंदर के तख्तों पर बिछाए और आराम करने के लिए लेट गये। अब जब हम गाड़ी के अंदर सुरक्षित थे, तो हमें इस बात से कोई फर्क नहीं पड़ा कि क्या हुआ। लेकिन हमारा दिमाग घटी हुई घटना की ओर से हटने का नाम नहीं ले रहा था। हमारे पास बहुत सारा खाना था। हमारे भीतर भूख कि ज्वाला जल रही थी; इस सब के साथ हमें बिना भोजन किये सोना पड़ा ; इसका कारण यह था कि हमें पानी नहीं मिल सका, और हमें पानी नहीं मिल सकता था क्योंकि हम अछूत थे।"

डॉ. भीमराव अम्बेडकर महान समाज सुधारक

डॉ.बी.आर.अम्बेडकर ने जो सबसे उल्लेखनीय लड़ाइयाँ लड़ीं, वह आम लोगों के मूलभूत अधिकारों के लिए थीं। वे सामाजिक रूप से वंचित,बहिष्कृत वर्गों के साथ किए जा रहे दुर्व्यवहार से हमेशा नाराज रहते थे। उन्होंने सामाजिक रूप से वंचित,बहिष्कृत लोगों के साथ किये गये अमानवीय कृत के लिए हिंदू समाज के ब्राह्मणवादी मानसिकता को दोषी ठहराया, लेकिन हिन्दू धर्म के उच्च जाति के समाज सुधारकों से यह भी कहा कि जब तक पुराने धार्मिक ग्रंथों को चुनौती नहीं दी जाती तब तक जाति प्रथा से मुक्ति नहीं मिल सकता है। जिस तरह से डॉ. अम्बेडकर हिंदू समाज के आलोचक थे, उसी तरह मुस्लिम समाज के भी आलोचक थे, विशेष रूप से इसकी प्रतिगामी राजनीति और महिलाओं के प्रति अमानवीय बरताब के प्रति अधिक आलोचनात्मक थे।

डॉ. अम्बेडकर ने कहा कि हिंदू कोड बिल सामाजिक सुधार के लिए दूरगामी और महत्वपूर्ण प्रभाव पड़ने वाला है, जिसे विधान सभा में भी शामिल किया गया था।

इससे पहले विधान मंडल द्वारा ऐसा कोई नियम पारित नहीं किया गया था। अगर इस तरह का बिल पारित हो गया तो इसका कोई महत्व नहीं रहेगा। जिससे जाति और लैंगिक भेदभाव की असमानता को दूर करने के लिए मजबूर कर दिया जायेगा, जिसने हिंदू समाज की आत्मा लैंगिक भेदभाव को छोड़ दिया और उसे विधायिका में आर्थिक समस्याओं को पारित करने के लिए मजबूर कर दिया गया। इसका मकसद यह है कि हमारा विवाद तब भी बना रहा।

25 नवंबर 1949 को प्रधानमंत्री जवाहर लाल नेहरू ने कहा कि यह मेरी इच्छा नहीं है कि कैबिनेट में इसे हल्के में लिया जाए। इस हिंदू कोड बिल का कोई महत्व नहीं है क्योंकि यह आर्थिक और सामाजिक भेदभाव के विस्तृत समस्याओं की समस्या पर विचार करता है। हमें राजनीतिक स्वतंत्रता मिली है; राजनीतिक आत्मनिर्भरता का विस्तार हुआ है। यह प्रारंभिक चरण है और, इस मामले में, आर्थिक और सामाजिक जैसी अन्य स्थितियां हैं। अगर हमारे समाज में प्रगति हो तो हम सब प्रगति के रूप में आगे बढेंगे।

प्रधानमंत्री ने कहा कि हिंदू कोड बिल के लिए यह जरूरी नहीं है कि मंत्रिपरिषद और विधानसभा इस बिल को पास करें। इस तरह हिंदू कोड बिल को रोकने की घोषणा की गयी। आगे डॉ. अम्बेडकर कहते हैं कि मेरे मंत्रिमंडल के परित्याग का किसी पर कोई प्रभाव नहीं पड़ा।

आधुनिक भारत में डॉ. अम्बेडकर जैसे महान नेताओं द्वारा वकालत या समर्थन किए गए सामाजिक दर्शन के माध्यम से, ऐतिहासिक रूप से भेदभाव वाले किसी भी व्यक्ति के सामाजिक परिवर्तन की सीमा को बेहतर ढंग से आंका जा सकता है। उन्हें उत्तरोत्तर पृथक्करण और अन्याय पर आधारित दुनिया विरासत में मिली, जिसके परिणामस्वरूप उनके लाखों देशवासी मानवाधिकारों से वंचित हो गए थे। उन्होंने महसूस किया कि समानता, स्वतंत्रता और न्याय के आधार पर हिंदू समाज में सुधार और पुनर्गठन की आवश्यकता है। सदियों पुरानी रीति-रिवाजों, प्रथाओं और मूल्यों को तुरंत खत्म करना संभव नहीं है। हर कीमत में,भारतीय आबादी को एकिकृत इकाई के रूप में ढालना, जिसमें कई धर्म, विश्वास, भाषाई और जातीय समूह और उपसंस्कृति शामिल थे, एक अत्यन्त कठीन कार्य था। एक समाज सुधारक के रूप में, डॉ अम्बेडकर ने राष्ट्र में जातिगत पूर्वाग्रह के बिना सतत विकास और जातीय अभिसरण के साथ एक बहुत बड़े समाज को भारत के समृद्ध पुनर्निर्माण पर जोर दिया। जब तक जाति व्यवस्था को समाप्त नहीं किया जाता, तब तक सामाजिक बहिष्कृत और सामाजिक-आर्थिक रूप से वंचित वर्गों का पृथक्करण, शोषण और अन्याय समाप्त नहीं होगा। भारतीय संविधान के मुख्य वास्तुकार के

रूप में, भारतीय संविधान के तहत, डॉ. अम्बेडकर सामाजिक बहिष्कार के लिए सुरक्षा प्रदान किये हैं।

उन्होंने सामाजिक न्याय के किसी विशेष दर्शन की वकालत नहीं की। उन्होंने प्लेटो और रॉल्स के दर्शन में पाए जाने वाले सामाजिक न्याय के सिद्धांतों को रेखांकित किया है। जबकि आर्थिक मुद्दे प्रकृति में राजनीतिक थे, वे मौलिक रूप से सामाजिक थे। भारतीय संविधान के मुख्य वास्तुकार डॉ. बी.आर. अम्बेडकर ने भारत के मूल निवासियों के सामाजिक अधिकारों की रक्षा के लिए भारतीय संविधान में एक प्रावधान किया है। यह प्रावधान सुनिश्चित करता है कि इन लोगों के खिलाफ सामाजिक बहिष्कार नहीं होगा।

डॉ. अम्बेडकर एक समाज सुधारक, पत्रकार, धार्मिक नायक, शिक्षाविद्, दार्शनिक, न्यायविद और प्रख्यात राजनीतिज्ञ थे। वे एक अग्रणी समाज सुधारक और सक्रियतावादी थे, जिन्होंने अपना जीवन सामाजिक-आर्थिक रूप से वंचित वर्गों और भारत के सामाजिक रूप से पिछड़े वर्ग के उत्थान के लिए समर्पित कर दिया। दलितों के आलावा अन्य वर्गों,विशेष रूप से नारी के लिए एक बहुत अच्छे रक्षक, वह जाति उत्पीड़न के साथ-साथ लिंग भेद भाव को खत्म करने के लिए अथक संघर्ष करते रहे। जो भारतीय समाज को खंडित और अपंग बना दिया था। वे भारतीय समाज में व्याप्त नस्लीय समावेश को समाप्त करने वाले एक न्यायिक योद्धा थे। वे स्वतंत्र भारत के पहले कानून मंत्री, सिद्धान्तः एक योग्य न्यायविद और भारत के संविधान के निर्माता यानि मुख्य वास्तुकार थे। उन्होंने अपने जीवन के अंतिम शेष वर्षों में भारत में बौद्ध धर्म के पुनरुत्थानवादी के रूप में काम किया, उन्होंने लोगों को बौध्य धर्म में परिवर्तित करके उन्हें ब्राह्मणवादी हिंदुओं द्वारा प्रचलित जाति असमानताओं और अन्याय के खतरों से मुक्त किया।

सामाजिक रूप से वंचित परिवार में जन्म लेने वाले डॉ. अम्बेडकर नस्लीय और जातीय, अन्याय और पूर्वाग्रह के शिकार थे। हालांकि, बाधाओं से लड़ते हुए, उन्होंने उच्च शिक्षा हासिल की, उच्च शिक्षा हासिल करने वाले पहले व्यक्ति बन गए, फिर भी ब्राह्मणवादी अनुयाइयों द्वारा हमेशा अछूत रहे। उन्होंने पढ़ाई पूरी करते ही दलित वर्ग के हितों और समाज में हो रहे अन्याय के लिए राजनीतिक रूप से संघर्ष करना शुरू कर दिया।

सामाजिक और धार्मिक पदानुक्रम के सामाजिक पूर्वाग्रह से उनका प्रत्यक्ष सामना हुआ और वे शिकार भी बने थे, इसलिए उन्होंने अपनी पुस्तक, द एनीहिलेशन ऑफ कास्ट, 1936 में इसके बारे में वर्णित किया है। उन्होंने सही ही कहा है कि

" जाति केवल एक क्रियाशील स्वांग नहीं रहेगी, जब अंतरजातीय भोजन और अंतरजातीय विवाह सामान्य रूप से आम लोगों के बीच शुरू हो जायेगा।" उन्होंने ने समाज में व्याप्त व्याधि के मूल कारण का पता लगा लिया। लेकिन क्या उनका नुस्खा बीमारी के लिए सही नुस्खा है? "अपने आप से यह प्रश्न पूछें; ऐसा क्यों है कि अधिकांश हिंदू आपस में सह भोजन क्यों नहीं करते और अंतर्विवाह क्यों नहीं करते? ऐसा क्यों है कि आपका कार्य लोकप्रिय और सराहनीय नहीं है?इस प्रश्न का केवल एक ही उत्तर हो सकता है और वह यह है कि अंतर्भोजन और अंतर्विवाह उन मान्यताओं और हठधर्मिता के प्रतिकूल हैं जिन्हें ब्राह्मणवादी हिंदू पवित्र मानते हैं। जाति कोई भौतिक वस्तु नहीं है जैसे कि ईंटों की दीवार या कांटेदार तार की एक लाईन जो हिंदुओं को आपस में मिलने से रोकती है इस लिए उसे गिराना पड़ेगा। जाति और जाति व्यवस्था एक मानसिक अवधारणा है; यह एक मानसिक अवस्था है। इसलिए, जाति के विनाश का अर्थ भौतिक अवरोध का विनाश नहीं है। इसका मतलब है राष्ट्रीय परिवर्तन। जाति खराब हो सकती है। जाति नेतृत्व पूर्ण आचरण करने के लिए प्रेरित कर सकती है कि मनुष्य को मनुष्य की अमानवीयता कहा जा सकता है। किसी धर्म में फिर भी, यह स्वीकार किया जाना चाहिए कि हिंदुओं की जाति इसलिए नहीं है कि वे अमानवीय हैं या गलत सोच वाले हैं। उनके पास जाति है क्योंकि वे अत्यधिक धार्मिक हैं विभिन्न जाति के लोग है यह गलत नहीं हैं। मेरे विचार से उनका धर्म गलत है, जिसने जाति की इस अवधारणा को जन्म दिया है। अगर यह सही है, तो जाहिर है कि आपको जिस दुश्मन से जूझना होगा, वह जाति के लोगों से नहीं, बल्कि उन शास्त्रों से जो उन्हें जाति का धर्म सिखाते हैं।" उन्होंने प्रसिद्ध पुस्तक 'द पार्टिशन ऑफ इंडिया' में मुस्लिम समुदाय का भी उल्लेख किया कि वे उस सामाजिक व्यवस्था से प्रभावित है जो उनके लिए अनिवार्य है।

डॉ.बी.आर. अम्बेडकर ने कहा कि "इसमें कोई संदेह नहीं हो सकता है कि भारत में मुस्लिम समाज भी हिंदू समाज के समान सामाजिक बुराइयों से पीड़ित है। दरअसल, मुसलमानों में भी हिंदुओं के अपेक्षा कुछ अधिक ही सामाजिक बुराइयां हैं। मुस्लिम महिलाओं के लिए बुर्का की अनिवार्यता कुछ और ही बयान करता है। ये बुर्का पहनी हुई महिलाएं गलियों और रास्तो पर चलने वाली भारत में सबसे बड़ा भद्दापन युक्त दृश्य होता हैं। इस तरह की पृथकता से मुस्लिम महिलाओं के शारीरिक बनावट में काफी बदलाव होते हैं।वे मुख्य रूप से खून की कमी, क्षय रोग,और दन्त रोग के शिकार हो जाती है।उनके शरीर में विकृत, उनकी पीठ झुक जाती है, हड्डियां उभरी हुई होती हैं, हाथ और पैर टेढ़े हो जाते हैं। पसलियों, जोड़ों और उनकी लगभग सभी हड्डियों में दर्द होता है। दिल की धड़कन प्रायः तेज ही रहती है। इसके परिणाम कमर की हड्डी में विकृति, जिसके परिणाम प्रसव के समय असामयिक मृत्यु

हो जाती है। मुस्लिम महिलाओं में पर्दा प्रथा एक मानसिक और नैतिक प्रतारणा है। मुसलमानों के बीच इन बुराइयों का अस्तित्व काफी परेशान करने वाला है। लेकिन इससे भी अधिक चिंताजनक तथ्य यह है कि भारत के मुसलमानों के बीच उनके उन्मूलन के लिए किसी भी पैमाने पर सामाजिक सुधार के लिए कोई संगठित आंदोलन नहीं हुआ है। हिंदुओं की अपनी सामाजिक बुराइयां हैं। लेकिन उनके बारे में यह राहत देने वाली विशेषता यह है कि उनमें से कुछ अपने अस्तित्व के प्रति सचेत हैं और उनमें से कुछ लोग सामाजिक बुराईयों के उन्मूलन के लिए सक्रिय रूप से आंदोलन कर रहे हैं। दूसरी ओर, मुसलमान सामाजिक बुराईयों को नहीं समझते हैं और फलस्वरूप उन्हें हटाने के लिए आंदोलन नहीं करते हैं। दरअसल, वे अपनी मौजूदा प्रथाओं में किसी भी बदलाव का विरोध करते हैं।" जब कि वर्तमान में मध्य एशिया के कुछ मुस्लिम देशों में इस प्रथा के लिए बदलाव के लिए बिस्तृत रूप से बिरोध प्रदर्शन हो रहे हैं। लोग सडकों पर उतर कर इस प्रथा को जड़ से समाप्त करने के लिए जोर –शोर से आवाज उठा रहे है।उन आवाजो में युवा युवतियां दोनों का समान योगदान दिख रहा है।लेकिन भारत में इस तरह की आवाज उठना जरूरी है जिससे मुस्लिम महिलाओ का इस तरह के उत्पीडन को मूल रूपसे समाप्त किया जा सके, इसके लिए मुस्लिम युवा युवतियो को आगे आना होगा।

ब्राह्मणवादी व्यवस्था में सामाजिक रूप से वंचित,बहिष्कृत लोगों के प्रति अत्यधिक अस्पृश्यता पूर्ण व्यवहार

भारत देश ब्राह्मणवादी जातिवाद और जातिप्रथा से पूर्णरूप से ग्रसित है। ब्राह्मणवादियों ने हिंदू धर्म के अनुयायियों को पहले वर्ण, उसके बाद जाति, फिर उप-जाति और उप-जाति को उप-जाति से लेकर अनिश्चित श्रेणियो तक विभाजित किया है। सबसे अंतिम और निम्नतम विभाजन सामाजिक और आर्थिक रूप से वंचित,बहिकृत,और अछूत था, जिसका वर्तमान में रुपान्तरण दलित के रूप में हुआ है। ब्राह्मणवादी हिन्दु धर्म के जनको ने हिन्दू धर्म के चौथे स्तंभ जिसको शुद्र के रूप में नामित किया था, को दो वर्गों सछूत और अछूत में विभाजित किया था। अछूत को सभी प्रकार के उनके सभी अधिकारों से वंचित, बहिकृत कर अस्पृश्य बना दिया गया। ब्राह्मणवादियो द्वारा सामाजिक बहिष्कार और अस्पृश्यता भारत की कुछ जातियों पर थोपी गई जो सबसे बुरी तरह की गुलामी की जिंदगी जी रही थी, जिसने सामाजिक बहिष्कृत लोगों की भावना और जोश को पांव तले दबा कर कुचल डाला था। सामाजिक रूप से वंचित और बहिष्कृत वर्गों का जीवन पशुवत सा हो गया और जानवरों के वर्चस्व की तुलना में लगभग सबसे निम्नतम व्यवहार किया जा रहा था। डॉ. अम्बेडकर ने वर्णित किया है कि अस्पृश्यता 'वर्ग युद्ध' का मुद्दा है।

यह अछूत और भौतिक समाजों के बीच का युद्ध है। यह युद्ध न तो क्षेत्रीय विस्तार और न ही धन प्राप्त करने के लिए है। हालांकि, यह मानव अधिकार और सामाजिक स्थिति स्थापित करना है। यह युद्ध यह सबक सिखाने के लिए था कि एक समाज को दूसरे समाज के साथ कैसा व्यवहार करना चाहिए।"

एक लेख जिसका शीर्षक 'बहिष्कृत भारत के विवाद से ब्राह्मण सभा को क्या मिला' में उन्होंने उद्धृत किया कि "अस्पृश्यता ने न केवल अछूतों को नुकसान पहुंचाया बल्कि देश की पूरी आबादी को पंगु बना दिया"। उन्होंने यह भी जोरदार ढंग से कहा "जब तक आप इस अवधारणा को स्वीकार करते हैं कि आप ब्राह्मणों से कमतर हैं, वे आपको नुकसान नहीं पहुंचाएंगे। हालाँकि, आप जिस आंदोलन में ब्राह्मणों के बराबर या उनसे ऊपर होने का दावा करते हैं, आप उनके सबसे बड़े दुश्मन हैं और फिर प्रत्यक्ष या अप्रत्यक्ष रूप से उनसे युद्ध शुरू होता है। मूर्त और अछूत के बीच युद्ध चिरस्थायी रहेगा क्योंकि सवर्ण जाति के अनुसार उनका धर्म सनातन है जिसका अर्थ सबसे पुराना है। यानी दोनों के बीच का झगड़ा चिरस्थायी रहेगा।" किसी भी संघर्ष में, मजबूत समूह का हाथ ऊपर होगा और निश्चित रूप से वह युद्ध जीतेगा।

डॉ. अम्बेडकर ने भारत में धर्म और जाति का अन्य जातियों के प्रति व्यवहार को गम्भीरता पूर्वक महसूस किया और उल्लेख किया, "जाति-जाति में अंतर और धर्म-धर्म में अंतर लोगों के मन- मष्तिक और नैतिकता पर अधिक प्रभाव डाला है। यह तथ्य सही है कि इस देश में गरीबी, दुःख और पीड़ा को देखकर किसी को भी शर्म नहीं आती है, यह इस बात का प्रमाण है कि उनमें आत्म-सम्मान की कमी है, अपनी ताकत का एहसास नहीं है। लोगों को शर्म नहीं आती है कि कोई भी इन दुखों को दूर करने की कोशिश नहीं करता है। लोग मदद के लिए तभी आगे आएंगे जब अपने ही धर्म के अपने ही जाति के भाइयों पर अत्याचार होंगे। यह लोगों की नैतिकता के लिए बड़ी चिंता का विषय है। अछूतों यानि वंचित,बहिकृत, दलित वर्ग को इसे हमेशा ध्यान में रखना चाहिए।"

इसका जीता-जागता उदाहरण कुछ दिन पहले घटने वाली घटना से है जो कर्नाटक राज्य की शर्मनाक घटना है। शोबम्मा दलित वर्ग की महिला,अपने परिवार के साथ बेंगलुरु से लगभग साठ किलोमीटर दूर कोलार जिले के मलूर तालुका में रहती है। 9 सितंबर 2022 की घटना है,शोबम्मा को उनके अपने बेटे के "अपराध" के लिए ब्राह्मणवादी वोक्कालिंगा समुदाय द्वारा दंडित किया गया,लेकिन यह घटना कुछ दिनों के बाद ही सामने आई यानि उजागर हुआ जब उन्होंने कोलार के कुछ दलित संगठनों को अपनी आप बीती सुनाई। 8 सितंबर 2022 को, उलरहल्ली के ग्रामीण भूतयम्मा मेले का आयोजन कर रहे थे और दलितों को गाँव के देवता के मंदिर में

प्रवेश करने की अनुमति नहीं था। शोबम्मा का पन्द्रह वर्षीय बेटा, जो गाँव में एक जुलूस निकलते समय अपने घर के दरवाजे पर ही खड़ा था, दक्षिण भारतीय गाँव के एक प्रमुख देवता सिदिरान्ना की मूर्ति से जुड़े एक खंभे को अचानक उसका हाँथ छू गया। एक ग्रामीण वेंकटेशप्पा ने इसे देख लिया और कथित धार्मिक और ग्रामीण नियम के उल्लंघन का आरोप लगाया और उसे अपने परिवार को गांव के बुजुर्गों के सामने पेश होने के लिए कहा। अगले दिन, शोबम्मा गाँव के बड़े बुजुर्गो से मिलीं, तब उसे 1 अक्टूबर 2022 तक मूर्ति से जुड़े खम्भे को अनजाने से स्पर्श हो जाने के कारण साठ हजार रुपये का जुर्माना भरने के लिए कहा गया, इसके बाद, वह एक कठोर सदमे में थीं। उससे यह भी कहा गया था कि अगर वह जुर्माना देने में विफल रहती है,तो उसे गांव से बाहर निकाल दिया जायेगा। उलरहल्ली गांव में लगभग अस्सी परिवार रहते है, और अधिकांश परिवार ब्राह्मणवादी हिन्दू धर्म के अनुयायी वोक्कालिंगा समुदाय से है। गांव में करीब दस परिवार सामाजिक रूप से वंचित वर्ग यानि अनुसूचित जाति के है। शोबम्मा का घर गांव से बाहर है और उनका बेटा टेकल गांव के एक स्कूल में दसवीं का छात्र था।

शोबम्मा के पति रमेश ज्यादातर बीमार रहते थे, जिससे महिला परिवार की एकमात्र कमाने वाली थी। शोबम्मा ने कहा "मैं हर सुबह लगभग पांच बजे बेंगलुरु के लिए एक ट्रेन लेती हूं और व्हाइटफील्ड के एक अपार्टमेंट में हाउसकीपिंग स्टाफ के रूप में काम करती हूं और शाम को लगभग सात बजे तक घर वापस आ जाती हूं। मुझे केवल तेरह हजार रुपये एक महीने का मेहनताना मिलाता है और बस इतने पैसो से ही मुझे घर चलाना पड़ता है। ब्राह्मणवादी हिन्दू धर्म के अनुयायी वोक्कालिंगा समुदाय द्वारा साठ हजार रुपये का जुर्माना मेरे लिए एक झटके के रूप में था। "

शोबम्माने संकल्प से कहा कि " अगर भगवान को हमारा स्पर्श पसंद नहीं है या लोग हमें दूर रखना चाहते हैं, तो हमें उनका प्रार्थना करने का क्या मतलब है? किसी भी अन्य व्यक्ति की तरह, मैंने भी पैसा खर्च किया है, भगवान के लिए दान दिया है। इसके बाद, अब मैं ऐसा कुछ नहीं करूंगी और केवल डॉ. बी .आर. अंबेडकर की ही पूजा करूंगी। "

गांव के बुजुर्गों ने क्या कहा, शोबम्मा ने कहा कि उसे ब्राहमणवादियों द्वारा कहा गया था कि मूर्ति अशुद्ध हो गई है क्योंकि एक दलित लड़के ने इसे छुआ है और उन्हें इसे शुद्ध करने और मूर्ति को फिर से रंगने की जरूरत है और जुर्माना राशि इस कार्य के लिए इस्तेमाल की जाएगी। आजादी के पचहत्तर साल बाद और भारत सरकार

द्वारा घोषित अमृत काल में भी, अगर ऐसी सामाजिक बुराइयां अभी भी चल रही हैं, तो इस वर्ग के लोग कहां जाएंगे? यह मूल यक्ष प्रश्न है।

तात्कालिक पदानुक्रम के लिए सामाजिक न्याय की अवधारणा

डॉ. भीमराव रामजी अम्बेडकर का जीवन गौरवशाली धूलकण और निम्नतम सामाजिक पदानुक्रम से उठकर 'भारतीय संविधान के वास्तुकार' के पद तक पहुंचने का एक उज्जवल सितारा रहा है। इस ब्राह्मणवादी हिंदू समाज में जाति व्यवस्था की क्रूरता को तोड़ने और वंचितों, उत्पीड़ितों की सामाजिक स्थिति को ऊपर उठाने के लिए उनके लंबे और कड़वे संघर्ष में भी उन्हें अंतर्ज्ञान प्रदान करता है।

डॉ. अम्बेडकर में सामाजिक न्याय की दृष्टि उनके 'न्यायपूर्ण समाज' के मिशन से आई, जो एक जातिविहीन समाज के विचार पर आधारित थी। उद्देश्यपूर्ण सामाजिक व्यवस्था, अविश्वसनीय रूप से कड़ी मेहनत और स्वयं सहायता और आत्म-निर्भरता में निरंतर एवं अटूट विश्वास के लिए उनका लगातार अन्वेषण था। यह उन्हें पूर्णरूप से उनके जीवन के प्रतेक क्षेत्र में ऊंचाइयों तक ले गया, जहां उन्हें सामाजिक कुरीतियों और बुराइयों के खिलाफ लडाई लड़ने के लिए अधिवक्ता, दलितों और भारत कि सम्पूर्ण नारी जाति के लिए सदियों से गुलामी की जकड़ी हुई जंजीर से मुक्तिदाता और भारतीय संविधान के निर्माता के रूप में सम्पूर्ण विश्व के द्वारा पहचाना गया और पूरी दुनिया में अपनी एक गहरी छाप छोड़ी/ उस समय भारतीय हिन्दू समाज ने ब्राह्मणों और अन्य उच्च जातियों को विशेष विशेषाधिकार देकर और सामाजिक-आर्थिक रूप से वंचित,बहिकृत और प्रताड़ित वर्ग को संपत्ति के मालिक होने और उन्हें शिक्षित करने और उनकी रक्षा करने के अधिकार से वंचित और बहिकृत करके समानता के अधिकार से इनकार कर दिया था। दलित वर्ग को पढ़ने, लिखने, पूजा-पाठ करने की स्वतंत्रता नहीं थी, और यहाँ तक कि वे अपनी संपत्ति अर्जित नहीं कर सकते थे। स्वतंत्रता और समानता के अभाव में,तत्कालीन सामाजिक व्यवस्था ने परिरोध,कारावास, नजरबन्द, अवरोध और विभाजन को प्रोत्साहित किया। परिणामस्वरूप, समानता और स्वतंत्रता के अलावा बंधुत्व का पूर्ण अभाव था। सामाजिक न्याय के ये तीनों अंग डॉ. अम्बेडकर के मन–मस्तिष्क और विचारों में थे। उनका दृढ़ विश्वास था कि तीन मापदंडों में से किसी के अभाव में न्याय की कल्पना नहीं की जा सकती है।

डॉ. अम्बेडकर का सामाजिक न्याय का दृष्टिकोण राष्ट्रीय और वैश्विक परिप्रेक्ष्य के अनुकूल था। खोजों और अन्वेषणों से यहां यह बताने की कोशिश की गई है कि सामाजिक न्याय की उनकी दूरदर्शी अवधारणा की भावना और समकालीन राष्ट्रीय

और वैश्विक परिणाम में उनके महत्व को उनकी विभिन्न सैद्धांतिक योजनाओं के विश्लेषण के माध्यम से डॉ अंबेडकर के विचारों को उनके लेखन में प्रसारित किया गया है। जाति व्यवस्था, ब्राह्मणवादी हिंदू सामाजिक व्यवस्था, समानता, स्वतंत्रता, बंधुत्व, मानवाधिकार, सामाजिक लोकतंत्र, कानून, धर्म, राज्य, महिला अधिकार, अल्पसंख्यक, देश का आधुनिकीकरण, सिंचाई और बिजली बिजली, उद्योग, विज्ञान और प्रौद्योगिकी क्षेत्रो के विकास में उनका पूर्ण योगदान था। इसका उद्देश्य इन विचारों को एक व्यवस्थित आधार पर खोजने के साथ-साथ वर्तमान स्थिति में उनका आलोचनात्मक मूल्यांकन करना है।

डॉ. अंबडेकर ने परतंत्र भारत और संविधान सभा दोनों में सामाजिक न्याय के लिए संघर्ष किया, और इससे भी महत्वपूर्ण बात यह है कि आज इसकी निरंतर प्रासंगिकता पर विचार करना हमेशा एक लाभप्रद और संतोषजनक कार्य है। समकालीन राष्ट्रीय और वैश्विक परिप्रेक्ष्य में सामाजिक न्याय के अपने दृष्टिकोण का निर्माण करने के लिए योगदानकर्ता द्वारा सामने लाए गए डॉ अम्बेडकर के अत्यधिक प्रासंगिक लेकिन अत्यधिक व्यापक विचारों को एक साथ रखने के लिए यहां एक अलग ही प्रयास किया गया है।

भारतीय समाज में केवल ब्राह्मणवाद का ही बोलबाला था तथा वर्तमान में भी परोक्ष या अपरोक्ष उन्ही का ही एक छत्र एकाधिकार है। उनके एकाधिकार को कायम रखने में पिछ्ड़ी और अति पिछ्ड़ी जाति के लोगों का मुख्य योगदान रहा है।राजनीति हमेशा से जाति आधारित रही है। पहले शासन का ऐसा कोई क्षेत्र नहीं था जहाँ एक ही जाति राजनीतिक, सामाजिक, आर्थिक, शैक्षिक और सांस्कृतिक कारक के रूप में मौजूद नहीं थी, अर्थात हर जगह जाति कारक हावी रहा है। आजादी के पचहत्तर साल और संविधान के लागू होने के तिहत्तर साल बाद भी आज भी इस देश के लोगों के जीवन के हर क्षेत्र में जाति रुपी कारक हावी है। 'डॉ. अम्बेडकरकाल' के प्रारंभ होने से पहले भारत में धार्मिक, आर्थिक और सामाजिक वंचित,बहिष्कृत,प्रताड़ित रूप से हिंदू थे,जो कि ब्राह्मणवाद और हिंदू सामाजिक व्यवस्था के कारण थे। वे सामाजिक-आर्थिक रूप से वंचित वर्ग सामाजिक रूप से वर्गीकृत, आर्थिक रूप से गरीब, राजनीतिक रूप से दबे हुए, धार्मिक रूप से घृणास्पद और अनिश्चित काल तक शैक्षिक और सांस्कृतिक अवसरों से बाहर रहे हैं। वे बहुत ही हिंदू सामाजिक व्यवस्था के गुलाम और किस्मत के अधीन थे और सभी मानवाधिकारों से वंचित थे। इस तरह डॉ. अम्बेडकर ने बीसवीं सदी के लोगों को याद दिलाया। उनकी दूरदृष्टि देश के सभी नागरिकों को बिना किसी भय और डर

के समान अवसर प्रदान करके देश के विकास के लिए थी। उनका संघर्षपूर्ण जीवन इस देश के प्रति दिल और दिमाग से प्यार को दर्शाता है।

उनके उर्वर विचारों, साहस, दृढ़ विश्वास और देश भक्ति के बारे में कोई संदेह नहीं है जिसने लोगों को राष्ट्रीय एकता को प्रोत्साहित करने की तीव्र इच्छा पैदा करने के लिए प्रेरित किया। उनकी साहसिक और विचारशील सोच के कारण भारत विज्ञान और प्रौद्योगिकी, कृषि, पर्यावरण संरक्षण, अर्थशास्त्र, सामाजिक न्याय और कई अन्य क्षेत्रों में प्रगति कर रहा है।

विश्व में मानव सभ्यता के इतिहास में अनेक परिवर्तन हुए हैं। जब हम गम्भीरता और गहराई से विचार और खोज करते हैं, तो हम पाते हैं कि कुछ लोगों का एकाधिकार छद्मरूपेण पूरी मानव सभ्यता को पशुवत दासता के रूप में फंसाया हुआ था। डॉ. अम्बेडकर ने सामाजिक-राजनीतिक, धार्मिक और आर्थिक समस्याओं को दूर करने के लिए शोषित समाज में अवतार लिया था। भारतीय समाज मुख्य रूप से चार वर्णों में विभाजित था और जो हजारों जातियों और उपजातियों में विभाजित थी। इस बौद्धिक कठोरता और जातियों में मुख्यतः वे जातियाँ जो ब्राह्मणवादी हिन्दू के प्रस्तापितो और अनुयायियों द्वारा मूलभूत अधिकारों से बेदखल,उत्पीड़ित और सामाजिक रूप से शोषित हुए थे, और इनके साथ मुख्य रूप से अन्य जातियों और वर्गों द्वारा भी दुर्व्यवहार और प्रताड़ित किया जा रहा था। ये सभी लोग भी प्रायः राजनीतिक, सामाजिक, सांस्कृतिक, धार्मिक और आर्थिक अधिकारों से वंचित थे।

पारंपरिक और रूढ़िवादी ब्राह्मण धर्म जिसे हिंदू धर्म और वर्तमान में सनातन धर्म के रूप मे संदर्भित करने का प्रयास किया जा रहा है, ने ब्राह्मणों द्वारा सामाजिक रूप से शोषित वर्गों को शूद्र के रूप में नवाजा था, जो कि जाति व्यवस्था की अपनी जंजीरों में सछूत और अछूत हैं। इस प्रकार, उन्होंने इन दलित वर्गों को सभी प्रकार के मौलिक अधिकारों से अलग रखा था। इस प्रकार, वे लोग मृत तुल्य अपना जीवन व्यतीत कर रहे थे। डॉ.बी.आर. अम्बेडकर इस वर्ग के इस प्रकार के उत्पीड़न के चश्मदीद गवाह थे। उन्हें इन प्रकार के उत्पीड़न के संबंध में अपने जीवन में कड़वे अनुभव थे।

डॉ. अम्बेडकर ने सामाजिक रूप से वंचित और शोषित वर्ग में सदियों के रोगों के निदान की नींव रखी,जो ब्राह्मणवाद द्वारा एक महामारी और असाध्य रोग के रूप में फैलाया गया था ; और न्याय, स्वतंत्रता, समानता, दासता से मुक्ति के रूप में उनके उपचार के लिए था। उन्होंने राजनीतिक, धार्मिक, सामाजिक, आर्थिक और सांस्कृतिक अधिकारों के रूप में इस वर्ग के उत्थान के लिए काम किया जिनकी

पहचान पूरी तरह से समाप्त हो गया था। डॉ. अम्बेडकर ने कहा, "गरीबों और शोषित लोगों की सेवा और सहायता करना प्रत्येक शिक्षित व्यक्ति की जिम्मेदारी है। आपने अपनी प्रगति के शिखर पर पहुंचकर यही सीखा है।"

डॉ. अम्बेडकर ने भविष्यवाणी की थी कि जब भी शोषित वर्ग समान व्यवहार की मांग करेगा, शासक वर्ग हमेशा 'राष्ट्रवाद' का रोना रोयेगा। जिस प्रकार से वर्तमान में जब देश के बेरोजगार युवा रोजगार के आवाज उठाते है तो सत्ताधारी लोग उनको किसी न किसी रूप मे उनको राष्ट्रवाद के जाल में फंसा देते है। डॉ.अम्बेडकर के लिए सच्चा राष्ट्रवाद करुणामय और मुक्तिदायक था।

डॉ. अम्बेडकर ने राष्ट्रवाद का विश्लेषण भारतीय व्यापार समुदाय और उन वर्ग की उस मांग के संदर्भ में किया, जिसने व्यापार और वाणिज्य के क्षेत्र के यूरोपीय लोगों को प्रतिस्थापित करने की मांग की थी। शासक वर्ग राष्ट्रवाद रुपी हथियार का उपयोग करके ऐसा करना चाहते थे और राष्ट्रवाद का विकल्प लेकर विदेशी व्यापार में कम विनिमय दर और उच्च लाभ भी चाहते थे। उन्होंने गंभीर और शुक्ष्म रूप से वाणिज्यिक वर्ग के ऐसे लाभ-प्राप्ति उन्मुखीकरण का अवलोकन किया और राष्ट्रवाद की आड़ में उनके लालची आर्थिक कार्यों को अस्वीकार कर दिया। शासक वर्ग ने ब्रिटिश औपनिवेशिक राज के साथ समझौता किया और उसके हितों की सेवा की। इक्कीसवीं सदी के भारत में जहां अर्थव्यवस्था की वास्तुकला पर कॉरपोरेट जगत और वित्तीय पूंजी का प्रभुत्व है, तथाकथित राष्ट्रवाद के कारण की राजनीतिक संरचनाओं के साथ अपरोक्ष गठबंधन है। लोगों के हितों की कीमत पर एकमात्र लाभ कमाने वाली गतिविधियों पर मुकदमा चलाने के विश्लेषण को याद करना बेहद महत्वपूर्ण है। वर्तमान परिदृश्य में भारत के राजनीतिक दल चुनाव जीतने और विपक्ष को नैतिक रूप से नीचा दिखाने के लिए राष्ट्रवाद की लहर का उपयोग कर रहे हैं। राजनीतिक दल उन्हें वोट देने वाले आम जनता को गधे और खच्चर की तरह समझते हैं और उसी तरह व्यवहार करते हैं। इधर कुछ वर्षो से राजनितिक दलों द्वारा भारत की आम जनता को धर्मांध के अन्ध युग में धकेल दिया गया है। जिस प्रकार से दसको वर्ष पहले समाजिक रूप से वंचित वर्ग को समाजिक न्याय, आर्थिक रूप,और धार्मिक रूप बहिकृत कर ब्राह्मणवादी हिन्दुओ द्वारा अंध युग में रखा गया था।

सामाजिक-आर्थिक रूप से वंचित,बहिकृत वर्गों के लिए सामाजिक न्याय की आवश्यकता

भारत में सामाजिक न्याय धन के प्रसार, प्रगति के अवसरों और समाज के साथ विशेषाधिकारों के संदर्भ में है। यह उद्धृत किया गया है कि "व्यक्ति सामाजिक

न्याय के लिए संघर्ष का मार्ग प्रशस्त करता है"। इस परिप्रेक्ष्य में, सामाजिक न्याय मानव अधिकारों और समानता की अवधारणा पर आधारित है, और इसे हर समाज में लोगों के दैनिक जीवन में मानवाधिकारों के प्रकट होने के तरीके के रूप में परिभाषित किया जा सकता है। आज भी समाज में सामाजिक न्याय प्राप्त करने के लिए अनेक आन्दोलन चल रहे हैं। सभी चार प्रकार के सामाजिक न्याय अर्थात् सामाजिक, आर्थिक, शैक्षिक और कानूनी रूप से वंचित वर्गों के लिए आवश्यक हैं। तो सामाजिक न्याय को संचयी, वितरणात्मक, कानूनी और सामाजिक के रूप में प्राप्त किया जा सकता है।

डॉ. अम्बेडकर ने न केवल सामाजिक रूप से वंचित वर्गों के लिए बल्कि भारत के पूरे समुदायों के लिए सामाजिक न्याय के क्षेत्र में महत्वपूर्ण भूमिका निभाई है। वे पहले महापुरुष थे जिन्होंने अपने अथक प्रयासो से इस वर्ग के लिए न्याय के क्षेत्र में सफलता प्राप्त की थी। सबसे पहले उन्होंने बिना सहयोग के अपने सकारात्मक विचारों के साथ कदम बढ़ाया है। एक ब्राह्मणवाद और ब्राह्मणवादी हिंदू धार्मिक जाति व्यवस्था में, एक प्रतिष्ठित जाति का अर्थ है उच्च जातियां जो सभी प्रकार के अधिकारों के साथ सीढ़ी के पदानुक्रम के शीर्ष पर रहती हैं और दृढ़ता से कहती हैं कि सभी प्रकार पर अधिकार उनका जन्मसिद्ध अधिकार हैं, जबकि सामाजिक बहिष्कृत वर्ग, जिनके पास निम्नतम समाजिक मूल्य है,सभी सामाजिक और बुनियादी अधिकारों से वंचित हैं।

विशिष्ट एवं प्रतिष्ठित जातियों का क्षेत्राधिकार का क्षेत्र बढ़ता गया जबकि पिछड़े वर्ग,असहाय, पिछड़ा वर्ग पद दलित की ओर नीचे गर्त में चलता गया। प्रगति के लिए शिक्षा की सुविधाएँ आवश्यक हैं। वर्षों पहले, सामाजिक रूप से वंचित वर्गों के एक वर्ग को उनके व्यवसाय के पतन के उद्देश्य से जोड़ा गया था, जो कि उनके पूर्वजों से गरीब मजदूर वर्ग के कारण आए व्यवसाय के कारण था। इसके बाद विशेषाधिकार प्राप्त वर्ग द्वारा सामाजिक संरचना का निर्माण किया जाता है। पूरी मानवता का पालन-पोषण करने वाले उस कर्मयोगी और महा शक्ति ईश्वर के लिए यह सामाजिक संरचना पूरी तरह से भेदभावपूर्ण और अन्यायपूर्ण थी। इस सामाजिक संरचना में, असमानता की रेखा सदियों से सदियों तक जारी रहा। सभी जातियों और वर्गों में समानता लाने के लिए इस तरह के अन्याय और पूर्ण रूप से असमानताओं को मिटाना आवश्यक था, जिसके लिए डॉ. अम्बेडकर ने मानवता में समानता के लिए बहुत ही सकारात्मक सोच का योगदान दिया। उनके योगदान के लिए सदियों-सदियों तक भारत के युवाओं, महिलाओ और वंचित लोगों को ध्यान और याद रखना होगा।

वर्णाश्रम ने चार वर्गों, ब्राह्मण, क्षत्रिय, वैश्य और शूद्र से संबंधित कानून और जीवन के चार चरणों में छात्र, गृहस्थ, धार्मिक भिक्षु का उल्लेख किया गया है। जाति व्यवस्था हिंदू धर्म और समाज में ब्राह्मण, क्षत्रिय, वैश्य और शूद्र के रूप में थी और वर्तमान में भी उसी रूप में मौजूद है, शायद भविष्य में इसी तरह से अनवरत काल तक जरी रहेगा। दलित सामाजिक रूप से वंचित थे और वर्तमान में भी बहुतायत में उसी रूप में वंचित ही है। जाति व्यवस्था ने उन्हें शिक्षा और धन से वंचित और अछूत बना दिया। शिक्षा की कमी के कारण वे अपने भीतर नए कौशल विकसित नहीं कर सके जो उनके जीवन स्तर को उन्नत और प्रगति कर सके। जाति व्यवस्था रुपी लुटेरों और विध्वंसकारियों द्वारा उनके जीवन को ध्वस्त कर दिया गया। जिससे हिंदू समाज का मूल सामाजिक-आर्थिक ढांचा पूरी तरह से नष्ट और ध्वस्त हो गया।

डॉ. अम्बेडकर ऐसे व्यक्तित्वों से परिपूर्ण थे जिन्होंने भारत गणराज्य की संवैधानिक व्यवस्था के सर्वोच्च कानून की रूपरेखा तैयार किया। वे न केवल भारतीय संविधान के निर्माता थे, बल्कि सामाजिक संरचना, युद्ध के खिलाफ आजीवन मानसिकता, असमानता, जाति और रंगभेद शोषण प्रणाली और लोगों के मन मष्तिष्क पर गहरी छाप छोड़ी है। उन्होंने सार्थक कर्म किये और उसमे सफल रहे है, एक युग पुरुष के रूप में संघर्ष किया है। जिसका अर्थ है भारत के आलावा विश्व में भी एक युग पुरुष के रूप में जाने जाते हैं।

जैसा कि हम जानते हैं कि विचार संवेदना का वास्तविक सत्य है और सभी समान रूप से जन्म लेते हैं। संघर्ष, गतिविधि और कर्तव्य के सिद्धान्त जो क्रांतिकारी और आमूल परिवर्तन है। सामाजिक रूप से वंचित वर्ग और जो निर्वाचित और एकाधिकार नेतृत्व करने वाले हैं, उनको आगे बढाने, सहयोग करने और सहानुभूति रखने वाले वर्तमान में भी डॉ. अम्बेडकर हैं। हिन्दू समाज की पिछड़ी जातियों में से सामाजिक, आर्थिक रूप से पिछड़ी जातियों को भी उनकी मूलभूत समस्याएं उनकी असहनीय पीड़ा है।

डॉ. अम्बेडकर के पास मानवाधिकारों के संघर्ष की स्व-अर्जित अधिकार थे। उन्होंने न केवल वंचित और बहिष्कृत वर्ग के अधिकार के लिए बल्कि पूरी मानवता के लिए संघर्ष किया। इस अनुभव ने एक ऐसी अनुभूति पैदा किया जिसने उन्हें अधिकारों से परिपूर्ण और इस समाज के साथ-साथ राष्ट्र के लोगों का मित्र बना दिया। सामाजिक न्याय के लिए सामाजिक निभ्रान्त क्रांतियाँ हैं। सामाजिक वंचित वर्ग जिन्हें उच्च जातियों और ब्राह्मणवाद के अनुयायियों द्वारा प्रगति की मुख्यधारा से पीछे धकेल दिया गया था, सामाजिक वंचित, बहिकृत वर्ग जिन्हें मनोवैज्ञानिक और मानसिक, वित्तीय और आर्थिक, शारीरिक और मौलिक अधिकारों का सामना करना पड़ा था,

इन वर्गों को जीवन में आगे बदने के लिए सीखना होगा। यही रास्ता इस वर्ग के विकास का पथ है। यदि धार्मिक,आर्थिक और सामाजिक वंचित और बहिष्कृत वर्ग के आलावा देश की पचास प्रतिशत महिला वर्ग डॉ.अम्बेडकर को ईश्वर का दर्जा दें तो यह अतिश्योक्ति नहीं होगी।

डॉ.अम्बेडकर ने सामाजिक बहिष्कृत, अस्पृश्यता, असमानता, आर्थिक असमानता,सामाजिक भेदभाव, दुर्गुणों को दूर करने और मानव समाज में आत्म-सम्मान और समानता के लिए एक नई सामाजिक संरचना, संगठन के लिए संगठनों की स्थापना किया गया है। महात्मा ज्योतिबा फुले के विचारों और सच्चे समाज की प्रेरणा उनके सामाजिक उत्थान की स्मृति चिन्ह है। अपनी आजीविका के साथ-साथ शिक्षा और ज्ञान के महत्व को स्वीकार करते हुए, उन्होंने उच्चतम स्तर की शिक्षा प्राप्त की, असीम ज्ञान अर्जन किया, और अपने व्यक्तित्व को चरम बिंदु तक और भारतीय समाज में इसकी गहराई से विकसित किया। हम आशा करते है कि भारतीय समाज की आने वाली पीढियां उनकी इस छाप को भव्य रूप से बनाए रखेगी।

महाराजा कोल्हापुर का डॉ. अम्बेडकर के उर्वर, सचेत और शांतमय जीवन में अतुलनीय सहयोग रहा। महाराजा ने अपने जीवन में कल्याणकारी अनुदान और दान प्रदान किया। जिससे उन्होंने इस भारतीय समाज में सामाजिक-आर्थिक रूप से वंचित वर्गों के लिए सदियों से पड़ी गुलामी की जंजीर को तोड़ने और प्रगतिशील बने रहने के लिए एक अतुलनीय कार्य किया है।

वैचारिक स्तर पर संत कबीर, संत रविदास, महात्मा ज्योतिबाई फुले और डॉ. अम्बेडकर अपने विचारों और विश्वासों के साथ जीवन भर सामाजिक-आर्थिक रूप से वंचित वर्गों के लिए अथक अतुलनीय कार्य किये। उन्होंने मानवता में समानता की खातिर- शोषण, नैतिक संघर्ष, आत्मनिर्णय से आगे बढ़ते हुए, एक वैचारिक क्रांति की प्रवृत्ति बनाई थी।

डॉ. अम्बेडकर के दर्शन और विचार, वैचारिक स्थापना के माध्यम से और राजनीतिक संघर्ष के माध्यम से अपने अधिकारों के लिए लड़ते हुए, स्वयं से मौलिक सफलता प्राप्त करते हुए, सत्य को उजागर करने वाली यह विचारधारा ही अहिंसा की एकमात्र प्रेरणा है। उन्होंने पूरी तरह से लोकतांत्रिक परिधि में संघर्ष की अपनी आवाज उठाई, कभी भी कड़वाहट या दुश्मनी को पनपने नहीं दिया ; विकास की लड़ाई की मुख्यधारा में शामिल लोगों और उनके अधिकारों के प्रति सम्मान किया। उन्होंने लोगों के अधिकार के आधार के बारे में सोचा और उन्हें तैयार किया, जिस

पर उनके अनुयायियों और भारतीय समाज के लोगों विशेष रूप से सामाजिक रूप से वंचित वर्ग ने नए सामाजिक सद्भाव के गगनचुंबी इमारतों को बनाने का अभूतपूर्व काम किया है।

डॉ. अम्बेडकर ने समय-समय पर विभिन्न सम्मेलनों, प्रलेखों, प्रस्तावों, निर्विवाद तर्कों से भरे अपने मूर्त भाषणों और अपने बौद्धिक विचारों को इस देश के अवाम के सामने प्रस्तुत किया है। उन्होंने सन् 1919 की सभी बैठकों से लेकर कैबिनेट मिशन तक, और निरंतर भारतीय मूल समाज की आवाज की निरंतरता पर निरंतर बहसों में भाग लिया। उनका सटीक तर्क, नई दिशा, भारतीय समाज के उन मूल सिद्धांतों को देखती रही, यानी सामाजिक वंचित, बहिष्कृत,प्रताड़ित और महिला वर्ग के प्रति उनके मूल पूर्वाग्रह को प्राप्त करने के लिए।

डॉ. अम्बेडकर ने सरकार को अपना संदेश दिया कि देश के सभी नागरिकों के लिए संविधान के नियमों और उपनियमों में समानता शामिल है। जाति और वर्णक्रम के कारण भारत में विशेष समुदाय, सामाजिक रूप से वंचित, बहिष्कृत वर्ग ऐतिहासिक रूप से अपना दयनीय जीवन जी रहे हैं। उन्होंने सामाजिक, आर्थिक और शैक्षिक न्याय को हिंदू समाज की सामाजिक अक्षमताओं की श्रेणी में प्रगति की मुख्यधारा में लाया। यह उनका मुख्य सपना था। उन्होंने खुद को अपनी दूरदर्शिता में बदलकर इसको महसूस किया। उन्हें मुख्यधारा में लाकर, देश के विकास में उचित स्थान देने के लिए, वंचित और बहिष्कृत और महिला वर्ग की योग्यता, दक्षता और स्थिति को ब्राह्मणवादी उच्च जातियों के अनुयायियों द्वारा खारिज कर दिया गया था। उच्च जातियों द्वारा सताए गए व्यक्ति उत्पीड़ित समाज से मुक्ति और विमुक्ति चाहते थे। वे एक ऐसे समाज की स्थापना करना चाहते थे, जिसमें समाज का हर वर्ग समान जीवन स्तर और सामाजिक, राजनीतिक, आर्थिक और शैक्षिक जीवन को समान रूप से जी सके। वे समाज में व्याप्त भेदभाव, चाहे वह आर्थिक, धार्मिक, शैक्षिक हो, को समाप्त करने के पक्ष में थे।

डॉ. अम्बेडकर ने समय के साथ संविधान में सामाजिक न्याय के रूप में कुछ मजबूत और स्थायी शक्ति शाली हथियार शामिल किया जो सदियों से प्रभावित लोगों के हाथ में एक विशिष्ट हथियार के रूप में है। जिससे भारत के लोग लाभान्वित हुए है। यह सामाजिक रूप से दलित समाज और महिला वर्ग गुलामी पूर्ण जीवन से शैने-शैने मुक्त होने की कोशिश कर रहा है। इस तरह के सामाजिक न्याय को दुनिया के किसी भी देश में महत्व दिया जाना चाहिए था। इस तरह का भ्रान्तिपूर्ण,महत्वपूर्ण जाति व्यवस्था और लिंग भेद शायद ही किसी भी देश में होगी, जो स्वतंत्रता के पचहत्तर वर्षों जिसे अमृत काल के रूप मनाया जा रहा है,यह इस देश के कई हिस्सों

में प्रत्यक्ष या अप्रत्यक्ष रूप से लागू है। सामाजिक न्याय कई देशों में है लेकिन वहा उसका स्वरुप अलग है।वहाँ केवल आर्थिक असमानता पर ध्यान केंद्रित किया गया है। एक ही पैमाने पर सामाजिक न्याय के समान अर्थ के रूप में परिभाषित किया गया है। जिससे देश की सभी जनता समान रूप से लाभान्वित हो सके और सभी को समान अवसर मिल सके। लेकिन भारत गणराज्य इस परिप्रेक्ष्य में अलग है क्योंकि यहां की अनम्य व्यवस्था, सामाजिक व्यवस्था, आर्थिक व्यवस्था और शिक्षा व्यवस्था अन्य देशों से अलग है। ये सभी व्यवस्थाएं अभी भी अपने पूर्व स्वरूप में काफी हद तक मौजूद हैं। जो देश और समाजके लिए नासूर बन गयी है जिसके लिए डॉ. अम्बेडकर ने अपना पूरा जीवन सामाजिक न्याय की लड़ाई लड़ते हुए बिताया।

एक बुनियादी सवाल यह उठता है कि सामाजिक-आर्थिक रूप से वंचित,बहिकृत और महिला वर्ग सहित भारत के नागरिको ने अब तक सामाजिक न्याय कैसे हासिल किया है। भारत गणराज्य के संविधान की प्रस्तावना मूल संरचना है जो सामान्य विशेषताओं को दर्शाती है, जिसके पीछे संविधान में कई अलग-अलग प्रकार की व्यवस्थाएं हैं। इस अध्यादेश में प्रस्तावित नियमों की पूर्ण रूप से व्यवस्था की गई है।

सामाजिक न्याय का महत्व

डॉ. अम्बेडकर ने 'एनिहिलेसन ऑफ़ कास्ट' विषय पर एक व्याख्यान दिया था और जाति प्रथा को राष्ट्र-विरोधी बताया था और कानून के माध्यम से जातिगत भेदभाव और बहिष्करण के अभिशाप को संबोधित करना चाहते थे, जिसे उन्होंने "असमानता के खिलाफ सबसे बड़ा कीटाणुनाशक" बताया। संविधान सभा में, जब डॉ. अम्बेडकर यह कह रहे थे कि भारत समग्र रूप से अविभाज्य है, उन्होंने अगाह किया कि, "जितनी जल्दी हम यह महसूस कर लेगें कि हम सामाजिक और मनोवैज्ञानिक अर्थों में अभी तक एक राष्ट्र नहीं हैं, हमारे लिए उतना ही बेहतर होगा। तभी हम एक राष्ट्र बनने की आवश्यकता को महसूस करेंगे और लक्ष्यों को प्राप्त करने के तरीकों और साधनों के बारे में गंभीरता से सोचेंगे।'' इसलिए, उन्होंने न केवल राजनीतिक और आर्थिक रूप से बल्कि सामाजिक न्याय पर भी जोर दिया। उनके अनुसार, स्वतंत्रता, समानता और बंधुत्व सामाजिक न्याय के प्रमुख घटक हैं।

डॉ. अम्बेडकर ने कहा, "रैंक और ग्रेडेशन की प्रणाली असमानता के सिद्धांत को समझाने का एक और तरीका है, इसलिए यह सही मायने में कहा जा सकता है कि हिंदू धर्म समानता को मान्यता नहीं देता है।" डॉ. अम्बेडकर,एक गैर-अनुरूपतावादी से संबंधित होने के कारण, बौद्ध धर्म को सामाजिक न्याय के अपने विचार के करीब पाया। वे एक अर्थशास्त्री होने के नाते, सामाजिक न्याय के मिशन ने उन्हें एक

सामाजिक लोकतांत्रिक बनने और कार्ल मार्क्स की विचारधारा का अध्ययन करने के लिए प्रेरित किया। उन्होंने बुद्ध और कार्ल मार्क्स की तुलना आपस में किया और कहा, "बुद्ध और कार्ल मार्क्स की विचारधारा और उनके बीच तुलना सिर्फ मुझ पर ही लागू होती है।"

डॉ. अम्बेडकर सर्वांगीण राष्ट्रवाद के ऐसे दर्शन लिंग समानता और महिला सशक्तिकरण के अपने अपने दायरे में शामिल थे, जिसे वे अपने युगांतरकारी 'हिंदू कोड बिल' के माध्यम से पूरी तरह से हासिल करना चाहते थे। उनके लिए लोकतंत्र जीने का एक तरीका था। उन्होंने कहा, "लोकतंत्र केवल सरकार का एक रूप ही नहीं है। यह मुख्य रूप से संयुक्त संचार अनुभव के संबद्ध जीवन जीने का एक तरीका है। यह अनिवार्य रूप से साथी पुरुषों के प्रति एक दूसरे के सम्मान के प्रति सम्मान है।"

उन्होंने दृढ रूप से महसूस किया कि स्वतंत्रता, समानता और बंधुत्व पर आधारित समाज एक जाति समाज का एकमात्र विकल्प होना चाहिए, और इसीलिए उन्होंने "एक मानव एक वोट; एक मानव एक मूल्य" के सिद्धांत को अधिक महत्व दिया। वे लोकतंत्र के बारे में बहुत असाधारण थे। उन्होंने इसे औपचारिक अभिव्यक्तियों से परे रखा और सामाजिक और आर्थिक क्षेत्र की ओर रूख किया जहां पर्याप्त लोकतंत्र था। उन्होंने लोकतंत्र के इसी रूप की परिकल्पना की थी। इससे सभी की गरिमा सुनिश्चित होगी।

भारतीय संविधान में सामाजिक न्याय का समावेश

कालांतर में ब्राह्मणवादी हिन्दूओं द्वारा सामाजिक रूप से वंचित बहिष्कृत वर्गों के लिए उनके शिक्षा के विशेषाधिकार और उनमें नव विकसित बुद्धि के लिए एक बाधा खड़ा किया गया था। ब्राह्मणवादी वर्णाश्रम धर्म और जाति व्यवस्था उनका जीवन बेहतर नहीं बना सका। यह वर्तमान परिवेश में भी जारी है। ब्राह्मणवादी हिंदू और ब्राह्मणवाद इस समाज के सामाजिक और आर्थिक ढांचे के विनाश और विघटन के मूल कारण थे और वर्तमान भी उसी तरह के कारक का योगदानकर्ता है। डॉ. अम्बेडकर की आजादी की लडाई भारत में दोहरी और तीहरी गुलामी में जी रहे लोगों को आजादी दिलाने की उनकी दूरदर्शिता का संकल्पित सपना था। उनका सोच सभी नागरिकों को समान अधिकार और समान अवसर देना था। सामाजिक रूप से वंचित,बहिष्कृत वर्गों को हिंदू समाज में उपार्जित नहीं किया जा सकता था और वे पूर्णकालिक रूप से विकलांग स्वरुप थे और उन्हें अपनी प्रगति के लिए मुख्यधारा में शिक्षा और व्यवसाय के अवसर भी नही दिया जा रहा था। इन सामाजिक वंचित,निर्धन बुद्धिजीवियों के अलावा कुलीन उच्चवर्गीय बुद्धिजीवियों

का समाज में उचित स्थान रहा है। वे यह स्पष्ट करना चाहते थे कि वे लोगों और स्थापित समाज जिसमें यह समाज रहता है, को सामाजिक, राजनीतिक और वित्तीय रूप से समान अधिकार प्राप्त होने चाहिए।

डॉ. अम्बेडकर ने भारत गणराज्य के संविधान में सामाजिक न्याय के सामान्य सोचों को शामिल किया और सामाजिक रूप से वंचित,बहिष्कृत और महिला वर्ग के हाथों में एक महत्वपूर्ण हथियार सौंप दिया। जिस तरह से भारतीय संविधान में सामाजिक न्याय का सामान्य विचार सामाजिक संदर्भ में शामिल किया गया है जबकि किसी भी अन्य देश के संविधान में वहाँ का सामान्य विचार शामिल नहीं किया गया है। इसका कारण यह है कि भारत में जाति व्यवस्था और सामाजिक अन्याय के मामले में दलित लोग प्रभावित हुए हैं जब कि इस तरह की समस्याएं किसी भी देश में नहीं है।

सामाजिक न्याय की मुख्य सूची यह है कि दुनिया के कई देशों को आर्थिक शक्ति की रक्षा करनी होती है जो कि कुछ लोगों के हाथ में है, आय तथा भावना की असमानता को सुरक्षित करने, धन तथा आर्थिक शक्ति के समान वितरण को सुनिश्चित करने के लिए है। विगत कुछ वर्षों से भारत में भी सामाजिक न्याय की परिभाषा बदल रही है। यहाँ भी निवर्तमान सरकारे कुछ गिने चुने लोगों को ही आर्थिक शक्ति के रूप में आगे बढ़ा रही हैं। जहाँ तक लगता है आने वाली पीढ़ियों को नए सामाजिक न्याय के लिए इस प्रकार आर्थिक शक्तिओ से एक लम्बी लड़ाई लड़नी पड़ेगी। भारत में, सामाजिक न्याय सामाजिक वर्णक्रम में सामाजिक वर्ग को दूर करने और आर्थिक स्थिति को समान दर्जा देने और देश के सभी नागरिकों में समान अवसर और समान परिणाम सुनिश्चित करने के लिए सुनिश्चित करता है। नियमों और उपनियमों में समानता देश के सभी नागरिकों के लिए बिना किसी भेदभाव के एक समान नियम के रूप में लागू की गई है।

सामाजिक न्याय के लिए डॉ. अम्बेडकर का योगदान

भारतीय संविधान की 'प्रस्तावना' सामाजिक न्याय की मूल संरचना है। भारत के संविधान की 'प्रस्तावना' में कहा गया है कि 'हम भारत के लोग', भारत को एक संप्रभु, समाजवादी, धर्मनिरपेक्ष, लोकतांत्रिक, गणराज्य बनाने और उसके पूरे नागरिक को सुरक्षित करने का संकल्प लेते हैं। सामाजिक, आर्थिक और राजनीतिक न्याय, विचार की स्वतंत्रता, विचार की अभिव्यक्ति, धारणा, विश्वास(धर्म) और पूजा, प्रतिष्ठा और प्रगति के अवसर की समानता और उन सभी के बीच बढ़ावा देने

के लिए, व्यक्तियों की गरिमा और राष्ट्र की एकता और अखंडता को सुनिश्चित करने वाली बंधुता संविधान की 'प्रस्तावना' की मूल संरचना में निहित है।

'प्रस्तावना' में सामान्य उद्देश्य के साथ-साथ संविधान के सभी कानूनों और नियमों और कार्यों की व्याख्या, प्रस्तावित नियम शामिल हैं, जो कानून और व्यवस्था के बारे में प्रशासकों द्वारा प्रस्तावित हैं, व्यक्ति और पुलिस का तशखीस, और इससे सामाजिक बुराइयाँ नियंत्रित होती हैं। संक्षेप में, संविधान की 'प्रस्तावना' संक्षिप्त रूप में हमारे संविधान का वर्णन करती है। भारतीय संविधान की प्रस्तावना से पता चलता है कि भारतीय नागरिक सामाजिक, आर्थिक और राजनीतिक न्याय के रूप में सामाजिक, धर्मनिरपेक्ष और लोकतांत्रिक रूप में स्थिर रूप में संरक्षित है। सामाजिक न्याय प्रस्तावना का मूल अर्थ है। सामाजिक न्याय उस जगह से शुरू होना चाहिए जहां से पूरा समाज एक स्तंभ के रूप में खड़ा हो। डॉ. अम्बेडकर के सामाजिक न्याय के रूप में संविधान के अनुच्छेद 335 में अनुसूचित जाति यानि सामाजिक रूप से वंचित,बहिष्कृत तथा अनुसूचित जनजाति को विशेष रूप से सरकारी सेवा में प्रावधान किया है, लेकिन राज्य सरकारे इस प्रकार की व्यवस्था को ठीक से लागू करने में असमर्थ रही है। उसके बाद, उन्होंने अनुच्छेद 334 में ऐसी समस्याओं को निराकरण करने का अधिकार दिया कि राष्ट्रपति इस वर्ग के लोगों की समस्याओं के प्रतिनिधित्व के लिए अनुसूचित जाति और अनुसूचित जनजाति आयोग में एक विशेष अधिकारी नियुक्त करें, जो इन समुदाय के लोगों की समस्याओं को दूर करें।

कालांतर से ही सामाजिक रूप से पद दलित वर्ग के लोगों को अछूत माना जाता रहा है। डॉ. अम्बेडकर के लिए यह शब्द एक बहुत ही महत्वपूर्ण मुद्दा था, जिसके लिए उन्होंने सामाजिक न्याय को इस तरह महत्व दिया। सामाजिक रूप से इन वर्ग के लोगों के साथ अन्यायपूर्ण,असंगत,अनुचित, अतिशय, भौतिकवादी, बर्बर, गैर-प्रेमपूर्ण और गैर-सामंजस्यपूर्ण व्यवहार किया जाता रहा है। सामाजिक रूप से दलित वर्ग दोहरी गुलामी को जीता रहा है। डॉ. अम्बेडकर ने कहा कि किसी भी जाति और उप-जाति का विकास तब तक संभव नहीं है जब तक वह अपने आत्म-सम्मान, आत्मविश्वास को बनाये नहीं रखता है। उनका कहना था कि यदि कोई वास्तव में इस वर्ग का सम्मान करना चाहता है, तो उसे उनके साथ वैसा ही व्यवहार करना चाहिए जैसा कि एक आम आदमी के साथ किया जाता है, उन्हें अपना भविष्य सुधारने का पूरा मौका देना उचित है। उन्होंने कहा कि जिस हिन्दू धर्म के लाखों-लाखों अनुयायी हैं, उसी का एक अंग जो सामाजिक रूप से वंचित,बहिष्कृत और महिला वर्ग भी है, उनके साथ गली के कुत्तों से भी बुरा

व्यवहार किया जाता रहा है। ब्राह्मणवाद द्वारा शासित हिंदू धर्म को छोड़कर किसी भी धर्म में अपने अनुयायियों के साथ ऐसा व्यवहार नहीं किया जाता है। हिंदू धर्म के हजारों –हजारों अनुयायियों के साथ इस प्रकार का विभाजन पूर्ण व्यवहार होता रहा है।उन्होंने कहा कि हिंदू धर्म कहता है कि जानवरों की पूजा उनकी सेवा करनी चाहिए लेकिन हजारों अनुयायियों जो सामाजिक रूप से वंचित,बहिकृत, और महिला वर्ग के हैं,उनके साथ जो जानवर से भी बदतर व्यवहार करना,एक बड़ा मजाक है।

हिंदू समाज के अधिकांश समाज सुधारक सामाजिक रूप से उच्च जाति के थे। वे अपने मिथकों में कहा करते थे कि उन्हें सामाजिक रूप से वंचित वर्ग, अछूतों के साथ दयापूर्ण व्यवहार करना चाहिए। डॉ. अम्बेडकर ने कहा कि इन शब्दों को जोर शोर के साथ बदल देना चाहिए है। समाज सुधारक होने के कारण इस समाज को सामाजिक बहिष्कृत और अछूत शब्द से पहचान क्यों मिली? उन्होंने अपनी कलम से बहुत सारे अछूत शब्दों को सम्मानजनक स्थान देने में सफल रहे हैं। भारतीय संविधान के इतिहास में एक स्वर्णिम दिन था जबकि अछूत शब्द को संविधान से पूरी तरह हटा दिया गया। इस राष्ट्र के इतिहास का इतिहास में बहुत महत्वपूर्ण है और इस जीत को इतिहास के रूप में देखा जा सकता है।

डॉ. अम्बेडकर को छोड़कर अन्य सभी राजनेताओं ने राष्ट्र की चिंता किए बिना अपने-अपने एजेंडे को आगे बढ़ाया। उन्होंने इस तरह का एजेंडा सामने रखा जिसमें व्यक्ति, समुदाय, जाति, क्षेत्र को व्यक्तिगत विकास के साथ छोड़ दिया जाना चाहिए। इस तरह का एक उदाहरण तमिलनाडु में साफ देखा जा सकता है। राजनेताओं को सामाजिक रूप से वंचित वर्गों के प्रति अधिक सहानुभूति है क्योंकि राजनेताओं को यहाँ इन वर्गों के दुःख की चिंता नहीं है। इन राजनेताओं की दुर्भाग्यपूर्ण चुप्पी के कारण, विभाजनकारी सामाजिक संरचना का क्षरण और सामाजिक रूप से वंचित वर्ग उत्पीड़न का युग आज भी भारत के कोने-कोने में जीवित है। कालांतर में तमिलनाडु का एक गांव पप्पनलूर इसका जीता-जागता उदाहरण है। इस गांव में मुख्य रूप से सामाजिक रूप से दलित वर्ग परैयार जाति और पिछडे वर्ग के वनार जाति के लोग रहते थे। दोनों हिन्दू धर्म से सम्बन्ध रखते थे। वनार लोग ब्राह्मणवादी हिन्दू मानसिकता के लोग थे। वहाँ पर बहुत ही जातीय भेदभाव था। दोनों जातियों के बीच उच्च और निम्न का भेदभाव स्पष्ट रूप से देखा जा सकता था। दोनों जातियों का घर गाँव के अलग अलग क्षेत्र में थे। इतना ही नहीं, मरणोपरांत दाह संस्कार में भी भेदभाव होता था। दोनों समाजों का बैठक स्थल अलग-अलग थी। वनार वर्ग मोहल्ले के चारों ओर पक्की ईंटों की दीवार का निर्माण किया गया ; जिससे कोई भी

सामाजिक रूप से वंचित,उत्पीडित वर्ग का कोई भी व्यक्ति उस क्षेत्र प्रवेश न कर सके, यदि गलती से प्रवेश कर गया तो सजा का भागी होता था।भारत के हर हिस्से में एक जैसी दीवार अलग-अलग रूपों व तरीकों से बनाई गई थी और वर्तमान में भी परोक्ष अपरोक्ष रूप से विद्यमान है। यह सामाजिक वंचित वर्ग और अन्य वर्ग को जाति व्यवस्था के द्वारा शारीरिक या मानसिक रूप से अलग करने के लिए हो सकता है। जब स्थानीय प्रशासन ने दीवार को गिरवाई तो इसका काफी विरोध हुआ। वे इस विभाजन को बहुत मजबूत बनाना चाहते थे और इसलिए इस दीवार पर नंगे तारों में बिजली दौड़ाने के लिए पूर्ण संकल्पित थे। जब दीवार को गिराये जाने लगा तो वनारो ने इसका जोरदार विरोध किया। उसके बाद स्थानीय पुलिस प्रशासन द्वारा इतना परेशान किया गया कि सामाजिक रूप से वंचित वर्ग के सभी पुरुष अपना घर छोड़कर कहीं दूसरे जगह कुछ समय के लिए चले गए। इस घटना का खुलासा तब हुआ जब सामाजिक रूप वंचित वर्ग की एक महिला की मौत हो गई और महिलायें ही उस मृत महिला का शव लेकर श्मशान घाट पहुंची और उसका अंतिम संस्कार किया।

राजनेताओं, मीडिया, समाचार पत्रों और पत्रिकाओं में सामाजिक वंचित, बहिकृत वर्ग की सुरक्षा के बारे में खूब बातें होती रहती हैं और इस तरह की बातों को सुनने को भी मिलती हैं,फिर भी भारत के कोने-कोने में ऐसी घटनाएं प्रति क्षण किसी न किसी रूप में होती रहती हैं। इससे यह यह साबित होता है कि चाहे राजनेता हों, चाहे वह सामाजिक वंचित,बहिकृत,दलित वर्ग के राजनेता ही क्यों न हों, चाहे सरकार सामाजिक वंचित,बहिकृत,दलित वर्ग की सरकार ही क्यों न हो, उपाय और संवैधानिक सुरक्षा इन वर्गों को नहीं के बराबर ही मिलाती है। यह वर्ग केवल कागज, फीस तक ही सीमित है, यह नाकाफी है। दरअसल, इस वर्ग में जागरूकता पैदा करके उन्हें संवैधानिक संरक्षण प्रदान किया जाना चाहिए। संविधान संशोधन के बावजूद देश में कई ऐसे गांव हैं जिनमें सरकार पंचायत चुनाव नहीं करा पाई यानि कई सालों में ग्राम परिषद का चुनाव नहीं हुआ क्योंकि उच्च वर्ग के लोग सामाजिक वंचित,बहिकृत,दलित वर्ग को पंचायत अध्यक्ष के रूप में नहीं देखना चाहता है। इस वर्ग के लिए ग्राम परिषद के आरक्षण पर उच्च वर्ग के लोग ऐसे कई गाँव होंगे जहाँ इसका कड़ा विरोध होता रहा है।

देश में अनुसूचित जाति न्यायाधिकरण संरक्षण अधिनियम में लंबित मुकदमों की संख्या से अंदाजा इसी बात से लगाया जा सकता है कि सामाजिक वंचित,बहिकृत,दलित वर्ग के साथ उत्पीड़न विभिन्न रूपों में कम नहीं हुआ है बल्कि बढ़ गया है। भारत गणराज्य के संविधान में कई उपनियम शामिल किए गए, लेकिन उसके बाद भी

इस वर्ग का बहिष्कार, शोषण और हो रहे अत्याचारों को अभी भी विभिन्न कारणों से अभी भी देश और राष्ट्र के प्रमुख एजेंडा से बाहर है और उसे छिपाने के लिए हमेशा चादर से ढक दिया जाता है। सबसे महत्वपूर्ण प्रश्नों में से एक यह है कि क्या सामाजिक रूप वंचित,बहिकृत,दलित वर्ग के बाईस प्रतिशत की मदद के बिना कोई लड़ाई लड़ी जा सकती है। इस पर देश के प्रबुद्ध राजनेताओं, बुद्धिजीवियों को गहराई से सोचने और इस विषय पर बहस करने की जरूरत है।

जब डॉ. अम्बेडकर संविधान का संरचना और निर्माण कर रहे थे, तब उन्होंने भारतीय समाज का बहुत बारीकी से अध्ययन किया। उस समय भारतीय समाज हिन्दू का वंचित,बहिकृत,दलित रुपी निम्न वर्ग ब्राह्मणवादी हिन्दू के उच्च वर्ग का आदर और सम्मान करता था, जबकि उच्च वर्ग निम्न वर्ग को सर्वथा अपमानित करता रहता था। इस प्रकार,जाति व्यवस्था के कारण, उनमें समानता और गलतफहमी, और सम्मति का अभाव था। डॉ. अम्बेडकर के अनुसार, लोकतंत्र अपूर्ण और अकेलेपन वाला एक अधूरा और अकेला व्यक्ति है, जो साधन संपन्न है और जो हमेशा सुविधा के साथ हैं और अधिकांश लोग इस प्रकार के सुरक्षा और सुविधा के बिना असुरक्षित हैं। डॉ. अम्बेडकर ने कहा था कि लोकतंत्र वास्तव में समाज का एक रूप है जिसमें एक समान सम्मान और एक समान दृष्टिकोण सभी वर्ग के नागरिकों के लिए एक समान होना चाहिए।

डॉ. अम्बेडकर का पूरा जीवन एक दर्पण है जो कि हर मानव में उनकी गरिमा और स्वाभिमान जीवन्त है। वह पूरी तरह से मिहशन मनु पुरुष के नाम से जाने जाते रहे है। मिहशान इस्लामिक पैगंबरो में से एक थे। उनका मिहान भारतीय संविधान की पूर्ण पूर्ति के रूप में परिलक्षित होता है, जो दर्शाता है कि वास्तव में, उनका एक संपूर्ण समाज बनाने का मुख्य उद्देश्य था।

परतंत्र भारत में जब अंतरिम सरकार बनी तो डा.अम्बेडकर विपक्ष में थे। चार साल छह दिन की सरकार के बाद उन्हें प्रधानमंत्री का पत्र मिला। जिसमें उनसे मंत्रिपरिषद में कानून मंत्री का पद संभालने का अनुरोध किया गया। उन्होंने अपने कुछ मुद्दों के साथ देश की भलाई के लिए प्रधानमंत्री के अनुरोध पर अपने दोस्तों की सलाह से कैबिनेट में कानून मंत्री का पद संभाला। उन्होंने राष्ट्रहित में प्रधानमंत्री का पूरा समर्थन किया। क्योंकि वे वायसराय की कार्यकारी परिषद के सदस्य रह चुके थे, उन्हें पता था कि प्रशासन में कानून मंत्रालय का कोई महत्व नहीं होता है। इस मंत्रालय का भारत सरकार की महत्वपूर्ण नीति निर्धारण और निर्णय के लिए कोई महत्व नहीं है। यह मंत्रालय साबुनदानी की तरह है जिसमें केवल पुराने वकीलो की राय होती है। इसलिए इस मंत्रालय को केवल साबुन के डिब्बे के रूप में उपयोग

किया जाता है। जब प्रधान मंत्री ने उन्हें इस पद के लिए प्रताव दिया तो उन्होंने कहा कि "मैं एक वकील हूं और शिक्षा की वकालत करता हूं और मुझे यह भी पता है कि शासन, प्रशासन कैसे करना है। उन्होंने बातचीत में बताया कि मैंने वायसराय की कार्यकारी परिषद में दो महत्वपूर्ण पदों पर कार्य किया हूँ और केंद्रीय लोक निर्माण विभाग में भी काम किया हूँ। मुझे यह भी पता है कि कैसे योजनाये बनायी जाती हैं ; मैंने कई महत्वपूर्ण योजनाएँ बनाई है, इसलिए मुझे योजना सम्बन्धी पोर्टफोलियो दिया जाना चाहिए।" प्रधान मंत्री ने उनके इस तर्क से सहमति व्यक्त की और योजना विभाग का आंतरिक अतिरिक्त प्रभार दिया। प्रधानमंत्री ने उनसे कहा कि आप को दूसरे लोगों से कुछ अलग ही योजना विभाग के लिए काम करना चाहिए। इस प्रकार उन्हें नियोजन विभाग की जिम्मेदारी दी गयी जिसमें बहुत ही बहस हो चुकी थी।

अब मैं डॉ. बी.आर. अम्बेडकर के स्वतंत्रता के बाद दूसरे कार्यकाल की चर्चा करना चाहूंगा। वे अपने पूरे कार्यकाल में सरकार की कार्यो से खुश नहीं थे। क्यों कि मुख्य मुद्दा पिछड़ी जातियों और अनुसूचित जातियों के प्रति सरकार का भेदभावपूर्ण रवैया था। उनका कहना था कि मुझे खेद है कि भारतीय संविधान में पिछड़ी जाति के उत्थान के लिए कोई प्रावधान नहीं है, यह छूट गया है। राष्ट्रपति ने पिछड़ी जातियों के उत्थान के लिए सरकार की सिफारिश पर एक आयोग की नियुक्ति किया। इस नियुक्ति में एक वर्ष से अधिक समय लगा। फिर भी सरकार ने इस आयोग की नियुक्ति के बारे में कुछ भी नहीं सोचा। वर्तमान परिदृश्य में सामाजिक रूप से वंचित,बहिष्कृत और दलित लोगों अर्थात अनुसूचित जाति और अनुसूचित जनजाति की स्थिति क्या है? यह एक मौलिक प्रश्न है। वर्षों बीत जाने के बाद भी लगभग वही स्थिति वर्तमान परिदृश्य में भी बनी हुई है। उसी तरह के अत्याचार की पुरानी तानाशाही, वही पुराना अत्याचार और उसी तरह का भेदभाव हो रहा है, जैसा कि अतीत में हुआ करता था। यदि हम स्थिति का गंभीरता से विश्लेषण करते हैं तो पाते हैं कि वर्तमान समय पहले से भी बदतर है। समाज जिसे आज के सामाजिक रूप से वंचित,बहिकृत,दलित वर्ग को कुछ प्रगति मानते हैं, वह किसी न किसी रूप में अत्याचार, निरंकुशता और उत्पीड़न भेदभाव जैसी बीमारियों से पीड़ित है। यह गंभीर रोग उनके सामाजिक ढांचे को खोखला और नाजुक बना रहा है।इस वर्ग को खुद ही इसके स्थायी ईलाज के लिए स्थायी और सकारात्मक सोचो के साथ आगे आने की आवश्यकता है।

सामाजिक और आर्थिक रूप से वंचित समाज के लोगों के उत्थान के लिए डॉ. अम्बेडकर में मनोवेग और निष्ठा बचपन से ही था। उन्हें अत्याचार पूर्ण जिंदगी से

निकालकर स्वाभिमान पूर्ण जिन्दगी प्रदान किया। यह उनकी अपनी योग्यता थी। वे अपने निजी स्वार्थ के लिए कुछ भी प्राप्त कर सकते थे। यदि वे भारतीय कांग्रेस पार्टी में शामिल हो जाते, तो उन्हें उस संगठन में सर्वोच्च पद प्राप्त हो सकता था। लेकिन उनका मुख्य उद्देश्य सामाजिक रूप से वंचित वर्गों के अधिकारों के लिए उनकी सामाजिक स्थिति को ऊपर उठाने के लिए संघर्ष करना था। वर्तमान में इन वर्गों के अधिकांश राजनेताओं का दृष्टिकोण जड़हीन है और वे किसी भी सामन्तवादी वर्ग, ब्राह्मणवादी राजनेताओं के पांव में गिरकर और उनके सामने खड़े होकर हाथ जोड़ कर भीख मांगने के लिए हमेशा तैयार रहते हैं। ब्राह्मणवादी समान्त वर्ग के राजनेताओं की दयालुता पर उन्हें राजनेता की उपाधि मिलती रही है। यह न केवल असंतोष है बल्कि विशिष्ट नीति के बारे में केवल वास्तविक मोहभंग है। डॉ.अम्बेडकर ने कहा कि "15 अगस्त 1947 को, हमारा जीवन एक स्वतंत्र राष्ट्र के रूप में शुरू हुआ; संसार का कोई भी देश हमारा अहित चाहने वाला नहीं होगा। हर देश हमारा मित्र था। असंतोषजनक और अकथनीय नीति के कारण चार साल में उनके दोस्त देश छोड़कर चले गए। कोई भी दोस्त देश हमारे साथ नहीं है। इस नीति के कारण हम अलग ही राह पर चल रहे हैं।"

डॉ. अम्बेडकर अपने इस्तीफे के बारे में बताते हैं कि यह एक अच्छा निर्णय था। उन्होंने ने कहा कि मंत्रि-परिषद सिर्फ नियम के जाँच और निबंधन या पंजीकरण कार्यालय बनकर रह गया है, जिसका निर्णय केवल गठित समितियों द्वारा ही किया जा रहा था। उन्होंने कहा कि मंत्रिमंडल केवल समितियों द्वारा चलता है। वे इन समितियों के सदस्य नहीं है ; उनके साथ मिलकर नीतियो को मूर्तरूप देने का कोई मौका दिए बिना ही इस तरह की जिम्मेदारी दी गयी।

डॉ. अम्बेडकर का अविश्वसनीय तथ्य जिस पर उन्होंने कैबिनेट से इस्तीफा देने का फैसला किया। जिसमें मुख्य विषय 'हिंदू कोड बिल' था। लोकसभा की सहमति के लिए 11 अप्रैल 1947 को 'हिंदू कोड बिल' लोक सभा में रखा गया। चार साल बाद भी यह बिल ठीक से काम नहीं कर पाया। इस बिल को लागू करने में डॉ. अम्बेडकर को मानसिक रूप से प्रताड़ित किया गया। इस बिल को लागू करने पर रोक लगा दी गई, क्योंकि इस बिल को बेहद खास बताया गया था। हिंदू कोड बिल एक बहुत बड़े सामाजिक सुधार के रूप में था। इस संदर्भ में, किसी भी कानून पर संवैधानिक रूप से सहमति नहीं बनी थी। इस बिल के कारण उनको बुरी तरह से मानसिक रूप से प्रताड़ित किया गया था।

उन्होंने कहा, "मेरे इस्तीफे को विस्तृत व्याख्या के लिए जटिल बना दिया गया था क्योंकि कुछ लोगों ने सलाह दी थी कि मैं बीमार हूं। मैंने उनकी इस सलाह को ठुकरा

दिया। मैं आखिरी व्यक्ति हूं जिसने अपनी बीमारी के कारण नौकरी छोड़ दी यानी कैबिनेट से इस्तीफा दे दिया।

भारतीय लोगों के लिए सामाजिक संवर्द्धन

डॉ. अम्बेडकर यूरोप से लौटेने के बाद भारत में हिन्दू धर्म में जाति पदानुक्रम में विभेद के बारे में कुछ करने के बारे में सोचा और उस पर अमल करने का निर्णय लिया। भारत में सामाजिक क्रांतियाँ क्यों नहीं हुई, यह एक ऐसा प्रश्न था, जो उन्हें लगातार परेशान किया करता था। इसका केवल एक ही उत्तर था, वह यह था कि ब्राह्मणवादी हिन्दू धर्म की चातुर्वर्ण्य की इस नीच व्यवस्था के कारण हिंदुओं के निम्न वर्ग प्रत्यक्ष रूप से कोई भी कार्रवाई यानि अपनी आवाज उठाने के लिए पूरी तरह से अक्षम हो गए थे। सामाजिक वंचित, बहिकृत लोग हथियार नहीं उठा सकते थे और हथियारों के बिना वे विद्रोह नहीं कर सकते थे। वे सभी हलवाहे थे या यों कहें कि हलवाहे होने कारण निंदा की गई थी और उन्हें कभी भी अपने हल को तलवार में बदलने की चातुर्वर्ण में अनुमति नहीं थी।

उनके पास किसी भी प्रकार का अधिकार नहीं था और इसलिए चातुर्वर्ण्य का कोई भी वर्ग उन पर शासन करके गुलाम बना सकता था। चातुर्वर्ण्य के कारण, वे लोग कोई शिक्षा प्राप्त नहीं कर सकते थे। उन्हें सोचने और गुलामी से मुक्ति के लिए चातुर्वर्ण में पूर्ण रूप से प्रतिबन्ध था। इस लिए वे न तो सोच सकते थे और न ही अपने उद्धार के मार्ग को जान-पहचान सकते थे। वे अधीनस्त होने कारण उन्हें निकम्मा ठहराया जाता था। उनके पास इससे बचने का रास्ता न जानने और बचने के साधन नहीं होने के कारण, वे शाश्वत दासता के साथ मिल गए, जिसे उन्होंने अपने अपरिहार्य भाग्य के रूप में स्वीकार कर लिए थे।

यह सच है कि वास्तव में यूरोप में भी ताकतवर ने कमजोरों के शोषण से पीछे नहीं थे। लेकिन यूरोप में ताकतवरों ने कभी भी कमजोरों को शोषण के खिलाफ इतनी बेशर्मी से मजबूर नहीं किया जितना कि भारत में ब्राह्मणवादी सम्भ्रांत हिंदुओं और दीन-हीन कमजोर सामाजिक वंचितों के बीच हुआ है। यूरोप में आर्थिक रूप से मजबूत और कमजोर के बीच सामाजिक युद्ध छिड़ा हुआ था जैसा कि भारत में पहले हिंसक रूप में था। फिर भी, यूरोप में उनकी सैन्य सेवा की स्वतंत्रता, राजनीतिक अधिकार और शिक्षा में उनके नैतिक हथियार थे। मुक्ति के इन तीन अधिकार रुपी हथियारों को यूरोप में कमजोरों से मजबूत ताकतवरों ने कभी नहीं रोका। हालाँकि, इन सभी अधिकार रुपी हथियारों को ब्राह्मणवादी हिन्दू धर्म के चतुर्वर्ण्य द्वारा भारत में आम जनता के लिए अस्वीकार कर दिया गया था।

डॉ. भीमराव रामजी अम्बेडकर ने कहा है कि भारतीय गांव जातिवादी विचारधारा, क्रूरता और उत्पीड़न का एक विषधर जलाशय है। वहाँ कुछ भी प्रतिदेय योग्य नहीं रहा है। वर्तमान में भी भारतीय गाँव उसी तरह का जातिवादी विषधर जलाशय बना हुआ है।उन्होंने गाँव को एक प्रतिक्रियावादी आदर्श और एक शोषक सामाजिक संदर्भ के रूप में देखा, जिसे हर तरह से नाकारा जाना चाहिए। शहर ने सामाजिक प्रगति की संभावना का प्रतिनिधित्व किया। राजनीतिक समूहों, शिक्षा तक पहुंच और पेशेवर अवसरों ने शहर में स्वतंत्रता के लिए स्थान प्रदान किए।

गांव और शहर की हकीकत गांधी और डॉ. अम्बेडकर के सिद्धांतों से मेल नहीं खाती थी। उनके अपने-अपने सपनों में अंतर्विरोधों का समाधान कभी नहीं हो सका और दो महापुरुष केवल राजनीतिक विरोधी हो सकते थे। गांव कभी भी स्वतंत्र नहीं था, भारतीय संदर्भ में इसकी निरंतर प्रासंगिकता में, यह शहरी केंद्रों के कनेक्शन पर निर्भर करता है। आधुनिकता की समस्याओं से बचाए जाने की बात तो दूर, यह पर्यावरण के विनाश और बाजार की अनिश्चितताओं के लिए अतिसंवेदनशील है।

शहरी क्षेत्रों ने सामाजिक बहिष्कृत लोगों के लिए गाँव की तुलना में बेहतर अवसर प्रस्तुत किया, हो सकता है, लेकिन लोगों के बीच यह स्तरीकृत और असमानता बना रहा। वर्तमान परिदृश्य में भी शहरी स्थानिक संगठन, उसके आस-पड़ोस और जिस तरह से सरकार द्वारा उनकी योजना और सेवा की जा रही है, वह अभी भी जातिगत पूर्वाग्रहों को दर्शाता है। सार्वजनिक शिक्षा और सरकारी सेवाएं जिन्हें समान अवसर प्रदान करने चाहिए थे, वे भी अधिक अलग-थलग हैं। शहरी झुग्गी बस्ती से अधिक कोई स्थान नहीं है जो दोनों की सीमाओं की विशेषता है, एक गाँव केंद्रित या शहरी-केंद्रित विचारधारा है। इसकी निर्भरता जाति-आधारित नेटवर्क, ग्रामीण प्रवृत्तियों, भीड़भाड़ वाले और कम कर्मचारियों वाले स्कूलों, महत्वपूर्ण बुनियादी ढांचे की कमी, और स्वास्थ्य सेवा तक न्यूनतम पहुंच, आर्थिक कठिनाई और राज्य के साथ परस्पर विरोधी संबंधों पर निर्भर है। झुग्गी-झोपड़ी, गांव और शहरी के सबसे बुरे पहलुओं को इस हद तक मूर्त रूप देने के लिए आ गई है कि यह अपना आदर्श बन गया है।

यह भी कहा जा सकता है कि स्लम वह जगह है जहां गांधी और डॉ.अम्बेडकर के गांव और शहरी के संबंधित सिद्धांत हल हो गए हैं, लेकिन सिद्धांत एक डायस्टोपिया रूप में है। इसका अर्थ यह है कि वह अवस्था जिसमें जीवन की स्थिति अत्यंत खराब, जैसे कि बुनियादी जरूरतों का अभाव, विभिन्न प्रकार के उत्पीड़न और आतंक। इस प्रकार दोनों के सिद्धांत एक दूसरे में विलीन हो गए और निष्क्रिय कर दिए गए है।

हालाँकि, यदि हम गाँव और शहरों के उनके विशिष्ट दृष्टिकोण को केवल राजनीतिक एजेंडा के रूप में मान सकते हैं, न कि वास्तविकता के रूप में, तो वे हमें झुग्गी-झोपड़ियों से निपटने के तरीके के लिए एक शक्तिशाली रोड मैप प्रदान करते हैं। शायद भारतीय गांव परिवर्तन का एक स्थल है, लेकिन पूरी तरह से एक अलग रूप में, जो शहरी क्षेत्र के भीतर स्थित होने पर अपने आप में आ जाता है। गांव में जिसकी जड़े मजबूत है,उनका जीवन शहरी आबादी में हाशिए पर निहित है, जो कभी भी अपने पुश्तैनी संबंधों को पूरी तरह से नहीं छोड़ते हैं।

कल्पना की जा सकती है कि जाति परिवर्तन का रास्ता शहरी क्षेत्र से होते हुए गांव से जुड़ाव का रास्ता है। इसलिए, सामाजिक रूप से वंचित एवं बहिकृत वर्ग, जिनका नाम बदलकर शूद्र कर दिया गया था,असमान और स्तरीकृत या विभेदीकरण शहरी क्षेत्र में सशक्त होने के बाद अपने गांव लौटने का एक केन्द्र बनाते हैं। उनका सशक्तिकरण ज्यादातर शहरी सतही वर्ग से आता है जो शहरी स्लम अपनी सभी बुराइयाँ उनको प्रदान करता है।

भारत में झुग्गी-झोपड़ी के जीवन को ध्यान से देखने से पता चलता है कि शायद इस डायस्टोपियन साम्राज्य से ही वास्तव में आधुनिक संवेदनशीलता उभरेगी। शायद गांधी और डॉ. अम्बेडकर के शक्तिशाली सर्वोच्च दर्शन मिलेंगे और सफल होंगे जब ठेठ भारतीय मलिन बस्तियों को अंततः मेहनती, आत्मनिर्भर पड़ोस बनने की अनुमति दी जाएगी, जिनकी आबादी को समान अधिकार और अवसर प्रदान किए जायेंगे। शायद हमें भारतीय राजनीतिक व्यवहार की आंतरिक लड़ाई को समझने के लिए उस कला को समझाने की आवश्यकता है।

ब्राह्मणवादी हिन्दू जाति व्यवस्था में श्रेष्ठता की भावना

भारत में मुख्यतः ब्राह्मणवादी हिन्दू जाति व्यवस्था स्पष्ट रूप से स्वतंत्रता, समानता और बंधुत्व के सिद्धांत का उल्लंघन करती है। यह किसी व्यक्ति के अपने लिए पेशा या व्यवसाय चुनने के अधिकार से हमेशा वंचित करता रहा है। किसी व्यक्ति की निष्ठा उस जाति के प्रति है जिसमें वह पैदा हुआ है और ब्राह्मणवादी हिन्दू जाति व्यवस्था के भीतर करुणा और प्रेम के लिए कोई जगह नहीं है। हिंदू धर्म के लोगों के साथ जाति व्यवस्था के भीतर भी उचित व्यवहार नहीं किया जाता है। इसलिए, डॉ. अंबेडकर ने सामाजिक मुक्ति के उपाय के रूप में आरक्षण का सुझाव दिया।

यह जाति व्यवस्था,जो श्रेणीबद्ध असमानता के सिद्धांतों पर आधारित है, सामान्य रूप से दुनिया में और विशेष रूप से भारत में एक अनूठी समस्या है। जाति एक

स्वदेशी मूल निवासियों की समस्या नहीं है बल्कि यह विदेशी आक्रमणकारियों के साथ भारत में आयी और भारतीय इतिहास में एक अमिट छाप छोड़ी है, जिसे आज भी राष्ट्रीय प्रगति में बड़ी बाधा माना जाता है। डॉ. अम्बेडकर के अनुसार, "विदेशी आक्रमणकारियों यानी आर्यों से पहले भारत में कोई भी जाति व्यवस्था नहीं थी। इसको साबित करने के लिए कई साक्ष्य है, उस समय अंतर्जातीय विवाह और अंतर-भोजन सामान्य थे। "

इसके बाद, विदेशी आक्रमणकारियों के माध्यम से भारतीय उपमहाद्वीप में प्रवेश करने वाली जाति व्यवस्था के परिणामस्वरूप पूरे समाज को हजारों जातियों में विभाजित कर दिया गया और श्रेणीबद्ध असमानता का निर्माण हुआ। इस प्रणाली में सम्मान का आरोही पैमाना और अवमानना का अवरोही पैमाना था। जाति व्यवस्था ने देश के सभी धर्मों में अपनी बाहें फैला रखी हैं। सामाजिक पदानुक्रम के शीर्ष पर ब्राह्मण जाति आराम से खड़ी है और सबसे नीचले पायदान पर सामाजिक रूप वंचित वर्ग यानि पद दलित को रखा गया है। यह टिप्पणी करना भी महत्वपूर्ण है कि प्रत्येक जाति के बीच उनके व्यवहार के कारण श्रेष्ठता और हीन भावना होती है।

जाति व्यवस्था ने भारत के सामाजिक-आर्थिक और राजनीतिक क्षेत्रों पर एक अमिट छाप छोड़ी है। ऐसा कहा जाता है कि "देश की न्यायपालिका भी जाति व्यवस्था के चंगुल से नहीं बच पायी है . अस्पृश्यता और जाति व्यवस्था के कलंक ने देश के इन लोगों को समृद्ध नहीं होने दिया। भारत में जाति व्यवस्था निचले तबके के लिए एक अभिशाप के रूप में काम करती रही है। इसने सामाजिक पूर्वाग्रह, विभिन्न जातियों के बीच घृणा को जन्म दिया और सामंतवाद और पूंजीवाद जैसी सामाजिक बुराइयों को जन्म दिया, जिसने समाज में अव्यवस्था को जन्म दिया। साथ ही साथ इसने मानवीय विरोधी प्रवृत्तियों को भी जन्म दिया।"

ब्राह्मणों के पास अति विशेष और श्रेष्ठ विशेषाधिकार रहा है और वर्तमान में भी है, क्योंकि वे मूल रूप से जाति व्यवस्था के संरक्षक बने हुए है। वास्तव में, वे हमेशा चाहते हैं कि यह अमानवीय व्यवस्था अनवरत जारी रहे। ब्राह्मणों को हिंदू समाज को संगठित करने में कभी भी कोई भी दिलचस्पी नहीं रही, लेकिन उनका मुख्य उद्देश्य लोगों को हमेशा अपनी श्रेष्ठता स्वीकार करवाना ही रहा है। इसलिए ब्राह्मणवाद वर्चस्व का दूसरा नाम है। वर्तमान में भी वह अपने को ही श्रेष्ठ प्रदर्शित करने में लगे रहते है।

ब्राह्मणवादी हिन्दू धर्म में विरोधाभासी सामाजिक व्यवस्था

डॉ. भीमराव रामजी अम्बेडकर ने ब्राह्मणवादी हिन्दू धर्म का सामाजिक व्यवस्था का विश्लेषण किया और महसूस किया कि यह प्रणाली केवल व्यक्तियों के कर्तव्यों को निर्दिष्ट कर सकती है और कभी भी व्यक्ति के अधिकारों को मान्यता नहीं दे सकती है। उन्होंने अपने लेख जिसका शीर्षक ' डबल गेम आफ नॉन ब्राह्मण 'में वर्णित किया है कि, "कुछ सुधारवादी सिर्फ दिखावटी सहानुभूति दिखा रहे हैं, लेकिन सामाजिक वंचित और बहिष्कृत की स्थिति की मुक्ति. उन्नयन और प्रगति में दिलचस्पी नहीं रखते हैं और 'प्राकृतिक अधिकार या मौलिक अधिकार' नहीं देते हैं केवल झूठी सहानुभूति दिखा रहे हैं। "

वे अपने अधिकारों को मौलिक मानने को तैयार नहीं थे। इसलिए उन्होंने 'अधिकारों' पर ज्यादा जोर दिया। उन्होंने भारतीय समाज में 'सोशल एंडोस्मोसिस' की आवश्यकता को महसूस किया और जोरदार ढंग से कहा कि इसकी अनुपस्थिति के परिणामस्वरूप अमानवीय जाति व्यवस्था और चातुर्वर्ण, श्रेणीबद्ध असमानता की व्यवस्था को कायम रखा जाएगा। सोशल एंडोस्मोसिस का अर्थ यह है कि एक आदर्श समाज में, लोगों के हितों को सचेत रूप से संप्रेषित और साझा किया जाना। लोगों से जुड़ाव के अन्य तरीकों के साथ संपर्क के विविध और स्वतंत्र स्थिति होने चाहिए। यह एक बिरादरी है, जो लोकतंत्र का ही दूसरा नाम है।

डॉ. अम्बेडकर ने ब्राह्मणवाद के वर्चस्व को कायम रखने वाले सिद्धांतों पर आधारित मुख्य दर्शन की कड़ी आलोचना किया करते थे। मनु के अनुयायियों ने सोचा कि यह लोकतंत्र किसी अन्य प्रकार की संस्था जैसी ही है जो कि किसी भी परिस्थिति में समायोजित हो सकता है और ब्राह्मणों और गैर-ब्राह्मणों के लिए अलग-अलग आचार संहिता आयोजित करता है।

ब्राह्मणों द्वारा अपनाई गई इस रणनीति से डॉ. अम्बेडकर सहमत नहीं थे और उन्होंने 'बहिष्कृत भारत' के लेख 'गॉड विल सी' में इशारा किया कि, "ब्राह्मणों ने अपने कपटता के सिद्धांत को विश्वासघात पूर्ण प्रचार किया। मुझे लगता है कि इन लोगों ने नैतिकता का अनुबंध लिया है। यह प्रवृत्ति मुझे कमजोर बनाती है।" ब्राह्मणों ने अपने अस्तित्व के लिए अनेको प्रकार की रणनीतियाँ अपनाईं। उन्होंने गैर-ब्राह्मणों को मानसिक गुलामी में रखने के लिए कई संगठन भी शुरू किए। उनका मुख्य उद्देश्य ब्राह्मणवाद की रक्षा करना था। वर्तमान में भी ब्राह्मणवादी सिन्धांत और दर्शन को कायम करके भारतीय जन मानस में तरह तरह के अन्धविश्वास को फैलाने में पूर्णरूप से सफल हो रहे है। ब्राह्मणवादियों ने महसूस किया कि औपनिवेशिक भारत

में नई पश्चिमी लोकतांत्रिक राजनीतिक व्यवस्था उनकी पहचान को नष्ट कर देगी, जो इतने सालों तक जारी रही। अगर इसने ब्राह्मणवाद का विनाश शुरू किया तो इसका मतलब उनकी सामाजिक स्थिति का नुकसान था। अपनी सामाजिक स्थिति को बनाए रखने के लिए उन्होंने 'ब्राह्मण सभा' नामक संस्था की स्थापना किया।

मोंटेग्यू चेम्सफोर्ड कमेटी ने प्रांतीय सरकारों में भारतीयों को राजनीतिक प्रतिनिधित्व देने का फैसला किया। तब ब्राह्मण महासभा ने भविष्यवाणी की कि अंग्रेज देश में राजनीतिक लोकतंत्र स्थापित करेंगे। आंदोलन में ब्राह्मणों ने इसके परिणामों को महसूस किया; उन्होंने खुद को हिंदू नहीं बल्कि आर्य होने का दावा करना शुरू कर दिया, जिस प्रकार से वर्तमान में अपने सनातनी साबित करने में लगे है। इसलिए भी, उन्होंने गैर-ब्राह्मणों को गुमराह करने के इरादे से संगठन शुरू कर दिया। इसलिए, उन्होंने हिंदू महासभा नामक एक संगठन की स्थापना की। यह ब्राह्मणों द्वारा जनता की भ्रामक रणनीति के अलावा और कुछ नहीं था। इसी तरह वर्तमान स्कोरिया यानि एक दुसरे से अलग करने में राजनीतिक दल अन्य पिछड़े वर्ग और सामाजिक रूप से वंचित वर्गों को हिंदू धर्म के आधार पर गुमराह कर रहे हैं और झूठी देशभक्ति सहानुभूति को भी गुमराह करते रहे हैं।

डॉ. अम्बेडकर ने अस्पृश्यता को दूर करने के सन्दर्भ में एक लेख में हिंदू महासभा की कड़ी आलोचना करते हुए कहा कि, "यह याचकों के सुधरे हुए रूप का संगठन है। दूसरों पर अपना वर्चस्व बनाए रखने के लिए, इन याचको ने हिंदुओं के बीच वर्ण, सांस्कृतिक और रहस्यवाद के अंतर के आधार पर शुरुआत की है। इसने न केवल वास्तविक सुधारकों को दोषी ठहराया, बल्कि अगर ये भिखारी यानि याचक अछूतों के लिए अलग से मंदिर बनाने का सुझाव दें तो हमें कोई आश्चर्य नहीं होगा।"

पंडित मदन मोहन मालवीय हिंदू महासभा के संस्थापकों में से एक थे। 'ब्राह्मण महासभा को इस विवाद से क्या मिला' शीर्षक नामक लेख में डॉ. अम्बेडकर ने कहा, "ब्राह्मण सभा एक नाम के रूप में ही एक संकेत है कि यह ब्राह्मणों का एक संगठन है जो हिंदू महासभा की एक शाखा है। शंकराचार्य के समय से, जिन्हें ब्राह्मण सभा का संरक्षक माना जाता था, ब्राह्मण समुदाय के आम व्यक्ति ने सभा के विकास में भरपूर योगदान दिया था। इस संगठन के लोग अस्पृश्यता का सख्ती से पालन करते थे। किसी के हस्तक्षेप की अनुपस्थिति, अंतर-भोजन और अंतर्जातीय विवाह ब्राह्मण सभा के चारों ओर निर्मित तीन प्रमुख कारक थे। "

डॉ. अम्बेडकर ने अपने लेख 'तिलक की अन्तरंग परम्परा ' शीर्षक से बाल गंगाधर तिलक की आलोचना की है। उन्होंने बाल गंगाधर तिलक के सामाजिक विचारों

का विरोध किया जब तथाकथित सुधारवादियों ने अस्पृश्यता को दूर करने के लिए एक प्रस्ताव पारित किया। तब बाल गंगाधर तिलक इससे सहमत नहीं थे। जब सुधारवादियों ने छुआछूत उन्मूलन के माध्यम के रूप में अंतर्भोजन का सुझाव दिया, तो बाल गंगाधर तिलक ने अपने अधिवक्ता की शैली में पूछा कि यदि अंतर्भोजन के कारण जाति के झगड़े पर अंकुश लग जाता है, तो एक ही माँ के बच्चों के बीच झगड़ा क्यों होता है, यहाँ तक कि वे एक ही थाली में खाते हैं'। हालांकि,उस समय गैर-ब्राह्मणों के बीच सामाजिक समानता के बारे में कोई जागरूकता नहीं थी। इस कारण तिलक के तर्कों का कोई विरोध नहीं हुआ। हर जगह उनका गर्मजोशी से स्वागत हुआ। लोग बाल गंगाधर तिलक के कथनों को सुसमाचार मानते थे। इस तरह से बाल गंगाधर तिलक ने गैर ब्राह्मणों की अज्ञानता का फायदा उठाया।

डॉ. अम्बेडकर ने 'बहिष्कृत भारत' के एक लेख जिसका शीर्षक 'बंगाल और महाराष्ट्र' है, में कहा है कि "ब्राह्मण सभा तिलक के विचारों का समर्थन करती है। वे मानव अधिकारों को सुरक्षित करने के लिए कड़ी मेहनत कर रहे थे लेकिन उनका किसी का अधिकार छीनने और उन पर वर्चस्व स्थापित करने का कोई इरादा नहीं था। हालाँकि, दुर्भाग्य से, तिलक ने इसे अलग ही दृष्टि से देखा। ब्राह्मण सभा अच्छी तरह से स्थापित थी और जाति व्यवस्था को मजबूत करने के उद्देश्य के आधार पर ब्राह्मणों ने प्रशंसा की थी कि वे एक राष्ट्रीय आंदोलन के सदस्य हैं।"

उसी समय महात्मा ज्योतिबा फुले द्वारा स्थापित 'सत्यशोधक समाज' ने तत्कालीन अछूतों को उनके अधिकारों और कर्तव्यों के बारे में जागरूक करना शुरू कर दिया और ब्राह्मणों द्वारा रची जा रही साजिश का पर्दाफाश करना भी शुरू किया। विश्व इतिहास एक नज़र में स्पष्ट रूप से यह संकेत देता है कि जापान में सामुराई जो शासक वर्ग था, ने अपने वर्ग के हितों का त्याग कर आम जनता के हितों के साथ जुड़ गया। हालाँकि, यह दुनिया के सामने एक मामूली उदाहरण है। शासक वर्ग का गठन करने वाले ब्राह्मणों ने अपने हितों का कभी भी त्याग नहीं किया। इसके विपरीत, उन्होंने भारत के नागरिकों के बीच श्रेणीबद्ध असमानता पैदा की थी। डॉ. अम्बेडकर ने अपने प्रकाशनों के माध्यम से ठीक ही इस ओर इशारा किया है।

ब्राह्मणवाद का प्रभुत्व और निरंकुशता

डॉ.अम्बेडकर ने 'बहिष्कृत भारत' के एक लेख 'ब्राह्मणवाद का अर्थ ब्राह्मण नहीं है' में कहा है: "साम्राज्यवाद, समाजवाद, बोल्शेविज़्म और पूंजीवाद इत्यादि, ब्राह्मणवाद भी परंपराओं या वाद में से एक है।" इसका अर्थ ब्राह्मणों को छोड़कर सभी के लिए समानता, स्वतंत्रता और बंधुत्व की उपेक्षा करना है। 'महिला वर्ग को सर शंकर

नारायण की सलाह' नामक एक अन्य लेख में, उन्होंने बताया कि "पेशे में प्रतिस्पर्धा ब्राह्मणवाद को मार देती है। और प्रत्येक पुरुष और महिला अपनी क्षमता, शक्ति और ज्ञान के अनुसार अपना स्थान सुरक्षित करते हैं।" हालाँकि, ब्राह्मणवाद दर्शन इसके खिलाफ था।

"ब्राह्मण गुलाम वर्गों में से दलित वर्ग के सबसे कट्टर दुश्मन रहे हैं, जो मिलकर कुल हिंदू आबादी का अस्सी प्रतिशत हिस्सा हैं। यदि भारत में इस वर्गों से संबंधित आम आदमी आज भी इतना गिर गया है, इतना पतित है, आशा और महत्वाकांक्षा से रहित है, तो यह पूरी तरह से है ब्राह्मणों और उनके दर्शन के कारण ही है।" -डॉ. बी.आर.अम्बेडकर

"ब्राह्मण जहां भी प्रभुत्व में हैं वहां जाति के बारे में बात नहीं करते हैं और पैसे कमाते हैं, लेकिन वे जहां काम करना चाहते हैं वहां जाति के नाम पर परायारों (वंचितों, आदि द्रविण) में भेदभाव करते हैं।"- अयोति थास

डॉ. बी.आर. अम्बेडकर ने कहा है कि महिलाओं का आंदोलन अपने अधिकारों की स्थापना के लिए पूरी दुनिया में प्रचारित प्रसारित हुआ। महिलाओं द्वारा नौकरी हासिल करने की प्रतियोगिता भी शुरू हुई। मेरा दृढ़ विश्वास है कि वर्ण व्यवस्था मनुष्यों के अप्रतिस्पर्धी सोच का विरोध करने के कारण अस्तित्व में आई। क्षत्रियों की प्रबल इच्छा होती है और वे ब्राह्मणों पर वर्चस्व स्थापित करें, लेकिन उन्होंने कभी उन पर हमला नहीं किया। तत्कालीन वैश्य और शूद्रों की क्षत्रिय बनने की महत्वाकांक्षा नहीं थी। उन्होंने अपना-अपना काम किया। सामाजिक रूप से वंचित, बहिकृत वर्ग प्रत्याशित रूप से स्वयं उनके अधीन थे। उन्होंने अपनी स्थिति को उन्नत यानि विकसित करने के लिए प्रतिस्पर्धा करने की अनुमति नहीं दी गयी थी और उनके पास जो कुछ भी था उससे संतुष्ट होने के लिए मजबूर किया गया। इसके लिए वर्णाश्रम धर्म द्वारा इसी तरह का प्राविधान और स्वीकृति प्रदान की गई है।

डॉ. अम्बेडकर ने भारतीय संविधान, लोकतांत्रिक और समतावादी विचारधारा की पटकथा लिखते समय भारत में तानाशाही और उसके खतरों के तीन रूपों को देखा, जिसे वह देश को संपुटित या बताना चाहते थे। नतीजतन, उनके लिए, संविधान न केवल लोगों को अधिकार प्रदान करने का एक तरीका था, बल्कि इन खतरों को किसी प्रकार की तानाशाही पैदा करने से रोकने के लिए एक ढाल भी था।

डॉ.अम्बेडकर जैसे ही संयुक्त राज्य अमेरिका और यूनाइटेड किंगडम से अपनी उच्च शिक्षा ग्रहण करने के उपरांत भारत लौटे, कम्युनिस्ट आंदोलन पूरे देश में फैल रहा था। दुनिया भर की कम्युनिस्ट पार्टियों ने दावा किया कि अगर क्रांति सफल हुई,

तो वे सर्वहारा तानाशाही स्थापित करने में सक्षम होंगे। चूँकि सर्वहारा वर्ग का अर्थ मजदूर वर्ग से है, कम्युनिस्ट पार्टियों को मुख्य रूप से गरीब और उत्पीड़ित वर्गों का समर्थन प्राप्त था। वे एक शोषित जाति के वंशज हैं और उन्हें 'बहिष्कृत' माना जाता है। उन्हें स्वभाव से कम्युनिस्ट होना चाहिए। हालाँकि, सर्वहारा अत्याचार की उनकी घोषित विचारधारा के कारण, वे भारत में साम्यवाद के मुखर विरोधी थे। उनके विरोधी ब्राह्मणवादी वर्ण धर्म के समर्पित अनुयायी थे,जो जाति पर आधारित भारत-विशिष्ट, आक्रामक रूप से शोषक प्रणाली है। ऐसा लगता है कि उन्होंने महसूस किया कि भारतीय मेहनतकश जनता लंबे समय से वर्ण धर्म के प्रभाव में रही। ब्राह्मणवादी वर्ण धर्म सभी आध्यात्मिक, सामाजिक और राजनीतिक प्रणालियों में व्याप्त रहा है। वर्तमान में भी परोक्ष या अपरोक्ष रूप से यह अपने पूर्ण दमनकारी रूप में देश के कोने अपना तांडव करता नजर आयेगा।

उन्होंने एक बहुत बड़ा विचारणीय योग्य निर्णय लिया, चूँकि उस समय भारतीय कम्युनिस्ट पार्टी का नेतृत्व भी ब्राह्मण के द्वारा ही किया जा रहा था, वे ही सर्वहारा वर्ग के नाम पर सच्चे शासक होंगे। ऐसा लगता है कि उन्होंने महसूस कर लिया था कि अगर साम्यवाद कायम रहा, तो गरीब और वंचित,बहिकृत,अन्य पिछड़ी जातियाँ ब्राह्मणवादी तानाशाही के अधीन अनंत काल के लिए बनी रहेंगी।

डॉ. अम्बेडकर के समय ब्राह्मणवादी वर्ण धर्म एक शोषक वैचारिक संरचना के रूप में जाना जाता था, और सभी राजनीतिक निर्माण और निर्णय ब्राह्मणवादी बौद्धिक शक्तियों के प्रभाव में थे, भले ही वे सभी जातिवादी नहीं थे। डॉ.अम्बेडकर अंग्रेजी-शिक्षित विद्वान और नेता थे, जो जाति उत्पीड़न की गंभीरता को पूरी तरह से समझते थे। सामाजिक रूप से दलित वर्गों की जनता के बीच उनके आलावा कोई अन्य बौद्धिक शक्ति नहीं थी।

प्रत्येक निरंकुश व्यवस्था सामंतवादी,ब्राह्मणवादी हिंदू वर्ग द्वारा ही चलाई जाती रही है। स्वाभाविक रूप से, डॉ. अम्बेडकर ने भविष्यवाणी की थी कि भारत में, यदि पूरी तरह से नहीं, तो ज्यादातर ब्राह्मणवादी बुद्धिजीवी होंगे, जिन्होंने जाति-अस्पृश्यता को शोषण और अन्याय के रूप में मान्यता देने से इनकार कर दिया, जो तानाशाही को संचालित करता रहा। इस प्रकार, उनका मानना था कि कम्युनिस्टों की तथाकथित सर्वहारा तानाशाही एक अलग प्रकार की जातिवादी तानाशाही होगी।

वह ऐसा समय था जब डॉ. अम्बेडकर अपने कम्युनिस्ट विरोधी और वर्ण-विरोधी धर्म भारतीय संविधान का मसौदा तैयार करने में सक्षम थे, जिसमें कल्याण और

सामाजिक सुधार पर जोर दिया गया। यह उनके पास यह एक अनपेक्षित मौका था। आज, हाशिए पर खड़ी बहुसंख्यक भारतीय आबादी मानती है कि उनका जन्म उनके परिवार और जाति में ईश्वर की कृपा के कारण हुआ है। उन्होंने उन्हें लोकतंत्र में वोट देने का निर्विवाद अधिकार दिया है।

अपने जीवन के अनुभव और अवलोकन के दौरान डॉ. अम्बेडकर द्वारा तानाशाही के अन्य स्वरूप का अनुभव हुआ जो एक भारतीय संस्करण है, जिसे वर्ण धर्म तानाशाही के रूप में जाना जाता है। सर्वहारा तानाशाही को बहुत अधिक तरफदारी और आलोचना मिली है, लेकिन वर्ण धर्म तानाशाही के साथ ऐसा नहीं हुआ। वास्तव में, यह भिन्नता यानि भेदभाव भारत में सबसे लंबे समय तक जीवित रहने वाली तानाशाही है, जो सहस्राब्दियों से चली आ रही है।

शुरुआती वर्षों के अपने राजनीतिक अनुभव में, उन्होंने वर्ण धर्म अत्याचार के खतरों की भविष्यवाणी की और हिंदू महासभा और भारतीय राष्ट्रीय कांग्रेस जैसे अन्य राजनीतिक संगठनों में प्रवेश करने से परहेज किया। डॉ. अम्बेडकर ने संविधान के प्रारूपण और उनकी राजनीति के माध्यम से अंग्रेजों के चले जाने के तुरंत बाद एक वर्ण धर्म शासन की स्थापना की संभावना को कम करने में एक अहम् भूमिका निभाई।

कई वर्षों तक, राजनीतिक ताकतों ने उनकी उपेक्षा की, लेकिन समयोपरांत उन्होंने उस स्थिति की गंभीरता को पहचान लिया था। कुछ राजनीतिक दलों ने साहस लाने की कोशिश कर रहे थे, कुछ हद सफल हुए,और एकाद राजनीतिक दल का नेटवर्क भारत के संवैधानिक लोकतंत्र को अस्थिर करने का प्रयास कर रहा था।

केवल डॉ. अम्बेडकर ही नहीं बल्कि पं.जवाहरलाल नेहरू को भी स्वतंत्रता के तुरंत बाद वर्ण धर्म के अनुयाइयों को दिल्ली में अपने प्रभाव को स्थापित करने से प्रतिबंधित करने का श्रेय दिया जाना चाहिए। सरदार वल्लभभाई पटेल ने जाने-अनजाने महात्मा गांधी को वर्ण धर्म तानाशाही बनाने में सक्षम बनाया। पं. जवाहर लाल नेहरू, जिन्हें सामाजिक संरचना की बेहतर समझ थी, एकमात्र ब्राह्मण थे जिन्होंने वर्ण धर्म की स्थापना की अनुमति देने से इनकार कर दिया था। अम्बेडकर न केवल अन्याय और शोषण के प्रति जागरूक थे, बल्कि इससे उनका व्यक्तिगत संपर्क भी था। वर्तमान वर्ण धर्मावलम्बियो ने अपना अधिपत्य कायम करने की कोशिश कर रहे है और उसमें काफी हद तक उसमें सफल हुए हैं। इस लिए वे हमेशा प्रथम और भूत पूर्व प्रधान मंत्री जवाहरलाल नेहरु की आलोचना करते नहीं थकते।

वर्ण धर्म तानाशाही का अस्तित्व और चरित्र समाज और राष्ट्र के लिए हानिकारक है। यह कई स्तरों पर काम करता है, लेकिन यह किसी भी अन्य तानाशाही से ज्यादा खतरनाक है। इस प्रकार की तानाशाही में, सभी वैचारिक और राजनीतिक निर्णय शीर्ष पर लोगों के एक छोटे समूह द्वारा किए जाते हैं जो हमेशा शीर्ष पर रहने के लिए पैदा होते हैं। जैसा कि वर्तमान में हो रहा है।

सभी सांस्कृतिक, राज्य और वित्तीय तीनों का नियंत्रण छोटे से ब्राह्मणवादी समुदायों द्वारा नियंत्रित किया जाता रहा है, जिन्हें द्विज कहा जाता है। सामाजिक दलित यानि ब्राह्मण के आलावा शेष लोगों को समग्र रूप से अपनी आवश्यकताओं की पूर्ति करनी चाहिए और शेष समाज को उनका अनुसरण करना चाहिए। अन्यथा, उन पर आध्यात्मिक, वित्तीय और राज्य की ताकत से हमला किया जाएगा।

ये तीन समुदाय, जिन्हें हम द्विज भद्रलोक के रूप में संदर्भित कर सकते हैं, बिना कुछ किये ही सब कुछ इनके नियंत्रण में रहा है। जब मुस्लिम शासक भारत आया तो द्विज ही परोक्ष -अपरोक्ष रूप से सत्ता में थे, उसके बाद ब्रिटिश राज आया तो द्विजों ने केवल राज्य नियंत्रण खो दिया। इन शासनकाल के दौरान भी उन्होंने अपने आध्यात्मिक, सामाजिक और वित्तीय प्रभाव को बरकरार रखा।

बीसवीं शताब्दी की शुरुआत में हिंदू महासभा और राष्ट्रीय स्वयंसेवक संघ की स्थापना करके, अंग्रेजों के चले जाने के बाद, द्विज भद्रलोक ने बहुत सूक्ष्म और आधुनिक तरीके से एक वर्ण धर्म तानाशाही बनाने का फैसला किया। डॉ.अम्बेडकर की राय में संविधान इस विचारधारा का मुकाबला करने का एक उपयुक्त साधन होगा जो वर्ण धर्म तानाशाही पर पूर्ण विराम लगायेगा।

डॉ. अम्बेडकर द्वारा भविष्यवाणी की गई तीसरी तानाशाही इस्लामी खलीफा थी। डॉ. अम्बेडकर ने महसूस किया कि विभाजन के बाद, भारतीय मुसलमानों के पास सत्ता हासिल करने और खलीफा -शैली की तानाशाही बनाने की बहुत कम संभावना होगी। हालाँकि, उन्होंने पाकिस्तान के बारे में एक किताब लिखते समय इस पद्धति का बड़े पैमाने पर अध्ययन किया। उन्होंने अनुमान लगाया कि वह भारत में जिस प्रकार का लोकतंत्र बनाना चाहते हैं, वह इस्लामी देशों, विशेषकर पाकिस्तान में टिकाऊ नहीं होगा। बीसवीं सदी के अंत तक यह बात भी सच साबित हो चुकी थी।

अत्याचार के इन रूपों का सामना करने के लिए डॉ. अम्बेडकर के ज्ञान,प्रज्ञा, बहादुरी और भरोसे को पूरी तरह से संयुक्त राज्य और यूनाइटेड किंगडम में उनकी शिक्षा के लिए पूर्ण रूप से श्रेय देना गलत नहीं होगा। भारत में इन शक्तियों का

मुकाबला करने के लिए, उन्होंने पढ़ने, शोध करने, सोचने, रचना करने और लड़ने का विशेष प्रयास किया। अगर मेधावी, बहादुर और योग्य डॉ. अम्बेडकर न होते तो नेहरू भी वर्ण धर्म की तानाशाही को नहीं रोक पाते। यह उस व्यवस्था में उनके जन्म के कारण ही संभव हुआ होगा। वर्ण धर्म तानाशाही को प्रथम प्रधान मंत्री जवाहर नेहरु ने रोक लगाई थी,परन्तु वर्ममान प्रधान मंत्री नरेन्द्र दामोदर दास मोदी ने इसको इसको बढावा दिया है,जिससे वर्ण धर्म के संचालक बेलगाम हो कर भारतीय समाज को पूर्व स्थिति मे लाने में पूर्ण रूप से प्रयत्न शील हैं।

जब डॉ. अम्बेडकर को भारतीय संविधान की मसौदा समिति का अध्यक्ष नामित किया गया, तो उन्होंने इस क्षेत्र में बड़ी सावधानी से आगे बढ़ना शुरू किया। यह दशकों वर्षों तक चला और भारत में द्विजों सहित जीवन के सभी क्षेत्रों में लोगों के जीवन में सुधार हुआ। जिस समय चीन में साम्यवादी तानाशाही था, पाकिस्तान में इस्लामी तानाशाही था, और नेपाल में हिंदू वर्ण धार्मिक तानाशाही था, उस समय भारतीय लोकतंत्र बच गया। लेकिन इधर कुछ वर्षो में भारत भी अब उसी वर्ण धर्म तानाशाही और धर्म तानाशाही दोनों ही दिशा में तेजी से बढ़ रहा है। अब तो भविष्य ही बताएगा कि आम जन मानस कहाँ पर खड़ा है। उसके साथ किस- किस प्रकार का अनैतिक व्यवहार होने वाला है, जिसका झलक विगत कुछ वर्षो से देश का जन - मानस महसूस कर रहा है।

भारतीय समाज में मनुस्मृति का वर्चस्व

मनुस्मृति को मानव जाति के लिए एक धार्मिक ग्रन्थ के रूप में भी जाना जाता है, ब्राह्मणवादी हिंदू धर्म में यह सबसे प्रारंभिक छंदपूर्ण श्लोक युक्त धार्मिक ग्रन्थ है। हिंदू पौराणिक कथाओं के अनुसार, मनुस्मृति ब्रह्मा के मुख से निकला का शब्द हैं, और इसे धर्म पर सबसे मूल कथा वस्तु यानि परमात्मा के रूप में वर्गीकृत किया गया है। इस शास्त्र में लगभग दो हजार छः सौ नब्ये श्लोक हैं,जो बारह अध्यायों में विभाजित हैं। यह माना जाता है कि इस संकलन के वास्तविक मानव लेखक ने 'मनु' नाम का इस्तेमाल किया है, जिसने इस पाठ को ब्राह्मणवादी हिंदुओं द्वारा भारतीय परंपरा में पहले मानव और प्रथम राजा के साथ जोड़ा है।

हालांकि इस इस ग्रन्थ के लेखक के जीवन का कोई विवरण ज्ञात नहीं है, वह संभवतः उत्तरी भारत में कहीं एक रूढ़िवादी ब्राह्मण वर्ग के थे। ब्राह्मणवादी हिंदू धर्मशास्त्री मनुस्मृति को दैवीय आचार संहिता मानते हैं और, तदनुसार, महिलाओं और सामाजिक वंचित बहिष्कृत लोगों की स्थिति, जैसा कि पुस्तक में दर्शाया गया है, को हिंदू दैवीय कानून के रूप में व्याख्यायित किया गया है। मनुस्मृति को

महिलाओं सहित सभी के लिए एक दिव्य आचार संहिता के रूप में प्रस्तुत किया गया है।

मनुस्मृति स्पष्ट रूप से राज्य के मूल के आध्यात्मिक सिद्धांत का समर्थन करती है। मनु के अनुसार, भगवान हमारी प्राचीन भारतीय राजनीतिक संस्कृति सार्वभौमिक राजनीतिक मूल्यों जैसे सुशासन,अधिकारों और दायित्वों, न्यायपालिका, राज्य कर्तव्यों आदि से समृद्धपूर्ण है। धर्म और राज्य का संबंध, जीवन के सभी पहलुओ, सही रूप में मनुस्मृति धर्म के दार्शनिक महत्व को प्रस्तुत करता है। परिणामस्वरूप, शासकों के कर्तव्यों को राजा के अधिकारों और कर्तव्यों के रूप में वर्णित किया गया है। उन्हों ने राजा को शक्तिशाली लोगों द्वारा अव्यवस्था और भ्रष्टाचार से बचाने के लिए बनाया है। राज्य और धर्म के संबंध का सार बताते हुए मनु ने स्पष्ट किया कि राजा को लोगों के कार्यों को धर्म के अनुसार नियंत्रित करना चाहिए जो कि क़ानून द्वारा संभव है। सजा उसके पास अंतिम अधिकार है जो पूरे लोगों को नियंत्रित करता है। सजा की शक्ति का उपयोग धर्म को वैध कर सकता है। मनुस्मृति में धर्म से श्रेष्ठ दंड का प्राविधान है। राज्य धर्म का समर्थक रहा है, लेकिन दंड धर्म की रक्षा करता रहा है। जबकि प्रजा की भलाई राजा का अनिवार्य कर्तव्य है, प्रायः राजा प्रजा के प्रति जवाबदेह नहीं है। मनुस्मृति में धर्म से श्रेष्ठ दंड है के आधार पर ही पुरातन समय से सामाजिक वंचित और बहिकृत लोगों और महिलाओ को बिना किसी दोष के दोषी बनाकर दंड का प्राविधान कर उनको किसी न किसी रूप में दण्डित किया जाता रहा है। जो वर्तमान में भी किसी न किसी रूप देश के समाज में अपना एकाधिकार बनाये हुए है। निर्दोष को भी दोषी बनाकर दंड देने का प्राविधान ब्राह्मणवादी हिन्दू धर्म में शुरू से ही रहा है।

मनु द्वारा भारतीय सामाजिक व्यवस्था के लिए बनाए गए कानूनों को मनुस्मृति के रूप में जाना जाता है। इसमें मानव विरोधी पाठ है। डॉ.बी.आर. अम्बेडकर ने खुले तौर पर मनुस्मृति को जलाने की वकालत की और उस पर अमल भी किया। क्योंकि इसमें अधिकाशतः केवल ब्राह्मणों के वर्चस्व से जुड़े कई श्लोक शामिल है। इसने गैर-ब्राह्मणों को विशेष रूप से सामाजिक-आर्थिक रूप से वंचित वर्गों को भी नीचा दिखाया है। श्रेणीबद्ध असमानता मनुस्मृति में प्रतिष्ठापित केन्द्र बिन्दु है। यह एकमात्र ब्राह्मणवाद द्वारा मान्यता प्राप्त है। उन्होंने खुले तौर पर इसे इस ब्राह्मणवादी हिंदू कानून के विरोध के रूप में जला दिया, जो जाति के आधार पर भिन्न है। बाद में उन्होंने 'हमने मनुस्मृति को क्यों जलाया' शीर्षक से लेख लिखा, कि "कई लोग यह कहकर आलोचना कर सकते हैं कि मनुस्मृति को जलाने से ब्राह्मणवाद को नुकसान नहीं हुआ। यदि ब्राह्मणवाद नष्ट नहीं हुआ तो हम ब्राह्मणवादी लोगों को

कुचल देंगे या हम हिंदू धर्म को अस्वीकार कर देंगे। हम निश्चित रूप से दोनों में से किसी एक का अनुसरण जरुर करेंगे।" यही मनुस्मृति के विरुद्ध तड़प और दृढ़ निश्चय था। इसने जाति-ग्रस्त हिंदू समाज में सुधार के लिए डॉ. अम्बेडकर की ज्वलंत इच्छा को इंगित किया।

धार्मिक परिवर्तन के सामाजिक प्रभाव

कलान्तर में सामाजिक-आर्थिक रूप से वंचित,बहिकृत वर्गों के खिलाफ अत्याचार लगातार दिन प्रति दिन बढ़ते रहे। जो कुछ भी डॉ. बी.आर. अम्बेडकर ने राजनीतिक अधिकार प्राप्त किए थे, उसे कांग्रेस ने धोखे से छीन लिया। इस तरह से वे इस निष्कर्ष पर पहुंचे कि ब्राह्मणवादी हिंदू धर्म के सामंतवादी जातियों से न्याय की उम्मीद करना व्यर्थ है। इसलिए सन् 1935 में उन्होंने आत्म-सम्मान और आत्म-विकास के लिए धर्मांतरण की घोषणा किया। उस समय उनके द्वारा की गयी अपील को 'जनता' अखबार में प्रमुखता और विस्तार से प्रकाशित किया गया था।

इसमें कोई संदेह नहीं कि डॉ. अम्बेडकर धार्मिक प्रवृत्ति के व्यक्ति थे और उन्हें धर्म के प्रति आस्था थी। लेकिन उन्होंने धर्म के नाम पर पाखंड की कड़ी आलोचना किया करते थे। ब्राह्मणवादी हिंदू धर्म वर्गीकृत असमानता के सिद्धांतों को कायम रखता है और अमानवीयता का प्रचार करता है। उन्होंने ब्राह्मणवादी हिंदू धर्म की कड़ी आलोचना किया करते थे। उन्होंने कहा कि ब्राह्मणवादी हिंदू धर्म कोई धर्म नहीं बल्कि एक राजनीतिक विचारधारा है, जिसका मतलब है कि अधिकांश लोगों को मानसिक गुलामी में रखना है। वह धर्म के पक्ष में थे, लेकिन उस धर्म में तनिक भी विश्वास नहीं करते थे जो घोर पाखंड का आचरण करता हो। उन्होंने अपने शब्दों में कहा कि "उन्हें धर्म चाहिए लेकिन धर्म के नाम पर पाखंड नहीं"। ब्राह्मणवादी हिंदू धर्म ने नैतिकता और नैतिक शिक्षा का नहीं देता कि उच्च वर्ग को दूसरों के साथ कैसा व्यवहार करना चाहिए।

डॉ. अम्बेडकर ने भगवान बुद्ध, संत कबीर, संत रविदास, महात्मा ज्योतिबा फुले, और छत्रपति शाहूजी महाराज जैसे महान महापुरुषों द्वारा बताये हुये रास्तों और सिद्धांतों का पालन किया, जिन्होंने वेदों की सर्वोच्चता, चतुर्वर्ण प्रणाली और ईश्वर की अवधारणा को कोई भी ताजुब्बू नहीं दिया। उन्होंने जाति व्यवस्था और अस्पृश्यता के उन्मूलन के प्रति तथाकथित राष्ट्रीय नेताओं के मनोदृष्टि का असली चेहरा उजागर किया, सामाजिक रूप से वंचित,बहिष्कृत वर्गों के प्रति उनके मनोदृष्टि के लिए उनकी कड़ी आलोचना किया करते थे।

सामाजिक आर्थिक रूप से वंचित,बहिकृत वर्गों में अति असुरक्षा की भावना

भारतीय स्वतंत्रता से पहले की राजनीति कुलीन वर्गों के हाथो में थी। जो कि मुख्य रूप से गहरी असुरक्षा की भावना से प्रेरित थी। इस प्रवृत्ति पर 1920 के दशक से जोर दिया गया था जब अंग्रेजों को भारत छोड़ना पड़ा था। मुसलमानों में असुरक्षा के कई तर्क थे जैसे इतिहास, जनसांख्यिकी, अंग्रेजी शिक्षा में प्रगति की कमी जैसे अन्य कई समस्याए। भारतीय राजनीति का केंद्र उत्तरी और मध्य भारत के गढ़ से स्थानांतरित हो गयी थी। मुस्लिम अभिजात वर्ग के अधिकांश कलकत्ता, मद्रास और बॉम्बे में केंद्रित थे, और उनके आस-पास नए अंग्रेजी-शिक्षित, मुख्य रूप से ब्राह्मणवादी हिंदू अभिजात वर्ग का वर्चस्व था।

इस प्रकार की असुरक्षा देश के बड़े हिस्से में विभाजन का परिणाम था, जबकि वी.डी. सावरकर, के.बी. हेडगेवार और एम.एस. गोलवलकर ने भी इसमें पर्याप्त मात्रा में योगदान दिया। नरम हिंदुत्व के बाल गंगाधर तिलक, लाला लाजपत राय और वल्लभभाई पटेल सहित कांग्रेस के भीतर कई दिग्गजों ने मुस्लिम सोच को समझा,जब कि जवाहरलाल नेहरू ने मुस्लिम लीग को उसकी 'सांप्रदायिक राजनीति' के लिए तिरस्कार किया।

मुस्लिम सम्भ्रांत वर्ग की चिंताएँ मुख्य रूप से उनकी जनसांख्यिकीय थी; इसलिए, मुसलमानों और हिंदुओं के बीच राजनीतिक असमानता और उच्च जाति के हिंदू सम्भ्रांत वर्ग द्वारा भारत के राजनीतिक और आर्थिक परिदृश्य के वर्चस्व पर केंद्रित थीं। मुसलमानों का प्राथमिक लक्ष्य अस्तित्व के रूप में एक राजनीतिक दल था और उन्होंने मुस्लिम लीग का गठन किया।

ब्रिटिश प्रधान मंत्री रामसे मैकडोनाल्ड मुसलमानों में इन चिंताओं को दूर करने और सन् 1932 में एक ऐतिहासिक फैसला और घोषणा करना चाहते थे। उन्होंने भारत में हिंदू की अगड़ी जाति, मुस्लिम, बौद्ध, सिख, भारतीय ईसाई, एंग्लो इंडियन, यूरोपीय और दलितों के लिए अलग निर्वाचक मंडल के लिए सार्वजानिक फैसला किया। ब्रिटिश प्रधान मंत्री रामसे मैकडोनाल्ड ने डॉ. अम्बेडकर की मांग को स्वीकार कर लिया। उनकी मांग थी कि 'सामाजिक वंचित वर्गों' यानि अनुसूचित जातियों के लिए केंद्रीय और प्रांतीय विधान सभाओं में उनके हितों की रक्षा के लिए अलग-अलग प्रतिनिधित्व होना आवश्यक है, जो कि प्रमुख और मुख्य ब्राह्मणवादी हिंदू जातियों के हितों के विपरीत था, जिनका विधायिकाओं के अधिकांश सीटो पर एकाधिकार था।

उस समय मुख्य मामला यह था कि ब्रिटिश भारत में चुनाव मुख्य रूप से संपत्ति, आय और शैक्षिक योग्यता के आधार पर ही एक बहुत ही प्रतिबंधित मताधिकार के तहत आयोजित किए जाते थे। केवल तेरह प्रतिशत आबादी को वोट देने का अधिकार था। सामाजिक वंचित वर्गों ने वोट के अधिकार को निर्धारित करने वाली तीनों योग्यताओं में सवर्ण हिंदुओं से बहुत पीछे रह गए और इसलिए, न केवल कम प्रतिनिधित्व किया बल्कि उन जातियों के सदस्यों द्वारा भी प्रतिनिधित्व किया गया जो उनके लिए समानता के विरोध में थे।

ब्रिटिश प्रधान मंत्री ने डॉ. अम्बेडकर के तर्कों को स्वीकार कर लिया और मुसलमानों के समान ही सामाजिक वंचित, बहिकृत, दलित वर्गों को अलग निर्वाचक मंडल घोषणा और प्रदान किया। मुस्लिम लीग ने इस निर्णय के महत्व को स्वीकार करते हुए कि इसमें संपूर्ण हिंदू आबादी पर हिंदू नेतृत्व की पकड़ को कमजोर करने की क्षमता थी, इस प्रस्ताव को तुरंत स्वीकार कर लिया। हालांकि, महात्मा गांधी, जिन्हें सामाजिक रूप से दलित वर्गों के अधिकारों के लिए एक प्रमुख प्रस्तावक और समर्थक के रूप में देखा जाता था, ने अंग्रेजों को इस प्रस्ताव को रद्द करने के लिए और उनको राजी करने के लिए आमरण अनशन शुरू कर दिया। उनके लिए, प्रस्ताव हिंदू समाज को विभाजित करने की एक रणनीति थी, जिसे उन्होंने अस्वीकार्य किया। प्रारंभ में, उन्होंने महात्मा गांधी के जबरदस्ती उपवास के आगे झुकने से इनकार कर दिया। हालांकि, जब यह स्पष्ट हो गया कि महात्मा गांधी का जीवन डॉ. अम्बेडकर के निर्णय पर निर्भर है, तो डॉ. अम्बेडकर को एकल हिंदू मतदाता के आधार पर सामाजिक वंचित वर्गों के लिए आरक्षित सीटों के बदले में अपनी मांग छोड़ने के लिए मजबूर होना पड़ा। बाद में, डॉ. अम्बेडकर को अपने निर्णय के लिए कटु अपराधबोध हुआ।

सामाजिक रूप से दलित वर्गों को अलग निर्वाचक मंडल के निर्णय के लिए महात्मा गांधी की अत्यधिक प्रतिक्रिया थी, जिसने मुस्लिम सम्भ्रांत वर्ग को प्रभावित किया था कि महात्मा गांधी और कांग्रेस भारत में भविष्य की राजनीतिक व्यवस्था में मुसलमानों को हिस्सा देने के बारे में आमादा थे। तर्क सरल था: यदि सांप्रदायिक अधिनिर्णय लागू किया गया होता, तो विधायिकाओं में हिंदू और मुस्लिम प्रतिनिधियों की जाति और सामाजिक वंचित,बहिकृत वर्गों के बीच भी समानता होती। मुस्लिम सम्भ्रांत वर्ग को हिंदुओं की जाति के खिलाफ संभावित सहयोगियों के रूप में धमकी नहीं मिली, क्योंकि उच्च जाति के वर्चस्व के सामान्य डर के कारण संतुलन बना रहता। इससे विभाजन की मांग करने की आवश्यकता पर रोक लग जाती और सभी संभावनाओं में भारत एकजुट रहता।

तत्कालीन सरकार द्वारा डॉ.बी.आर.अम्बेडकर की न्याय की मांग की उपेक्षा

भारतीय ग्रंथों में प्राचीन शब्द 'धर्म' है, जिसका अर्थ कानून के एक से अधिक कोड, हालांकि कानूनी सूक्तियों के संग्रह को नारदस्मृति के रूप में संकलित किया गया था। मनु-स्मृति, (संस्कृत: "मनु के नियम" या "मनु की परंपरा") को मानव-धर्म-शास्त्र ("मनु का धर्म पाठ") भी कहा जाता है, पारंपरिक रूप से हिंदू कोड की पुस्तकों का सबसे अधिक आधिकारिक यानि धर्म-शास्त्र भारत में है।

हिंदू कोड बिल 1950 के दशक में पारित किया गया, कई कानून थे जिनका उद्देश्य भारत में हिंदू पर्सनल लॉ को संहिताबद्ध और सुधारना था, एक सामान्य कानून कोड के पक्ष में धार्मिक कानून को समाप्त करना था। हिंदू कोड बिल के बारे में 25 नवंबर 1949 को प्रधानमंत्री जवाहर लाल नेहरू ने कहा कि यह मेरी इच्छा नहीं है कि कैबिनेट में इसे हल्के में लिया जाए। हिंदू कोड बिल का कोई महत्व नहीं है क्योंकि यह विस्तृत समस्याओं की समस्या पर विचार करता है, जो आर्थिक और सामाजिक भेदभावपूर्ण हैं। हमें राजनीतिक स्वतंत्रता मिली है; राजनीतिक आत्मनिर्भरता का विस्तार हुआ है। यह प्रारंभिक चरण है और, इस मामले में, आर्थिक और सामाजिक और अन्य जैसी अन्य स्थितियां हैं। यदि हमारे समाज की प्रगति होती है तो हम सब प्रगति के रूप में आगे बढ़ते आएंगे। 26 सितंबर, 1957 को प्रधानमंत्री ने कहा कि यह जरूरी नहीं है कि मंत्रिपरिषद और विधान सभा इस विधेयक को पारित करें। इस तरह हिंदू कोड बिल को रोकने की घोषणा की गयी। डॉ. अम्बेडकर कहते हैं कि मेरे मंत्रिमंडल के परित्याग का किसी पर कोई प्रभाव नहीं पड़ा।

अवधारणा से यह प्रतीत होता है कि 1937 में संयुक्त प्रांत में मुस्लिम लीग के साथ गठबंधन करने से पं.जवाहर लाल नेहरू के इनकार से भी ज्यादा महात्मा गांधी का उसके अनकूल रुख था। इसे मुस्लिम राजनीति में व्यापक रूप से अलगाववाद के पक्ष में एक महत्वपूर्ण मोड़ के रूप में देखा जाता है। नेहरू कांग्रेस के मुस्लिम नेताओं के अविश्वास को बढ़ाने के लिए जिम्मेदार थे, जिसने पाकिस्तान को उनके लिए एक महत्वपूर्ण विकल्प बना दिया। यह तर्क दिया जा सकता है कि गांधी द्वारा कम्युनल अवार्ड की अस्वीकृति ने मुस्लिम नेतृत्व को यह संदेश दिया कि वह और कांग्रेस हिंदू-मुस्लिम एकता को पोषित करने और सामाजिक वंचित,बहिकृत वर्गों को न्याय प्रदान करने की तुलना में एक अखंड हिंदू गठबंधन को बढ़ावा देने में अधिक रुचि रखते थे। डॉ. अम्बेडकर ने भी इस तरह से मांग की थी। महात्मा गांधी के इस तरह के इनकार ने मुसलमानों में असुरक्षा की भावना को बढ़ा दिया और अंततः ब्रिटिश से भारत के मुस्लिम बाहुल्य प्रांतों को शामिल करते हुए एक अलग राज्य की मांग

की और डॉ. अम्बेडकर ने भी सामाजिक-आर्थिक रूप से दलित वर्गों के लिए एक अलग प्रांत की भी मांग रखी।

सामाजिक न्याय और मानवाधिकारों की अवधारणा

सामाजिक न्याय एक राजनीतिक और वैचारिक दर्शन है जो तर्क देता है कि नागरिक, आर्थिक आपूर्ति और मांग, और पारंपरिक नियामक संरचनाओं की अवधारणाओं में व्यक्त लोगों से परे, न्याय की अवधारणाये हैं। सामाजिक न्याय मूल्य के चार अंग हैं जो परस्पर जुड़े हुए हैं; समानता, अभिगम, भागीदारी और स्वतंत्रता। जबकि सामाजिक न्याय की अवधारणा भिन्न होती है, समकालीन सिद्धांतों में कम से कम तीन सामान्य तत्वों को परिभाषित करना संभव है: आर्थिक, सामाजिक और सांस्कृतिक अधिकारों जैसे आवश्यक संसाधनों का मुहैया कराने के लिए राज्य का दायित्व, मानव की गरिमा और मर्यादा की सुरक्षा, और सकारात्मक कार्यों के माध्यम से समानता लिए हर संभव प्रयास। समाज के कई पहलुओं में, सामाजिक न्याय मानव की गरिमा और समानता को बढ़ावा देता है। उदाहरण के लिए, अर्थव्यवस्था, स्कूली शिक्षा और कार्य क्षेत्र में समान अवसरों को बढ़ावा देना। व्यक्तियों और समाजों की सुरक्षा और प्रतिरक्षा भी महत्वपूर्ण है।

मानवाधिकारों और सामाजिक न्याय के लिए एक चिंताजनक मुद्दा भूख और आर्थिक अन्याय है। न केवल उनके पास पुरुषों, महिलाओं और बच्चों के लिए आवास और भोजन तक पहुंच नहीं है, बल्कि लोगों के पास स्वच्छ पानी जैसी बुनियादी मानवीय आवश्यकता तक भी नहीं है। सामाजिक न्याय की सफलता के लिए सभी को रुचि लेनी चाहिए। सामाजिक समानता को अधिनियमित यानि संवैधानिक बनाए रखने के लिए सभी जिम्मेदार हैं।यह कर्तव्य उन मूल्यों और नैतिकता पर आधारित है जो सामाजिक रूप से जागरूक व्यक्ति की अपेक्षा का निर्माण करते हैं। समाज के भीतर धन, अवसरों और विशेषाधिकारों के वितरण के संदर्भ में, सामाजिक न्याय को 'न्याय' के रूप में परिभाषित किया गया है। यह उन संगठनों या कार्यक्रमों द्वारा भी पूरा किया जाता है जो यह सुनिश्चित करना चाहते हैं कि लोग सामाजिक सहयोग के लाभों का उचित रूप से लाभ उठा सकें और सामाजिक-आर्थिक अन्याय से रक्षा कर सकें।

इसलिए, सरकार ने उचित मानवाधिकारों के प्रयोग के माध्यम से न्याय को बरकरार रखा है, यानी उन्होंने जाति, जनजाति, समुदाय, लिंग, संप्रदाय और धर्म की परवाह किए बिना लोगों के अधिकारों का उल्लंघन नहीं किया है। इसे सामाजिक सेवाएं प्रदान करके और लोगों को उनके परिवेश के बारे में शिक्षित

करके भी बढ़ावा दिया जा सकता है। तिरस्कार,अपमान,निरादर के खिलाफ लड़ाई में मानवाधिकारों द्वारा लाभ होगा और न्याय का रास्ता प्रतस्थ होगा। एक बात तो यह है कि मानवाधिकारों को बरकरार रखने के हिस्से के रूप में स्वास्थ्य का अधिकार सभी के लिए सुरक्षित होना चाहिए। इसी तरह, किसी भी व्यक्ति को शिक्षा के अधिकार से वंचित नहीं किया जाना चाहिए। सामाजिक न्याय मूल निवासियों के एक स्थायी समाज में परिवर्तन के बारे में है। इसका एक हिस्सा यह सुनिश्चित करता है कि लोगों के साथ सार्वजनिक सत्ता के लोगों द्वारा सम्मान के साथ व्यवहार किया जाना है, जो हमेशा मानव अधिकारों की मुख्य चिंता है। हालाँकि, नागरिक अधिकार केवल अवधारणाएँ नहीं हैं। जबकि मानवाधिकारों में सामाजिक और आर्थिक अन्याय के निवारण के लिए कोई जादू की गोली नहीं है, सामाजिक न्याय सक्रियता का उपयोग मानवाधिकार प्रणाली द्वारा अत्यधिक पीड़ा को कम करने के लिए किया जा सकता है जो न्याय के रूप मे हो सकता है।

सभी के लिए समान रूप से मानव समानता का मूल उद्देश्य सामाजिक न्याय और मानव अधिकार है। भुखमरी, बहिष्कार, असमानता और सामाजिक न्याय जैसी समस्याएं सीधे मानव अधिकारों के साथ अनवरत रूप से संघर्षरत हैं,जिससे भारतवर्ष के मूलनिवासी सदियों से ग्रसित है। केवल दलित और पिछड़े वर्गों के ही नहीं बल्कि इस देश के प्रभु डॉ. भीमराव रामजी अम्बेडकर जिनका अवतरण 14 अप्रैल 1891 को मध्य प्रदेश राज्य के महू में हुआ था, उनके पूर्वज मूल रूप से वर्तमान महाराष्ट्र में कोंकण क्षेत्र के रत्नागिरी जिले के थे। वे उन कुछ लोगों में से एक दुर्लभ उदाहरण है, जो गरीबी और अनेक असहनीय बाधाओं के बीच सफलता के शिखर तक पहुंचने वाले अद्वितीय व्यक्ति रहे हैं। उनका जन्म ऐसे समय में हुआ था जब भारत में सामाजिक-आर्थिक रूप से वंचित वर्ग के लोगों को अनकही अवसाद का सामना करना पड़ रहा था। उनके अनुसार एक स्वतंत्र सामाजिक व्यवस्था की अनिवार्यताएं फ्रांसीसी क्रांति द्वारा निर्धारित की गई थीं। समाज में व्यक्तियों के बीच संबंध की अवधि स्वतंत्रता, समानता और बंधुत्व के सिद्धांतों पर स्थापित होनी चाहिए। उनके लिए लोकतंत्र एक सत्ताधारी सरकार से बढ़कर है। एक लोकतांत्रिक समाज को वर्गों में समाज के स्तरीकरण की अनुपस्थिति और व्यक्तियों और समूहों की सामाजिक स्वाभाव की विशेषता है जो पारस्परिक हित की मान्यता के निरंतर पुन: समायोजन के लिए तैयार हैं।

सामाजिक न्याय राजनीतिक और आर्थिक नीति से संबंधित क्षेत्र है। सामाजिक न्याय शब्द को शायद ही कभी एक बहस योग्य स्थिति को व्यक्त करने के रूप में लिया जाता है, लेकिन राजनीतिक और आर्थिक जीवन में मूल्य के मौलिक

स्वयंसिद्ध बयान के रूप में है। न्यायपूर्ण समाज के निर्माण में राज्य की मौलिक भूमिका होती है। भारत अपनी आरक्षण नीति के माध्यम से सामाजिक न्याय को लागू करता रहा है। वह एक महान व्यक्ति थे जिन्होंने सामाजिक न्याय के मुद्दे को विभिन्न तरीकों से संबोधित किया। उनका निष्पक्ष समाज समानता, स्वतंत्रता और बंधुत्व पर आधारित है। लेकिन वर्तमान परिदृश्य उनके विचार की एक धुधली तस्वीर दिखायी देती है। बहुसंख्यक मूल निवासियों का कर्त्यव्य है कि इस धुधली तस्वीर को प्रकाशित विचारधारा में परिवर्तित करे।

वैदिक काल से भारतीय महिलाओं की कालानुक्रमिक सामाजिक स्थिति

प्रारंभिक वैदिक काल के दौरान, समाज के विशिष्ट वर्गों की महिलाओं को जीवन के सभी हिस्सों में पुरुषों के साथ समान दर्जा प्राप्त था, लेकिन मनु के पुरुष-प्रधान ग्रंथों के अंधविश्वास के कारण, ऐसे अधिकार महिलाओं और समाज के सभी वर्गों पर सामान रूप से लागू नहीं होते थे। उस काल से ही महिलाओं की सामाजिक स्थिति और प्रतिष्ठा लगातार घटती रही। ऐसा माना जाता है कि बाल विवाह की शुरुआत छठी शताब्दी में हुई थी। कुछ ग्रंथ ऐसे हैं जो विशेष रूप से महिलाओं की भूमिका पर चर्चा करते हैं। तंजावुर जो तमिलनाडु प्रदेश का एक प्राचीन सांस्कृतिक शहर है, के एक अधिकारिक ग्रन्थ, त्र्यंबकायजवन स्त्री धर्म पद्धति का एक महत्वपूर्ण उदाहरण है। अपस्तंब सूत्र (ईसा पूर्व चौथी शताब्दी) के अनेको अध्याय में महिलाओं के कार्यों पर प्रतिबंधों को संकलित करता है। इस ग्रन्थ का प्रारंभिक छंद यह बताता है कि उस समय महिलाओं से अपने पतियों को हर तरह से खुश करने की अपेक्षा की जाती थी।

त्र्यंबकायजवन निश्चित रूप से मराठा राजाओं के एक प्रसिद्ध मंत्री थे, त्र्यंबकारियामाखिन (1665-1750 ई.) (सहजी और सर्फोजी)। वे एक धार्मिक कानून विद्वान के रूप में प्रसिद्ध थे, उन्हें एक विद्वान मंत्री, वैदिक समर्पित व्याख्याकार और विद्वानों के संरक्षक के रूप में वर्णित किया गया है। स्त्री धर्म पद्धति, त्र्यंबक एक ऐसी परंपरा लेकर आए जो 18वीं शताब्दी में अपने अनुयायियो के लिए पहले से ही एक हजार साल से अधिक पुरानी थी। बातचीत में, अनुरूपता को बढ़ावा दिया जाता था, और त्र्यंबका का मुख्य उद्देश्य महिलाओं को व्यक्तियों के रूप में नहीं बल्कि उन घटकों के रूप में थी जो कुल- खानदान के अनुरूप हो। उसके लिए धर्म ही सब कुछ था।

व्यक्ति की सामाजिक स्थिति समुदाय में स्थान को इंगित करती है। स्थिति शब्द एक समुदाय में एक व्यक्ति के स्थान को परिचर के अधिकारों और कर्तव्यों को दर्शाता

है। उसके लिंग, उम्र, रिश्तेदारों, कैरियर, विवाह और उपलब्धि के कारण, यह वह भूमिका है जो सदस्य समुदाय में रखता है। महिलाओं की स्थिति सामाजिक भूमिका प्रणालियों, स्वतंत्रता, अधिकारों और दायित्वों के नेटवर्क में उनके स्थान को संदर्भित करती है। पारिवारिक और सामाजिक जीवन में, यह उसके अधिकारों और जिम्मेदारियों से संबंधित है। एक महिला की स्थिति सामान्य रूप से पुरुष के साथ उसे प्रदान की जाने वाली गरिमा और सम्मान की तुलनात्मक मात्रा में निर्धारित की जाती है।

भारत में हिंदू महिलाओं की सामाजिक स्थिति उतार-चढ़ाव भरी रही है। विभिन्न ऐतिहासिक काल के दौरान, यह कई पारियों से गुजरा है। ऐतिहासिक रूप से कहा जाए तो, भारत में महिलाएं अपने जीवन में दो अवधियों से गुजरी हैं: पराधीनता काल और विमुक्ति काल। उसे बार-बार वश में और प्रताड़ित किया जाता रहा है, और कभी-कभी उसे परिवार के संरक्षक के रूप में तो कभी देवक और दासी के रूप में माना जाता रहा है। वैदिक काल से लेकर अब तक जैसे-जैसे समय बीतता गया, उसका पद और स्थान बदलता गया। ऋग्वैदिक का समाज एक खुला समाज था। जाहिर है, आर्यों ने लड़कियों के लिए लड़कों को पसंद किया। हालाँकि, महिलाएँ अपने पुरुष समकक्षों की तरह स्वतंत्र थीं। लड़कों और लड़कियों के लिए स्कूली शिक्षा समान रूप से मुफ्त कर दी जाती थी। वेद और ललित कलाओं का अध्ययन बच्चों द्वारा किया जाता रहा है। वैदिक युग में महिलाओं ने कभी भी पर्दा प्रथा का पालन नहीं किया। अपने साथी चुनने के लिए उन्हें स्वतंत्रता प्राप्त थी। उनके अलावा, तलाक की अनुमति नहीं थी। उन्होंने परिवार में पूर्ण स्वतंत्रता साझा की और उन्हें एक जीवन साथी माना गया।

पारिवारिक जीवन में महिलाओं को संप्रभु या प्रभुत्व सम्पन्न घोषित किया गया और उन्होंने स्वतंत्रता का आनंद लिया। किसी चीज के उत्पाद का स्थान घर था। घर पर कताई और कपड़े बुनने का काम किया जाता था। खेती के कामों में महिलाओं ने अपने पतियों का भी साथ दिया करती थी। आर्थिक मामलों में पति पत्नी से सलाह-मशविरा किया करता था। अविवाहित बेटियों का अपने भावी पति की जोत यानि जमीन जायजाद में रुचि थी। पुत्र के अभाव में पुत्री को पिता की भूमि पर पूर्ण कानूनी अधिकार प्राप्त था। मां की मृत्यु के बाद उसकी संपत्ति बेटों और अविवाहित बेटियों के बीच समान रूप से बाँट दी जाती थी। हालाँकि, विवाहित महिलाओं की अपने माता-पिता की संपत्ति में कोई हिस्सेदारी नहीं थी। एक पत्नी के रूप में एक महिला का अपने पति की संपत्ति में कोई सीधा हिस्सा नहीं था। एक विधवा महिला द्वारा किसी भी विशेषाधिकार को बरकरार रखा गया था।

उस समय पत्नी को सामाजिक और धार्मिक जीवन में समान रूप से महत्वपूर्ण हिस्सा माना जाता था क्योंकि समाज एक महिला के बिना एक पुरुष को अधूरा व्यक्ति मानता था। अपने पति के साथ, वह अक्सर धार्मिक अनुष्ठानों में लगी रहती थी। ऋग्वेद के भजन लिखने वाले विभिन्न विद्वान महिलाये थीं। उनमें से मुख्य रूप से लोपामुद्रा, गार्गी और मैत्रेय थी। ऐसा माना जाता है कि अगस्त ऋषि की पत्नी लोपामुद्रा ने ऋग्वेद से दो श्लोक लिखे हैं।

वैदिक काल के बाद महिलाओ के सामाजिक, आर्थिक स्थिति में गिरावट आना शुरू हुआ। इस तरह का गिरावट बौध्य धर्म के ह्रास और ब्राह्मणवादी हिन्दू धर्म के उद्‌भव के उपरांत शुरू हुआ,जो भारत के स्वतंत्रता मिलने से पहले तक था। उस समय महिलाओ के सामाजिक, आर्थिक स्थिति का ह्रास चरम सीमा पर थी। महिलाओ को उनके मूल अधिकारों से विमुक्त कर दिया गया था। उनका परोक्ष और अपरोक्ष रूप से शोषण हो रहा था, जैसा कि ब्राह्मणवादी हिन्दू धर्म के कुछ ग्रंथों में संदर्भित है।

स्वंत्रता और भारतीय संविधान लागू होने के उपरान्त समाज में सती, जौहर और देवदासी प्रथा को गैरकानूनी घोषित कर दिया गया, और यह आधुनिक भारत में ज्यादातर विलुप्त हो रहा हैं। हालाँकि, भारत के सुदूर भागों जैसे राजस्थान और दक्षिण भारत अति रूढ़ वादी और पिछड़े क्षेत्रो के कुछ हिस्सों में इन गतिविधियों के कुछ उदाहरण अभी भी पाए जाते हैं

आजादी से पहले भारतीय महिलाओं की समाजिक स्थिति पूर्वाग्रह से ग्रसित

आजादी से पहले महिलाओं को समाज में मौजूद अनेको प्रकार की सामाजिक बुराइयों का सामना करना पड़ता था। जिसमे सती प्रथा, बाल विवाह, विधवा पुनर्विवाह पर रोक, पर्दा प्रथा, दहेज प्रथा, लड़कियों को शिक्षा न देना, बहुविवाह, अपरोक्ष कन्या भ्रूण हत्या, घरेलू हिंसा, यौन उत्पीड़न प्रमुख थे।

स्वतंत्रता-पूर्व काल में, देश के भीतर ब्राह्मणवादी हिन्दू धर्म की महिलाओं की सामाजिक, आर्थिक स्थिति वंचित और बहिकृत अवस्था में थी। उसी तरह की स्थिति मुस्लिम महिलाओ की भी थी। इसका प्रमुख कारण पुरुष प्रधानता का प्रचलन था। इसके कारण महिलाओं की सामाजिक,आर्थिक स्थिति ह्रास और कमजोर हुई। महिलाओं की प्रमुख जिम्मेदारियां घरेलू कार्यो के प्रति समर्पण, उन्हें अन्य कार्यों और गतिविधियों के कार्यान्वयन में भाग लेने की अनुमति नहीं थी, न ही उन्हें अपने

विचार और दृष्टिकोण व्यक्त करने की अनुमति थी। इसके अलावा, वे बहुविवाह, सती, बाल विवाह और अपरोक्ष कन्या भ्रूण हत्या जैसी कुप्रथाओं से अभिभूत थी। कालांतर में इस्लाम के आगमन के साथ उनकी स्थितियों में कुछ सुधार आया और उन्हें कुछ अधिकार दिए गए।

स्वतंत्रता प्राप्ति से पहले भारत में महिलाओं ने कई समस्याओं और चुनौतियों का सामना किया। पुरुष प्रभुत्व की व्यापकता के साथ, कई पहलुओं के संदर्भ में महिलाओं पर प्रतिबंध लगाए गए थे, इनमें शिक्षा ग्रहण करना, रोजगार के अवसर, जबरन बाल विवाह, पर्दा प्रथा, सती प्रथा जैसे मुख्य कुरीतियाँ शामिल थे। पूर्व में महिलाओं की स्थिति- स्वतंत्रता भारत मुख्य रूप से उनके पालन-पोषण और जिस समाज में वे रहती थी उस पर निर्भर था। आजादी से पहले, ऐसी कुछ गिनी चुनी महिलाएं हुई हैं, जिन्होंने अपनी कौशल और क्षमताओं से महारत हासिल की और अपने अधिकारों के लिए संघर्ष किया, उसमें सफल रही। महिलाओं ने भी ब्रिटिश शासन के खिलाफ स्वतंत्रता की प्राप्ति के लिए संघर्ष किया। जबकि, समाज की निचली जातियों और सामाजिक-आर्थिक रूप से पिछड़े वर्गों से संबंधित महिलाएं, जिन्हें समान अधिकार और अवसर नहीं मिले और उनकी सामाजिक और आर्थिक स्थिति पर्याप्त नहीं थी। वे पुरुष सदस्यों पर ही निर्भर थी और उनके द्वारा लागू किए गए नियमों, नीतियों और मानदंडों का पालन करना महिलाओं के लिए अनिवार्य और आवश्यक था।

महिलाओं की सामाजिक और आर्थिक स्थिति निम्न से निम्नतम थी। इस युग के दौरान, जहां विभिन्न आचार संहिताएं, जो महिलाओं के लिए विभिन्न मानदंड और व्यवहार निर्धारित करती थीं, उन्हें लागू किया गया। इस अवधि में महिलाओं को सामाजिक, आर्थिक, धार्मिक और राजनीतिक क्षेत्रों में प्रभावी योगदान देने से बाहर रखा गया। वे केवल घरों के चौखट और चाहदिवारी तक ही सीमित थी, उन्हें सभी घरेलू जिम्मेदारियों को पूरा करने और अपने परिवार के सदस्यों की जरूरतों और आवश्यकताओं का ध्यान रखने की जम्मेदारी,आवश्यकता और अनिवार्य था। इस अवधि के दौरान, कई प्रणालियों को लागू किया गया, जिसने महिलाओं पर प्रतिकूल प्रभाव डाला। समय के साथ महिलाओं की स्थिति में सुधार के लिए समाज सुधारकों और सामाजिक कार्यकर्ताओं के अथक प्रयासों से इन कुरीतियों को दूर करने के लिए प्रयास किये गये।

भारतीय संस्कृति अभी भी पूरी तरह से पुरुष प्रधान और महिलाओं के प्रति भेदभावपूर्ण है। इससे सभी प्रकार के शोषण और भेदभावपूर्ण व्यवहार होते रहते हैं। स्वंत्रता से पहले भारतीय महिलाओं की सामाजिक स्थिति बहुत ही बदतर थी,

उनके साथ स्पष्ट रूप से अन्यायपूर्ण और अमानवीयपूर्ण व्यवहार किया जाता था। अपर्याप्त दहेज के कारण, महिलाओं को अक्सर दिन के उजाले में भी प्रताड़ित किया जाता रहा और वर्तमान में भी पर्याप्त कानून होने के वावजुद उनको उसी तरह से परोक्ष -अपोक्ष रूप से प्रताड़ित किया जाता है। आज भी उनका अपमानजनक यौन शोषण और हिंसा या पति या ससुराल वालों द्वारा दहेज के लिए असहनीय पीड़ा के कारण सैकड़ों महिलाएं प्रतिवर्ष आत्महत्या कर लेती हैं या तो उनकी हत्या कर दी जाती है।

एक सच्ची पत्नी और स्वाभिमानी माँ भारतीय महिलाओं का एक बड़ा वर्ग,जो एक कमजोर, असहाय और गुलामी का जीवन जीने के लिए भारतीय समाज द्वारा विवस होती रही है। समाज अपने आप में तेजी से विकसित हो रहा है और इसके साथ ही महिलाओं के प्रति लोगों की मानसिकता भी स्पष्ट रूप से बदल रही है। जहां तक भारत का संबंध है, विशेष रूप से स्वतंत्रता के बाद अब तक विभिन्न संवैधानिक प्रत्याभुतियो और अकांक्षाओ से संबंधित है। महिलाओं के स्वास्थ्य को बढ़ावा देने के इन सभी प्रयासों के बावजूद, यह स्वीकार किया जाना चाहिए कि, अब भी, भारत में महिलाओं को सम्मान के साथ नहीं देखा जाता है, उन्हें उनके मौलिक अधिकारों को प्राप्त करने की अनुमति या सक्षम नहीं है, और पुरुषों द्वारा उनके बराबर के रूप में मान्यता नहीं दी जाती है जब कि भारतीय संविधान में पुरुष और महिला को समानता का अधिकार है।

सामाजिक न्याय के नाम पर, भारत का संविधान महिलाओं को लोकतंत्र, गरिमा और बंधुत्व के कई अवसर प्रदान करता है। पिछले कुछ दशकों में, स्वतंत्रता के बाद के भारत के संविधान में कई महान सुधार हुए हैं। प्राचीन और मध्यकाल में भारतीय समुदाय की महिलाओं को सीमित अवसर प्रदान किए गए थे। आधुनिक भारत में, संवैधानिक प्रावधानों के कारण, अधिकांश स्थानों पर समान अवसर के साथ काम करने वाली महिलाये अपना विशेष स्थान बना लिया है। वर्तमान में भारतीय महिलाओं ने राजनीति, शिक्षा, अर्थशास्त्र, न्यायपालिका, विमानन, सैन्य, फिल्म आदि के क्षेत्र में ऐतिहासिक योगदान दिया है।

भारतीय महिलाओ के उत्थान एवं बहुआयामी सशक्तिकरण में डॉ. अम्बेडकर का विशेष योगदान

महिला सशक्तिकरण से तात्पर्य महिलाओं और महिला समूहों के आध्यात्मिक, राजनीतिक, सामाजिक, शैक्षिक, लिंग या आर्थिक प्रभाव में सुधार और विकास से है। भारत में महिलाओं की सदियों से अदृश्य गुलामी से विमुक्ति कई अलग-अलग

कारकों पर निर्भर करती है, जिसमें शिक्षा की भौगोलिक स्थिति में जाति, वर्ग और उम्र की सामाजिक स्थिति शामिल है। महिला सशक्तिकरण नीतियां स्वास्थ्य, स्कूली शिक्षा, रोजगार के अवसर, और लिंग आधारित हिंसा और राजनीतिक भागीदारी सहित राष्ट्रीय, राज्य और नगरपालिका कानून के स्तर पर कई क्षेत्रों में होती हैं। हालांकि, कानून में बदलाव और समाजिक स्तर पर व्यावहारिक कार्यान्वयन में पर्याप्त अंतर है।

महिलाओं के सशक्तिकरण से तात्पर्य लोगों और सभी समाज में महिलाओं की आध्यात्मिक, राजनीतिक, सामाजिक, शैक्षिक, लिंग या आर्थिक आधिक्य में वृद्धि से है। भारत में महिला सशक्तिकरण कई कारकों पर निर्भर करता है, जिसमें जाति, वर्ग और उम्र की शैक्षिक स्थिति की भौगोलिक स्थिति शामिल है।

डॉ. अम्बेडकर ने नई भारतीय लोकतांत्रिक सामाजिक व्यवस्था को बढ़ावा दिया। उन्हें समाज और उसकी संरचनाओं के बारे में बहुत जानकारी थी। उन्होंने अपने जीवन का एक सबसे बड़ा समझौता पिछड़े वर्गों, विशेष रूप से महिलाओं को सशक्त बनाने के लिए समर्पित किया, और भारत के संविधान को एक लोकतांत्रिक गणराज्य के रूप में निरुपित किया,जिससे देश में महिलाओं को अवसर मिले। भारत के संविधान के अनुसार उन्होंने ये सब काम किया। जैसा कि ऊपर उल्लेख किया गया है, महिलाएं समाज में सबसे पिछड़े लोगों में से एक प्रमुख घटक रही हैं और उनकी आबादी लगभग भारत में पुरुषों के बराबर ही है। आजादी से पहले और बाद में, कई नारीवादियों, समाज विज्ञान के वैज्ञानिकों और समाज सुधारकों ने भारत में महिलाओं के उत्थान में अपने-अपने तरीके से योगदान दिया है।

महिलाओं की प्रगति स्वतंत्रता से पूर्व और स्वतंत्रता के बाद भी प्रभावित थी। महिलाओं की प्रगति में प्रमुख व्यक्ति महात्मा ज्योतिबा फुले, सावित्रीबाई फुले, और डॉ.बी.आर. अम्बेडकर, और कई अन्य समाज सुधारकों का योगदान रहा है। महिलाओं के लिए बनाए गए संवैधानिक प्रावधानों और नीतिगत उपायों के कारण महिलाओं की जीवन शैली स्वतंत्र रूप से विकसित हो रही है।

डॉ. अम्बेडकर के मार्गदर्शन, सलाह, सुझावों और कानूनों को ध्यान में रखते हुए, भारत सरकार और राज्य सरकारों द्वारा महिला सशक्तिकरण को एक परियोजनाओं के रूप में शुरू किया गया है। डॉ. अम्बेडकर के निधन पर संसद में शोक संदेश में तत्कालीन प्रधानमंत्री पंडित जवाहरलाल नेहरू ने कहा था कि "बाबासाहेब डॉ. भीम राव रामजी अम्बेडकर हिंदू समाज में सभी पितृसत्तात्मक ताकतों के खिलाफ प्रतिरोध के प्रतीक के रूप में थे। उनका सपना अभी तक पूरा नहीं हुआ जो कि

लैंगिक समानता पर केंद्रित है, और इसलिए उनके विचार सामाजिक पुर्वास्थिति की प्राप्ति के लिए आवश्यक है जो कि महिलाओं के सशक्तिकरण के पक्षधर हैं।"

महिलाओं को स्वतंत्र और स्वधीन बनाना, उन्हें न्याय दिलाना और उन्हें पुरुषों के बराबर लाना सदियों से ही एक प्रमुख चिंता का विषय रहा है। दिलचस्प बात यह है कि महिलाओं की स्थिति के मुद्दों को संबोधित करना बुद्ध काल से शुरू होने वाले समाज सुधारकों की दृष्टि का एक हिस्सा था, जिन्होंने वेदों की पवित्रता को नकारकर पुरुषों और महिलाओं के बीच समानता का प्रचार किया। महात्मा ज्योतिबा फुले एक समाज सुधारक थे, उन्होंने महिलाओं, वंचितों और बहिष्कृतों को शैक्षिक अधिकार देने के लिए तत्कालीन मध्य प्रांत में स्कूलों की स्थापना किया।

डॉ. अम्बेडकर का लेखन वर्तमान लोकतांत्रिक भारतीय सामाजिक व्यवस्था को बढ़ावा देने वाला है। उन्हें संस्कृति और उसके विकास का भरपूर ज्ञान था। उन्होंने अपना अधिकांश जीवन पिछड़े वर्गों, विशेषकर सभी वर्ग की महिलाओं को सशक्त बनाने के लिए समर्पित कर दिया। उन्होंने भारत का संविधान को निरुपित किया, जिसने एक लोकतांत्रिक गणराज्य के रूप में दुनिया में महिलाओं को सुअवसर प्रदान किया। ये सारे काम उन्होंने भारत के संविधान के मुताबिक किए। सबसे पिछड़े वर्गों या समुदायों में से एक, जैसा कि ऊपर बताया गया है, महिलाएं हैं। स्वतंत्रता से पहले और बाद में भारत में महिलाओं के उत्थान में कई नारीवादी कार्यकर्ताओं, सामाजिक वैज्ञानिकों और समाज सुधारकों ने अपने-अपने तरीके से योगदान दिया है। महिलाओं की प्रगति स्वतंत्रता से पूर्व अति प्रभावित थी। संवैधानिक आवश्यकताओं और महिलाओं के लिए तैयार किए गए विधायी कदमों के कारण, महिलाओं की जीवन शैली स्वतंत्रता के बाद से बदल रही है।

जातिवादी और पूर्वाग्रही भारतीय संस्कृति में, डॉ अम्बेडकर एक विद्वान दार्शनिक थे और सामाजिक बुराइयों के खिलाफ लड़ते रहे। वह समाज को लोकतंत्र, गरिमा और बंधुत्व की राह पर ले जाने के लिए पर्याप्त प्रयास किया। वह पहले भारतीय थे जिन्होंने महिलाओं के विकास और आधुनिकीकरण के वर्जित भारतीय तरीकों पर नकेल कसी। हिंदुओं और भारतीय समाज के अन्य सभी हिस्सों के लिए पारंपरिक नागरिक संहिता को संहिताबद्ध करके, उन्होंने ईमानदारी और अथक प्रयास से इसकी नींव रखी।

सन् 1920 में,डॉ. अम्बेडकर ने सामाजिक स्तरीकरण, पदानुक्रम, और पूर्वाग्रह, हिंदू सामाजिक व्यवस्था के खिलाफ अपना प्रमुख और आक्रामक आंदोलन शुरू किया। इस कारण से, उन्होंने सन् 1920 में 'मूक नायक' और सन् 1927 में 'बहिष्कृत

भारत' नामक समाचार पत्र प्रकाशित किया। उन्होंने अपनी समस्याओं द्वारा लैंगिक समानता और शिक्षा की आवश्यकता पर जोर दिया और सामाजिक-आर्थिक रूप से दलित वर्गों और महिलाओं दोनों की समस्याओं पर प्रकाश डाला। सन्1931 में जब राधाबाई वडाले ने एक प्रेस कांफ्रेंस को संबोधित किया, तो उनका आश्वासन था कि महिला विमुक्ति को आत्मविश्वास से बोलना चाहिए। बॉम्बे विधान सभा में, उन्होंने परिवार नियोजन के लिए सक्रिय रूप से पैरवी की थी।

डॉ. अम्बेडकर ने अपना पूरा जीवन महिला सशक्तिकरण आंदोलन के रूप में बिताया, जिसमें असामाजिक,बुरी गतिविधियों में लिप्त और वेश्यावृत्ति जैसे पेशेवर शामिल महिलायें थी। उन्होंने भारत के संविधान में महिलाओं के अधिकार को शामिल किया तथा गरीब, अनपढ़ लोगों के बीच चेतना जगाई। उन्होंने विधानसभा में मूलभूत परिवर्तन और संशोधनों को दर्शाने वाले हिन्दू कोड बिल के विधेयक पर जोर दिया। उन्होंने संसद में विधेयक को अधिनियमित करने में मदद करने पर भी जोर दिया और सभी विधायी प्रतिनिधियों से मुलाकात किया। आखिरकार उन्होंने इसी वजह से इस्तीफा दे दिया। इसलिए, महिलाओं के समग्र विकास के लिए उनकी बहुत गहरी चिंता और भावनाओं को प्रत्येक वाक्य और वाक्यांश से व्यक्त किया जाता सकता है।

डॉ.अम्बेडकर 20वीं सदी में भारत के सबसे उत्कृष्ट विद्वानों में से प्रमुख थे। उनके समय में प्रख्यात मार्क्सवादी अर्थशास्त्री पॉल बरन थे। उन्होंने अपने एक निबंध में एक 'बुद्धिजीवी' और एक अकादमिक के बीच अंतर को आम जन मानस के समक्ष रखने का प्रयास किया। उनके अनुसार, किसान वह है जो अपनी बुद्धि से जीवन यापन करता है, जबकि दूसरा वह है जो इसका उपयोग आलोचनात्मक अध्ययन और सामाजिक परिवर्तन के लिए करता है। पॉल बरन' द्वारा एक बुद्धिजीवी की परिभाषा बहुत उपयुक्त है और डॉ अम्बेडकर के अनुरूप है। संपूर्ण सामाजिक समुदाय के हितों को प्रतिबिंबित करने और स्पष्ट करने के लिए, एंटोनियो ग्राम्स्की ने उन्हें एक संघटनात्मक, उत्कृष्ट बुद्धिजीवी कहा है।

डॉ. अम्बेडकर एक महान स्वतंत्रता सेनानी, एक नेता, एक दार्शनिक, विचारक, एक अर्थशास्त्री, लेखक, समाज सुधारक और हिन्दू और बौद्ध धर्म के अनुयायी थे। वह भारतीय संविधान के जनक भी थे। वह भारत में महिलाओं की प्रगति में आने वाली बाधाओं को तोड़ने वाले पहले भारतीय थे। उन्होंने हिंदुओं और भारतीय समाज के अन्य वर्गों के लिए पारंपरिक नागरिक संहिता को संहिताबद्ध करके नींव रखी और गंभीर प्रयास किए। उन्होंने परिमाणित किया कि विशेष रूप से, सामाजिक शिक्षा, सुरक्षा एवं सुखी जीवन,और सामाजिक-सांस्कृतिक अधिकार सभी महिलाओं को

प्रदान किए जाने चाहिए। उन्होंने जोर देकर कहा कि प्रत्येक वर्ग के महिलाओं का उनका अपना उचित हिस्सा है और महिलाओं की अखंडता और शील को बनाए रखा जाना चाहिए और संरक्षित किया जाना चाहिए।

डॉ. अम्बेडकर हमेशा महिला आंदोलनों में विश्वास रखते थे। उन्होंने यह भी कहा कि अगर सभी वर्गों की महिलाओं पर भरोसा किया जाए, तो वे सामाजिक सुधारों में महत्वपूर्ण भूमिका निभा सकती हैं। उन्होंने सामाजिक दुर्व्यवहारों के उन्मूलन, विशेष रूप से भारत में, ने बहुत व्यापक और सक्रिय भूमिका निभाई है। उन्होंने तर्क दिया कि दासता के अस्तित्व को अस्वीकार करने और समानता के सिद्धांत पर जोर देने की हिम्मत रखने वाली एक दोस्त के रूप में किसी भी विवाहित महिला को अपने पति की अच्छे गतिविधियों में संलग्न होना चाहिए। यदि सभी महिलाएं इसका पालन करें तो उन्हें वास्तविक सम्मान और अपना नाम मिलेगा।

उन्होंने भारत में महिलाओं की प्रगति में आने वाली बाधाओं को तोड़ने वाले पहले भारतीय थे। भारत के वर्तमान राजनीतिक और सामाजिक परिदृश्य में भी इसका महत्व है। उन्होंने 1920 में अपना आंदोलन शुरू किया और कहा कि "हम जल्द ही बेहतर दिन देखेंगे अगर महिला शिक्षा के साथ-साथ पुरुष शिक्षा को राजी किया जाए तो हमारी प्रगति बहुत तेज होगी"

उन्होंने हिंदू सामाजिक व्यवस्था के खिलाफ जमकर प्रचार शुरू किया। अपने अभियान के संदर्भ में, उन्होंने सन् 1920 में 'मूक नायक' और सन् 1927 में 'बहिष्कृत भारत' समाचार पत्र लॉन्च किया। उन्होंने अपनी समस्याओं के माध्यम से लैंगिक समानता और शिक्षा की आवश्यकता पर जोर दिया और सामाजिक रूप से दलित वर्ग और महिलाओं दोनों की समस्याओं पर प्रकाश डाला। महिलाओं के प्रश्न के बारे में डॉ. अम्बेडकर की अवधारणा, उनके शिक्षा के अधिकार पर जोर देना, पुरुषों के समान सम्मान और व्यवहार, संपत्ति का अधिकार और राजनीतिक प्रक्रिया में भागीदारी वैश्विक कट्टरपंथी की मांग से मिलती-जुलती थी। एक लिंग का दूसरे के लिए कानूनी अधीनता अपने आप में गलत है और मानव विकास के लिए सबसे बड़ी बाधाओं में से एक है। डॉ. अम्बेडकर के अनुसार, इसे पूर्ण समानता के दर्शन द्वारा प्रतिस्थापित किया जाना चाहिए, जिसमें एक ओर न तो विशेषाधिकार या शक्ति और न ही दूसरी ओर अक्षमता को स्वीकार किया जाना चाहिए।

जनवरी 1928 में बॉम्बे में रमाबाई अम्बेडकर के नेतृत्व में एक महिला संघ की स्थापना की गई। उन्हें एसोसिएशन के अध्यक्ष के रूप में चुना गया। रमाबाई डॉ. अम्बेडकर की पत्नी थीं। सन् 1930 में, उन्होंने नासिक में कालराम मंदिर में प्रवेश

के लिए पांच सौ महिलाओं के साथ सत्याग्रह शुरू किया, और उनमें से कई को पुरुषों के साथ उन्हें भी गिरफ्तार कर लिया गया। जेलों में उनके साथ बुरा व्यवहार किया जाता रहा। डॉ. अम्बेडकर के पास महिलाओं को प्रेरित करने का अवसर आत्मविश्वास से बोलने का था। यह तब देखा गया जब सन् 1931 में राधाबाई वडाले एक प्रेस कांफ्रेंस को संबोधित कर रही थीं। उन्होंने कहा, "शर्म से भरी जिंदगी जीने की तुलना में सौ बार मरना बेहतर है। हम अपनी जान जोखिम में डालने जा रहे हैं, लेकिन हम अपने अधिकार जीतने जा रहे हैं।" डॉ. अम्बेडकर को महिलाओं में आत्मविश्वास, स्वाभिमान और दृढ़ इच्छाशक्ति पैदा करने के लिए जाना जाता है।

उन्होंने महिला शक्ति और भारत के सामाजिक सुधार के विकास में उनकी भूमिका को समझा। ऐतिहासिक 'महाड सत्याग्रह' में अपने सहयोगियों के साथ तीन सौ महिलाओं की उपस्थिति इसकी गवाही देता है। जब वे एक अन्य सभा में बोल रहे थे तो करीब तीन हजार महिलाएं मौजूद थीं। डॉ. अम्बेडकर ने कहा, "मैं एक समुदाय की प्रगति को महिलाओं द्वारा हासिल की गई प्रगति के मापदंड से मापता हूं। शादी करने वाली हर लड़की अपने पति के साथ खड़ी हो, अपने पति को दोस्त और बराबर होने का दावा करे, और उसकी दासी बनने से इंकार कर दे। मुझे यकीन है कि यदि आप इस सलाह का पालन करते हैं, तो आप अपने आप में सम्मान और गरिमा लाएंगे।"

तत्कालीन बॉम्बे विधान सभा में, डॉ.अम्बेडकर ने परिवार नियोजन को दृढ़ता से बढ़ावा दिया। जब वे गवर्नर-एग्जीक्यूटिव जनरल की परिषद के लिए श्रम मंत्री थे और तभी उन्होंने मातृत्व लाभ विधेयक पेश किया। उन्होंने संविधान में महिलाओं के स्वास्थ्य और नागरिक अधिकारों की रक्षा प्रदान करने के लिए कई प्रावधान किए। संसद में उन्होंने हिंदू कोड बिल पेश किया और महिलाओं के संपत्ति अधिकारों की समस्याओं पर प्रकाश डाला। तत्कालीन सत्ताधारी और विपक्ष के राजनीतिक नेताओं द्वारा उस बिल के प्रति कड़े विरोध का उनको सामना करना पड़ा। डॉ. अम्बेडकर ने संसद में महिलाओं के अधिकारों को मान्यता देने से इनकार पर नाराजगी व्यक्त करते हुए कैबिनेट से इस्तीफा दे दिया। साथ ही उन्होंने मुस्लिम महिलाओं के सवाल पर जोर दिया। 'पर्दा' घूंघट प्रथा, धार्मिक सुधार और मुस्लिम महिलाओं के लिए कानूनी अधिकारों, के लिए उनके विचारों के माध्यम से उनकी धर्मनिरपेक्ष धारणा को स्वीकार किया जाता है।

ब्रह्म समाज द्वारा शुरू किए गए सामाजिक सुधारों के बजाय, डॉ अम्बेडकर ने समानता के आधार पर हिंदू समाज के सुधार पर जोर दिया। ब्रह्म समाज, जिसे आर्य समाज भी कहा जाता है, क्योंकि उनके प्रयास केवल उच्च या सम्भ्रांत वर्ग तक

ही सीमित था। स्मृतियों और शास्त्रों के उनके गहन अध्ययन और मंदिर प्रवेश में शामिल होने के आंदोलन के दौरान उच्च या सम्भ्रांत जाति की विपरीत प्रतिक्रियाओं के उनके अनुभव ने हिंदू दर्शन और समाज के बारे में उनके निष्कर्षों को स्पष्ट किया। कई महिलाओं ने डॉ. अम्बेडकर से प्रेरणा लेकर विभिन्न विषयों पर लेख लिखा। उनकी प्रेरणा से तुलसीबाई बंसोडे ने 'चोखमेला' नामक समाचार पत्र शुरू किया। इससे यह दर्शाता है कि कैसे डॉ. अम्बेडकर ने गरीब से गरीब महिलाओं, सबसे अधिक शिक्षित और निरक्षर महिलाओं को जागरूक किया और उन्हें भारत में बाल विवाह और देवदासी प्रथा जैसे अनुचित और असामाजिक कुप्रथाओं के खिलाफ लड़ने के लिए प्रोत्साहित किया।

डॉ. अंबेडकर ने कहा, "मैं महिलाओं द्वारा चलाए जा रहे आंदोलन में दृढ़ विश्वास रखता हूं। अगर उन्हें वास्तव में विश्वास में लिया जाता है; तो वे एक ऐसे में वर्तमान समाज की तस्वीर को बदल सकती हैं जो बहुत दयनीय है। अतीत में,उन्होंने कमजोर वर्ग और उपवर्गों की स्थिति को सुधारने में महत्वपूर्ण भूमिका निभाई है।" उनके काम और संघर्ष के लिए वे हमेशा महिलाओं का सम्मान करते थे।

डॉ. अंबेडकर अपने विचारों और अवधारणा को आसानी से उनके साथ एक पारिवारिक व्यक्ति के रूप में साझा करते थे जो कि महिलाओं के साथ सम्मेलनों के दौरान संपर्क मार्ग को सरल बना देता था। उन्होंने सुझाव दिया कि जो महिलाएं अच्छे कपड़े कभी नहीं पहनती हैं, उनके व्यक्तित्व और चरित्र का क्षरण होता है। अपने शरीर पर कहीं भी गहने पहनना बंद कर दें। 'नाक की नथुनी' पहनने के लिए नाक में छेद करना उचित नहीं है। उन्होंने उन सभी बुरी परंपराओं, संस्कृति, रीति-रिवाजों और जीवन शैली की आलोचना की, जिन्होंने जीवन को कठिन और जटिल बना देता हो। वे बहुत ही अचंभित थे कि अनपढ़ महिलाओं ने भी उनकी सलाह का दिलों दिमाक से पालन किया।

डॉ. अम्बेडकर ने अपना जीवन उन महिलाओं को सुधारने में बिताया जो बुरी गतिविधियों में शामिल वेश्याओं जैसे पेशेवर थीं। सबसे बड़ा उदाहरण महाराष्ट्र के कमाठीपुरा में देखने को मिला। दाऊद नामक व्यक्ति वेश्यालय में वेश्याओं के लिए मध्यस्थ का काम करता था। उसने डॉ. अंबेडकर के विचारों और शिक्षाओं से आश्वस्त होकर अपना व्यवसाय छोड़ दिया। उसने पूरी वेश्याओं को अपना व्यवसाय त्यागने और सम्मान का जीवन जीने के लिए प्रोताहित किये।

मनु स्मृति, एक धार्मिक हिंदू ग्रंथ, मनु स्मृति में न केवल महिलाओं का तिरस्कार करता है, बल्कि उन्हें दास के रूप में नीचा दिखाना जारी रखा है, बुद्धि और ज्ञान

विहीन, उन्हें शिक्षा और भूमि के अधिकार से वंचित करता है, और उन्हें त्याग और बलिदान करने से मना करता है। भारत के पहले कानून मंत्री और संविधान सभा की मसौदा समिति के अध्यक्ष होने के नाते, डॉ.अम्बेडकर ने मनु द्वारा सदियों पुरानी गुलामी और दासता से बनाए गए हिंदू सामाजिक कानूनों में सुधार करके महिलाओं को मुक्त करने के लिए अपने कर्तव्य के रूप में इसे आवश्यक पाया। इसके बाद उन्होंने संविधान सभा में हिंदू कोड बिल का मसौदा तैयार करने और उसे लागू करने की पहल की थी।

डॉ. अंबेडकर ने महिलाओं के अधिकारों को भारत के राजनीतिक शब्दकोष और संविधान में उचित तरीके से शामिल करने का प्रयास किया। राजनीतिक, आर्थिक और सामाजिक क्षेत्रों में समान अधिकार और अवसर प्राप्त करना महिलाओं के लिए संरक्षित उनके अनेक लेख हैं; लिंग के आधार पर भेदभाव की सभी सीमा सुनिश्चित करना; महिलाओं के लिए सकारात्मक निर्णय की अनुमति देना; समान आजीविका और समान काम के लिए समान वेतन; काम करने की स्थिति में मातृत्व छुट्टी ; कुप्रथाओं का त्याग करने के लिए मौलिक कर्तव्य इत्यादि।

हिंदू कोड बिल का विधेयक आधुनिक भारत का सबसे अधिक मांग वाला विधायी उपाय था। अन्य संशोधनों के अलावा, इसका उद्देश्य भारत में आमतौर पर उपयोग की जाने वाली विवाह संरचनाओं की बहुलता को समाप्त करना और केवल विश्वसनीय विवाहों को वैध बनाना था। हिंदू कोड बिल ने संपत्ति और गोद लेने के अधिकारों की भी मांग की, जिसे ब्राह्मणवादी हिन्दू धर्म ने महिलाओं के लिए इसप्रकार के अधिकार को नकार दिया था। यह बिल सभी कानूनी मामलों में पुरुषों और महिलाओं को समान स्तर पर रखा है। डॉ. अम्बेडकर ने संसद में कहा, “मैं एक महत्वपूर्ण तथ्य की ओर सदन का ध्यान आकर्षित करना चाहता हूं। फ्रांसीसी क्रांति के खिलाफ अपनी महान पुस्तक लिखने वाले महान राजनीतिक दार्शनिक एडमंड बर्क ने कहा है कि जो लोग संरक्षित करना चाहते हैं यानि रूढ़ वादी है,उन्हें अपने में संसोधन या बहाली के लिए तैयार रहना चाहिए। मैं इस सदन से कह रहा हूं कि यदि आप हिंदू व्यवस्था, हिंदू संस्कृति और हिंदू समाज को बनाए रखना चाहते हैं, जहां भी संसोधन या बदलाव की आवश्यकता हो तो वहाँ संसोधन या बदलाव करने में संकोच न करें। यह विधेयक हिंदू व्यवस्था के उन हिस्सों के बदलाव के लिए है जो जीर्ण-शीर्ण हो गए हैं और इसके आलावा कुछ नहीं है।”

हिन्दू कोड बिल को स्वीकृति नहीं मिलने के कारण उन्होंने कैबिनेट से इस्तीफा दे दिया और 27 सितंबर 1951 को प्रधान मंत्री जवाहर लाल नेहरू को अपना त्याग पत्र संबोधित किया, उन्होंने लिखा “मैं लंबे समय से कैबिनेट से अपने पद से

इस्तीफा देने के बारे में सोच रहा हूं। केवल एक चीज जिसने मुझे अपने इरादे को पूरा करने से रोक रखा था, वह यह थी कि वर्तमान संसद का कार्यकाल समाप्त होने से पहले हिंदू कोड बिल को लागू करना संभव होगा। मैं इस बिल में बदलाव करने के लिए भी तैयार हो गया और इसे शादी और तलाक तक सीमित कर दिया, इस उम्मीद में कि मेरा श्रम कम से कम हमारा इतना तो फल दे। लेकिन बिल के उस हिस्से को भी स्वीकृति नहीं मिली। अब मुझे आपके मंत्रिमंडल का सदस्य बने रहने का कोई उद्देश्य नहीं दिखता है।"

बाद में, हिंदू कोड बिल को चार बिलों में विभाजित किया गया, और संसद ने इसे स्टैट्यूट बुक में समावेशित कर दिया गया। स्टैट्यूट बुक का अर्थ किसी दिए गए अधिकार क्षेत्र के कानून का पूरा निकाय है,चाहे वह समग्र रूप से प्रकाशित हो या नहीं। हिंदू विवाह अधिनियम, 1955; हिंदू उत्तराधिकार अधिनियम, 1956; हिंदू अल्पसंख्यक और संरक्षकता अधिनियम, 1956; और हिंदू दत्तक ग्रहण और संरक्षण अधिनियम, 1956 के चार अधिनियम हैं जो डॉ. अम्बेडकर के हिंदू कोड बिल के विचारों और मूल्यों को एकीकृत करते हैं। उन्होंने महिलाओं को स्वतंत्र दर्जा देने का प्रयास किया और उन्हें गोद लेने, उत्तराधिकार और भूमि का अधिकार प्रदान किया, जिसे ब्राह्मणवाद के संस्थापक मनु ने पूरी तरह से अस्वीकार कर दिया था। इसलिए यह कहना एक सत्यवाद है कि डॉ. अम्बेडकर अब हिंदू सामाजिक कानून के एक महत्वपूर्ण हिस्से के लिए जिम्मेदार हैं, जो कि उन्नत या विकसित पश्चिमी देशों में मौजूद कानूनी ढांचे के समान है।

डॉ.बी.आर.अम्बेडकर के देहावसान के बाद संसद में एक शोक पत्र में, प्रधान मंत्री जवाहरलाल नेहरू ने डॉ अम्बेडकरकर की मृत्यु के लिए अपनी संवेदना साझा की। उन्होंने कहा कि "डॉ. बी.आर. अम्बेडकर हिंदू समाज की सभी दमनकारी विशेषताओं के खिलाफ विद्रोह के प्रतीक थे। लैंगिक समानता पर आधारित संस्कृति और समाज का उनका सपना अभी तक साकार नहीं हुआ है और इसलिए उनके विचार, राय और अंतर्दृष्टि सामाजिक पुनर्निर्माण और परिवर्तन के लिए महत्वपूर्ण हैं जो महिलाओं के सशक्तिकरण को बढ़ावा देता है।"

डॉ. अम्बेडकर ने सभी महिलाओं की हालात और रहन –सहन की स्थिति पर अपने राय और विचार साझा किए। उन्होंने निर्दिष्ट किया कि पुरूषों और महिलाओं के साथ एक समान व्यवहार किया जाना चाहिए और एक समान प्रतिष्ठा प्रदान की जानी चाहिए। उन्होंने विधानसभा में मूलभूत परिवर्तन और संशोधनों को दर्शाने वाले हिंदू कोड बिल पर जोर दिया। उन्होंने संसद में विधेयक को पेश करने में मदद करने पर भी जोर दिया और सभी संसदीय प्रतिनिधियों से मुलाकात किया। अंत

में, महिलाओं के प्रति अन्याय के कारण, उन्होंने उसी के लिए इस्तीफा दे दिया। डॉ. अम्बेडकर की शिक्षाएँ और विचार न केवल महिलाओं के लिए बल्कि आज सभी भारतीयों के लिए उपयोगी हैं। हर वाक्य और अभिव्यक्ति से, समग्र रूप से महिलाओं के विकास के लिए उनकी गहरी चिंता और भावनाओं को व्यक्त किया जाता है। भारतीय संसद में अपने आखिरी भाषण में उन्होंने कहा था कि हम महिलाओं के प्रति दिखाई गई भावनाओं और सम्मान को समझ सकते हैं।उन्होंने एक आयरिश देशभक्त डैनियल ओ कोनल के प्रसिद्ध विचारों को उद्धृत किया, "कोई भी पुरुष अपने सम्मान की कीमत पर, कोई भी महिला अपनी शुद्धता एवं पवित्रता की कीमत पर और कोई भी राष्ट्र उसकी स्वतंत्रता की कीमत पर कृतज्ञ नहीं हो सकता।" अपनी लोकप्रिय पुस्तक, पाकिस्तान एंड द पार्टिशन ऑफ इंडिया में, उन्होंने मुस्लिम महिलाओं और उनकी धार्मिक प्रथाओं के प्रति अपने विचार साझा किए हैं।

दलित वर्ग की महिला के उत्थान में डॉ. अम्बेडकर का योगदान

"हम हमेशा महिलाओं के रूप में अलग व्यवहार करते हैं। जब भी हमारे समुदाय में कोई संस्था स्थापित की जाती है, तो उसमें केवल पुरुषों को ही चुना जाता है। जब कि महिलाओं ने उनसे अधिक प्रभावी काम किया है........ लेकिन कार्यकारी समिति में उनके योगदान देने का समय आने पर उन्हें भुला दिया जाता है।"

एक महान फ्रांसीसी लेखक ने टिप्पणी की, "यदि आप चाहते हैं कि मैं आपको बताऊं कि एक राष्ट्र कैसा है या एक सामाजिक संगठन कैसा है, तो मुझे उस राष्ट्र में महिलाओं की स्थिति बताएं"। किसी और चीज के बजाय, महिलाओं की सामाजिक स्थिति और स्थान देश के स्थिति को दर्शाती है। अन्य क्षेत्रों में, जैसे महिलाओं की शैक्षिक, सामाजिक, आर्थिक और धार्मिक स्थिति, यह भी लागू हो सकता है।

डॉ. अम्बेडकर जाति, वर्ग, वर्ण और लैंगिक असमानता से जूझते हुए आधुनिक भारत के महानतम सामाजिक परिवर्तकों में से एक रहे हैं, जिन्होंने पुरुषों और महिलाओं सहित मानव जीवन के हर क्षेत्र में समानता, लोकतंत्र और बंधुत्व पर आधारित एक समतावादी समाज का निर्माण किया। वही असली अतिमानव हैं जिन्होंने हमारे भारतीय समाज की सबसे खराब व्यवस्था को भी नहीं छोड़ा है, जिसे समानतावादी और मानवीय मूल्यों के साथ पुनर्गठित किया। उन्होंने सामाजिक और आर्थिक लोकतंत्र को बढ़ावा दिया और कहा कि भारत में स्थिरता, सुख और समृद्धि इनके बिना मौजूद नहीं रहेगी। वे लोकतंत्र, समानता और बंधुत्व के पवित्र मूल्य के एक उत्साही और महत्वाकांक्षी पैरोकार थे। विशेष रूप से, सामान्य रूप से सभी

के विकास और सामाजिक रूप से वंचित,बहिकृत और पिछड़े वर्ग की महिलाओं की उन्नति और प्रगति में उनका योगदान असाधारण है। वह न केवल पुरुषों और पुरुषों के बीच, बल्कि पुरुषों और महिलाओं के बीच भी सामाजिक समानता सुनिश्चित करना चाहते थे, और हमेशा प्रयत्नशील रहे अन्तोगत्वा उसमें सफलता प्राप्त किया।

सामाजिक रूप से वंचित,बहिकृत,पिछड़े वर्ग की महिलाएं को दुख, पीड़ा, अभाव और अमानवीय जीवन शैली से भरे जीवन का सामना करने के लिए तैयार रहने के लिए पर्याप्त कारण रहे हैं। लिंग के नाम पर स्त्री होने का अर्थ है जीवन भर शोषण, पुरुषों से हीन,जन्म से एक अवांछित बोझ और जीवन भर के लिए एक घरेलू नौकर। एक शरीर में दो प्राणी है, एक सामाजिक रूप से वंचित, बहिकृत,पिछड़े वर्ग जो मानवता के रूप में सबसे निष्कृष्ट और खराब तरीके से दर्शाया जाता है। सामाजिक आर्थिक रूप से वंचित बहिकृत,पिछड़े वर्ग की महिला होने का यही अर्थ है। दो मामलों में, एक सामाजिक रूप से उत्पीड़ित वर्ग की पीड़ित महिला होती है, पहली एक अछूत के रूप में और दूसरी एक महिला के रूप में। सामाजिक आर्थिक रूप से वंचित महिलाएं सवर्ण हिंदू समुदाय के हाथों पीड़ित हैं, पहला वह इस हिन्दू समाज सामाजिक रूप से वंचित के रूप में और दूसरा नारी के रूप में अपने ही परिवार के पुरुषों और महिलाओं के हाथों संघर्ष करती रहती हैं।

डॉ. अम्बेडकर ने एक सभा में अपने समर्थकों से कहा, "यदि आप अपने बच्चों को शिक्षित करना चाहते हैं, तो सबसे पहले महिलाओं को शिक्षित करें।" यह सामाजिक रूप से वंचित बहिकृत,पिछड़े वर्ग की जिम्मेदारी है कि वह अपने वर्ग की महिलाओं को शिक्षित करें और उन्हें आवश्यक सुविधाएं प्रदान करें। उन्होंने सामाजिक रूप से वंचित, बहिकृत,पिछड़े वर्ग के मुद्दों पर बहुत गंभीरता से शोध किया। उन्होंने देश के सभी वर्गों की महिलाओं की दयनीय स्थिति भी देखी थी।

डॉ. भीमराव रामजी अम्बेडकर ने हिंदू समाज के मौजूदा मानदंडों को चुनौती देने का जोखिम उठाया क्योंकि उनका दृढ़ विश्वास था कि जब तक चुनौती नहीं दी जाती, कोई भी समाज सकारात्मक रूप से नहीं बदल सकता। इस प्रकार, उन्होंने इसे सही ठहराने और महिमामंडित करने के बजाय सोचा कि उनकी स्पष्ट रूप से सकारात्मक आलोचना ब्राह्मणवादी हिंदू धर्म की सेवा करने का सबसे अच्छा तरीका है। इसके अलावा, उनका प्रस्ताव था कि देश के सामाजिक रूप से वंचित, बहिकृत,पिछड़े वर्ग के प्रत्येक सदस्य को शिक्षित करना चाहिए और आलोचनात्मक सोच के लिए अपनी क्षमता में सुधार करना चाहिए। उन्होंने कहा कि इस वर्ग के अधिकांश लोगों के लिए शिक्षा ही एकमात्र समाधान है। यह एक सर्वविदित तथ्य

है कि वह न केवल इस वर्ग की महिलाओं के, बल्कि भारत की पूरी महिला आबादी के असली मुक्तिदाता थे।

उनके अपने शब्द महिलाओं के लिए,उनके समर्थन का स्वरुप और आधुनिक समय की जरूरतों को पूरा करने के लिए, समाज में सुधार के लिए, हिंदुओं से उनकी अपील की व्याख्या कर सकते हैं। उन्होंने कहा कि "जो लोग इसे बनाये रखना चाहते हैं उन्हें बदलाव के लिए तैयार रहना चाहिए और मैं केवल यही चाहता हूं कि, यदि आप हिंदू व्यवस्था, हिंदू संस्कृति, हिंदू समाज को बनाए रखना चाहते हैं, जहां आवश्यक हो बदलाव करने में संकोच न करें। हिंदू कोड बिल हिंदू समाज के उन हिस्सों की बदलाव के अलावा और कुछ नहीं मांगता है, जो लगभग परित्यक्त हो गए हैं।"

यह ध्यान रखना महत्वपूर्ण है कि सामाजिक रूप से वंचित, बहिकृत,पिछड़े वर्ग की महिला ने कई मौकों पर डॉ. अम्बेडकर के नेतृत्व में आंदोलन में सक्रिय भाग लिया। जब तक इस वर्ग की महिलाओं की स्थिति और समाज में उनकी समान भागीदारी में सुधार नहीं होता है, तब तक राष्ट्र के विकास की सभी बातें और अवधाराणायें व्यर्थ हैं।

सामाजिक-धार्मिक सुधार के लिए नियोजित अंतर्जातीय विवाह की अवधारण

प्राचीन भारतीय साहित्य में, यह साबित करने के लिए पर्याप्त प्रमाण हैं कि हाइपरगैमी यानि अतिविवाह विवाह का एक स्वीकार्य रूप था। सामाजिक रूप से वंचित वर्ग सहित ब्राह्मणों को अन्य सभी निचली जातियों की महिलाओं से शादी करने की अनुमति थी। कहा जाता है कि राजपूतों और मराठों के बीच, अतिविवाह के रूप में अंतर्जातीय विवाह भी हुए हैं।

भारत में विशेष रूप से अंतर्विवाही हिंदू जातियां और उपजातियां हैं। पारंपरिक भारतीय समाज में, प्रत्येक जाति और उप-जाति के सदस्यों को अपने स्वयं के अंतर्विवाही समुदाय के भीतर विवाह करते थे। कुछ समय पहले तक, इस कानून का किसी भी प्रकार से उल्लंघन करना एक गंभीर अपराध था, जिसके लिए सामाजिक दंड का प्राविधान था, जिसमें आमतौर पर जाति-बहिष्कार था। कुछ समय पहले तक, अंतर्जातीय विवाह, यानी दो अलग-अलग जातियों के एक पुरुष और एक महिला का मिलन अकल्पनीय था।

हालांकि, पूरे इतिहास में भारत में विभिन्न जातियों के लोगों के बीच शादियां हुई हैं। प्राचीन भारत में इस प्रकार का विवाह हाइपरगैमी या अतिविवाह के रूप में होता था। उच्च जाति के पुरुषों और निम्न जाति की महिलाओं के बीच विवाह को हाइपरगैमी कहा जाता है। इन विवाहों को मंजूरी दी गई थी, लेकिन आम नहीं था। ऐसी सामाजिक परिस्थितियों में, आज समाज हाइपरगैमी विवाहों की अनुमति देता है। लेकिन कुछ समाज आज भी इसकी अनुमति नहीं देता है।

महाभारत में इस तरह के अंतर्जातीय विवाह के कई उदाहरण मिलते हैं। उदाहरण के लिए, शांतनु ने पहले गंगा से विवाह किया, और बाद में सत्यबती से विवाह किया, दोनों अपनी-अपनी जाति के बाहर से थे। ईसा पूर्व 160 में, ब्राह्मण राजा अग्निमित्र ने क्षत्रिय राजा की राजकुमारी मालविका से शादी की थी।

कुछ समय पहले तक, बंगाल के कुछ हिस्सों में ब्राह्मणों में हाइपरगैमी या अतिविवाह की परंपरा प्रचलित थी। केरल में कुछ जातियों के बीच हाइपरगैमी यानि अतिविवाह की प्रथा प्रचलित रही है। उदाहरण के लिए, मायर महिलाओं को नंबूदरी ब्राह्मणों के छोटे पुत्रों से विवाह करने की अनुमति रही है।

हाइपरगैमी का अर्थ है 'अतिविवाह करना' और इस प्रकार एक पदानुक्रमित व्यवस्था वाले समाज में आयोजित किया जाता है यानि श्रेष्ठ सामाजिक या शैक्षिक पृष्ठभूमि के व्यक्ति के साथ विवाह करने या यौन संबंध बनाने की क्रिया। ब्राह्मणवादी संस्कृति के सामाजिक आदर्श के रूप में इसे अंगीकार किया गया है। सामाजिक पदानुक्रम द्वारा परिभाषित जाति और स्थिति के अंतर्विवाही अस्तित्व के विकास के साथ अतिविवाह विवाह का एक अधिक व्यापक रूप बन गया है।

कुलिन, ऑडिच, खेड़ीवाल और अनाविल जैसी ब्राह्मण जातियों और गुजरात के मराठा, राजपूत, लेवा-पाटीदार और मलाबा,केरल के नंबूदरी ब्राह्मण का गैर-ब्राह्मण समुदायों में विवाह होता था। निचली जाति के पुरुष और उच्च जाति की महिला के विवाह को प्रतिलोम विवाह कहा जाता है।पहले के सभी हिंदू कानून प्रतिलोम के विवाह की कड़ी निंदा और हतोत्साहित करते थे और वर्तमान में भी इसको मान्यता नहीं देते हैं।

भारतीय संविधान में सजातीय विवाह या अंतर्जातीय विवाह के कानूनों के संबंध में उल्लेखनीय संशोधन हुए हैं। अंतर्जातीय विवाह की दर दिन-ब-दिन बढ़ती जा रही है। धर्मनिरपेक्षता, शहरीकरण, औद्योगीकरण और शिक्षा आदि जैसे विभिन्न कारकों के कारण लोग अंतर्जातीय विवाह के प्रति अपना दृष्टिकोण बदल रहे हैं और

वे अंतर्जातीय विवाह के प्रति सहिष्णु होते जा रहे हैं। अंतर्जातीय विवाह को बढ़ावा देने के लिए कई अधिनियम पारित किए गए हैं।

हिंदू विवाह वैधता अधिनियम 1949 में पारित किया गया था, जिसमें घोषणा की गई कि हिंदुओं के बीच किसी भी विवाह को केवल इसलिए अशक्त या अमान्य नहीं माना जाता है क्योंकि इसके पक्ष विभिन्न धर्मों, जातियों, उप-जातियों या संप्रदायों से संबंधित हैं। विशेष विवाह अधिनियम, 1954, जाति और धार्मिक विवाह की अनुमति देता है। हिंदू विवाह अधिनियम, 1955 ने अंतर्जातीय विवाह को वैध बनाया। अंतर्जातीय विवाहों की संख्या बढ़ रही है, लेकिन अंतर्जातीय विवाहों की कोई सामान्य सहिष्णुता नहीं है और ये विवाह हिंदू समाज में सामान्य नहीं हैं। जाति की उपजातियों के बीच विद्यमान बाधाओं का सामान्य रूप से कमजोर होना इस संबंध में एक महत्वपूर्ण परिवर्तन प्रतीत होता है। उनके अपने समुदाय के भीतर, ब्राह्मणवादी सामाजिक व्यवस्था के इर्द-गिर्द विवाह की परंपरा या प्रथा का गठन किया गया था। इसी व्यवस्था से भारत में जाति व्यवस्था की स्थापना हुई। डॉ. भीमराव रामजी अम्बेडकर द्वारा अंतर्जातीय विवाह और अंतर-धार्मिक विवाह को बढ़ावा दिया गया। उन्होंने दावा किया कि अंतर्जातीय विवाह मानवीय संबंधों को मजबूत करेगा और मानवीय मूल्यों पर आधारित एक समुदाय का निर्माण करेगा।

डॉ.बी.आर.अम्बेडकर ने विभिन्न सामाजिक-धार्मिक समस्याओं का विश्लेषण किया और उन्हें निम्न वर्गों सहित देश के लोगों के लिए 'बहिष्कृत भारत' समाचार पत्र में प्रकाशित किया। उन्होंने इसे अपने एक लेख में इस तरह से जिक्र किया कि "इस विवाद से ब्राह्मण सभा को क्या लाभ हुआ?" उन्होंने कहा कि अछूत अस्पृश्यता को खत्म करना चाहते थे। फिर भी, वे इसे तब तक मिटा नहीं सकते जब तक कि अंतर्जातीय विवाह आम तौर पर मान्य नहीं हो जाता। अस्पृश्यता तभी जाएगी जब ब्राह्मणवाद मर जाएगा यानि इसका अंत हो जायेगा और यह तब तक नहीं जाएगा जब तक कि सम्पूर्ण समाज में अंतर्जातीय विवाह होना शुरू नहीं होता। उनकी अपनी संस्कृति में, विवाह की प्रथा, ब्राह्मणवादी सामाजिक व्यवस्था के इर्द-गिर्द विकसित हुई। इसी व्यवस्था से भारत में जाति व्यवस्था की स्थापना हुई। उन्होंने अंतर्जातीय विवाह और धर्मों के बीच विवाह की वकालत की थी। उन्होंने दावा किया कि अंतर्जातीय विवाह मानवीय संबंधों को मजबूत करेगा और मानवीय मूल्यों पर स्थापित एक समुदाय की स्थापना करेगा।

* * * * * * * * *

अध्याय-दो

डॉ.बी.आर.अम्बेडकर एक महान राजनीतिज्ञ एवं कुशल सांसद

"संसद सबसे महत्वपूर्ण और अग्रणी संस्थानों में से एक है जो सफल कामकाज पर निर्भर करता है। लेकिन आज हम भारत में क्या देखते हैं ? हमारी राष्ट्रीय संसद अधिकांश भारतीयो को प्रेरित करने में विफल रही है। यह भारतीय जनता के आग्रह और आकांक्षाओ का प्रतिनिधित्व नहीं करता है। ऐसे में इसे बदलने की जरूरत है। लेकिन नेतृत्व किसे करना चाहिए, ज़ाहिर है, जो प्रचलित व्यवस्था के शिकार हैं।"

डॉ.बी.आर.अम्बेडकर एक महान राजनीतिज्ञ एवं कुशल सांसद

"संसद सबसे महत्वपूर्ण और अग्रणी संस्थानों में से एक है जो सफल कामकाज पर निर्भर करता है। लेकिन आज हम भारत में क्या देखते हैं? हमारी राष्ट्रीय संसद अधिकांश भारतीयों को प्रेरित करने में विफल रही है। यह भारतीय जनता के आग्रह और आकांक्षाओं का प्रतिनिधित्व नहीं करता है। ऐसे में इसे बदलने की जरूरत है। लेकिन नेतृत्व किसे करना चाहिए, ज़ाहिर है, जो प्रचलित व्यवस्था के शिकार हैं।"

एक राजनेता किसी दल की राजनीति में सक्रिय व्यक्ति होता है, या सरकार में एक निर्वाचित पद धारण करने वाला या चाहने वाला व्यक्ति होता है। राजनेता कानून को प्रस्तावित करते हैं, समर्थन करते हैं, अस्वीकार करते हैं, कानून बनाने में समर्थन करते हैं, जो जनता को उसी कानून के तहत नियंत्रित करते हैं। मोटे तौर पर, एक राजनेता कोई भी हो सकता है जो सरकार में राजनीतिक सत्ता हासिल करना चाहता है।

भारतीय संसद भारत गणराज्य की सर्वोच्च विधायी संस्था है। यह भारत के राष्ट्रपति और दो सदनों से बना एक द्विसदनीय विधायिका है: राज्यसभा (राज्यों की परिषद) और लोकसभा (हाउस ऑफ पीपल)। इन दोनों सदनों में किसी एक सदन का सदस्य सांसद के रूप में होता है।

आधुनिक समय में सामाजिक-आर्थिक रूप से वंचित,बहिकृत,पिछड़े वर्ग के आंदोलन के उदय के साथ, डॉ. अम्बेडकर एक प्रमुख राजनीतिक दार्शनिक के रूप में उभरे हैं। उन्हें और उनके दर्शन को कईयो बार विरोधियों द्वारा आवश्यक और प्रयोजनीय समझा गया। उनके द्वारा विभिन्न और अक्सर परस्पर विरोधी सैद्धांतिक मूल्यांकनों की उपस्थिति विद्वानों के बीच अनिश्चितता पैदा कर रही थी। विचारकों के मूल्यांकन में, छात्रों की सामाजिक पृष्ठभूमि और उनकी व्यक्तिपरक स्थिति एक महत्वपूर्ण भूमिका निभाती है और विद्वानों की राय अक्सर गंभीर प्रतिक्रियाएं उत्पन्न करती हैं जो या तो उन्हें बढ़ावा देती हैं या तो उन्हें अवक्रमित करती हैं।

इंडिपेंडेंट लेबर पार्टी की स्थापना सन् 1936 में डॉ.बी.आर.अम्बेडकर द्वारा उत्पादक और किसान वर्गों, श्रमिकों और मजदूरों को ब्राह्मणवाद और पूंजीवाद की बैसाखी से मुक्त करने के लिए की गई थी। डॉ. अम्बेडकर का राजनीतिक दर्शन विशेष रूप से पश्चिमी राजनीतिक सिद्धांत पर पुनः बातचीत करने और सामान्य रूप से जन संघर्षों को निर्देशित करने में मदद कर सकता है। उदार, प्रगतिशील या रूढ़िवादी जैसे उनके लेखन के माध्यम से महान राजनीतिक धाराओं के साथ उनका संबंध को देखा जा सकता है। साथ ही वह तीन राजनीतिक परंपराओं से खुद को अलग करता है। उनका दर्शन मौलिक रूप से धार्मिक और नैतिक है। उनके लिए राजनीतिक से पहले सामाजिक पहलू है। उनके राजनीतिक दर्शन की सामाजिक नैतिकता मौलिक है। वे न तो उत्कट व्यक्तिवादी और न ही सांप्रदायिक रूढ़िवादी थे। लोकतंत्र की उनकी व्याख्याएं उनकी सच्ची भावना में स्वतंत्रता, स्वतंत्रता और बंधुत्व के आदर्शों को आत्मसात करती हैं। हालांकि कई पहलू हैं, लेकिन प्रचलित राजनीतिक प्रथाओं में उन्हें ढूंढना मुश्किल है। यह डॉ. अम्बेडकर को गलत अर्थ में समझने के लिए भी प्रेरित कर सकता है। डॉ. अम्बेडकर के राजनीतिक दर्शन को उनके विचारों की जटिलता को समझने के लिए एक नई शब्दावली की आवश्यकता है।

राष्ट्रवादी आंदोलन से लेकर अस्सी के दशक तक, हालांकि उनका भारतीय राजनीति पर बहुत प्रभाव पड़ा, लेकिन डॉ. अम्बेडकर के बारे में ज्यादा विद्वतापूर्ण चर्चा नहीं हुई। एक विचारक और सामाजिक वैज्ञानिक के रूप में, ज्ञानी समुदायों और सत्तासीनों ने या तो उनकी उपेक्षा की या तो जानबूझकर उन्हें हाशिए पर रखा। समकालीन भारतीय दर्शन और दार्शनिक लेखों और संभाषणों में उनका उल्लेख नगण्य है। भारतीय दर्शन के लेखकों की निहित राजनीति से उनके इस बहिष्कार को समझना होगा। काफी दिलचस्प बात यह है कि उन्हें भारतीय समाज के वंचित, बहिकृत,पिछड़े वर्ग में जनता और समाजों द्वारा सामने लाया जाता है। यह कहना कि डॉ. अम्बेडकर की मूर्ति के बिना देश का कोई गाँव नहीं है, गलत नहीं होगा। भारत में, वे समकालीन समय का सबसे प्रसिद्ध प्रतीक है। उनकी जनता और वंचित,बहिकृत,पिछड़े वर्गों की प्रतीकात्मक संबद्धता के कारण, राजनीतिक दल और विद्वानों से लेकर प्रगतिशील और कट्टरपंथी तक, डॉ अम्बेडकर को देखने के लिए मजबूर हैं। उनके उत्सव में भारतीय लोकतांत्रिक राज्य की इस समुदाय के बहुमत को पूरा करने में असमर्थ और इन उपेक्षित समुदायों की घोषणा का अंतर्धारा है। दूसरे शब्दों में, उनका दर्शन भारतीय समाज के सामाजिक पुनर्निर्माण की अवधारणाओं की खोज है।

पश्चिमी राजनीतिक सिद्धांत की स्थिति

हमारे अन्दर डॉ. अम्बेडकर की दार्शनिक विचारधारा निहित है। वर्तमान में राजनीतिक दार्शनिकों ने, ज्यादातर ऐतिहासिक संदर्भ में, सामाजिक घटनाओं और राजनीतिक कार्यों का विश्लेषण करने और समस्याग्रस्त अवधारणाओं की व्याख्या करने, वर्तमान संरचनाओं की जांच करने और सामाजिक मूल्यों की वकालत करने का प्रयास किया है। राजनीतिक सिद्धांत राजनीति के बारे में है और इनकी प्रथाओं को निष्पक्ष रूप से प्रतिबिंबित किया जा रहा है। यह समाज के मार्गदर्शक मूल्यों की कहीं अधिक आलोचनात्मक तरीके से व्याख्या करने के बारे में है। यह समाज को नियंत्रित करने वाले सिद्धांतों, मूल्यों, गतिविधियों और संगठनों के दर्शन का प्रयास करता है। दार्शनिकों ने सार्वजनिक जीवन की प्रकृति और अच्छे समाज के मार्गदर्शक सिद्धांतों के अनेको स्पष्टीकरण प्रदान किए।समाज बड़े पैमाने पर नैतिकता और संस्थाओं के काम करने के तरीके और राजनीतिक दर्शन के आधार पर काम करते हैं। नए सामाजिक और राजनीतिक विचारों के उद्भव के लिए, सामाजिक-आर्थिक परिवर्तन और समाज में परिणामी स्थितियों के कारण होता है। विचारक और उसके समाज के राजनीतिक अनुभव दोनों से राजनीतिक सोच उत्पन्न होती है। राजनीतिक दर्शन और कुछ नहीं बल्कि हमारे नैतिक और राजनीतिक निर्णयों के व्यवहार का व्यवस्थितकरण है। ग्रीक विचारको ने पारंपरिक रूप से ईसाई प्राकृतिक कानून का पालन किया है। पश्चिम में, सत्रहवीं शताब्दी के व्यक्तिवाद ने ईसाई प्राकृतिक कानून को कमजोर कर दिया। एक व्यक्ति और ईश्वर के बीच के रिश्ते को सामाजिक जांच के आधार के रूप में व्यक्ति और व्यक्ति के बीच के रिश्ते से बदल दिया गया था। बाद की उदारवादी परंपरा का मूल लक्षण यह व्यक्तिवाद है। सामूहिक पहल और सामाजिक नियंत्रण का सिद्धांत व्यक्तिगत पहल और व्यक्तिगत नियंत्रण की धारणा के आगे झुक गया है।

मौजूदा भौतिक स्थितियों ने सचमुच नए सामाजिक संबंधों को जन्म दिया है, और नई दुनिया को एक तार्किक व्याख्या देने के लिए नए सिद्धांत का विकास हुआ है। इस नई विचारधारा को उदारवाद के रूप में जाना जाने लगा। विशिष्ट राष्ट्रीय संस्कृतियों में, उदारवाद ने विभिन्न विशिष्ठता विकसित किए। उदारवादी सिद्धांत की चुनौतियाँ सत्रहवीं शताब्दी में व्यक्तिवाद की मूल जड़ों और स्वामित्व की गुणवत्ता में निहित थी।स्वामित्व का गुण व्यक्ति की रचना में निहित है क्योंकि वह मूल रूप से अपने स्वयं के व्यक्ति या क्षमताओं का मालिक है जो समाज के लिए कुछ भी नहीं है। व्यक्ति को एक नैतिकरूप से संपूर्ण या एक बड़े सामाजिक हिस्से के रूप में नहीं देखा जाता था, बल्कि एक स्व-मालिक के रूप में देखा जाता

था। अधिकारपूर्ण व्यक्तिवाद की मूल धारणा सत्रहवीं शताब्दी की आधार भूत नींव में गहराई से निहित थी। केवल अपने स्वयं के व्यक्ति के अधिकार के कारण मनुष्य स्वतंत्र मानव है। मानव समाज मूल रूप से बाजार संबंधों का एक समूह है। स्वाभाविक रूप से, विरोधाभास उपभोक्ता संस्कृति में ही निहित है। व्यावसायिक संस्कृति वर्ग के भेदभाव को तुरंत वहन करती है। संपत्ति वर्ग अधीनस्थ वर्गों पर नियंत्रण बनाए रखना चाहेगा।

अंततः बाजार के निर्धारण के प्रति समर्पण में, पुरुषों ने अब खुद को नैतिक रूप से समान नहीं देखा। बाजार संरचना के विकल्प उत्पन्न हो गए हैं। सर्वहारा राजनीति की अभिव्यक्ति ने उदारवादी राजनीति को एक गंभीर झटका दिया। मनुष्य और संस्कृति के बारे में पूरी तरह से अलग धारणाएं हैं। लोगों की जगह समूह ने ले ली है। मार्क्सवादी दर्शन का लक्ष्य संस्कृति और उसके मानवीय संबंधों में एक मौलिक बदलाव है। मानव समाज मनुष्य को मुख्य रूप से एक उपभोक्ता के रूप में मानता है। उसके रिश्ते सामाजिक उत्पादन में उसकी व्यस्तता से तय होते हैं। मार्क्सवादी विचारधारा के अलावा एक रूढ़िवादी राजनीतिक दर्शन है जो समाज को समुदाय के दृष्टिकोण से देखना चाहता है। रूढ़िवाद में वृद्धावस्था की परंपरा, विश्वास और प्रथाओं का सम्मान है। रूढ़िवादी परंपरा का एक उदाहरण एडमंड बर्क है जो एक एंग्लो-आयरिश राजनेता और दार्शनिक थे और 1766-1794 के बीच ग्रेट ब्रिटेन के हाउस ऑफ कॉमन्स में संसद सदस्य के रूप में कार्य किया। अठारहवीं शताब्दी में किसी भी लेखक से अधिक, बर्क ने राजनीतिक परंपरा को धार्मिक सम्मान की भावना के साथ जोड़ा गया। राजनीति के रूढ़िवादी दृष्टिकोण को पारंपरिक राजनीति के रूप में मान्यता प्राप्त है। परम्पराओं और रीति-रिवाजों के संबंध में, विशेष रूप से राज्य और समाज को सामान्य रूप से संचालित होना चाहिए।

किसी विशेष समुदाय में, समूहों के हितों का सम्मान किया जाता है। जारी किए गए दिशा निर्देशों के सीमा के भीतर, रूढ़िवादी दृष्टिकोण स्थापित संस्थानों के संस्थागत संदर्भ के भीतर राजनीतिक कार्रवाई के रूपों को अपनाकर काम करता है। रूढ़िवादी राजनीतिक दर्शन को अपूर्णता की राजनीति के रूप में जाना जाता है। यह मनुष्य की कमियों पर विचार करता है और मानता है कि मनुष्य अपने स्वयं के सहज प्रयासों से सामाजिक व्यवस्था स्थापित करने में असमर्थ होगा। लोग लालची और स्वार्थी स्वभाव के होते हैं। उन्हें नियंत्रित करने के लिए एक राज्य की आवश्यकता होती है। प्राधिकरण ही राज्य है। रूढ़िवादी सोच में, राज्य एक केंद्रीय भूमिका निभाता है। यह सामाजिक व्यवस्था और शक्ति की नींव है, सामाजिक पदानुक्रम का गारंटर है। रूढ़िवादी विचारों के अनुसार, मानव स्वभाव की अंतर्निहित खामियां

एक मजबूत राज्य को आवश्यक बनाती हैं। व्यक्ति के असामाजिक आवेगों का नियमन आवश्यक है। पारंपरिक रूढ़िवादी दृष्टिकोण के अनुसार, उदारवादियों और अराजकतावादियों द्वारा दावा किए गए मानवीय कार्यों का स्वतंत्र खेल सामाजिक व्यवस्था द्वारा स्वतःस्फूर्त रूप से पूरा नहीं किया जा सकता है। राजनीतिक दायित्व के पदों को धारण करने वालों के प्रभावी नेतृत्व के माध्यम से, सामाजिक व्यवस्था को बनाए रखा जाना चाहिए। इसका मतलब यह नहीं है कि सामाजिक व्यवस्था बनाए रखने वाला एकमात्र निकाय राज्य है। रूढ़िवादी परंपरा, रीति-रिवाज और लंबे समय से चले आ रहे समुदायों और संगठनों के नेटवर्क के महत्व पर जोर देते हैं, दोनों ही सामाजिक व्यवस्था की आवश्यकताएं।

संयुक्त राज्य अमेरिका के राजनीतिक दार्शनिक और वैज्ञानिक फ्रेड आर. डेलमेयर ने 1970 के दशक के अंत में कहा था कि "अंग्रेजी दार्शनिक थॉमस हॉब्स से लेकर अंग्रेजी दार्शनिक बर्नार्ड बोसानक्वेट तक फैली सैद्धांतिक साहित्य की महान परंपरा को तोड़ दिया गया था और फिलहाल, वैसे भी, राजनीतिक दर्शन मर चुका है।"

बदलते सामाजिक-आर्थिक पैटर्न और बुद्धिजीवियों के राजनीति से असंबंधित होने से राजनीतिक दर्शन के संकट को समझा जा सकता है। पश्चिमी राजनीतिक विचारधारा बीसवीं शताब्दी में उदार लोकतंत्र की रक्षा और सत्तावादी या दमनकारी शक्तियों के खिलाफ मानवाधिकारों से प्रतिष्ठित थी। विकसित दुनिया में, पश्चिम में आर्थिक नीतियों और वैज्ञानिक तर्कसंगतता के अलग-अलग महत्व हैं। दुनिया के अन्य क्षेत्रों को नियंत्रित करने वाले पश्चिमी विज्ञान और अर्थशास्त्र की परिणति हाल ही में वैश्विक प्रतिद्वंद्विता और संघर्ष का निमंत्रण बन गई है। इसने पश्चिम को अपने दर्शन और 'तर्क' की अपनी अवधारणा के केंद्रीय परिसर पर पुनर्विचार करने के लिए मजबूर किया है। और साथ ही, वस्तुनिष्ठता पर विचार करने की आवश्यकता है कि 'व्यक्तिपरकता' क्या है और इसकी संज्ञानात्मक गतिविधि क्या है। अमेरिकी दार्शनिक फ्रेड डेलमेयर इस दुविधा को सही ढंग से समझाते हैं: "राजनीतिक सोच के क्षेत्र में समकालीन दुविधा को व्यापक रूप से 'अनुबंध' और समुदाय के बीच संबंधों के संबंध में तैयार किया जा सकता है।"

समाज राजनीतिक समुदाय बनाने वाले समुदायों से बना है। सांप्रदायिक संबंधों के आलोक में व्यक्तिवाद का संशोधन केवल अंतर्विषयक या अंतर-व्यक्तिगत अनुबंधों के पहलू को शामिल नहीं करता है। मनुष्य और प्रकृति के बीच संबंधों पर पुनर्विचार के लिए एक सामान्य संशोधन की आवश्यकता है, जो अंततः वस्तुवाद और प्रकृतिवाद के खतरे को सामने लाता है। समकालीन राजनीतिक दर्शन व्यक्तिवाद के बाद उदारवादी व्यक्तिवाद और सांप्रदायिकता के बीच चौराहे पर अनिश्चित रूप से

अटक जाता है। क्रिश्चियन बे एक कनाडाई राजनीतिक सिद्धांतकार और अल्बर्टा विश्वविद्यालय के राजनीति विज्ञान विभाग के अध्यक्ष थे। उन्होंने अपने लेख "फ्रॉम कॉन्ट्रैक्ट टू कम्युनिटी" में, क्रिश्चियन बे ने इसे उत्तर-औद्योगिक समाज की प्रमुख चुनौतियों और इसकी मूलभूत मान्यताओं और इच्छाओं के संबंध में वर्णित किया, जैसा कि हॉब्स और लॉक ने 'व्यक्तिगत अनुबंध उदारवाद' की शुरुआत की और इसे कई तौर तरीकों में प्रकट किया।

डॉ. अम्बेडकर की सामाजिक और राजनीतिक प्रधानता

डॉ. अम्बेडकर के विचारों का भारत में सामाजिक सोच के इतिहास और विकास में महत्वपूर्ण भूमिका है, जैसा कि उनके लेखन और भाषणों में व्यक्त किया गया है। सामाजिक-आर्थिक रूप से वंचित,बहिकृत,पिछड़े लोगो के आंदोलन की सैद्धांतिक नींव को डॉ. अम्बेडकर की विचारधारा से समझने की जरूरत है। डॉ. अम्बेडकर की केन्द्रित ध्यान राजनीतिक सोच उनकी दो घोषणाओं में निहित है - अधिकारों को क़ानून से नहीं, बल्कि समाज की सामाजिक और नैतिक ईमानदारी से सुरक्षित किया जाता है। वह लोकतंत्र को मौलिक रूप से एक प्रकार का समुदाय या एक साथ रहने का एक तरीका पाते हैं और इन अधिकारों की रक्षा का एकमात्र तरीका सामाजिक विवेक है। समाज बनाने वाले लोगों के जीवन के संदर्भ में, सामाजिक संबंधों में लोकतंत्र की उत्पत्ति का पता लगाना होगा। उनके लिए लोकतंत्र का रहस्य सामाजिक संबंध हैं। भावना और व्यवहार में, डॉ. अम्बेडकर एक सामाजिक प्रजातांत्रिक हैं। राजनीतिक दर्शन में उनका अद्वितीय योगदान सामाजिक लोकतंत्र के विचार के साथ स्वतंत्रता, समानता और बंधुत्व के संबंध में निहित है, जो बदले में, लोकतंत्र के साथ सरकार का एक रूप है। वह हमें दैनिक कामकाज में सामाजिक लोकतंत्र की सीमाओं की भी याद दिलाता है। जैसा कि उन्होंने 25 नवंबर 1949 को संविधान सभा को संबोधित करते हुए स्पष्ट रूप से कहा था कि, "राजनीतिक लोकतंत्र तब तक नहीं टिक सकता जब तक कि सामाजिक लोकतंत्र उस लोकतंत्र के आधार पर न हो," यानी जीवन का एक तरीका जो स्वतंत्रता, समानता और बंधुत्व को जीवन के सिद्धांतों के रूप में मान्यता देता है।

डॉ. अम्बेडकर के कई भाषणों और लेखों में समाजिक सुधारवाद मुख्य विषय रहा है। उन्होंने राजनीतिक समस्याओं पर सामाजिक वरीयता के मुद्दे पर भी चर्चा की और उन्हें चुनौती दी। राजनीति अनिवार्य रूप से सामाजिक समस्याओं से जुड़ी होनी चाहिए। समाज के सहयोग से ही लोकतंत्र का निर्माण होता है। जब राजनीति पर सामाजिक महत्व देने की बात आती है, तो यह कांग्रेस,सत्ताधारी

और समाजवादियों से भिन्न होता है। यह उनके सभी लेखनों में, और विशेष रूप से 'एनिहिलेशान ऑफ़ कास्ट' में 'कांग्रेस और गांधी ने अछूतों के लिए क्या किया' नामक शीर्षक में अच्छी तरह से व्यक्त किया है। समकालीन समय में मौजूदा राजनीतिक और सामाजिक सिद्धांतों को एक बार सैद्धांतिक रूप से मान्यता दी गई थी और भारतीय सामाजिक वास्तविकता के रूप में स्थापित किया गया था। डॉ. अम्बेडकर जाति प्रथा की शैक्षिक अवधारणा और भारतीय समाज में इसके कामकाज से एक महान विचारक बने। सामाजिक रूप से वंचित,बहिष्कृत,पिछड़े जाति व्यवस्था के शिकार लोगों के जीवन को बदलने के लिए, उन्होंने भारतीय सामाजिक जगत की व्याख्या किया है। उस समय के स्थिति अन्य प्रमुख राजनीतिक पहलुओं के संबंध में डॉ अम्बेडकर के राजनीतिक दर्शन के उचित मूल्यांकन की मांग करती है। डॉ. अम्बेडकर एक वास्तविक मार्क्सवादी दार्शनिक जैसे हैं। उन्होंने इसे बदलने के लिए भारत की सामाजिक वास्तविकता को अपने जीवन काल में अनुभव किया।

संविधान सभा में संविधान की उपयोगिता पर डॉ.अम्बेडकर का संभाषण

डॉ. अम्बेडकर ने संविधान सभा में संविधान की उपयोगिता पर बोलते हुए कहा कि संविधान की अच्छाई या कमियां इस बात पर निर्भर करती है कि वह कैसे काम करने जा रहा है। मतदाताओं को सही व्यक्तियों का चुनाव करना होगा,जो लोगों के हितों में संविधान के तहत काम करें। इस लिए इसका पूर्ण जिम्मेदारी जनता की है। उनका भाषण इस रूप में है ; "महोदय यह राहत की बात है कि हम आपनी यात्रा के अंतिम पड़ाव तक पहुँच गये है। काश, हमने इस काम को पूरा करने के लिए कम समय लिया होता। समय ही चीजो का सार है जब एक बार जब मनोवैज्ञानिक क्षण बीत जाता है, तो अच्छी चीजो में भी दिलचस्पी घट जाती है और ऐसा संविधान के साथ है। इस सदन के पटल पर और बाहर भी प्रश्न पूछे जाते हैं कि क्या संविधान अच्छा है और कब तक चलने वाला है। इस प्रश्न का उत्तर देना बहुत ही कठीन है। किसी संविधान की अच्छाई या बुराई इस बात पर निर्भर करती है वह कैसे काम करने जा राह है।यदि यह लोगों के हितो में अच्छा काम करता है,तो यह एक अच्छा संविधान होगा ; यदि ऐसा नहीं कर पता, तो यह अच्छा संविधान नहीं होगा। भावी मतदातओं को बिना भेदभाव के सही व्यक्तियों का चुनाव करना होगा,जो लोगो के हितो में संविधान के तहत काम करें। इस लिए मुख्य जिम्मेदारी आम मतदाताओं की है।

हलाकि, जिन परिस्थितियों में हमने काम किया, हम इससे बेहतर नहीं कर सकते थे। सभा में इतने विविध विचारों के साथ यह वास्तव में एक चमत्कार है कि

हमने सहमति से संविधान को हासिल किया। तमाम जटिल समस्याओं के बावजूद जिनका हमें सामना करना पड़ा,मुझे लगता है कि हमने बुरा संविधान नहीं तैयार किया है। सबसे कठिन समस्या जिससे हमें निपटना था, वह अल्प संख्यको की समस्या थी। संविधान में कहीं भी हमने 'अल्प संख्यक' को परिभाषित नहीं किया है। पिछले शासको ने हमें जो परिभाषा दी थी, हमने उसे स्वीकार कर लिया। उन्होंने धार्मिक व सांप्रदायिक का निर्माण अपनी 'फूट डालो राज करो' की नीति के समर्थन में किया और उस नीति ने इस देश को विभाजित कर दिया। हम और दूसरा विभाजन नहीं चाहते हैं। अल्प संख्यक क्या चाहते हैं? संविधान समान सुरक्षा, सामाजिक स्थिति में समान अवसर की समानता,धार्मिक अधिकारों की गारंटी देता है। अल्प संख्यक की माँग और हो सकती है? यदि विशेषाधिकार चाहते है तो यह लोक तंत्र के भावना के अनुरूप नहीं है। हालाँकि, यह सिर्फ एक अपवाद अनुसूचित जाति के मामले में है। उन्होंने एक लम्बे समय तक हिन्दू समाज के हाथों असहनीय पीड़ा,कष्ट सहा है और उनके मामले में किसी भी अपवाद का मतलब यह होगा कि उन्होंने जो कुछ झेला है, हम उसकी थोड़ी सी भरपाई कर रहे है। इस सम्बन्ध में छुआ-छूत उल्ल्मूलन सबसे बड़ा काम हैं जिस पर भावी पीढी को बहुत गर्व होगा। मौलिक अधिकार समिति में इस प्रश्न पर चर्चा करते हुए हमने पर्दा प्रथा के उन्मूलन पर भी विचार किया।यह एक अमानवीय प्रथा है,जो अब भी देश के कुछ हिस्सों मे मौजूद है। धर्म के नाम पर की जाने वाली शारीरिक और मानसिक प्रताड़ना जैसी बुराई को संविधान द्वारा गारंटी नहीं दी जा सकती। मौलिक अधिकारों से सम्बंधित विषय सबसे महत्त्व पूर्ण विषय है।

डॉ.अम्बेडकर ने कहा "महोदय, स्वतन्त्र भारत के संविधान निर्माण के साथ जुड़कर मुझे बहुत बड़ा सौभाग्य महसूस हुआ है। मैं आशा करता हूँ कि हमारे प्रधान मंत्री द्वारा इस सदन में पेश और पारित किये गये संकल्प,जो अब प्रस्तावना का मुख्य भाग हैं,कि अपेक्षाओ को संविधान पूरा करे। उस वादे को पूरा करके ही हमारा देश अपने प्राचीन गौरव को प्राप्त करेगा।"

डॉ. अम्बेडकर का राजनीतिक दर्शन

डॉ. अम्बेडकर की महान राजनीतिक अवधारणाओं से वर्तमान में देश की सभी राजनीतिक परिवेश विद्यमान है। राजनीतिक चिन्तन की तीन मुख्य परम्पराएँ अर्थात् उदारवादी, रूढ़िवादी और उग्रवादी, ने उन्हें अपने राजनीतिक विचार दिए। उन्होने इन सभी परंपराओं को पार कर लिया, जो उसके लिए विशिष्ट था। अमेरिकी यथार्थवादी जॉन डेवी और उनके शिक्षक के विचारों ने उन्हें प्रेरित किया। फैबियन

एडविन, आर.ए. सेलिगमैन का उनकी सोच पर बड़ा प्रभाव था। उन्होंने अक्सर ब्रिटिश रूढ़िवादी विचारक एडमंड बर्क को उद्धृत किया, लेकिन हम डॉ.अम्बेडकर को रूढ़िवादी नहीं कह सकते, क्योकि वह रूढ़िवादी नहीं बल्कि प्रगतिशील मानसिकता के व्यक्ति थे।

डॉ. अम्बेडकर का दर्शन मुख्यतः नैतिक और धार्मिक है। उन्होंने भारतीय परंपराओं और उनकी दार्शनिक संरचनाओं पर अभूतपूर्व तरीके से चर्चा की है। भारतीय समाज की अपनी अवधारणा और नैतिक आधार पर इसकी संस्थाओं के कामकाज से,उन्होंने लोकतंत्र, न्याय, राज्य और कानून जैसी राजनीतिक अवधारणाओं को विकसित किया। जाति संस्था यानि जाति प्रथा का अर्थ है ब्राह्मणवाद जो व्यक्तियों के जीवन के सभी पहलुओं को प्रभावित करता है और यह भारतीय समाज की संपूर्णता में अत्यधिक महत्वपूर्ण है। वह व्यक्ति और समाज के बीच संबंधों के बारे में भी बात करता है कि कैसे व्यक्ति की स्वतंत्रता अन्य सामाजिक शक्तियों द्वारा बाधित होती है। उन्होंने हिंदू सत्तावाद की सामाजिक व्यवस्था का विरोध किया और लोकतंत्र को बढ़ावा दिया, भारतीय नैतिक और सामाजिक आधारों की खोज की और गरीब लोगों के जीवन को नया आयाम दिया। उनका दृष्टिकोण तार्किक था। उनके लेखन और व्याख्यानो में, तर्क एक अहम् भूमिका निभाता है। उन्होंने काल्पनिक पद्धति के बजाय एक तकनीक पद्धति का इस्तेमाल किया। आधुनिकता की अवधारणाओं ने उन्हें प्रभावित किया। भारतीय इतिहास, राजनीति, संस्कृति, मानव विज्ञान और दर्शन के कई क्षेत्रों में, वे अच्छी तरह से शिक्षित थे। अपने लेखन में, उन्होंने कई विचारकों का जिक्र किया है जिन्होंने उन्हें प्रेरित किया।

डॉ. अम्बेडकर का विचार समुदाय की अवधारणा पर केंद्रित है। यह सुझाव देना महत्वहीन है कि लोग समाज बनाते हैं; समाज अभी भी समूहों में रहते हैं। वर्ग संघर्ष की धारणा अतिशयोक्ति हो सकती है, लेकिन यह एक सच्चाई है कि समाज में कुछ समूह होते हैं। एक व्यक्ति समाज में हमेशा एक वर्ग का सदस्य होता है। एक सीमित वर्ग एक जाति है। ब्राह्मणवाद दर्शन द्वारा गठित जाति और अन्य दास वर्गों तक विस्तारित है। जाति सजातीय विवाह की इकाई और सांप्रदायिक भी है। उन्होंने अपने राजनीतिक दर्शन को कर्तव्य परायण समाजों पर आधारित किया। इसको हासिल करना उनका आदर्श था। हिंदू सामाजिक व्यवस्था बहुत महत्वपूर्ण थी। उनका दावा है कि हिंदू धर्म का मतलब ब्राह्मणवाद एक समुदाय नहीं है। बौद्ध धर्म को आदर्श के रूप में पेश किया,जो नैतिकता और कर्तव्यपरायण पर आधारित है। उनका सोचना था कि बौद्ध धर्म ने 'तर्क' और 'नैतिकता' के आधार पर एक समाज का निर्माण करने का प्रयास किया है।

डॉ. अम्बेडकर को संस्कृति की बहुत ही आधुनिकतम समझ थी। विकास प्रक्रिया में शामिल होने के आधार पर न तो हिंदू आदर्श समुदाय और न ही समुदाय की मार्क्सवादी अवधारणा की पुष्टि होती है। उनके पास समुदाय की आध्यात्मिक, नैतिक और कर्तव्य परायण अवधारणा है। यह लोकप्रिय संबंधों की भागीदारी के लिए स्वचालित रूप से योग्य नहीं है। एक समाज की उनकी अवधारणा को एक कठिन और कष्टप्रद नैतिक परिवर्तन प्रक्रिया के माध्यम से बनाया जाना चाहिए।

डॉ. अम्बेडकर के लोकतांत्रिक विचार

डॉ. अम्बेडकर ने अपने ऐतिहासिक और अभूतपूर्व लेखन में लोकतंत्र पर एक लंबी बहस की है। लोकतंत्र की उनकी परिभाषा पश्चिमी यूरोपीय संसदीय लोकतंत्र से भिन्न है। उदारवाद के आदर्श लोकतंत्र पर टिके है। लोकतंत्र के बारे में उनका दृष्टिकोण विधायी रूपों से काफी भिन्न है। संसदीय लोकतंत्र में जनता और लोकप्रिय सरकार के सभी लक्षण होते हैं। भारत में संसदीय लोकतंत्र के अपने सुझाव में, डॉ. अम्बेडकर ने मुद्दों पर विचार किया और इटली, जर्मनी, रूस, स्पेन और कई अन्य यूरोपीय देशों जैसे देशों से असहमति व्यक्त की थी। उनके अनुसार "संसदीय लोकतंत्र तानाशाही के लिए कोई अधिकार प्रदान नहीं करता है और इस प्रकार इटली, स्पेन और जर्मनी जैसे देशों में एक बदनाम इकाई बन गया था। जहां तानाशाही का आसानी से स्वागत किया जाता है।" इसका कारण संसदीय लोकतंत्र की विफलता है। जो राष्ट्र अत्याचार की निंदा करते हैं और लोकतंत्र के लिए प्रतिबद्ध हैं, वे भी लोकतंत्र से नाखुश हैं। सर्वप्रथम संसदीय लोकतंत्र की शुरुआत समान राजनीतिक अधिकारों के साथ समान मतों के रूप में हुई। ऐसे बहुत कम देश हैं जहां संसदीय लोकतंत्र में वयस्क वोट नहीं है। यह समान राजनीतिक अधिकारों के विचार को समान सामाजिक और आर्थिक अवसर तक विस्तारित करके आगे बढ़ा है। वे इस बात से सहमत थे कि सामाजिक बहिकृत वंचित लोगों के व्यवसाय को राज्य उपेक्षा नहीं कर सकते। यह सब इस तथ्य के कारण है कि लोगों को समानता, संपत्ति और सुख के सामान अवसर के अधिकार की गारंटी नहीं दे पाए हैं। इस विफलता के कारण या तो मिथकों में या गलत धारणाओं में या दोनों में पाए जा सकते हैं। इसने गलत दर्शन और खराब संगठन दोनों के सामने लोकतंत्र के सिद्धांतों को लागू करने में असमर्थता की ओर इशारा करते हुए यह तर्क दिया कि संविदात्मक समानता का सिद्धांत संसदीय लोकतंत्र के लिए जिम्मेदार वैचारिक कारकों में से एक है।

संसदीय लोकतंत्र ने आर्थिक असमानता पर विचार नहीं किया या अपने असमान बातचीत के अधिकार के बावजूद, बातचीत करने वाले दलों के लिए अनुबंध

स्वतंत्रता के परिणाम का बारीकी से विश्लेषण नहीं किया। यह कोई चिंता की बात नहीं थी कि अनुबंध की स्वतंत्रता ने गरीबों को निराश करने का मौका दिया। नतीजतन, संसदीय लोकतंत्र ने कमजोर, लुप्त हो रहे और वंचित,बहिकृत,पिछड़े वर्ग पर आर्थिक त्रुटियों को लगातार लागू किया है, क्योंकि यह स्वतंत्रता के नायक के रूप में खड़ा है। दूसरा गलत दर्शन जिसने संसदीय लोकतंत्र को दूषित किया है, यह महसूस नहीं किया जाता है कि राजनीतिक लोकतंत्र में कोई सामाजिक और आर्थिक लोकतंत्र नहीं है।' डॉ. अम्बेडकर ने इटली, जर्मनी और रूस के देशों में संसदीय लोकतंत्र के टूटने को इंग्लैंड और संयुक्त राज्य अमेरिका के विपरीत इस तर्क को प्रदर्शित किया। उनके विचार में, बाद के देशों में पूर्व की तुलना में अधिक आर्थिक और सामाजिक लोकतंत्र है। 'सामाजिक और आर्थिक लोकतंत्र राजनीतिक लोकतंत्र का ऊतक और तंतु है। ऊतक और तंतु जितना मजबूत होता है, शरीर उतना ही मजबूत होता है। समानता का दूसरा नाम लोकतंत्र है। इस प्रकार संसदीय लोकतंत्र में स्वतंत्रता के लिए एक जुनून बढ़ा है। उसने कभी सिर हिलाने में भी समानता को नहीं समझा। इसने स्वतंत्रता के मूल्य को पहचानने से इनकार कर दिया और स्वतंत्रता और समानता के बीच संतुलन भी नहीं बनाया, जिसके परिणामस्वरूप स्वतंत्रता ने समानता को निगल लिया और लोकतंत्र को एक नाम और एक तमाशा बना दिया। किसी प्रकार का संगठन का लोकतंत्र की विफलता के साथ अवगुणी दर्शन से कहीं अधिक है। शासकों और शासक वर्गों ने सभी लोकतांत्रिक संस्कृतियों को विभाजित कर दिया। सच तो यह है कि शासक अभी भी शासक वर्ग से चुने जाते हैं और शोषित वर्ग कभी शासन नहीं करता है। ऐसा इसलिए है क्योंकि लोग आमतौर पर यह नहीं देखते हैं कि वे खुद पर शासन करते हैं। वे खुद को सरकार बनाने और संचालित करने से संबंधित हैं। इससे यह पता चलता है कि संसदीय लोकतंत्र कभी भी लोगों का प्रशासन नहीं था, और यह केवल एक वंशानुगत शासक वर्ग द्वारा वंशानुगत विशेष वर्ग पर शासन क्यों था। यह राजनीतिक संगठन एक शातिर,भ्रष्ट, दोषी है जिसने संसदीय लोकतंत्र को एक भयंकर विफल बना दिया है।

यह मान लेना एक भ्रांति है कि स्वतंत्रता और स्वशासन स्वतः ही वास्तविकता बन गया। नया शासक वर्ग वास्तव में लोकतंत्र और संप्रभुता के साथ असंगत है और उसने अपना शासन बनाए रखने के लिए हर संभव प्रयास किया है। डॉ. अम्बेडकर ने महसूस किया कि स्वतंत्रता और स्वायत्तता तब तक अस्तित्व में नहीं आती जब तक एक वयस्क संविधान लागू होता है, लेकिन जब शासक वर्ग शासन करने की शक्ति को हथियाने की क्षमता खो देता है। कुछ देशों में, वयस्क मताधिकार के साथ वंचित, बहिकृत वर्ग सफलतापूर्वक शासक वर्ग को अधिकार के पद से वंचित कर सकता है। शासक वर्ग को कुछ अन्य देशों में इतनी मजबूती से स्थापित किया जा

सकता है कि वयस्क वोट के अलावा, उसी लक्ष्य को पूरा करने के लिए वंचित वर्गों को अतिरिक्त सुरक्षा की आवश्यकता होती है।

डॉ. अम्बेडकर ने पश्चिम देशो पर सतही होने और लोकतंत्र के बारे में निष्पक्ष दृष्टिकोण पेश नहीं करने का आरोप लगाया। उन्होंने राजनीतिक नैतिकता, वयस्क मतदान और कभी-कभी सर्वोच्च लोकतंत्र के रूप में चुनावों को सतही रूप से छुआ। एक कुशल लोकतंत्र के लिए डॉ. अम्बेडकर ने एक लिखित संविधान का सुझाव दिया। संवैधानिक नैतिकता के रीति-रिवाज सरकार की एक संवैधानिक प्रणाली को संरक्षित करने के लिए आवश्यक हो सकते हैं, और अपने नागरिकों को विनियमित करने में यह लिखित कानूनी कानून के बजाय नैतिक मूल्य समुदायों और उनके रीति-रिवाजों पर जोर देता है। सरकार की लोकतांत्रिक व्यवस्था के सफल संचालन के लिए उन्होंने सामाजिक नैतिकता में बड़े पैमाने पर समावेश किया। संविधान का निर्माण करते समय यह ध्यान रखना आवश्यक है कि संविधान का मुख्य उद्देश्य राजनीतिक अभिजात वर्ग को उसकी स्थिति से हटाना और उसे शासक वर्ग के रूप में हमेशा के लिए रहने से रोकना होना चाहिए।

डॉ. अम्बेडकर एक महान राजनीतिक विचारक

डॉ. अम्बेडकर एक उदारवादी राजनीतिज्ञ थे, जो लोकतंत्र, स्वतंत्रता और बंधुत्व के मूल्यों में विश्वास करते थे। लेकिन उन्होंने यह भी सलाह दी है कि यदि मौलिक समाज असमान रहता है या यदि भारतीयों ने संवैधानिक नैतिकता के रूप में वर्णित को नहीं अपनाया तो राजनीतिक लोकतंत्र खतरे में होगा। उन्होंने कहा, "अगर हम लोकतंत्र को केवल एक स्वरूप में ही नहीं बल्कि वास्तव में उसे बनाए रखना चाहते हैं, तो हमें क्या करना चाहिए? मेरे निर्णय में पहली चीज जो हमें करनी चाहिए, वह यह है कि हम अपने सामाजिक और आर्थिक उद्देश्यों को प्राप्त करने के संवैधानिक तरीकों पर कायम रहें। इसका मतलब है कि हमें क्रांति के खूनी तरीकों को छोड़ देना चाहिए। इसका अर्थ है कि हमें सविनय अवज्ञा, असहयोग और सत्याग्रह की पद्धति को त्याग देना चाहिए। जब आर्थिक और सामाजिक उद्देश्यों को प्राप्त करने के लिए संवैधानिक तरीकों का कोई रास्ता नहीं बचा था, तो असंवैधानिक तरीकों के लिए बहुत अधिक औचित्य था। लेकिन जहां संवैधानिक तरीके खुले हैं, वहां इन असंवैधानिक तरीकों का कोई औचित्य नहीं हो सकता। ये तरीके अराजकता के रूप के अलावा और कुछ नहीं हैं और जितनी जल्दी इन्हें छोड़ दिया जाए, हमारे लिए उतना ही अच्छा है।"

दूसरी चीज जो हमें करनी चाहिए वह यह है कि जॉन स्टुअर्ट मिल द्वारा लोकतंत्र के संरक्षण में लगे लोगों को दी गई राय का पालन करना, यानी अपनी स्वतंत्रता को किसी महान व्यक्ति के चरणों में नहीं रखना, या उस पर भरोसा नहीं करना जो उनकी संस्थाओं को नष्ट करने की सोच रखती हो। उन्होंने कहा, "देश की आजीवन सेवा करने वाले महापुरुषों के प्रति कृतज्ञ होने में कुछ भी गलत नहीं है। लेकिन कृतज्ञता की एक सीमा होती है। जैसा कि आयरिश पैट्रियट डैनियल ओ'कोनेल ने अच्छी तरह से कहा है, कोई भी पुरुष अपने सम्मान की कीमत पर आभारी नहीं हो सकता है, कोई भी महिला अपनी शुद्धता की कीमत पर आभारी नहीं हो सकती है और कोई भी राष्ट्र अपनी स्वतंत्रता की कीमत पर आभारी नहीं हो सकता है। यह सावधानी किसी अन्य देश की तुलना में भारत के मामले में कहीं अधिक आवश्यक है। क्योंकि भारत में जिसे भक्ति या नायक-पूजा का मार्ग कहा जा सकता है, उसकी राजनीति में यह एक भूमिका निभाता है, जो दुनिया के किसी भी देश की राजनीति में अपनी भूमिका से बेजोड़ है। धर्म में भक्ति आत्मा की मुक्ति का मार्ग हो सकती है। लेकिन राजनीति में, भक्ति या नायक-पूजा पतन और अंततः तानाशाही का एक निश्चित मार्ग प्रतस्त करता है। "

तीसरी चीज जो हमें जो करनी चाहिए, वह वास्तव में लोकतांत्रिक लोकतंत्र से संबंधित नहीं है। हमारे राजनीतिक लोकतंत्र को एक सामाजिक लोकतंत्र बनने की संभावना है। लोकतांत्रिक लोकतंत्र तब तक नहीं टिक सकता जब तक कि इसकी जड़ें सामाजिक लोकतंत्र में न हों। सामाजिक लोकतंत्र क्या है? इसका तात्पर्य जीवन जीने के एक तरीके से है जो जीवन के मूल्यों को लोकतंत्र, अखंडता और बंधुत्व के रूप में पहचानता है। लोकतंत्र, स्वतंत्रता और बंधुत्व के इन आदर्शों को एक त्रिमूर्ति में अलग-अलग चीजों के रूप में नहीं देखा जाना चाहिए। वे ट्रिनिटी को एक संघ के रूप में मानते हैं, इस अर्थ में कि एक को दूसरे से अलग होना लोकतंत्र के उद्देश्य को हराना है। स्वतंत्रता को स्वतंत्रता से विभाजित नहीं किया जाना चाहिए; लोकतंत्र से समानता को अलग करना मुश्किल है। बहुमत की समानता स्वतंत्रता के बिना कुछ लोगों की श्रेष्ठता का निर्माण नहीं करती है। लोकतंत्र और अखंडता को बंधुत्व से अलग नहीं किया जा सकता है। स्वतंत्रता के बिना समानता व्यक्तिगत प्रयास को नष्ट कर देगी। बंधुत्व के बिना, स्वतंत्रता कुछ लोगों के प्रभुत्व में योगदान देगी। समानता स्वतंत्रता के बिना व्यक्तिगत पहल को नष्ट कर देगी। बंधुत्व के बिना स्वतंत्रता और स्वतंत्रत जीवन की स्वाभाविक प्रक्रिया नहीं बन पाएगी। उन्हें लागू करने के लिए एक रक्षक की जरूरत होगी। हमें इस तथ्य को स्वीकार करते हुए शुरुआत करनी चाहिए कि भारतीय संस्कृति में दो वस्तुओं का पूर्ण अभाव है। उनमें से पहला समानता है। भारत में सामाजिक स्तर पर, हमारे पास श्रेणीबद्ध

असमानता के सिद्धांत पर आधारित एक समाज है जिसमें घोर गरीबी में रहने वालों की तुलना में कुछ लोगों के पास बहुत अधिक संपत्ति है। डॉ.अम्बेडकर ने कहा कि "26 जनवरी 1950 को हम अंतर्विरोधों के जीवन में प्रवेश करने जा रहे हैं। राजनीति में हमारे पास समानता होगी और सामाजिक और आर्थिक जीवन में हमारे पास असमानता होगी। राजनीति में हम एक व्यक्ति एक वोट और एक वोट एक मूल्य के सिद्धांत को मान्यता देंगे। अपने सामाजिक और आर्थिक जीवन में, हम अपने सामाजिक और आर्थिक ढांचे के कारण, एक व्यक्ति एक मूल्य के सिद्धांत को नकारते रहेंगे। हम कब तक इस अंतर्विरोधों का जीवन जीते रहेंगे?" डॉ. अम्बेडकर ने अपनी पुस्तक, 'द एनीहिलेशन ऑफ कास्ट' में कहा है कि "मुझे आश्चर्य नहीं होगा यदि आप में से कुछ जाति के दु:खद प्रभावों की इस थकाऊ कहानी को सुनकर थक गए हैं। इसमें नया कुछ भी नहीं है। इसलिए मैं समस्या के रचनात्मक पक्ष की ओर रुख करूंगा। यदि आप जाति नहीं चाहते हैं तो आपका आदर्श समाज क्या है, क्या यह एक ऐसा प्रश्न है जो आपसे पूछा जाना तय है? यदि आप मुझसे पूछें, तो मेरा आदर्श स्वतंत्रता, समानता और बंधुत्व पर आधारित समाज होगा, और क्यों नहीं? भाईचारे से क्या आपत्ति हो सकती है? मैं कोई कल्पना नहीं कर सकता।" एक आदर्श समाज गतिशील होना चाहिए, एक हिस्से में हो रहे बदलाव को दूसरे हिस्से तक पहुंचाने के लिए एक अच्छी प्रणाली होनी चाहिए। एक आदर्श समाज में, कई हितों को सचेत रूप से संप्रेषित और साझा किया जाना चाहिए। जुड़ाव के अन्य तरीकों के साथ संपर्क के विविध और मुक्त बिंदु होने चाहिए। दूसरे शब्दों में, सामाजिक एंडोस्मोसिस या अन्तराभिसरण होना चाहिए। यह एक ही बिरादरी है, जो लोकतंत्र का ही दूसरा नाम है। लोकतंत्र केवल सरकार का एक रूप ही नहीं है। यह मुख्य रूप संयुक्त संप्रेषित अनुभव से जुड़े रहने की एक विधा है। यह अनिवार्य रूप से साथी पुरुषों के प्रति सम्मान और आदर का अभिवृति है। सन् 1954 में उन्होंने ऑल इंडिया रेडियो पर भाषण दिया -"मेरे सामाजिक दर्शन को तीन शब्दों में निहित है ऐसा कहा जा सकता है: स्वतंत्रता, समानता और बंधुत्व। चलो कोई नहीं; हालाँकि, यह कहना कि मैंने फ्रांसीसी क्रांति से दर्शनशास्त्र से उधार लिया है। मेरे पास नहीं है। मेरे दर्शन की जड़ें धर्म में हैं न कि राजनीति विज्ञान में। मैंने उन्हें अपने गुरु, बुद्ध की उपदेशों से प्राप्त किया है। उनके दर्शन में स्वतंत्रता और समानता का स्थान था; लेकिन उन्होंने कहा कि असीमित स्वतंत्रता ने समानता को नष्ट कर दिया, और पूर्ण समानता ने स्वतंत्रता के लिए कोई जगह नहीं छोड़ी। उनके दर्शन में, कानून का स्थान केवल स्वतंत्रता या समानता के उल्लंघन के खिलाफ एक सुरक्षा कवच के रूप में था; लेकिन वह यह नहीं मानते थे कि कानून स्वतंत्रता या समानता के उल्लंघन की गारंटी हो सकता है। उन्होंने स्वतंत्रता या समानता

के त्याग के खिलाफ एकमात्र वास्तविक सुरक्षा के रूप में एक बिरादरी को सर्वोच्च स्थान दिया - बंधुत्व जो भाईचारे या मानवता का दूसरा नाम है, जो फिर से धर्म का दूसरा नाम है। "

डॉ. बी.आर. अम्बेडकर की राजनीतिक लड़ाई

जैसा कि डॉ. बी.आर. अम्बेडकर ने हिंदू कोड बिल का संचालन शुरू किया, भारत का संविधान मुश्किल से पूरा हुआ और उसे अपनाया गया। भारत के राष्ट्रपति डॉ. राजेंद्र प्रसाद ने हिंदू कोड बिल के साथ-साथ पट्टाभि सीतारमैया जैसे कई अन्य तत्कालीन कांग्रेसियों ने विरोध किया, फिर भी डॉ. अम्बेडकर ने संविधान सभा पर दबाव डालना जारी रखा, जो एक अंतरिम संसद के रूप में कार्य करती थी। जवाहरलाल लाल नेहरू को राजगोपाल अय्यंगार और अन्य लोगों ने बताया कि 1952 के आम चुनाव के बाद तक इंतजार करना सबसे अच्छा रहेगा। जैसे ही यह स्पष्ट हो गया कि हिन्दू कोड बिल स्थगित होने वाला है, सितंबर 1951 में, इसके विरोध में डॉ अम्बेडकर ने केन्द्रीय कैबिनेट से अपना इस्तीफा दे दिया। अंतत: 1956 के आसपास हिंदू कोड बिल अंशों एवं खण्डों में सत्ता में आया।

सन् 1952 में स्वतंत्र भारत के पहले आम चुनाव में उन्हें बॉम्बे उत्तर निर्वाचन क्षेत्र से कांग्रेस के एक दलित वर्ग के सदस्य ने उनको को हराया था। हालांकि, राज्यसभा में चुने जाने के तुरंत बाद, उन्होंने फिर से सन् 1954 में भंडारा सीट के लिए उपचुनाव में लोकसभा में प्रवेश करने का दूसरा प्रयास किया, लेकिन फिर भी असफल रहे।

उनके राजनीतिक संघर्ष और रचनात्मक रूप से काम करने की उनकी विलक्षण क्षमता ने उनके स्वास्थ्य को प्रभावित करना शुरू कर दिया। उन्होंने सामाजिक लड़ाई की भावना और आध्यात्मिक मिशन को निडर होकर जारी रखा। उनकी पहली पत्नी, रमाबाई, जिन्होंने अपनी अंतिम सांस लेने से पहले उन्हें पंढरपुर की तीर्थ यात्रा पर ले जाने के लिए कही थीं। पंढरपुर में श्री विट्ठल रुक्मिणी का मंदिर है। पंढरपुर महाराष्ट्र के शोलापुर जिले में स्थित है। पंढरपुर के तीर्थ क्षेत्र में, ब्राह्मणवाद के रचनाकारों और अनुयायियों ने सामाजिक रूप से बहिष्कृत और वंचितों के प्रवेश पर प्रतिबंध लगा दिया गया था। डॉ. अम्बेडकर ने अपनी प्यारी पत्नी को हिंदू धर्म और ब्राह्मणवाद से स्वतंत्र एक नया पंढरपुर बनाने की कसम खाई।उन्होंने ने उनसे कहा कि तुम्हारे लिए एक नया पंढरपुर बनाउंगा जिसमें किसी तरह का भेद भाव नहीं होगा।

सन् 1935 में रमाबाई के गुजर जाने के बाद महाराष्ट्र के येओला में उन्होंने घोषणा किया कि “मैं एक हिंदू के रूप में पैदा हुआ था, मेरे पास कोई विकल्प नहीं था। लेकिन मैं एक हिंदू के रूप में मरने वाला नहीं हूं क्योंकि मेरे पास एक विकल्प है।” उन्होंने अपनी मृत्यु से दो महीने पहले 14 अक्टूबर, 1956 विजय दसमी के दिन अपने जीवन के अंतिम पड़ाव समय बौद्ध बनने के लिए हिंदू धर्म छोड़ दिया। उस समय उनके भिक्खु वेश के साथ उनकी ब्राह्मण जाति में जन्मी दूसरी पत्नी और उनके लगभग छः लाख अनुयायी थे। 5 दिसंबर, 1956 की रात को डॉ. बी.आर. अम्बेडकर ने अपनी नई किताब 'द बुद्धा एंड धम्म' की प्रस्तावना उनके बगल में रखी थी। 6 दिसंबर 1956 को वे कभी नहीं उठे और इतिहास में चले गए। वे सिर्फ इस किताब पर काम करना चाहते थे, लेकिन ऐसा नहीं हुआ। उनकी वह पुस्तक उनके मरणोपरांत प्रकाशित हुई।

भारत के लोगों के मन में एक मौलिक प्रश्न उठता है कि हम डॉ. बी.आर. अम्बेडकर को किस प्रकार से याद करें। उन्होंने भारत गणराज्य को एक महान संविधान दिया जिसके पहले उन्होंने तरह-तरह की कठिनाईयों को झेला, उन्हें अपनी सामाजिक असमानताओं पर शर्मिंदा होने के लिए मजबूर किया गया, और सबसे वंचित,बहिकृत, पिछड़े भारतीयों को भविष्य में एक बेहतर राष्ट्र के निर्माण में आशा की किरण पैदा किया। वे भले ही भारतीय स्वतंत्रता संग्राम के परोक्ष नायक न रहे हों, लेकिन वे ऐसे नायक हैं, जिन्होंने एक अलग तरीके से स्वतंत्र भारत का निर्माण किया, जो अनिश्चित काल तक रहेगा तथा आने वाली पीढियों के लिए एक प्रगतशील राह आसान करता रहेगा। वे एक बहादुर एवं शानदार कलम और कागजी योद्धा थे और उसी के द्वारा उन्होंने सदियों से निरंतर चला आ रहा 'गुलाम युद्ध' जिसमें करोडो -करोडो मूल भारतीय प्रभावित थे, के लिए युद्धरत रहे, विजयी हुए और उनको गुलामी से स्वतंत्रता दिलाई।

पिछले कुछ दसको से डॉ.बी.आर. अम्बेडकर के स्मारको, उत्सवो और भाष्य की आयोजन किया जा रहा है। ऐसी जयन्तियां भारतीय सार्वजनिक जीवन के उच्च लोगों के लिए परिपूर्ण होती हैं, लेकिन शायद ही डॉ.बी. आर.अम्बेडकर ने अपने जीवन काल में अधिक प्रचार-प्रसार प्राप्त किया हो। उल्लेखनीय रूप से, दक्षिणपंथी ब्राह्मणवादी हिंदूओं की ओर से, उन पर अभियोग चलाने की एक आक्रामक योजना अपरोक्ष होती रही। साथ ही, संसदीय वामपंथ की उनमें एक नई जागृत रुचि है। दक्षिणपंथी हिंदूओं की ओर से डॉ. अम्बेडकर और सामाजिक रूप से उत्पीड़ित,वंचित,बहिकृत,पिछड़े वर्ग विचारधारा के अनुयायियों को 'देशद्रोही और राष्ट्र-विरोधी' के रूप में टैग यानि प्रचार करने का प्रयास किया गया है। आधुनिक

प्रगतिशील भारत जो अमृत महोत्सव मनाया जा रहा है, में इस तरह का टैग ब्राह्मणवादी हिन्दुओं यानि तथाकथित सनातन धर्मियों द्वारा इस वर्ग को 'देशद्रोही और 'राष्ट्र-विरोधी' परोक्ष अपरोक्ष रूप से लगाने का प्रयास किया जाता रहा है।

डॉ. बी.आर. अम्बेडकर द्वारा इंडिपेंडेंट लेबर पार्टी की स्थापना

डॉ. बी.आर.अम्बेडकर द्वारा एक राजनीतिक दल की स्थापना की गई,जो पानी जैसे प्राकृतिक संसाधनों के लिए सामाजिक-आर्थिक रूप से वंचित लोगों के अधिकारों को प्राप्त करने, परिस्थितयो से मुकाबला करने और इस वर्ग को अपने अंदर एक नया आत्म विश्वास विकसित करने के लिए थी। डॉ. अम्बेडकर ने अपने समर्थकों के साथ एक लड़ाई शुरू की, जिसे उपयुक्त रूप से 20 मार्च 1927 को महाड में चावदार टैंक लड़ाई के रूप में जाना जाता है। यह वास्तव में महाराष्ट्र के रायगढ़ जिले में स्थित है। चावदार तालाब एकमात्र ऐसा सार्वजनिक तालाब था जिससे कोई भी बाहरी व्यक्ति पानी का उपयोग कर सकता था। लेकिन तत्कालीन अछूतों को इस तालाब से पानी नहीं लेने दिया जाता था। तत्कालीन मूल निवासियों के लिए पानी का एकमात्र स्रोत महाड शहर में के लिए एक कुआँ था। यह कुआँ नगर से कुछ दूरी पर था। इस सामाजिक लड़ाई के पीछे मुख्य उद्देश्य उनके जीवन और जीने का अधिकार स्थापित करना था। सन् 1936 में चावदार टैंक में संघर्ष शुरू हुआ, जिसने सामाजिक-आर्थिक रूप से वंचित,बहिकृत, महान सामाजिक-आर्थिक और राजनीतिक चेतना को प्रभावित किया और स्वतंत्र लेबर पार्टी के रूप में जानी जाने वाली राजनीतिक पार्टी के विकास और नव आगमन में परिणत हुई। प्रांतीय और केंद्रीय विधानसभाओं में, इस विद्रोह के निशान के रूप में, पार्टी ने किसानों, किसान श्रमिकों के लिए राजनीतिक अधिकार कठिन प्रयासों से प्राप्त किए।

बाम्बे प्रांतीय विधान परिषद् में चुने हुए प्रतिनिधियों को बधाई और भाषण 'जनता' समाचार पत्र में प्रकाशित हुआ, डॉ. अम्बेडकर ने उन प्रतिनिधियों के आंदोलन के इतिहास का पता लगाया और समाचार पत्र में प्रमुखता से प्रकाशित किया। उनका कहना था कि स्वतंत्र इंडिपेंडेंट पार्टी बनाई गई है। उन्होंने उन तरीकों का पालन करना शुरू कर दिया जिनमें संपूर्ण आर्थिक रूप से वंचित और पिछड़े वर्गों में सुधार के लिए विधायी, संवैधानिक, वैज्ञानिक और तर्कसंगत तरीके शामिल थे। डॉ. अम्बेडकर ने अपनी राजनीतिक पार्टी बनाने की प्राथमिकताओं और उद्देश्यों के बारे में विस्तार से बताया है कि "मैंने अपना सार्वजनिक जीवन अछूत आंदोलन के माध्यम से शुरू किया था, लेकिन बदलती परिस्थितियों के कारण मैंने अपने विचार

और काम करने के तरीके को बदल दिया। अब से मैं जाति और धार्मिक मामलों में शामिल नहीं होऊंगा और किसानों और मजदूरों की भलाई के लिए काम करूंगा।"

डॉ. बी.आर. अम्बेडकर द्वारा स्थापित पहली राजनीतिक पार्टी 'इंडिपेंडेंट लेबर पार्टी' थी। यह केवल सामाजिक रूप से वंचित,बहिकृत और पिछड़े वर्ग तक ही सीमित नहीं थी,बल्कि इस में श्रमिकों, किसानों और देश के सभी कमजोर वर्गों को प्राथमिकता पूर्वक महत्व दिया जाता था। इसने भारत में जातियों को महत्व नहीं देने पर जोर दिया। इसने क्षेत्रवाद को हतोत्साहित किया और प्रेसीडेंसी के सामान्य विकास को बढ़ावा दिया और सदियों से पीड़ितों के लिए दलित वर्गों के बीच अधिक राजनीतिक समावेशन को बढ़ावा दिया। यह राजनितिक पार्टी मुख्य रूप से भूमिहीन श्रमिकों, छोटे और मध्यम स्तर के जोत वालों को लाभान्वित करने वाले कानून को पेश करने का इरादा रखती थी। पार्टी ने बॉम्बे प्रांतीय विधान परिषदों में चुनाव लड़ा और बड़ी विपक्षी पार्टी बन गई क्योंकि पार्टी ने 17 में से 15 सीटों पर अथक प्रयासो से जीत हासिल की थी।

जैसे ही डॉ. बी.आर. अम्बेडकर का आंदोलन फलीभूत होने लगा, ब्राह्मणवादी मानसिकता के हिंदू पत्रकारों और समाचार पत्रों ने उनपर शिकारी के रूप में टूट पड़े। ब्राह्मणवादी प्रेस ने उनकी सफलता के लिए उनके खिलाफ परोक्ष और अपरोक्ष रूप से युद्ध करना शुरू किया। तत्कालीन प्रेस की मानसिकता और डॉ. बी.आर. अम्बेडकर के नेक कार्यों के प्रति असहिष्णुता का पता चलता है। उन्होंने प्रेस मीडिया को संबोधित करते हुए कहा कि "दोस्ताना प्रेस-रिपोर्टर्स ने भी, उत्कृष्ट कूटनीति और चतुराई के साथ अपनी पेंसिल नहीं हिलाने का काम किया, जबकि डॉक्टर ने अपने भावुकता पूर्ण जन भाषण के कुछ अंशो के माध्यम से प्रयास किया। मुझे विश्वास है कि कोई भी सम्मानित संपादक अपनी नीली पेंसिल को नहीं छोड़ सकता था यदि भाषण का शब्दशः रिपोर्ट उन्हें प्रस्तुत किया जाता। हालाँकि, प्रेरितिक भाषण के कुछ अंश प्रकाशित किए गए हैं और उनमें निहित प्रत्येक कथन को चुनौती दी जानी बाकी है।"

ब्राह्मणवादी प्रेस के अनुरूपवादी अनुयायियों ने डॉ. बी.आर. अम्बेडकर की आलोचना किया करते थे। हालाँकि, वह उनकी आलोचनाओं से कभी निराश नहीं हुए। एक पुस्तक की प्रस्तावना लिखते समय, उन्होंने महादेव गोविंद रानाडे, एम.के. गांधी और जिन्ना के बारे में कहा था कि "जहां तक मेरी बात है, मैं प्रेस द्वारा इस संबोधन की निंदा से जरा भी विचलित नहीं हूं। इसकी निंदा का आधार क्या है? साथ ही इसकी निंदा करने के लिए कौन आगे आया है? मेरी निंदा की जाती है क्योंकि मैंने महात्मा गांधी और मोहम्मद अली जिन्ना की भारतीय राजनीति की

गड़बड़ी के लिए आलोचना करता हूँ और ऐसा करने में मुझ पर उनके प्रति घृणा और अनादर दिखाने का आरोप लगाया जाता है। यह निंदा कांग्रेस मानसिकता के प्रेस द्वारा की जाती है। मैं कांग्रेस मानसिकता प्रेस को अच्छी तरह जानता हूं। मैं इसकी आलोचना को कोई महत्व नहीं देता। इसने मेरे तर्कों का कभी खंडन नहीं किया। यह केवल मेरी हर बात के लिए मेरी आलोचना और निंदा करना जानता है। कुछ भी नहीं, जो मैं करता हूं, कांग्रेस प्रेस को प्रसन्नता होती है। मेरे दिमाग में कांग्रेस प्रेस की इस दुश्मनी को गलत तरीके से नहीं,बल्कि सामाजिक रूप से वंचित,बहिकृत और पिछड़े वर्गों के लिए हिंदुओं की नफरत के प्रतिबिंब के रूप में समझाया जा सकता है। उनकी दुश्मनी इस तथ्य से व्यक्तिगत और स्पष्ट हो गई है कि जिन्ना की आलोचना करने के लिए कांग्रेस प्रेस अपमानित महसूस करता है, कांग्रेस प्रेस ने मुझ पर जो गालियाँ बरसाने के लिए चुनीं, चाहे वह कितनी भी गंदी और भद्दी क्यों न हो, मुझे अपना कर्तव्य निभाना है। मैं मूर्तियों का उपासक नहीं हूं। बल्कि मैं उन्हें तोड़ने में विश्वास करता हूं। मैं जोर देकर कहता हूं कि अगर मैं गांधी और मोहम्मद अली जिन्ना से नफरत नहीं करता हूं, मैं उन्हें नापसंद करता हूं, मैं उनसे नफरत नहीं करता हूँ, ऐसा इसलिए है क्योंकि मैं भारत को ज्यादा प्यार करता हूं। यही एक राष्ट्रवादी का सच्चा विश्वास है, मुझे आशा है कि मेरे देशवासियों को किसी दिन यह एहसास होगा कि देश पुरुषों से बड़ा है, कि महात्मा गांधी और जिन्ना की पूजा और भारत की सेवा दो अलग-अलग चीजें हैं और यहां तक कि यह हो सकता हो वे एक दूसरे के विरोधी हो।"

डॉ. बी.आर. अम्बेडकर ने अनुसूचित जाति संघ से बात करते हुए मीडिया की कठोर और दमनकारी स्थिति का विरोध किया और कहा कि "हमारे पास कोई प्रेस नहीं है। प्रेस कभी भी क्रूरतम अत्याचारों और उत्पीड़नों की रिपोर्ट नहीं करता है, जिसके लिए हमारे लोग पूरे भारत में दिन-ब-दिन शिकार होते रहते हैं। यहां तक कि सामाजिक और राजनीतिक प्रश्नों पर हमारे विचारों को भी प्रेस की ओर से एक संगठित साजिश द्वारा व्यवस्थित रूप से दबा दिया जाता है। हमारे पास मशीनरी को बनाए रखने, अपने लोगों की मदद करने और उन्हें शिक्षित करने, आंदोलन करने और संगठित करने के लिए धन नहीं है।"

हालाँकि, इन कमियों को समाचार पत्रों के द्वारा दूर किया जा सकता है। इसके अलावा, उन्होंने जनसंचार के तरीकों, जैसे सम्मेलनों, सेमिनारों का आयोजन करने के बारे कहते रहे। 'द फ्री प्रेस जर्नल' ने डॉ. अम्बेडकर की घोषणा के अछूत, सामाजिक-आर्थिक रूप से उत्पीड़ित वर्गों को अस्वीकृति को गलत तरीके से रिपोर्ट और प्रलेखित किया, "दलित वर्ग 'स्वराज्य' की मांग में कांग्रेस के साथ हैं, जिसका

अर्थ है स्वतंत्र। और दूसरी ओर, पूरी तरह से संतुष्ट हैं कि कांग्रेस भविष्य की सरकार के तहत उनके हितों की देखभाल करेगी और उनके पूर्ण प्रतिनिधित्व के लिए आवश्यक आरक्षण प्रदान करेगी। "

इस कथन को सामाजिक-आर्थिक रूप से वंचित वर्गों और अन्य पिछड़े वर्गों को गलत ढंग से समझा गया। उच्च जाति के व्यक्तियों के लिए, यह तर्क, लेकिन दुःख की बात है कि इस वर्ग ने सोचा कि यह उन्हें निरुपित करता है। डॉ. बी.आर. अम्बेडकर ने स्वयं कहा कि " यह ध्यान रखना अधिक महत्वपूर्ण है कि गाँधी प्रतिक्रियावादी और बेकाबू ताकतों को पूरी तरह से छूट दे रहे हैं। वह इस पद्धति का सहारा लेकर इस तरह दोनों के बीच मौजूदा खाई को चौड़ा कर रहें हैं।" जिस तरह से वर्तमान कि सरकारे कर रही है जो कि प्रतिकियावादी ताकतों को बढ़ावा दे रही है और समुदायों और जातियों के बीच खाई खोद रही है।

इसके अलावा, उन्होंने कहा कि "जब मैंने गोलमेज सम्मेलन में गाँधी का विरोध किया, तो राष्ट्रवादी प्रेस में मुझे राष्ट्रवादी होने के कारण देशद्रोही का प्रतिनिधित्व करने की साजिश रची थी। मेरी तरफ से आने वाले पत्राचार को दबाने के लिए और बैठकों और सम्मेलनों की अतिरंजित रिपोर्ट प्रकाशित करके मेरी पार्टी के खिलाफ प्रचार को बढ़ावा देने के लिए, जिनमें से कई तो कभी आयोजित नहीं भी हुई थीं। सामाजिक वंचित वर्गों के पदों और रैंकों में विभाजन पैदा करने के लिए 'सिल्वर बुलेट' का इस्तेमाल अनायास ही किया जाने लगा। उस समय कुछ झड़पें भी हुई हैं। " सिल्वर बुलेट शब्द भी एक सरल, प्रतीत होता है, एक कठिन समस्या के समाधान के लिए एक रूपक है।

डॉ. बी.आर. अम्बेडकर ने भारतीय प्रेस के बारे में जोरदार ढंग से बात की, "प्रेस का क्या, वह प्रेस जो स्वतंत्रता और श्रमिकों के अधिकारों के लिए खड़ा था और जब तक कांग्रेस को उनकी मदद की जरूरत थी, तब तक उनके कारण का समर्थन किया। आज वह प्रेस झूठ पर झूठ और विकृतियों और तथ्यों के दमन को बहाल कर रहा है जिससे ब्रिटिश और एंग्लो-इंडियन जर्नल शर्म से लाल हो जाएंगे। विरोध और हड़ताल की निंदा की जाती है क्योंकि यह निष्क्रिय हो गया, यह एक उपद्रव था, क्यों कि श्रमिकों ने अपने नेताओं के आदेशों की अवहेलना की। जो लोग हड़ताल पर झुके थे, उन्हें 'डराया', 'धमकाया' और 'आतंकित' किया गया। लोग इन शब्दों से परिचित हैं। अब तक वे एक ऐसे प्रेस से आते थे जिसे राष्ट्रविरोधी माना जाता था। आज वे कांग्रेस और कांग्रेस समर्थक प्रेस से आते हैं। यही त्रासदी है। यही वह कड़वी सच्चाई है जिसका हमें सामना करना है। मैं इन पत्रिकाओं से पूछता हूं, आपके सत्य और अहिंसा को क्या हो गया है, आपकी सामान्य शालीनता को क्या हो गया है।

जहां तक कार्यकर्ताओं का सवाल है तो उन्हें किसी दुष्प्रचार से गुमराह नहीं किया जा सकता। वे व्यापारी विवाद विधेयक के विरोध में हुए विशाल प्रदर्शनों के गवाह थे। वे जानते हैं कि हड़ताल को कितनी बड़ी सफलता मिली है।"

उन्होंने अपने भाषणों,लेखों में पत्रकारिता की स्थिति का वर्णन किया और कहा कि "सर्वोच्चता और अचूकता की इस भावना को प्रेस द्वारा मजबूत किया जाता है। यह कहने में कोई मदद नहीं कर सकता है कि मेरी राय में पत्रकारिता के नॉर्थक्लिफ ब्रांड का वर्णन करने के लिए गार्डिनर द्वारा इस्तेमाल की जाने वाली भाषा भारत में पत्रकारिता की वर्तमान स्थिति का यथेष्ट वर्णन करती है। भारत में पत्रकारिता कभी एक पेशा था। यह अब एक व्यापार बन गया है। उनका साबुन के निर्माण से अधिक इसका नैतिक कार्य नहीं है।"

डॉ. अम्बेडकर के प्रति एम.के.गांधी और तत्कालीन भारतीय राष्ट्रीय कांग्रेस का विश्वासघाती खेल

डॉ. अम्बेडकर ने अपने लेख जिसका शीर्षक ' कन्वर्जन ऑफ़ अनटचबल्स एंड दियर पोलिटिकल राइट यानि दलितों का धर्मांतरण और उनका राजनीतिक अधिकार' में राजनीतिक परिस्थितियों, धर्मांतरण आंदोलन के संबंध में अधिकारों को विस्तार से संबोधित किया। भारतीय राष्ट्रीय कांग्रेस और हिंदू महासभा, जिन्होंने सांप्रदायिक आधारों के आधार पर ' हिंदू महासभा या असेम्बली ऑफ़ थीव्स ' शीर्षक वाले लेख में ब्रिटिश सरकार द्वारा दिए गए सामाजिक-आर्थिक रूप से वंचित,बहिकृत और पिछड़े वर्गों के 'पृथक निर्वाचक मंडल' के कदम का विरोध किया था, का खुलासा किया गया था। 'पृथक निर्वाचक मंडल' की अवधारणा ने भारतीय राष्ट्रीय कांग्रेस पार्टी और हिंदू महासभा दोनों को यह सुझाव देकर गलत समझाना शुरू कर दिया था कि इस वर्ग के बीच मतभेद था यानी किसी ने 'पृथक निर्वाचक मंडल' का समर्थन किया और किसी ने ' संयुक्त मतदाता 'का समर्थन किया।

अपने प्रकाशित लेख, ' पैट्रियाट्रीज्म यानि देशभक्ति' में, डॉ अम्बेडकर ने कहा कि भारतीय राष्ट्रीय कांग्रेस पार्टी का रवैया स्वतंत्र लेबर पार्टी, मुस्लिम लीग और कई अन्य दलों और संघों जैसे अल्पसंख्यक राजनीतिक दलों के हितों के प्रति शत्रुतापूर्ण थी। ये राजनीतिक दल अंग्रेज़ों के हित में उठाए जाने वाले प्रगतिशील कदमों में शामिल थे, लेकिन भारतीय राष्ट्रीय कांग्रेस के अलोकतांत्रिक रवैये के कारण वे भ्रम में पड़ गए। वायसराय ने तब घोषणा की कि कांग्रेस के साथ उनकी बातचीत सफल नहीं रही, और उन्होंने सरकार चलाने के लिए देश के अन्य राजनीतिक दलों की मदद लेने का फैसला किया।

इस घोषणा से कांग्रेसी हैरान और भयभीत हो गये। कांग्रेस पार्टी की मुख्य मंशा सभी राजनीतिक दलों को बाहर करना था। जिस प्रकार से वर्तमान सत्ता धारी पार्टिया कर रही है। कांग्रेस राजनीतिक प्रभाव की तलाश में थी। किसी अन्य राजनीतिक दल को शामिल किए बिना, अंग्रेजों ने इसे बनाए रखा। तब तक, ब्राह्मणवाद के निर्माताओं और अनुयाइयो ने इसके खिलाफ आवाज नहीं उठाई क्योंकि उन्हें लगता था कि अंग्रेजों को राजनीतिक सत्ता के किसी अन्य राजनीतिक दलों के संक्रमण के बारे में अटकलें नहीं लगेंगी। डॉ. बी.आर. अम्बेडकर ने अपने अन्य लेख में जिसका शीर्षक, ' रोटेन थाट्स इन फ़ाउल माइंड आफ गांधी ', में गोलमेज सम्मेलन में गांधीवाद के विश्वासघाती गेम प्लान का विस्तृत में वर्णन किया है।

यह एक स्पष्ट संकेत है कि बहिष्कृतों,वंचितों और पिछडो की चिरस्थायी दासता के तहत, गैर-ब्राह्मणवाद वर्गों को कमजोर करने और उन्हें दूर करने की उनकी दृढ़ इच्छाशक्ति थी। इस समय तक, उन सभी वंचित,बहिकृत और पिछड़े जमीनी स्तर पर, जो अपनी मुक्ति की आशा कर रहे थे, एक गांधी विरोधी आंदोलन तेजी से उभर रहा था। इस बात की जानकारी थी कि गाँधी ने ऐसा व्यवहार करना शुरू कर दिया है मानो वे दमित जनता के एकमात्र रक्षक हों। महात्मा गाँधी ने तब 'हरिजन सेवक संघ' नामक एक संगठन का शुभारंभ किया। इसके जरिए उन्होंने दुनिया को बेवकूफ बनाने की कोशिश की कि ब्राह्मणवादी कांग्रेस से वंचित,बहिकृत और पिछड़ो की दुश्मन नहीं, बल्कि लोगों की रक्षक और दोस्त है। महात्मा गांधी ने जोर देकर कहा है कि "हम मुसलमानों और सिखों को एक अलग समूह के रूप में मान्यता देंगे जो राजनीतिक अधिकार हासिल करने के योग्य हैं, लेकिन किसी भी परिस्थिति में, मैं वंचित,बहिकृत और पिछड़ो यानि अछूतों के लिए अलग-अलग राजनीतिक अधिकार नहीं प्रदान नहीं करूंगा।" एम.के. गांधी ने इस भेष में डॉ. अम्बेडकर द्वारा शुरू किए जा रहे आंदोलन और कल्याणकारी पहलों से लड़ने की भी कोशिश की थी। जैसे ही एम.के. गांधी भारतीय राजनीतिक क्षेत्र में शामिल हुए, आधुनिक लोकतांत्रिक आदर्श का सिद्धांत खो गया। हालाँकि, देश राजनीतिक लोकतंत्र की ओर बढ़ रहा था, लेकिन सामाजिक लोकतांत्रिक सिद्धांत फीके पड़ने लगे। डॉ. अम्बेडकर के अनुसार, भारत के इतिहास में अंधकार युग गांधीवादी युग है, इसमें कोई संदेह नहीं है कि एक गौरवशाली भविष्य की तलाश करने के बजाय, एक व्यक्ति अंधकार युग में लौट आता है। जिस प्रकार से वर्तमान ब्राह्मणवादी विचारधारा की सरकारे इस वर्ग को अंध युग में धकलने में सफल हो रही है।इस वर्ग के चुने हुए प्रतिनिधि,जो संख्या बल में पुरे सदन का बाईस प्रतिशत हैं, अज्ञानियों की तरह मौन साधे हुए है।ये लोग अपने कर्तव्यो का निर्वहन नहीं कर रहे है,जिसके लिए इनको चुन कर भेजा गया है। वंचित,बहिकृत और पिछडा वर्ग

ब्राह्मणवादी नीतियों के कारण बहुत तीव्र गति से गुलामी और अंध युग की ओर बढ़ रहा है।भविष्य में इन प्रतिनिधियों को काली स्याह के रूप में याद किया जायेगा।

एक दुखद बात यह है कि एक अज्ञानी लोकतंत्र का भाग्य है, जो सीखने और अनुभव के द्वारा दिखाए गए रास्ते पर चलने से इनकार करता है और रहस्यवादियों और अत्याचारियों के अंधेरे रास्तों पर चलना जारी रखता है। उन्होंने कहा कि " गाँधी और भारतीय राष्ट्रीय कांग्रेस ने जनता को सम्मोहित कर लिया था।" जिस प्रकार से वर्तमान काल में शिखरासन पर बैठा राजनेता आम जनता को अपनी मीठी और चिकनी चुपड़ी बातों से देश के जन मानस को सम्मोहित करने की कोशिश करता है औरउसमें वह सफल है, जो जन मानस को उसी अंध युग कि ओर ले जा रहा है जहाँ वर्षो पहले थे। उस समय भी जनता ने दूरदर्शिता खो दी और एम.के. गांधी नए अवतार में लोग उनके अंध अनुयायी रहे हैं। उस समय भी गैर-कांग्रेसी लोगों को अपमान और तिरस्कार का सामना करना पड़ा जिस प्रकार से अमृत काल में लोग महसूस कर रहे हैं। कांग्रेस ने डॉ. अम्बेडकर के नेतृत्व को बदनाम करने के लिए सभी उपलब्ध तरीकों का इस्तेमाल और षड्यंत्र किया, और अनवरत रूप से किसी न किसी रूप में जरी है।

डॉ. बी.आर. अम्बेडकर अपने लेख जिसका शीर्षक 'एक्सपोज़्ड द फाउल प्ले' में न केवल इसका विरोध किया बल्कि ऐसे नेताओं की कड़ी निंदा भी की। उन्होंने सार्वजनिक अन्तश्चेतना की भी आलोचना की क्योंकि भारत में "राजनेताओं को अवतारी पुरुषों के रूप में माना जाता रहा है "। वर्तमान में भी कुछ लोग उच्च शिखर पर बैठ कर अपने को नायक पूजक के रूप में पूजन करवाते हैं। नायक-पूजा के इस तरह के मनोविज्ञान ने लोकतंत्र में राष्ट्रीय विकास में एक बड़ी बाधा पैदा की है। भारत में, भारतीय राष्ट्रीय कांग्रेस ने औपनिवेशिक शासन के खिलाफ संघर्ष किया। कांग्रेसियों के साथ, डॉ. बी.आर. अम्बेडकर पूरी तरह से सहमत थे उन्होंने कहा कि "कोई भी राष्ट्र दूसरे राष्ट्र पर शासन करने के लिए नहीं है। लेकिन मुझे उन्हें यह कहने की स्वतंत्रता भी होनी चाहिए कि यह भी उतना ही सच है कि कोई भी वर्ग दूसरे वर्ग पर शासन करने के लिए नहीं है।"

उन्होंने भारतीय राष्ट्रीय कांग्रेस की ईमानदारी और गरिमा को चुनौती दी, जिसने उन्हें वंचित,बहिकृत और पिछडे वर्ग का नेता भी घोषित किया। जबकि कांग्रेस ने देश का मुद्दा उठाया, जो उसकी जाति और वर्गों के हित में थे, उसने सामाजिक-आर्थिक रूप से वंचित,बहिकृत और पिछडा वर्गों के मुद्दों पर अधिक ध्यान देने के साथ गैर-ब्राह्मण वर्गों पर वर्चस्व बनाने की भी बहुत कोशिश की। भारतीय राष्ट्रीय कांग्रेस पार्टी, जो मजदूर वर्ग के कल्याण के खिलाफ थी, पूंजीपतियों का प्रतिनिधित्व करती

थी, जिस प्रकार वर्तमान परिवेश में सरकारे कर रही हैं। भारतीय राष्ट्रीय कांग्रेस ने मजदूर वर्ग के अधिकारों की रक्षा के लिए कभी कोई सक्षम कदम नहीं उठाया तथा वर्तमान में भी सरकारे उसी राह पर चल रही है। इसलिए, उन्होंने यह नहीं माना कि कांग्रेस इन वर्गों के प्रगति करने के बारे में कोई साहसी और जोखिम उठायेगी। वर्तमान सरकारें भी उसी राह और सिद्धांतों पर चल रही हैं,मजदूर वर्गों और आम जनता को मूलभूत अधिकारों से वंचित करने की भरपूर कोशिश कर रही है।

डॉ. बी.आर. अम्बेडकर भारतीय राजनीतिक विश्लेषक

डॉ. अम्बेडकर ने अपने लेख 'इंडियन पॉलिटिकल एनालिसिस' में गांधी के 'अहिंसा के सिद्धांत' और 'स्वतंत्रता आंदोलन में धार्मिक सहिष्णुता' की वैधता का पता लगाया और उन्होंने पाया कि इस तरह का आदर्श दुनिया में कहीं भी किसी अन्य स्वतंत्रता आंदोलन में मौजूद नहीं थे। बाल गंगाधर तिलक, जिन्हें गांधी का राजनीतिक शिक्षक माना जाता था, की एक अलग नीति थी, जो उग्रवाद के रूप में थी। जिसे वर्तमान परपेक्ष्य में आतंकवाद के रूप में जाना जाता है।

डॉ. बी.आर. अम्बेडकर ने अपने लेख के शीर्षक 'इट इज अ गुड थिंग, महात्मा गांधी एंड मैन स्टैंड' में महात्मा गांधी की अहिंसा की अवधारणा के पीछे के वास्तविक अर्थ की ओर इशारा और आलोचना किया है। वे कहते थे कि, "गांधी की अहिंसा महान पाखंड था "। अहिंसा की अवधारणा को व्यापक बनाने के पीछे मूल रूप से महात्मा गांधी का एक स्वार्थी मकसद था। पुरे विश्व में आदर और सम्मान पाने के लिए गांधी जैसा किसी अन्य व्यक्ति में ऐसा लालच नहीं था।" उसी रास्ते पर वर्तमान में राजनीति के उच्चतम शिखर पर मौजूद कुछ राजनितिक लोग कर रहे है। कहने का मतलब गाँधी के कुछ सोचों की पुनरावृत कुछ लोग कर रहे है। डॉ. बी.आर. अम्बेडकर, परिदृश्यों के आधार पर, आक्रामक और अहिंसक दृष्टिकोण को लागू किया जाना चाहिए। उनके एक लेख के शीर्षक 'इंडियन पॉलिटिकल एनालिसिस रिव्यू-II' में निम्नलिखित कथन के साथ उन्होंने भगवान बुद्ध के सिद्धान्त को गले लगाया, "हिंसा का प्रयोग तभी करें जब आवश्यक हो अन्यथा अहिंसा का पालन करें, बुद्ध कहते हैं।"

डॉ. अम्बेडकर कहते है कि, "आज हिंसा का सवाल ही नहीं उठता अगर भारत में बौद्ध धर्म का पालन किया गया होता। हजारों वर्षों से चली आ रही अत्यधिक अहिंसा के प्रबल प्रभाव के कारण अब लोग कायर हो गए हैं, दुर्बल हो गए हैं। उन लोगो को अपने आप पर कोई भरोसा नहीं था। जो कोई भी उन्हें अहिंसा का पालन करने का उपदेश देगा, वह उनका मित्र नहीं है, लेकिन निश्चित रूप से, वह शत्रु है। "

डॉ. बी.आर. अम्बेडकर उसी लेख में ने तर्क दिया कि, "अहिंसा के मुद्दे पर गांधी और बुद्ध के बीच बहुत अंतर है। यह अंतर सिद्धांत और नियम का है। बुद्ध ने हिंसा को एक नियम के रूप में नहीं बल्कि एक सिद्धांत के रूप में माना, लेकिन गांधी ने हिंसा को एक नियम के रूप में माना और उसी के अनुसार प्रचार-प्रसार किया। नियम और सिद्धांत में बहुत ही अंतर होता है।"

अनुसूचित जाति महासंघ के आंदोलन की गतिशीलता

अखिल भारत स्तर पर उस समय 'ऑल इंडिया शेड्यूल्ड कास्ट्स फेडरेशन यानि अखिल भारतीय अनुसूचित जाति महासंघ' का स्थापना हुआ था, जिसे अनुसूचित जाति के लोगो के अधिकारों के बारे में उन्हें जागरूक करना था। महासंघ के अनुसार "अखिल भारतीय अनुसूचित जाति महासंघ की कार्यसमिति सर्वसम्मति से संकल्प करती है कि वह डॉ.बी.आर. अम्बेडकर पर अपना पूरा विश्वास रखती है और उन्हें अपनी ओर से और अनुसूचित जातियों की ओर से अन्य राजनीतिक दलों या उनके नेताओं के साथ आवश्यकता पड़ने पर बातचीत करने के लिए अधिकृत करती है"

इंडीपेंडेंट लेबर पार्टी का आंदोलन राजनीतिक कट्टरवाद, परिस्थितियों से निपटने, संगठनात्मक मुद्दों और ब्राह्मणवाद के बढ़ते प्रभावों से निपटने, के लिए किया गया था। आंदोलन की गतिशीलता को बनाए रखने के लिए सन् 1942 में अनुसूचित जाति संघ पार्टी की शुरुआत हुई। कुछ लोगों ने एक अलग से डिप्रेस क्लास पार्टी की स्थापना की जिसकी आलोचना की गयी, जो मजदूर वर्ग को नुकसान पहुंचा सकती थी। इंडीपेंडेंट लेबर पार्टी के समर्थकों ने कहा है कि उनकी पार्टी का उद्देश्य उन सभी के लिए लड़ना है जो उत्थान के लिए अन्याय के खिलाफ हैं। इस प्रकार से वे सभी वर्गों का प्रतिनिधित्व करने में सफल रहे हैं। उनके द्वारा प्रस्तावित कल्याण के इन सभी उपायों को स्वतंत्र भारत के संविधान में शामिल किया गया, जिसे वे लागू कराना चाहते थे। वे समय के साथ अन्य पिछड़े वर्गों, अल्पसंख्यकों और कमजोर वर्गों को शामिल करना नहीं भूले।अनुसूचित जाति संघ बाद में अखिल भारतीय अनुसूचित जाति महासंघ के रूप में कार्य करने लगी।

सन् 1944 में अखिल भारतीय अनुसूचित जाति महासंघ की एक कार्य समिति द्वारा 'संविधान में सामाजिक वंचित, बहिष्कृत वर्गों के लिए सुरक्षा उपायों को निर्धारित' करने वाले कई प्रस्तावों को अपनाया गया था। डॉ अम्बेडकर का एक लेख जिसका शीर्षक ' दी पोलिटिकल डिमांडस ऑफ़ शेड्यूल्ड कास्ट्स' की राजनीतिक मांगों के तहत, जिसने फेडरेशन की स्थापना की, इन प्रस्तावों को सन्

1945 में अपनी पुस्तक 'व्हाट द कांग्रेस एंड गांधी हैव डू द अनटचेबल' के परिशिष्ट के रूप में संगठित किया।

उस समय प्रस्तावों को पारित किया गया था जब ब्रिटिश सरकार सत्ता के हस्तांतरण और भारतीय राजनीतिक दलों, मुख्य रूप से भारतीय राष्ट्रीय कांग्रेस और मुस्लिम लीग के नेताओं के साथ भारत के लिए एक नए संविधान के निर्माण के मुद्दों पर बातचीत कर रही थी। ऑल इंडिया शेड्यूल्ड कास्ट्स फेडरेशन ने खुद को इन वार्ताओं और सामाजिक-आर्थिक रूप से दलित,वंचित वर्गों का प्रतिनिधित्व करने का एक अभिन्न अंग बनाने के लिए काम किया।

उन प्रस्तावों में गैर-कानूनी शैली में प्रकाशित बारह प्रस्ताव राजनीतिक मांगें थीं। इससे पता चला कि भारत की अनुसूचित जातियाँ सार्वजनिक सुरक्षा के बिना संवैधानिक आवश्यकताओं को स्वीकार नहीं कर पायेंगी। इसमें अनुसूचित जातियों को 'विशिष्ट और अलग घटक ' के रूप में मान्यता और मुस्लिम समुदाय, केंद्रीय और प्रांतीय विधायिकाओं के आनुपातिक प्रतिनिधित्व और अलग निर्वाचक, संघ और राज्य कार्यकारी आरक्षण, स्थानीय सरकारों और सार्वजनिक सेवाओं के समान अल्पसंख्यक की मान्यता शामिल था। दिलचस्प बात यह है कि राजनीतिक मांगों के लिए अलग बस्तियों की संवैधानिक आवश्यकता की अपेक्षा थी: अनुसूचित जातियों को उनके तत्कालीन आवास से विशेष आबादी में बसाया जाना था। अधिकांश अन्य ऐतिहासिक संविधानों के विपरीत, राजनीतिक मांगों ने एक संवैधानिक दृष्टि व्यक्त की जो विशेष रूप से एक समुदाय के वर्गीय हितों पर केंद्रित थी।

ऑल इंडिया शेड्यूल्ड कास्ट्स फेडरेशन के दस्तावेज़ उसकी इच्छा को एक अलग पहचान के सोच को अपनी चरम सीमा तक ले जाने की इच्छा को दर्शाता है, जिस तरह से मुस्लिम लीग पाकिस्तान की मांग पर जोर दे रही थी। शेखर बंद्योपाध्याय का लेख जिसका शीर्षक ' ट्रान्सफर ऑफ़ पावर एंड द क्राइसिस ऑफ़ सोसियो इकोनामिकली डिप्राईव क्लास पॉलिटिक्स इन इंडिया यानि सत्ता का हस्तांतरण और भारत में सामाजिक-आर्थिक रूप से वंचित वर्ग की राजनीति का संकट ' 1945-47 में, प्रस्तावों को एक व्यापक नीति के संदर्भ में है। सन् 1945 से 1946 के प्रांतीय चुनावों के परिणाम जो भी हों, अखिल भारतीय अनुसूचित जाति संघ ने चुनाव में भाग लिया और सभी आरक्षित सीटों को हार गयी। जब महासंघ को संकल्प पत्र पारित करने में कोई समस्या नहीं थी।

डॉ. अम्बेडकर ने सन् 1947 में संविधान के मसौदे में मौलिक अधिकारों पर उपसमिति में राज्यों और अल्पसंख्यकों को प्रस्तुत किया। इस प्रस्तुति पर राजनीतिक मांगों का

एक मजबूत प्रभाव पड़ा।संविधान सभा ने इनमें से कई खंडों को मंजूरी नहीं दी। हालाँकि, भारतीय संविधान के सोलह खंडों में, 'ऐसे वर्ग विशेष का प्रावधान' और संविधान के अन्य अनुच्छेदों में अनुसूचित जातियों को कवर किया गया और उनके उत्थान सुनिश्चित करने के लिए कई कदम उठाए गए।

अनुसूचित जाति संघ द्वारा अनुसूचित जातियों को एक अलग घटक के रूप में मान्यता देने पर एक प्रस्ताव पारित किया गया। भारत में प्रेस के एक वर्ग ने अखिल भारतीय अनुसूचित जाति संघ की कार्य समिति को यह आरोप लगाते हुए वर्णित किया कि महामहिम वायसराय द्वारा किए गए दावे 15 अगस्त 1944 को एम.के. गाँधी को लिखे अपने पत्र में, वायसराय ने कहा कि अनुसूचित जाति भारत के लोगो के महत्वपूर्ण और विशिष्ट घटकों में से एक है और भारत के संविधान के लिए अनुसूचित जातियों की सहमति हस्तांतरण के लिए एक आवश्यक शर्त थी। इस प्रचार के सन्दर्भ में, समिति अपने आक्रोश को व्यक्त किया और सबसे सशक्त और स्पष्ट शब्दों में कहा कि अनुसूचित जातियाँ भारत के राष्ट्रीय अस्तित्व का एक अलग और महत्त्व पूर्ण हिस्सा हैं और वे इस संदर्भ में एक धार्मिक अल्पसंख्यक हैं। क्रिप्स प्रस्ताव सिखों और मुसलमानों के दायरे में कुछ और हो सकते हैं।भारतीयों को सत्ता के इस प्रचार में, समिति अपने आक्रोश को व्यक्त करने में मदद नहीं कर सकती है। कार्य समिति यह बताना चाहती है कि लॉर्ड वेवेल ने गांधी को लिखे अपने पत्र में जो कहा वह शुरू से ही महामहिम वायसराय की सरकार का रुख था, और यह मोंटेग्यू-चेम्सफोर्ड के रिपोर्ट द्वारा स्पष्ट शब्दों में सन् 1917 की शुरुआत में बताया गया था। भारत के राजनीतिक विकास के उद्देश्य के रूप में सरकार को जिम्मेदार घोषित करने के साथ और यह भी बताना चाहता है कि हिंदुओं से अलग, एक मान्यता प्राप्त अल्पसंख्यक के रूप में, महामहिम की सरकार के कार्यो के सबूत हैं, जो रिपोर्ट किया गया है, जैसे कि अनुसूचित जाति, संयुक्त संसदीय समिति और भारत सरकार अधिनियम 1935 में अलग प्रतिनिधित्व का प्रावधान। इसलिए कार्य समिति यह कहने से नहीं हिचकिचाती है कि यह झूठ और दुर्भावनापूर्ण प्रचार है कि यह महामहिम वायसराय की सरकार की नीति से विषयांतकरण है और इसे अनुसूचित जातियों के दुश्मनों द्वारा उनके न्यायसंगत दावों को हराने के लिए एक चाल है। भारतीय राजनीतिक नेताओं और विशेष रूप से ब्राह्मणवादी हिंदू नेताओं से संवैधानिक सुरक्षा उपायों के लिए।

अनुसूचित जाति और संविधान से संबंधित महामहिम वायसराय सरकार द्वारा एक घोषणा पर प्रस्ताव पारित किया गया कि अखिल भारतीय अनुसूचित जाति संघ की कार्य समिति महामहिम सरकार द्वारा की गई घोषणा का स्वागत करती है और

हाल ही में महामहिम वायसराय द्वारा दोहराई गई है कि महामहिम की सरकार अन्य बातों के अलावा, संविधान के लिए अनुसूचित जातियों की सहमति पर विचार करती है। एक स्वतंत्र भारत का अत्यंत महत्वपूर्ण विषय और सत्ता के परिवर्तन के लिए एक आवश्यक पूर्व शर्त के रूप में विचार करती है। साथ ही, कार्यसमिति महामहिम की सरकार का ध्यान कांग्रेस और देश के अन्य राजनीतिक संगठनों के रवैये की ओर आकर्षित करना चाहती है जो उनकी सरकार की इस घोषणा को वास्तविक घोषणा नहीं मानते हैं। कार्यसमिति इस आरोप को निराधार मानती है और महामहिम की सरकार से ऐसे संदेहास्पद के लिए कोई स्पष्टीकरण नहीं देने और यह स्पष्ट करने के लिए कहती है कि वे हर समय और सभी परिस्थितियों में घोषणा पर कायम रहें।

संवैधानिक सुरक्षा उपायों की प्रकृति पर संकल्प पारित किया गया कि जब तक अनुसूचित जाति किसी संविधान को मान्यता नहीं देती, तब तक कार्यसमिति यह घोषणा करती है कि उसे अनुसूचित जातियों की सहमति प्राप्त है; अनुसूचित जातियों को एक अलग और विशिष्ट घटक के रूप में मान्यता देता है; इसमें माध्यमिक और उन्नत शैक्षिक विश्वविद्यालयों के लिए प्रांतीय और केंद्र सरकारों के बजट में एक निश्चित राशि आवंटित करने और एक उपनिवेशन आयोग के माध्यम से अनुसूचित जातियों की अलग-अलग आबादियों के लिए सरकारी भूमि के आरक्षण के उद्देश्यों को हासिल करने के प्रावधान शामिल हैं। अनुसूचित जातियों की पृथक आबादियों के लिए बंदोबस्त समिति द्वारा सरकारी भूमि का आरक्षण करना। कार्य समिति ने उपरोक्त खण्डों को विधायिका या कार्यपालिका के अधिकार क्षेत्र से बाहर उन्हें बदलने या संशोधित करने या निरस्त करने के संवैधानिक अधिकारों के रूप में स्वीकार करने की घोषणा किया। सन् 1935 के भारत सरकार अधिनियम की धारा 166 के अनुसार नियुक्त एक महालेखा परीक्षक के समान रैंक के एक अधिकारी की नियुक्ति के लिए और उसी तरह से और उसी आधार पर पद से हटाने के लिए जो संघीय न्यायालय के न्यायाधीश के रूप में होता है और मौलिक अधिकार प्रावधानों के निष्पादन पर रिपोर्ट करने के लिए होता है।

सांप्रदायिक बंदोबस्त पर प्रस्ताव पारित किया गया। भले ही कार्य समिति समुदाय के मुद्दे को हल करने के लिए बहुत उत्सुक थी, हिंदू और मुसलमान के साथ कर रहे गुप्त वार्ता से पूरी तरह असहमत थे,एम.के. गांधी और मुहम्मद अली जिन्ना, कार्यसमिति का मानना था कि यह सांप्रदायिक वर्गीय बंदोबस्त के लिए हर तरह से नुकसानदायक होगा। क्योंकि यह अन्य लोगों के महत्वपूर्ण हितों की उपेक्षा करता है। इस लिए यह अनुकूल नहीं है क्योंकि अन्य समुदायों में यह माना जाता है कि

देश की नागरिकता के सामान्य हितों की अवहेलना करने के लिए दो समुदायों के बीच भ्रामक समझौते किए गए है, क्योंकि यह राष्ट्र के सामान्य हितों के लिए अनकूल नहीं है,यह माना जाता है कि इसकी रक्षा के लिए आवश्यक नहीं है। लेकिन मान - सम्मान, प्रतिष्ठा और विकास के आधार पर, दूसरे समुदाय को विशेष विशेषाधिकार दिए गए थे। कार्यसमिति हैरान थी कि एम.के. गांधी, जिन्होंने लगातार सार्वजनिक जीवन में खुद को गोपनीयता का विरोधी घोषित किया है, को हिंदू-मुस्लिम समझौता करने के लिए एक गुप्त कूटनीति में शामिल होना चाहिए था। समिति अपनी जोरदार राय व्यक्त किया कि जनता में और अन्य लाभर्थियों के प्रतिनिधियों की उपस्थिति में प्रत्येक लाभार्थी द्वारा रखी गई मांगों को संबोधित करना सांप्रदायिक मुद्दे को हल करने की उचित प्रक्रिया है, जो सुरक्षा की भावना प्रदान करेगी और निष्पक्ष सुनिश्चित और सबके साथ समान व्यवहार करेगी।

अखिल भारतीय समिति द्वारा संविधान के संशोधन पर प्रस्ताव पारित किया गया कि कार्यकारिणी समिति का भी यह मत है कि अल्पसंख्यक प्रतिनिधित्व से संबंधित वर्तमान संविधान के प्रावधानों के अंतर्गत कोई सुस्पष्ट अवधारणा नहीं है। समिति ने पाया कि, जैसा कि ढांचा अब प्रभावी है, कुछ अल्पसंख्यकों ने अभी तक अपना जनसंख्या प्रतिनिधित्व अनुपात अर्जित नहीं किया है, जबकि अन्य अल्पसंख्यकों को ऐतिहासिक और सैन्य महत्व के आधार पर और उनके तर्कों के लिए रियायत के रूप में उनके जनसंख्या अनुपात से अधिक महत्त्व दिया गया है। इस तरह के तर्कों को अन्य अल्पसंख्यकों के अधिकारों के प्रति न्याय संगत नहीं है, और सामाजिक एवं राजनीतिक लोकतंत्र के आदर्श के साथ असंगत मानते हुए, जो कि सभी भारतीयों का उद्देश्य है, कार्य समिति का मानना है कि उन्हें कभी भी स्वीकार नहीं किया जाना चाहिए। इस संबंध में, समिति इस तथ्य की ओर ध्यान आकर्षित करना चाहती है कि मोंटेग्यू-चेम्सफोर्ड रिपोर्ट और यहां तक कि साइमन कमीशन ने भी विशेष रूप से चुने गए अल्पसंख्यकों को महत्व देने के सिद्धांत की निंदा की है। समिति मांग करती है कि अल्पसंख्यकों से संबंधित संविधान के प्रावधानों में संशोधन किया जाना चाहिए और सभी अल्पसंख्यकों के साथ उचित व्यवहार के सिद्धांत के अनुरूप लाया जाना चाहिए, इस तथ्य को ध्यान में रखते हुए कि भारत का अगला संविधान एक 'डोमिनियन' के रूप में भारत के लिए होना चाहिए। इसका तात्पर्य कि राज्य अपने आन्तरिक मामलों जैसे विधायी शक्तियों,कार्यपालिका शक्तियों,न्यायिक कार्यो तथा आन्तरिक प्रशासन का सञ्चालन सैनिक मामले और विदेशी मामलों, जैसे विदेश निति का निर्धारण के सम्बन्ध में पूर्णतया स्वतंत्र होता है लेकिन देश का मुखिया जिसे राज्याध्यक्ष कहा जाता है।

विधायिकाओं और कार्यपालिका में प्रतिनिधित्व के विषय में प्रस्ताव पारित किया गया। इस सन्दर्भ में अखिल भारतीय अनुसूचित जाति संघ कार्य समिति स्पष्ट और जोरदार शब्दों में कहना चाहती थी कि अनुसूचित जाति के एक समुदाय और दूसरे समुदाय के बीच प्रतिनिधित्व के मामले में कोई भेदभाव स्वीकार नहीं करेगी और प्रांतीय और केंद्रीय विधानसभाओं में सीटों की उनकी मांग पर ध्यान केंद्रित करेगी और प्रांतीय और केंद्रीय कार्यकारिणी में भी उसी तरह और उसी मानदंड के अनुसार फैसला सुनाने के लिए इसे मुस्लिम समुदाय के बयानों तक बढ़ाया जा सकता है।

अखिल भारतीय अनुसूचित जाति संघ कार्य समिति द्वारा मतदाताओं के विषय में प्रस्ताव पारित किया गया। कार्य समिति का दावा था कि भारत सरकार अधिनियम के तहत हुए पिछले चुनावों के अनुभव से पता चला है कि संयुक्त निर्वाचन क्षेत्रों की एक निश्चित ढांचा के अनुकूल नहीं है, अनुसूचित जातियों को विधानमंडलों में सच्चे और कुशल प्रतिनिधियों को भेजने का अधिकार और हिंदू बहुसंख्यकों को अनुसूचित जाति के सदस्यों को नियुक्त करने का मिथ्या अधिकार दिया गया है। इसलिए फेडरेशन वर्किंग कमेटी साझा निर्वाचक मंडल और आरक्षित सीटों की प्रणाली को समाप्त करने के बजाय अलग निर्वाचक मंडल की व्यवस्था के निर्माण के लिए जोर देती है।

अखिल भारतीय अनुसूचित जाति संघ की कार्यकारिणी समिति ने इस तथ्य का उल्लेख किया कि न केवल सभी संपत्ति, भूमि, व्यापार और उद्योग बहुसंख्यक समुदाय के केवल ब्राह्मणवादीयों के हाथों में हैं, बल्कि यह भी है कि राज्य के पूरे प्रशासन का प्रभुत्व उनके पास ही है, बहुसंख्यक समुदाय मे से केवल ब्राह्मणवादी, जिसके प्रतिनिधियों ने राज्य की उच्च और निम्न सेवाओं में सभी पदों पर एकाधिकार कर लिया है। अखिल भारतीय अनुसूचित जाति संघ की कार्यकारिणी समिति इसे सबसे ख़राब स्थिति मानती है जो अल्पसंख्यक समुदायों को बड़ी आशंका का कारण नहीं बना सकती है क्योंकि इन परिस्थितियों के संयोजन से बहुसंख्यकों को अल्पसंख्यकों का गला घोंटने यानि उनको उनकी मूलभूत अधिकारों से वंचित रखने की पूरी शक्ति मिलती है। सन् 1935 के भारत सरकार अधिनियम में पाए गए कार्यपालिका से संबंधित संवैधानिक प्रावधान, जो अल्पसंख्यकों की इच्छाओं की परवाह किए बिना विधायिका में बहुमत को सरकार बनाने में सक्षम बनाता है, गला घोंटने जैसे डर को बढ़ाता है। अखिल भारतीय अनुसूचित जाति संघ की कार्यकारिणी समिति का मानना था कि यद्यपि वैकल्पिक प्रणाली के अभाव में सरकार के संसदीय स्वरूप को अपनाना पड़ सकता है, समिति निश्चित रूप से संसदीय मंत्रिमंडल की प्रणाली का विरोध करती है।कार्यसमिति इस बात पर जोर

देती है कि प्रांतों और केंद्र दोनों में कार्यपालिका का गठन निम्नलिखित तरीके से किया जाना चाहिए। कार्यकारिणी में संविधान में वर्णित सीमा तक, एक प्रधानमंत्री और सामान्य लोगों और अल्पसंख्यक समुदायों के अन्य मंत्री शामिल होने चाहिए; प्रधान मंत्री और सामान्य लोगों के मंत्रियों को पूरे सदन द्वारा कार्यपालिका को एकल मत द्वारा चुना जाएगा; अल्पसंख्यक समूहों की सेवा करने वाले मंत्रियों को विभिन्न समुदायों का प्रतिनिधित्व करने वाले प्रतिनिधियों द्वारा एकल संक्रमणीय मत द्वारा चुना जायेगा ; कार्यकारी समिति के सदस्य विधानमंडल के सदस्य होंगे, प्रश्नों के उत्तर देंगे, मतदान करेंगे और चर्चा में शामिल होंगे; किसी भी कार्यकारी रिक्ति को मूल नियुक्तियों के कानूनों के अनुपालन में भरा जाएगा; कार्यपालिका के पद की अवधि विधानमंडल के कार्यकाल के साथ समाप्त की जाएगी।

सरकार को ऐसी योजना बनाते समय कानून की सरकार होगा न कि व्यक्ति विशेष की, इस बात की अनदेखी नहीं की जा सकती है कि उसी व्यक्ति की सरकार हमेशा बनी रहनी चाहिए, चाहे सरकार की संरचना कैसी भी हो। ऐसा होने पर, प्रशासन के लिए नियुक्त लोगों की भावना,सोच और दृष्टिकोण और न्याय की भावना इस बात पर निर्भर होनी चाहिए कि सरकार अच्छी है या बुरी, जैसा कि केवल प्रभावी सरकार से अलग हो और सार्वजनिक मामलों का प्रशासन कितना अलग हो सकता है। इस प्रकार राजनीतिक और अधिक निष्पक्ष होनी चाहिए। अखिल भारतीय अनुसूचित जाति संघ कार्य समिति का मानना था कि अनुसूचित जातियों को उस सरकार से कभी भी सुरक्षा, न्याय या सहानुभूति नहीं मिल सकती है, जिसमें जाति चेतना, संकीर्णता और अन्याय की भावना से भरे व्यक्तियों का वर्चस्व हो, और उन जातियों के लिए घृणा और अवमानना की भावना हो। तदनुसार, कार्य समिति मांग किया कि संविधान अनुसूचित जातियों के जन सेवा आरक्षण के अधिकार को उसी हद तक मान्यता प्रदान करे जिस हद तक मुस्लिम समुदाय का दावा है।

अखिल भारतीय अनुसूचित जाति संघ की कार्यकारिणी समिति का दावा था कि अनुसूचित जातियों को भरपायी या अदायगी जारी रखना चाहिए, क्योंकि उन्होंने अतीत में सरकार और जनता के सभी लोगों के अन्याय और अपमान का सामना किया है, जब तक कि अनुसूचित जाति के लोगों को उचित न्याय और सम्मान नहीं दिया जाता कार्यकारी अधिकार रखने वाले पदों होना चाहिए। इसलिए, कार्य समिति अनुसूचित जातियों के बीच उच्च और उन्नत शिक्षा के प्रसार को उनके लिए बहुत महत्वपूर्ण मानती है। हालाँकि, इस बात से इनकार नहीं किया जा सकता है कि अनुसूचित जातियों के संसाधन ऐसी उन्नत शिक्षा से परे हैं। इस कारण से धन के प्रावधान के लिए उस नाम पर राज्य पर एक निश्चित दायित्व रखा जाना

चाहिए और मांग करता है कि संविधान प्रांतीय सरकारों और केंद्र सरकार पर पर्याप्त मात्रा में निर्णय लेने के लिए उसका कर्तव्य है, जैसा कि हो सकता है संविधान में केवल उनके वार्षिक बजट में अनुसूचित जातियों की उन्नत शिक्षा के लिए और ऐसे प्रावधानों को उनके राजस्व पर प्रथम प्रभार के रूप में स्वीकार करने के लिए प्रावधान किया गया है।

अखिल भारतीय अनुसूचित जाति संघ की कार्यकारिणी समिति का मानना था कि जब तक अनुसूचित जातियां सीमित संख्या में हिंदू गांव के बाहर रहेगी तब तक हिंदुओं की तुलना में आजीविका के स्रोत के बिना एक विदेशी के रूप में बनी रहेगी, वे अछूत बनी रहेगी और ब्राह्मणवादी हिंदू अत्याचार और उत्पीड़न के अधीन बनी रहेंगी, और वे लोग ब्राह्मणवादी हिंदू लोगों की तरह स्वतंत्र और पूर्ण जीवन का आनंद नहीं ले सकते; इस लिए कार्यसमिति अनुरोध करती है कि संविधान अनुसूचित जातियों को सवर्ण हिंदुओं के अत्याचार और उत्पीड़न से बचाने के लिए एक बेहतर तरीका प्रदान करे, जो स्वराज के तहत बेहतर रूप ले सके, साथ ही अनुसूचित जातियों को उनकी अधिकतम उन्नति तक बढ़ने की अनुमति दे सके ताकि वे आर्थिक और सामाजिक सुरक्षा प्रदान कर सके और अस्पृश्यता को दूर करने के लिए भी दृढ़ता से नेतृत्व कर सके। कुछ बिन्दुओ पर सुझाव इस प्रकर है - अनुसूचित जाति के वर्तमान घरों और उनके गांवों को स्वायत्त और हिंदू गांवों से दूर बसाने के लिए; संविधान नए गांवों में अनुसूचित जातियों के बसने के संबंध में एक बंदोबस्त आयोग के गठन का प्रावधान करना ; किसी भी सरकारी भूमि को न्यास में रखने के लिए, जिसके लिए वह खेती योग्य है और जो कब्जे में नहीं है और किसी भी भूमि को पुनः प्राप्त करने और अनुसूचित जातियों के लिए नई कॉलोनियां बनाने के लिए आयोग का गठन किया जाए; अनुसूचित जाति बंदोबस्त योजना को पूरा करने के लिए आयोग को भूमि अधिग्रहण अधिनियम के तहत निजी मालिकों से नई जमीन खरीदने का अधिकार होगा; केंद्र सरकार को इस नाम पर अपना कर्तव्य निभाने की अनुमति देने के लिए, इसका संविधान प्रावधान करता है कि प्रति वर्ष कम से कम पांच करोड़ रुपये व्यवस्थापन आयोग को दिए जाएंगे।

मानेगांव में दलित वर्गों का पहला सम्मेलन

महाराष्ट्र राज्य के कोल्हापुर के पास मानेगांव में 19 और 20 मार्च 1920 को प्रथम दलित वर्ग सम्मेलन आयोजित किया गया था। इस सम्मेलन की अध्यक्षता छत्रपति शाहूजी महाराजा,डॉ.बी.आर. अम्बेडकर और कई अन्य गणमान्य नेताओं ने की थी। सम्मेलन की संपूर्ण बहसों, चर्चाओं और विचारों को मूकनायक के छठे संस्करण में

प्रकाशित किया गया। आत्म-प्रासंगिकता की अपनी बात में और सम्मेलन में पीड़ा व्यक्त करते हुए कि 'आत्मउन्नयन' के आंदोलन के लिए दलित वर्गों में आत्मविश्वास और आत्म स्वाभिमानी नहीं पाया गया, सम्मेलन इतिहास के लिए एक ऐतिहासिक मील का पत्थर है। दलित वर्ग अपनी मुक्ति के लिए संघर्ष कर रहा था और वर्तमान में भी संघर्ष कर रहा है। व्यापार, सेवा और कृषि जैसे धन कमाने के तीन प्रमुख श्रोत अस्पृश्यता के कारण उनके लिए वंचित थे। उन्होंने उनकी मुक्ति के लिए राजनीतिक अधिकारों की पूरी तरह से आवश्यकता महसूस की। उन्होंने देखा कि " सामाजिक रूप से वंचित, बहिकृत और पिछ्ड़ो को राजनीतिक क्षमताओं को सुरक्षित करना चाहिए, जो तब तक नहीं आएंगे जब तक कि जाति-वार प्रतिनिधित्व प्रदान नहीं किया जाता है।"

हजेरी व्यवस्था के अमानवीयकरण और मूल भूत अभाव के कारण उनका जीवन महारों और सामाजिक रूप से उत्पीड़ित वर्गों के लिए गुलाम व्यवस्था बन गया था। सन् 1918 में क्रिमिनल ट्राइब के लोगों को एक दिन में तीन बार हजेरी देनी पड़ती थी। अगर कोई बीमार है और हजेरी देने में असमर्थ रहता था तो ऐसे लोगों को हजेरी का डर दिखा कर तत्कालीन ब्राह्मणवादी मानसिकता के अधिकारी उनका आर्थिक एवं शारीरिक शोषण करते थे। अपने अध्यक्षीय संदेश में, छत्रपति शाहू जी महाराजा ने 'हजेरी प्रणाली' को समाप्त करने के महत्व पर जोर दिया। उन्होंने यह भी प्रस्ताव दिया कि दलित वर्ग आशावादी रहें और डॉ. बी.आर.अम्बेडकर के नेतृत्व को स्वीकार करे। उन्होंने कहा कि पशु और पक्षी भी अपने समाज की रक्षा के लिए अपने नेताओं का चयन करते हैं, जबकि उनका नेता सामाजिक रूप से वंचित,बहिकृत,पिछ्ड़ा और दलित वर्ग क्यों नहीं होना चाहिए? शताजी और भाटाजी का नेतृत्व न मानने के लिए उन्होंने इन समाजों को सलाह दी। उन्होंने दलित वर्गों के आंदोलन का वादा किया कि वह और उनकी मराठा जाति समर्थन करेगी। सत्र के अंत में कई प्रस्ताव पारित किए गए। इनमें छत्रपति शाहूजी महाराजा के दलित वर्गों द्वारा आयोजित वार्षिक उत्सव भी शामिल थे। सम्मेलन में ब्रिटिश सरकार से सार्वजनिक उपयोग में विकलांगों पर कानून पेश करने का भी आग्रह किया, जैसे कि पुलों, अस्पतालों और सामाजिक वंचित बहिकृत,पिछ्ड़ा और दलित वर्गों के लिए अलग से स्कूल उन्ही लोगों बस्तियों के बीच। बिना लिंग या जाति के पूर्वाग्रहों के शिक्षा सभी को दी जानी चाहिए और दलित वर्गों के लोगों को शिक्षा में नाम दिया जाना चाहिए ताकि प्रांतीय विभाग में ब्राह्मण शिक्षकों की व्यक्तिगत भागीदारी को संबोधित किया जा सके। नागपुर में आयोजित सामाजिक रूप से वंचित, बहिकृत,पिछ्ड़ा और दलित वर्ग के एक अन्य महत्वपूर्ण सम्मेलन को भी मूकनायक में प्रकशित किया गया था। उस समय सम्मेलन कवरेज को समर्पित था

नागपुर में अखिल भारतीय सामाजिक रूप से वंचित, बहिकृत,पिछडे वर्गों का सम्मेलन

नागपुर में सामाजिक वंचित समाज के सम्मलेन की अध्यक्षता छत्रपति शाहूजी महाराजा ने किया था। इस सम्मेलन में वंचित,बहिकृत,पिछड़ा और दलित वर्गों के अखिल भारतीय प्रतिनिधियों ने भाग लिया। जिसमे सर गंगाधर चिटनिस, शंकरराव चिटनिस, सर बी. के. बोसले, डॉ. परांजपे, श्रीपतराव शिंदे, बाबू कालीचरण, डॉ. बी.आर.अम्बेडकर, शिवतारकर, पपन्ना, शिवराम जांबा कांबले, कृष्णराव कांबले और गोविंदा गोपाल कांबले तथा अन्य बहुत विशिष्ट लोग थे। छत्रपति शाहूजी महाराजा ने अपने भाषण में कहा कि, “हमारे देश में धार्मिक मतभेद और जाति मतभेद के कारण एक-दूसरे से ईर्ष्या करना पूरी तरह से गलत है।” उन्होंने ब्रिटिश का ग्रामीण इलाकों को कृतज्ञता के प्रति जिक्र किया कि उन्होंने हमारी मदद की है, खासकर सामाजिक रूप से वंचित,बहिकृत,पिछड़ा और दलित वर्गों की। क्योंकि ब्रिटिश उस कानून को हटा दिया जिसने एक जाति की सर्वोच्चता स्थापित थी यानी ब्राह्मण जाति, मनु स्मृति, हिंदू धर्म शास्त्र।उन्होंने सभी भारतीयों के बीच समानता की अवधारणा को जाति, धर्म और आस्था की परवाह किए बिना लागू किया। उन्होंने अंतर्जातीय विवाहों से केवल ब्राह्मणवाद को हटाने की वकालत किया। उन्होंने व्याख्या किया कि,सबसे महत्वपूर्ण मामला, ‘अंतर-जातीय विवाह’ को कानूनी स्वीकृति देने की आवश्यकता है। फिर अंत में नियम पारित किया गया। उन्होंने उन लोगों को भी सलाह दी जो शिक्षा की तुलना में बच्चों के विवाह समारोहों पर अधिक पैसा खर्च करते हैं। प्रांतीय विधायी और जिला स्थानीय परिषदों में इन वर्गों के जाति-विशिष्ट प्रतिनिधित्व के समर्थन में, सम्मेलन में प्रस्ताव पारित किया। सम्मेलन में ब्रिटिश सरकार से इन वर्गों को मुफ्त और अनिवार्य प्राथमिक शिक्षा देने का आग्रह किया गया।

डॉ. बी.आर. अम्बेडकर ने ‘ द मूकनायक’ के लिए बारह अहम् विषयों पर संपादकीय लिखे। बाद में वे उच्च शिक्षा के लिए लंदन चले गए। ‘द मूकनायक’ ने उन्हें एक दुर्लभ अनुभव और करीबी सहयोगियों के निर्माण के साथ प्रदान किया। वे ‘मूकनायक’ की स्थिति के बारे में पत्रों के माध्यम से पूछताछ किया करते थे। संत तुकाराम का एक उद्धरण ‘द मूकनायक’ द्वारा प्रकाशित किया गया था। यह माना जाता है कि हमें इस दुनिया में नीच माना हैं क्योंकि लोग हमें मूर्ख बनाते और हम आसानी से मुर्ख बन जाते हैं। इस प्रकार ‘मूकनायक’ ने अपने लेखों के माध्यम से देश की विभिन्न सामाजिक बुराइयों के बारे प्रकाशित किया।

शासन, स्वतंत्रता और सामाजिक लोकतंत्र जैसे राष्ट्रीय मुद्दों पर बाल गंगाधर तिलक के 'केसरी', अगरकर के 'सुधारक' के समान, 'द मूकनायक' ने समाचार पत्रों के साथ प्रतिस्पर्धा किया। 'मूकनायक' द्वारा सामाजिक रूप से बहिष्कृत अछूतों के खिलाफ अत्याचार की घटनाओं, स्कूलों और छात्रावासों में अछूत छात्रों द्वारा सामना की जाने वाली समस्याओं को दर्ज किया गया। इसलिए यह दृढ़ता से देखा जा सकता है कि 'मूकनायक' ने जनता को उनके खिलाफ किए गए अत्याचारों का मुकाबला करने के लिए नए नए पाठ सिखाया।

सन् 1923 में जब डॉ. अम्बेडकर भारत लौटे तो उन्होंने स्वतंत्र होने का मन बना लिया था। फिर भी उन्होंने अपना अभियान नहीं रोका। उन्होंने 'बहिष्कृत हितकारिणी' सभा का गठन किया। अखबार की स्थापना के लिए सभा ने एक और बड़ा कदम उठाया। 4 दिसंबर 1924 को डॉ. अम्बेडकर ने अखबार के साथ-साथ भारत भूषण प्रिंटिंग प्रेस शुरू करने के लिए भविष्य की योजनाओं के साथ एक पैम्फलेट लिखा। उन्होंने इसे पूरा करने के लिए लोगों से पैसे देने का आह्वान किया। लोगों ने डॉ. बी.आर. अम्बेडकर के प्रस्ताव पर सकारात्मक प्रतिक्रिया दी और धन का योगदान करना शुरू कर दिया। उन्होंने एकत्र किए गए धन से 3 अप्रैल 1927 को 'बहिष्कृत भारत' समाचार पत्र की शुरुआत किया।

18-19 जुलाई 1942 को नागपुर में सामाजिक रूप से वंचित,बहिकृत,पिछड़ा और दलित वर्गों का अखिल भारतीय सम्मेलन आयोजित किया गया था, जो सामाजिक रूप से इस वर्ग के इतिहास में एक बड़ा सम्मेलन था। सम्मेलन में पंजाब, मद्रास, बंगाल और भारत के अन्य हिस्सों से सत्तर हजार से अधिक लोग शामिल हुए।

डॉ. अम्बेडकर, एन. शिवराज के साथ, 18-19 जुलाई के सुबह सम्मेलन में भाग लेने के लिए अखिल भारतीय सम्मेलन के अध्यक्ष नागपुर पहुंचे। लोगों की भारी भीड़ ने अपने पसंदीदा नेता का जोरदार स्वागत किया और अध्यक्ष का चुनाव किया। इसमें पंजाब, बंगाल और मद्रास के प्रतिनिधियों ने भाग लिया। सत्र की शुरुआत नागपुर के मोहन पार्क में एक बहुत विशाल पंडाल के आहुत की गयी थी। प्रारंभ में, सम्मेलन के अध्यक्ष एन. शिवराज ने डॉ. अम्बेडकर को इन वर्गों की ओर से मंत्रिमंडल में चुने जाने पर बधाई दी और कहा कि इस मंच ने लोगों की सेवा के लिए एक नया मार्ग खोल दिया है।

जैसे ही डॉ. अम्बेडकर ने बोलना शुरू किया, सत्तर हज़ार लोगों के विशाल सम्मेलन में लोगों ने उनका ज़ोर ज़ोर से जय-जयकार करना शुरू कर दिया। वंचित,बहिकृत,पिछड़ा और दलित वर्गों की चिंताओं के संदर्भ में उन्होंने स्थिति की

समीक्षा की और क्रिप्स के प्रस्तावों को इन वर्गों के साथ एक बड़ा विश्वासघात है ऐसा लोगों को बताया।

पाकिस्तान के लिए मुस्लिम लीग की मांग का जिक्र करते हुए डॉ. अम्बेडकर कहा कि जब जिन्ना ने अपने समुदाय को अल्पसंख्यक कहा तो अन्य अल्पसंख्यकों की शक्ति एक दूसरे से प्राप्त हुई; लेकिन अब जब जिन्ना ने अपने समुदाय के लिए अलग एक राष्ट्र कि माँग की है, तो यह उनके टूटने का मतलब है और वह युद्ध जारी रखने के लिए अकेले रह गए। उन्होंने कहा कि मुसलमान वही लोग बन सकते हैं जिनके खिलाफ उन्हें विद्रोह का स्तर उठाना होगा! उन्होंने घोषणा की कि, "यह बहुत संतोष योग्य है कि वंचित,बहिकृत,पिछड़ा और दलित वर्ग ने हर तरफ बहुत प्रगति की है।" डॉ. अम्बेडकर को यह घोषणा करते हुए प्रसन्नता हुई कि उन्होंने भारत में कुछ वर्गों द्वारा हासिल की गई राजनीतिक चेतना का एक महान स्तर हासिल कर लिया है। उन्होंने महत्वपूर्ण शैक्षिक प्रगति भी की और देश के सार्वजनिक क्षेत्र के संस्थानों में पैर जमाने लगे। वंचित बहिकृत,पिछड़ा और दलित महिलाओं द्वारा की गई प्रगति, सबसे बढ़कर, प्रेरक और आश्चर्यजनक थी। यह प्रगति का एक रिकॉर्ड था, उन्हें वैध रूप से आश्वस्त किया जाना चाहिए। यह हिंदू लोगों के लिए दान का फल नहीं था। यह एक ऐसी उपलब्धि थी जो पूरी तरह से उनके अपने श्रम की उपज थी। उनकी राजनीति की नींव इस धारणा में थी कि वंचित, बहिकृत,पिछड़ा और दलित हिंदुओं का उप-वर्ग नहीं रहा है, बल्कि भारत के राष्ट्रीय जीवन में मुसलमानों के रूप में अलग और विशिष्ट तत्व रहा है। इसलिए, हिंदुओं के विपरीत, वह विभिन्न राजनीतिक विशेषाधिकार चाहते थे। एम.के. गांधी, उन्होंने जैसा कि कहा था, इस वर्ग का सबसे बडे अहितकारी थे। उनका मानना था कि वायसराय की राष्ट्रीय रक्षा परिषद में, कार्यकारी परिषद में दलित वर्गों की सीट ब्राह्मणवाद के लिए मृत्यु जैसा झटका था।

उन्होंने निष्कर्ष निकाला और कहा कि "आपको मेरे सलाह के निर्णायक शब्द शिक्षित, आंदोलन और संगठित हैं; अपने पर विश्वास रखो। मुझे नहीं मालूम कि हम न्याय के लिए अपनी लड़ाई कैसे हार सकते हैं। मेरे लिए लड़ाई खुशी की बात है। लड़ाई पूरी तरह से आध्यात्मिक है। इसमें कुछ भी भौतिक या सामाजिक नहीं है। हमारे लिए यह लड़ाई धन या शक्ति या सत्ता के लिए नहीं है। यह आजादी की लड़ाई है। यह मानव व्यक्तित्व के उत्थान की लड़ाई है।"

डॉ. अम्बेडकर ने नागपुर में उसी स्थान पर दो अन्य सम्मेलनों को संबोधित किया। एक था दलित वर्ग की महिला सम्मेलन, जो अमरावती की श्रीमती सुलोचनाबाई डोंगरे के नेतृत्व में आयोजित किया गया था। यह सम्मेलन श्रीमती इंदिराबाई

पाटिल और श्रीमती कीर्तिबाई पाटिल जैसे नेताओं को एक श्रद्धांजलि के रूप में थी और इन वर्गों की महिलाओं में जागरूकता की विस्तार क्षेत्र और प्रभाव का एक संकेत था। महिला सम्मेलन ने बहुविवाह को समाप्त करने का आह्वान किया और महिला श्रमिकों के लिए पेंशन और कार्य अवकाश के बारे में चर्चा किया गया।

महाड चावदार तालाब आंदोलन

पहला सम्मेलन सन् 1927 में महाड चावदार तालाब के पानी का सार्वजनिक उपयोग के लिए वही पर आयोजित किया गया था। इसकी अध्यक्षता डॉ. बी.आर. अम्बेडकर ने की थी। महाड वह शहर था जो पश्चिमी राज्य महाराष्ट्र के कोलाबा जिले में कोंकण क्षेत्र के अंतर्गत आता है। 'चावदार' महाड शहर का सार्वजनिक तालाब था। अस्पृश्यता के कारण, बहिष्कृत अछूत समाजों को वर्षों तक इस सार्वजनिक तालाब के पानी का उपयोग करने से ब्राह्मणवादी हिन्दुओ द्वारा पूर्ण तरह से रोक लगा दी गयी थी। उन्होंने आह्वाहन किया कि समाज सुधार आंदोलन के लिए यह जगह हिंदू समाज में गुलामी के बारे में वंचित, बहिकृत, पिछड़े समाज को जगाने के लिए उपयुक्त मंच और जगह है। उन्होंने ने जलाशय के पानी के लिए आंदोलन शुरू किया। लेकिन ब्राह्मणवादी विपक्ष मजबूत था। उनके द्वारा वंचित,बहिष्कृत और पिछड़े वर्ग के पुरुष और महिला आंदोलनकारियों को पूरी तरह से निशाना बनाया गया था। डॉ.अम्बेडकर और उनके दोस्तों और अनुयायियों के खिलाफ ब्राह्मणवाद के स्थानीय अनुयायियों द्वारा मामला दर्ज किया गया। कई वर्षों तक महाड़ तालाब का आंदोलन जारी रहा। यह समय सामाजिक उथल-पुथल सामाजिक न्याय के लिए आया था। यह मामला न्यायालय में चला गया, अन्तोत्वोगत्वा अदालत का फैसला सामाजिक वंचित, बहिष्कृत समुदायों के पक्ष में आया। इस वर्ग के लिए समानता की लड़ाई में यह निर्णय एक बड़ी सफलता थी। महाड़ तालाब आंदोलन से इन वर्गों में एक बड़ी जागरूकता पैदा हुई। इन समुदायों की पहली तार्किक व्याख्या यह है कि वे ब्राह्मणवाद की सामाजिक व्यवस्था के पूर्णरूप से गुलाम थे।यह महसूस किया गया कि उनके रास्ते में आने वाली अक्षमताओं को दूर करना सबसे महत्वपूर्ण मिशन होगा।

'बहिष्कृत भारत' समाचार पत्र में महाड़ तालाब की अव्यवस्था में कई प्रमुख मुद्दों को प्रमुखता से संदर्भित किया गया। इस घटना और ब्राह्मणवादी हिंदुओं के कर्तव्यों पर डॉ. अम्बेडकर द्वारा निम्नलिखित संपादकीय लिखे गए है। उन्होंने लिखा है, "महाड़ में शताजी और भाटाजी ने सामाजिक रूप से वंचित, बहिकृत,पिछड़े और दलित के खिलाफ लड़ने के लिए शारीरिक रूप से भाग लिया था। हमने अपनी

आंखों से देखा है। इतना ही नहीं सारी साजिश एक ब्राह्मण अधिवक्ता के घर में रची गई। इन वर्गों पर सामाजिक-आर्थिक रूप से वंचित वर्गों के अभियोग को दोषी ठहराया जाना चाहिए। उनके द्वारा मानवीय आंदोलन का विरोध किया गया था। महाड़ तालाब का पानी पीने से ब्राह्मणवादी हिन्दू अनुयायियों का कुछ भी हानि नहीं होगा। लेकिन यह मानवीय गरिमा और एक व्यक्ति के समान व्यवहार के अधिकार का मामला है। इसलिए वह संघर्ष केवल झगड़ा नहीं था बल्कि यह धार्मिक युद्ध था।" यह ब्राह्मणवाद और मानवतावाद के बीच टकराव था।

सबसे बड़ी क्रांतियों में से एक डॉ. अम्बेडकर महाड़ तालाब आंदोलन था। इसने पूरी दुनिया में विशेष रूप से एक तूफान पैदा कर दिया था। इस आंदोलन ने एक रास्ता दिखाया कि सामाजिक वंचित,बहिष्कृत वर्ग कितना शक्तिशाली थे। दूसरी ओर,ब्राह्मणवादी हिन्दू धार्म के कट्टरपंथियों ने क्रान्ति से लड़ने के लिए सुनियोजित प्रयास के साथ एकजुट होकर आगे आने लगे। यह डॉ.अम्बेडकर और ब्राह्मणवादी हिन्दू कट्टरपंथी समर्थकों के बीच एक तरह की लड़ाई थी। इस प्रकार से अनेक ब्राह्मणवादी हिंदू जातियों और पत्रिकाओं ने ब्राह्मणवाद के प्रभुत्व का बचाव किया।

हिंदुओं के कई जातियों को 'केसरी' दैनिक समाचार पत्र और मुखपत्र द्वारा गलत तरीके से पेश किया गया। सामाजिक रूप से वंचित,बहिष्कृत वर्ग और गैर-ब्राह्मणवाद का मुकाबला करने और कुछ हद तक सफल होने की अनुमति देने के लिए यह केसरी दैनिक समाचार पत्र का सुनियोजित खेल था। हालांकि, उन्होंने कहा कि यह शताजी और भाटाजी की गलती नहीं है जो अज्ञात रूप से गैर-ब्राह्मण थे। शताजी और भाटाजी का आंदोलन गैर-ब्राह्मणवाद समर्थकों और गैर-व्यावसायिक लोगों दोनों के खिलाफ था। यह 'शताजी और भाटाजी को मिटाओ' का नारा था। इतना ही नहीं एक ब्राह्मण वकील के घर में सारी योजनाएँ रची गयी थी। इसका मतलब कि उन्होंने इस खेल में महारत हासिल कर ली थी।

डॉ. कुर्तकोटि के अखबार 'स्वधर्म' ने भी डॉ. अम्बेडकर की घटना के कुछ महीनों बाद महाड़ तालाब में हुए आंदोलन में उनकी भूमिका के लिए उनकी आलोचना किया। डॉ. कुर्तकोटि जो शंकराचार्य स्वामी विद्यासागर थे, दक्षिण भारत के शृंगेरी मठ की शाखा कर्वीपीठम के शंकराचार्य थे। उन्होंने आरोप लगाया कि डॉ. बी.आर. अम्बेडकर ने समाज में सांप्रदायिक वैमनस्य पैदा किया और इस आंदोलन को शुरू करके आंदोलन को बढ़ावा देने के लिए जिम्मेदार थे। इसकी तुलना में महाड़ तालाब की घटना में शामिल होने के लिए डॉ. कुर्तिकोती ने ब्राह्मण वर्ग की मदद की थी। इससे एक प्रबल संकेत मिलाता है कि ब्राह्मणवादी हिन्दू की उच्च जातिया ही अधिकांश समाचार पत्रों का प्रतिनिधित्व करते थे।

ब्राह्मणवाद के समर्थकों का मीडिया डॉ. बी.आर. अम्बेडकर के घोर आलोचक बन गये थे। उनके आंदोलन में काफी कठिनाईया थी। शोधकर्ताओं ने कई तरह की घटनाओं का हवाला दिया है। उनमें से एक 'महाड़ तालाब आंदोलन' का प्रसंग है। 'बाला', 'कुलबा समाचार', 'चबूकस्वर' और 'केसरी' अखबारों ने उनकी महाड़ आन्दोलन का भरपूर आलोचना किये और इसे गलत साबित करने कि भरपूर प्रयास भी किये कि उन्होंने समाज में सामान्य शांति को बाधित किया है। इस मामले में तत्कालीन सभी समाचार पत्र धोखेबाज, षड्यंत्रकारी थे। डॉ. अम्बेडकर ने उन्हें 'पागल और सनकी' कहकर खारिज कर दिया करते थे और उनका मुख्य कारण विवाह और अन्य रीति-रिवाजों के समर्थन में हिंदुओं का समन्वय नहीं करना था।

एक बार, डॉ. अम्बेडकर ने अपने करीबी सहयोगियों के साथ रायगढ़, छत्रपति शिवाजी महाराज के यहाँ गये। उस समय ब्राह्मणवादी समाचार पत्र ' कुलबा' उनके प्रतिकूल लिखा और उन पर आरोप लगाया कि महाराष्ट्र के राजा छत्रपति शिवाजी महाराज की कब्र पर डॉ. अम्बेडकर और उनके सहयोगी गये हैं। वे अपने सहयोगियों के साथ वीरेश्वर के मंदिर में गए हैं। यह खबर कोंकण इलाके में जंगल की आग की तरह फैल गई। मराठा के कुछ विधर्मियों और पाखंडियो ने उन्हें मारने का फैसला किया और कोशिश भी किये। लेकिन समय पर महार लोग उनके रक्षक बने और उन्हें बचाने की कोशिश किये जिसके कारण विधर्मियों और पाखंडियो का प्रयास असफल रहा और उन्हें कुछ भी शारीरिक नुकसान नहीं पंहुच सका। उस समय ब्राह्मणवादी अखबारों में उनके प्रति झूठी खबरें छपती रही। इससे यह साबित होता है कि 'कुलबा समाचार' से डॉ. अम्बेडकर और उनके समर्थकों को कितनी नफरत और दुश्मनी मिली थी।

कुलबा समाचार पत्र उच्च जाति के ब्राह्मणवादी हिंदुओं का मुखपत्र था, जिसमे अन्य जातियों का सम्मान नहीं किया जाता था। इस लिए डॉ. अम्बेडकर को कुलबा समाचार पत्र से इतना नफरत था कि उसके प्रति आलोचना पर उन्हें कभी भी पछतावा नहीं हुआ। कुलबा समाचार पत्र के अलावा, कई अन्य समाचार पत्रों ने डॉ अम्बेडकर के नेक कार्यों के लिए ईर्ष्या और नफरत व्यक्त की, उनके सभी कार्यों की निंदा किया। उनके कार्यों के खिलाफ उनकी नीतियां नैतिक थीं।

डॉ. अम्बेडकर ने गैर-ब्राह्मणों के कार्यों में शक्ति और जागरूकता की कमी के बारे में बात की है। सामाजिक वंचित,बहिकृत,पिछड़े लोगों की गरीबी और अज्ञानता के कारण उनका बहुत नुकसान हुआ। इस निर्दोष जन की भेद्यता का शोषण ब्राह्मणवाद के समर्थकों द्वारा उन्हें अधिक से अधिक गुलाम बनाने के लिए किया गया। फिर भी उन्होंने अपने अनुयायियों से आग्रह किया गया कि वे निराश न हों। मनु के अनुयायी

ब्राह्मणवाद की सामाजिक संरचना की यथास्थिति को बनाए रखना चाहते थे, जो ब्राह्मणवाद के प्रभुत्व को कायम रखता है। मनुवादी सुधार के लिए कोई जगह नहीं देकर, प्रेस ने क्रूर सामाजिक व्यवस्था के रक्षक के रूप में कार्य किया। इन अखबारों ने दलित लोगों को बढ़ावा देने और समाचार प्रकाशित करने के लिए लेख नहीं लिखे हैं। तत्कालीन प्रेस मिडिया ने अपने कर्तब्यो का कभी भी निष्पक्ष रूप निर्वहन नहीं किया।

इन अखबारों ने वंचित, बहिकृत, पिछड़े और दलित लोगों के उत्थान और समाचार प्रकाशित करने के लिए कभी भी कोई लेख प्रकाशित नहीं किये। यह स्पष्ट रूप से ब्राह्मणवाद समर्थकों के प्रेस का नफरत और ईर्ष्या को दर्शाता है। तत्कालिन कट्टरपंथी भारतीय कांग्रेस पार्टी के नेता बाल गंगाधर तिलक के मुखपत्र 'केसरी' ने 'मूकनायक' से भुगतान किए गए विज्ञापन को प्रकाशित करने से इनकार कर दिया था। यह इस देश के लोगों के लिए उनकी नफरत और ईर्ष्या का मुख्य और बड़ा प्रतीक था। इसके विपरीत, समाज में सभी का यथास्थिति की रक्षा करना उनका एक पाखंडी सोच थी।

इस तरह से तत्कालीन समाचार पत्रों का भेद भाव और नफरती मानसिकता ने विशाल चावारदार तालाब सत्याग्रह की सफलता को प्रकाशित करके बजाय उसकी निंदा किया इससे साबित होता है कि तत्कालीन ब्राह्मणवादी हिन्दू इस वर्ग के प्रति कितने उग्र और विरोधी थे।

काला राम मंदिर प्रवेश सत्याग्रह

महाराष्ट्र प्रान्त के नासिक शहर में काला राम मंदिर के मंदिर में प्रवेश करने के लिए डॉ. अम्बेडकर द्वारा एक सत्याग्रह शुरू की गई थी। उनकी धारणा थी कि ऐसा सत्याग्रह अन्य मंदिरों में भी दलितों के प्रवेश को प्रोत्साहित कर सकता है। इस सत्याग्रह में डॉ. अम्बेडकर ने पंद्रह हजार पुरुष स्वयंसेवकों और पांच सौ महिला स्वयंसेवकों का नेतृत्व किया, और उन्होंने ब्राह्मणवादी हिंदू मंदिरों में प्रवेश के अधिकार के लिए एक लड़ाई भी शुरू किया। यह एक अहिंसक आंदोलन था जिसके लिए उन्होंने आंदोलन की तैयारी के लिए तीन महीने लगाये। वे एक महान सामाजिक परिवर्तनकर्ता और हमारे देश के महान नेता थे, लेकिन उनकी निष्ठा उनके व्यक्तित्व के केंद्र में थी। सत्याग्रह 2 मार्च 1930 को नासिक के कालाराम मंदिर में शुरू हुआ। यह सामाजिक रूप से वंचित वर्ग के इतिहासों में से एक प्रमुख इतिहास है। ब्राह्मणवाद के अनुयायीयों ने सामाजिक रूप से वंचित, बहिकृत वर्ग के लोगों का सामाजिक रूप से विरोध करते थे। समाज में इन वर्ग के लोगों को मंदिरों

में पूजा करने का कोई अधिकार नहीं था। भारत के महाराष्ट्र राज्य के नासिक शहर में कालाराम मंदिर हिन्दुओ के भगवान रामचन्द्र को समर्पित एक प्राचीन मंदिर है। मंदिर का नाम हिन्दुओं ने अराध्य भगवान रामचन्द्र की एक काले रंग की मूर्ति के नाम पर रखा गया था। कालाराम का शाब्दिक अर्थ 'ब्लैक राम' है। ब्राह्मणवाद के अनुसार बहिष्कृत, वंचित मंदिरों में प्रवेश नहीं कर सकते, वर्तमान में भी देश के कई भागों उनके लिए प्रवेश निषेध है,, उनका प्रवेश निषेध इस लिए था, और वर्तमान में भी है क्योंकि ब्राह्मणवादी हिन्दू के अनुसार यह वर्ग जन्म से अशुद्ध और असंस्कृत रहा है,और वर्तमान में भी उनके लिए वही प्रावधान है। जैसे कि भारत के राष्ट्र पति जो दलित वर्ग के थे को भी वर्तमान अमृत काल में ब्राह्मणवादी मंदिर में प्रवेश निषेध कर दिया गया था।फिर भी ये सामाजिक रूप से वंचित वर्ग,पिछड़ा वर्ग मंदिरों में प्रवेश करने की कोशिश करते हैं यथा संभव दान देकर इन मंदिरों को धन कुबेर के रूप में परणित कर रहे है। इन्ही वर्गों के कारण मंदिरों के पास अकूत धन सम्पदा है।

कालाराम मंदिर में प्रवेश आंदोलन ने पूरे क्षेत्र में विवादों को एक नया मोड़ दिया। भारत में मंदिर प्रवेश आंदोलन के लिए सामाजिक-आर्थिक रूप से उत्पीड़ित वर्ग के लिए यह आवश्यक था। डॉ.अम्बेडकर के साथ बी.के. गायकवाड़ ने 2 मार्च 1930 को भगवान राम के मंदिर के बाहर सामाजिक रूप से वंचित और बहिष्कृत वर्गों की पूजा करने की अनुमति न देने के लिए विरोध प्रदर्शन शुरू किया। मंदिर में प्रवेश का अधिकार, समान अधिकार पाने का आंदोलन था। हालांकि हमें सही मायने में हमें मंदिरों में नहीं जाना चाहिए। उच्च जाति के ब्राह्मण वादी हिंदुओं ने सोचा कि उनकी आस्था, रीति-रिवाज और प्रथाएं एक बड़ी त्रासदी हैं। 'बालाकार' समाचार पत्र ने पिछड़े वर्गों पर सामाजिक-आर्थिक रूप से वंचित और अछूतों को प्रताड़ित करने का आरोप लगाया। लेकिन डॉ. अम्बेडकर ने 'बालाकार' समाचारपत्र द्वारा की गई टिप्पणी का करारा जवाब दिया। जब हम हिंदू होने का दावा कर रहे हैं और आप हमें हिंदू कह रहे हैं, तो हमें मंदिरों में प्रवेश करना चाहिये। हमें लगता है कि यह हमारा अधिकार भी है। हम मंदिरों को अलग नहीं करना चाहते हैं। हमें सामाजिक प्रार्थना और सामाजिक सभा और सामाजिक संपर्क के लिए मंदिरों की आवश्यकता है। यदि हमें वास्तव में मंदिरों की आवश्यकता है, तो हम स्वयं स्वतंत्र मंदिरों का निर्माण करने में सक्षम थे। उस बात के लिए, इस वर्ग को किसी की अनुमति पर निर्भर होने की आवश्यकता नहीं है। हमारी बहुत जल्द हिंदू धर्म छोड़ने की प्रबल इच्छा है। हमें समाज में समान अधिकार चाहिए। हम हिंदू धर्म में उन 'अधिकारों' को पाने के लिए कड़ी मेहनत कर रहे हैं। हमें परंपरावादी बुराईयों, गन्दगी को

उखाड़ फेंकने से तनिक भी गुरेज नहीं है। हिंदू धर्म को त्यागने के बाद हम मंदिर प्रवेश के मुद्दे को एजेंडे में शामिल नहीं करेंगे।"

डॉ.बी.आर. अम्बेडकर आधुनिक राजनीतिक के प्रतीक

डॉ. अम्बेडकर और वर्तमान सत्तारूढ़ दल और हिंदू दक्षिणपंथी विचारधारा के साथ-साथ एम.के. गांधी और सरदार वल्लभभाई झावेरभाई पटेल के विचारधारा के बीच कोई ऐतिहासिक सामंजस नहीं था। सत्तारूढ़ राजनीतिक दल ने वर्तमान परिदृश्य में विभिन्न प्रकार के आधुनिक राजनीतिक प्रतीकों को अपने कब्जे में लेने की कोशिश की है। एम.के. गांधी, सरदार बल्लभभाई झावेरभाई पटेल, और अब डॉ अम्बेडकर परोक्ष अपरोक्ष रूप से सरकार का हिस्सा हैं और वर्तमान में भी उन लोगों का उपयोग उसी रूप में किया जा रहा है। निवर्तमान प्रधान मंत्री और उनकी पार्टी ने ऐसे नेताओं की विरासत द्वारा उठाए गए वैचारिक खतरे को बेअसर करने के तरीके के रूप में विनियोग की नीति को अपनाया है, कुछ हद तक ऐसे नेताओं से विचार रखते हैं जो स्वतंत्र विचारों और आदर्शों के लिए खड़े थे जो न केवल अलग थे बल्कि बड़े पैमाने पर हिंदुत्व और ब्राह्मणवाद का विरोध भी करते थे।। मोहनदास करमचंद गांधी और वल्लभभाई झावेरभाई पटेल अब किसी विशेष चुनावी क्षेत्र से संबद्ध नहीं हैं, लेकिन डॉ.बी.आर. अंबेडकर को हिंदुओं के लिए नायक के रूप में दावा करते हुए राजनीतिक दलों की नजर सामाजिक वंचित वर्ग वोटों पर जरूर है।

हाल ही में, वरिष्ठ कम्युनिस्ट नेताओं और अन्य सभी ने डॉ. अम्बेडकर की समानता के प्रति प्रतिबद्धता, सामाजिक रूप से वंचित वर्ग और सामाजिक न्याय के अधिकारों, और भारत के संविधान के निर्माण में अनुमोदन और नव निर्माण प्रशंसा के साथ उनकी भूमिका के बारे में अपने भाषणों में उल्लेख किया और उनके बारे समाचार पत्रों में लेख भी लिखा गया। यह भी दिलचस्प की बात है कि जब डॉ. अम्बेडकर बिभिन्न प्रकार के न्याय के लिए संघर्ष कर रहे थे। तब राजनीतिक दल बर्फ कि सिल्लीयो पर स्केटिंग कर रहे थे। वास्तव में इतने लंबे समय के बाद उन्हें गंभीरता से लेना चाहिए।उनके विचारों के समर्थन और लेखन के वास्तविक विषय के प्रति सम्मान के साथ, वे मूल्याकन कर सकते हैं, फिर डॉ.अम्बेडकर को पढ़ना शुरू करते हैं, कि जाति व्यवस्था, अल्पसंख्यक पहचान, ब्राह्मणवाद जैसे कई महत्वपूर्ण मुद्दों पर उनकी स्थिति, मुस्लिम लोग का प्रश्न, धर्म परिवर्तन, मजदूर वर्ग की राजनीति, महिलाओं के अधिकार, और कई अन्य विषय जो वास्तव में अपने स्वयं में अपूरणीय हैं।इस समय डॉ. अम्बेडकर के व्याख्या में, बहुत सारी वर्जनाएँ, बिट्स और व्यंजनाएँ

हैं जो उनके और राजनीतिक स्पेक्ट्रम के किसी भी छोर पर उन पर दावा करने के इच्छुक लोगों के बीच वास्तव में आलोचनात्मक संवाद की अनुमति देती हैं।

सन् 1990 के बाद, डॉ. अम्बेडकर का जीवन और छवि इतनी तेजी से बदली जब कि 1990 से पहले उनकी प्रतिष्ठा अतुलनीय थी। कई राजनीतिक दल, या तो उन्हें खारिज कर रहे थे या उन पर विभाजन और जातिवाद का आरोप लगा रहे थे, अब वही राजनितिक पार्टिया उनकी विरासत की सत्ता के लिए लड़ रहे हैं।

जब वे सरकार में नहीं थे, जिसने उन्हें हिंदू विरोधी के रूप में और अधिक तिरस्कृत किया, सत्ताधारी राजनीतिक दल अब उन्हें अपने सम्माननीय प्रतीक के रूप में रखने के लिए कड़ी मेहनत कर रहे हैं। निर्वतमान प्रधान मंत्री नरेंद्र भाई दामोदर दास मोदी बार-बार कहते हैं, "हम किसी और की तुलना में उनके विचार, दूरदर्शिता,दृष्टिकोण को बढ़ावा देने के लिए सब कुछ कर रहे हैं।" इस तरह चाहे वोट बैंक के खातिर ही क्यों न हो निर्वतमान प्रधान मंत्री ने हमेशा डॉ.अम्बेडकर को किसी न किसी रूप में अपने साथ ही रखा है। क्योंकि उनको मालूम है कि आज सत्ता उच्चतम शिखर पर उनकी मौजूदगी डॉ. भीम राव राम जी अम्बेडकर के कारण ही है।इस सन्दर्भ में उन्होंने अपने कई भाषणों में जिक्र भी किया है।

भारतीय कांग्रेस पार्टी के अध्यक्ष ने डॉ. बी.आर. अम्बेडकर को "आधुनिक भारत का महान प्रतीक" कहा और कहा कि उन्होंने कई शताब्दियों में राष्ट्र के लिए क्रांतिकारी परिवर्तन लाए हैं। डॉ. अम्बेडकर की जयंती के अवसर पर लोगों का स्वागत करते हुए कहा कि डॉ. अम्बेडकर के वैभव को किसी एक क्षेत्र की उपलब्धि में विभाजित नहीं किया जा सकता है क्योंकि उनका योगदान राष्ट्रीय विकास के हर क्षेत्र को कवर करता है।

भारतीय कांग्रेस पार्टी के अध्यक्ष ने डॉ. अम्बेडकर के बारे में कहा कि "लोकतंत्र में उनका विश्वास, जिसे उन्होंने महात्मा गांधी, जवाहरलाल नेहरू, सरदार पटेल और स्वतंत्रता आंदोलन के सभी दिग्गजों के साथ साझा किया, हमारे देश के लिए उनकी गौरवशाली विरासतों में से एक है।" और अपने भाषण में यह भी जोड़ा, "भारतीय संविधान जिसके वे प्रमुख निर्माता हैं, जो राष्ट्रीय लक्ष्य को आगे बढ़ाने के लिए सबसे अच्छा साधन है जिसे हमने अपने लिए निर्धारित किया है।" डॉ. अम्बेडकर सामाजिक न्याय और समानता के निर्विवाद समर्थक थे।

डॉ. अम्बेडकर अभी के लिए सामाजिक रूप से वंचित,उत्पीड़ित शिक्षित वर्ग के लोगों और नव-बौद्धों के प्रतीक बन गए हैं। उनका नाम अप्रभावित, प्रतिगामी और सामाजिक-राजनीतिक अल्पसंख्यक हलकों में भी पहचाना नहीं गया था। उनके

सिद्धांतों को स्कूल और कॉलेज की कक्षाओं में नहीं पढ़ाया जाता था। इस क्रम में बच्चे और सामाजिक ताकतें एम.के. गांधी, पंडित जवाहरलाल नेहरू, रवींद्रनाथ टैगोर, बाल गंगाधर तिलक, और सुभाष चंद्र बोस और कई अन्य नेताओ को महत्त्व देते थे।

निम्न चार घटनाओं के साथ डॉ. अम्बेडकर की प्रतिष्ठा बदली; मंडल आयोग की रिपोर्ट का कार्यान्वयन; उन्हें भारत रत्न से सम्मानित करना; उनके जन्मदिन को राष्ट्रीय अवकाश घोषित करना, और राजीव गांधी सरकार द्वारा अनुसूचित जाति, अनुसूचित जनजाति अत्याचार निवारण अधिनियम का अधिनियमन करना, जिसे पूर्व प्रधान मंत्री विश्वनाथ प्रताप सिंह शासन के दौरान लागू किया गया था।

मंडल आयोग की रिपोर्ट के कार्यान्वयन के साथ अन्य पिछड़ा वर्ग ने भी अनुसूचित जाति, अनुसूचित जनजाति के साथ अन्य पिछड़े वर्गों के उद्धारकर्ता के रूप में डॉ अम्बेडकर को देखना और अपनाना शुरू कर दिया। उनके लिए आरक्षण लागू होने के साथ, शिक्षित होने की उनकी महत्वाकांक्षा बढ़ गई। इसने डॉ. अम्बेडकर के प्रतिष्ठित चित्र के सामाजिक आधार को व्यापक बनाया। उन्होंने सामाजिक रूप से वंचित वर्गों के बीच लगातार प्रतिष्ठा हासिल की। जैसे ही उनका चित्र राजनीतिक सीमा को पार कर आर्थिक रूप से वंचित वर्ग की जनता पर आध्यात्मिक पकड़ के क्षेत्र में प्रवेश किया, इसका बहुत बड़ा प्रभाव पड़ा है।

डॉ. अम्बेडकर की प्रतिमाओं और प्रतिष्ठा की रक्षा के लिए वर्तमान परिपेक्ष्य में सामाजिक रूप से वंचित,उत्पीड़ित वर्ग अब मरने- मारने को तैयार हैं। अब पिछड़े वर्गों के बुद्धिजीवियों ने महसूस करना शुरू किया कि उनके अलावा उनकी अपमानजनक बहिष्कृत स्थिति में सुधार नहीं होगा और इस तरह यह वर्ग डॉ. अम्बेडकर को स्वीकार किया।

भारतीय संविधान के जनक डॉ. अम्बेडकर का चित्र, राष्ट्रीय नागरिकता और नागरिकता संशोधन अधिनियम के प्रदर्शनकारियों द्वारा प्रतिरोध की एक प्रतिष्ठित छवि के रूप में एक सबसे ऊँचा स्थान प्राप्त किया, जिसे आन्दोलनों में समानता और अधिकार के प्रतिकों के रूप लहराया गया, इस प्रकार यह निरंतर प्रतिरोध का सबसे प्रमुख संकेत है। राजनीतिक विरोध के स्वदेशी अतीत से एक बड़ा विचलन है, सड़कों पर बड़ी संख्या में डॉ. अम्बेडकर के चित्र को ले जा रहे प्रदर्शनकारियों की छवियों और वीडियो में दिखाई गई दृश्य बिम्ब सृष्टि है।

सामाजिक रूप से वंचित वर्गों और गरीब समुदायों के विरोध आंदोलनों और लामबंदी में, डॉ अम्बेडकर अब तक एक केंद्र बिंदु रहे हैं। हालाँकि, उनकी छवि और विचारों ने अब रूढ़िबद्ध जाति और सांप्रदायिक सिद्धांतों की सीमा को पार

कर लिया है। यह देश में एक नई राजनीतिक और सामाजिक जागृति की शुरुआत का प्रतीक है जहां डॉ. अम्बेडकर राष्ट्र द्वारा सत्ता के लिए मतदान करने वाले लोगों द्वारा किए गए अन्याय के प्रतिरोध के केंद्र बिंदु के रूप में उभरे हैं। इस पर राज्य के दुष्प्रचार और क्रूर दण्ड से मुक्ति के साथ विद्रोह को शांत करने की कोशिश करने वाले दृश्यों द्वारा अत्यधिक बल दिया गया।

डॉ. अम्बेडकर के शब्दों में, "यदि ब्राह्मणवादी हिंदू एक राज बन जाता है, तो निस्संदेह, यह इस देश के लिए सबसे बड़ी आपदा होगी। इससे कोई फर्क नहीं पड़ता कि आम हिंदू क्या कहते हैं, ब्राह्मणवादी हिंदू धर्म स्वतंत्रता, समानता और बंधुत्व के लिए खतरा है। उस हिसाब से यह लोकतंत्र के साथ असंगत है।"

स्वतंत्रता, समानता और बंधुत्व के सिद्धांतों और सार्वभौमिक सिद्धांतों पर हिंदू धर्म के लिए डॉ अम्बेडकर की स्पष्ट अपील, और देश के सामाजिक रूप से उत्पीड़ित समुदायों के नेतृत्व में लोकतांत्रिक ताकतों द्वारा उनके उत्साही प्रचार ने अब घंटी बजा दी है। उन्होंने भारत के लोगों को आगाह किया है और सामाजिक नैतिकता के लिए संवैधानिक नैतिकता को प्रतिस्थापित करके बहुसंख्यक हिंदुत्व, ब्राह्मणवाद शक्तियों द्वारा बनाए गए खतरे को पहचानने और उससे बचने का आग्रह किया है।

इस वर्ग के प्रतेक व्यक्ति को आज भी प्रत्यक्ष-अप्रत्यक्ष कम या ज्यादा चुनौतियाँ है जिस प्रकार से उस समय डॉ. अम्बेडकर सामना कर रहे थे, और वे पूर्व दृष्टान्त गत प्रभाव के बारे में जानते थे,इस प्रकार डॉ. अम्बेडकर अपने पूर्वानुमान में सही थे। वह लोकतंत्र में बहुमत के शासन की संभावना से अच्छी तरह वाकिफ थे और उन्होंने सही अर्थो में सांप्रदायिक बहुमत को स्पष्ट रूप से परिभाषित किया है। डॉ. अम्बेडकर का उद्‌भव और उनका नारा देश के कानून में उनके विश्वास को व्यक्त करने और विरोध करने वाले लोगों को अपने राज्य के अधिकारों को समझाने के लिए उदार तरीकों का एक तरीका है। जब प्रदर्शनकारी उनका और संविधान का चित्र रखते हैं, तो उनमें दण्ड से मुक्ति का भाव होता है। लोग मानते हैं कि डॉ. अम्बेडकर की छवि को बनाए रखने से राज्य मशीनरी के विरोध को कम करने में मदद मिलती है। इसके अलावा, वंचित, बहिकृत,पिछड़े और दलितों के अधिकारों पर डॉ. अम्बेडकर का ध्यान अब अधिक स्वीकृति प्राप्त कर रहा है क्योंकि इस देश के लोग अपने स्वयं के अधिकारों से संभावित वंचित होने के कगार पर हैं।

विभाजनकारी राजनीति का समाधान डॉ. अम्बेडकर के व्यापक अध्ययन, अनुभव और विचारों और उनके उपयोग में निहित है। यह अंततः भारत को प्रभुत्व एवं भारत को एक नए प्रकाश में ले जाएगा, जैसा कि डॉ. अम्बेडकर ने कहा था,

हर कोई मैत्र-आधारित सोच वाले प्राणी के रूप में रहता है और समान सम्मान संवैधानिक नैतिकता की अवधारणा के साथ जुड़ा हुआ है।

डॉ. अम्बेडकर राष्ट्रीय एकता के प्रतीक

डॉ. बी.आर. अम्बेडकर के मन में अपनी मातृभूमि के प्रति महान देशभक्ति थी। 4 अप्रैल 1934 को, डॉ. अम्बेडकर ने अलग कर्नाटक राज्य के निर्माण के समय कहा कि हम सभी को भारतीय होने के हमारे एकीकृत पूर्ण अनुभव के निर्माण को कमजोर कर दिया। उन्होंने कहा, "कुछ लोग जो कहते हैं उनसे मैं सहमत नहीं हूं, हम सबसे पहले भारतीय हैं, उसके बाद हिंदू और मुसलमान, मैं स्पष्ट रूप से कहता हूं कि मैं उन शब्दों से संतुष्ट नहीं हूं, मैं नहीं चाहता कि हमारी देशभक्ति इतनी व्यापक हो जाए भारतीय के रूप में और, किसी भी अन्य रूप में, देशभक्ति प्रभावित हो। चाहे राष्ट्रपति हमारे धर्म की ख्याति कम करें, हमारी संस्कृति को कम करें, हमारी भाषा की प्रसिद्धि को कम करें, इसका मतलब है कि देशभक्ति सर्वोपरि होनी चाहिए। " डॉ. अम्बेडकर ने कहा, "सभी को प्रथम और एकमात्र भारतीय और अंतिम भारतीय होना चाहिए, केवल भारतीय होना चाहिए।" डॉ. अम्बेडकर की तरह प्रतिबद्ध कोई भी राजनेता नहीं हो सकता है।

डॉ. अम्बेडकर न केवल एक समाज सुधारक थे, बल्कि बहु आयामी एक नवप्रवर्तनशील बहुमुखी सुधारक थे, वे जानते थे कि अपने करियर यानि व्यवसाय को किस रूप में शरू किया जाय।उन्हें मालूम और अनुभव था कि बहुत ही कम उम्र में एक वंचित,बहिष्कृत होने का एहसास होने क्या मतलब है और इसके खिलाफ लड़ाई कैसे शुरू की जा सकती है। इसकी पीड़ाओं की उनकी दार्शनिक अवधारणा के अनुसार, ब्राह्मणवाद के जाति पदानुक्रम का सामाजिक आंदोलन उन्हें अपने पक्ष में नहीं कर सका। एक महत्वपूर्ण मुद्दा समाज सुधारकों के लिए अस्पृश्यता का मुद्दा था। यह मुद्दा उनके लिए इस मायने में विशिष्ट इस लिए था कि यह केवल अछूतों को प्रभावित करता था। वंचित,बहिकृत,अस्पृश्यता की काली दस्तक ब्राह्मणवादी हिदुओं ने कभी भी अनुभव नहीं की थी और न करेंगी।

डॉ. अम्बेडकर द्वारा भारतीय राष्ट्रवाद की अवधारणा विभिन्न लक्ष्यों के साथ शुरू हुई, जो समाज के उत्पीड़ित वर्ग की भलाई के लिए थी। वह उन लोगों के लिए स्वतंत्रता और नागरिक अधिकार चाहते थे जो हजारों वर्षों से उन मूलभूत अधिकारों से वंचित थे। उन्हें अपने देश की महानता और पारंपरिक संस्कृति को समझा और इसलिए अपने देशवासियों की देश की अखंडता पर उन्हें पूरा भरोसा था। उनमें राष्ट्रवाद, वाह्य वर्चस्व और आंतरिक अन्याय दोनों, विद्रोह के रूप में शुरू

हुआ। उन्होंने भारतीय लोगों के कल्याण की उपेक्षा के लिए ब्रिटिश साम्राज्य को जिम्मेदार ठहराया। उन्होंने तर्क दिया कि व्यक्तियों को दी गई स्थिति 'सर्फिंग और दास की स्थिति के बीच में थी। ये थोपी गई दासता और मानव अंतःक्रिया पर रोक, उसके अनुरूप, अस्पृश्यता की प्रथा के परिणामों के रूप में और जिसमें न केवल सामाजिक जीवन के साथ भेदभाव किए जाने की संभावना शामिल थी। उन्होंने माँग किया कि अस्पृश्यता की मुक्ति के लिए हमारी सरकार को संपूर्ण सामाजिक और आर्थिक कानून में संशोधन करना चाहिए।

उन्होंने कहा था कि जब तक राष्ट्र एकजुट नहीं हो जाता और राष्ट्रीय भाईचारे की प्रवृत्ति नहीं होती तब तक सामाजिक वंचित,बहिकृत,पिछड़ा समुदाय और यहां तक कि ब्राह्मणवादी हिन्दू की ऊंची जातियों द्वारा स्वीकार नहीं की जा सकती। ब्रिटिश सरकार कभी भी ऐसा जोखिम उठाने के लिए तैयार नहीं होगी। उस उद्देश्य के लिए, उसे एक ऐसी सरकार की आवश्यकता थी, जो लोगों की हो, जनता के लिए हो और जनता द्वारा निर्वाचित हो जो इसे संभव बनाए। डॉ. अम्बेडकर ने टिप्पणी किया कि, "ब्रिटिश सरकार ने वंचित,बहिकृत, पिछड़े और दलित वर्गों के अधिकारों की वापसी या उद्धार के लिए जोश और उत्साह से काम नहीं किया और इन वर्गों के सामने आने वाली समस्याओं को दूर करने के लिए अपनी शक्ति का प्रयोग नहीं किया।" जब तक भारत राजनीतिक सत्ता हासिल नहीं कर लेता और जब तक भारतीय समाज के इस वर्ग के हाथों में सत्ता केंद्रित नहीं हो जाती, तब तक इस वर्ग की सभी सामाजिक, कानूनी और सांस्कृतिक अक्षमताओं को पूरी तरह से दूर करना संभव नहीं होगा। लोगों की स्वतंत्रता उनका मुख्य लक्ष्य था। लोकतंत्र के बिना, राष्ट्रवाद इन वर्गों के लिए आंतरिक गुलामी, जबरन श्रम और संगठित अत्याचार का एक साधन बना रहेगा।

उन्होंने विवेक पूर्ण तर्क दिया कि "हमारे देश की राजनीतिक स्वतंत्रता पर अपना सारा ध्यान केंद्रित करना और सामाजिक और आर्थिक स्वतंत्रता के सबसे महत्वपूर्ण मुद्दे को भूलना पूरी तरह से गलत है। यह कल्पना करना विनाशकारी है कि राजनीतिक स्वतंत्रता का अर्थ अनिवार्य रूप से वास्तविक सर्वांगीण स्वतंत्रता है"।

राष्ट्रीय एकता पर डॉ. अम्बेडकर के विचार

राष्ट्र निर्माण एक उच्च श्रेणी की घटना रही है क्योंकि इसमें राष्ट्र-राज्य के सामान्य विकास, यानी आर्थिक विकास, साक्षरता का प्रचार- प्रसार, मास-मीडिया का विकास, सामाजिक विकास और सैन्य शक्ति शामिल है। 20वीं शताब्दी के अंत में, राष्ट्र-निर्माण की पद्धति अनिवार्य रूप से मैकियावेली और हॉब्स के शासन-कला से

भिन्न थी। राष्ट्र-निर्माण परिभाषित एक तरह की तकनीकी-आर्थिक परियोजनाएं है जो कि रेलवे, निर्माण विभाग जैसे सरकारी संगठनों द्वारा स्वतंत्रता के बाद शुरू की गई थीं। चूंकि यह उत्कृष्टता की खोज है, जो हमेशा बदलती रहने वाली घटना है, राष्ट्र निर्माण एक सतत प्रक्रिया हो सकती है। इस प्रकार देश के नव निर्माण में डॉ. अम्बेडकर का योगदान विकास नीतियों और योजनाओं के निर्माण में उनकी प्रत्यक्ष भागीदारी और अहम् भूमिका रही है।

एक बार 1947-51 के दौरान स्वतंत्र भारत के केंद्रीय मंत्रिमंडल में कानून मंत्री के रूप में, और उससे पहले वायसराय की परिषद के सदस्य के रूप में, डॉ अम्बेडकर नीति निर्माण में सक्रिय थे, श्रम, सिंचाई और बिजली विभाग की जिम्मेदारी थी। डॉ अम्बेडकर एक प्रतिष्ठित अर्थशास्त्री थे। सैद्धांतिक समस्याओं के साथ-साथ व्यावहारिक आर्थिक समस्याओं सहित विस्तृत आर्थिक रिपोर्ट लिखने वाले वे पहले भारतीय थे। ऐतिहासिक और सैद्धांतिक शोध के सन्दर्भ में वे भारत के राष्ट्रीय लाभांश पर लिखने वाले प्रथम भारतीय थे। उनके पास आर्थिक नीति और प्रशासन, क्षेत्रीय स्वायत्तता और भारतीय लोगों के आधारभूत मुद्दों, गरीबी, बेरोजगारी और असमानता, कृषि और औद्योगीकरण पर उत्कृष्ट सोच और विचार थे। आज भी, उनके तर्क जो कि सामाजिक शोषण और उत्पीड़न हर देश में प्रचलित हैं और यह कि राजनीतिक और आर्थिक घटनाएं एक-दूसरे से जुड़ी हुई हैं, सत्य हैं।

विकसित राष्ट्रीय एकता के संविधान के मसौदा बनाने में डॉ. बी.आर. अम्बेडकर की भूमिका अग्रणी है। भारतीय समाज को एकजुट करने के लिए, जो न केवल जाति और वर्ग में बल्कि धर्मों, भाषाओं, रीति-रिवाजों और संस्कृतियों में भी विभाजित था, डॉ अम्बेडकर ने मौलिक कानूनों में एकल नागरिकता, एकल न्यायपालिका और एकरूपता का निर्धारण किया। इसलिए, क्षेत्रीय अखंडता और संस्थागत अनुशासन को बनाए रखने के लिए, एक मजबूत केंद्र अनिवार्य था। हालाँकि, संविधान मसौदा में, उन्होंने 'देव नागिरी' लिपि में हिंदी को भारत की राष्ट्रीय भाषा के रूप में अपनाने का प्रस्ताव रखा। जब अंततः यह निर्णय लिया गया कि भारत को दो भागों यानि भारत और पाकिस्तान में विभाजित किया जाना चाहिए, तो डॉ. अम्बेडकर ने उस समय मांग की कि तत्कालीन पंजाब और बंगाल को विभाजित किया जाए शेष भारत के सभी क्षेत्रों एक साथ जोड़ा जाय।

डॉ. अम्बेडकर, जो मूल रूप से एक व्यावहारिक व्यक्ति थे, का मानना था कि राजनीतिक स्वतंत्रता आर्थिक और सामाजिक न्याय के अभाव में सामाजिक एकजुटता या राष्ट्रीय एकीकरण नहीं हो सकता है। जाति या हैसियत के आधार पर, उन्होंने विशेषाधिकारों के उन्मूलन का समर्थन किया और व्यक्ति की स्वतंत्रता

और अखंडता के लिए सक्रिय रूप से संघर्ष किया। लगभग उसी समय, वह राष्ट्र की एकता के समर्थन में थे। भारत के संविधान के माध्यम से, डॉ अम्बेडकर ने निम्नलिखित सिद्धांतों को इसमें एकीकृत करके इन लक्ष्यों को प्राप्त करने का प्रयास किया; भारतीय संविधान को व्यावहारिक, लचीला और इतना मजबूत बनाना कि वह देश को शांति और युद्ध के समय में एकताबद्ध कर सके; अल्पसंख्यकों और कुछ सामाजिक और शैक्षिक रूप से पिछड़े वर्गों के लिए विशेष सुरक्षा प्रदान करना, 'एक व्यक्ति, एक मूल्य', और 'एक व्यक्ति, एक वोट' की अवधारणा को लागू करना; और भारतीय संविधान को एक इकाई के रूप में स्वीकार किया गया ; 'एक आदमी, एक मूल्य, और एक आदमी, एक वोट' के सिद्धांत को प्राप्त करने के लिए और सभी लोगों को कानून के सामने समान रखने के लिए सामाजिक रूप से वंचित,बहिष्कृत और जबरन श्रम की अस्पृश्यता का उन्मूलन करने के लिए; सभी नागरिकों के लिए कानूनों की समान सुरक्षा, साथ ही पेशे की स्वतंत्रता और समान अवसर की गारंटी देना; और अंत में मानव अधिकार को सही बनाने के लिए संवैधानिक उपाय के अधिकार को लागू करना। यह सब हमारी राष्ट्रीय एकता में डॉ. बी.आर. अम्बेडकर का उत्कृष्ट योगदान रहा है।

डॉ. अम्बेडकर के राष्ट्रवाद के विचार और भारतीय राष्ट्रीय क्रांति की व्याख्या पर उदारवादी या रूढ़िवादी विद्वानों या इतिहासकारों ने शायद ही कभी अपना विद्वता पूर्ण ध्यान आकृष्ट किया हो। यह अध्ययन उनके राष्ट्रवाद की स्व-निर्मित दृष्टि की जांच करने का प्रयास करता है और यह भी आकलन करता है कि उन्होंने और सामाजिक रूप से वंचित और बहिष्कृत,पिछड़े लोगों ने कांग्रेस द्वारा निर्देशित भारतीय राष्ट्रीय आंदोलन में सीधे भाग क्यों नहीं लिया, जिसको समझने की आवश्यकता है। डॉ. अम्बेडकर की राष्ट्रवाद की भावना पर सवाल उठाते हुए अरुण शौरी जो एक लेखक थे, द्वारा प्रस्तुत बहस को गहराई से जांचने की आवश्यकता है। यह सच है कि डॉ. अम्बेडकर ने कभी भी भारत के राष्ट्रीय आंदोलन में शामिल नहीं हुए, बल्कि मुख्यधारा के राष्ट्रीय आंदोलन का विरोध किया, लेकिन इस तरह के रवैये ने परोक्ष रूप से उस बड़े सामाजिक ढांचे को स्थापित करने में महान योगदान दिया, जिस पर भारत की वर्तमान स्थिति यानि राष्ट्र खड़ा है।

डॉ. अम्बेडकर के पास राष्ट्रवाद और सामाजिक ढांचे और राजनीतिक व्यवस्था और दूर दृष्टि के बारे में स्व-निर्मित विचार हैं, जो समकालीन समाज के विभिन्न पहलुओं के निर्माण में योगदान करते हैं। डॉ. अम्बेडकर के काम का कैनवास यानि क्षेत्र बहुत बड़ा और विस्तृत है जिसको प्रतिविम्बित करना आसान नहीं है।लेकिन यहाँ पर जिन समस्याओं का समाधान करने कि कोशिश किया गया है, वह भारतीय राष्ट्रवाद

के उनके दर्शन के दायरे को प्रतिबिंबित करने का एक मामूली प्रयास है। आधुनिक भारत के अग्रणी राष्ट्र-निर्माताओं में से एक डॉ. भीमराव रामजी अम्बेडकर थे, जो महान भारतीय संविधान निर्माता और 'विद्रोह के प्रतीक' थे, जैसा कि भारत के पहले प्रधान मंत्री जवाहरलाल नेहरू ने कहा था।

भारत के स्वतंत्रता संग्राम में डॉ. अम्बेडकर की स्थिति की आलोचना और राष्ट्रीय आंदोलन के निर्माण के लिए सामाजिक-आर्थिक रूप से वंचित,बहिकृत,पिछड़े वर्गों की प्रतिक्रियाओं ने उनके राष्ट्रवादी विचारों की फिर से परीक्षा की है। सामान्य तौर पर, और विशेष रूप से राष्ट्रवाद में, डॉ अम्बेडकर की सोच केवल एक महान विचारक के विचार या सोच ही नहीं हैं। ये एक संघटित विचारधारा के तत्व हैं जो अन्य विचारधाराओं के खिलाफ तेजी से बदलते समाज में संघर्ष में एक प्रेरक शक्ति के रूप में कार्य कर रहे हैं। डॉ. अम्बेडकर ही हैं जिन्होंने राष्ट्रवाद के एक व्यवस्थित सिद्धांत को स्थापित करने और इसे अपने देश में सभी आधुनिक भारतीय विचारधाराओं की भारतीय स्थिति पर वस्तुनिष्ठ रूप से लागू करने का प्रयास किया है।

लेकिन, यह शर्म की बात है कि भारत में राष्ट्रवादी आंदोलन के भीतर, वैचारिक दृष्टिकोण और स्पष्टीकरण व्यावहारिक रूप से न के बराबर रहा है। एक वर्ग ने कहा कि भारत हिंदू के रूप में शाश्वत था और भारतीय राष्ट्र अपने बाहरी दुश्मनों द्वारा उस पर थोपी गई अपनी बड़ी मूर्खता से जाग रहा है, जबकि दूसरे वर्ग ने इसे "राष्ट्र-निर्माण" चरण के रूप में देखा। इसके खिलाफ, डॉ. अम्बेडकर ने उन्नीसवीं सदी के यूरोप के इस दर्शन के साथ संघर्ष किया, इसे फिर से लिखा कि इसमें क्या स्थायी और गौण है, और यह प्रदर्शित किया कि कैसे औपनिवेशिक भारतीय स्थिति की ख़ासियत को निष्पक्ष रूप से लागू किया जा सकता है।

डॉ.बी.आर.अम्बेडकर एक सच्चे राष्ट्रवादी

वर्तमान में जबर्दस्ती से दिखावटी राष्ट्रवाद को उठाया जा रहा है और लोगों में भय और आतंक फैलाया जा रहा है। भारत के संविधान के मुख्य वास्तुकार डॉ. अम्बेडकर ने अपने विभिन्न लेखनों में राष्ट्रवाद पर टिप्पणी किया और उपयोगी अंतर्दृष्टि प्रदान किया। उन्होंने सामाजिक-आर्थिक रूप से निराश्रित सामाजिक वंचितों, बहिकृतो, पिछड़ो की विधायिका, कार्यपालिका और सार्वजनिक सेवा में पर्याप्त प्रस्तुतियों के लिए काफी गर्मजोशी से तर्क दिया। ऐसी मांगों का खंडन करने के लिए राष्ट्रवाद को एक खोल के रूप में इस्तेमाल किया गया था जिस प्रकार से वर्तमान परिपेक्ष किया जा रहा है। वास्तव में, उन्होंने ने स्पष्ट रूप से लिखा है कि राष्ट्रवाद देश में लड़ती हुई मानवता का विरोध करने और इस तरह सांप्रदायिकता की पुष्टि के लिए उर्वर

परिस्थितियों का निर्माण करने की नींव बन गया। निश्चय ही उन्होंने आजादी से पहले जो लिखा वह आज एक निषेधात्मक तथ्य है। केंद्र में राज्य सत्ता पर कब्जा करने के अलावा, फासीवादी ताकतें राष्ट्रीय स्तर पर अपने खतरनाक डिजाइन को पूरा करने के लिए राज्य तंत्र पर हावी और परोक्ष रूप से नियंत्रित करती हैं।

डॉ. अम्बेडकर की स्व-निर्मित राष्ट्रवाद की दूरदृष्टि महत्वपूर्ण है। राष्ट्रवाद एक दर्शन है जो जन्म या पसंद के आधार पर किसी के देश प्रेम पर केंद्रित होता है, जो किसी राष्ट्र के सदस्यों की स्थिति पर ध्यान केंद्रित करता है जब वह अपनी राष्ट्रीय पहचान और किसी राष्ट्र के सदस्यों के कार्यों की परवाह करता है,जब वह किसी प्रकार की राजनीतिक संप्रभुता को पाने की कोशिश करते हैं। राष्ट्रवाद, व्यापक अर्थों में, दृष्टिकोणों, दावों और निर्देशों का जटिल मनोभाव है जो राष्ट्रों और राष्ट्रीयताओं पर एक मौलिक राजनीतिक, नैतिक और सांस्कृतिक अर्थ थोपता है जो इस निर्दिष्ट मूल्य से प्राप्त होता है।

डॉ. अम्बेडकर का राष्ट्रवाद ने आंतरिक और बाह्य दोनों तरह के अन्याय के प्रति शुरुआत की। सैकड़ों वर्षों से सामाजिक वंचित लोगों के लिए, वे समानता और नागरिक अधिकार चाहते थे। डॉ. अम्बेडकर के विचार में, भारतीय समाज एक ऐसी संरचना थी जिसने एकता और समानता की भावना के निर्माण का कोई अवसर प्रदान नहीं किया जो सरकार के लोकतांत्रिक स्वरूप के लिए मुख्य थे। कुछ लोगों से मौलिक मानवाधिकारों को छीन लिया गया था। वह संवैधानिक सुरक्षा के साथ उत्पीड़ितों की रक्षा करने की मांग कर रहे थे। डॉ. अम्बेडकर का मानना था कि भारतीय समाज एक जाति श्रेणीकरण से ज्यादा कुछ नहीं है जिसमें सम्मान की बढ़ते स्तर और अवमानना का अवरोही स्तर शामिल है।

अंतरराष्ट्रीय प्रभुत्व के संबंध में डॉ. अम्बेडकर का दृष्टिकोण बहुत पारदर्शी था। उनकी राय में, ब्रिटिश रवैया कुछ सामाजिक बुराइयों को दूर करने के प्रति उदासीन था, यह ठीक नहीं था क्योंकि अस्तित्व के तत्कालीन स्थापित सामाजिक और आर्थिक मानदंडों के साथ इसका हस्तक्षेप प्रतिरोध का कारण बन सकता था। डॉ. अम्बेडकर कुछ ऐसी सामाजिक घटनाओं को समाप्त करने की आवश्यकता से अवगत थे, जो सामाजिक वंचित,बहिकृत,पिछड़े लोगों के जीवन को भयभीत कर दिया था। डॉ. अम्बेडकर के राष्ट्रवाद ने इस ब्रिटिश शासन से लड़ते हुए एक उचित रूप ले लिया, भले ही भारत जैसे देश में विदेशी प्रभुत्व संभावित शक्ति थी। डॉ. अम्बेडकर का राष्ट्रवाद लोगों और भूमि दोनों के लिए समानता की भावना पर केंद्रित है।

सामाजिक रूप से उत्पीड़ित और वंचित, पिछड़े वर्गों के प्रति उनकी प्रबल भावना ने उन्हें मौलिक मानवाधिकारों के हनन से लड़ने के लिए प्रेरित किया। डॉ. अम्बेडकर के ऐसे विचार और सोच को एक सम्मेलन प्रमुख द्वारा राष्ट्रविरोधी करार दिया गया, लेकिन सही मायने में उन्होंने ईमानदारी से मानवतावाद और राष्ट्रवाद की एकमात्र अभिव्यक्ति के लिए खुद को समर्पित कर दिया। जो लोग डॉ. अम्बेडकर को स्वतंत्रता के लिए कांग्रेस के नेतृत्व वाले संघर्ष का विरोध करने के लिए दोषी ठहराते हैं, वे यह जानने में विफल रहे है कि विदेशी शासन से मुक्ति आंतरिक गुलामी और शोषण से मुक्ति से ज्यादा महत्वपूर्ण थी। डॉ. अम्बेडकर सच्ची स्वतंत्रता को भ्रामक मानते थे, किसी राष्ट्र की स्वतंत्रता को उसके नागरिकों की स्वतंत्रता से अलग नहीं किया जा सकता है। उनके लिए, "दार्शनिक रूप से, एक राष्ट्र को एक इकाई के रूप में माना जा सकता है, लेकिन सामाजिक रूप से, इसे कई वर्गों और राष्ट्र की स्वतंत्रता से मिलकर नहीं माना जा सकता है, अगर यह एक वास्तविकता है, तो हर लोगों की स्वतंत्रता की रक्षा करनी चाहिए। इसमें शामिल वर्ग, विशेष रूप से उन लोगों के लिए जिन्हें दास वर्ग के रूप में माना जाता है"।

डॉ. अम्बेडकर ने सही मायने में वर्षों से ब्राह्मणवादी सवर्ण हिंदुओं के गुलाम रहे गरीबों की मुक्ति को उचित स्थान और महत्व दिया। यदि किसी राष्ट्र को शासक वर्ग के साथ सह-विस्तृत के रूप में देखा जाना है तो यह वास्तव में सभी लोगों के प्रति चिंतनशील होना चाहिए। यह तभी संभव है जब वे आतंक, अन्याय और शोषण से मुक्त हों, जो उन्हें सच्ची आजादी देता हो। डॉ. अम्बेडकर के अनुसार, संपूर्ण समाज समूहों और वर्गों से बना है, जिसमें एक तरफ जीवन के विभिन्न क्षेत्र और दूसरी तरफ मिट्टी और देश की भौतिक विशेषताएं हैं, जिन पर कुछ विशेष सामाजिक वर्गों का कब्जा है।

उन्होंने लोगों की स्वतंत्रता पर जोर दिया, जबकि भारत की भौतिक स्वतंत्रता पर उनके विचार परस्पर विरोधी नहीं थे। इससे लोगों के मन में भ्रम पैदा हो गया जो इन दोनों चीजों में अंतर नहीं कर पा रहे है। यह अच्छी तरह से प्रमाणित है कि सामान्य रूप से प्रमुख राष्ट्रवादी और हिंदू राष्ट्रवादियों ने, विशेष रूप से, राजनीतिक स्वतंत्रता पर अत्यधिक जोर दिया, जिसने राष्ट्रवाद के सामाजिक पहलुओं की अवहेलना किया। डॉ. अम्बेडकर के अनुसार, राष्ट्रवाद आंतरिक गुलामी का नेतृत्व करता है, और पूर्ण मानव स्वतंत्रता के अभाव में, गरीब और वंचित वर्गों के लिए संगठित अत्याचार है।

डॉ. अम्बेडकर की दृष्टि में राष्ट्रवाद का अर्थ है देश के सभी लोगों की आंतरिक एकता की अभिव्यक्ति, और एक सामाजिक एकीकरण प्रक्रिया है। जब किसी देश

में पुरुषों का सामाजिक भाईचारा सर्वोच्च होता है तो इस प्रकार, जाति, रंग और धर्म की परवाह किए बिना राष्ट्रवाद आदर्श रूप से सामंजस्यपूर्ण हो जाता है। राष्ट्रवाद जाति भावना की अस्वीकृति है और जाति भावना डॉ. अम्बेडकर के लिए गहन सांप्रदायिकता के अलावा और कुछ नहीं है। उन्होंने जातिवाद, भाषावाद, सांप्रदायिकता और अलगाववाद से लड़ने पर जोर दिया क्योंकि उन्हें लगा कि देश में इन सामाजिक बुराइयों ने लोगों को संकुचित सोच, ओछी राष्ट्रवाद ने सामाजिक इकाइयों में विभाजित कर दिया है। सामान्य और सरल भाषा में, राष्ट्रवाद के रूप में डॉ. अम्बेडकर का सुधारवादी राष्ट्रवाद राष्ट्रीय एकता के लिए एक चुनौती है जो समानता और भाईचारे के मार्ग को बाधित कर सकता है। सीधे शब्दों में कहें तो डॉ. अम्बेडकर राष्ट्रवाद को मानवतावाद पर आधारित आध्यात्मिक घटना मानते थे।

डॉ. अम्बेडकर की राष्ट्रीयता और देशभक्ति की दृष्टि उन गरीबों की भलाई और न्याय करने में सामाजिक बंधुत्व की एक मजबूत और स्थायी भावना पैदा करती है जिन्हें ब्राह्मणवादियो द्वारा कभी भी पूर्ण रूप से मानव नहीं माना जाता रहा, जो कि मूल निवासी है और सदियों से उसी देश,उसी नगर, उसी गाँव में रहते रहे हैं। राष्ट्रवाद आमतौर पर राष्ट्रीय संस्कृति से लगाव की भावना है, जबकि देशभक्ति 'जिस देश में हम पैदा हुए हैं' की मिट्टी से लगाव की भावना है। डॉ. अम्बेडकर लोकतंत्र में विश्वास रखते हैं और समानता, देशभक्ति और राष्ट्रवाद सबसे महत्वपूर्ण हैं। डॉ. अम्बेडकर का तर्क है कि देशभक्ति को जातिवाद, सामाजिक अत्याचार, साम्यवाद, जबरन श्रम आदि को खत्म करने के लिए कार्रवाई और प्रतिक्रिया की आवश्यकता होती है, जबकि राष्ट्रवादी नेता को इसमें एक प्रगाढ़ विश्वास होना चाहिए।

एक शब्द में, डॉ. अम्बेडकर की राष्ट्रवाद की अवधारणा सामाजिक बंधुत्व की भावना, एकता की भावना और एक ही देश में उन लोगों की दुर्दशा को बेहतर बनाने के लिए एक केंदिभूत संकल्प उत्पन्न करती है जो इस देश में कमतर है। डॉ. अम्बेडकर, एक राष्ट्रवादी आस्तिक, धार्मिक समानता का समर्थन, आस्था, और राष्ट्रवाद के नाम पर, पाखंड और अन्याय के सभी रूपों को खारिज करते रहे है। वह मूल भारतीय समुदाय में विभिन्न धर्मों के बीच, "धर्म मानव समाज की एकजुटता को मजबूत करने की शक्ति" की आकांक्षा रखते है, जो लोगों को सामाजिक और भावनात्मक एकता के लिए एक साथ ला सकता है।

उनके लिए, 'बहुसंख्यक की इच्छा के अनुसार अल्पसंख्यकों पर शासन करने का बहुमत का दैवीय अधिकार' तर्कहीनता का एक उदाहरण है और सत्ता और प्रतिष्ठा पर बहुसंख्यक धार्मिक या राजनीतिक दल का एकाधिकार कोई राष्ट्रवाद नहीं बल्कि प्रति-राष्ट्रवाद है। डॉ. अम्बेडकर का मानना है कि भारतीय समाज में धार्मिक

भिन्नताओं वाले विभिन्न धर्मों को मान्यता देते हुए, इन धर्मों को राष्ट्रीय भावना के निर्माण के पीछे किसी भी स्थिति में बाध्यकारी ताकते नहीं होना चाहिए; इन धर्मों को अमानवीय व्यवहार और अपमान का प्रतीक होना चाहिए। अन्यथा, राष्ट्रीय एकता की अच्छी भावना स्थापित करने में बाधा होगी।

डॉ. अम्बेडकर ने देश के भीतर भाषा विविधता के दोषों को पहचा और अपनी राय व्यक्त की कि विभिन्न भाषाओं को राष्ट्रवाद के विकास और भावना को नहीं रोकना चाहिए; उन्होंने कनाडा, स्विटजरलैंड और दक्षिण अफ्रीका की विविध भाषाओं के उदाहरणों का हवाला दिया। हालांकि, उन्होंने राष्ट्रवाद की एकता और भावना को मजबूत करने के साथ-साथ नस्लों और संस्कृतियों के बीच अंतर्विरोधों को कम करने के लिए एक आम भाषा की आवश्यकता पर जोर दिया। वे एक साझा भाषा के माध्यम से एकता की मजबूत भावना और राष्ट्रवाद की मजबूत भावना चाहते थे।

उन्होंने सुझाव दिया था कि विभिन्न भाषाएं बोलने वाले लोगों को नस्ल,जाति और धर्म की परवाह किए बिना सभी नागरिकों के सृजन और खुशी के लिए विचारों और व्यवहार को साझा करना चाहिए। एक देश में मानवीय एकता की भावना को बढ़ाने के अलावा, एक भाषा नस्लीय और सांस्कृतिक असमानताओं को समाप्त कर सकती है। डॉ. अम्बेडकर सामाजिक समानता और नागरिक स्वतंत्रता के प्रति ब्रिटिश उदासीन आचरण के बारे में बहुत मुखर थे। राष्ट्रवाद की भावना ने उन्हें पुरुषों को मुक्त करने और दलित वर्गों के विशेषाधिकारों के पूर्वावस्था को प्राप्ति के लक्ष्य के साथ विदेशी शासन के खिलाफ लड़ने के लिए प्रेरित किया।

डॉ. अम्बेडकर के दर्शन और विचार ही सामाजिक, कानूनी और सांस्कृतिक अक्षमताओं को पूरी तरह से समाप्त करने का एकमात्र तरीका है, जब तक मूल भारतीय जनता राजनीतिक सत्ता हासिल नहीं कर लेती तब तक इस समुदाय को कानूनी और सांस्कृतिक अक्षमताओं का सामना करना पड़ेगा, और जब तक कि यह शक्ति सामाजिक रूप वंचितों,बहिकृतो,पिछड़ों के हाथों में केंद्रित नहीं हो जाती है तब तक उन्हें उपेक्षित होना पड़ेगा। उन्होंने न केवल ब्रिटिश साम्राज्यवाद का बल्कि स्वशासन का भी विरोध किया। उन्होंने कहा कि "हमारे पास एक ऐसी सरकार होनी चाहिए जिसमें सत्ताधारी लोग देश के सर्वोत्तम हित के लिए अपनी अविभाजित निष्ठा रखें।"

डॉ. अम्बेडकर की राजनीतिक सोच से यह स्पष्ट है कि उन्होंने ब्रिटिश वर्चस्व के खिलाफ सामाजिक और राष्ट्रीय जागरूकता को फिर से जगाने की कोशिश किया जो लोगों की सामाजिक मुक्ति के लिए घातक थे। राष्ट्रीयता की भावना के बिना

राष्ट्रवाद हो सकता है, जबकि राष्ट्रीयता और राष्ट्रवाद मानव मन की दो अलग-अलग मनोवैज्ञानिक अवस्थाएँ हैं। डॉ. अम्बेडकर की राय में, राष्ट्रीयता एक प्रकार की चेतना की भावना है, जो एक तरफ, उन लोगों को एक साथ जोड़ती है जिनके पास सभी प्रकार के संसाधन है, इतनी मजबूती से कि यह आर्थिक विवादों या सामाजिक उन्नयन से उत्पन्न सभी असमानताओं को खत्म कर देता है और दूसरी ओर उन लोगों को अलग करता है जो उन लोगों की तरह नहीं हैं।

किसी अन्य समूह, वर्ग से संबंधित नहीं होने की यह एक भावना है। यह राष्ट्रीयता और राष्ट्रीय भावना के रूप में जानी जाने वाली भावना है। पहला, देश के प्रति इच्छाशक्ति, और राष्ट्रवाद उस इच्छा का एक जटिल प्रतिनिधित्व है और दूसरा, राष्ट्रवाद जिस भूमि पर कब्जा कर सकता है, वह उन्हें एक राज्य और एक राष्ट्र का सांस्कृतिक घर बनाती है। उन्होंने सोचा कि अगर शर्तें पूरी हों तो राष्ट्रीयता राष्ट्रवाद बन सकती है। राष्ट्रवाद राष्ट्रवाद बन सकता है। इसलिए डॉ. अम्बेडकर का मानना था कि राष्ट्रवाद को एक राष्ट्र के रूप में जीने के दृढ़ संकल्प और एक निश्चित क्षेत्र के साथ एक राज्य या सांस्कृतिक विरासत बनाने की गहरी भावना पर बनाया जाना चाहिए।

केवल राजनीतिक एकता से ही इस तरह का राष्ट्रवाद नहीं आएगा, बल्कि सामाजिक एकता के लिए मानवीय भाईचारे की भावना पैदा करना अधिक सुविधाजनक होगा जो एकता की भावना पैदा करती है। मानव भाईचारे की भावना को स्थापित करने के लिए, साम्प्रदायिक निषेध के बावजूद, उन्होंने लोगों की आध्यात्मिक एकता की वकालत भी की और सभी प्रकार की विषमताओं, संदेहों और मतभेदों को हतोत्साहित किया। लोगों के बीच चारों ओर शांति स्थापित करने के लिए, उन्होंने यह सोचा कि ब्रिटिश सरकार के साथ संघर्ष की तुलना में आध्यात्मिक सद्भाव उनके लिए कहीं अधिक महान कार्य है।

उन्होंने सोचा कि भक्ति आत्मा मोचन का मार्ग है, लेकिन भक्ति राजनीति के क्षेत्र में विनाश और अत्यधिक अत्याचार का एक निश्चित मार्ग है,जो भक्ति या नायक-पूजा है। वे अपने विचार के पक्ष में तार्किक राय देते हैं कि राजनीतिक नायकों की पूजा से लोकप्रिय अंतरात्मा की हत्या कर दी गई है क्योंकि नायक केवल अपने उपासकों के बारे में सोचते हैं और मानवता के सामान्य कारकों की उपेक्षा करते हैं। उन्होंने अपने लोकतांत्रिक मानवतावादी दृष्टिकोण के माध्यम से भारत की राजनीतिक, सामाजिक और धार्मिक समस्याओं को हल करने का प्रयास किया। पश्चिमी संस्कृति से शिक्षित और आकर्षित होने के बावजूद, उन्होंने सांस्कृतिक उत्थान के लिए हमारी संस्कृति और सभ्यता के सर्वोत्तम तत्वों को बनाए रखने की

आवश्यकता पर जोर दिया। डॉ. अम्बेडकर की सोच के अंदर राष्ट्र की अवधारणा और सच्चाई बहुत परिलक्षित होती है। राष्ट्र एक सनातन आदर्श है, कुछ आदर्शों पर आधारित एक सामाजिक श्रेणी है। यदि राष्ट्र को एक राजनीतिक इकाई बनना है तो कम से कम एक गंभीर और वैचारिक प्रतिबद्धता एवं सामाजिक और सामाजिक संबंधों में समान रूप से महत्वपूर्ण बदलाव लाना महत्वपूर्ण है।

उपमहाद्वीप के संदर्भ में यह आवश्यक है कि जाति को उसके सभी आयामों में एक समय के लिए सामाजिक संगठन और व्यवस्था के वाद और सिद्धांत के रूप में त्याग दिया जाए, चाहे वह इसकी अपरंपरागत वैदिक-शैली की शुद्धता या उन्नीसवीं शताब्दी के भ्रष्ट और विकृत रूप से जाना जाता हो। स्वतंत्र राजनीति बनाने की इच्छा इसी वैचारिक त्याग और पुन: समाजीकरण पर निर्भर करती है। डॉ. अम्बेडकर के लिए, राष्ट्रवाद 'रक्त सम्बन्धी समानता के इस बंधन से बंधे लोगों के लिए एक अलग राष्ट्रीय अस्तित्व की इच्छा और आकांक्षा' रही है।

यह न केवल सामाजिक रूप से बल्कि राजनीतिक रूप से पूर्ण अर्थों में एक राष्ट्र के रूप में जीने की चाह है। एक दर्शन और आंदोलन के रूप में राष्ट्र एक कॉर्पोरेट भावना के रूप में आगे बढ़ता है। समुदाय सम्बन्धी समानता के इस बंधन से बंधे लोगों के लिए, यह एक प्यारी इच्छा रहती है। इस संबंध में, डॉ अम्बेडकर बहुत ही स्पष्ट हैं: "राष्ट्रीयता की भावना के बिना राष्ट्रवाद नहीं हो सकता है" यह सार्वजनिक सम्पर्क और एकजुटता की भावना है जो आत्मनिर्णय की मांगों को वैध बनाती है और फिर राष्ट्र-राज्य के लिए एक जबरदस्त अपील बन जाती है।

यह कहने में तनिक भी हिचक नहीं होना चाहिए कि दलित बुद्धिजीवियों के छोटे से समूह, जिन्होंने राष्ट्रीयता पर डॉ. अम्बेडकर की सोच को अपनी नजर और अन्तरात्मा में रखा है, वे सभी उनके राष्ट्रवाद के खिलाफ रक्षात्मक विरोध के लिए उसी तरह या उसी राष्ट्रवादी संदर्भ में खड़े हैं जैसे मुख्यधारा के नेता और डॉ अम्बेडकर ब्रिटिश विरोधी थे।

इस प्रकार, साधारण अर्थों में, राष्ट्रवादी नेताओं की प्रमुख विचारधारा के आक्रमण की तुलना में डॉ. अम्बेडकर का राष्ट्रवाद और देशभक्ति जीवंत नहीं लग रहा था। उनके राष्ट्रवाद ने वाह्य और आंतरिक दोनों वर्चस्व का विरोध करना शुरू कर दिया था। उनके अनुसार, भारतीय समाज जातियों का एक क्रमिक वृद्धि थी, जिसमें एक वर्ग के लोगों का सम्मान का स्तर बढ़ रहा था और दुसरे वर्ग के लोगों का अनादर का स्तर बढ़ रहा था। मंदिर प्रवेश आंदोलन में शामिल होने के लिए महात्मा गांधी चाहते थे कि डॉ. अम्बेडकर का लक्ष्य, उन्हें हिंदुओं से अलग करने वाली बाधा

को हटाकर, सामाजिक रूप से वंचित, बहिकृत और पिछडे होने के राजनीतिक अधिकारों के दावे के आधार को तोड़ना था।

उन्होंने न केवल ब्रिटिश साम्राज्यवाद का विरोध किया बल्कि स्वशासन का भी समर्थन किया। वे जानते थे कि राष्ट्रीयता का स्वशासन के तर्क से गहरा संबंध है। वे समझ गये थे कि 19वीं शताब्दी के अंत तक यह सहमति हो गई थी कि जो लोग एक देश के थे, उन्हें उस आधार पर स्वशासन का अधिकार था और जो कोई भी देशभक्त अपने लोगों को स्व-शासित होने के लिए कहता था, उसे दिखाना होगा कि वे एक राष्ट्र थे। उन्होंने कभी भी इस बात की परवाह नहीं की थी कि राष्ट्रीयता केवल एक देश को एक व्यक्ति बनाने की बात है या यह एक राष्ट्र का प्रश्न है।

ब्रिटिश काल के भारत में दलित आंदोलन

सबसे पुराना समाजिक वंचितों का आंदोलन जो भविष्य के जाति आंदोलनों में फ्लैशपॉइंट या दीप्ति बिंदु का वाहक बन गया, वह सन् 1870 में महाराष्ट्र में ज्योतिबा फुले द्वारा स्थापित किया गया था, जिन्होंने घोषणा की थी कि " सामाजिक वंचितों को पाखंडी ब्राह्मणवाद और उनके अवसरवादी धर्मग्रंथों से बचाने की जरूरत है"। उनकी किताबें 'गुलामगिरी' और सार्वजनिक सत्यधर्म पुस्तक और उनका संगठन सत्य शोधक समाज है। उनका मुख्य उद्देश्य जनता को प्रेरित करना और उन्हें धार्मिक पदानुक्रम के निराधार दावों के महत्वपूर्ण विरोध के लिए नेतृत्व करना था। उन्होंने तत्कालीन अछूतों और गैर-ब्राह्मणों के बीच कोई अंतर नहीं किया। केरल के बहिष्कृत अछूत एझावा या इरावा धार्मिक नेता श्री नारायण गुरु (1855-1928) के इर्द-गिर्द एकत्रित हुए, जिन्होंने 1902-03 में 'श्री नारायण धर्म परिपालन योगम' की स्थापना किया। कुछ अन्य लोगों ने भी मंदिर अधिकार के लिए आंदोलन आयोजित किए। ये आंदोलन भी डॉ.अम्बेडकर और ज्योतिबा फुले से प्रेरित थे। अन्य आंदोलनों पर महत्वपूर्ण प्रतिलेख उतने ही महत्वपूर्ण हैं जितने कि आदि आंदोलन, कांग्रेस और हरिजन आंदोलन, नायर आंदोलन, सत्यशोधक आंदोलन, जस्टिस पार्टी आंदोलन, स्वाभिमान आंदोलन, दलित वर्ग आंदोलन और महार आंदोलन है।

ब्रिटिश काल के भारत में 'आदि' आंदोलन

सन् 1920 के दशक से देश के विभिन्न भागों में सामाजिक वंचित वर्ग के आंदोलनों में वृद्धि हुई। प्रथम विश्व युद्ध के बाद की अवधि के मोंटेग्यू चेम्सफोर्ड सुधारों और बड़े पैमाने पर आर्थिक और राजनीतिक उथल-पुथल ने उनके अधिकांश संगठनों

के लिए एक पृष्ठभूमि प्रदान किया। उनका सामान्य विषय 'आदि' था, या देश के मूल निवासियों के रूप में खुद का वर्णन करना, यह विश्वास की गरिमा और एकता उनकी अपनी आंतरिक परंपराएं थीं, और आक्रमणकारी आर्यों के द्वारा थोपे जाने के रूप में जातियों की पूर्ण अस्वीकृति थी, जिन्होंने इसका उपयोग अपने अधीन करने और भारत के मूल निवासियों को विभाजित करने के लिए किया था।। तमिलनाडु में 'आदि द्रविड़ आंदोलन'; आंध्र में 'आंध्र आदि आंदोलन'; केरल में 'पुरया' और कर्नाटक में 'चेरुमन आदि आंदोलन' तथा उत्तरप्रदेश में 'आदि हिंदू आंदोलन' सबसे प्रमुख थे। आदि धर्म आंदोलन ने दावा किया कि पंजाब में अछूत धार्मिक समुदाय विकसित और स्थापित हो चुके थे। बाद में इसे अनुसूचित जाति महासंघ, डॉ. अम्बेडकर के संगठन में शामिल किया गया, जिसने सन् 1940 के दशक तक आर्थिक उत्पीड़न का सामना कर रहे जाति आंदोलनों के लिए एक अखिल भारतीय रूपरेखा की पेशकश की।

आदि द्रविड़ आंदोलन, आंध्र आदि आंदोलन, पुरया और चेरुमन आदि आंदोलन, और आदि हिंदू आंदोलन सभी सामाजिक आंदोलन थे जो सन् 1920 के दशक में भारत के विभिन्न हिस्सों में शुरू हुए थे। उन सभी का मानना था कि भारतीय लोगों की गरिमा और एकता उनकी अपनी आंतरिक परंपराएं थीं और आक्रमणकारी आर्यों द्वारा गठित जातियों को लागू करने की कोई आवश्यकता नहीं थी।

प्रथम अखिल भारतीय दलित वर्ग सम्मेलन का परिणाम

मार्च 1918 में, एक सम्मेलन में देश के प्रसिद्ध राजनीतिक नेताओं ने भाग लिया, अखिल भारतीय दलित वर्ग सम्मेलन ने अखिल भारतीय अस्पृश्यता विरोधी घोषणा पत्र जारी किया कि अपने दैनिक मामलों में यह अस्पृश्यता का पालन नहीं करेगा।

महात्मा गांधी के राजनीति में आने से सामाजिक-आर्थिक रूप से वंचित वर्ग आंदोलनों के इतिहास में जागरूकता का एक नया युग आया। सन् 1921 में, कांग्रेस ने हिंदुओं से अस्पृश्यता को दूर करने और वंचित वर्गों के स्थिति में सुधार में मदद करने का आह्वान किया। सन् 1922 में सामाजिक रूप से वंचित, बहिकृत, पिछड़े वर्गों की स्थिति में सुधार के लिए किए जाने वाले व्यावहारिक उपायों को शामिल करते हुए एक प्रणाली तैयार करने के लिए एक समिति का गठन किया गया था। सन् 1923 में, अखिल भारतीय हिंदू महासभा से इस मामले को भी उठाने और हिंदू धर्म के द्वारा इस सामाजिक बुराई को खत्म करने का प्रयास करने के लिए एक प्रस्ताव फिर से पारित किया गया। भारतीय राष्ट्रीय सामाजिक सम्मेलन ने भी सन्

1928 में हिंदू समाज के एकीकरण में इस बड़ी बाधा को समाप्त करने का आह्वान किया गया।

सन् 1931 में, कराची कांग्रेस अधिवेशन द्वारा मौलिक अधिकारों का एक कार्यक्रम प्रस्तावित किया गया था, जिसमें सभी को सरकारी नौकरियों, आदि के लिए समान अवसर, जाति निरपेक्ष, और सार्वजनिक सड़कों, कुओं, स्कूलों, और अन्य सुविधाएँ के उपयोग के लिए समान अधिकार का आह्वान किया गया था।। यद्यपि महात्मा गांधी सन् 1932 के उत्तरार्ध के दौरान जेल में थे और कार्य में स्थानांतरित करने की सोच रहे थे, रामसे मैकडोनाल्ड के सांप्रदायिक निर्णय ने तत्कालीन समाजिक रूप से वंचित,बहिकृत और पिछड़े वर्गों के लिए अलग-अलग मतदाताओं के विकास के साथ मुख्य रूप से "हरिजन" कल्याण पर अपना ध्यान केंद्रित करने में मदद किया। 20 सितंबर, 1932 को, गांधीजी ने अलग निर्वाचक मंडल के मुद्दे पर मृत्यु तक उपवास शुरू किया और 24 सितंबर, 1932 को सवर्ण हिंदुओं और तत्कालीन समाजिक रूप से वंचित,बहिकृत और पिछड़े वर्गों के नेताओं के बीच हस्ताक्षरित पूना समझौता के माध्यम से एक समझौते को प्राप्त करने में सफल हुए। समझौते ने तत्कालीन अछूतों के लिए आरक्षित सीटों के साथ संयुक्त हिंदू मतदाताओं को संरक्षित किया गया, जिन्हें मैकडोनाल्ड द्वारा अधिक प्रतिनिधित्व दिया गया था।

उसके अगले ही दिन 25 सितंबर, 1932 को बंबई में हिंदुओं के सम्मेलन द्वारा एक प्रस्ताव पारित किया गया कि "अब से हिंदुओं में से किसी को भी उसके जन्म के कारण अछूत नहीं माना जाएगा, जो पहले से ऐसा ही माना जाता था। सार्वजनिक कुओं, पब्लिक स्कूलों, सार्वजनिक सड़कों और अन्य सभी सार्वजनिक संस्थानों के उपयोग के संबंध में अन्य हिंदुओं की तरह वे भी उसका उपयोग उसी तरह से करेंगे। यह सभी हिंदू प्रतिनिधियों की जिम्मेदारी है, सभी वैध और शांतिपूर्ण तरीकों से, यह सुनिश्चित करना कि तथाकथित समाजिक रूप से वंचित,बहिकृत और पिछड़े वर्गों के सभी निर्योग्यता को अलग रखा जाए, जिसमें मंदिरों में प्रवेश पर प्रतिबंध भी शामिल है।" इस संकल्प के बाद हिंदुओं द्वारा तत्कालीन समाजिक रूप से वंचित,बहिकृत और पिछड़े वर्गों के लिए मंदिरों को खोलने का अभियान चलाया गया। मंदिर में प्रवेश के मुद्दे पर रंगा अय्यर ने केंद्रीय विधानमंडल में एक विधेयक पेश किया। मद्रास और बॉम्बे विधानमंडलों में, समान विधेयक भी पेश किए गए थे। सन् 1933 और 1936 में क्रमशः बड़ौदा और त्रावणकोर राज्यों ने मंदिर में प्रवेश की घोषणा की गयी।

हरिजन का उत्थान अब गांधीजी की मुख्य चिंता बन गयी थी। सितंबर 1932 में, उन्होंने बहुत से तत्कालीन समाजिक रूप से वंचित,बहिकृत और पिछड़े वर्ग

कि स्थिति सुधारने और तात्कालिक हरिजनों को चिकित्सा शिक्षा और तकनीकी सुविधाएं प्रदान करने के लिए अखिल भारतीय अस्पृश्यता विरोधी लीग, या हरिजन सेवक संघ की शुरुआत किया और सन् 1933 में साप्ताहिक 'हरिजन' की स्थापना किया। 'हरिजन' ने हर हफ्ते अछूतों के लिए मंदिरों, कुओं और स्कूलों की एक लंबी सूची प्रकाशित की, और अन्य सकारात्मक और मानवीय कार्यों की सूचना दी। महात्मा गांधी सन् 1933 से अगस्त 1934 के बीच 12,500 मील की "हरिजन यात्रा" भी किये थे।

डॉ.बी.आर.अम्बेडकर के नेतृत्व में दलित आंदोलन

डॉ. भीमराव रामजी अम्बेडकर गांधीजी के 'हरिजन कल्याण' कार्यक्रम के साथ-साथ कम्युनिस्टों के लिए भी सबसे बड़ी चुनौती थे। इसके सूत्रपात को भारतीय समाज में तत्कालीन समाजिक रूप से वंचित,बहिकृत और पिछड़े वर्गों को एक आधुनिक तरीके से शामिल करने के लिए संरचित किया गया था, न कि पारंपरिक तरीके से, शिक्षा और कानूनी और राजनीतिक अधिकारों के पुनरावृत पर केन्द्रित, साथ ही अपमानजनक तरीकों से पारंपरिक जाति कर्तव्यों को पूरा करने से इंकार कर दिया। उनके आंदोलन ने इन वर्गों पर थोपी गई सभी प्रकार की औपनिवेशिक दासता का विरोध करने के लिए एक अखिल भारतीय संगठन प्रदान किया, मंदिरों के उपयोग और लाल जैसे वर्जित रंग पहनने जैसे जाति प्रतिबंधों को तोड़ना। यह नीति कांग्रेस और कट्टरपंथियों दोनों के विरोध में थी और स्वामिभक्ति,जिम्मेदारी और अलगाववादी तर्ज पर थी।

भीमराव रामजी अम्बेडकर महात्मा गांधी के "हरिजन कल्याण" कार्यक्रम के साथ-साथ कम्युनिस्टों के लिए भी एक बड़ी चुनौती थे। डॉ.अम्बेडकर भारतीय समाज में जिस तरह से समाजिक रूप से वंचित,बहिकृत और पिछड़े वर्गों के साथ व्यवहार किया जाता था, उसे बदलना चाहते थे, न कि पारंपरिक तरीके को बनाये रखने के पक्ष में थे। उन्होंने शिक्षा और कानूनी और राजनीतिक अधिकारों को बार-बार देने के साथ-साथ पारंपरिक जाति कर्तव्यों को अधिक गरिमापूर्ण तरीके से पूरा करने पर ध्यान केंद्रित किया। हालाँकि, उनको अंततः उस आंदोलन से इनकार कर दिया गया था जिसे उन्होंने बनाने में मदद की थी।

सन् 1920 के दशक में डॉ. अम्बेडकर द्वारा महाराष्ट्र में एक बड़े पैमाने पर दलित आंदोलन शुरू किया गया था, जो आज तक विभिन्न रूपों में जारी है और एक अखिल भारतीय महत्व प्राप्त कर चुका है। द डिप्रेस्ड क्लासेस इंस्टीट्यूट का मतलब बहिष्कृत हितकारिणी सभा है, जिसकी स्थापना सन् 1924 में डॉ. अम्बेडकर ने

बॉम्बे में की थी। उन्होंने तीन साल बाद सन् 1927 में एक पाक्षिक मराठी 'बहिष्कृत भारत' समाचार पत्र शुरू किया, और उसी वर्ष ब्राह्मणवादी हिंदुओं और इन वर्गों के बीच सामाजिक समानता के सुसमाचार को फैलाने के लिए 'समता संघ' की स्थापना किया। 'ऑटोनॉमस लेबर पार्टी' की स्थापना भी डॉ. अम्बेडकर ने मजदूर वर्गों के अधिकारों की रक्षा के लिए धर्मनिरपेक्ष तर्ज पर की थी। उन्होंने सार्वजनिक कुओं और तालाबों से पानी का उपयोग करने के लिए इन वर्गों के अधिकारों को स्थापित करने के लिए दिसंबर 1927 में महाड सत्याग्रह शुरू किया। सन् 1928 के पार्वती मंदिर सत्याग्रह और 1930-35 के कालाराम मंदिर सत्याग्रह की तरह, उन्होंने भी मंदिर प्रवेश आंदोलनों का समन्वय किया। केरल में, इसी तरह के सत्याग्रह हो थे, जैसे कि 1924-25 वैकोम मंदिर रोड सत्याग्रह और 1930-32 गुरुवायूर सत्याग्रह।

सन् 1928 में अमरावती में अम्बा देवी मंदिर प्रवेश और अक्टूबर 1929 में पुणे में पार्वती मंदिर में प्रवेश के लिए सत्याग्रह किया गया। जाति व्यवस्था के सबसे निचले पायदान पर रखे गए दलितों का मंदिर प्रवेश सत्याग्रह सिर्फ मंदिर में प्रवेश भर का संघर्ष नहीं था उनके लिए एक विस्तृत आन्दोलन की शुरुआत थी।

पुणे का पार्वती मंदिर प्रवेश के लिए सत्याग्रह हुआ। सन् 1929 में डॉ. अम्बेडकर ने अपने अनुयायियों के साथ सत्याग्रह किया। पुणे में 'पार्वती हिल पर स्थित मंदिर' सामाजिक रूप से वंचित, बहिकृत और पिछड़ों के लिए प्रवेश के लिए पूरी तरह से प्रतिबंधित था। अमरावती के बाद उनका यह दूसरा मंदिर प्रवेश के लिए सत्याग्रह था। इस मंदिर को इन वर्गों के लिए खोलने के लिए डॉ. अंबेडकर की ओर से पुणे में एम.एम. जोशी, एन.जी. गोरे, आर.के. खादिलकर और शिरुभाऊ लिमये ने मंदिर ट्रस्ट को अपना आवेदन दिया। लेकिन ट्रस्ट ने यह कहते हुए अर्जी खारिज कर दी कि मंदिर निजी संपत्ति है। इसके बाद मंदिर प्रवेश के लिए सत्याग्रह मंडल का गठन किया गया। इसमें शिवराम काम्बले (अध्यक्ष), पी. एन .राजभोज (उपाध्यक्ष) एवं अन्य सदस्यों ने भाग लिया। इन सभी लोगो द्वारा 13 अक्टूबर 1929 को 'पुणे पर्वत सत्याग्रह' को शुरू किया गया था। इसमें शिवराम कांबले, एम.एम. जोशी, एन.जी. गोरे, आर.के. खादिलकर, विनायक भुस्कुटे सत्याग्रह के समय राजभोज में भाग लिया और साथ ही साथ स्वामी योगानंद सहित हजारों स्त्री-पुरुषों ने भाग लिया।

वायकोम सत्याग्रह अस्पृश्यता की कुप्रथा के विरुद्ध त्रावणकोर,केरल में वर्ष 1924-25 में चलाया गया था। इसका उद्देश्य निम्न जातीय एझवाओं एवं अछूतों द्वारा महात्मा गाँधी के अहिंसावादी तरीके से त्रावणकोर के एक मंदिर के निकट की सड़कों के उपयोग के बारे में अपने –अपने अधिकारों को मनवाना था। केरल में छूआछूत की जड़ें काफ़ी गहरी जमीं हुई थीं। यहाँ सवर्णों से अवर्णों को 16 से 32

फीट की दूरी बनाये रखनी होती थी। अवर्णों में 'एझवा' और 'पुलैया' सामाजिक रूप से वंचित, बहिकृत और बहिकृत जातियाँ शामिल थीं। 19वीं सदी के अंत तक केरल में नारायण गुरु, एन कुमारन, टी. के. माधवन जैसे बुद्धिजीवियों ने छुआछूत के विरुद्ध आवाज उठाई।

इस आन्दोलन का नेतृत्व एझवाओं के कांग्रेसी नेता की टीम के सदस्य के. माधवन,के. केलप्पन तथा के.पी . केशव मेनन ने किया। गाव में स्थित एक मंदिर में 30 मार्च, 1924 को केरल के वंचित,बहिकृत और पिछड़े वर्ग के एक दल ने, जिसमें सवर्ण और अवर्ण दोनों सम्मिलित थे, मंदिर में प्रवेश किया। मंदिर में प्रवेश का समाचार फैलते ही ब्राह्मणों और ब्राह्मणवादी हिन्दुओं ने इस का उग्र विरोध किया था। संगठन 'योगक्षेम' ने भी इस आंदोलन को समर्थन प्रदान किया। 30 मार्च, 1924 को के.केशव के नेतृत्व में सत्याग्रहियों ने मंदिर के पूजारियो तथा त्रावणकोर की सरकार द्वारा मंदिर में प्रवेश को रोकने के लिए लगाई बाड को पार कर मंदिर की ओर कूच किया। सभी सत्याग्रहियों को गिरफ़्तार कर लिया गया था। इस सत्याग्रह के समर्थन में पूरे देश से स्वयं सेवक वायकोम पहुँचने लगे।अन्तत्वोगत्वा मार्च 1925 में महात्मा गांधी के नेतृत्व में त्रावणकोर की महारानी से मंदिर में प्रवेश के बारे में आंदोलनकारियों से समझौता हुआ।

गुरुवायूर सत्याग्रह 1 नवम्बर, सन 1931 को शुरू किया गया था। यह आंदोलन केरल के प्रसिद्ध 'गुरुवायूर मंदिर' में दलितों एवं पिछड़ों को प्रवेश दिलाने के अधिकार को लेकर के. केलप्पन के कहने पर केरल कांग्रेस कमेटी' द्वारा चलाया गया। इसका नेतृत्व के. केलप्पन ने किया था, जिन्होंने महात्मा गांधी और भारतीय राष्ट्रीय कांग्रेस के अनुरोध के कारण बारह दिनों तक भूख हड़ताल की थी।

गुरुवायुर सत्याग्रह वर्ष 1931-32 में हुआ था, जो वर्तमान में त्रिशूर जिले में है, एक अहिंसक सत्याग्रह था, जो तब मालाबार जिले के पोन्नानी तालुक का हिस्सा था, जो अब केरल का हिस्सा है, जो कि गुरुवायुर मंदिर में सामाजिक रूप से वंचित,बहिकृत और पिछड़े लोगों को प्रवेश की अनुमति देने का एक प्रयास था। सन् 1936 में ही केरल के कई मंदिरों को सभी लोगों के लिए खोल दिया गया था।

जब समुथिरी, मंदिर के ट्रस्टी, संघर्ष के दूसरे चरण के रूप में स्वीकार करने के लिए अनिच्छुक थे, केलप्पन और मनाथु पद्मनाभन ने 22 सितंबर 1932 से आमरण अनशन शुरू कर दिया। लेकिन 2 अक्टूबर को महात्मा गांधी के हस्तक्षेप के कारण संघर्ष वापस ले लिया गया। गांधी के अनुसार, केलप्पन ने दो गलतियाँ की थीं। सबसे पहले, उन्हें उपवास जैसे मामलों में एक विशेषज्ञ निदेशक के रूप में पहले

गांधी से परामर्श करना चाहिए था, लेकिन वह ऐसा करने में असफल रहे; दूसरे, उन्हें उपवास पर जाने से पहले मंदिर प्रबंधन को सूचित करना चाहिए था। गांधी को केलप्पन के उपवास में जबरदस्ती महसूस हुई। सत्याग्रह आंदोलन के विरोधियों द्वारा के. गोपालन पर हमला एक प्रमुख घटना थी। इसने विद्रोहियों में मंदिर में जबरन प्रवेश का प्रयास करने का जुनून जगाया और मंदिर को अस्थायी रूप से बंद कर दिया गया।

इसके बाद, पोन्नानी तालुक में एक जनमत सर्वेक्षण हुआ जिसमें सतहत्तर प्रतिशत लोगों ने सभी जातियों के मंदिरों में प्रवेश का समर्थन किया। केरल के विभिन्न हिस्सों के नेता, बाद में सी.राजगोपालचारी,के.गोपालन,के.कृष्ण पिल्लई के नेतृत्व में अन्य भारतीय राष्ट्रीय कांग्रेस के नेताओं ने इसमें भाग लिया। सन् 1936 में एझावा जैसे पिछड़े हिन्दुओ को मंदिरों में प्रवेश करने का अधिकार के बारे में त्रावण कोर के महाराज द्वारा उद्घोषणा की गयी।

वर्ष 1930-1931 के गोलमेज सम्मेलन में डॉ. अम्बेडकर इन वंचित,दलित वर्गों के प्रमुख नेता के रूप में उभरे। उन्होंने अलगाववादी रुख अपनाया और दलित वर्गों को संवैधानिक सुरक्षा देने का आह्वान किया। डॉ. अम्बेडकर ने सन् 1942 में 'अनुसूचित जाति संघ' की स्थापना की थी। सन् 1946 के चुनावों में, फेडरेशन ने आरक्षित सीटों के लिए चुनाव लड़ा, लेकिन नितांत राष्ट्रवादी और जाति-हिंदू बहुल निर्वाचन क्षेत्रों में, 'कांग्रेस हरिजन' से हार गए। बॉम्बे, पूना, लखनऊ, कानपुर और वर्धा में, अनुसूचित जाति संघ ने तब सत्याग्रह की शुरुआत की, जिसमें अनुरोध किया गया कि कांग्रेस अपने प्रस्तावों को सामाजिक रूप से वंचित वर्गों को बताए। डॉ.अम्बेडकर ने सन् 1930 के दशक में तर्क दिया कि हिंदू धर्म का त्याग ही इन वर्गों की स्थिति को बढ़ावा देने का एकमात्र तरीका है, और नारा दिया, "आपके पास अपने धर्म के अलावा खोने के लिए कुछ नहीं है।"

जस्टिस पार्टी मूवमेंट

डॉ. टी.एम. नायर के नेतृत्व में सन् 1916 में पी. त्यागराज चेट्टी और सी.एन. मुदलेयर ने शासन, शिक्षा और राजनीति में ब्राह्मणवादी प्रभुत्व के खिलाफ दक्षिण भारतीय लिबरेशन फेडरेशन का गठन किया और सरकारी आदेश 1930 द्वारा आरक्षण प्रदान करने का प्रयास किया गया था।

द्रविड़ आंदोलन, दुनिया में सबसे पुराना और सबसे स्थायी ब्रिटिश विरोधी आंदोलन, 20 नवंबर 1916 को शूरू किया गया था, जब दक्षिण भारतीय लिबरल

फेडरेशन, जिसे जस्टिस पार्टी भी कहा जाता है, गैर-ब्राह्मण लोगों के नेताओं का गठबंधन बनाने के लिए एक साथ आया। मद्रास के गैर-ब्राह्मण लोगों के नेताओं का एक गठबंधन बनाने के लिए एक साथ आए, जैसे कि डॉ. टी.एम. नायर, सर पिट्टी थियागराजा चेट्टियार और पनागल के राजा। उनके संयुक्त बयान, जिसे "गैर-ब्राह्मण घोषणापत्र" के रूप में जाना जाता है, ने मांग की कि गैर-ब्राह्मणों को सरकारी नौकरियों में शामिल किया जाए। यह आरक्षण के लिए भारत की पहली एकजुट मांग थी। 'जस्टिस' नामक एक समाचार पत्र जल्द ही दक्षिण भारतीय लिबरल फेडरेशन द्वारा शुरू किया गया था। जब सन् 1920 में मद्रास विधान परिषद के लिए भारत सरकार अधिनियम 1919 के तहत चुनाव हुए, वहाँ की जनता ने इसे 'जस्टिस पार्टी' के रूप में संदर्भित किया। भारतीय राष्ट्रीय कांग्रेस ने चुनाव का बहिष्कार किया और 'जस्टिस पार्टी' पर पार्टी ने चुनाव जीता गयी।

'जस्टिस पार्टी' और इसकी सफलता कई मायनों में तत्कालीन मद्रास प्रेसीडेंसी के दौरान ब्राह्मणों और अन्य उच्च जातियों द्वारा कांग्रेस के वर्चस्व की प्रतिक्रिया थी। ब्रिटिश शासकों ने इसे कांग्रेस के खिलाफ एक मंच के रूप में इस्तेमाल किया, जिसने तेजी से योग्य ब्राह्मणों और उच्च वर्गों को आकर्षित किया। 'जस्टिस पार्टी' कई सुधारों के लिए जानी जाती थी, जिसमें गैर-ब्राह्मण हिंदुओं सहित विभिन्न वर्गों के लिए आरक्षण करने के लिए सरकारी आदेश का सन् 1930 में पारित होना शामिल था।

स्वाभिमान आंदोलन

स्वाभिमान आंदोलन सन् 1925 में ई.वी. रामास्वामी नायक पेरियार, जो जाति व्यवस्था और ब्राह्मणवाद के भेदभावपूर्ण दृष्टिकोण के खिलाफ थे। सन् 1910 में, पेरियार ने कुड़ी अरासु पत्रिका के प्रकाशान की शुरुआत की थी। पेरियार के नाम से लोकप्रिय ई. वी. रामास्वामी नायकर ब्राह्मणवाद विरोधी आंदोलन के एक प्रेरणा श्रोत रहे है, जिन्होंने इस आन्दोलन को बढावा दिया। सन् 1924 में, पेरियार, जो असहयोग आंदोलन के एक सक्रिय सदस्य थे, ने राष्ट्रवादी, ब्राह्मणवाद-विरोधी, न्याय के अभिजात्यवाद का कट्टरपंथी विकल्प बनाने के लिए कांग्रेस से नाता तोड़ लिया।

सामाजिक न्याय और गैर-ब्राह्मण प्रतिनिधित्व पर असहमति के बाद,सन् 1924 में पार्टी छोड़ने से पहले, वह कांग्रेस के साथ रहे, तमिलनाडु कांग्रेस के अध्यक्ष के रूप में थे। पेरियार ने गैर-ब्राह्मणों को जगाने के उद्देश्य से कांग्रेस छोड़ने के बाद आत्म-सम्मान आंदोलन सन् 1925 में शुरू किया। उनकी 'कुड़ी अरासु' पत्रिका और उनका आंदोलन ब्राह्मण पुजारियों के बिना शादियों को बढ़ावा देने, मंदिर में जबरन प्रवेश

और मनुस्मृति को जलाने से लेकर नास्तिकता तक आगे बढ़ा। उन्होंने वास्तव में दक्षिण भारत के सभी गैर-ब्राह्मणों, विशेष रूप से तमिलनाडु को एक छत्र आंदोलन के साथ प्रदान करने का प्रयास किया।

सन् 1937 में जब जस्टिस पार्टी का नेतृत्व पेरियार के अंतर्गत आया, तो उन्होंने चुनावी राजनीति से परे जाने और गैर-ब्राह्मण आंदोलन के लिए एक सुधारवादी स्थिति रखने के बारे में सोचा। सन् 1944 में 'सलेम' सम्मेलन में 'जस्टिस पार्टी' को द्रविड़ कड़गम कहा गया। नाम बदलने के लिए इसकी कार्रवाई की एक पुनर्परिभाषा लागू की गई।

यह तब था, जब एक अलग मुस्लिम लीग राज्य की तर्ज पर द्रविड़ों के लिए अलग राज्य द्रविड़ नाडु की अवधारणा पेरियार के विचार में आया। इस समय, पेरियार ने द्रविड़ क्षेत्र के आर्य आक्रमण के सिद्धांत को भी लोकप्रिय बनाया, जहां ब्राह्मण को आर्यों और गैर-ब्राह्मणों को द्रविड़ों के अधीन करने के लिए समान किया गया था। यह संभवतः द्रविड़ नाडु का सिद्धांत है जिसने इस मजबूत आंदोलन को वर्तमान तमिलनाडु की सीमाओं तक सीमित कर दिया। उस समय के मद्रास प्रेसीडेंसी में आंध्र प्रदेश, केरल और कर्नाटक के बड़े हिस्से को भी शामिल किया गया था, और यह संभावना नहीं है कि इन क्षेत्रों के नागरिकों ने इस विचार को स्वीकार किया होगा।

हिंदू धर्म और उसके कर्मकांडों पर सवाल उठाकर, पेरियार ने ब्राह्मण विरोधी अत्याचारों को एक तेज धार दी, हिंदू देवी- देवताओं को द्रविड़ों को वश में रखने के लिए हमलावर आर्यों द्वारा बनाए गए भ्रम के दर्शन के रूप में निंदा किया है। उन्होंने तर्कवाद के अपने दर्शन को बढ़ावा दिया, जिसने इस बात से इनकार किया कि ईश्वर का अस्तित्व है और इसका मतलब हिंदू देवताओं से है। संविधान में पहला संशोधन सामाजिक और आर्थिक रूप से वंचित और पिछड़े लोगों को सुविधा और छूट प्रदान करने वाला एक प्रखंड जोड़ने के लिए किया गया था, अनिवार्य रूप से द्रविड़ कड़गम के आंदोलन के कारण ही ऐसा हुआ।

सामाजिक रूप से वंचित,बहिकृत वर्ग की महिलाओं द्वारा जन्म नियंत्रण की वकालत

अरबों लोगों के साथ दूसरे सबसे अधिक आबादी वाले देश में यह कथन बहुत ही सत्य, आलोचनात्मक और सबसे अनिवार्य रूप से साहसिक है। 20 जुलाई 1942 को ऐतिहासिक अखिल भारतीय दलित वर्ग महिला सम्मेलन के दौरान, एक सामाजिक

वंचित वर्ग की महिला, सुलोचनाबाई डोंगरे ने कहा था कि, "उनका अपने शरीर, कमाई और जीवन पर नियंत्रण नहीं है। इसके बजाय, कोई और उन्हें नियंत्रित करता है। दोहरी उत्तरदायित्व निभाने वाली सामाजिक रूप से वंचित वर्ग की महिलाएं जाति और लिंग के आधार पर श्रम मतभेद का बोझ उठा रही हैं।"

उन्होंने कहा है कि "माँ के स्वास्थ्य की कीमत पर बीमार, कुपोषित और अनपढ़ बच्चों को बढ़ाने का कोई फायदा नहीं है। इस बुराई को रोकने के लिए हर महिला को गर्भ निरोध के इस सवाल पर गंभीरता से विचार करना चाहिए और जल्द ही कार्रवाई करनी चाहिए। इस समस्या के समाधान के लिए व्यापक स्तर पर महिला शिक्षा आवश्यक है।" सुलोचनाबाई डोंगरे के प्रयास भले ही समय के पन्नों में खो गए हों, लेकिन उनके विचार दुनिया भर में गूंजते रहेगें, विशेष रूप से एक महिला के उसके शरीर के अधिकार पर बहस में, जन्म नियंत्रण को बढ़ावा देने पर एक राष्ट्रीय बहस शुरू करने वाले पहले भारतीय के रूप में।

अखिल भारतीय दलित वर्ग की महिलाओं ने सामाजिक रूप सेवंचित,बहिकृत,पिछड़े और दलित वर्ग नारीवाद की एक नई लहर की शुरुआत की, महिला मुक्ति और सामाजिक पदानुक्रम पर प्रकाश डालते हैं जो सामाजिक रूप से वंचित वर्ग की महिला को सबसे निचले पायदान पर रखता है। उस समय सम्मेलन की अध्यक्ष, सुलोचनाबाई डोंगरे थीं। डॉ.जयश्री सिंह और गार्गी वशिष्ठ, अपने शोध पत्र, 'ए क्रिटिकल इनसाइट ऑन स्टेटस ऑफ सोशलली' में भारत की वंचित वर्ग की महिलाये के बारे लिखती हैं, "भारत में सामाजिक रूप से वंचित वर्ग की महिलाएं सदियों से मौन रह रही हैं। उनका अपने शरीर, कमाई और जीवन पर नियंत्रण नहीं है। इसके बजाय, कोई अन्य उन्हें नियंत्रित करता है। सामाजिक रूप से वंचित वर्ग की महिलाएं दोहरी उत्तरदायित्व निभाने वाली जाति और लिंग के आधार पर श्रम विभाजन का बोझ उठा रही हैं। वे गरीब हैं, अनपढ़ हैं, यौन उत्पीड़ित हैं, जातिगत हिंसा का सामना करती हैं और शोषित हैं। "

सामाजिक कार्यकर्ता पेरियार ईवी रामासामी, सुलोचनाबाई की तरह, महिलाओं के उनके अधिकारों के बारे में बोलने वालो लोगों में से एक थे। 'कुडी अरासु' समाचार पत्र में जन्म नियंत्रण पर अपने लेख में, एक पत्रिका जो सामाजिक वंचित,बहिष्कृत के अधिकारों और महिला मुक्ति पर केंद्रित थी, रामासामी ने सन् 1932 में इसी तरह के अपने विचार रखे थे।

रमाबाई अम्बेडकर जैसी अन्य सामाजिक रूप से वंचित महिला नेताओं की तरह, सुलोचनाबाई अखिल भारतीय महिला कांग्रेस की सदस्य थीं। जल्द ही, उन्होंने

रमाबाई और इस वर्ग की अन्य सामाजिक रूप से उत्पीड़ित नारीवादियों के साथ सम्मेलन छोड़ने का फैसला किया। महिला राष्ट्रवादी आंदोलन से सामाजिक रूप से वंचित वर्ग नारीवादियों का यह सामूहिक अलगाव जाति के आधार पर आंतरिक भेदभाव का परिणाम था।

सन् 1937 में आयोजित अखिल भारतीय दलित वर्ग महिला सम्मेलन में शिक्षिका जयबाई चौधरी ने भोजन के दौरान सामाजिक रूप से वंचित वर्ग की महिलाओं के लिए अलग सीटों की व्यवस्था की थी। वैचारिक रूप से, सामाजिक-आर्थिक रूप से वंचित,उत्पीड़ित वर्ग के नारीवादी राष्ट्रवादी आंदोलन और उच्च जाति के लोगों के सांस्कृतिक राष्ट्रवाद के बीच एक स्पष्ट असमानता भी थी। उत्तरार्द्ध से ऐसे निष्कर्ष निकलते है जो हिंदू प्रथाओं में सती और सावित्री का महिमामंडन करते रहे है और जातियों के पदानुक्रम को बढ़ावा दे रहे हैं। हालाँकि सुलोचनाबाई के सामाजिक-आर्थिक रूप से उत्पीड़ित वर्ग की महिलाओं ने एक बड़े कारण के लिए लड़ाई लड़ी, लेकिन महिलाओं का यौन और सामाजिक शोषण न केवल पितृसत्ता से, बल्कि जातिवाद से भी हुआ। इसलिए, उन्होंने अपने संघर्ष को अपने समकालीनों के विपरीत शुद्धता और पवित्रता के तत्वों के साथ नहीं जोड़ा, बल्कि शिक्षा और यौन और आर्थिक स्वतंत्रता पर जोर देने के साथ संघर्ष को आगे बढ़ाने को प्राथमिकता दी।

सामाजिक रूप से बहिष्कृत और वंचित महिला संघ

सामाजिक रूप से बहिष्कृत और दलित समुदायों की महिलाओं के लिए संसदीय और अन्य प्रतिनिधि निकायों दोनों में आरक्षित सीटों के लिए, अखिल भारतीय अनुसूचित जाति महिला संघ की स्थापना की गई थी। इस संघ का मुख्य उद्देश्य सरकार को सलाह देकर सामाजिक रूप से वंचित, बहिष्कृत और दलित वर्ग की महिलाओं की शिक्षा में सुधार पर ध्यान देने के लिए तथा माध्यमिक और उच्च शिक्षा में छात्रवृत्ति के प्रावधान के साथ अनिवार्य प्राथमिक शिक्षा नीतियां लागू कराना था।

सामाजिक वंचित,बहिकृत वर्ग नारीवादी आंदोलन के ये संकल्प डॉ. अम्बेडकर के आत्म-पुष्टि के दर्शन का हिस्सा है। इसमें इस बात पर भी प्रकाश डाला गया कि कैसे कोई जाति पहचान चिह्न किसी के लिंग के अधिकार का अतिक्रमण करता है। एक शक्तिशाली महिला आंदोलन की संस्थापक सुलोचनाबाई वास्तव में हर मायने में अपने समय से आगे थीं। वह स्वतंत्रता आंदोलन के कुछ गुमनाम नायकों में से एक हैं।

अखिल भारतीय दलित वर्ग महिला सम्मेलन से सामाजिक वंचित,बहिष्कृत और दलित महिलाओं के बड़े पैमाने पर प्रयास ने अंततः सामाजिक रूप से दलित वर्ग

महिला संघ की स्थापना का मार्ग तैयार किया। यह सन् 1942 में सुलोचनाबाई की अध्यक्षता में अखिल भारतीय अनुसूचित जाति संघ का हिस्सा था। इसके बाद उन्होंने अखिल भारतीय दलित वर्ग महिला कांग्रेस का नेतृत्व किया और नागपुर में जुलाई 1942 के सम्मेलन की अध्यक्षता किया, जिसमें लगभग पचीस हजार से अधिक महिलाओं को सामाजिक वंचित, बहिकृत वर्ग के संघर्ष के लिए एक नए आख्यान के साथ जोड़ा।

अपनी साथी बहनों के यौन और प्रजनन अधिकारों के संघर्ष में इन महिलाओं की प्रभावशाली भागीदारी ने डॉ. अम्बेडकर द्वारा संचालित सामाजिक रूप से वंचित, बहिकृत और पिछड़े वर्ग आंदोलन में एक प्रमुख भूमिका निभाई। इस सम्मेलन ने डॉ. अम्बेडकर को सामाजिक-आर्थिक रूप से इस वर्ग की आवाज़ के नेता के रूप में भी रखा, खासकर वे जो एम.के. गांधी के साथ नहीं थे।

लेकिन महिलाओं की संस्कृति में सुलोचनाबाई के सबसे महत्वपूर्ण योगदानों में से एक में जन्म नियंत्रण पर उनका भाषण शामिल है। उनका बहुआयामी दृष्टिकोण न केवल जन्म नियंत्रण पर बल्कि महिलाओं के लिए शिक्षा, समानता जैसे कई अन्य महत्वपूर्ण मुद्दों पर भी प्रकाश डालता है। शिक्षा को एक प्रेरक शक्ति के रूप में, सुलोचनाबाई ने आर्थिक रूप वंचित,बहिकृत,पिछड़े वर्ग की महिलाओं को सदियों से विश्वास और परंपरा की बेड़ियों से ऊपर उठने की आवश्यकता के बारे में बताया। उन्होंने कहा, "शिक्षा के मामले में हम अभी भी काफी पिछड़े हुए हैं। आज की लड़की कल की माँ है। वह पालना हिलाती है जो दुनिया को मुक्त करती है। इसलिए लड़कियों को शिक्षित करना जरूरी है। लड़की को पता होना चाहिए कि बच्चों को दुनिया मे कैसे लाया जाए। यदि शिक्षा नहीं है, तो किसी के गुण और प्रतिभा का विकास नहीं हो सकता है। हर जिले और तहसील स्थानीय बोर्ड में हमारी महिलाओं का प्रतिनिधित्व होना चाहिए। विधायकों में से कई अशिक्षित पुरुष हैं। अगर इनमें से कुछ सीटें हमारी शिक्षित महिलाओं को दी जातीं तो हमारी स्थिति में सुधार हो सकता था।"

अखिल भारतीय दलित वर्ग की महिलाओं का ऐतिहासिक सम्मेलन

सुलोचनाबाई की अध्यक्षता में अखिल भारतीय दलित वर्ग महिला सम्मेलन ने महिलाओं के अधिकारों पर कई प्रभावशाली प्रस्तावों के साथ इतिहास रच दिया, जिनमें से कई आज भी देश में अनुकरणीय हैं। कारखानों, छोटे पैमाने के निर्माण कार्य, नगर पालिकाओं और रेलवे में काम करने वाली महिलाओं के लिए बेहतर काम करने की स्थिति का आह्वान किया गया है। आकस्मिक दुर्घटना के लिए छुट्टी

के उनके अधिकार, शारीरिक चोटों के लिए पर्याप्त कवरेज और अन्य लाभों पर ध्यान देने के बारे कहा है। सुरक्षित कामकाजी माहौल सुनिश्चित करने के लिए कल –कारखानों में महिला कर्मचारियों के लिए महिला प्रबंधकों की नियुक्ति करें। एक महिला के अपने पति को तलाक देने के अधिकार को बढ़ाकर बहुविवाह का एक उपाय है। इस तरह की घटना की निगरानी और महिलाओं के साथ असमान व्यवहार को खत्म करने के लिए इस उप-कानून को स्वीकार करने का प्रस्ताव महत्वपूर्ण था।

* * * * * * * * *

अध्याय– तीन

डॉ. बी.आर.अम्बेडकर का शिक्षा दर्शन

"हर शिक्षित व्यक्ति का प्राथमिक दायित्व है कि वह अपने गरीब और अज्ञानी भाइयों की सेवा करे और उनका ध्यान रखे । उच्च पद पर पहुंचकर यह शिक्षित व्यक्ति अपने अनपढ़ भाइयों को भूल जाता है अगर वह अपने हजारों भाइयों पर ध्यान नहीं देगा, तो इससे हमारे समाज का पतन हो जाएगा ।"

डॉ.बी.आर.अम्बेडकर का शिक्षा दर्शन

"हर शिक्षित व्यक्ति का प्राथमिक दायित्व है कि वह अपने गरीब और अज्ञानी भाइयों की सेवा करे और उनका ध्यान रखे। उच्च पद पर पहुंचकर यह शिक्षित व्यक्ति अपने अनपढ़ भाइयों को भूल जाता है। अगर वह अपने हजारों भाइयों पर ध्यान नहीं देगा, तो इससे हमारे समाज का पतन हो जाएगा।" -डॉ. बी.आर. अम्बेडकर

आधुनिक भारत के वास्तुकारों में से एक डॉ. भीमराव रामजी अम्बेडकर हैं। एक गरीब और साधन विहीन परिवार में जन्मे, वे मनुष्य के जीवन में असंभव लगने वाले कार्यो को करते हुए कामयाबियो के सर्व श्रेष्ठ उचाई तक पहुंचे। उनका नाम आधुनिक भारत के सबसे शिक्षित नागरिकों में शुमार है। उन्होंने अपनी पीएच.डी. कोलंबिया जैसे सम्मानित विश्वविद्यालय और प्रतिष्ठित लंदन स्कूल ऑफ इकोनॉमिक्स से अर्थशास्त्र में किया है। एक पेशेवर वक्ता, लेखक और प्रबुद्ध शिक्षाविद के रूप में वे पूरे विश्व में प्रसिद्ध हैं। उनका अध्ययन का क्षेत्र न केवल अर्थशास्त्र और कानून तक सीमित था, बल्कि शिक्षा, समाजशास्त्र, संविधान, राजनीति विज्ञान, धर्म और दर्शन जैसे विषयों पर भी उनको पूर्ण रूप से ज्ञान था। भगवान बुद्ध, ज्योतिबा फुले, साहू जी महाराज, प्रोफेसर जॉन डेवी, एल्विन सेलिगमैन और बुकर टी. वाशिंगटन जैसे प्रसिद्ध शिक्षाविद् और उपदेशको का उनके व्यक्तित्व और जीवन पर बहुत ही गहरा प्रभाव पड़ा। जीवन भर वे अपने आप में शिक्षा, दर्शन से जुड़े रहे। देश के हर समाज में शिक्षा के सार और उन्नति को समझने के लिए, शिक्षा के बारे में उनके विचारों का अध्ययन बहुत ही महत्वपूर्ण है।

यह कहा जा सकता है कि डॉ. अम्बेडकर का शिक्षा दर्शन प्राचीन और समकालीन शिक्षा का मेल है। उनका शिक्षा में योगदान उल्लेखनीय है क्योंकि उन्होंने भारतीय समाज के एक व्यापक वर्ग की आवश्यकता को साबित किया जो लंबे समय से शैक्षिक उन्नति के लिए शिक्षा से वंचित था और वर्तमान में भी सरकार की गलत नीतियों के कारण पहले जैसे ही वंचित हो रहे है। क्योंकि सरकार के नीतियों के कारण इस समाज के अधिकांश युवा उच्च शिक्षा से वंचित है। संविधान निर्माण के समय उन्होंने दलित वर्ग की शिक्षा और सामाजिक सशक्तिकरण के लिए कई कानून

बनाने में महत्वपूर्ण भूमिका निभाई। यह याद रखना आवश्यक है कि यदि जनसंख्या का एक बड़ा हिस्सा शिक्षा से वंचित है, तो समाज और देश कभी भी व्यावहारिक रूप से विकसित नहीं हो पाएगा। इस देश में सामाजिक विभाजन को समाप्त करना बहुत महत्वपूर्ण है; अन्यथा, समाज में सामाजिक स्थिरता का विकास नहीं होगा। इसलिए डॉ. अम्बेडकर ने इस बात पर जोर दिया कि राज्य को नागरिकों के लिए सार्वभौमिक गुणात्मक शिक्षा प्रदान करनी चाहिए साथ ही साथ तकनीकी शिक्षा भी प्रदान करनी चाहिए, ताकि हमारे समाज में सामाजिक और आर्थिक समानता विकसित हो सके और हमारे देश में विकास हो सके।

उनके दर्शन में यथार्थवादी पूर्ति के लिए एक महान विचार है और ये विचार आधुनिक समाज के लिए महत्वपूर्ण हैं। उनके विचार में शिक्षा एक आंदोलन है। यदि यह अपने लक्ष्यों को पूरा नहीं कर सकता है, तो यह बेकार है। सच्ची शिक्षा समाज को आजीविका के स्रोत स्थापित करती है, जागरूकता प्रदान करती है और उन्हें समतावाद से भर देती है। डॉ. अम्बेडकर ने तर्क दिया कि शिक्षा लोगों के जीवन स्तर को बढ़ाने का सबसे सफल साधन है। उनका नारा था "शिक्षित करो, संगठित करो, लड़ो।" उनके सामाजिक दर्शन में समाज में न्याय, समानता, एकता, स्वतंत्रता और आत्म निर्भयता का निर्माण करने के लिए मानवीय गरिमा और स्वाभिमान केंद्रीय हो गया है। वे शिक्षा का उपयोग करना चाहते थे। उन्होंने जन्म पर आधारित समाज को मूल्य आधारित समाज में बदलने का फैसला किया। यह कहा जाता है कि इन नैतिक सिद्धांतों का समर्थन केवल ज्ञान और प्रज्ञा द्वारा ही किया जा सकता है।

उन्होंने देश के विकास में शिक्षा की भूमिका पर प्रकाश डाला। उन्होंने शिक्षा को सार्वभौमिक बनाने की वकालत की। उनका विचार था कि शिक्षा भारतीय संस्कृति और सामाजिक अन्याय में वर्तमान सामाजिक आर्थिक असमानता को कम करती है। डॉ. अम्बेडकर महिलाओं के लिए भी समान अवसर, शिक्षा और सह-शिक्षा के बहुत बड़े पैरोकार थे।

शिक्षण और शिक्षा से समाज के सभी वर्गों पर इसके प्रगतिशील प्रभाव पड़ता है, शिक्षा दर्शन से संबंधित है। यद्यपि व्यक्ति और समाज अपनी पहचान रखते हैं, शिक्षण और सिखाने की असमानता की शुरुआत सामाजिक और शैक्षिक क्षेत्रों में हुआ है, जहां पर एक पक्ष या बेईमानो की आवाजों ने समाज के बड़े हिस्से को शिक्षित किया है। शिक्षार्थियों की आवाज अभी भी उत्पीड़कों की चुप्पी और तानाशाही की स्थिर संस्कृति को बरकरार रखती है। डॉ. बी.आर.अम्बेडकर का योगदान ब्रिटिश कालीन भारत सरकार द्वारा स्वतंत्रता से पहले और स्वतंत्रता के बाद की अवधि में किए गए शिक्षा प्रणाली में शैक्षिक परिवर्तन से भिन्न है। डॉ. अम्बेडकर ने शिक्षा के

पद्धति कर्म, प्रकृति, प्रक्रिया, परिणामों और आदर्शों की शिक्षा में अपने दर्शन का योगदान दिया। शिक्षा पर उनके ध्यान ने शिक्षा की एक ऐसी प्रणाली को प्रोत्साहित किया जिससे सभी जन को लाभ हो सके।

डॉ. अम्बेडकर ने अपने भाषण कहा है कि "पिछड़े, वंचित,बहिकृत वर्गों को यह एहसास हो गया है कि आखिरकार शिक्षा सबसे बड़ा भौतिक सुख,लाभ है जिसके लिए वे लड़ सकते हैं। हम अन्य भौतिक लाभों को छोड़ सकते हैं, हम सभ्यता के भौतिक सुखों को छोड़ सकते हैं, लेकिन हम उच्चतम शिक्षा के सुख,लाभ को पूरी तरह से प्राप्त करने के अपने अधिकारों और अवसरों को नहीं छोड़ सकते। पिछड़े, वंचित वर्गों के दृष्टिकोण से इस प्रश्न का यही महत्व है, जिन्होंने अभी-अभी यह महसूस किया है कि शिक्षा के बिना उनका अस्तित्व सुरक्षित नहीं है।"

डॉ. अम्बेडकर एक दूरदर्शी व्यक्ति थे जिन्होंने भारतीय समाज को सामाजिक-आर्थिक रूप से वंचित वर्गों के उत्थान के लिए प्रेरित किया। गांधीवादी दर्शन जैसे रूढ़िवादी आदर्शों के अनुयायियों द्वारा प्रचारित वर्तमान कट्टरपंथी दर्शन ने उनकी कड़ी आलोचना की है। हालाँकि, उन्होंने संकेत दिया था कि सामाजिक और आर्थिक रूप से वंचित,बहिकृत और पिछड़े वर्ग के उत्थान का तरीका शिक्षा के माध्यम से है। अस्पृश्यता विरोधी संघ को लिखे एक पत्र में, उन्होंने अपने विश्वासों को मजबूत किया और दावा किया कि इन समूहों,वर्गों का उत्थान शिक्षा पर निर्भर करता है, जिसका तात्पर्य समग्र रूप से समाज की शिक्षा से है। अखिल भारतीय अस्पृश्यता विरोधी संघ की स्थापना महात्मा गांधी जी द्वारा समाज में अस्पृश्यता को दूर करने के लिए की गई थी, जिसे बाद में हरिजन सेवक संघ का नाम दिया गया, जिसका अर्थ है "अछूत समाज के सेवक संघ "।उस समय उद्योगपति, घनश्याम दास बिड़ला इसके संस्थापक और अध्यक्ष थे और अमृतलाल टक्कर इसके सचिव थे।

सरकारी संगठनों को सामाजिक-आर्थिक रूप से वंचित वर्गों के शैक्षिक हितों की रक्षा के लिए प्रोत्साहित नहीं किया जाता है जिनकी अवहेलना की गई है। अन्य समुदायों के विपरीत, सामाजिक रूप से वंचित,बहिष्कृत और पिछड़े वर्गों की शैक्षिक स्थिति बहुत बहुत अच्छी नहीं है। इन वर्गों के लिए, शैक्षिक नीतियों की भूमिका मुक्तिदायक है, क्योंकि शिक्षा को विकास में प्राथमिक कारक के रूप में और सामाजिक सुधार के माध्यम के रूप में और धार्मिक जाति व्यवस्था को खत्म करने की क्षमता के रूप में वर्णित किया गया है। आज तक, शिक्षा प्रणाली ने खुद को दलित वर्गों को सशक्त बनाने के लिए एक माध्यम के रूप में पेश किया, लेकिन वास्तव में, इसने उसी सशक्तिकरण तंत्र को बड़ी सावधानी से तबाह कर दिया, जब उसने शिक्षा प्रणाली में संस्कृत भाषा के महत्व को बढ़ाया।

सामाजिक वंचित,बहिष्कृत छात्रों को अपने शिक्षकों की अनिच्छा का सामना करना पड़ता है जब कि ब्राह्मणवादी पुरोहित जाति के छात्रों को वरीयता दी जाती हैं, निचली जातियों को इस प्रक्रिया से स्पष्ट रूप से अलग कर दिया जाता है, और इसी तरह सामाजिक रूप से वंचित,बहिष्कृत शिक्षक शिक्षण प्रक्रिया से दूर हो जाते हैं। डॉ. अम्बेडकर ने ऐसी शिक्षा की पुरजोर वकालत की जो मानव अधिकारों की शिक्षा देती है, ऐसी शिक्षा जो भारत में मानव गरिमा और न्याय सिखाती है।

डॉ. अम्बेडकर ने महाराष्ट्र में विभिन्न शैक्षणिक संस्थानों का गठन किया, जिनमें सिद्धार्थ कॉलेज, मिलिंद कॉलेज और सामाजिक-आर्थिक वंचित वर्गों तथा सभी वर्गों की महिलाओं के लिए अन्य संबंधित स्कूल शामिल हैं। स्वदेशी समाज अर्थात हिंदू धर्म की अपनी गहन समझ के माध्यम से, वे शिक्षा के मूल्य की सराहना करते थे और शिक्षा के दर्शन की व्याख्या करते थे। उन्होंने शिक्षा के क्षेत्र में विदेशी हस्तक्षेप, शिक्षा का वैश्वीकरण और बौद्ध दर्शन, शिक्षा के समाजवादी मॉडल से इनकार किया। सामाजिक-आर्थिक रूप से दलित वर्गों के मुक्ति संघर्षों के लिए शिक्षा के उनके सिद्धांत की प्रासंगिकता, जो बदले में शिक्षा पर आधारित है।उन्होंने कहा कि शिक्षित व्यक्ति अपने अधिकारों का दावा करेंगे और विकास के लिए प्रेरित होंगे।

भारत में शिक्षा दर्शन का कालानुक्रमिक सुधार

शिक्षा दर्शन को दर्शन के उन क्षेत्रों में से एक माना जाता है जहां तत्वमीमांसा, ज्ञानमीमांसा, अनुसंधान दृष्टिकोण, सौंदर्यशास्त्र और नैतिकता जैसे आध्यात्मिक दृष्टिकोणों पर मात्रात्मक तरीके से चर्चा की जाती है। शैक्षिक दर्शन उल्लिखित विधियों के साथ मिलकर काम करता है और लोगों को जानकारी प्रदान करने के लिए उनकी प्रतिभा के आधार पर तंत्र का प्रचार भी करता है। इस विचारधारा का उद्देश्य और मंशा देश की क्षमता, पारदर्शिता और सम्मानजनक, जानकार और निष्पक्ष लोगों को स्थापित करना है। शैक्षिक दर्शन का उद्देश्य शिक्षक और छात्र के अनुभवों पर चर्चा करना है, जबकि वे कक्षा में अध्यापन के लिए पहुंचते हैं तो उनका आध्यात्मिक स्वभाव होता है।

शैक्षिक दर्शन, भारतीय संदर्भ में, कमोबेश समान रणनीतियों, लक्ष्यों और कार्यों की भविष्यवाणी करता है। भारत में कालांतर में परंपरा से संबंधित ताकतें थीं, जो वैदिक और उत्तर-वैदिक काल में थी, अपनी जड़ों तक वापस पहुंच गई; धार्मिक व्यवस्था एक रूढ़िवादी विश्वास को दर्शाती है और नास्तिकता की प्रणाली विधर्मी थी, ऐसा माना जाता है लेकिन इस तरह नहीं है। रूढ़िवादी प्रणाली में मीमांसा, वेदांत, सांख्य, नयना, योग आदि के विभिन्न विद्यालयों में वैदिक दार्शनिक दर्शन का

समन्वेषण किया गया है। धर्मनिरपेक्ष विद्यालयों में चार्वाक, बुद्ध और जैन मौजूद हैं। आधिपत्य और सार के विनाशकारी विचार और अन्य अग्रदूतों के स्कूलों के अनुसार प्रदान किए गए शैक्षिक सिद्धांत हैं। पश्चिमी बौद्धिक क्षेत्र ने इन दार्शनिक परंपराओं को पूर्ण रूप से अलग कर दिया गया है।

चार्वाक को नास्तिक प्रणाली का श्रोत माना जाता है।चार्वाक ज्ञान के उचित स्रोतों के रूप में प्रत्यक्ष धारणा, अनुभववाद और सशर्त अनुमान को मानते हैं, दार्शनिक संशयवाद को मानते हैं और कर्मकांड और अलौकिकता को खारिज करते हैं। यह प्राचीन भारत में एक लोकप्रिय विश्वास प्रणाली थी। चार्वाक भारतीय सुखवाद दर्शन का एक प्राचीन विद्यालय है। यह एक वैदिक विरोधी दर्शन है। बृहस्पति को चार्वाक का संस्थापक माना जाता है।

भारत के दार्शनिक गुरुओं द्वारा उस समय आरोप लगाया गया था, जब भारत एक ब्रिटिश औपनिवेशिक निकाय बन गया था कि शासकों ने पश्चिमी दर्शन से धार्मिक सिद्धांतों को उधार लिया और रूढ़िवादी दर्शन को हटाने का प्रयात्न किया; यह नास्तिक विचारकों की उनकी अज्ञानता को इंगित करता है जो नास्तिक 'ब्राह्मणवादी दर्शन' को पूर्णरूप से खारिज करते थे। पुराने दर्शन की मूलभूत जड़ों और समकालीन दर्शन में योगदान के संबंध में भारतीय विचारकों के तर्क ग्रीस, ब्रिटेन, जर्मनी, इटली और फ्रांस जैसे अन्य देशों की तुलना में अधिक महत्वपूर्ण हैं। ऐसा माना जाता है कि भारत में दर्शनशास्त्र की रचना सर्व प्रथम पाली भाषा उसके बाद प्राकृत और संस्कृत में हुई थी। बौद्ध धर्म जैसे भारतीय शास्त्रीय दर्शन से, पश्चिमी दर्शन के साथ उनकी महत्वपूर्ण पारस्परिक विचार –विमर्श ने 'ऊर्जा संरक्षण नियम' पर विचारों को स्पष्ट करने के लिए कोशिश किया; एक यूनानी दार्शनिक थेल्स ऑफ मिलेटस ने 'बुद्ध' के काफी समय बाद इस नियम की व्याख्या की थी।

शैक्षिक मूल्यों ने मध्यकालीन भारत में इस्लामी प्रभाव को भी प्रतिबिंबित किया, जहां शिक्षा प्रदान करने के लिए इस्लामी महाविद्यालय और प्राथमिक विद्यालय जैसे संस्थान स्थापित किए गए थे। अन्य धार्मिक स्कूलों ने भी सीखने वाले लोगों का समर्थन किया है। फारसी अध्ययन का इस्लामी माध्यम था और संबंधित शिक्षक अंकगणित, न्यायशास्त्र, तर्कशास्त्र और भाषा जैसे विषयों को पढ़ाते थे। शैक्षिक लक्ष्य और प्राथमिकताएं व्यक्ति को धार्मिक और व्यावसायिक स्कूली शिक्षा प्रदान करना था। दूसरा पहलू सैन्य तैयारी करना था जो आजीविका के अवसरों का निर्माण कर सके।

भारत पर ब्रिटिश आक्रमण ने देश की पुरातन शिक्षा प्रणाली को अत्यधिक बाधित कर दिया। इस अवधि में, शिक्षा के ईसाई सिद्धांत को अपनाया गया था। वास्तव में, यह भारत के नए युग की शुरुआत थी, जहां कई सुधारों द्वारा अंग्रेजों द्वारा लाए गए आधुनिक आदर्शों के प्रचार ने शिक्षा में योगदान दिया।

सन् 1902 में भारतीय विश्वविद्यालयों के आयोग, सन् 1904 में भारतीय विश्वविद्यालय के अधिनियम की तरह ही सुधारों को शामिल किया गया था; सन् 1912 में राष्ट्रीय शिक्षा कार्यक्रम, 1929 में हर्टोग समिति सर्वेक्षण को भी शामिल किया गया। इन सुधारों के माध्यम से एक संस्थागत ढांचे की स्थापना के लिए एक सार्वजनिक-विद्यालय संरचना पश्चिमी प्रस्तावों का हिस्सा था। हालाँकि, भारतीय सुधारवादियों के आकलन ने अंग्रेजों पर हमला किया। राष्ट्र के शिक्षा सुधारों का आह्वान श्री अरबिंदो, स्वामी दयानंद सरस्वती, एम.के. गांधी, रवींद्रनाथ टैगोर, डॉ. एस राधाकृष्णन, जवाहरलाल नेहरू, एम. एन. रॉय, राजा राम मोहन रॉय, एनी बेसेंट, एम.जी. रानाडे और कई अन्य राजनेताओ ने किया। उन्होंने तर्क दिया कि ब्रिटिश शिक्षा प्रणाली भारतीय लोगों की जरूरतों के लिए अहितकर है। शिक्षा के पीछे उनका मिशन और उद्देश्य ब्रिटिश शिक्षा नीतियों के लिए एक वैकल्पिक और शिक्षा का एक नया सिद्धांत पेश करना था। वे चाहते थे कि दुनिया में नई राष्ट्रीय शैक्षिक नीतियां हों।

सन् 1857 के विद्रोह ने ब्रिटिश साम्राज्य की नींव को ही हिला कर रख दिया। हालात सामान्य होने में कुछ समय लगा। सन् 1882 तक देश में शिक्षा के विकास का आकलन करना और उसमें व्याप्त दोषों को दूर करना आवश्यक समझा गया। इस उद्देश्य के लिए लॉर्ड रिपन द्वारा 3फरवरी, सन् 1882 को वायसराय की कार्यकारी परिषद के सदस्य विलियम हंटर की अध्यक्षता में भारतीय शिक्षा आयोग की नियुक्ति की गयी। इसके बाद सन् 1904 का भारतीय विश्वविद्यालय अधिनियम और लॉर्ड कर्जन की शैक्षिक नीति भी भारत की शिक्षा प्रणाली में सुधार के लिए अस्तित्व में आई। उसके निम्नलिखित मुख्य उद्देश्य थे: प्राथमिक शिक्षा पर विशेष ध्यान देते हुए भारत में शिक्षा के विभिन्न पहलुओं पर विचार करने के सन्दर्भ में। सन् 1882 के हंटर आयोग की प्रमुख सिफारिशों के परिणामस्वरूप ब्रिटिश भारत की शिक्षा प्रणाली में निम्नलिखित परिवर्तन हुए: पिछड़े जिलों में प्राथमिक विद्यालयों के विस्तार के साथ-साथ निचले स्तर पर सरकारी नौकरियों के लिए साक्षर उम्मीदवारों को वरीयता दी जाय ; स्थानीय स्वशासन अधिनियम के तहत प्राथमिक शिक्षा का प्रबंधन जिला और नगरपालिका बोर्डों को सौंपा गया। ग्रामीण और शहरी क्षेत्रों के लिए निधियों को अलग-अलग किया गया था ताकि शहरी

विद्यालयों द्वारा ग्रामीण विद्यालयों के लिए निर्धारित निधियों का दुरुपयोग न किया जा सके। माध्यमिक विद्यालयों की स्थापना निजी पार्टियों द्वारा सरकार द्वारा प्रदान की गई धनराशि से की जानी थी। ऐसे निजी स्कूलों का मार्गदर्शन करने के लिए प्रत्येक जिले में सरकार द्वारा पूरी तरह से संचालित मॉडल स्कूल खोले जाने थे। माध्यमिक विद्यालय के पाठ्यक्रम को भी विभिन्न शाखाओं में विविध शैक्षणिक और व्यावसायिक पाठ्यक्रमों के साथ संशोधित किया गया। मिशनरी स्कूलों को हतोत्साहित किया गया, और निजी स्कूल प्रणाली में भारतीय भागीदारी को राज्य द्वारा मांग की गई कि लड़कियों और महिलाओं की शिक्षा को आगे बढ़ाने में विशेष ध्यान दिया जाना चाहिए। हालांकि इनमें से अधिकांश परिवर्तन सकारात्मक थे, ये परिवर्तन केवल ब्रिटिश भारत सरकार द्वारा निर्धारित प्रणाली के बाद के स्कूलों तक ही सीमित थे। जैसे-जैसे पारंपरिक स्कूल वित्त पोषण और विद्द्यार्थियो की कमी से बंद हो गए, सरकारी स्कूल प्रणाली अधिक से अधिक बोझिल हो गई, जिसके परिणामस्वरूप प्राथमिक शिक्षा में प्रणालीगत समस्याएं हुईं जो आज भी समाज को प्रभावित करती हैं।

हंटर आयोग के समक्ष पिछड़ी जातियों के लिए शिक्षा के प्रश्न पर सबसे पहले चर्चा करने वाले महात्मा जोतिबा फुले थे। और उनके बाद एक और महान व्यक्ति, स्वतंत्र भारत के संविधान निर्माता डॉ. भीमराव रामजी अम्बेडकर, जिन्होंने न केवल दलित वर्गों के अधिकार प्राप्त करने के लिए काम किया और उनकी मुक्ति के लिए संघर्ष किया ; बल्कि सभी वंचित,बहिकृत, पिछड़े के लिए जीवन भर संघर्ष करते रहे। सामाजिक रूप से वंचित,बहिकृत,पिछड़े वर्गों के शैक्षिक अधिकारों पर, उन्होंने अपने सुधारवादी विचारों को अंकित किया। उनके तत्वमीमांसा निर्धारकों को देश के ब्राह्मणवादी बुद्धिजीवियों द्वारा पोषित नहीं किया गया था, न ही उनके मुक्ति विचारों पर उच्च जातियों द्वारा सामाजिक-आर्थिक रूप से वंचित, बहिकृत,पिछड़े वर्गों के लिए एक राष्ट्रीय मंच पर बहस की गई थी। उन्होंने विभिन्न विषयों पर अपने विचारात्मक और तथ्यात्मक लेख लिखा, लेकिन उनके विचारों को भारत की ब्राह्मणवादी पाठ्यपुस्तक अकादमियों ने खारिज कर दिया। इस दुनिया में लाखों लोगों के लिए, डॉ अम्बेडकर केवल एक संविधान निर्माता हैं; आज भी उच्च जाति के मीडिया भी शिक्षा पर उनके विचारों के प्रति उतना ग्रहणशील नहीं है।

शिक्षा का लक्ष्य और उद्देश्य

शिक्षा के दर्शन का लक्ष्य और उद्देश्य कौशल, और उत्तरदाई का निर्माण करना और राष्ट्र के लिए सम्मानजनक, शिक्षित और जिम्मेदार नागरिक का निर्माण करना होता

है। शिक्षा प्रणाली की भूमिका शिक्षकों और छात्रों के बीच संबंधों पर चर्चा करना, जहां वे कक्षा में एक साथ होते हैं, शिक्षकों का तात्त्विक अभिविन्यास होता है। भारतीय अर्थ में शिक्षण पद्धति कमोबेश समान उद्देश्यों और कार्यों की परिकल्पना करती है। प्राचीन प्राकृतिक शक्तियां थीं, वैदिक और उत्तर-वैदिक काल, पूर्व कालखंड ; धार्मिक विश्वास एक रूढ़िवादी दृष्टिकोण को दर्शाता है, और नास्तिक व्यवस्था विधर्मी थी। रूढ़िवादी प्रणाली में मीमांसा, वेदांत, सांख्य, नयना, योग आदि के विभिन्न विद्यालयों में वैदिक दार्शनिक दर्शन है। नास्तिक विद्यालयों में चार्वाक, बुद्ध और जैन मौजूद हैं। आधिपत्य और प्रकृति के नुकसानदायक विचार और अन्य पूर्ववृत्तों के स्कूलों के अनुसार बताए गए शैक्षिक सिद्धांत हैं। ऐसा माना जाता है कि इन दार्शनिक परंपराओं को पश्चिमी दार्शनिक क्षेत्र द्वारा दबा दिया गया है।

मध्यकालीन भारत में, इस्लामी प्रभाव शैक्षिक सिद्धांतों में भी व्यक्त किया गया था, जहां इस्लामी कॉलेजों और इस्लामी प्राथमिक विद्यालयों जैसे स्कूलों की स्थापना शिक्षा प्रदान करने के लिए की गई थी। अन्य धार्मिक स्कूलों ने भी शिक्षा ग्रहण वाले लोगों का समर्थन किया है। फारसी अध्ययन का इस्लामी माध्यम था, और संबंधित शिक्षक अंकगणित, तर्कशास्त्र, तर्क और भाषा जैसे विषयों को पढ़ाते थे। शैक्षिक लक्ष्य और उद्देश्य छात्र को धार्मिक और व्यावसायिक शिक्षा प्रदान करना था। दूसरा पहलू सैन्य के सन्दर्भ था उन लोगों के लिए जो लोग अपना उत्तरदायित्व और निर्वाह करने के अवसर प्रदान करने में सक्षम हो।

भारत पर ब्रिटिश आक्रमण ने देश की पुरातन और भेदभावपूर्ण शिक्षा प्रणाली को और अधिक प्रभावित किया। इस काल में शिक्षा की ईसाई विचारधारा को अपनाया गया। वास्तव में, यह भारत के नए युग की शुरुआत थी, जहां कई सुधारों द्वारा अंग्रेजों द्वारा लाए गए आधुनिक आदर्शों के प्रचार ने शिक्षा में योगदान दिया,जो कि शिक्षा सुधारों में शामिल हैं: भारतीय विश्वविद्यालय आयोग 1902 ;भारतीय विश्वविद्यालय अधिनियम 1904,1912 ; राष्ट्रीय शिक्षा कार्यक्रम 1929; हर्टोग समिति सर्वेक्षण इत्यादि। इन सुधारों के माध्यम से एक संस्थागत ढांचे की स्थापना के लिए एक पब्लिक स्कूल संरचना पश्चिमी प्रस्तावों का हिस्सा था। हालाँकि, भारतीय सुधारवादियों के आकलन ने अंग्रेजों पर हमला किया। राष्ट्र के शिक्षा सुधारों का आह्वान श्री अरबिंदो, स्वामी दयानंद, एम.के. गांधी, रवींद्रनाथ टैगोर, डॉ एस राधाकृष्णन, जवाहरलाल नेहरू, एम एन रॉय, राजा राम मोहन रॉय, एनी बेसेंट, एम. जी. रानाडे और कई अन्य लोगों ने किया।

उन्होंने तर्क दिया कि ब्रिटिश शिक्षा प्रणाली भारतीयों की जरूरतों के विपरीत है। शिक्षा के पीछे उनका मिशन और उद्देश्य ब्रिटिश शिक्षा नीतियों के लिए एक

वैकल्पिक और शिक्षा का एक नया सिद्धांत प्रस्तुत करना था। वे चाहते थे कि दुनिया में नई राष्ट्रीय शैक्षिक नीतियां हों। हंटर आयोग के समक्ष पिछड़ी जातियों के लिए शिक्षा के प्रश्न पर सबसे पहले चर्चा करने वाले महात्मा जोतिबा फुले थे। सन् 1882 के हंटर आयोग का नेतृत्व सर विलियम हंटर ने किया था और इसका नाम भारत के तत्कालीन वायसराय लॉर्ड रिपन ने रखा था। जनरल काउंसिल ऑफ एजुकेशन द्वारा रिपन का नाम दिए जाने के बाद, इस आयोग का गठन किया गया था। महात्मा जोतिबा फुले, अखंड भारत के संविधान निर्माता डॉ. भीमराव रामजी अम्बेडकर के बाद एक और शक्तिशाली व्यक्ति थे, जिन्होंने सामाजिक और आर्थिक रूप से दलित,वंचित,बहिकृत और पिछड़े वर्गों के अधिकार प्राप्त करने के लिए काम किया और उनकी दासता से मुक्ति के लिए संघर्ष किया। वे विदेशों से उच्च शिक्षा प्राप्त करने वाले पहले इस वर्ग के छात्र थे, जो आधुनिक भारत के जनक बने। बुद्ध, कबीर, महात्मा फुले, शाहूजी महाराज और कई अन्य महापुरुषों ने उनके जीवन दर्शन को प्रेरित किया। ज्यादातर इन वर्गों के शैक्षिक अधिकारों पर, उन्होंने अपने सुधारवादी विचारों को संबोधित किया। उनके तत्वमीमांसा निर्धारकों को देश के विद्वानों द्वारा पोषित नहीं किया गया था, न ही उनके मुक्ति विचारों पर उच्च जातियों द्वारा इन वर्गों के लिए एक राष्ट्रीय मंच पर बहस की गई थी। उन्होंने विभिन्न विषयों पर लिखा, लेकिन उनके विचारों को भारत की पाठ्यपुस्तक अकादमी ने खारिज कर दिया। इस दुनिया में लाखों लोगों के लिए, डॉ अम्बेडकर केवल एक संविधान निर्माता बने हुए हैं, और उच्च जाति के मीडिया भी शिक्षा और मुक्ति पर उनके विचारों के प्रति ग्रहणशील नहीं रही हैं।

डॉ. अम्बेडकर एक दूरदर्शी व्यक्ति थे, जिन्होंने समाज को दलित वंचित,बहिकृत और पिछड़े वर्गों के उत्थान के लिए प्रेरित किया। गांधीवादी दर्शन जैसे रूढ़िवादी आदर्शों के पैरोकारों द्वारा प्रचारित प्रमुख कट्टरपंथी दर्शन ने उनकी अत्यधिक आलोचना किया। हालांकि, उन्होंने संकेत दिया कि इन वर्गों के उत्थान का रास्ता शिक्षा के माध्यम से ही है।

डॉ. अम्बेडकर के विचार न केवल समाज के एक विशिष्ट वर्ग के लिए सीमित हैं, बल्कि पूरी मानवता के लिए प्रेरक है, उनके विचार और दर्शन को मानवता के दुश्मनों द्वारा पूरी तरह से नजरअंदाज कर दिया गया है। उन्होंने लेखों और पुस्तकों में विचार और दर्शन का योगदान दिया है। उनके भाषण और लेखन वास्तविकता की प्रक्रिया को खोजने और व्यक्त करने का एक शक्तिशाली स्रोत हैं। उन्होंने अपने प्रतिबिंबों, शब्दों और कृत्यों के माध्यम से सामाजिक-आर्थिक उत्पीड़ित वर्गों की सामाजिक स्थिति की पीड़ा और असमानता के बारे में चेतना को जगाया और उन्हें

एक ऐसे विश्व के निर्माण की संभावना के लिए जागृत किया जिसमें वे समान रूप से कार्य कर सकें। जब हम समानता शब्द के बारे में बात करते हैं, तो पता चलता है कि यह अलग-अलग तरीकों से आपस में जुड़ा हुआ है। उदाहरण के लिए, जैसा कि संविधान में निहित है - स्वास्थ्य, न्याय और शिक्षा का अधिकार सामान रूप से सभी नागरिको को मिलनी चाहिए। संविधान में समानता हर तरह से व्यक्त की गई है और इसकी संरचना का एक अनिवार्य हिस्सा प्रतीत होता है। हमें यह जानना चाहिए कि समानता की हमारी परिभाषा द्वारा प्रदान की गई सीमाओं से आगे बढ़ते हुए समानता को कैसे देखा जाता है।

हमें शिक्षा के उद्देश्य को समझना होगा। डॉ. अम्बेडकर ज्ञान की बात करते हैं, वे ज्ञान के दो उद्देश्यों को सूचीबद्ध करते हैं: पहला, इसे दूसरों की भलाई के लिए सीखना, और दूसरा, इसे अपने स्वयं के विकास,उन्नति के लिए एक दूसरे का उपयोग करना। जीवन का बोध ही एकमात्र सच्चा दृष्टिकोण नहीं है, बल्कि 'एक-दूसरे के दुख-दर्द के अस्तित्व ' का बोध भी आवश्यक है। दलित,वंचित,बहिकृत और पिछड़ा वर्ग अपनी उपस्थिति का दावा वर्तमान परिदृश्य में तब करते हैं जब ब्राह्मणवादी उच्च जातियों की ओर से उन पर आक्रमण होता है, जो शासक जाति के लिए उनके अस्तित्व को भी प्रदर्शित करता है।

डॉ. अम्बेडकर ने उस तकनीकी सीखने के खिलाफ भी विरोध किया है, जो एक लिपिक स्वभाव के कर्मचारियों को स्थापित करने का प्रयास करता है, सीखने के लक्ष्य के रूप में एक गैर-प्रश्नात्मक मानसिकता पैदा करता है। मुंबई विश्वविद्यालय के सुधारों के बारे में तत्कालीन नगर सरकार द्वारा गठित विश्वविद्यालय सुधार समिति के समक्ष अपनी लिखित राय में उन्होंने शिक्षा के मूल्य को स्पष्ट किया। उन्होंने स्कूल से संबंधित कई समस्याएं और यहां तक कि शिक्षा प्रणाली के पतन के कारणों को भी प्रस्तुत किया।

डॉ. अम्बेडकर समाज की निर्विवाद पूर्ण धारणाओं को अपनाने के विचार को खारिज करते हैं। तर्क कौशल एक व्यक्ति की तर्क क्षमता और वास्तविकता तक पहुंचने और इसे एक प्रक्रिया में समझने की उसकी क्षमता का प्रतिनिधित्व करता है। हम यह भी जानना चाहेंगे कि उन्होंने स्कूली शिक्षा के सार को कैसे देखा। वे कहते हैं, पूर्व-स्नातक शिक्षा और स्नातकोत्तर शिक्षा के विभाजन का अर्थ शिक्षा और अनुसंधान का एक-दूसरे से विभाजन है,जिसने स्वयं ही यह सिद्ध कर दिया कि जब अनुसंधान को शिक्षा से अलग कर दिया जाता है तो पूर्व शिक्षा का अत्यधिक नुकसान होता है।

इससे यह स्पष्ट होता है कि प्रज्ञता के लिए निरंतर और वास्तविक शिक्षा महत्वपूर्ण है और इसे जीवन में शामिल करने से इसकी निरंतरता बनी रहती है। डॉ. अम्बेडकर ने नीति-निर्माताओं के लिए प्राथमिकताओं के रूप में इन तीन तत्वों की पहचान की: पहला, शिक्षा के लक्ष्यों और उद्देश्यों को फिर से परिभाषित करना, दूसरा, शिक्षा मौलिक समानता एक साधन के रूप में, और अंत में, महिलाओं के लिए शिक्षा की अनिवार्यता।

उन्होंने शिक्षा को वंचित समाज के लिए उनके अपने जीवन स्तर से उठने और उनकी स्वतंत्रता की मांग करने के लिए महत्वपूर्ण साधन के रूप में मान्यता दी, जहां शिक्षा की आधारभूत तर्क, शक्ति और दृढ़ता दी जाएगी जो तथ्य और सुसंस्कृत विचारों के बीच अंतर करती है। उनके सख्त बयानों और संदेशों का मुख्य पहलू शिक्षा था, जिसने हमें उनकी पूर्व अवधारणा को मौलिक अधिकार के रूप में और साथ ही सामाजिक भेदभाव वाले लोगों के लिए परिवर्तन के प्रमुख हथियार के रूप में देखने में मदद की। उनके भाषण प्रकृति की प्रगतिशील शिक्षा की ओर भी इशारा करते हैं, जिसे उन्होंने अपनी बौद्धिक शिक्षा की प्रचुरता से ग्रहण किया होगा।

एक ऐसी संस्कृति से आने वाले, जिसे पूरे इतिहास में सामाजिक रूप से वंचित,बहिष्कृत और अवहेलना किया गया है, ब्राह्मणवादी कट्टरपंथियों ने डॉ. अम्बेडकर की राय और सिद्धांतों को खतरनाक और भ्रामक रूप में प्रचारित किया। समाजिक रूप से 'निम्न वर्ग' के उत्थान या विकास की अवधारणा पर सहमति बनी। डॉ. अम्बेडकर उच्च और निचली जातियों के बीच संबंधों पर सवाल उठाने और शिक्षित व्यक्ति बनने की मदद से उनके बीच की गतिहीनता पर सवाल उठाने के लिए किसी और की तुलना में बेहतर स्थिति में थे। इसलिए, जब उन वर्गों से इसे रोक दिया गया तो शिक्षा एक उत्थान शक्ति साबित हुई।

डॉ. अम्बेडकर के अनुसार, "शिक्षा मानसिक और शैक्षिक विकास के निर्माण का एक हथियार है, राजनीतिक स्वतंत्रता के आर्थिक विकास की सामाजिक गुलामी के उन्मूलन का हथियार है।" शिक्षा की आवश्यकता पर बल देते हुए उन्होंने अनिवार्य शिक्षा के कानून की मांग रखी। वे जानते थे कि प्राथमिक शिक्षा की समस्या राष्ट्र की समस्या है।

उन्होंने 31 मई, 1929 को आयोजित महाबलेश्वर के सम्मेलन में संबोधित करते हुए कहा कि "प्राथमिक शिक्षा के प्रसार की समस्या सबसे अधिक है। वर्तमान समय में, इस देश में सबसे अधिक सामाजिक-आर्थिक रूप वंचित,बहिकृत,पिछड़ा वर्ग है, निरक्षर हैं, जीवन की प्रतिस्पर्धा में उनका कोई अस्तित्व नहीं हैं। प्राथमिक शिक्षा

का प्रसार राष्ट्रीय विकास का आधार है। यदि प्राथमिक शिक्षा का प्रसार आम लोगों के हित पर निर्भर है तो इसमें अधिक समय लगेगा। इसलिए इसे प्राथमिक शिक्षा के अनिवार्य अधिनियम को लागू करने की जरूरत है। उनके इस विचार और सोच को भारत सरकार ने अमल में लायी और इसे इस देश में दसको पहले लागु कर चुकी है। इस भाषण के माध्यम से डॉ. अम्बेडकर ने जो चाहा वह यह था कि केवल एक शैक्षिक गतिविधि ही नहीं होनी चाहिए बल्कि इसे कुशलता पूर्वक निष्पादित किया जाना चाहिए। जब अनिवार्य शिक्षा शुरू की जाती है, तो बहुत अधिक खर्च की आवश्यकता होती है। लेकिन अगर यह मौका स्थानीय स्वशासन के हाथों में दिया जाता है, तो उसे पैसे की समस्या का सामना करना पड़ता है जिसके परिणामस्वरूप अधिनियम की विफलता होती है। फिर भी सच्चाई यह है कि हमारी स्कूल व्यवस्था उन लोगों के हाथों में फंसी हुई है जो इससे अनजान हैं। इसलिए, इसे रोकने के लिए मुफ्त और अनिवार्य शिक्षा की आवश्यकता है।

डॉ. अम्बेडकर के अनुसार, जब स्थिति बहुत अधिक खर्च की हो जाती है तो इसमें राज्य सरकार और केंद्र सरकार को अपनी अपनी भागीदारी देनी होगी। वह यह भी कहते हैं कि जो लोग शुल्क वहन करने के इच्छुक हैं, उन्हें इसका भुगतान करने के लिए कहा जाना चाहिए, लेकिन जिन्हें इससे छूट नहीं दी जा सकती है और यह सुझाव देना जारी रखना चाहिए है कि शिक्षा के लिए सरकार के लिए नैतिक जिम्मेदारी का ख्याल रखना बहुत महंगा नहीं होना चाहिए। सामाजिक और आर्थिक रूप से कमजोर लोगों को भी मुफ्त शिक्षा मिलनी चाहिए ताकि राष्ट्र अपने उद्देश्यों को बहुत आसानी से पूरा कर सके। हालांकि इस बात का समर्थन करते हुए डॉ. अम्बेडकर कहते हैं कि "लड़कों और लड़कियों के लिए अलग-अलग शिक्षा नहीं होनी चाहिए।" शिक्षा लिंग को नहीं समझती है।इस लिए शिक्षा में भेदभाव नहीं होनी चाहिए।

भारत सरकार ने आजादी के दसको साल बाद डॉ. अम्बेडकर के विचारों के मूल्य को समझा और उन्हें अस्तित्व में लाने का फैसला किया। यदि कोई राष्ट्र आधुनिक समय में अपने अस्तित्व को बनाए रखना चाहता है, तो एक सफल शिक्षा प्रणाली की आवश्यकता होती है। यह शैक्षिक पद्धति के सफल होने पर विज्ञान और तकनीकी प्रगति को उचित रूप देता है। प्राथमिक शिक्षा की बुनियाद कमजोर हो तो उच्च शिक्षा का क्या फायदा? इसका कोई मतलब नहीं।इससे भारत को विकसित देश कहने का अर्थ सही नहीं होगा। 'शिक्षा के अधिकार को तब केंद्र सरकार द्वारा इन बाधाओं से बचने का संवैधानिक अधिकार घोषित किया गया। डॉ. अम्बेडकर का 'सपना' आज साकार हो रहा है।

डॉ. अम्बेडकर का शिक्षा से गहरा संबंध रहा है और यह उनका लेखन विशिष्ट विषय के अनुभव और गहन विश्लेषण को दर्शाता है। यह महान नेता केवल सामाजिक-आर्थिक वंचित वर्ग मुक्तिदाता होने की संकीर्ण स्थिति तक ही सीमित नहीं थे। शिक्षा में उनके योगदान और इसके लिए उनकी दूर दृष्टि का पता लगाया जा सकता है और उसका पोषण किया जा सकता है। उन्होंने गहराई से महसूस किया कि शिक्षा समाज के लिए और लोगों के चरित्र के उत्थान के लिए एक आवश्यकता थी और रहेगी। शिक्षा का सिद्धांत लोगों और उनके समाज के विकास पर जोर देता है। डॉ. अम्बेडकर द्वारा शिक्षा को अक्सर एक ऐसी चीज के रूप में देखा जाता था जो एक गरीब समाज में मूलभूत परिवर्तन लाएगी और सभी के लिए बदलाव के समान अवसर पैदा करेगी। उनके विचार उन्हें वर्तमान बौद्धिक बहस के अनुरूप लाते हैं और इस प्रकार उन्हें महत्वपूर्ण बनाते हैं, ताकि एक लुप्त हुए दूरदृष्टि को आने वाली पीढ़ी के लिए संरक्षित करके रखा जा सके। दूरदृष्टि कठिन शिक्षा द्वारा निर्मित होती है। इस लिए पाठ्यपुस्तकों में, सीमाओं को तोड़ते हुए, सीखने, समझने और प्रलेखित करने की आवश्यकता होती है।

शिक्षा का अर्थ

सामाजिक परिवर्तन का मार्ग केवल शिक्षा ही है। यह लोगों को पूर्वाग्रह और अंधविश्वास जैसी बुरी और दुर्बल करने वाली ताकतों से लड़ने में मदद करती है, उन्हें अपनी क्षमताओं को यथासंभव पूर्ण रूप से विकसित करने के लिए प्रोत्साहित करती है। यह मनुष्य को अपने साथियों के प्रति अपने अधिकारों और जिम्मेदारियों के प्रति जागरूक करती है। इस प्रकार, प्रशिक्षण और शिक्षण एक समान समाज और सामाजिक सुधार करने का एक बहुत ही शक्तिशाली हथियार है। डॉ. भीमराव रामजी अम्बेडकर ने कहा है कि, "शिक्षा न केवल प्रत्येक मनुष्य का जन्मसिद्ध अधिकार है, बल्कि सामाजिक परिवर्तन का एक प्रमुख हथियार भी है।" समाज के सच्चे सामाजिक और आर्थिक विकास के लिए दलितों, वंचित, बहिष्कृत,पिछड़े लोगों को शिक्षा आवश्यक है। उनके लिए, स्कूली शिक्षा न केवल जीविका कमाने के लिए है, बल्कि यह लोगों को अज्ञानता से मुक्त करने और उन्हें असमानता और अपने अधिकारों के लिए लड़ने की क्षमता प्रदान करने का एक मजबूत साधन है। उन्होंने कहा है कि, "शिक्षा ही एक व्यक्ति को शक्तिशाली बनाती है। निडर होकर उन्हें एकता का पाठ पढ़ाती हैं, उनको अपने अधिकारों के प्रति जागरूक करती है, और अपने अधिकारों के लिए संघर्ष करने के लिए प्रेरित करती है।'' उनका नारा था "शिक्षित होओ, संगठित होओ, आंदोलन करो "। डॉ. अम्बेडकर बौद्ध विचारों और उनके दर्शन से बहुत ही अंतर्मन,अन्तःकरण और गहराई से प्रभावित थे और

उन्होंने लोगों में सद्गुण के विकास को बढ़ावा दिया। उन्होंने सकारात्मक सोच वाले लोगों की प्राथमिकताओं पर प्रकाश डाला, जिनका उद्देश्य लोगों को खुश और सफल बनाना और मानव सभ्यता को आगे बढ़ाने में मदद करना था। उनके समय में देश और समाज में अनेक बुराइयां व्याप्त थीं, जिनमें मुख्य रूप से अस्पृश्यता थी। डॉ. अम्बेडकर ने महसूस और अनुभव किया कि भारत के लोग ब्राह्मणवादी धर्म और संकृति के द्वारा ग्रसित और मानसिक गुलाम हैं और इस प्रकार, उन्होंने विश्लेषणात्मक कौशल, तर्कसंगत दृष्टिकोण और पेशेवर विकास इत्यादि को चिन्हांकित किया।

उनका तथ्यात्मक दूरदर्शी सोच थी कि शिक्षा के माध्यम से छात्र-छात्राओ की मानसिक और बौद्धिक क्षमता में सुधार करने की आवश्यकता है, ताकि छात्र-छात्राए निष्पक्ष रूप से मौजूदा हालात का विश्लेषण कर सके, मौजूदा प्राधिकरण,प्रभुत्व,शासन की राय और दावे का निष्पक्ष विश्लेषण कर सकें। ताकि वे गहन,सरल और तार्किक सोच के साथ शोध करने की आदत विकसित करने और सीखने की जिज्ञासा पैदा करने के लिए तथ्यात्मक खोज करें।

एक गहन,सरल, तार्किक और वास्तविक दृष्टिकोण के निर्माण लिए पर्याप्त शिक्षा की आवश्यकता होगी जो उन्हें सत्य या असत्य का विश्लेषण करने की अनुमति दे; पक्षपातपूर्ण रवैये को रोकें; समस्याओं का मूल्यांकन और समाधान करे ; उचित और अनुचित में भेद करे ; तर्कसंगत और न्यायसंगत होनी चाहिए; वैज्ञानिक पूर्ण और गंभीरता युक्त ; और लोगों द्वारा साझा की गई राय पर टिप्पणी करने के लिए योग्य बनाने में सक्षम होनी चाहिए। छात्रों का वैज्ञानिक स्वभाव उनके विचारों के कारण होता है। डा.अम्बेडकर अक्सर उद्धृत किया करते थे कि शिक्षा किसी के तर्क, समझ, वैज्ञानिक स्वभाव और जागरूकता को बेहतर बनाने का आवश्यक साधन है जो व्यक्तित्व के विकास में योगदान देती है। उन्होंने बार-बार कहा कि शिक्षा किसी की समझ, विज्ञान के प्रति रुझान और जागरूकता को बढ़ाने का सबसे महत्वपूर्ण तरीका है, ये सभी के व्यक्तित्व के विकास में योगदान करती है। उनका मानना था कि लोगों के नैतिक और सामाजिक विकास के लिए शिक्षा प्राथमिक उद्देश्य होनी चाहिए और उन्होंने कहा कि "शिक्षा समाज और संस्कृति की आधारशिला है।" उन्होंने अपने व्यक्तित्व का विकास किया और मानव सभ्यता और संस्कृति को आगे बढ़ाने के लिए अपने अनुभव का उपयोग और साझा किया।

डॉ. अम्बेडकर चाहते थे कि शिक्षा के माध्यम से लोग अपने भीतर स्वतंत्रता और समानता के लोकतांत्रिक आदर्शों को विकसित करें। तभी सभी भाईचारा, गरीबों का कल्याण, मानवता, सामाजिक न्याय और एकता का अनुभव कर सकेंगे; अन्यथा समाज भुगतेगा। वे इस बात पर जोर देते थे कि शिक्षा से अखंडता और आत्म-

सम्मान की भावना पैदा होती है। सामाजिक सुधार करने के लिए प्रतिभाशाली नागरिकों को नैतिक नेतृत्व का प्रतिनिधित्व करना चाहिए। नैतिकता और विनम्रता के बिना एक शिक्षित व्यक्ति एक जानवर की तुलना में अधिक खतरनाक होता है। उन्होंने इस पर जोर दिया कि "चरित्र शिक्षा से अधिक प्रासंगिक हैं "।

उन्होंने उपयुक्त कैरियर पाठ्यक्रम के विकास का समर्थन किया, सभी पूर्वाग्रहों से रहित एक समान पाठ्यक्रम का समर्थन किया और उनका मानना था कि पाठ्यक्रम उपयोगिता के विचार के आसपास केंद्रित होना चाहिए। उन्होंने अन्य विषयों जैसे भाषा, इतिहास, भूगोल आदि के सापेक्ष विज्ञान और प्रौद्योगिकी पाठ्यक्रमों पर बहुत जोर दिया। उन्होंने सामंजस्यपूर्ण विकास की गारंटी के तरीके के रूप में शारीरिक व्यायाम पर भी जोर दिया तथा लोगों के बीच सामाजिक मूल्यों की गारंटी देने वाली अन्य प्रथाओं के अलावा नैतिक शिक्षा पर जोर दिया करते थे।

मातृभाषा, अनुशासन के माध्यम से शिक्षण

भाषा प्राथमिक शिक्षण का मुख्य साधन है। शिक्षा का मूल सिद्धांत यह है कि यदि शिक्षा बच्चे की मातृभाषा में दी जाए तो बच्चे को समझना आसान हो जाता है। डॉ. अम्बेडकर मातृभाषा पढ़ाने के पक्षधर थे, लेकिन साथ ही उन्होंने इस बात की वकालत किया करते थे कि प्रत्येक छात्र के लिए कम से कम एक विदेशी भाषा का ज्ञान अनिवार्य होनी चाहिए। ताकि वह अपने विषय के विश्वव्यापी विकास को समझ सके और जान सके कि पूरी दुनिया में क्या हो रहा है। इसके अलावा, अधिकांश लोग डॉ. अम्बेडकर के संविधान सभा की बैठक में संस्कृत भाषा को राष्ट्रीय भाषा या राज्य भाषा बनाने के प्रस्ताव से अपरिचित हैं।

डॉ. अम्बेडकर अनुशासन को एक सुखी जीवन जीने के लिए बहुत महत्वपूर्ण मानते थे। उनका मानना था कि जैसे भोजन, वस्त्र, स्कूली शिक्षा और व्यक्तित्व आवश्यक है, उसी तरह अनुशासन महत्वपूर्ण है। उनके अनुसार विद्यार्थियों को हमेशा अनुशासन में रहना सीखना चाहिए। शिक्षार्थियों को मन और हृदय से अनुशासन का पाठ सिखना चाहिए, अर्थात उन्हें हमेशा अनुशासन में बने रहना चाहिए। डॉ. अम्बेडकर शिक्षार्थियों पर शारीरिक रूप से अनुशासन थोपने के खिलाफ थे, क्योंकि यह उन्हें उनको मन -मस्तिष्क से डराता है यानि उनमें डर पैदा करता है। वे कठोर और दमनकारी अनुशासन के भी विरोधी थे और उन्होंने मुक्त अनुशासन पर जोर दिया जो छात्रों को अपने लक्ष्य की ओर लगातार आगे बढ़ने की अनुमति देता है। साथ ही उन्होंने कहा कि अनुशासन केवल स्कूलों और कॉलेजों तक ही सीमित नहीं होना चाहिए; इसे जीवन के हर मोड़ पर ग्रहण करना चाहिए। जैसा कि सर्व विदित है

कि डॉ. अम्बेडकर के अध्ययन और आत्मसात करने के दौरान शिक्षक एक प्रमुख भूमिका थी।

डॉ. अम्बेडकर के अनुसार, "उन्हें यानि शिक्षक न केवल पढ़ा-लिखा होना चाहिए, बल्कि एक अच्छा वक्ता और अनुभवी व्यक्ति भी होना चाहिए।" डॉ अम्बेडकर के विचार में, "यह आवश्यक नहीं है कि हम अपने शिक्षक के निष्कर्षों से सहमत हों, और जो शिक्षक इस तथ्य को पहचानता है वह सच्चा शिक्षक है। शिक्षक का काम छात्रों की मानसिक क्षमताओं को समझना और उनका विकास करना है। उन्हें अपने छात्रों का सही मार्गदर्शन करना चाहिए। एक अच्छा शिक्षक अपने छात्रों का मित्र, दार्शनिक और मार्गदर्शक होता है।" डॉ. अम्बेडकर के अनुसार, एक शिक्षक को समाज के तथ्यों के बारे में मालूम होना चाहिए यानि उसे समाज की वास्तविकता के बारे में जानकारी होनी चाहिए, ताकि वे अपने शिक्षण के दौरान उसको कहानियों के रूप में जोड़ सकें और इसे वास्तविक दुनिया में लागू कर सकें। ऐसा शिक्षक अपने छात्रों के ध्यान का पात्र होता है। उनका मानना था कि हर स्तर पर भेदभाव और पक्षपात के बिना शिक्षक शिक्षा प्रदान करें। कक्षा में उसे प्रत्येक विद्यार्थी पर निष्पक्षता पूर्वक विचार करना चाहिए और उनको समान अवसर देना चाहिए।

शिक्षा में एक आदर्श शिक्षक की भूमिका

डॉ. अम्बेडकर ने जोर देकर कहा कि शिक्षक छात्र की समग्र प्रगति के लिए महत्वपूर्ण हैं। उन्होंने महसूस किया कि अगर हमारे पास अच्छे शिक्षक होंगे तो छात्र अच्छे होगें। शिक्षकों के प्रति उनके मन में बहुत सम्मान था, और उन्हें शिक्षकों को उच्च स्थान देने के लिए प्रोत्साहित किया। उनका मानना था कि एक स्वस्थ और पूर्ण मानव चरित्र के विकास में शिक्षक की सबसे महत्वपूर्ण और अहम् भूमिका होती है। समाज के सभी हिस्सों के प्रति आशावादी, न्यायसंगत और समावेशी रवैया अच्छे शिक्षक का गुण होता है। उन्होंने सिफारिश किया कि स्कूलों और विश्वविद्यालयों में शिक्षकों को नामांकित करने से पहले उनकी साख और अन्य विशेषज्ञों की समीक्षा की जानी चाहिए।

डॉ. अम्बेडकर का मानना था कि किसी काम की योजना में, सीखने और आत्मसात करने की प्रक्रिया में शिक्षक की बड़ी भूमिका होती है। वे स्वयं अपने शिक्षकों से बहुत प्रभावित थे। इससे पता चलता है कि उनके मन में अपने शिक्षकों के प्रति कितना सम्मान था। वह एक जाति के रूप में ब्राह्मणों के खिलाफ नहीं थे। वे ब्राह्मणवादी विचारधारा के विरोधी थे। आदर्श शिक्षक के बारे में बात करते हुए, उन्होंने कहा

है कि, "उन्हें न केवल पढ़ा-लिखा होना चाहिए, बल्कि एक अच्छा वक्ता और एक अनुभवी व्यक्ति भी होना चाहिए।" उनके विचार में, "यह आवश्यक नहीं है कि हम अपने शिक्षक के प्रतेक निष्कर्षों से सहमत हों, और इस तथ्य को पहचानने वाला शिक्षक ही सच्चा शिक्षक है। शिक्षक का काम छात्रों की मानसिक क्षमताओं को समझना और उनका विकास करना है। उन्हें अपने छात्रों का मार्गदर्शन करना चाहिए। एक अच्छा शिक्षक अपने छात्रों का मित्र, दार्शनिक और मार्गदर्शक होता है।" उनके अनुसार, एक शिक्षक को समाज की वास्तविकता के बारे में जानकार होना चाहिए ताकि वे अपने शिक्षण को उपाख्यानों के साथ उसे जोड़ सकें और इसे वास्तविक दुनिया के लिए प्रासंगिक बना सकें। ऐसा शिक्षक अपने छात्रों के सम्मान का पात्र होता है।

शिक्षण के लिए पाठ्यक्रम

पाठ्यक्रम के संदर्भ में, डॉ अम्बेडकर का एक तर्कसंगत दृष्टिकोण था। उनका मानना था कि सिलेबस बनाने के लिए जिस फाउंडेशन का इस्तेमाल किया जाता है, वह मददगार होना चाहिए। हालाँकि, उनका अनम्य पाठ्यक्रमों का लक्ष्य नहीं था। उन्होंने कहा, "कुछ भी स्थायी नहीं है। अनिश्चित काल के लिए कुछ भी बाध्यकारी नहीं है, सब कुछ का परीक्षण और जांच की जरूरत है, कुछ भी अंतिम नहीं है, सब कुछ कारण-प्रभाव संबंध से बंधे हैं, कुछ भी चिरस्थायी नहीं है; सब कुछ परिवर्तनशील है। घटनाये लगातार घट रही हैं।"

बॉम्बे यूनिवर्सिटी रिफॉर्म्स कमेटी द्वारा डॉ. अम्बेडकर को विभिन्न विषयों पर उनके विचारों का अनुरोध किया और उन्हें एक प्रश्नावली भेजी गई थी। उस प्रश्नावली में निम्न लिखित प्रश्न थे : क्या आप आमतौर पर विभिन्न विश्वविद्यालय परीक्षाओं के लिए वर्तमान में अनुशंसित पाठ्यक्रम और पाठ्यक्रमों से संतुष्ट हैं? यदि नहीं, तो क्या आप वांछित परिवर्तन निर्दिष्ट करते हैं? क्या आप एक पूर्ण, या पास कोर्स और आनर्स कोर्स के पाठ्यक्रमों के बीच एक बड़ा अंतर स्थापित करने के पक्ष में हैं? इस प्रकार विशेषज्ञता कोर्स और सामान्य कोर्स से कॉलेज और छात्र कैसे प्रभावित होंगे? क्या आप कला के पाठ्यक्रमों से विज्ञान के पूर्ण निष्कासन को स्वीकार करेंगे? क्या आप हाल ही में विज्ञान के अध्ययन को कला और साहित्य से अलग करने की स्वीकृति देंगे? क्या आपको लगता है कि वर्तमान स्नातक और स्नातकोत्तर डिग्री पाठ्यक्रमों में अवसरों का स्वीकार्य चयन और शोध पाठ्यक्रमों के संतोषजनक संयोजन और सहसंबंध हैं? डॉ.अम्बेडकर ने इन मुद्दों के जवाब में लिखा: "मुझे इन

सवालों को नवगठित संकायों पर छोड़ देना चाहिए। मेरे विचार में ऑनर्स पाठ्यक्रम भी छात्रों को एक निम्न स्तर की शिक्षा प्रदान करता है।"

इस प्रकार से यह स्पष्ट है कि डॉ. अम्बेडकर ने किसी शैक्षणिक संस्थान पर बाहरी निकाय द्वारा पाठ्यक्रम थोपने का समर्थन नहीं किया। उन्होंने महसूस किया कि इसमें शामिल शिक्षकों द्वारा इसे अपने दम पर बनाया जाना चाहिए। विषय और छात्रों की मांगों को ध्यान में रखते हुए, वे लोकतांत्रिक पाठ्यक्रम में विश्वास करते थे, जिसे संबंधित शिक्षकों द्वारा एक साथ रखा जाना चाहिए। वे उन सेवाओं के पक्ष में थे जो छात्रों को काम दिलाने और उन्हें योग्य बनाने में मदद करें। उनके द्वारा पूर्ण और अनिवार्य स्कूली शिक्षा पर जोर दिया गया था। गरीब और सामान्य वर्गों के लिए उच्च शिक्षा के लिए दी गई तकनीकी शिक्षा उनके लिए प्राथमिकता थी।

डॉ. अंबेडकर ने इन बातों का एक यथार्थवादी दृष्टिकोण लिया। उन्होंने शिक्षा को आत्म-अभिव्यक्ति, आत्म-सम्मान और चरित्र निर्माण और विकसित करने, सही कार्यों का मूल्यांकन करने और अनुभव से सीखने के तरीके के रूप में देखा। उनका मानना था कि छात्रों को पृथ्वी और पारगमन की जटिलताओं को समझना और व्याख्या यानि डीकोड करना सीखना चाहिए। उन्होंने लड़कियों के लिए विभिन्न क्षेत्रीय भाषाओं में शिक्षा की सिफारिश किया। उन्होंने सभी भाषाओं का सम्मान करते हुए एक साझा भाषा की आवश्यकता महसूस की, जो दुनिया के विभिन्न हिस्सों के लोगों के बीच संपर्क का माध्यम बने और इस तरह एकजुटता और सम्मान पैदा करे। वह विज्ञान शिक्षण विधियों के पक्ष में थे, विशेषकर उच्च शिक्षा के संबंध में। उन्होंने कहा कि हमें वास्तविक शिक्षा से अचंभित होने की अवश्यकत नहीं है ; इससे हमारी समझ और तर्क को पूरा करने में प्रयत्न करना चाहिए। उन्होंने महसूस किया कि धार्मिक शिक्षा के लिए कार्यक्रम में कोई जगह नहीं होनी चाहिए। उन्होंने सभी वर्गों के लिए एक समान शिक्षा की वकालत की, यही कारण है कि उन्होंने सामाजिक लोकतांत्रिक मूल्यों पर आधारित वैज्ञानिक और समावेशी पाठ्यक्रम की वकालत की है।

शिक्षण शैली

डॉ. अम्बेडकर ने प्राथमिक शिक्षा से शुरू होकर वैज्ञानिक शिक्षण के लिए पद्धतियों के उपयोग की वकालत की है। शिक्षण में शिक्षक को शिक्षार्थियों के लिए विवरात्मक,मूल्यांकन,व्याख्यात्मक और विचारात्मक शैली का प्रयोग करना चाहिए। शिक्षा के लिए अच्छा स्वास्थ्य महत्वपूर्ण है, उन्होंने कहा और स्वच्छता और शारीरिक व्यायाम की प्राथमिकता होनी चाहिए। सामाजिक रूप से वंचित वर्ग

के बच्चों के लिए उन्होंने कहा, "इन बच्चों के लिए स्कूल में स्नान के बाद साफ कपड़े पहनना पहला दैनिक पाठ होना चाहिए; और दूसरा स्वच्छ, स्वस्थ भोजन होना चाहिए; ऐसा करने वालों को प्रोत्साहित किया जाना चाहिए ताकि दूसरे उनसे सीख सकें।" उन्होंने शुरू से ही बच्चों में सही मूल्यों के साथ-साथ सही आदतें डालने की भी वकालत किया है।

उनके अनुसार, "अच्छे शिष्टाचार, उदाहरण के लिए, निरंतर और कठोर आत्म-नियंत्रण का परिणाम हैं, और दूसरों के सुविधा और सहूलियत के लिए ध्यान देते हैं; बच्चे मुख्य रूप से अच्छे माता-पिता और शिक्षकों के अनुकरण से और, दूसरी बात, उपयुक्त उपदेश और प्यार पूर्वक फटकार के द्वारा शिष्टाचार सीखते हैं। यदि, स्कूल में, उन्हें ऐसे बच्चों के साथ संगति करनी है जो इस प्रकार प्रशिक्षित नहीं हैं, तो वे जल्दी से उन तरीकों में पड़ जाएंगे जो वे अपने आस-पास देखते हैं। क्योंकि, जब तक अच्छी आदतें काफी समय तक अभ्यास में नहीं लायी जाती है, तब तक अच्छी आदतों के ग्रहण करने के अपेक्षा लापरवाह होना अधिक आसान होगा, सावधान रहने के अपेक्षा लापरवाह होना कहीं अधिक आसान है। मधुर वाणी, सुसंगठित स्वर, मनोहर ढंग, ये एक अच्छी संस्कृति के मूल्यवान परिणाम हैं।"

डॉ.अम्बेडकर पेशेवर शिक्षाविद् नहीं थे और उन्होंने शिक्षण के लिए पद्धतियों का कोई सैद्धांतिक अध्ययन नहीं किया। फिर भी इसके बावजूद, उन्होंने उत्कृष्ट शैक्षिक प्रस्ताव रखे हैं। उन्हें इस बात के लिए राजी किया गया था कि स्नातक और स्नातकोत्तर पाठ्यक्रमों के लिए शिक्षण पद्धति में महत्वपूर्ण अंतर नहीं होना चाहिए। उन्होंने दावा किया कि शोध से शिक्षण के बीच कोई अंतर नहीं हो सकता है। शिक्षार्थियों के प्रवेश, शिक्षण, परीक्षा और नियुक्तियों में, उन्होंने विश्वविद्यालय की स्वायत्तता का समर्थन किया।

शिक्षार्थियों के लिए अनुशासन की आवश्यकता

डॉ. अम्बेडकर चाहते थे कि छात्र-छात्राए अटूट साहस, और सराहनीय तरीके से शिक्षा प्राप्त करें। छात्रों को भी मानसिक रूप से तैयार रहना चाहिए और विषय को समझने के लिए उत्सुक होना चाहिए। इसलिए शिक्षण संस्थानों को उनकी शिक्षा के प्रति सचेत और सतर्क रहना चाहिए। उनके अनुसार, शैक्षणिक संस्थान शिक्षितों की एक सभा होनी चाहिए, विद्वानों का एक समुदाय जिन्होंने ज्ञान की स्थापना और प्रसार के लिए काम किया है और जिसके माध्यम से उन्होंने लोगों को ढालने की कोशिश की है। जिसके लिए एक सुरक्षित वातावरण होना चाहिए और प्रत्येक बच्चे को इसमें सीखने के लिए अपने वर्ग,जाति या लिंग से मुक्त होना चाहिए। डॉ.

अम्बेडकर ने प्राथमिक विद्यालय को स्कूलों में सबसे प्रभावशाली पाया क्योंकि स्कूल के वातावरण का प्रभाव उनके कोमल दिमाग पर एक अमिट छाप छोड़ता है जब शिशु अपने माता-पिता के घर के आंगन को छोड़ता है। इसलिए, जैसा कि यह स्पष्ट है कि डॉ. अम्बेडकर काल में सभी वर्गों के लिए शिक्षा प्राप्त करना आसान नहीं था, बाद में उन्होंने महाराष्ट्र के विभिन्न हिस्सों में शैक्षणिक संस्थानों की स्थापना किया। उन्होंने कॉलेजों की स्थापना की और उच्च शिक्षा के लिए सामाजिक-आर्थिक रूप से वंचित,बहिकृत वर्गों और महिलाओ को विशेष अवसर दिए, जिन्हें आमतौर पर सिद्धार्थ महाविद्यालय और मिलिंद महाविद्यालय के रूप में जाना जाता है।

शिक्षा का सार्वभौमीकरण

डॉ. अम्बेडकर अपने शिक्षक जॉन डेवी की शिक्षा के लोकतंत्रीकरण के दृष्टिकोण के प्रख्यात अधिवक्ता थे। भारत में प्रचलित सामाजिक-आर्थिक विषमताओं के कारण, भारत की जनसंख्या का एक बड़ा भाग लंबे अरसे से शिक्षा के अधिकार से वंचित रहा है। उनका मत था कि शिक्षा प्रत्येक व्यक्ति का जन्मसिद्ध अधिकार है और इसे प्राप्त करने के अधिकार को किसी को भी वंचित नहीं किया जाना चाहिए। इसलिए, बिना किसी पूर्वाग्रह के एक लोकतांत्रिक देश को अपने प्रत्येक नागरिक को शिक्षा का अधिकार देना चाहिए।

भारत एक ऐसा देश है जो लोकतांत्रिक है जहाँ जाति, लिंग और धर्म की परवाह किए बिना सभी लोगों को आज वयस्क मताधिकार दिया गया है। जब तक भारत के लोग शिक्षित निर्णयों और व्यक्तित्व में प्रगति नहीं करते, तब तक लोकतांत्रिक मूल्यों को एक जीवंत वास्तविकता बनाना मुश्किल है। सदियों से, भारत शिक्षा का देश रहा है, इसका अर्थ यह नहीं कि शिक्षा सार्वभौमिक थी, बल्कि इसका अभिप्राय यह है कि प्रज्ञा को अभी भी अत्यधिक माना जाता है।

प्राचीन कानन विद्यालयों से लेकर आज के आधुनिक और पेशेवर रूप से सुसज्जित स्कूलों तक भारतीय शिक्षा प्रतियोगिता को देखना दिलचस्प है। यह इस पृष्ठभूमि के खिलाफ है कि प्राथमिक, माध्यमिक और उच्च शिक्षा में किसी भी शिक्षा के मुद्दे का अध्ययन करना महत्वपूर्ण है।

सामान्य लोगों के कौशल में सुधार और राष्ट्रीय प्रतिस्पर्धात्मकता बढ़ाने के लिए प्राथमिक शिक्षा को सर्वोच्च प्राथमिकता की आवश्यकता है। जन साक्षरता के प्रसार के लिए सार्वभौमिक प्राथमिक शिक्षा की मुख्य आवश्यक है, जो आर्थिक विकास, सामाजिक व्यवस्था के आधुनिकीकरण और लोकतांत्रिक संस्थाओं के सफल

कामकाज के लिए एक बुनियादी आवश्यकता है। यह सभी लोगों को समान अवसर प्रदान करने की दिशा में एक अनिवार्य पहला कदम भी है।

शिक्षा का उद्देश्य और दर्शन

डॉ. अम्बेडकर का सामाजिक-दार्शनिक विचार समतावाद के आधार पर केंद्रित है। उनके सामाजिक दर्शन में व्यक्तिगत सत्यनिष्ठा और स्वाभिमान मौलिक है। समाज में न्याय, गरिमा, एकजुटता, लोकतंत्र और निडरता पैदा करने के लिए उन्होंने शिक्षा का उपयोग करने का फैसला किया। उन्होंने मूल्य-आधारित संस्कृति को जन्म-आधारित संस्कृति से प्रतिस्थापित करने का निर्णय लिया। यह कहने की आवश्यकता नहीं है कि शिक्षा के द्वारा ही इन नैतिक मूल्यों को बढ़ावा दिया जा सकता है।

डॉ. अम्बेडकर बौद्ध दर्शन से बौद्धिक गूढता से प्रेरित थे और उन्होंने लोगों में नैतिकता का ज्योति जागृत किया। उन्होंने कहा कि केवल वे शैक्षिक उद्देश्य ही है जो लोगों को खुश और सफल बनाने में मदद करते हैं और समाज को आगे बढ़ाने में मदद करते हैं, सार्थक हैं। वे शिक्षा के लिए रोजगार को महत्वपूर्ण बनाने के भी पक्षकार थे। प्रशिक्षण सभ्यता को समृद्ध बनाए रखने में मदद करेगा। निष्पक्ष व्यवहार और अच्छा व्यवहार तर्कसंगत सोच से प्राप्त होता है, जिसे केवल शिक्षा, अनुभव और बातचीत के माध्यम से ही सीखा जा सकता है। डॉ. अम्बेडकर की शिक्षा का उद्देश्य उनके सामाजिक, आर्थिक और राजनीतिक लक्ष्यों के समान ही था। वह तार्किक और अनुभवजन्य शिक्षण के प्रबल समर्थक थे। प्रत्येक व्यक्ति के जीवन में स्कूली शिक्षा एक अप्रत्याशित भूमिका निभाता है। मौजूदा शिक्षा प्रणाली ने उन विचारों से प्रेरणा ली है जो शासक वर्गों की पदानुक्रमित ताकतों द्वारा विकसित किए गए हैं और समग्र रूप से समाज और इसके भीतर के युवाओं में इसके महत्व के कारणों को समझाने और जांच करने से दूर हो गए हैं।

डॉ. अम्बेडकर एक असाधारण और बहुमुखी प्रतिभा वाले अद्वितीय विद्वान और प्रज्ञावान नेता थे, जिन्होंने प्रबुद्धता को प्रकाश में लाने और आम जन को इसके फायदे के लिए भारत सरकार में महत्त्व पूर्ण पद ग्रहण किया। उन्होंने अपने व्यापक शिक्षा और विचारों और दावों की स्पष्टता के साथ पितृसत्तात्मक और अन्यायपूर्ण जाति-आधारित व्यवहार का मुकाबला किया। डॉ. अम्बेडकर के शब्दों में इस बात पर जोर दिया जाता था कि 'शिक्षित, संगठित और आंदोलन '। वे एक उच्च बौद्धिक व्यक्ति थे और जॉन डेवी, चार्ल्स बियर्ड और आर.ए.सेलिगमैन जैसे प्रमुख विद्वानों के तहत शिक्षित थे। यह जानकर हैरानी होती है कि आज भी शिक्षा पर डॉ.

अम्बेडकर के विचारों,अवधारणाओं और दर्शन को उतना याद नहीं किया जाता है। सन् 1920 से, जब सन् 1956 में अपनी अंतिम सांस से पहले, वे सावधानी और जागरूकता पूर्वक राष्ट्रीय मंच का हिस्सा बने रहे, डॉ.बी.आर. अम्बेडकर जन्म-आधारित असमानता को समाप्त करने के अभियान की अग्रिम पंक्ति में थे, जहाँ आज भी कुछ लोगों के लाभ के लिए स्कूली शिक्षा और आवास विकल्प जैसी बुनियादी सेवाएँ न्यूनतम हैं। उन्होंने वैश्विक सोच में अपने अनुभव और अल्प अवधि में अपनी व्यापक शिक्षा के साथ शैक्षिक प्रक्रिया के साथ बातचीत की प्रक्रिया में नई अवधारणाओं की शुरुआत की थी।

डॉ. अम्बेडकर के विचार और दर्शन केवल समाज के एक विशिष्ट वर्ग तक ही सीमित नहीं हैं। उनके विचारों और दर्शन को उच्च श्रेणी के लोगों द्वारा बड़ी चालाकी और बुद्धिमानी से उपेक्षा की गई, हालांकि लोगों द्वारा यह भुला दिया जाता है कि भारतीय संविधान सभी के लिए एक प्रेरणा श्रोत है और डॉ. अम्बेडकर को ऐसे नेता के रूप में देखा जा सकता है, जिन्होंने देश की धर्मनिरपेक्षता में गहरा विश्वास किया और जिसके लिए उन्होंने अनवरत लड़ाई लड़ी।

डॉ.बी.आर. अम्बेडकर ने लेखों, पत्रिकाओं और पुस्तकों की व्यापकता और बहुलता में योगदान दिया है। उनके भाषण और लेखन वास्तविकता की अवधारणा को खोजने और व्यक्त करने का एक शक्तिशाली स्रोत हैं। उन्होंने अपने विचारों, अभिव्यक्तियों और कार्यों के माध्यम से सामाजिक-आर्थिक रूप से वंचित वर्गों के बीच उनकी सामाजिक स्थिति के दुखों और अन्याय के बारे में जागरूकता पैदा की और उन्हें एक ऐसे समाज के निर्माण की संभावना के लिए जागृत किया जिसमें वे लोग समान रूप से कार्य कर सकें। जब हम समानता शब्द को देखते हैं, तो यह अलग-अलग तरीकों से आपस में जुड़ा हुआ है। संविधान में स्वास्थ्य, न्याय और शिक्षा से संबंधित उपखंड क्यों हैं? भारतीय संविधान में समानता को हर तरह से व्यक्त किया गया है और यह इसकी उत्कृष्ट कृति का एक अनिवार्य हिस्सा है। जब हम समानता की अपनी व्याख्या द्वारा प्रदान की गई सीमाओं से आगे बढ़ते हैं, तो हम जानेंगे कि समानता को कैसे देखा जाता है।

उन्ही के कारण आज पूरे देश में, प्रतेक परिवार की पहुंच तक के लिए स्कूलों की स्थापना के लिए सकारात्मक कदम उठाए गए हैं। अधिक बच्चों को स्कूली शिक्षा में भेजने के प्रयास कारगर साबित हुआ है। लेकिन इन दोनों वर्गों में अभी भी बच्चों के वर्ग तक पहुंचना बाकी है, सामाजिक रूप से वंचित,बहिकृत और आर्थिक रूप से कमजोर वर्गों के बच्चे, अल्पसंख्यक समुदायों के बच्चे, और विशेष रूप से सभी वर्गों की लड़कियां। उन असाधारण सामाजिक-सांस्कृतिक परिस्थितियों की पहचान

करना जरुरी है जो इन बच्चों को स्कूलों में प्रवेश करने से रोकते हैं और उनके साथ भेद-भाव करते हैं, यही समय की आवश्यकता है।

किसी भी पीड़ित वर्ग की छवि की प्रकृति जिसमें पूर्वाग्रह के रूप में हो तो उस वर्ग की पहचान किसी न किसी रूप में बढ़ जाती है। इस असमानता ने एक बहुत बड़ा अंतर पैदा किया है और यह वर्ग समुदायों के भीतर आम रहा है। जब विभिन्न जनजातियों पर विशेष पुस्तकें होती हैं, तब भेद अक्सर आता है, हालांकि आदिवासी ज्ञान और उनके संघर्ष के इतिहास का बमुश्किल पता लगाया जाता है। जनजातियों की शिक्षा के लिए विशेष प्रयास करते हुए, देश भर के विभिन्न जातीय समूहों के जीवन और संस्कृति के बारे में अन्य बच्चों को बेहतर ढंग से शिक्षित करने के लिए 'मीट अवर ट्राइबल पीपुल ' शीर्षक के तहत पुस्तकों की एक श्रृंखला का निर्माण किया गया।

हमें यहां शिक्षा के मूल अर्थ पर विचार करना होगा। जब डॉ. अम्बेडकर ज्ञान के बारे में बात करते हैं तो ज्ञान के दो उद्देश्य सूचीबद्ध होते हैं: पहला इसे दूसरों की भलाई के लिए ज्ञान अर्जन करना और दूसरा, इसे अपनी उन्नति के लिए उपयोग करना। व्यक्तियों का एक बड़ा समूह पूर्व की तुलना में उत्तरार्द्ध का अनुसरण करता है। जीवन के प्रति जागरूकता ही एकमात्र सच्चा दृष्टिकोण नहीं है, बल्कि दूसरों के संघर्षरत अस्तित्व के प्रति जागरूकता की भी आवश्यक है। उदाहरण के लिए, दलित,वंचित,बहिकृत जाति समूह अपने अस्तित्व का दावा तब करते हैं जब उच्च जातियों द्वारा निचली जातियों पर हिंसा की जाती है, जो कि प्रमुख जाति के लिए उनके अस्तित्व को भी दर्शाता है। इस तरह कि घटनायें आम तौर पर इस भारत देश के अमृत काल में चहुँ ओर दिन -प्रति दिन देखने -सुनने मिलते ही रहते है। सबसे अधिक घटनाये शिक्षा जगत में परोक्ष -अपरोक्ष घटित हो रही हैं।

डॉ. अम्बेडकर समाज की चुनौती रहित धारणाओं को अपनाने के विचार को खारिज करते हैं। तर्क कौशल एक व्यक्ति की तर्क क्षमता और वास्तविकता तक पहुंचने और इसे एक प्रक्रिया में समझने की उसकी क्षमता का प्रतिनिधित्व करता है। उन्होंने शिक्षा को मानव जीवन के उन्नति में प्रमुख हथियार के रूप में पहचाना और भेदभाव से ग्रसित जनता के लिए उनके अपने अधिकारों का पुरजोर वकालत किया कि शिक्षा की नींव में तर्क, प्रभुत्व और दृढ़ संकल्प शामिल होने से तथ्य और सुसंस्कृत विचारों के बीच अंतर होगा। उनके मुखर भाषणों और संदेशों का मुख्य पहलू शिक्षा था, जिसने हमें उनकी प्रारंभिक अवधारणा को मौलिक अधिकार के रूप में देखने में मदद की और साथ ही उन लोगों के लिए प्रतिरोध के रूप में प्रमुख हथियार के रूप में था जिनके साथ भेदभाव किया गया था।

डॉ. अम्बेडकर एक ऐसे समाज के लिए जीवन भर बोलते रहे जिसे पूरे इतिहास में सामाजिक रूप से वंचित, बहिष्कृत,निरादर और अपमान किया गया, ब्राह्मणवादी हिन्दुओं के कट्टरपंथियों ने उनकी राय और सिद्धांतों को अपने लिए खतरनाक और भ्रामक पाया। क्योंकि, जब उन्होंने सभ्य समाज के भीतर और उसके बाहर अपना आंदोलन जारी रखा, तो उन्होंने अपने शब्दों और पुस्तकों के रूप में लोगों के बीच बताने और प्रसारित किया, तथा-कथित प्रकृति के नियमों या आध्यात्मिक शक्तियों के माध्यम से तत्कालीन नियमो को उलट दिया जिसके फलस्वरूप उन पर एक विनाशकारी प्रभाव पड़ा। 'निम्न वर्ग' के उत्थान और तरक्की की परिभाषा पर सहमति बनी। डॉ. अम्बेडकर उच्च और निचली जातियों के बीच संबंधों पर सवाल उठाने और शिक्षित व्यक्ति बनने की मदद से उनके बीच की गतिहीनता पर सवाल उठाने के लिए किसी और की तुलना में बेहतर स्थिति में थे। इसलिए, स्कूली शिक्षा एक उत्थान शक्ति साबित हुई जब उन वर्गों और समूहों द्वारा इसे रोक दिया गया था।

इस बीच, शिक्षाविशारदो और शिक्षकों को एक साझेदारी बनाने और एक ऐसी शिक्षा को प्रोत्साहित करने की आवश्यकता होगी जो आत्म-साक्षात्कार और एक न्यायपूर्ण समाज के हितों के लिए काम करे। इस तरह की सामूहिक पहल के माध्यम से, शिक्षा जागरूकता बढ़ाने और ऐसे लोगों को तैयार करने में भूमिका निभाएगी जो एक वर्ग,समुदाय के सामने आने वाले जोखिमों से अवगत हो, उन्हें अपने सामान्य मानदंडों और व्यवहारों पर सवाल उठाने के लिए सशक्त बनाते हैं, भले ही वे पहले बनाए गए हों। हमें ध्यान देना चाहिए कि भारत में शैक्षिक दर्शन को स्पष्ट करने के लिए समाज के एक व्यापक वर्ग के लिए साक्षरता पर प्रतिबंध लगा दिया गया था, जिसमें उन्हें विनियमित या नियंत्रित करने वाले ग्रंथों और लेखों को एक विशेष समूह में पैदा हुए कुछ लोगों द्वारा पढ़ने और समझने में सक्षम बनाया गया था। एक निश्चित वर्ग के कुछ लोगों की 'पवित्र स्कूली शिक्षा' की शुद्धता और विशिष्टता को बनाए रखने के लिए, समुदाय के 'निम्न' वर्ग के बच्चों को शिक्षा से दूर रखने के लिए सीखने के लिए इस तरह का प्रावधान बनाया गया था।

इसलिए, शिक्षा उन लोगों के बीच जागरूकता पैदा करेगी जो उनके बीच एक आधिपत्य शक्ति के संपर्क में हैं। जिसके भीतर ताकतें हैं वे उस समाज की संस्कृति और जीवन पर अत्याचार करते हैं। यह जागरूकता लोगों को विरोध करने और सुधार के लिए प्रतिबद्ध होने के लिए प्रेरित कर सकती है। एक तार्किक दावा ही संदेह पैदा करेगा और इस तरह की निर्ममता,क्रूरता को तोड़ देगा। भारत में शिक्षा की यह प्रासंगिक उपयुक्तता एक शिक्षण पद्धति का निर्माण करेगी जो शिक्षकों और

शिक्षार्थियों को सुधार की प्रक्रिया में शामिल होने और समाज में किसी के मूल्यों को सुदृढ़ करने और समालोचना और बहस के लिए संवाद और तर्क -वितर्क को अपनाने की अनुमति देती है।

शिक्षा प्रणाली के सुधार में डॉ. अम्बेडकर की भूमिका

डॉ. अम्बेडकर भारत में शिक्षा प्रणाली को लेकर चिंतित थे। शिक्षा का महत्व उनके लेखों में परिलक्षित होता है कि भोजन शरीर के लिए आवश्यक है, शिक्षा मन के लिए आवश्यक है। इसलिए, उन्होंने भारत के लोगों के लिए व्यापक और सार्वजनिक शिक्षा की पुरजोर वकालत किया। उन्होंने कहा कि जनता इस तथ्य के कारण निरक्षर हो गई है कि हिंदू धार्मिक शास्त्र व्यापक और सार्वजनिक शिक्षा के अधिकार से इनकार करते हैं, जो कि अधिकार और शासन – सत्ता प्राप्त करने के सबसे मजबूत हथियारों या साधनों में से एक था और वर्तमान में भी है।

'बहिष्कृत भारत' अखबार में उन्होंने देश के शोषित और वंचित लोगों के लिए अनिवार्य शिक्षा प्रणाली की वकालत की थी। उन्होंने प्रत्येक नागरिक के लिए अनिवार्य शिक्षा के लिए 'बहिष्कृत भारत' समाचार पत्र में संपादकीय, लेख और ज्ञापनों को बहुत स्थान दिया। उन्होंने न केवल सामाजिक रूप से वंचित,बहिकृत बल्कि अन्य पिछड़े वर्गों की वर्तमान शैक्षिक स्थिति और देश में निम्न वर्गों के प्रति शिक्षा से संबंधित भेदभाव के इतिहास का भी विश्लेषण किया। इन लोगों की मुक्ति और आजादी के लिए उन्होंने सुझाव दिया कि उनके विकास के लिए शिक्षा ही एकमात्र उचित उपाय है। इस तथ्य को महसूस करते हुए महात्मा फुले दंपत्ति ने सामाजिक रूप से वंचित वर्ग की लड़कियों और लड़कों के लिए कई स्कूलों की शुरुआत की और उन्हें वित्तपोषित किया।

जॉन डेवी सबसे महान दार्शनिकों में से एक थे, एक महान तर्कवादी और एक व्यवहार पटु थे जिनके अधीन डॉ. अम्बेडकर ने अध्ययन किया था। उन्होंने अमेरिकी शिक्षा प्रणाली और शिक्षा के प्रभावोत्पादक और परिवर्तनकारी चरित्र में व्यक्तिगत स्वतंत्रता और गरिमा के मूल्यों को बदलने के लिए इसकी संभावनाओं पर भी लिखा।

डॉ. अम्बेडकर का शिक्षा से गहरा संबंध था और उनका ज्ञान हमें एक नया राह दिखाता है, इस लिए उनके साहित्य का गहन विश्लेषण की आवश्यकता है। यह महान नेता सामाजिक-आर्थिक रूप से वंचित,बहिकृत वर्ग के मुक्तिदाता होने तक ही सीमित हैं। लोग चाहते हैं कि शिक्षा में उनके योगदान और इसके लिए उनके

दृष्टिकोण का पता लगाया जाए और उसे अच्छी प्रकार से विकसित और प्रस्तुत किया जाए। उनका मानना था कि शिक्षा समाज और चरित्रवान लोगों के विकास के लिए एक आवश्यक टूल्स है। शिक्षा सिद्धांत लोगों और उनके समाजों की उन्नति के लिए बल प्रदान करता है। एक उत्पीड़ित समाज में, उन्होंने शिक्षा को मौलिक सुधार लाने और विकास के लिए समान मार्ग बनाने में सक्षम के रूप में भी देखा। एक अदृश्य परिप्रेक्ष्य प्रदान करने के लिए, उनके विचार मौजूदा दार्शनिक संभाषण का प्रतिनिधित्व करते हैं और इस प्रकार उन्हें महत्वपूर्ण बनाते हैं।

उन्होंने महसूस किया कि शिक्षा सामाजिक और आर्थिक रूप से वंचित,बहिकृत और पिछड़े लोगों के लिए एक बड़ा साधन है और उनकी स्वतंत्रता पर जोर दिया जाता है, जहां शिक्षा की नींव द्वारा विचार, तर्क, शक्ति,अधिकार और दृढ़ता प्रदान की जाती है जो तथ्य और सुसंस्कृत भावनाओं के बीच अंतर करती है। उनके मुखर भाषणों और संदेशों का केंद्रीय पहलू शिक्षा था, जिसने हमें उनकी प्रारंभिक धारणा को मौलिक अधिकार के रूप में और साथ ही भेदभाव करने वालों के लिए क्रांति के प्रमुख साधन के रूप में देखने में मदद की। उनके भाषण प्रकृति की परिवर्तनकारी शिक्षा का भी उल्लेख करते हैं जिसे उन्होंने स्नातक अध्ययन की विविधता से ग्रहण किया होगा।

डॉ. बी.आर. अम्बेडकर मुफ्त और अनिवार्य शिक्षा के हिमायती

सामाजिक रूप से वंचित वर्गों के बीच शैक्षिक जागरूकता पैदा करने के लिए, डॉ अम्बेडकर ने बहिष्कृत हितकारिणी सभा की स्थापना की थी। बहिष्कृत हितकारिणी सभा ने बॉम्बे प्रांत में कई छात्रावास स्थापित किए हैं। उस समय स्थानीय बोर्ड और परिषदों पर पहले ब्रिटिश सरकार का नियंत्रण था। हालाँकि, इन संगठनों के पास छात्रावासो को वित्तीय सहायता प्रदान करने और कॉलेज स्थापित करने के लिए पर्याप्त संसाधन थे। इसकी तुलना में, ये संस्थाएं मुख्य रूप से उच्च जाति के व्यक्तियों से बनी थीं जो वंचित,बहिकृत, पददलितो और पिछड़ो के विरोधी थे। उन्होंने इन संस्थाओं को वर्णाश्रम धर्म के जन्मस्थान के रूप में संदर्भित किया। उन्होंने ब्रिटिश सरकार से सार्वजनिक शिक्षा की जिम्मेदारी लेने और शिक्षा संस्थानों का समर्थन करने का आह्वान किया।

उन्होंने ब्रिटिश सरकार को युवाओं के लिए रोजगार पैदा करने के लिए भी प्रोत्साहित किया। उन्हें उम्मीद थी कि युवा जोश के साथ पढ़ रहे हैं क्योंकि उन्हें लगा कि उन्हें एक या दूसरी नौकरी मिल जाएगी। उन्होंने ऐसा इसलिए किया क्योंकि युवाओं में

सीखने का स्तर बढ़ रहा था। चूंकि उनके लिए काम की संभावनाएं बहुत कम थीं, इसलिए युवा स्कूल नहीं जाते थे।

डॉ. अम्बेडकर ने एक सुरक्षात्मक भेदभाव रणनीति के रूप में वंचित,बहिकृत, उत्पीड़ित और पद दलित जनता के लिए नौकरी के अवसरों के विकास को दृढ़ता से बढ़ावा दिया। इसलिए गोलमेज बैठक में उन्होंने इन वर्गों के लिए सरकारी सेवाओं में आरक्षण देने की पुरजोर वकालत की थी। तत्कालीन सरकार ने उनके सभी विचारों को मंजूरी दी और उन्हें सन् 1935 के भारतीय अधिनियम में एकीकृत किया गया। इसके बाद, शिक्षा भारतीय संविधान में समान अवसरों का मूलभूत अधिकार था। इसलिए, जीवन के सभी क्षेत्रों में, संविधान जाति, धर्म और लिंग पूर्वाग्रह की परवाह किए बिना सभी लोगों के लिए स्वतंत्रता के अधिकार की घोषणा करता है। उन्होंने आगे सुझाव दिया कि भारत सरकार और राज्य सरकारें कानून पारित करने के लिए मुफ्त और अनिवार्य शिक्षा के लिए जिम्मेदार होंगी।

भारत के संविधान निर्माता डॉ. अम्बेडकर ने पिछड़ी जातियों और दलित समुदायों की शिक्षा की रक्षा के लिए अधिकारों के लिए काम किया और उनकी विमुक्ति और स्वंत्रता के लिए संघर्ष किया। महात्मा फुले, जो अस्पृश्यता और सामाजिक बहिष्कार को मिटाने, सामाजिक रूप से बहिष्कृत वंचितों के लिए शिक्षा, महिलाओं के लिए शिक्षा, महिलाओं को आर्थिक शोषण से मुक्त करने के लिए सांस्कृतिक भेदभाव को खत्म करने, महिलाओं के लिए समान अधिकार, कृषि और शिक्षा के विकास के लिए वित्त पोषण के कार्यों में अग्रणी रहे। डॉ. अम्बेडकर के जीवन का दर्शन बुद्ध, कबीर,रविदास और महात्मा फुले से प्रेरित था। डॉ. अम्बेडकर से पहले देश के सभी हिस्सों में शिक्षा दुर्लभ थी। ब्राह्मणवाद के ' चतुर्वर्ण ' के अनुसार केवल उच्च वर्गों को शिक्षा की अनुमति थी और अन्य समुदाय के लोगों को शिक्षा से वंचित किया गया था। डॉ. अम्बेडकर ने इससे विमुक्त करने, कृषि में सुधार लाने और समाज को शिक्षित करने का काम किया और उनका मानना था कि शिक्षा अनपढ़ व्यक्तियों में चेतना को बढ़ा सकती है। शिक्षा द्वारा वंचित,बहिकृत,पिछड़े वर्ग के लोगों में नई भावना जागृती होगी। जिससे वे लोग अपने और अपने समाज के बारे एक नयी दिशा निर्धारण करने में सक्षम होंगे।

स्कूली शिक्षा से व्यक्तित्व और विशिष्टता का निर्माण होता है। उनके अनुसार शिक्षा के माध्यम से जीवन की एक नयी भावना का उदय होगा और लोग स्वावलंबी, आत्म निर्भर और विशुद्ध सत्यप्रिय बनेंगे, यह क्रांति जो उन्होंने शिक्षा के माध्यम से शुरू की थी। उन्होंने सामाजिक-आर्थिक रूप से वंचित,बहिष्कृत,पिछड़े वर्ग के लोगों को चेतावनी देते हुआ कहा कि “आप अपनी खुद की गुलामी को खत्म कर सकते हैं।”

बिना स्वाभिमान पूर्वक जीवन जीना अपमानजनक है। शिक्षा एक महान परिवर्तन है; यही उनकी शिक्षा के सिद्धांतों और विचारधारा की नींव है। उनके अनुसार, प्रशिक्षण हमें किसी न किसी प्रकार के शोषण से मुक्त करेगा, और यह लोगों को यह एहसास कराएगा कि क्या अच्छा है और क्या बुरा। हम उनके विचारों और शिक्षा दर्शन के लिए मानव समाज और अंतरराष्ट्रीय स्तर पर अपनी स्वीकृति की अनुमति देने में सक्षम हैं।

उनका उद्देश्य न केवल नैतिक आचरण के माध्यम से व्यक्तिगत जीवन का विकास करना था बल्कि लोकतंत्र को सफल बनाना था। शिक्षा सामाजिक लोकतंत्र को प्राप्त करने और सभी प्रकार के अन्याय को समाप्त करने का सबसे सरल स्पष्ट मार्ग है, और यह सामाजिक, आर्थिक और राजनीतिक क्रांति का आधार है, क्योंकि "शिक्षा, एकजुट, आंदोलन" उनकी विचारधारा का आधार है। यह मानवता की समानता और स्वतंत्रता के लिए सुरक्षा है। उनका मानना था कि शिक्षा लोकतंत्र, आत्म सम्मान और बंधुत्व की रक्षा करती है। सबके लिए शिक्षा उनकी आकांक्षा और लक्ष्य था। इन्हीं विचारों के साथ उन्होंने अपने शैक्षिक कार्य की शुरुआत की थी। सामाजिक सुधार में आर्थिक रूप से कमजोर लोगों के लिए शिक्षा महत्वपूर्ण है। बौद्धिक और व्यवहारिक विकास व्यक्तिगत स्कूली शिक्षा के माध्यम से होता है। शिक्षा से हम राजनीतिक समानता प्राप्त करेंगे। स्कूली शिक्षा के माध्यम से, लोगों के बुनियादी और सर्वश्रेष्ठ विकास को पूरा किया जा सकता है।

शिक्षा से ही लोकतंत्र मिलेगा, शिक्षा से स्वतंत्रता प्राप्त की जा सकती है, स्वतंत्रता, समानता और बंधुत्व को उनके सिद्धांत से जाना जाता है। डॉ. अम्बेडकर का लक्ष्य था कि सभी के लिए शिक्षा का सामान अवसर हो। बुनियादी शिक्षा और स्कूल की शुरुआती शिक्षा प्राथमिक शिक्षा है। इन अवस्थाओं में सकारात्मक गुण, समानता सहयोग और समाज का पालन- पोसन,किसी भी बच्चे के जीवन में सकारात्मक कदम रखना आवश्यक है। इस स्तर पर छात्रों को न केवल पढ़ना-लिखना सीखना चाहिए, बल्कि उन्हें साक्षर भी होना चाहिए। डॉ. अम्बेडकर ने प्राथमिक शिक्षा को अनिवार्य बनाने पर जोर दिया। जो लोग गुलामी में रहते थे और वर्तमान में भी अपरोक्ष रूप गुलाम हैं, वे शिक्षा के माध्यम से आपस में ज्ञान और जानकारी को बढाएंगे। अमीर लोगों द्वारा कि गयी राशी अदायगी से गरीब लोगों के बच्चों का प्रशिक्षण सफलतापूर्वक पूरा किया जा सकता है। उनके विचार प्राथमिक शिक्षा को प्रेरित करते हैं और इस प्रकार, उनके अनुसार प्राथमिक शिक्षा का दायित्व सरकार पर होना चाहिए। उन्होंने प्रारंभिक शिक्षा के साथ-साथ उच्च शिक्षा पर भी जोर दिया। वह स्थान जहाँ शिक्षा से अच्छे विचारवान वाले लोग बनते हैं। अच्छे शिक्षक

ही अच्छे इंसान बनाते हैं। स्वतंत्रता के पूर्व के समय में उच्च शिक्षा की स्थिति अच्छी नहीं थी। प्रबंधन के बजाय जानकारी विश्वविद्यालय के बारे में होना चाहिए।

विद्या अर्जन करने वालो विद्यार्थियों और शिक्षको के लिए विश्वविद्यालय को आवश्यक कर्यान्वित करनी चाहिए। विश्वविद्यालय के दरवाजे आम आदमी के बच्चो के लिए खुला होना चाहिए। डॉ. अम्बेडकर का विचार था कि विश्वविद्यालय समीक्षा का केंद्र नहीं होना चाहिए, बल्कि यह शिक्षा और अनुसंधान का केंद्र होना चाहिए। हमारे देश में गैर-व्यापारिक लोग को उच्च शिक्षा प्राप्त करने की आवश्यकता है। उन्होंने विश्वविद्यालयों में अध्ययन की प्रासंगिकता पर भी जोर दिया। सामाजिक व्यवस्था में महिलाओं की भूमिका महत्वपूर्ण है, इसलिए उन्होंने महिलाओं के लिए शिक्षा का समर्थन किया है। उन्होंने महिलाओं की शिक्षा के लिए 25 दिसंबर 1927 को 'महाड़' में हिंदू की एक पवित्र ग्रन्थ 'मनुस्मृति' को जलाई क्योकि इस ग्रन्थ में महिलाओं के लिए शिक्षा निषेध है ऐसा संदर्भित है,और उन्होंने कहा कि यदि महिलाओं को पढ़ाया जायेगा, तो उज्जवल भविष्य के लिए आने वाली पीढ़ी शिक्षित होगी।

उनके अनुसार, पुरुष और महिला की शिक्षा समान होनी चाहिए; उन्हें सह-शिक्षित होना चाहिए और एक समान की शिक्षा प्रदान की जानी चाहिए। शिक्षा ग्रहण करने वाले प्रत्येक व्यक्ति के लिए शिक्षा का दरवाजा खुला होना चाहिए। विद्यालय वह जगह है जहां शिक्षक बनते हैं। प्रशिक्षक और चिकित्सक अच्छी तरह से प्रशिक्षित होने चाहिए। उन्हें मनोवैज्ञानिक समझ होनी चाहिए। शिक्षक ही राष्ट्र का पथ प्रदर्शक होता है, जो समाज का अग्रणी शिक्षक होता है, उसे नशा नहीं करना चाहिए और सकारात्मक प्रकार के विचार रखने चाहिए। सोलापुर, पनवेल और ठाणे में, उन्होंने पिछड़े और सामाजिक रूप से वंचित,बहिष्कृत छात्रों के लिए छात्रावास शुरू किया। इन छात्रावासों में प्राथमिक और माध्यमिक शिक्षा की उपलब्धता के लिए कई छात्रावास स्थापित किए गए। लेकिन उच्च शिक्षा से, सामाजिक रूप से वंचित, बहिष्कृत छात्र छोड़ कर चले गए। उन्होंने सामाजिक-आर्थिक वंचित वर्ग को उनके अधिकारों के बारे में जानने के लिए "बहिष्कृत हितकारिणी सभा" की स्थापना की थी।

नए संगठन के लक्ष्यों और उद्देश्यों ने किसी मूल विषय को अनुत्यक्त नहीं किया, बल्कि उस समय भारत और विदेशों में आंदोलन में प्रचलित सुधारवादी रणनीतियों को फिर से शुरू किया। सबसे पहले, दलित वर्गों के बीच छात्रावासों या अन्य माध्यमों से शिक्षा के प्रसार को सुगम बनाया जाना चाहिए। दूसरा, पुस्तकालयों, सामाजिक केंद्रों और कक्षाओं या शोध मंडलों को खोलकर, इन वर्गों के बीच

संस्कृति के प्रसार को प्रोत्साहित किया जाना चाहिए। तीसरा, औद्योगिक और कृषि विद्यालयों की शुरुआत करके और दलित वर्गों की शिकायतों का प्रतिनिधित्व करते हुए सुधार किया जाना चाहिए और दलित वर्गों की आर्थिक स्थिति में सुधार किया जाना चाहिए।

सन् 1945 में, डॉ. अम्बेडकर ने मुंबई में 'पीपुल्स एजुकेशन सोसाइटी' की स्थापना की थी। सन् 1946 में, उन्होंने मुंबई में 'सिद्धार्थ कॉलेज' शुरू किया। उन्होंने सन् 1953 में 'सिद्धार्थ कॉमर्स कॉलेज' की स्थापना किया। उसके बाद, कॉलेज के छात्रों के लिए, उन्होंने 'सिद्धार्थ लॉ कॉलेज' की स्थापना की। साहित्य, रंगमंच, एथलेटिक्स और कई अन्य क्षेत्रों में, इस कॉलेज के छात्र प्रसिद्ध व्यक्तित्व वाले थे, जिसमें डॉ. एस.जी. मलसे, प्रो. रमेश तेंदुलकर, सुलभा देशपांडे, अरविंद देशपांडे, सुरेश खरे, ललन सारंग, डॉ. कुलकर्णी, बी.सी. कांबले, एन.एम. कांबले इस कालेज के प्रमुख छात्रों में से थे, जिन्होंने ने देश विदेश में ख्याति प्राप्त किये। सन् 1950 में औरंगाबाद में उन्होंने 'मिलिंद कॉलेज' की स्थापना की। यहां तक कि औरंगाबाद में 'मराठावाड़ा विश्वविद्यालय', जिसकी स्थापना सन् 1958 में हुई थी, लेकिन बाद में इसका नाम औरंगाबाद डॉ. बाबासाहेब अम्बेडकर मराठावाड़ा विश्वविद्यालय रखा गया। यह उनके बहुमुखी कार्यो के लिए समर्पित है। उनका सोच था कि मराठावाड़ा एक पिछड़ा क्षेत्र है, और इस प्रकार इस क्षेत्र को छात्रों के रूप में शैक्षिक समर्थन प्राप्त करना चाहिए, इसलिए उन्होंने औरंगाबाद में मिलिंद कॉलेज निर्माण किया।

डॉ. अम्बेडकर ने महसूस किया कि शिक्षा व्यक्तियों के जीवन स्तर को बढ़ाने का सबसे प्रभावी तंत्र है। हालाँकि शिक्षा पर उनके विचार सामाजिक-आर्थिक अभाव की विमुक्ति पर उनकी एक प्रसिद्ध पुस्तक है। उनके प्रतिष्ठित नारे में पहला शब्द "शिक्षित" है। इसका कारण मानव चरित्र और चेतना के विकास में शिक्षा की स्पष्ट भूमिका है। एक शिक्षित व्यक्ति ही अपने वर्ग की जरूरतों को समझ सकता है और अपने वर्ग में एकता ला सकता है और कठिनाई के मार्ग पर शिक्षा उसको नया रास्ता दिखता है।उन्होंने कहा था कि, "शिक्षा ही व्यक्ति को निडर बनाती है, उसे एकता का पाठ पढ़ाती है, उसे अपने अधिकारों के प्रति जागरूक करती है और अपने अधिकारों के लिए संघर्ष करने के लिए प्रेरित करती है।" उनका मानना था कि शिक्षा एक क्रांति है। यदि यह अपने लक्ष्यों को प्राप्त नहीं करता है तो यह बेकार है। उन्होंने स्पष्ट रूप से कहा कि जो शिक्षा किसी व्यक्ति को सक्षम नहीं बनाती, जो उसे समानता और नैतिकता नहीं सिखाती है,वह वास्तविक शिक्षा नहीं है। सच्ची शिक्षा समाज को पालन – पोषण करती है निर्वाह धाराएँ बनाती है, ज्ञान प्रदान करती है, और हमें समतावाद प्रदान करती है। सच्ची शिक्षा से ही समाज जीविन्त रहता है।

डॉ. अम्बेडकर एक अविश्वसनीय रूप से बुद्धिमान और प्रतिभाशाली व्यक्तित्व वाले थे। उन्होंने समाज में हो रहे अन्याय के खिलाफ अभियान चलाया। उन्होंने शोषण का मुकाबला करने और इसके खिलाफ लड़ने के लिए लोगों को एकजुट किया। गौतम बुद्ध, संत कबीर, रविदास और महात्मा फुले के मूल्यों के साथ उन्होंने खुद को शिक्षा के लिए समर्पित कर दिया। शिक्षा राष्ट्र के विकास के लिए महत्वपूर्ण है। डॉ.अम्बेडकर 'मराठावाड़ा विश्वविद्यालय' के आधारशिला से संबंधित हैं। उनकी प्रेरणा और प्रोत्साहन से कई कॉलेज, हॉस्टल और स्कूल खोले गए। सामाजिक रूप से वंचित लोगों के लिए प्रशिक्षण खुला जो उनके प्रयासों और प्रेरणा के कारण है। उनके कारण मराठवाड़ा जैसे क्षेत्रों में भी शिक्षा की सुविधा सुलभ हुआ। भारतीय समाज अन्याय और भेद भाव के आधार पर बना है और ऐसे समाज में गरीब, दलित लोगों के लिए शिक्षा का रास्ता खोल दिया, और यह सही मायने में उनके जीवन में परिवर्तन है।

उन्होंने प्राथमिक स्कूल से विश्वविद्यालय स्तर तक शिक्षा की उन्नति के लिए कई नीतिगत पहलों का प्रस्ताव रखा, जिन्हें आज शिक्षा क्षेत्र को सफल और जिम्मेदार बनाने के लिए महत्वपूर्ण माना जा सकता है। इसलिए आज की स्थिति में शिक्षा पर डॉ. अम्बेडकर के विचार राष्ट्र के विकास के लिए अधिक सार्थक और महत्वपूर्ण हैं।

शिक्षा के माध्यम से सामाजिक विमुक्तिकरण

डॉ. अम्बेडकर का मुख्य उद्देश्य व्यक्तियों के सामाजिक, आर्थिक और राजनीतिक परिवर्तन लाना था, जिसमें उन्होंने सफलता प्राप्त की। वे जातिवाद, अस्पृश्यता, बहिष्कार, सामाजिक भेदभाव, सामाजिक असमानता, महिला असमानता आदि के कट्टर विरोधी थे। उन्होंने भारतीय समाज में विद्यमान सामाजिक असमानता और सामाजिक अन्याय को खत्म करने और समाज में समानता, बंधुत्व, सह-अस्तित्व और आपसी स्वीकृति स्थापित करने के लिए शिक्षा को बहुत महत्वपूर्ण माना। उनका मानना था कि "शिक्षा न केवल हर इंसान का जन्मसिद्ध अधिकार है, बल्कि सामाजिक परिवर्तन का एक मजबूत हथियार भी है।"

स्कूल और कॉलेज एक ऐसी जगह है जहाँ युवाओ के मन –मस्तिष्क को उसी के विभिन्न पहलुओं, जैसे कि अखंडता, अनुशासन, एकजुटता, समानता, सम्मान, और इसी तरह की अन्य शिक्षा देकर पोषित किया जाता है, जो किसी के अस्तित्व के मूलभूत मुद्दे हैं और आदर्शों का कारण बनते हैं। वे दुनिया के बारे में नई चीजें सीखते हैं और विभिन्न सांसारिक मामलों को जानते हैं। लेकिन तब क्या होगा जब स्कूल और कॉलेज छात्रों के बीच जाति और पंथ के आधार पर भेदभाव करता हो? भूत और वर्तमान में भी इस तरह का भेदभाव होता रहा है।भारतीय शिक्षा योजना में

सामाजिक-आर्थिक वंचित,बहिकृत वर्गों की स्थिति हास्यास्पद थी। और चूंकि उच्च जातियों के लोग स्कूलों में शिक्षित रहे,उन्ही का प्रभुत्व रहा है, इसलिए निम्न वर्ग के बच्चों को एक अनुपयुक्त स्थान प्राप्त करने के लिए बाध्य किया जाता रहा है।

शिक्षक निचले तबके के बच्चों से खुद को छूने से रोकते थे और वर्तमान में भी कम या ज्यादा उसी तरह की प्रथा है। शिक्षक दूर से ही उनको छड़ी से अलग हटा देते थे, जिससे सामाजिक-आर्थिक रूप से वंचित वर्गों को यह एहसास होता था कि वे अछूत हैं, जिससे युवा मन में अलगाव और हीन भावना उत्पन्न होती रही है। शोधों और अध्ययनो के परिणाम से पता चलता है कि सामाजिक-आर्थिक रूप से वंचित वर्ग प्राचीन काल से अन्य सुविधाओ के साथ -साथ शिक्षा की मूल -भूत सुविधाओं से ब्राह्मणवादी मानसिकता ने उन्हें दूर रखा,जिससे यह वर्ग मूलभूत अधिकारों का उचित उपयोग नहीं कर पाए। भले ही वे स्कूल और विश्वविद्यालयों में गए, लेकिन शोषण के कई अन्वेषणों से पता चल कि उन्हें मानव अधिकारों से वंचित कर दिया था,और वर्तमान में भी इस प्रकार का अमानवीय व्यवहार अनवरत रूप से प्रत्यक्ष और अप्रतक्ष् रूप से किया जा रहा है।

सामाजिक-आर्थिक रूप से वंचित,बहिकृत वर्गों को बलपूर्वक शिक्षा से दूर कर दिया जाता है ताकि वे समाज में वह समान दर्जा प्राप्त न कर सकें जिसकी वे आकांक्षा रखते हैं। डॉ. अम्बेडकर ने बार-बार इस बात पर जोर दिया है कि शिक्षा एक ऐसा हथियार है जो उत्पीड़ित, सामाजिक-आर्थिक वंचित,बहिकृत वर्गों को उनके बहिष्कार को मिटाने के लिए सशक्त बना सकता है। युगों से ब्राह्मणवादी पदानुक्रमित व्यवस्था द्वारा लगाए गए सभी कलंक, जैसे कुपोषण, समाजिक अलगाव, स्वतंत्रता, एकता और मौलिक मानवाधिकारों से वंचित थे। शिक्षा द्वारा आंदोलन और आंदोलन का महत्व, जो उन पर थोपी गई चुनौतियों के खिलाफ विद्रोह के मजबूत हथियार हैं, सामाजिक-आर्थिक वंचित,बहिकृत और प्रताड़ित वर्गों को समझना चाहिए। हमारे देश की सरकार के लिए, भारतीय समाज के निचले तबके के बच्चों के लिए सम्मानजनक और बिना भेद- भाव शिक्षा की गारंटी, सरकारी और निजी स्कूलों में प्रवेश सुनिश्चित करना हमेशा कठिन चुनौती रहा है। अब समय आ गया है कि इस वर्ग के लोगों को अच्छी शिक्षा के लिए निजी स्कूलों में प्रवेश और सम्मानजनक और बिना भेद-भाव अध्ययन के लिए लम्बी लडाई की आवश्यकता है।

महिला शिक्षा के लिए डॉ. अम्बेडकर व्यावहारिकमूलक

20 जुलाई 1942 को नागपुर में एक व्याख्यान देते हुए, डॉ. अम्बेडकर ने कहा, "मैं समुदाय की प्रगति को महिलाओं की प्रगति की डिग्री से मापता हूं।" उन्होंने कहा है

कि "यह स्पष्ट है कि अगर देश की आधी आबादी अशिक्षित रही, तो भारत दुनिया में कोई बदलाव नहीं कर पाएगा।" एक सच्चे राष्ट्रवादी और समाज सुधारक के रूप में वे महिलाओं की शिक्षा के प्रबल हिमायती थे। वह इस बात से अच्छी तरह वाकिफ थे कि समाज में आगे बढ़ने और दुनिया को बेहतर बनाने के लिए महिलाओं का शिक्षित होना बहुत जरूरी है। वे व्यावहारिक थे और मानते थे कि "शिक्षा महिलाओं के लिए उतनी ही महत्वपूर्ण है जितनी पुरुषों के लिए। यदि आप पढ़ना-लिखना जानते हैं, तो बहुत प्रगति होगी।"

उनके लिए महिलाओं में अशिक्षा भारतीय समाज की सबसे बड़ी समस्या थी। उन्होंने भारत में महिलाओं की दयनीय स्थिति के लिए ब्राह्मणवाद को जिम्मेदार ठहराया। उन्होंने कहा है कि "ब्राह्मणवाद जातीय और नस्लीय अलगाववाद से अविभाज्य रूप से संबंधित है।" ऐसी कोई भी सामाजिक बुराई नहीं है और कोई सामाजिक अपराध,अपकर्म नहीं है जिसे ब्राह्मणवाद ने अपना समर्थन नहीं दिया हो। पुरुषों के प्रति मनुष्य की अमानवीयता, जैसे कि जाति की भावना, अस्पृश्यता, अप्राप्यता और अगोचर यानि अनुभवहीनता क्षमता ब्राह्मणवाद के लिए एक धर्म है। हालाँकि, यह मान लेना एक गलती होगी कि केवल मनुष्य की गलतियाँ ही उसके लिए धर्म हैं। ब्राह्मणवाद ने दुनिया के किसी भी हिस्से में महिलाओं के साथ हुए अन्याय और सबसे अधिक असामाजिक गलतियों,बुराइयों को अपना समर्थन दिया है। भारत में, विधवाओं को सती के रूप में जिंदा जला दिया जाता था,और ब्राह्मणवाद ने इस प्रथा को अपना पूरा समर्थन दिया करता था। उस ब्राह्मणवाद में विधवाओं को पुनर्विवाह की अनुमति नहीं थी। ब्राह्मणों ने सिद्धांत को बरकरार रखा। लड़कियों की शादी आठ साल की उम्र से पहले करनी पड़ती थी और पतियों को उसके बाद किसी भी समय शादी को पूरा करने के अधिकार का दावा करने की अनुमति थी यानि पुरूष को आयु सीमा पर कोई प्रतिबन्ध नहीं था।

ऐसा माना जाता है कि वैदिक काल में महिलाओं को कुछ विशेषाधिकारों हुआ करता था, लेकिन बाद में ब्राह्मणवादी विचारों और दर्शन के कारण उनकी स्थिति में धीरे धीरे नारकीय और अधोगति की ओर चली गयी। डॉ अम्बेडकर ने स्पष्ट किया है कि मनुस्मृति में महिलाओं की तुलना नौकरों, पशुओ की अपेक्षा कमतर किया गया। उन्हें शिक्षा से वंचित कर दिया गया और घर के मालिक होने का अधिकार उनसे छीन लिया गया। डॉ.अम्बेडकर ने महिलाओं को सम्मान के साथ व्यवहार करने और समान अवसर प्रदान करने का आह्वान किया।

उन्होंने 'हिंदू मैरेज एक्ट' मसौदा तैयार किया, जिसमें पुरुषों को एक से अधिक महिलाएं रखने की अनुमति नहीं थी। इसमें महिलाओं को उत्तराधिकार के समान

अधिकार और भूमि के मालिक होने की स्वतंत्रता भी दी गयी,जिसे 'मनुस्मृति' ने खारिज कर दिया था। डॉ.अंबेडकर के संविधान ने महिलाओं को कानून की नजर में समान दर्जा दिया। उन्होंने उन सभी रीति-रिवाजों और मानदंडों का कड़ा विरोध किया जो महिलाओं के सशक्तिकरण के लिए अवरोधक थे। उन्होंने महिलाओं के आर्थिक सशक्तिकरण की वकालत किया। पंडित मदनमोहन मालवीय और डॉ. श्यामाप्रसाद मुखर्जी ने हिंदू विवाह कानून का विरोध किया था। फिर भी उनके विरोध के उपरांत भी इसे लागू किया गया।

20वीं शताब्दी में महिलाओं के संघर्ष का मार्ग इतिहास में एक मील का पत्थर है। भारतीय संविधान के अनुच्छेद 14, 15(3), 16(1) और 16(2) प्रावधान प्रदान करते हैं, जो यह गारंटी देते हैं कि महिलाओं के साथ भेदभाव नहीं किया जा सकता। डॉ. अम्बेडकर के विचार महिलाओं की शिक्षा और उनकी संस्कृतियों के विकास पर आज के नारीवादी आंदोलन के विचारों से कम कट्टरपंथी नहीं थे। उन्होंने महिलाओं के लिए अनिवार्य स्कूली शिक्षा का प्रस्ताव रखा, लेकिन केवल नाम दर्ज करने की सीमा तक, जिसके बाद उन्होंने सुझाव दिया कि वे गृह प्रबंधन के कौशल का भी अध्ययन करें। वह पुरुषों और महिलाओं के लिए मानकीकृत स्कूली शिक्षा के पक्ष में नहीं थे। उन्होंने महसूस किया कि समाज में दोनों की अलग-अलग भूमिकाएँ हैं, इसलिए उनकी स्कूली शिक्षा में भी कुछ भिन्नता होनी चाहिए। हालांकि, उन्होंने संविधान की मसौदा समिति के अध्यक्ष के रूप में महिलाओं की विमुक्ति और उनकी आर्थिक आत्मनिर्भरता के लिए पर्याप्त व्यवस्था की। उन कानूनों ने महिलाओं को स्वतंत्र भारत में पुरुषों के बराबर स्थिति का दावा करने की अनुमति दी।

शिक्षा के माध्यम से सामाजिक विमुक्ति में महिलाओं की भूमिका

डॉ. अम्बेडकर ने शिक्षित महिलाओं को सामाजिक परिवर्तन में बहुत ही महत्वपूर्ण भूमिका निभाने में सक्षम रूप में देखा। एक पत्नी होने के नाते, वह एक परिवार के बच्चों के करीब और बच्चो की सबसे करीब प्राथमिक शिक्षिका होती है। उन्हें अपने बच्चों में अच्छे मूल्यों और गुणों को स्थापित करना चाहिए। इस प्रकार उन्होंने महिलाओं को शिक्षित होने के लिए प्रोत्साहित किया। उन्होंने कहा, "मैं आपको कुछ बातें बताने जा रहा हूं जो मुझे लगता है कि आपको ध्यान में रखना होगा। साफ -सुथरा रहना सीखो; अपने को सभी दोषों को मुक्त रखो। अपने बच्चों को उचित शिक्षा दें। उनके मन और दिल को समझे ताकि उन्हें महसूस हो कि उन्हें विशेष माना जा रहा है। उन्हें सभी प्रकार के हीन भावना से दूर रखे।"

वास्तव में, सरकार और समाज दोनों की एक प्रमुख प्राथमिकता महिला शिक्षा होनी चाहिए, क्योंकि कुशल महिलाएं ही देश के विकास में बहुत महत्वपूर्ण भूमिका निभा सकती हैं। शिक्षा महिलाओं के विकास में एक कदम है क्योंकि यह उन्हें चुनौतियों का सामना करने में मदद करती है,उन्हें उनकी पारंपरिक स्थिति का सामना करने और उनके जीवन को बेहतर बनाने में मदद करती है। इसलिए, महिला सशक्तिकरण के संदर्भ में, हम शिक्षा के महत्व को नजरअंदाज नहीं कर सकते हैं और भारत हाल के वर्षों में एक विश्व गुरु बनने की ओर अग्रसर है जैसा कि वर्तमान सरकार प्रचार –प्रसार करती रहती है। संस्कृति की भूमिका में सुधार के लिए महिलाओं की स्कूली शिक्षा सबसे प्रभावी हथियार है। भारत में महिला शिक्षा समय की आवश्यकता थी,क्योंकि शिक्षा महिलाओं की विमुक्ति का एक स्तंभ है। शिक्षा आगे चलकर असमानता को दूर करती है और परिवार के भीतर उनकी स्थिति को सुधारने और जुड़ाव के रूप को स्थापित करने के साधन के रूप में कार्य करती है।

महिला सशक्तिकरण को एक ऐसे सामाजिक वातावरण के निर्माण के साधन के रूप में देखा जा सकता है जिसमें व्यक्तिगत या सामूहिक रूप से सामाजिक प्रगति के बारे में निर्णय लेना और चुनाव करना संभव हो। महिलाये शिक्षा,ज्ञान, अधिकार और अनुभव के उचित उपयोग के माध्यम से अपनी आंतरिक क्षमता को मजबूत करती है। सशक्तिकरण व्यक्तियों को कार्रवाई करने और स्वायत्त रूप से कार्य को पता करने पर विचार करने के लिए सशक्त बनाने या अनुमति देने की प्रक्रिया है। यह वह तंत्र है जिसके द्वारा व्यक्ति अपने जीवन और अपने अस्तित्व की स्थितियों पर अधिकार प्राप्त कर सकता है। समाज में कई तरह के निरीह तत्व,लोग भी हैं जिनसे समुदाय, राज्य और राष्ट्र में उनके मूल अधिकार छीन लिए जाते हैं, इन निरीह तत्वों यानि लोगों में अपने अधिकारों के प्रति जागरूकता की सदैव कमी रही है।

यदि हम संस्कृति से इन मॉड्यूल को शामिल करते हैं, तो महिलाएं इस सूची में शीर्ष पर होंगी। वास्तव में, सभी संस्कृतियों में महिलाएं सबसे महत्वपूर्ण ताकत हैं। इस हकीकत से भले ही हर कोई वाकिफ है, लेकिन कोई इसे अपनाने को तैयार नहीं है। फलस्वरूप पुरातन की संस्कृति में नारी को जो मूल्य दिया जाता था वह ब्राह्मणवादी सिद्धांतो एवं मान्यताओ द्वारा उनके मूल्यों,मान सम्मान को धीरे –धीरे जीर्ण–क्षीर्ण कर दिया गया है। महिलाओं की उपेक्षा करने की इस बढ़ती प्रवृत्ति के परिणामस्वरूप महिलाओं को सशक्त बनाने की आवश्यकता महसूस की गई, जैसे कि उन्हें समाज में एक मध्यस्तता की भूमिका निभाना और उन्हें उनके मौलिक अधिकारों से वंचित करना। महिलाओं की विमुक्ति दुनिया भर में जबरदस्त विवाद

और ध्यानाकर्षण विषय रहा है। आज, हम एक स्वतंत्र दुनिया के निवासी होने के विशेषाधिकारों की सराहना करते हैं, लेकिन हमें वास्तव में इस बारे में सोचने की ज़रूरत है कि सही अर्थों में, हमारे देश का कोई भी निवासी वास्तव में स्वतंत्र है या स्वतंत्रता का आनंद ले रहा है। पूरी दुनिया में एक जटिल समस्या पुरुषों और महिलाओं के बीच असमानता और महिलाओं के खिलाफ लिंगवाद है।

पुरुषों के साथ समानता के लिए महिलाओं की लड़ाई भी एक सामान्य घटना है। शिक्षा, काम, विरासत, विवाह और राजनीति के मामलों में महिलाओं को क्रमशः पुरुषों के बराबर होना चाहिए। समानता के लिए उनका संघर्ष कई संगठनों और राजनीति के आंदोलनों के गठन और शुरू करने के लिए पैदा हुआ है। हमारे देश का संविधान महिलाओं और पुरुषों के बीच भेदभाव नहीं करता है, लेकिन हमारा समाज महिलाओं को हमारे संविधान द्वारा दिए गए कुछ मौलिक अधिकारों से वंचित करने की कोशिश में लगा रहता है। महिला सशक्तिकरण लोगों को अपनी पूरी क्षमता हासिल करने, अपने राजनीतिक और सामाजिक जुड़ाव को बढ़ाने और अपनी क्षमताओं पर भरोसा करने के लिए प्रोत्साहित करता है।

डॉ. अम्बेडकर ने कहा है कि "यदि आप एक पुरुष को शिक्षित करते हैं तो आप एक व्यक्ति को शिक्षित करते हैं, लेकिन यदि आप एक महिला को शिक्षित करते हैं तो आप एक पूरे परिवार को शिक्षित करते हैं। महिला सशक्तिकरण का अर्थ है सशक्त भारत।" भारत में महिलाओं की शिक्षा देश के समग्र विकास में बहुत महत्वपूर्ण भूमिका निभाती है। इसका उद्देश्य न केवल मानव संसाधनों का आधा विकास करना है बल्कि राष्ट्रीय और अंतर्राष्ट्रीय स्तर पर जीवन की गुणवत्ता और मूल्यों में सुधार करना भी है।

यदि शिक्षा को सभी प्रश्नों का समाधान कहा जाए तो यह अनुचित नहीं होगा। दार्शनिकों द्वारा शिक्षा की विभिन्न परिभाषाएँ प्रस्तुत की गई हैं, लेकिन इन परिभाषाओं का सबसे महत्वपूर्ण विवरण वह है जिसे महात्मा फुले ने आम जन के सामने रखा - "शिक्षा अच्छे और बुरे के बीच के अंतर को प्रदर्शित करती है"। यदि हम उपरोक्त अवधारणा पर विचार करें, तो हमें पता चलता है कि शिक्षा हमारे इतिहास में हुए सभी आंदोलनों का आधार है।

किसी भी तरह से, जैसे अभिवृत्ति, दृष्टिकोण, मानसिकता आदि, स्कूली शिक्षा का तात्पर्य व्यवहार परिवर्तन से है। शिक्षित महिलाएं न केवल अपनी लड़कियों की शिक्षा का समर्थन करना पसंद करती हैं बल्कि अपने सभी बच्चों को बेहतर मार्गदर्शन भी प्रदान कर सकती हैं। इसके अलावा, प्रशिक्षित महिलाएं बाल मृत्यु दर और

जनसंख्या वृद्धि को कम करने में भी मदद कर सकती हैं। चिंता की बात यह है कि भारत में लैंगिक असमानता मौजूद है, और इससे भी अधिक, भारत में महिला शिक्षा के क्षेत्र में इसे हासिल करने की जरूरत है। पुरुष-महिला साक्षरता दर में अंतर केवल एक बुनियादी उपाय है। हालांकि पुरुषों की साक्षारता दर लगभग बयासी प्रतिशत से ज्यादा है और महिलाओं की साक्षरता दर महज पैसठ प्रतिशत के लगभग है।

महिलाओं को केवल गृहिणी माना जाता रहा है और उन्हें घर में रहना सबसे अच्छा था। लेकिन अब यह अवधारणा धीरे धीरे मंद गति से बदल रही है महिलाये जागरूक हो रही है वे अपनी लड़कियों को शिक्षित करने में प्रयास रत हैं और उसमें सफल भी हो रही हैं।

महिलाओं की आर्थिक, सामाजिक और राजनीतिक स्थिति में सुधार के लिए डॉ. अम्बेडकर का दृष्टिकोण

वैदिक काल से ही, भारतीय पुरुष प्रधान समाज में अंधविश्वासों और गलत रीति-रिवाजों के कारण महिलाओं को भयानक समस्याओं का सामना करना पड़ा है। ब्राह्मणवाद ने महिलाओं का कई रूपों में शोषण किया है, जैसे बाल विवाह, सती प्रथा, परदा प्रथा यानि पैराक्स प्रणाली, विधवा पुनर्विवाह प्रतिबंध, विधवा दासता, देवदासी यानि भगवान की सेविका प्रणाली आदि। नतीजतन, वैसे, एक महिला के रूप में जन्म लेना एक महिला के अभिशाप के रूप में देखा गया है और वर्तमान में भी कुछ सीमा तक उसी रूप में मौजूद है। इस प्रणाली ने महिलाओं को इस तरह से डरा दिया और उनमे हीन भावना के एक जटिलता का समावेश हो गया है जो उनके सामाजिक, आर्थिक और व्यक्तिगत विकास में एक बड़ी बाधा साबित हुई। डॉ. अम्बेडकर ने भारत में ब्रिटिश शासन के दौरान और स्वतंत्रता के बाद महिलाओं के इन दासता से विमुक्ति और उनको सामानता के अधिकारों की वकालत की और भारत के संविधान में कुछ कानून बनाए ताकि महिलाओं के साथ समानता का व्यवहार किया जा सके।

डॉ. अम्बेडकर के कारण ही आज महिलाएं आत्मविश्वासी और आत्मनिर्भर महसूस करती हैं। चाहे वह शिक्षा हो, नौकरी हो, सामाजिक और आर्थिक न्याय हो, महिलाओं के लिए समानता का प्रावधान सभी क्षेत्रों के लिए बनाया गया है। कई संवैधानिक अनुच्छेदों और कानूनों को अपनाने से महिलाओं को आत्मविश्वास, व्यक्तित्व, आत्म-सम्मान और सामान्य सशक्तिकरण मिला। शिक्षा, उद्यमिता, चिकित्सा, इंजीनियरिंग, देश की सुरक्षा और कई अन्य क्षेत्रों में, सशक्त महिलाओं

ने खुद को पुरुषों से बड़ा मक़ाम हासिल किया है। डॉ.अम्बेडकर की कड़ी मेहनत के कारण ही पुराने अविश्वनीय रीति-रिवाज अंततः समाज से काफी हद तक समाप्त हो गए थे। परन्तु वर्तमान सरकारे वर्तमान में केन्द्र सरकार द्वारा घोषित 'अमृत काल' में भी उसको जीवन्त करने में प्रयास रत है। हालांकि, एक मजबूत न्यायिक और प्रशासनिक ढांचे की कमी और कानूनों की गलतफहमी और लिंगवाद, दुर्व्यवहार और घरेलू हिंसा की वस्तु बनने के कारण महिलाओं को कई सामाजिक बुराइयों जैसे कि प्रसव, परिवार की देखभाल की जिम्मेदारियां, विकट और गूढ़ सामाजिक मूल्यों आदि द्वारा उत्पीड़ित किया जाता है।

महिलाओं की विमुक्ति अवसर प्रदान करने और जीवन में रणनीतिक निर्णय लेने और डॉ. अम्बेडकर के माध्यम से भारत में महिलाओं की स्थिति और सशक्तिकरण के लिए महिलाओं की क्षमता का विस्तार करने का मुख्य साधन है। महिलाओं के सशक्तिकरण से तात्पर्य महिला समाज की सांस्कृतिक, लोकतांत्रिक, सामाजिक, शैक्षिक और आर्थिक स्थिति में तीव्रता में वृद्धि से है। भारत में महिला सशक्तिकरण सामाजिक स्थिति (जाति और वर्ग) और भौगोलिक क्षेत्र की उम्र, शहरी और ग्रामीण क्षेत्र, और शिक्षा की स्थिति सहित कई अलग-अलग कारकों पर निर्भर है। राष्ट्रीय, राज्य और नगरपालिका (पंचायत) स्तरों पर, महिला सशक्तिकरण नीतियां स्वास्थ्य, शिक्षा, आर्थिक अवसरों और लिंग आधारित हिंसा और राजनीतिक भागीदारी सहित कई क्षेत्रों में हैं।

हालांकि, कानून में बदलाव और समाजिक स्तर पर व्यावहारिक कार्यान्वियन में पर्याप्त अंतर है। महिला विमुक्ति मूल रूप से समाज में महिलाओं की आर्थिक, सामाजिक और राजनीतिक स्थिति को ऊपर उठाने की प्रक्रिया है, जो ऐतिहासिक रूप से वंचित हैं। यह उन्हें हर तरह की हिंसा से बचाने की प्रक्रिया है। महिलाओं को सशक्त बनाने का अर्थ है एक ऐसे समाज का निर्माण करना, एक राजनीतिक माहौल जिसमें महिलाएं अन्याय, शोषण, चिंता, लिंगवाद के डर के बिना सांस ले सकें, और उत्पीड़न की सामान्य भावना जो ऐतिहासिक रूप से पुरुषों के वर्चस्व वाली व्यवस्था में एक महिला होने के नाते की जाती है।

महिलाएं दुनिया की आबादी का लगभग पचास प्रतिशत हैं, लेकिन भारत ने अनुपातहीन लिंगानुपात दिखाया है जिससे महिलाओं की आबादी पुरुषों की तुलना में कम रही है। जहां तक उनकी सामाजिक स्थिति का सवाल है, उन्हें सभी जगहों पर पुरुषों के बराबर नहीं माना जाता है। पश्चिमी समाजों में, महिलाओं को जीवन के सभी क्षेत्रों में पुरुषों के समान अधिकार और दर्जा प्राप्त है। लेकिन भारत में आज

भी लैंगिक अक्षमता और भेदभाव पाए जाते हैं। विरोधाभासी स्थिति यह है कि वह कभी देवी के रूप में और कभी केवल दासी के रूप में चिन्हित की जाती है।

पिछले कुछ दशकों में, भारत में महिलाओं की स्थिति में कई बड़े बदलाव हुए हैं। भारत में महिलाओं का इतिहास अलग ही रहा है, कई सुधारकों द्वारा समान न्याय को बढ़ावा देने के कारण, जो ब्राह्मणवादी काल से सामंती काल थी, उसमे उनकी उस तरह की स्थिति में कमी आई है। आधुनिक भारत में महिलाओं ने राष्ट्रपति, प्रधान मंत्री, लोकसभा अध्यक्ष, विपक्ष के नेता, केंद्रीय मंत्रियों, मुख्यमंत्रियों और राज्यपालों सहित उच्च पदों पर कार्य किया है और वर्तमान में भी उसी कड़ी में है भले ही उसमे से कुछ की डोर पुरुषों की हाथ में रही हो। भारत के संविधान के तहत, महिलाओं के अधिकार सुरक्षित हैं - विशेष रूप से समानता, प्रतिष्ठा और भेदभाव से मुक्ति; इसके अलावा, भारत में महिलाओं के अधिकारों को नियंत्रित करने के लिए कुछ अलग से क़ानून हैं।

शिक्षा के माध्यम से महिला सशक्तिकरण

हर समुदाय, राज्य और देश महिला सशक्तिकरण प्रमुख घटक है। एक बच्चे के साधारण जीवन में एक महिला ही है जो एक प्रमुख भूमिका निभाती है। महिलाएं हमारी संस्कृति का एक प्रमुख हिस्सा हैं। महिलाओं को शिक्षित करने के तरीके के रूप में शिक्षा से दृष्टिकोण में सकारात्मक बदलाव आएगा। इस प्रकार, यह भारत की सामाजिक-आर्थिक और राजनीतिक प्रगति के लिए महत्वपूर्ण है। भारत का संविधान राज्य को महिला सशक्तिकरण के तरीकों और साधनों को प्रोत्साहित करने के लिए सकारात्मक उपाय करने का अधिकार देता है। महिलाओं के जीवन में शिक्षा से काफी फर्क पड़ता है।

महिला सशक्तिकरण एक वैश्विक मुद्दा है और विश्व स्तर पर कई औपचारिक और अनौपचारिक आंदोलन महिलाओं के राजनीतिक अधिकारों पर बहस में सबसे आगे हैं। सन् 1985 में नैरोबी में अंतर्राष्ट्रीय महिला सम्मेलन में महिला सशक्तिकरण की अवधारणा को लागू किया गया था। शिक्षा महिलाओं की उन्नति में एक मील का पत्थर है क्योंकि यह उन्हें चुनौतियों के अनुकूल होने, अपनी पारंपरिक स्थिति का सामना करने और अपने जीवन को बदलने के लिए प्रोत्साहित करती है। इसलिए, महिलाओं की समानता के संबंध में, हम केवल शिक्षा के मूल्य की उपेक्षा नहीं कर सकते। हाल के वर्षों में, महिलाओं की शिक्षा के विकास को देखने के लिए भारत दुनिया में सर्वश्रेष्ट होने की उम्मीद है। शिक्षा में वर्तमान परिवर्तनों के साथ,

महिलाओं की स्थिति तय करने में समानता को केंद्रीय मुद्दे के रूप में मान्यता दी गई है।

महाशक्ति बनने के लिए हमें ज्यादातर महिला शिक्षा पर ध्यान देने की जरूरत है और महिला सशक्तिकरण को निर्देशित किया जा सकता है। महिलाओं के लिए संयुक्त राष्ट्रीय विकास कोष के अनुसार, ज्ञान प्राप्त करने के लिए महिला सशक्तिकरण और लिंग की गतिशीलता की सराहना और इन संबंधों को कैसे बदला जा सकता है; वांछित सुधार और अपने अस्तित्व को नियंत्रित करने के अधिकार को सुरक्षित करने के लिए स्वयं की भावना, और क्षमता में विश्वास पैदा करना जरूरी है।

इस प्रकार सशक्तिकरण का तात्पर्य व्यक्तिगत अधिकार की भावना या मनोवैज्ञानिक अर्थ में उत्तोलन और सच्चे सामाजिक प्रभाव, राजनीतिक शक्ति और कानूनी अधिकारों की चिंता है। यह एक बहु-स्तरीय प्रणाली है जो व्यक्तियों, संगठनों और संस्कृतियों से संबंधित है। यह एक बहुराष्ट्रीय, सतत तंत्र है जो स्थानीय पर्यावरण पर केंद्रित है, जिसमें साझा सम्मान, उद्देश्य पूर्ण सोच, देखभाल और समूहो की सामूहिक जुड़ाव की आवश्यकता होती है, जिसमें ऐसे व्यक्ति जिनके पास मूल्यवान संसाधनों का समान हिस्सा नहीं है, उन्हें उन तक अधिक पहुंच और उनको अधिकार दिया जाता है।

शिक्षा में समानता के एक अन्य क्षेत्र जहां वयस्क साक्षरता सेवाओं ने महिलाओं की समानता में उल्लेखनीय सुधार किया है, वह है कॉलेजों में लड़कों और लड़कियों दोनों का नामांकन। जैसे-जैसे अधिक महिलाएं साक्षरता अभियानों में भाग लेती जाएगी, साक्षरता दर में लैंगिक अंतर लगातार कम होता जायेगा। नव साक्षर परिवारों में लड़कों और लड़कियों के बीच नामांकन का अंतर अशिक्षित परिवारों की तुलना में बहुत कम है, जो कहीं अधिक महत्वपूर्ण है।

वैश्विक स्तर प्राथमिक शिक्षा में लड़कियों और लड़कों में काफी हद तक संतुलन हासिल कर लिया है। लेकिन शिक्षा के वैश्विक स्तरों पर कुछ ही देश इस लक्ष्य तक पहुंचे हैं। महिलाओं की राजनीतिक उपस्थिति बढ़ रही है। जिस उद्योग में हम काम करते हैं उसमें महिलाओं और लड़कियों को बाधाओं और असुविधाओ का सामना करना पड़ता है। हमें इससे छुटकारा पाने के लिए महिलाओं और लड़कियों को सशक्त बनाने की अपनी प्रतिबद्धता को मजबूत करने के लिए लैंगिक समानता और महिला सशक्तिकरण पर कुछ शैक्षिक जागरूकता कार्यक्रमों को करने की और भी आवश्यकता है।

किसी राष्ट्र को प्रगतिशील बनाने और उसे विकास की ओर ले जाने में महिलाओं की अहम भूमिका होती है। वे राष्ट्रीय सुधार के लिए आवश्यक जीवंत मानवता के महत्वपूर्ण संसाधन हैं, इसलिए यदि हमें अपनी दुनिया में महिलाओं के लिए एक आशाजनक भविष्य देखने की जरूरत है, तो उन्हें शिक्षा देना एक पूर्व-अधिकार होना चाहिए।

नारी शिक्षा समाज की स्थिति को बदलने का सबसे महत्वपूर्ण साधन है। शिक्षा असमानता में भी कमी लाती है और उनके पारिवारिक स्तर को ऊपर उठाने के तरीके के रूप में कार्य करती है। सभी स्तरों पर महिला शिक्षा को बढ़ावा देने और सूचना और शिक्षा के प्रावधान में लिंग पूर्वाग्रह को कम करने के लिए, राज्य में विशेष रूप से महिलाओं के लिए स्कूल, कॉलेज और विश्वविद्यालय बनाए गए हैं जो कि पर्याप्त नहीं है। वर्तमान में शिक्षा के स्वरुप को अमीर- गरीब के स्वरुप में बदला जा रहा है। जिसके कारण सतही समुदाय की महिलाओ को शिक्षा से वंचित करने का व्यूह रचना है। लैंगिक असमानता को मिटाने के लिए शिक्षा लोकतंत्र, पंचायतों, नागरिक मामलों और कई अन्य में समावेश के सिद्धांत को विकसित करती है।

डॉ.अम्बेडकर का शिक्षार्थियों के नैतिक शिक्षा और चरित्र निर्माण के लिए पूरजोर वकालत

डॉ. अम्बेडकर के अनुसार, यदि शिक्षित लोगों में नैतिक मूल्यों का अभाव है उनके शिक्षा का कोई औचित्त और उपयुक्तता नहीं है।उनका दृढ़ विश्वास था कि यदि लोगों को शिक्षित करने में नैतिक मूल्यों और चरित्र निर्माण को उचित महत्व नहीं दिया गया, तो ऐसा शिक्षित व्यक्ति समाज के किसी काम का नहीं रहेगा। 12 फरवरी 1938 को 'बॉम्बे प्रोविंस डिप्रेस्ड क्लासेज यूथ कॉन्फ्रेंस' को संबोधित करते हुए उन्होंने कहा कि "शिक्षित व्यक्ति चरित्र और विनम्रता के बिना जानवर से ज्यादा खतरनाक होता है। यदि उसकी शिक्षा गरीबों के कल्याण के लिए हानिकारक है, तो ऐसा शिक्षित व्यक्ति समाज के लिए अभिशाप है।"

प्रत्येक लोकतांत्रिक समाज को अपने नागरिकों के बीच सामाजिक संपर्क को बढ़ावा देने पर उच्च प्राथमिकता देनी चाहिए। यह किशोरावस्था में शुरू होता है, और इस प्रक्रिया के लिए स्कूल महत्वपूर्ण हैं। डॉ.अम्बेडकर नैतिक शिक्षा, नागरिक शिक्षा, व्यक्तित्व शिक्षा और प्रभावी शिक्षण की बातचीत और कार्यों पर चर्चा करते हैं। उन्होंने यह तर्क दिया कि एक अच्छे नागरिक के लिए चरित्र और नैतिक विकास स्वाभाविक रूप से आवश्यक हैं, लेकिन दो क्षेत्रों के बीच नस्लीय व्यवहार इस एकीकरण को रोकता है। इसके अतिरिक्त, नैतिक शिक्षा और चरित्र

निर्माण के क्षेत्रों के बीच नकारात्मक पूर्वाग्रह संश्लेषण के प्रयासों को और अधिक भी कठिन बना देता है।

लोकतांत्रिक समुदायों में लोगों के नैतिक विकास को बढ़ावा देने में स्कूलों की भूमिका को नैतिक विकास, चरित्र निर्माण, नागरिक शास्त्र के शिक्षण और नागरिकता की क्षमता और स्वभाव के विकास पर जोर देने की परिकल्पना की गई है। यह इनमें से प्रत्येक डोमेन और उनकी समानता और अंतर के विश्लेषण पर आधारित है। ये निष्कर्ष नागरिकता, चरित्र और कानूनी शिक्षा की सीमाओं को भी पार करते हैं।

शिक्षा में धर्म और संस्कृति

कई विद्वानों का मानना है कि डॉ अम्बेडकर ने न केवल धर्म और संस्कृति को खारिज कर दिया, बल्कि उन्होंने 'धर्म को लोगों की अफीम' के रूप में मानते हुए कार्ल मार्क्स के लोकप्रिय उद्धरण का भी समर्थन किया। फिर भी, वास्तव में, उन्होंने धर्म और संस्कृति को शिक्षा के लिए आवश्यक माना। इसमें कोई संदेह नहीं है कि वह धर्म के नाम पर सामाजिक अन्याय और रीति-रिवाजों के खिलाफ थे। उन्होंने धर्म के महत्व पर प्रकाश डालते हुए कहा, "मेरे अंदर क्या अच्छी चीजें हैं या समाज को मेरी शिक्षा का जो भी लाभ हुआ है, मैं उन पर धार्मिक भावनाओं का ऋणी हूं, मुझे धर्म चाहिए लेकिन मैं धर्म में पाखंड नहीं चाहता हूँ।"

जनता की धार्मिक भावनाओं को ठेस पहुँचाने के डर से अधिकांश शिक्षकों ने धार्मिक शिक्षा पर अपनी राय स्पष्ट नहीं की है। वे उस निंदा से डरते हैं जो धर्म के प्रतिकूल अपनी राय रखने से वे अर्जित करेंगे। हालांकि डॉ. अम्बेडकर शर्मीले व्यक्ति नहीं थे। उन्होंने इस मामले में कड़ा रुख अख्तियार किया। वह अपने दौर से पहले ही सबसे विवादास्पद हिंदू के रूप में उभर चुके थे। जीवन भर उन्हें ईंट-पत्थरों का सामना करना पड़ा, लेकिन इसने उन्हें थोड़ा भी नहीं बदला। उन्होंने कहा, "मेरा सामाजिक दर्शन एक मिशन है। मुझे धर्म परिवर्तन के लिए काम करना है।" डॉ. अम्बेडकर का ईश्वर में कोई विश्वास नहीं था। उन्होंने भारतीय समाज को धर्म के आधार पर नहीं, लोकतंत्र, स्वतंत्रता और बंधुत्व के आधार पर पुनर्गठित करने का फैसला किया। उन्होंने विभिन्न धर्मों से सकारात्मक चीजें उधार लेने से कभी परहेज नहीं किया, लेकिन वे बौद्ध धर्म की ओर आकर्षित हुए। उन्होंने स्वीकार किया कि उनकी विचारधारा बुद्ध की शिक्षाओं में निहित है। उनके दर्शन के प्रमुख तत्व स्वतंत्रता और समानता है,लेकिन उन्होंने यह भी समझा कि असीम स्वतंत्रता समानता को नष्ट कर देती है, और पूर्ण समानता स्वतंत्रता के लिए खतरा है। कानून कुछ हद तक स्वतंत्रता और समानता की रक्षा कर सकता है, लेकिन उन्होंने कहा कि बंधुत्व

स्वतंत्रता और समानता का अंतिम रक्षक है। उनके लिए भाईचारे की शिक्षा देने के लिए धर्म से बढ़कर कुछ नहीं था और शिक्षा में भाईचारे के महत्व को शामिल करना अनिवार्य था।

नौकरी उन्मुख और कौशल आधारित शिक्षा के लिए डॉ. अम्बेडकर की वकालत

शिक्षा का एक महत्वपूर्ण लक्ष्य व्यक्ति को जीविकोपार्जन के योग्य बनाना और आत्म निर्भर बनाना है। डॉ. अम्बेडकर इस बात से सहमत थे कि किसी व्यक्ति के लिए काम करना या आजीविका अर्जित करना बहुत महत्वपूर्ण है। उन्होंने महसूस किया कि जब किसी भी क्षमता को इसके साथ जोड़ा जाएगा और इस तरह की क्षमता से बच्चे के लिए कुछ नौकरियां पैदा होंगी, तभी शिक्षा पूरी मानी जाएगी। इसलिए उन्होंने तकनीकी शिक्षा पर जोर दिया और समाज के सामाजिक रूप से वंचित,बहिकृत,प्रताड़ित और पिछड़े वर्गों के उदय के लिए इसे आवश्यक समझा। डॉ. अम्बेडकर ने कहा -"कला और कानून की शिक्षा इन वर्गों के लिए बहुत अधिक मूल्य की और उपयोगी नहीं हो सकती है। उन्हें विज्ञान और प्रौद्योगिकी में उन्नत शिक्षा से अधिक लाभ होगा।"

उस समय, भारत में, प्रौद्योगिकी और तकनीकी शिक्षा उतनी उन्नत नहीं थी जितनी अब हैं, लेकिन इन क्षेत्रों में विशेष शैक्षणिक संस्थान स्थापित किए गए। यदि डॉ. अम्बेडकर ने सामाजिक-आर्थिक रूप से इन वर्गों के लिए इंजीनियरिंग और विज्ञान की शिक्षा पर जोर दिया, तो इसका औचित्य था, और यह इंजीनियरिंग और विज्ञान के छात्रों की रोजगार की योग्यता थी। लेकिन अब, यह सच है कि भारत में, अब भी, विज्ञान और प्रौद्योगिकी का अध्ययन करने वाले छात्र रोजगार पाने के लिए मानविकी में शिक्षित लोगों की तुलना में अधिक योग्य हैं। उन्होंने भारत सरकार को यह सुनिश्चित करने के लिए कार्रवाई करने की सलाह दी कि सामाजिक-आर्थिक रूप से वंचित,बहिकृत और प्रताड़ित वर्गों के छात्रों को भारतीय खान स्कूल में प्रवेश दिया जाए, यह देखते हुए कि एक सामाजिक-आर्थिक रूप से वंचित समाज स्कूल में छात्रों में से एक भी नहीं था।

व्यावसायिक शिक्षा इन वर्गों की पहुंच से बाहर थी और बहुत महंगी थी। डॉ. अम्बेडकर ने कहा कि, "भारत सरकार इन समुदायों के भविष्य को बेहतर बनाने के लिए बहुत कुछ कर सकती है। इन समुदायों के लड़कों को ऐसी औद्योगिक इकाइयों में प्रशिक्षु के रूप में रखा जा सकता है जैसे कि सरकारी प्रिंटिंग प्रेस या रेलवे

कार्यशालाएँ जो भारत सरकार के नियंत्रण में हैं या इसके द्वारा संचालित हैं, जहाँ तकनीकी शिक्षा देने की संभावना है। "

लेकिन वर्तमान में सरकारे इस तरह की संस्थाओ को प्राइवेट कंपनियो के हाथो धीरे –धीरे हस्तांतरित कर रही है। जिससे सामाजिक रूप से वंचित वर्ग के लोगो को रोजी रोटी का सामना कारना पड रहा है। वर्तमान सरकारों का इस प्रकार का सोच भी हो गया है कि इन वर्गों की उन्नति न हो। इस प्रकार से इनको पुराने युग कि ओर ढकेलने की कोशिश हो रही है।

डॉ.बी.आर. अम्बेडकर का शिक्षा पर विचार

डॉ. अम्बेडकर जानते थे कि समानता और न्याय के सिद्धांतों पर समाज के पुनर्निर्माण के लिए शिक्षा आवश्यक पूर्वापेक्षा है। भारतीय समाज में शिक्षा के विकास का अध्ययन करते हुए उन्होंने पाया कि महाराष्ट्र में पेशवा के शासन के दौरान और यहां तक कि ब्रिटिश राज के पहले के दौर में भी शिक्षा का अधिकार ब्राह्मणवादी हिन्दू के उच्च जातियों तक ही सीमित था। उन्होंने जाति और लिंग के भेदभाव के बिना आम लोगों की शिक्षा के लिए लड़ाई लड़ी। एक बार बजट सेसन के बहस में भाग लेते हुए उन्होंने कहा था कि, "शिक्षा एक ऐसी चीज है जिसे सभी की पहुंच में लाया जाना चाहिए। शिक्षा विभाग कोई ऐसा विभाग नहीं है जिसका योगदान प्रतिकर या बदले के आधार पर किया जा सकता है। शिक्षा को हर संभव तरीके से और अधिकतम संभव सीमा तक सस्ता किया जाना चाहिए।" बॉम्बे विश्वविद्यालय अधिनियम और प्राथमिक शिक्षा संशोधन विधेयक पर चर्चा में सक्रिय रूप से भाग लेते हुए, उन्होंने शिक्षा के सुधार में अपने विचारों का योगदान दिया। वे पीपुल्स एजुकेशन सोसाइटी के संस्थापक थे और उन्होंने बॉम्बे और औरंगाबाद में कॉलेज शुरू किए। उन्होंने सरकार से बार-बार कहा कि बिना किसी भेदभाव के सभी को समान शैक्षिक अवसर प्रदान करना उसकी जिम्मेदारी है, हालांकि लड़के और लड़कियों को अलग-अलग शिक्षा मिलनी चाहिए। शिक्षा पर डॉ. अम्बेडकर के विचार भारत में एक समान शिक्षा प्रणाली के रूप में हैं।

डॉ. अम्बेडकर के अनुसार, "शिक्षा ही है जो सामाजिक दासता को दूर करने का सही हथियार है और यह वह शिक्षा है जो सामाजिक रूप से वंचित,बहिकृत,दलित जनता को आगे आने और सामाजिक स्थिति, आर्थिक बेहतरी और राजनीतिक स्वतंत्रता हासिल करने के लिए आलोकित करेगी"। डॉ. अम्बेडकर, जैसा कि सर्वविदित है, भारत के संविधान की मसौदा समिति के अध्यक्ष, ने अपने अधिकांश बौद्धिक, सामाजिक और राजनीतिक प्रयासों के लिए अपने आप को समर्पित किया, "सर्वेह

भवन्तु सुखिनः सर्वे संतु निरामयः" का अर्थ है अच्छाई और सभी की समृद्धि हो। हमारे समाज के भेदभावपूर्ण, वंचित,बहिकृत, दलित,पिछड़े वर्गों के लिए सही जगह हासिल करने के लिए जीवन भर संघर्ष किया। यद्यपि भारत में एक समानतावादी समाज की स्थापना के लिए डॉ. अम्बेडकर द्वारा अथक प्रयास किए गए थे, विभिन्न विद्वानों द्वारा व्यापक रूप से चर्चा की गई, फिर भी उन्हें एक महान शिक्षाविद् के रूप में पेश करने के लिए बहुत ही कम शोध उपलब्ध हैं।

डॉ बी.आर. अम्बेडकर के अनुसार समाज के पिछड़ेपन को बदलने के लिए शिक्षा का प्रसार करना बहुत आवश्यक है। शिक्षा लोगों के पूर्वाग्रहों को निर्मूल करती है, जिसके परिणामस्वरूप उन लोगों का शोषण कम होता है जो तथाकथित निरक्षर लोगों से अनुचित लाभ लेने की कोशिश करते हैं: "यदि लोगों को शिक्षा के माध्यम से ज्ञान मिलता है तो वे लोगों द्वारा बनाई गई समस्याओं का सामना कर सकते हैं। जो उन पर हावी हैं। शिक्षा विचारों को सुधारती है, यह लोगों के बीच बनी दीवारों को हटाने की कोशिश करती है। शिक्षा द्वारा दिया गया सबसे बड़ा उपहार यह है कि यह हमारे बीच आत्मविश्वास पैदा करती है जिसे हमारे विकास का पहला चरण माना जाता है। " डॉ अम्बेडकर आगे बताते हैं कि ज्ञान के बिना विवेक शून्य और व्यर्थ है। उनका मत था कि जब लोग शिक्षा के बिना काम करते हैं तो यह मानव शक्ति को बर्बाद करने जैसा है। वह कभी-कभी कहते हैं कि यदि नेतृत्व करने वाला निरक्षर है तो वह हमें निश्चित रूप से अंधेरे की ओर ले जाएगा, जैसे वर्तमान राजनीतिक दलों के दलित नेताओं की स्थिति है। एक समूह, एक समाज, एक प्रांत और एक देश का नेतृत्व करने वाला नेता अगर शिक्षित नहीं है और शिक्षा के प्रसार को प्रोत्साहित नहीं कर सकता और वह पूरे समाज को बर्बादी की ओर ले जा सकता है। इस प्रकार डॉ. अम्बेडकर जो कहना चाहते हैं, वह यह है कि शिक्षा समाज और मनुष्य के विकास के लिए एक महत्वपूर्ण तत्व है। डॉ. अम्बेडकर एक महान दूरदर्शी थे और उन्होंने न केवल प्राथमिक शिक्षा बल्कि उच्च शिक्षा के बारे में भी बात की। उनके लिए प्राथमिक शिक्षा का उच्च शिक्षा तक प्रसार उन बहुमुखी नेताओं को पैदा करती है जो हमें बेहतरी की ओर ले जाते हैं। जीवन की प्रतिस्पर्धा से तुलना करते हुए, उन्होंने अपने एक भाषण में कहा है कि "लोग शिक्षित होने तक जीवन के संघर्ष में टिके नहीं रहते। उसके बाद से वे अपमान, दमन और अपवित्रता जैसी सामाजिक समस्याओं के चंगुल में फंस जाते हैं। इसलिए, मौजूदा सरकार का यह कर्तव्य है कि वह शिक्षा प्रदान करके इसमें तेजी लाए।"

डॉ. अम्बेडकर काल में सामाजिक-आर्थिक रूप से वंचित,बहिकृत,पिछड़े लोगों की शैक्षिक स्थिति बहुत गंभीर थी। उनकी राय थी कि "सामाजिक-आर्थिक रूप से

वंचित, बहिकृत,पिछ्ड़े वर्गों को जानबूझकर ब्राह्मणवादी जातियों द्वारा शिक्षा से दूर रखा जा रहा था। यह सिर्फ इसलिए था क्योंकि केवल वे ही शिक्षा प्रणाली को चलाते थे। उन लोगों ने सिर्फ सामाजिक-आर्थिक वंचित,बहिकृत,पिछ्ड़े लोगों के साथ हीन और दुष्टता पूर्ण व्यवहार करने की कोशिश करते रहे।"

शिक्षा सरकार के खिलाफ भी प्रभावी कार्रवाई करने के बारे में लोगों में जागरूकता लाता है। इसके अलावा, सामाजिक वंचित, बहिष्कृत,पिछ्ड़ो के साथ बदतर अनुभव के बाद शिक्षा प्रणाली में बदलाव करने की कोशिश करती है। डॉ. अम्बेडकर के अनुसार, "शिक्षा मानसिक और शैक्षिक विकास के निर्माण का एक मजबूत और प्रभावी हथियार है, राजनीतिक स्वतंत्रता के आर्थिक विकास की सामाजिक गुलामी के उन्मूलन का हथियार है।" शिक्षा की आवश्यकता पर बल देते हुए उन्होंने अनिवार्य शिक्षा के कानून की मांग रखी थी। वे जानते थे कि प्राथमिक शिक्षा की समस्या राष्ट्र की समस्या है। उन्होंने 31 मई 1929 को आयोजित महाबलेश्वर के सम्मेलन को संबोधित करते हुए कहा कि "प्राथमिक शिक्षा के प्रसार की समस्या सबसे अधिक प्रभावी है। वर्तमान समय में, इस देश सबसे अधिक निरक्षर सामाजिक-आर्थिक रूप से वंचित,बहिकृत और पिछ्ड़ा वर्ग हैं, जो जीवन की प्रतिस्पर्धा में टिके नहीं हैं। यदि प्राथमिक शिक्षा का प्रसार आम लोगों के हित पर निर्भर है तो इसमें अधिक समय लगेगा। इसलिए, इसे प्राथमिक शिक्षा के अनिवार्य अधिनियम को लागू करने की आवश्यकता है, इसलिए इसे प्राथमिक शिक्षा के अनिवार्य अधिनियम को लागू करने की आवश्यकता है।"

डॉ. अम्बेडकर ने अपने भाषण के माध्यम से कहते थे कि शिक्षा के लिए न केवल अधिनियम होना चाहिए बल्कि इसे अनिवार्य रूप से लागू भी किया जाना चाहिए। वे जानते थे कि अनिवार्य शिक्षा के लिए बहुत अधिक व्यय की आवश्यकता होती है और यदि यह अवसर स्थानीय स्वशासन के हाथों में दिया जाता है, तो वह धन की समस्या का सामना करेगा, जिसके परिणामस्वरूप अधिनियम की विफलता होगी। लेकिन असल में स्थिति यह है कि हमारी शिक्षा व्यवस्था उन लोगों के हाथों में फंस गई है जिन्हें इसकी जानकारी नहीं है। अतः इसे दूर करने के लिए नि:शुल्क एवं अनिवार्य शिक्षा की आवश्यकता है। उनके अनुसार खर्च की समस्या के समाधान के लिए केंद्र और राज्य सरकार को आगे आकर समझौता करना चाहिए। उन्होंने आगे कहा कि जो लोग शुल्क का भुगतान कर सकते हैं उन्हें भुगतान करने की अनुमति दी जानी चाहिए लेकिन जो शुल्क का भुगतान करने के लिए आर्थिक रूप से बहुत कमजोर हैं उन्हें इससे छूट दी जानी चाहिए। उन्होंने यह भी कहा हैं कि यह सुनिश्चित करना सरकार की नैतिक जिम्मेदारी होनी चाहिए कि शिक्षा बहुत

महंगी न हो। गरीबों को भी मुफ्त शिक्षा मिलनी चाहिए ताकि देश जल्द ही अपनी उपलब्धि हासिल कर सके। इस बात का समर्थन करते हुए डॉ. अम्बेडकर कहते हैं कि लड़के और लड़कियों के लिए अलग-अलग शिक्षा नहीं होनी चाहिए।

शिक्षा क्षेत्र में डॉ. अम्बेडकर का योगदान

यह दुर्भाग्यपूर्ण है कि अतीत में भारत जन्म के आधार पर जातियों में विभाजित रहा और वर्तमान में भी वही नीतियां मौजूद है। निम्न जातियों के लोगों का मतलब है कि सामाजिक-आर्थिक रूप से वंचित,बहिकृत,पिछड़ा वर्ग, जिनको शैक्षिक सुविधाओं सहित सभी विशेषाधिकारों और सुविधाओं से वंचित और बहिकृत किया गया था तथा वर्तमान में भी अपरोक्ष रूप से वंचित, बहिकृत और पिछड़े ही हैं। उस समय वे इतने गरीब थे कि वे अपने बच्चों को शिक्षण संस्थानों में भेजने के बारे में सोच भी नहीं सकते थे साथ ही उन्हें उन संस्थानों में उनका प्रवेश निषेध था। वर्तमान में भी कम या ज्यादा हालात वैसा ही है। उनके लिए सभी शिक्षण संस्थानों में प्रवेश बंद कर दिया गया था। सामाजिक-आर्थिक रूप से वंचित, बहिकृत,पिछड़ा वर्ग वर्ग का अर्थ भारत के मूल निवासियों से है, इन वर्गों ने किसी तरह प्रारंभिक शिक्षा प्राप्त करने का साहस करते थे तो उन्हें कक्षा के बाहर बैठना पड़ता था ताकि उसकी परछाई दूसरे छात्र पर न पड़े। इसलिए शैक्षिक रूप से वे अत्यंत पिछड़े हुए थे। उनका मानना था कि शिक्षा इस वर्ग के सुधार में बहुत योगदान देगी। उन्होंने हमेशा अपने अनुयायियों को ज्ञान के क्षेत्र में उत्कृष्टता तक पहुंचने के लिए प्रोत्साहित किया। ज्ञान विमुक्ति देने वाली शक्ति है। शिक्षा मनुष्य को प्रबुद्ध बनाती है, उसे इस स्वाभिमान के बारे में जागरूक करती है और भौतिक रूप से बेहतर जीवन जीने में भी मदद करती है। इन वर्गों के पतन का एक कारण यह था कि उन्हें शिक्षा के अधिकार से वंचित कर दिया गया था। डॉ. अम्बेडकर ने निचली जातियों में शिक्षा को पर्याप्त रूप से प्रोत्साहित नहीं करने के लिए शिक्षा पर ब्रिटिश नीति की भी आलोचना की थी। उन्होंने महसूस किया कि ब्रिटिश शासन के तहत भी शिक्षा मुख्य रूप से उच्च जातियों के लिए ही पूर्णरूप से आरक्षित रही और शिक्षा के विभिन्न केंद्रों को वित्त पोषित किया। जब वे गवर्नर जनरल की श्रम कार्यकारी परिषद के सदस्य थे, तब उनका संबंध सामाजिक वंचित,बहिष्कृत छात्रों को विदेश में शिक्षा के लिए छात्रवृत्ति प्रदान करने से था। डॉ. बी.आर. अम्बेडकर चाहते थे कि इस वर्ग को उदार शिक्षा और तकनीकी शिक्षा दोनों ही मिले। वे विशेष रूप से धार्मिक प्रायोजन के तहत शिक्षा के विरोधी थे। उनका मानना था कि केवल धर्मनिरपेक्ष शिक्षा ही छात्र को स्वतंत्रता और समानता के मूल्य प्रदान कर सकती है।

सामाजिक-आर्थिक रूप से वंचित वर्गों के बीच शिक्षा को बढ़ावा देने के लिए, उन्होंने इन वर्ग के छात्रों के लिए पनवेल, पुणे, नासिक, शोलापुर, ठाणे और धारवाड़ जैसे विभिन्न स्थानों पर जिला और स्थानीय अधिकारियों से दान और अनुदान के साथ छात्रावास की स्थापना की। छात्रावास में रहने वालों के लिए नि:शुल्क भोजन की सुविधा होने से इन वर्ग के छात्रों के लिए खुले थे, आर्थिक तंगी के अलावा सामाजिक और सांस्कृतिक लांछना ने भी हिंदू बहुल कॉलेजों में उनके व्यक्तित्व के पूर्ण विकास को प्रभावित किया। इसलिए उन्होंने इन वर्ग के लोगों के लिए अलग शिक्षण संस्थान स्थापित करना चाहते थे। उन्होंने जुलाई 1945 में पीपुल्स एजुकेशन सोसाइटी की स्थापना की थी। समाज का मुख्य उद्देश्य लोगों में विश्वास पैदा करना और शैक्षणिक संस्थानों को शुरू करना, स्थापित करना और संचालित करना तथा उन संस्थानों को सहायता देना था। उन्होंने बार-बार हिंदू रूढ़िवादियों द्वारा बनाए गए मिथक को तोड़ने की आवश्यकता पर जोर दिया कि वंचित वर्ग किसी चीज को सीखने में असमर्थ थे यानि निरा मूर्ख थे। डॉ. अम्बेडकर के निरंतर संघर्ष के उपरांत भी कुछ कारणों से इन जातियों और वर्गों के लोगों में शिक्षा और साक्षरता बहुत ही कम है। जब तक इन बाधाओं को दूर करने के लिए गंभीर प्रयास नहीं किए जाते, समस्या काफी समय तक बनी रहने की संभावना है। निःसंदेह अब पहले से ही बहुत ध्यान दिया जा रहा है, लेकिन तय की जाने वाली दूरी बहुत लंबी है। इन छात्रों को सरकार स्कॉलरशिप दे रही है। उन्हें उच्च शिक्षा के लिए विदेश जाने के लिए प्रोत्साहित किया जाता रहा है। छात्राऑं के लिए अलग से गर्ल्स हॉस्टल खोले गए हैं। बुक बैंक शुरू किए गए हैं और उनके द्वारा शैक्षिक सुविधाओं का उपयोग न करने के रास्ते में आने वाली सभी बाधाओं को दूर किया गया है। डॉ. अम्बेडकर ने जानबूझकर अनुच्छेद 45 को राज्य के नीति निर्देशक सिद्धांतों में शामिल किया है कि, “राज्य इस संविधान के प्रारंभ से दस वर्ष की अवधि के भीतर, सभी बच्चों के लिए मुफ्त और अनिवार्य शिक्षा प्रदान करने का प्रयास करेगा, जब तक कि वे पूरा नहीं कर लेते। यानि चौदह वर्ष की आयु तक मुफ्त शिक्षा का प्राविधान किया गया।

भारत सरकार ने शिक्षा के अधिकार अधिनियम 2008 को पारित किया है और जन शिक्षा के लिए डॉ. अम्बेडकर के योगदान के लिए एक महान श्रद्धांजलि अर्पित की है। प्रारंभिक शिक्षा के सार्वभौमिकरण की सरकार की नीति विशेष रूप से निचले तबके,गरीब वर्गों और बालिकाओं पर केंद्रित है, माध्यमिक शिक्षा में नामांकन बढ़ाने के साथ-साथ शिक्षा सुविधाओं के विस्तार के लिए अपनी प्रतिबद्धता युवाओं को भविष्य का सामना करने के लिए आशा और विश्वास के साथ सशक्त करेगी। उनके सार्वभौमिक शिक्षा के दृष्टिकोण को पोषित करने में कई चुनौतियाँ हैं। प्राथमिक

स्तर से लेकर उच्च स्तर तक ऐसी नीतियां बनाने की आवश्यकता है जो उनके दृष्टिकोण को साकार करने में मदद करें।

डॉ. अम्बेडकर महानतम शिक्षाविद्

डॉ. अम्बेडकर ने महसूस किया कि शिक्षा एक क्रांति है, यदि यह अपने लक्ष्यों को प्राप्त नहीं करता है तो यह बेकार है। सच्ची शिक्षा मानवता को प्रोत्साहित करती है, आजीविका का स्रोत बनती है, जागरूकता प्रदान करती है और उन्हें समतावाद से भर देती है। उन्हें एक अंतरराष्ट्रीय शख्सियत बनाने में उनके लेखन ने महत्वपूर्ण भूमिका निभाई। डॉ. अम्बेडकर एक महान नायक और भारतीय जन मानस के लिए एक सामाजिक कार्यकर्ता थे, लेकिन डॉ. अम्बेडकर बड़े पैमाने पर दुनिया के लिए एक बुद्धिमान और व्यावहारिक और महान विचारक थे। उनके लेखन, पुस्तकों और पत्रिकाओं और यहां तक कि उनके द्वारा पढ़े गए और प्रकाशित समाचार पत्रों के माध्यम से, एक महान विचारक के रूप में उनकी साख स्थापित हुई। उनकी अपनी पुस्तकों में 'द रुपी क्राइसिस', 'ब्रिटिश इंडिया प्रोविंशियल फाइनेंस', 'कास्ट एनीहिलेशन'और 'हूँ इज शूद्र' उनके लेखन और भाषणों की एक क्रमबद्ध सूची महाराष्ट्र सरकार के शिक्षा विभाग द्वारा प्रकाशित की गई है।

शिक्षा पर उनके लेखन में बॉम्बे प्रेसीडेंसी में भारतीय विधान आयोग के समक्ष 'सामाजिक रूप से उत्पीड़ित और वंचित वर्गों की शिक्षा की स्थिति' पर उनका बयान शामिल है। डॉ अम्बेडकर के संकलन का हिस्सा है: संपूर्ण वांगमय इन वॉल्यूम। इसके अलावा, उन्होंने 'शिक्षा के लिए सब्सिडी' शीर्षक से अपना लेख शामिल किया: खंड 3 में संपूर्ण वांगमय; यह 12 मार्च 1927 को दिए गए बॉम्बे की विधान परिषद में उनके भाषण पर आधारित है, जिसमें उन्होंने शिक्षा के लिए सरकारी समर्थन बढ़ाने की अपील की और सामाजिक-आर्थिक रूप से वंचित,बहिकृत,पिछड़े वर्गों के लिए सस्ती शिक्षा की आवश्यकता की भी पुष्टि की है। डॉ अम्बेडकर: संपूर्ण वांगमय खंड उन्नीस में, अनुसूचित जातियों को भी सामाजिक रूप से वंचित समुदायों के बीच सूचीबद्ध किया गया है। उन्हें दो भागों में बांटा गया है: पहला, 'उच्च शिक्षा में सहायता का अभाव' और दूसरा, 'तकनीकी प्रशिक्षण में सुविधाओं का अभाव'।

सामाजिक-आर्थिक दलित वर्गों के शिक्षा के लिए डॉ. अम्बेडकर का संघर्ष

आजादी से पहले भी डॉ. अम्बेडकर को कुशाग्र बुद्धियुक्त न्यायविद के रूप में पहचाने जाते थे। उन्होंने 12 मार्च 1927 को बॉम्बे लेजिस्लेटिव काउंसिल में बोलते हुए

भारतीय समाज में शिक्षा के बारे में कुछ प्रासंगिक सवाल उठाए। उन्हें इस बात की गहरी चिंता व्यक्त की थी कि भारत शिक्षा के क्षेत्र में पूरी दुनिया में पिछड़ रहा है।

डॉ.अम्बेडकर हमेशा कहा करते थे कि जब भी हम स्वतंत्रता की बात करते हैं, हम सामाजिक रूप से वंचित,बहिष्कृत वर्ग की स्वतंत्रता के बारे में भूल जाते हैं, एम.के. गांधी को सभी भारतीय नेता के रूप में स्वीकार करते हैं। उन्होंने कहा कि अधिकांश कांग्रेस के नेता जाति आधारित भेदभाव में विश्वास रखते हैं और उसी तरह से व्यवहार करते हैं, वे नेता सामाजिक वंचित,बहिष्कृत लोगों को संवैधानिक प्रक्रियाओं में बोलने,अपनी राय रखने की अनुमति नहीं देंगे। इसलिए, उन्होंने कहा, अलग निर्वाचक मंडल की आवश्यकता है जहां उम्मीदवार और निर्वाचक दोनों केवल सामाजिक-आर्थिक रूप से वंचित,बहिकृत वर्ग के होंगे। हर साल हम अंग्रेजों से अपनी आजादी की सालगिरह मनाते हैं। भारत की स्वतंत्रता की वर्षगांठ के संदर्भ में, हम सामाजिक-आर्थिक वंचित,बहिकृत वर्गों की स्वतंत्रता के बारे में बात कर सकते हैं। यह वर्ग सदियों से दोहरी गुलामी के शिकार थे और केवल डॉ. अम्बेडकर ही थे जिन्होंने उन्हें दोहरे बंधन से मुक्ति दिलाई। एम.के.गांधी के सविनय अवज्ञा आंदोलन से आश्चर्यचकित होकर, ब्रिटिश सरकार ने 12 नवंबर 1930 को लंदन में एक गोलमेज सम्मेलन का आयोजन किया। उस समय एक युवा बैरिस्टर के रूप में डॉ. बी.आर. अम्बेडकर सम्मेलन में भाग ले कर सभी को चौंका दिया था।

ब्रिटिश प्रधान मंत्री रामसे मैकडोनाल्ड ने 6 अगस्त 1932 को कम्युनल पुरस्कार की घोषणा की, जिसमें सामाजिक-आर्थिक रूप से वंचित,बहिकृत,पिछड़े वर्गों के लोगों को हिंदुओं से अलग के रूप में पहचाना गया और उन्हें एक अलग निर्वाचक मंडल दिया गया। उस समय एम.के. गांधी को पूना जेल में कैद किया गया था। उन्होंने इस घोषणा को हिंदू सामाजिक रूप से वंचित, बहिकृत वर्गों से लोगों को अलग-थलग करने की साजिश के रूप में देखा। कम्युनल अवार्ड के खिलाफ प्रतिक्रिया के रूप में, एम.के. गांधी ने 20 सितंबर 1932 को आमरण अनशन शुरू किया, जिससे देश में हलचल मच गई थी। डॉ. अम्बेडकर को गांधी के जीवन को बचाने के लिए दबाव डाला गया था। डॉ. अम्बेडकर को सभी ओर से अपने ऊपर दबाव के कारण झुकते हुए एक समाधान के लिए सहमत हुए, लेकिन इस शर्त पर कि इन वर्गों को सभी रैंकों पर आरक्षण दिया जाय। गांधी ने यह शर्त मान लिया और 26 सितंबर को उन्होंने अपना अनशन तोड़ दिया।

19वीं शताब्दी के उत्तरार्ध में समाज सुधारकों ने अपने लेखों के माध्यम से ब्राह्मणवादी रीति-रिवाजों पर तीखा प्रहार किया। उनमें से एक जोतिराव फुले की गुलामगिरी थी। वर्ण व्यवस्था के खिलाफ दक्षिण में पेरियार और नारायण गुरु

द्वारा बिगुल बजाया गया था। कुछ दशकों बाद, डॉ. अम्बेडकर को उनकी क्षमता और विद्वता की सराहना करते हुए, नए स्वतंत्र भारत के संविधान का मसौदा तैयार करने की जिम्मेदारी दी गई। वे देश के पहले कानून मंत्री बने। तब से, हर गुजरते साल के साथ, डॉ अम्बेडकर के विचारों की प्रासंगिकता में वृद्धि हुई है।

भारत सरकार की एक रिपोर्ट का हवाला देते हुए, जिसमें कहा गया था कि यदि शिक्षा की प्रगति हो रही है, तो डॉ. अम्बेडकर ने कहा, "हमारे पास इस प्रेसीडेंसी में दो विभाग हैं, जिसके लिए मैं ऐसा कह सकता हूँ, क्रॉस उद्देश्यों पर काम कर रहे हैं। हमारे पास शिक्षा विभाग है, जिसका उद्देश्य लोगों को नैतिक और सामाजिक बनाना है। दूसरी ओर, हमारे पास आबकारी विभाग है, जो काम कर रहा है, अगर मैं ऐसा कहूं, तो दोनों विपरीत दिशा में कार्य कर रहे हैं। महोदय, मुझे लगता है कि यह बहुत ज्यादा नहीं पूछ रहा हूँ मैं यह निवेदन करता हूं कि हमें कम से कम शिक्षा पर उतना ही खर्च करना चाहिए जितना हम लोगों से आबकारी राजस्व के रूप में लेते हैं। इस प्रेसीडेंसी में शिक्षा पर हम प्रति व्यक्ति जो खर्च करते हैं वह केवल '14 आने' हैं, लेकिन उत्पाद शुल्क के रूप में हम जो धन वसूल करते हैं वह 2.75 रुपये यानि 35 'आने' हैं। मुझे लगता है कि यह उचित है कि हमारे शैक्षिक व्यय को इतना समायोजित किया जाना चाहिए कि हम लोगों की शिक्षा पर उतना ही खर्च करें जितना हम उनसे उत्पाद शुल्क के रूप में लेते हैं। " आज, जब छात्रों के अलावा, अन्य परिवर्तन समर्थक वर्ग भी शिक्षा के लिए अधिक बजटीय आवंटन की मांग को लेकर सड़कों पर उतर रहे हैं, डॉ. अम्बेडकर के विचार हमें सही दिशा दिखा सकते हैं।

उसी बहस में एक और विषय उठाते हुए, डॉ अम्बेडकर ने कहा, "वर्तमान में, हम प्राथमिक शिक्षा पर जितना पैसा खर्च कर रहे हैं, वह काफी हद तक बर्बाद हो रहा है। प्राथमिक शिक्षा के उद्देश्य के लिए यह देखना है कि प्राथमिक विद्यालय में प्रवेश करने वाला प्रत्येक बच्चे को इसे केवल उस अवस्था में छोड़ना चाहिए जब वह पूर्ण रूप से साक्षर हो जाय ताकि वह जीवन भर साक्षर बना रहे। लेकिन अगर हम आंकड़े लें, तो हम पाते हैं कि प्राथमिक विद्यालय में प्रवेश करने वाले प्रत्येक सौ बच्चों में से केवल अठारह ही चौथी कक्षा तक पहुँचते हैं; उनमें से बाकी, यानी हर एक सौ में से लगभग बयासी, निरक्षरता की स्थिति में आ जाते हैं।"

वर्तमान में भी विशेष परिस्थितियों के कारण स्कूल छोड़ने वालों की समस्या का समाधान हम अभी तक नहीं कर पाए हैं। इस समस्या को डॉ. अम्बेडकर ने बहुत पहले ही जान लिया था। उन्होंने कहा कि केवल बच्चे को एक प्लेग्रुप में ले जाना पर्याप्त नहीं होगा। इसलिए, प्राथमिक शिक्षा पूरी होने तक उन्हें स्कूल में रखना

आवश्यक है। जरूरी नहीं कि सिर्फ पौधा ही लगाया जाए। इसे पानी और उर्वरकों से भी उपचारित करना चाहिए, नहीं तो देर-सबेर यह मर जाएगा। भारत को स्वतंत्र होने के बाद डॉ. अम्बेडकर ने कहा, " मैं माननीय शिक्षा मंत्री से प्राथमिक शिक्षा पर अधिक पैसा खर्च करने का अनुरोध करता हूं, अगर किसी और चीज के लिए नहीं, तो कम से कम यह देखने के उद्देश्य से कि शिक्षा पर जो धन खर्च होता है वह अंततः कुछ फल देता है।"

डॉ. अम्बेडकर ने शिक्षा के व्यावसायीकरण पर भी ध्यान दिया। उन्होंने कहा, "इस प्रेसीडेंसी में हम जिस तरह से शिक्षा का वित्त पोषण करते हैं, उसके बारे में जानकारी देने वाले आंकड़ों को देखते हुए, मुझे पता चला है कि कुल खर्च में से जो हम कला महाविद्यालयों पर खर्च करते हैं, उसमे छत्तीस प्रतिशत वित्त पोषित है। हम हाई स्कूलों पर जो खर्च करते हैं, उसमें से इकतीस प्रतिशत कुछ फीस से वित्तपोषित होता है; हम माध्यमिक विद्यालयों पर जो खर्च करते हैं, उसमें से छब्बीस प्रतिशत फीस से प्राप्त होता है। अब, श्रीमान, मैं निवेदन करता हूं कि यह शिक्षा का व्यावसायीकरण है। शिक्षा एक ऐसी चीज है जिसे सभी की पहुंच में लाया जाना चाहिए।" जैसा कि डॉ अम्बेडकर को समाज के निचले वर्गों के लिए गहरी चिंता थी, उन्होंने कहा, "हम एक ऐसे चरण में पहुंच रहे हैं जब समाज के निचले वर्गों के लोग हाई स्कूलों, मिडिल स्कूलों और कॉलेजों में प्रवेश कर रहे हैं, और इस विभाग की नीति इसलिए, उच्च शिक्षा को निम्न वर्गों के लिए जितना संभव हो उतना सस्ता बनाना चाहिए।"

उन्होंने एक और महत्वपूर्ण मुद्दे का हवाला देते हुए कहा कि "इस प्रेसीडेंसी की जनगणना रिपोर्ट ने शिक्षा के मामले में विभिन्न समुदायों की प्रगति की तुलना करने के उद्देश्य से कुल आबादी को चार अलग-अलग वर्गों में विभाजित किया है। पहले वर्ग को 'उन्नत हिंदू' कहा जाता है, दूसरे वर्ग को 'मध्यवर्ती हिंदू' कहा जाता है और इसमें वे लोग शामिल होते हैं, जिन्हें राजनीतिक उद्देश्यों के लिए अब गैर-ब्राह्मण, यानी मराठा और संबद्ध जातियों के रूप में नामित किया गया है। एक तीसरा वर्ग है जिसे पिछड़ा वर्ग कहा जाता है जिसमें दलित वर्ग, पहाड़ी जनजाति और मूल निवासी के रूप से जनजाति शामिल हैं। फिर, हमारे पास चौथा वर्ग है जो मुसलमानों को शामिल करता है। इन विभाजनों को ध्यान में रखते हुए, शिक्षा के मामले में इन विभिन्न समुदायों की तुलनात्मक उन्नति में एक बड़ी असमानता दिखाई देती है।" इस प्रकार की भारतीय समाज में असमानताएं डॉ. अम्बेडकर के लिए चिंता का मुख्य कारण थीं।

उन्होंने कहा है कि "यह देश विभिन्न समुदायों से बना है। ये सभी समुदाय अपनी स्थिति और प्रगति में असमान हैं। आर्थिक दृष्टि से हो या सामाजिक दृष्टि से पिछड़ा वर्ग इस प्रकार से विकलांग है जिस प्रकार कोई अन्य समुदाय विकलांग नहीं है। इसलिए, मुझे लगता है कि उनके मामले में अच्छे व्यवहार के सिद्धांत को अपनाया जाना चाहिए। जैसा कि मैंने जिक्र किया है, उनकी स्थिति मुसलमानों से भी बदतर है और मेरा एकमात्र अनुरोध यह है कि यदि सबसे अधिक अनुकूल व्यवहार उनके लिए किया जाता है जो इसके लायक हैं और उनको इसकी सबसे ज्यादा जरूरत है, तो पिछड़े वर्गों को सरकार की तुलना में अधिक ध्यान देने की आवश्यकता है।" शिक्षा पर डॉ. अम्बेडकर के ये विचार भारत की भौगोलिक, सामाजिक और आर्थिक स्थिति के अनुरूप है और वैज्ञानिक सोच का प्रतिनिधित्व करते है।

सामाजिक-आर्थिक वंचित,बहिकृत वर्गों के छात्रों के लिए आरक्षण और छात्रवृत्ति

डॉ. अम्बेडकर के दूरगामी सोचो और क्रियान्वन से उच्च शिक्षण संस्थानों में समानता बनाए रखने के लिए आरक्षण प्रणाली सबसे प्रभावी साधन साबित हुआ है। उन्होंने ने सुझाव दिया कि "सामाजिक-आर्थिक रूप से पिछड़े समुदायों यानि अनुसूचित जातियां एवं जन जातियां, के ऐसे लड़कों के लिए कुछ सीटें आरक्षित करने के लिए जिन्होंने प्रवेश पाने के लिए शिक्षा का न्यूनतम स्तर हासिल किया है।" उन्होंने ऐसे छात्रों की दस प्रतिशत सीटों को अलग रखने का सुझाव दिया। उनका उद्देश्य सामाजिक-आर्थिक रूप से वंचित समुदायों के छात्रों को प्रतिनिधित्व देना था। उन्होंने इन समितियों द्वारा वैधानिक निकायों में समान प्रतिनिधित्व की भी मांग की। उन्होंने इन वर्गों, श्रेणियों के लिए केंद्रीय शिक्षा सलाहकार बोर्ड में प्रतिनिधित्व का मुद्दा भी उठाया था।

डॉ. अम्बेडकर ने सामाजिक-आर्थिक रूप से दलित छात्रों के लिए छात्रवृत्ति के लिए यत्न कर रहे थे। केवल धार्मिक अल्पसंख्यक छात्रों ने छात्रवृत्ति अर्जित की थी। उन्होंने कहा, "सरकारी सहायता के बिना, यह समुदाय कभी भी विज्ञान और प्रौद्योगिकी में उन्नत शिक्षा प्राप्त करने में सक्षम नहीं हो पायेगा इस लिए यह उचित होगा कि भारत सरकार इस संबंध में उनकी मदद करने के लिए आगे आए।" उन्होंने प्रस्तावित किया कि "ऐसे सामाजिक-आर्थिक रूप से वंचित,बहिकृत वर्ग जो अनुसूचित जाति के छात्र जो विश्वविद्यालयों, अन्य वैज्ञानिक और तकनीकी प्रशिक्षण संस्थानों में विज्ञान और प्रौद्योगिकी पाठ्यक्रमों में प्रवेश लेते हैं, उन्हें प्रति वर्ष दो लाख रुपये की छात्रवृत्ति का प्राविधान की जानी चाहिए। इन छात्रों

को इंग्लैंड, यूरोप, अमेरिका और डोमिनियन के विश्वविद्यालयों में विज्ञान और प्रौद्योगिकी का अध्ययन करने के लिए अनुदान के रूप में एक लाख रुपये प्रदान किए जाने चाहिए।" उन्होंने सरकार को यह भी सलाह दी कि यह कैसे करना है। उन्होंने सुझाव दिया कि छात्रवृत्ति राशि के बजाय ऋण के रूप में दी जानी चाहिए।ताकि वे लोग धन अर्जन के उपरांत ऋण वापस कर दे।

शिक्षा पर डॉ अम्बेडकर के विचारों का मूल्यांकन

डॉ अंबेडकर ने एम.के. गांधी से उनके सिद्धांतो के प्रति चर्चा और सवाल किया था। इस चर्चा के दौरान, उनकी अवधारणाओं को स्पष्ट किया गया और सुधार किया गया। चूंकि डॉ. अम्बेडकर का अन्य लोगों से कोई मुकाबला नहीं था, इसलिए यहाँ पर एम.के. गांधी ने उनकी तुलना करने का विकल्प है।

दोनों एम.के. गांधी और डॉ. अम्बेडकर के विचार, सिद्धांत एक स्कूल के रूप में थे, वे संगठन के रूप में थे। इसके लिए उन लोगों ने अंतिम सांस तक संघर्ष किया। उनमें से कोई भी घिसे-पीटे राह पर चलने की कोशिश में विश्वास नहीं करता था। उनके उद्देश्य कारीब-करीब एक जैसे ही थे, लेकिन वहाँ पहुँचने के उनके तरीके और सोच बिलकुल भिन्न थे। कष्टकारी और निराशाजनक बात यह है कि दोनों के समर्थकों ने खुद को अभेद्य किला तक ही सीमित कर लिया है, चर्चा के लिए कोई जगह नहीं छोड़ी है। डॉ. अम्बेडकर के समर्थकों ने ईमानदारी पूर्वक दावा करते है कि एम.के. गांधी अप्रत्यक्ष रूप से सामाजिक-आर्थिक रूप से उत्पीड़ित,वंचितों के विकाश के लिए विरोधी थे, और कुछ हद तक, गांधीवादी भी इसी तरह से सहमत हैं। हम कैसे मान लें कि डॉ. अम्बेडकर का गांधीवादी अध्ययन करेंगे जबकि वे गांधी को पढ़ने के लिए भी तैयार नहीं हैं? डॉ. अम्बेडकर के समर्थक अलग नहीं हैं। इसका परिणाम यह हुआ कि डॉ. अम्बेडकर और गांधी के सिद्धांतों और संघर्षों की अनदेखी की गई।

कांग्रेस और एम.के.गांधी के लिए 'अछूतों की दास्य विमुक्ति' हिंदुओं की आंतरिक समस्या थी, हालांकि डॉ.अम्बेडकर ने वकालत की कि यह सबसे प्रासंगिक राष्ट्रीय मुद्दा है। जिस प्रकार जमींदारी व्यवस्था के मामले में उसी प्रकार गांधी ने जातिवाद के मुद्दे का समाधान खोजने का प्रयास किये। उन्हें वर्ण व्यवस्था को यथास्थिति रखते हुए छुआ-छूत को समाप्त करना चाहते थे। डॉ. अम्बेडकर का मानना था कि अस्पृश्यता की जड़ वर्ण व्यवस्था और जाति व्यवस्था है और वह उसको समाप्त करना चाहते है। हालांकि डॉ. अम्बेडकर चाहते थे कि उनके अधिकारों को बहाल किया जाए तथा गांधी जी इन वर्ग के लोगों के प्रति 'दया' और 'सहानुभूति' की भावना से प्रेरित थे।

उनकी विसंगतियां कभी भी उतनी गंभीर नहीं थीं, जितनी पूना समझौते पर हस्ताक्षर करने से ठीक पहले थीं। डॉ. अम्बेडकर के लिए गांधी के अनशन ने एक बड़ी समस्या खड़ी कर दी थी। सामाजिक-आर्थिक वंचित,बहिकृत वर्गों के प्रत्ति अन्याय और सामाजिक जाति प्रथा विमुक्ति के विशेषाधिकारों के लिए आंदोलन एक तरफ था तो दूसरी तरफ गांधी का जीवन। अन्तोत्वागत एक समाधान निकाला गया। जिसमें गाँधी की हठ धर्मिता ने डॉ. अम्बेडकर के अंदोलन को बलि चढ़ा दिया।

व्यावहारिक रूप से पूरी दुनिया में गांधी और डॉ. अम्बेडकर के विचार परस्पर विरोधी थे। शिक्षा पर उनके दृष्टिकोण के बारे में भी यही सच था। गांधी ने ब्रिटिश शिक्षा प्रणाली समाप्त करने और अपनी बुनियादी शिक्षा का सुझाव दिया। एम.के. गांधी ने ईमानदारी और अहिंसा के जीवन को आगे बढ़ाने के लिए छात्रों में आध्यात्मिक विकास को लाने की कोशिश की थी। उनका शिक्षा दर्शन आदर्शवादी था। दूसरी ओर, डॉ. अम्बेडकर चाहते थे कि उनका शिक्षा दर्शन गरीब से गरीब व्यक्ति तक पहुंचे और लोकतंत्र, प्रतिष्ठा,मर्यादा, समानता और एकजुटता पर आधारित एक सामाजिक संरचना स्थापित हो। बौद्ध धर्म के दर्शन पर आधारित धम्म के उनके अर्थ ने नैतिक विकास पर जोर दिया। उन्होंने ब्रिटिश शिक्षा को अस्वीकार नहीं किया, लेकिन उन्होंने इसे मानवतावादी चेहरा देने का फैसला किया।

डॉ.अम्बेडकर एक शैक्षिक संरचना के पक्ष में थे जो कि लोगों के लिए तर्क और तर्कसंगतता पैदा करे; जो एक तार्किक और तथ्य-आधारित समुदाय विकसित करने में मदद करे। एक व्यक्ति को प्रगतिशील बनाने के अलावा, उसे अपने मन-मष्तिष्क को विभिन्न प्रकार के अवरोधों से विमुक्त करने और उसे वस्तुनिष्ठ, तार्किक और आलोचनात्मक सोच के योग्य बनाने के लिए शिक्षा की आवश्यकता थी। उनका मानना था कि एक लोकतांत्रिक और समाजवादी राज्य बनाने के लिए, एक लोकप्रिय शिक्षा प्रणाली आवश्यक है। उन्होंने कहा कि वैज्ञानिक तर्क पर केंद्रित शिक्षा प्रणाली नई होनी चाहिए और इसमें विकास के आधुनिक साधन शामिल होने चाहिए। उन्होंने विकास के सभी तरीकों का राष्ट्रीयकरण करने की वकालत किया। उन्होंने कहा कि छात्रों को विकास के साधन और समाजवादी जीवन शैली सिखाई जानी चाहिए।

अगर किसी को एम.के. गांधी और डॉ. अम्बेडकर के विचारों का तुलना करना हो उसको जानने कि यह आवश्यकता होगी कि, उनके बीच की दूरी इतनी बड़ी थी जिसको कोई भी सेतु द्वारा कम नहीं किया जा सकता था। गांधी पुरानी रीति-रिवाजों के प्रबल समर्थक थे; डॉ.अम्बेडकर लगभग इन सभी परंपराओ के धुर विरोधी थे। दोनों को गरीब तबको की चिंता थी, लेकिन डॉ. अम्बेडकर कमजोरों

के स्वतंत्रता के अधिकार के लिए अधिक चिंतित थे और उन्होंने इसके लिए अपना जीवन समर्पण कर दिया। एम.के. गांधी को ब्राह्मणवाद के पदानुक्रम से कोई परहेज नहीं था जब कि डॉ. अम्बेडकर ब्राह्मणवाद के पदानुक्रम के धुरविरोधी थे और उसे मानवता के लिए बहुत बड़ा खतरा मानते थे। हालांकि डॉ. अम्बेडकर कमजोर वर्गों और महिला विमुक्ति पर केंद्रित थे और गांधी समग्र रूप से राष्ट्र के बारे में अधिक चिंतित थे। एम.के. गांधी चाहते थे कि एक बुनियादी शिक्षा प्राप्त करने के लिए चरखा हर गांव और सभी ग्रामीण निवासियों तक पहुंचे। डॉ. अम्बेडकर उद्योगों के विकास और सामाजिक रूप से वंचित लोगों की शिक्षा के लिए चिंतित थे। उन्होंने सरकार से सभी को मुफ्त और अनिवार्य प्राथमिक शिक्षा प्रदान करने की मांग की। प्राथमिक स्तर से, गांधी ने पारंपरिक तकनीकी शिक्षा की वकालत की; डॉ. अम्बेडकर ने कहा कि प्राथमिक शिक्षा साक्षरता की प्रमुख प्राथमिकता होनी चाहिए। डॉ. अम्बेडकर ने स्वच्छता, शारीरिक शिक्षा और समाज के विकास पर जोर दिया है। उन्होंने कहा था कि प्राथमिक शिक्षा से बच्चों से सांस्कृतिक और सामाजिक मूल्यों से प्रेरित किया जाना चाहिए जो उन्हें सभ्य समाज का हिस्सा बनने में सहायक हो।

एम.के. गांधी ने उच्च शिक्षा के बारे में ज्यादा नहीं सोचा, लेकिन डॉ. अम्बेडकर ने इसके बारे में गहराई से चिंतन किया करते और कहा करते थे, उन्होंने यहां तक कहा कि अति उत्तम विश्वविद्यालय प्रशासन प्रणाली अति उत्तम होना चाहिए इस प्रकार उन्होंने अपना सुझाव भी दिया करते थे। आज भी, उच्च शिक्षा पर उनके विचार वास्तविक और प्रासंगिक हैं। एम.के. गांधी ने धार्मिक शिक्षा को बढ़ावा दिया, लेकिन डॉ. अम्बेडकर में इस प्रकार की शिक्षा में रुचि कम थी। उनके विचारों के बीच अंतर्निहित अंतर यह था कि डॉ. अम्बेडकर धर्मनिरपेक्षता पर जोर देते थे और गांधी धार्मिक थे। एक प्रकृति के समान्तर जीवन जीने वालों का नायक तो दूसरा आधुनिकता,प्रगतिशीलता का नायक था। एक का उद्देश्य चरित्र निर्माण था, जबकि दूसरा तर्कसंगतता और तर्कयुक्त व्यक्तित्व के निर्माण पर केंद्रित था। हालाँकि, एक प्रांतीय और स्थानीय भाषा के पक्ष में तो दूसरा विदेशी भाषा को भी शामिल करने के पक्ष में थे।

डॉ.अम्बेडकर के विचार न केवल एकाकी संस्कृति के लिए बल्कि पूरे भारतीय समाज के लिए भी महत्वपूर्ण हैं। आज हम बढ़ते बजट आवंटन और शिक्षा पर होने वाले खर्च को लेकर चिंतित हैं। हालाँकि, हम बजट के बारे में जो सोचते हैं, वह कुल बजट का लगभग दो प्रतिशत की ही सीमा है। यह मांग बहुत पहले डॉ. अम्बेडकर ने उठाई थी।

यद्यपि हमने प्राथमिक विद्यालयों के लिए शिक्षा के अधिकार को अपनाया है, फिर भी कोई यह नहीं सोच रहा है कि प्राथमिक शिक्षा प्राप्त करने के बाद एक छात्र क्या कर सकता है। यदि हमें भारतीय इतिहास में से किसी एक व्यक्ति को चुनना है जिसने सामाजिक वंचित, बहिष्कृत,पिछड़े लोगों की शिक्षा और कार्य का मार्ग प्रशस्त किया, जिन्होंने उन्हें उनके अधिकारों के प्रति जागरूक किया, जिन्होंने उन्हें अन्य समूहों द्वारा दुर्व्यवहार से बचाया, जिन्होंने दुनिया को दिखाया कि वे बुद्धि और कौशल में किसी से पीछे नहीं हैं तो डॉ. अम्बेडकर के अलावा कोई नहीं हो सकता है। आम तौर पर डॉ.अम्बेडकर का शिक्षा में योगदान का साझा नहीं किया जाता रहा है जब कि एम.के. गांधी, दयानंद सरस्वती, विवेकानंद के शिक्षा पर उनके विचार सीधे तौर पर साझा किया जाता रहा है।

डॉ. अम्बेडकर ने कहा है कि, "यदि सरकार सामाजिक रूप से वंचित,बहिकृत,पिछड़े वर्गों के बीच शिक्षा को बढ़ावा देने के बारे में ईमानदार है, तो उसके लिए कुछ उपाय हैं जिन्हें उसे अपनाना चाहिए; जब तक ' प्राथमिक शिक्षा की अनिवार्यता अधिनियम' को समाप्त नहीं किया जाता है और प्राथमिक शिक्षा को स्कूल बोर्डों को हस्तांतरित नहीं किया जाता है, तब तक इन वर्गों की शिक्षा को एक बड़ा रूकावट रहेगा ; जब तक प्राथमिक शिक्षा को अनिवार्य नहीं किया जाता और प्राथमिक विद्यालयों में प्रवेश सख्ती से लागू नहीं किया जाता, तब तक इन वर्गों की शैक्षिक प्रगति के लिए आवश्यक शर्तें नहीं बनाई जाएंगी; जब तक मुसलमानों की शिक्षा के संबंध में हंटर आयोग द्वारा की गई सिफारिशों को दलित वर्गों पर लागू नहीं किया जाता, उनकी शैक्षिक प्रगति महसूस नहीं होगा; जब तक इन वर्गों के लिए सार्वजनिक सेवा में प्रवेश सुरक्षित नहीं होगा, तब तक उन्हें शिक्षा प्राप्त करने के लिए कोई उत्प्रेरणा नहीं होगा।" भारतीय संविधान में उन्होंने कुछ ऐसी व्यवस्था की जिससे इन वर्गों को सरकारी संस्थानों में मुफ्त शिक्षा और नौकरी मिल सकी है।

डॉ. अम्बेडकर और गांधी के बीच पूना पैक्ट ने सामाजिक-आर्थिक रूप से वंचित,बहिकृत,दलित वर्ग अर्थात अनुसूचित जातियों और अनुसूचित जनजातियों के लिए सरकारी संस्थानों में, विधान सभा और लोक सभा में आरक्षण का मार्ग प्रशस्त किया। आरक्षण के कारण ही इस वर्ग के शैक्षिक स्तर और रहन-सहन की स्थिति में मौलिक सुधार लाया। यदि यह वर्ग आज जीवन के कई क्षेत्रों में अपनी उपस्थिति दर्ज करा रहे हैं, तो यह काफी हद तक आरक्षण के कारण ही है। डॉ. अम्बेडकर हमेशा इन वर्ग की स्कूली शिक्षा और नौकरियों को लेकर चिंतित रहते थे। उनके सिद्धांत आज भी इस समाज के लिए प्रासंगिक हैं।

वर्तमान परिदृश्य में डॉ. अम्बेडकर के शिक्षा दर्शन की प्रासंगिकता

उन दिनों मौजूद शिक्षा प्रणाली की मौजूदा संस्कृति से डॉ. अम्बेडकर संतुष्ट नहीं थे। उन्होंने बड़े पैमाने पर स्कूली शिक्षा की वकालत की क्योंकि उस समय की शिक्षा प्रणाली से निम्न वर्ग और महिलाओं को शिक्षा के लिए ब्रह्मवादी व्यवस्था द्वारा हतोत्साहित किया जाता था। इन दोनों वर्गो को समानता और शिक्षा प्राप्त करने का अधिकार नहीं था। सामाजिक-आर्थिक रूप से वंचित,दलित वर्ग स्कूली शिक्षा की कमी के कारण बौद्धिक रूप से गरीब, नैतिक रूप से अपमानित, सांस्कृतिक रूप से विकलांग, राजनीतिक रूप से वंचित और सामाजिक रूप से पिछड़े थे, और कोई सामाजिक पद और सम्मान उनके लिए नहीं था। डॉ. अम्बेडकर के गुरु, महात्मा ज्योतिराव फुले के साहसी प्रयासों का फल मिला और भारत में महिलाओं और इन वर्गों की शिक्षा के लिए स्कूलों की स्थापना पहली बार हुई। यह डॉ. अम्बेडकर ही थे जिन्होंने सबसे पहले मुफ्त और अनिवार्य स्कूली शिक्षा की अवधारणा का प्रस्ताव रखा था ताकि गरीब लोगों, इन वर्ग के लोगो को शिक्षित किया जा सके,क्योंकि उनके पास इसके लिए फीस भुगतान करने के लिए कोई संसाधन नहीं था। उन्होंने संविधान में शिक्षा पर कई आलेख और दस्तावेद निर्धारित किए।

आजादी के सात दसक बाद भारत सरकार ने डॉ. अम्बेडकर के विचारों के महत्व को महसूस किया। यदि कोई देश आधुनिक काल में अपने अस्तित्व को बनाए रखना चाहता है तो उसे एक प्रभावी शिक्षा प्रणाली की आवश्यकता होती है। जब यह शिक्षा प्रणाली प्रभावी हो जाती है, तो यह वैज्ञानिक और तकनीकी विकास को उचित आकार देती है। यदि प्राथमिक शिक्षा का आधार कमजोर है, तो उच्च शिक्षा का क्या उपयोग है? भारत को विकासशील देश कहने की कोई औचित्त नहीं होनी चाहिए। इसलिए इन बाधाओं से बचने के लिए केंद्र सरकार ने 1 अप्रैल, 2010 को "शिक्षा का अधिकार" को मौलिक अधिकार घोषित कर दिया। इस दिन डॉ अम्बेडकर का "सपना" तब साकार हुआ जब भारत के तत्कालीन प्रधान मंत्री ने घोषणा किया कि शिक्षा का अधिकार मौलिक अधिकारों में से एक है। जब हम "शिक्षा का अधिकार अधिनियम 2009" का अध्ययन करते हैं, तो हम डॉ. अम्बेडकर के विचारों, सपनों और इसके प्रावधानों के बीच कई समानताएं पाते हैं। राष्ट्र को संबोधित करते हुए, तत्कालीन प्रधान मंत्री ने कहा कि "भारत सरकार भारत में हर बच्चे को शिक्षित करने के लिए सिफारिस कर रही है।" यह "मुफ्त शिक्षा का अधिकार अधिनियम 2009" 1 अप्रैल 2010 से लागू किया गया है। इस अधिनियम के कुछ प्रावधान हैं जो डॉ. अम्बेडकर के शिक्षा दर्शन, विचारों में इसकी जड़ें दिखती हैं।

यह अधिनियम छह से चौदह वर्ष के वर्ग के सभी बच्चों को निःशुल्क और अनिवार्य शिक्षा प्रदान करता है। आठवीं कक्षा तक की प्रारंभिक शिक्षा पूरी होने तक किसी भी बच्चे को बोर्ड परीक्षा आयोजित या निष्कासित या उत्तीर्ण करने की आवश्यकता नहीं होनी चाहिए। यह सभी निजी और अल्पसंख्यक स्कूलों में आर्थिक रूप से वंचित समुदायों के लिए पच्चीस प्रतिशत आरक्षण प्रदान करता है। यह सभी गैर-मान्यता प्राप्त स्कूलों को उनके प्रथा से प्रतिबंधित करता है और प्रवेश के लिए बिना किसी दान या कैपिटेशन शुल्क और माता-पिता के साक्षात्कार के प्रावधान नहीं करता है। यह अधिनियम जम्मू और कश्मीर को छोड़कर पूरे भारत में लागू है। लड़कों और लड़कियों दोनों के लिए संयुक्त शिक्षा होनी चाहिए। "सर्व शिक्षण अभियान" के आधार पर राज्य सरकार और केंद्र सरकार के बीच वित्तीय बोझ साझा किया जाएगा। अप्रैल 2010 में, केंद्र सरकार ने केंद्र और राज्य के बीच पैंसठ प्रतिशत से पैंतीस प्रतिशत के अनुपात में कानून को लागू करने के लिए धन साझा करने पर सहमति व्यक्त की है। केंद्र और राज्य के बीच समझौता पूर्वोत्तर राज्यों के लिए नब्बे प्रतिशत से दस प्रतिशत का अनुपात है। इस प्रकार, "शिक्षा का अधिकार अधिनियम" में किए गए प्रावधानों से यह साबित हो सकता है कि स्वतंत्रता से पहले के डॉ. अम्बेडकर के शिक्षा दर्शन और विचारों को वास्तविकता, साकार रूप में लाया गया है, जैसा कि भारत में "अनिवार्य और मुफ्त शिक्षा अधिनियम" में बच्चों को शिक्षा के मुख्य धारा में लाने के लिए किया गया था। इसने शासक वर्ग के पारंपरिक एकाधिकार और गुलामी को कम करने में राष्ट्र की मदद की। डॉ. अम्बेडकर ने पहले ही सुझाव दिया था कि शिक्षा का अधिकार अनिवार्य होना चाहिए और इसे लागू करते समय राज्य सरकारों और केंद्र सरकार को उनके बीच राजस्व का समझौता करना होगा। सबसे महत्वपूर्ण बात जिस पर चर्चा की जानी चाहिए वह यह है कि कानून ने सामाजिक-आर्थिक रूप से वंचित,बहिकृत,पिछड़े वर्गों को शिक्षा और लड़कों और लड़कियों के लिए संयुक्त शिक्षा के प्रभुत्व से ख़ारिज करने के लिए पच्चीस प्रतिशत आरक्षण दिया। इसके अलावा, इस प्रावधान से निश्चित रूप से कुछ वर्गों के प्रभुत्व से सामाजिक बहिष्करण को मुक्त करेगा।

डॉ. अम्बेडकर ने जो कुछ सोचा था वह इस अधिनियम के सफल कार्यान्वयन के साथ साकार हुआ। "सायकाल की स्कूली शिक्षा" की अवधारणा भी डॉ. अम्बेडकर के सोचो और विचारों का ही प्रभाव है। इनके अलावा डॉ. अम्बेडकर ने उच्च शिक्षा प्रणाली पर प्रकाश डाला। उनके अनुसार, "विश्वविद्यालय में शिक्षा सामाजिक रूप से उन्मुख होनी चाहिए। यह वैज्ञानिकपूर्ण होना चाहिए और पूर्वाग्रह से दूर होना चाहिए, यह समाज में कुछ वर्गों के लाभ तक सीमित नहीं होना चाहिए। वह यह भी कहते हैं कि शिक्षा का उद्देश्य न केवल अक्षर ज्ञान सिखाना है, बल्कि उन्हें यह

सिखाने में सक्षम होना चाहिए कि व्यक्तित्व कैसे विकसित किया जाए, उनकी बौद्धिक क्षमता को बढ़ाया जाए... "

एक भाषण में डॉ. अम्बेडकर कहते हैं कि "वर्तमान प्रणाली में विश्वविद्यालय ने कॉलेजों को नियंत्रित करने के लिए बहुत कम अधिकार दिए हैं। उसके लिए अनुशासन का अधिकार और कॉलेज के अनुमोदन की अस्वीकृति के बावजूद, एक विश्वविद्यालय को अधिक अधिकार की आवश्यकता होती है। यदि ये अधिकार विश्वविद्यालय को प्रदान की जाती हैं, तो महाविद्यालयों के साथ विश्वविद्यालय की देखरेख में साफ-सुथरा व्यवहार किया जाएगा।" हालांकि, जब हम विश्वविद्यालय के क़ानून को देखते हैं, तो हमें विश्वविद्यालयों को दी गई विभिन्न अधिकारों का पता चलता है। इसके परिणामस्वरूप हमारे पास प्रबंधन परिषद, अकादमिक परिषद और विश्वविद्यालय के विभिन्न संकाय हैं।

डॉ. बी.आर.अम्बेडकर के शैक्षिक विचार वर्तमान स्थिति के लिए मील के पत्थर प्रतीत होते हैं। उन्होंने प्राथमिक और उच्चतर शिक्षा प्रणाली के बारे में अपने विचारों के माध्यम से जो भी परिवर्तन प्रस्तावित किए थे, वे आधुनिक युग में कानून के रूप में हैं। वे यह कहने में सही थे कि जब उन्होंने घोषणा की कि उनकी समकालीन शिक्षा प्रणाली अपूर्ण, दोषपूर्ण है और भारतीय सभ्यता के पतन की ओर अग्रसित है। जो भी हो, शिक्षा व्यवस्था को लेकर केंद्र सरकार द्वारा लिए गए फैसलों की जड़ें उनके विचारों में हैं। इतना ही नहीं, यह भी कहा जा सकता है कि उनके दायित्व के तहत भारत बौद्धिक मानव संसाधनों के माध्यम से एक विश्व शक्ति बनने जा रहा है जो केवल शिक्षा के माध्यम से लाया गया है। इतना ही नहीं विश्वविद्यालय अनुदान आयोग द्वारा विश्वविद्यालय और उसमें अनुसंधान के बारे में लिए गए निर्णय निस्संदेह इस युग में डॉ अम्बेडकर के शिक्षा दर्शन और विचारों के परिणाम होंगे।

* * * * * * * * *

अध्याय – चार

भारत के आर्थिक विकास में डॉ. बी.आर.अम्बेडकर की महत्त्वपूर्ण योगदान

इतिहास बताता है कि जहां नैतिकता और अर्थशास्त्र के बीच टकराव होता है, वहां जीत हमेशा अर्थशास्त्र की होती है। निहित स्वार्थों को कभी भी स्वेच्छा से खुद को विभाजित करने के लिए नहीं जाना जाता है जब तक कि उन्हें मजबूर करने के लिए पर्याप्त बल न हो।

भारत के आर्थिक विकास में डॉ. बी.आर.अम्बेडकर का महत्त्वपूर्ण योगदान

"इतिहास बताता है कि जहां नैतिकता और अर्थशास्त्र के बीच टकराव होता है, वहां जीत हमेशा अर्थशास्त्र की होती है। निहित स्वार्थों को कभी भी स्वेच्छा से खुद को विभाजित करने के लिए नहीं जाना जाता है जब तक कि उन्हें मजबूर करने के लिए पर्याप्त बल न हो।"

अर्थशास्त्र एक सामाजिक विज्ञान है जो वस्तुओं और सेवाओं के उत्पादन, वितरण और खपत से संबंधित है। सामान्य तौर पर, अर्थव्यवस्था को मैक्रोइकॉनॉमिक्स और माइक्रोइकॉनॉमिक्स में विभाजित किया जा सकता है। मैक्रोइकॉनॉमिक्स अर्थव्यवस्थाओं के प्रदर्शन पर ध्यान केंद्रित करता है जैसे कि आर्थिक उत्पादन, मुद्रास्फीति, ब्याज और विदेशी मुद्रा दर और भुगतान संतुलन में परिवर्तन। गरीबी उन्मूलन, सामाजिक समानता और सतत विकास केवल एक ठोस मौद्रिक और राजकोषीय नीतियों के साथ ही संभव है। दुर्लभ या अल्प संसाधनों पर अधिकार, उपयोग और विनिमय का अनुभवजन्य अध्ययन अर्थशास्त्र है - जिसे अक्सर एक विज्ञान के रूप में संक्षिप्त किया जाता है। अर्थव्यवस्था को एक सामाजिक विज्ञान के रूप में जाना जाता है क्योंकि यह लोगों, समूहों और संगठनों की गतिविधियों को समझाने में मदद करने के लिए सिद्धांतों को बनाने के लिए वैज्ञानिक तरीकों का उपयोग करता है। अर्थशास्त्र, प्रत्यक्ष और अप्रत्यक्ष रूप से, हमारे दैनिक जीवन को प्रभावित करता है। अर्थव्यवस्था काम, अवकाश, उपभोग और धन संचित करने के लिए कई विशिष्ट अवसर प्रदान करता है। इससे एकल दृष्टिकोण की शुरुआत होती है। मुद्रास्फीति, ब्याज दरों और आर्थिक विकास जैसे व्यापक आर्थिक रुझान भी हमारे जीवन को प्रभावित करते हैं।

किसी ने भी कभी भी आर्थिक दायरे का ठीक से वर्णन करने की कोशिश नहीं की है। 19वीं शताब्दी के एक प्रमुख अंग्रेजी अर्थशास्त्री अल्फ्रेड मार्शल, आम तौर पर अपना विचार रखा कि " अर्थशास्त्र लोगों के सामान्य जीवन में मानवता का अध्ययन है।

अर्थशास्त्र एक ऐसे खंड की जांच करता है जिसमें व्यक्तिगत और सामाजिक कल्याण का गतिविधि भौतिक आवश्यकताओं की उपलब्धि और उपयोग से सबसे अधिक निकटता से जुड़ी हुई है।" अंग्रेजी अर्थशास्त्री लियोनेल रॉबिंस ने बीसवीं शताब्दी में अर्थशास्त्र का वर्णन इस प्रकार किया था, "यह वह विज्ञान जो मानव व्यवहार का अंत और दुर्लभ, वैकल्पिक उपयोगों के बीच संबंध का अध्ययन करता है "।

दूसरे शब्दों में, रॉबिन्स ने कहा कि अर्थव्यवस्था का विज्ञान अर्थशास्त्र है। यद्यपि इसका विवरण अर्थशास्त्री के सोचने के तरीके की एक मर्मभेदी विशेषताओं में से एक के बारे में बताता है, यह बहुत व्यापक और बहुत संकीर्ण है क्योंकि यह राष्ट्रीय आय या मूल्य स्तर के अध्ययन को परिसीमित करता है। कनाडाई अर्थशास्त्री जैकब विनर ने जिस एकमात्र मूक विवरण के लिए जिम्मेदार ठहराया है, वह शायद अर्थव्यवस्था है जिसके लिए अर्थशास्त्री जिम्मेदार हैं।

अर्थशास्त्र का वर्णन करना कठिन है, तथापि, अर्थशास्त्रियों से संबंधित समस्याओं के प्रकारों को वर्गीकृत करना कठिन है। यह मुश्किल भी है। इसमें न केवल उत्पादों और सेवाओं की लागत, बल्कि उनके उत्पादन के लिए उपयोग किए जाने वाले संसाधनों की कीमतों के मूल्य-निर्धारण का अध्ययन शामिल है। इसमें दो मुख्य तत्वों की खोज शामिल है। यह मानव श्रम, उपकरण और भूमि के विनिर्माण संयोजनों को नियंत्रित करता है और कैसे खरीदार और विक्रेता के कार्य बाजार में एकजुट होते हैं। क्योंकि विभिन्न वस्तुओं की कीमतों को एक साथ जोड़ने की आवश्यकता है, अर्थशास्त्री सवाल करते हैं कि इस तरह की 'मूल्य प्रणाली' या 'बाजार तंत्र' कैसे एक साथ रहता है और जीवित रहने के लिए किन परिस्थितियों में इसकी आवश्यकता होती है।

ये प्रश्न सूक्ष्मअर्थशास्त्र बाजार को दर्शाते हैं, जो ग्राहकों, व्यवसायों, व्यापारियों और किसानों सहित व्यक्तियों के कार्यों का एक आर्थिक हिस्सा है। अन्य मुख्य आर्थिक शाखा माइक्रोइकॉनॉमिक्स है, जो संपूर्ण अर्थव्यवस्था में आय स्तर, समग्र रोजगार की मात्रा, कुल कैपिटल फ्लो यानि निवेश प्रवाह आदि जैसे समुच्चय पर ध्यान केंद्रित करती है।समुच्चय वस्तुओ के उस समूह को कहते है जिसमे सम्मलित प्रतेक वस्तु किसी विशेष को संतुष्ट करती हो जिसके आधार पर स्पष्ट रूप से यह बताया जा सके कि अमुक वस्तु उस संग्रह में सम्मलित है अथवा नहीं है। अर्थशास्त्री यहां देश की आय या कुल व्यय की मात्रा का आकलन करने पर ध्यान केंद्रित करते हैं और समझने की कोशिश करते हैं। पूर्ण रोजगार इतना दुर्लभ क्यों है और कौन सी सार्वजनिक नीतियां राष्ट्र को उच्च रोजगार या उच्च मूल्य स्थिरता प्राप्त करने में सक्षम बना सकती हैं।

फिर भी जिन मुद्दों पर अर्थशास्त्री अभी भी विचार करते हैं, वे इन उदाहरणों को समाप्त नहीं करते हैं। आर्थिक विकास का महत्वपूर्ण क्षेत्र विकासशील देशों में आर्थिक विकास प्रक्रिया को बढ़ावा देने वाले दृष्टिकोण और संरचनाओं का विश्लेषण भी कर रहा है, और जो आत्मनिर्भर आर्थिक विकास में सक्षम हैं, उदाहरण के लिए, विकास अर्थशास्त्र मार्शल योजना के केंद्र में था। इस क्षेत्र में, अर्थशास्त्री इस बात पर विचार करते हैं कि सार्वजनिक नीति आर्थिक विकास को प्रभावित करने वाले कारकों में किस हद तक हेर-फेर कर सकती है।

सार्वजनिक वित्त, धन और बैंकिंग, विदेशी व्यापार, श्रम अर्थशास्त्र, कृषि और विनिर्माण संगठन, और अन्य जैसे विशिष्ट क्षेत्र, आर्थिक क्षेत्र में इन बड़े क्षेत्रो को शामिल कर रहे हैं। सरकार की नीतियों का प्रभाव, उदाहरण के लिए, कर, न्यूनतम मजदूरी विनियमन, किराया नियंत्रण, टैरिफ, ब्याज दर में वृद्धि, सार्वजनिक बजट में परिवर्तन आदि पर अक्सर अर्थशास्त्रियों से परामर्श किया जाता है।

कई दसको की उपेक्षा के बाद डॉ. अम्बेडकर के आर्थिक सिद्धांत चलन में आये हैं। यद्यपि वे भारतीय समाज और नीति के बारे में अधिक सोचते रहे हैं, उनके कुछ आर्थिक विचारों पर अधिक ध्यान देने की आवश्यकता है। उन्हें भारतीय संविधान के पिता के रूप में जाना जाता है और न केवल एक सामाजिक-आर्थिक रूप से उत्पीड़ित वर्ग के नेता बल्कि भारतीयों के लिए एक ग्राउंडब्रेकर के रूप में जाना जाता है। अपने युग के दौरान, उन्होंने प्रमुख आर्थिक बहसों में महत्वपूर्ण योगदान के साथ एक अर्थशास्त्री के रूप में अपना करियर शुरू किया था। वास्तव में, वे भारत के सर्वश्रेष्ठ प्रशिक्षित अर्थशास्त्रियों में से एक थे और उन्होंने अपनी डॉक्टर ऑफ़ फिलोसोफी की डिग्री संयुक्त राज्य अमेरिका में कोलंबिया विश्वविद्यालय से अर्थशास्त्र में और लंदन स्कूल ऑफ इकोनॉमिक्स से प्राप्त की थी।

उनकी डॉक्टर ऑफ़ फिलोसोफी की थीसिस 'रुपये के प्रबंधन' से संबंधित थी जिसे बाद में पुस्तक के रूप में प्रकाशित किया गया। उस समय, 'स्वर्ण मानक' के आभासी गुणों के साथ-साथ 'स्वर्ण विनिमय मानक' पर व्यापक रूप से चर्चा की गई थी। 'स्वर्ण मानक' उस मुद्रा को संदर्भित करता है जिसमें सोने के सिक्कों का उत्पादन और परिचालित किया जाता है जिसे कागजी नकदी पर लागू किया जा सकता है। उस समय यह वादा किए गया कि इसे सोने में पूरी तरह से भुनाया जा सकता है। स्वर्ण विनिमय मानक के तहत केवल कागजी मुद्रा जारी की जाती है जो सोने के साथ विनिमय योग्य निश्चित दरों पर होती है और स्वर्ण मानक देशों की विदेशी मुद्रा परिसंपत्तियों द्वारा समर्थित होती है।

स्वर्ण मानक के संदर्भ में, डॉ. अम्बेडकर ने जॉन मेनार्ड केन्स के सुझाव के खिलाफ तर्क दिया और बचाव किया कि भारत में सोने के व्यापार के लिए मानक का पालन किया जाना चाहिए। उन्होंने दावा किया कि जारीकर्ता को स्वर्ण विनिमय मानक के माध्यम से मुद्रा आपूर्ति में हेरफेर करने की अधिक स्वतंत्रता थी, जिससे मुद्रा इकाई की स्थिरता को चुनौती मिली।

उनका अध्ययन दुनिया के प्रमुख सार्वजनिक वित्त के ज्ञाताओ में से एक, एडविन सेलिगमैन के मार्गदर्शन में राज्य वित्तीय संबंध से संबंधित है। उनका मानना था कि प्रत्येक राजनीतिक इकाई को अपने स्वयं के संसाधनों में वृद्धि करके दूसरे पर बहुत अधिक निर्भर हुए बिना, एक सामर्थ प्रशासनिक ढांचे के तहत अपनी लागतों को वित्तपोषित करने में सक्षम होना चाहिए। सार्वजनिक वित्त और रुपये पर उनके विचार उस समय के मजबूत आर्थिक मुद्दों के जवाब थे, जो आज उसकी समीक्षा पूरी नहीं हो सकती। लेकिन आज भी, मूल्य स्थिरता और राजकोषीय उत्तरदायित्व जैसे मूल्य महत्वपूर्ण बने हुए हैं। आर्थिक बहस 1918 में इंडियन इकोनॉमिक सोसाइटी जर्नल में कृषि और खेती के क्षेत्र में एक लेख के रूप में प्रकाशित हुई थी। यह अपनी संपूर्णता में सबसे सार्थक और महत्वपूर्ण है।

डॉ.अम्बेडकर ने भारत में छोटे खेतों यानि जोतो के मुद्दे को ध्यान में रखा और उन्हें शामिल किया। एकीकरण और विवर्धन के विविध प्रस्तावों की समीक्षा करने के बाद, डॉ अम्बेडकर ने निष्कर्ष निकाला कि ये प्रस्ताव अंततः दोषपूर्ण और अपूर्ण है। उन्होंने माँग किया कि भूमि फसलों के लिए आवश्यक विकास कारकों में से एक है, जो अन्य विनिर्माण या क्रमागत उन्नति कारकों के साथ संभवित सर्वोत्तम सीमा तक उपयोग नहीं किए जाने पर अयोग्य और अनुपजाऊ हो जायेगी। भूमि जोत निर्धारित नहीं की जानी चाहिए, लेकिन अन्य उत्पाद कारकों की उपलब्धता के साथ आदर्श रूप से भिन्न होती है क्योंकि कृषि मशीनरी की उपलब्धता बढ़ती है और यदि बाद वाली घट जाती है, तो घट जाती है।

उन्होंने तर्क दिया कि खेतों के विस्तार की कोई भी योजना तभी बनाई जा सकती है जब यह दिखाया जा सके कि देश में खेतों की उपलब्धता में उल्लेखनीय वृद्धि हुई है। वास्तव में, उन्होंने पूंजीगत भण्डार में गिरावट का चित्रण करके दावे को समाप्त करने के लिए आंकड़े एकत्र किए। उन्होंने यह भी तर्क दिया कि वास्तविक चुनौती पूंजीगत स्टॉक को बढ़ावा देना है और यह तभी संभव होगा जब अर्थव्यवस्था अधिक बचत करे। उन्होंने इस पर गहन चिंतन किया कि यह तब तक नहीं किया जा सकता जब तक एक बाहुल जनसंख्या को उसका जमीनी भरोसा नहीं हो जाता।

इसलिए, उन्होंने औद्योगीकरण को भारत की कृषि समस्या के विकल्प में वरीयता दी और उसका का उत्तर माना।

डॉ. अम्बेडकर ने निष्कर्ष निकाला, "संक्षेप में, यह असामान्य लग सकता है, भारत का औद्योगीकरण भारत की कृषि समस्याओं का सबसे अच्छा उपाय है।" औद्योगीकरण के संचयी प्रभाव, अर्थात् भूमि पर कम दबाव और पूंजी की बढ़ती मात्रा और पूँजीगत वस्तुएँ बलपूर्वक जोत को बढ़ाने की आर्थिक आवश्यकता पैदा करेंगी। इतना ही नहीं, भूमि पर अधिशुल्क को कम करके औद्योगीकरण इसके उप-विभाजन और उप खंड के लिए कुछ अवसरों को जन्म देगा।"

डॉ. अम्बेडकर के विश्लेषण से यह पता चलता है कि वे व्यावहारिक विकासशील अर्थशास्त्र में बनने से पहले ही बेरोजगारी जैसे समस्या को समझने में सक्षम थे। लुईस द्वारा अर्थशास्त्र के अपने प्रसिद्ध द्वि-क्षेत्रीय मॉडल का प्रस्ताव करने से तीन दशक पहले वह नोबेल पुरस्कार विजेता अर्थशास्त्री आर्थर लुईस की प्रमुख अंतर्दृष्टि में से एक की भविष्यवाणी करने में सक्षम थे। सन् 1954 में तैयार किया गया लुईस मॉडल डॉ अंबेडकर की वर्णित थीसिस की तुलना में बहुत अधिक जटिल था, लेकिन लुईस मॉडल को तैयार करने के तरीके में मर्मभेदी समानताएं हैं, जिससे पता चलता है कि लुईस मॉडल एक तरफ खेत और दूसरी तरफ कारखाना है जिससे अर्थव्यवस्था में वृद्धि होगी और समग्र रूप से विकास होगा।

सन् 1927 में बॉम्बे विधान सभा में दिए गए एक भाषण में, डॉ अम्बेडकर उसी विषय को प्राथमिकता दिया, जिसमें भूमि जोत को विनियमित करने के प्रस्ताव को संबोधित किया गया था। सन् 1918 के अपने शोध पत्र में दिए गए अपने तर्कों को दोहराते हुए डॉ. अम्बेडकर ने इस तरह के नियमन की सलाह दी।। उन्होंने तर्क दिया कि अचल संपत्ति के विभाजन और संघटित और संयुक्त जोत की बिक्री को नियंत्रित करके भूमि जोत के विस्तार से धनी जमींदारों का एक छोटा तबका और भूमिहीनो का एक बड़ा समूह बन जाएगा।

जबकि उन्होंने हिंदू धर्मग्रंथों द्वारा अनुमोदित और स्वीकृति बहुत सी सामाजिक कुप्रथाओं पर आपत्ति जताई, डॉ. अम्बेडकर ने 'हिंदू विरासत कानून' हिन्दू कोड बिल के अंतर्गत पारित कई कानूनों में से एक है, के प्रति अपनी स्वीकृति व्यक्त की, जो उन्होंने कहा कि इससे प्लूटोक्रेसी यानि धनिकतन्त्र के विकास में बाधा उत्पन्न हुई, जो निश्चित रूप से पहले पैदा हुए शिशु का जन्मसिद्ध अधिकार था। जोत विखंडीकरण के मुद्दे से निपटने का एक बेहतर तरीका सहकारी कृषि को लागू

करना और छोटे पैमाने की खेती के मालिकों को निजी संपत्ति को बिना नुकसान किए शामिल होने के लिए मजबूर करना था। डॉ. अम्बेडकर के प्रयास बाद के वर्षों के दौरान आर्थिक विश्लेषण की तुलना में राजनीति और सामाजिक परिवर्तन पर अधिक केंद्रित थे, लेकिन उनके राजनीतिक लेखन और भाषणों ने भी आर्थिक समस्याओं और राजनीतिक अर्थव्यवस्थाओं के लिए एक मजबूत प्रतिबद्धता व्यक्त की।

सभी तरह के राजनेताओं की तरह, उनकी राजनीति आज वाम और दक्षिणपंथ के बीच लड़ाई का अखाड़ा है, दोनों पक्षों का कहना है कि वह वास्तव में उनके पक्ष में थे। हालांकि, डॉ. अम्बेडकर के लेखन को ध्यान से पढ़ने से इस विचार को खारिज कर दिया जाता है कि वे या तो एक चैंपियन थे या एक फुर्सतवान अर्थव्यवस्था के क्रांतिकारी समाजवादी थे।

डॉ. अम्बेडकर के आर्थिक विचार उनके राजनीतिक विचारों की तरह ही सूक्ष्म रूप से सक्रिय थे, जो एक दूसरे को प्रभावित किया हो ऐसा हो सकता है। उन्होंने एक तरफ औद्योगीकरण को बढ़ावा देने और दूसरी तरफ कृषि को सहयोग करने के बीच कोई विरोधाभास नहीं देखा, जैसा कि भारतीय कृषि मुद्दों पर उनके विचार बताते हैं। दोनों ही मामलों में, बाहर के देशों के उदाहरणों के साथ, जिन्होंने उन विकल्पों को अपनाया जिनके लिए वह बहस कर रहे थे, उन्होंने अपने दावों का समर्थन किया। ऐसा लगता है कि सिद्धांत के बजाय अनुभवजन्य साक्ष्य ने उसकी कई नीतियों को प्रभावित किया और आगे बढाया।

हालांकि डॉ. अम्बेडकर ने इसके पक्ष में बात की, उन्होंने पूंजीवाद की बुराइयों के बारे में भी चेतावनी दी और तर्क दिया कि निरंकुश पूंजीपति उत्पीड़क और शोषक बन सकते हैं। जिस प्रकार से स्वतंत्रा के केवल पचहत्तर वर्षो यानि अमृत काल जो अब कर्तव्य काल के रूप में आम जन प्रत्यक्ष या अप्रत्यक्ष रूप में अनुभव कराया जा रहा है। डॉ. अम्बेडकर ने संवैधानिक सभा में सामाजिक और आर्थिक न्याय से संबंधित मौलिक अधिकारों के अध्याय में नागरिक अधिकारों और सकारात्मक अधिकारों को शामिल करने का सुझाव दिया।

डॉ. अम्बेडकर ने इस विषय पर एक ज्ञापन में नागरिकता अधिकारों के बारे में अपना दृष्टिकोण प्रस्तुत किया कि किन कारणों से इसके लिए अर्थव्यवस्था पर राज्य के व्यापक नियंत्रण की आवश्यकता होगी।उन्होंने 'इकनोमिक एक्स्प्लोईटेसन रेमेडीज' यानि 'आर्थिक शोषण से बचाव के उपाय ' पर संविधान में एक अनुच्छेद

शामिल किया, जिसमें सुझाव दिया गया कि अन्य मदों के साथ, मुख्य उद्योगों का राज्य नियंत्रण और प्रबंधन और कृषि एक राज्य के स्वामित्व वाला उद्योग होना चाहिए।

डॉ. अम्बेडकर ने तर्क दिया कि औद्योगिक विकास के लिए उद्योग में राज्य समाजवाद का एक संशोधित रूप अनिवार्य था। सामाजिक बहिष्कृत,वंचित भूमिहीन श्रमिकों के लिए एकमात्र समाधान सामूहिक खेती थी। डॉ. अम्बेडकर की बात कहने वाले 'संवैधानिक वकीलों' की चिंताओं की आशंका प्रतिमान बुनियादी अधिकारों के दायरे से परे है। उन्होंने तर्क दिया कि यह दृष्टिकोण बुनियादी अधिकारों की कुछ हद तक सतही व्याख्या पर आधारित होगा। उनके प्रस्तावों ने भी ऐसा ही किया यदि उन अधिकारों का उद्देश्य व्यक्ति की स्वतंत्रता को संरक्षित करना है। एक लाभ-उन्मुख अर्थव्यवस्था ने लोकतांत्रिक लोकतंत्र के दो सिद्धांतों का उल्लंघन किया; पहला जो निजी नियोक्ताओं को राज्य के बजाय लोगों के जीवन पर शासन करने की अनुमति देता है, और दूसरा जो एक नागरिक को जीने के अपने संवैधानिक अधिकारों को छोड़ने के लिए मजबूर कर सकता है।

डॉ.अम्बेडकर ने लिखा है, "यदि एक बेरोजगार व्यक्ति को किसी प्रकार की नौकरी, किसी प्रकार की मजदूरी, बिना किसी निश्चित घंटे के श्रम के और एक संघ में शामिल होने और अभिव्यक्ति की स्वतंत्रता के अपने अधिकार के प्रयोग के बीच एक विकल्प की पेशकश की जाती है तो संगति, धर्म आदि में कोई संदेह हो सकता है कि उसकी पसंद क्या होगी? लेकिन भूख का डर, घर खोने का डर, बचत खोने का डर इत्यादि, ऐसे कारक हैं जो किसी व्यक्ति को उसके मौलिक अधिकारों के लिए खड़े होने की अनुमति देने के लिए बहुत मजबूत और महत्वपूर्ण हैं।"

उदारवादी वकीलों के जवाब में, जिन्होंने तर्क दिया कि स्वाधीनता को बनाए रखने के लिए राज्य की भागीदारी न्यूनतम है, उन्होंने तर्क दिया कि राज्य को इसे हटाने से स्वाधीन हो सकते है लेकिन यह स्वाधीनता जमींदारों को भूमिकर में वृद्धि करने के लिए, पूंजीपतियों के लिए काम के घंटे बढ़ाने और मजदूरी की दर कम करने के लिए है।

उन्होंने लिखा है कि, "एक आर्थिक व्यवस्था में श्रमिकों का नियोजित करना, नियमित अंतराल पर बड़े पैमाने पर माल का उत्पादन करना, सरकार या संस्था को नियम बनाना चाहिए ताकि श्रमिक काम करें और सुचारू रूप से उद्योग चलें।" उन्होंने यह भी कहा कि अगर सरकार समय से उचित कार्रवाई नहीं करती है तो निजी क्षेत्र हावी होगा। और जन - जीवन असंभव और प्रभावित होगा। जिस प्रकार

से वर्तमान में सरकार द्वारा घोषित अमृत काल यानि कर्तव्य काल में निजी क्षेत्र सरकार पर पूर्णतः हावी है। दूसरे शब्दों में, जिसे 'सरकारी नियंत्रण से मुक्त' के रूप में वर्णित किया जाता है, वह 'तानाशाही निजी नियोक्ता' के लिए एक दूसरा शब्द होगा।

डॉ. अम्बेडकर ने तर्क दिया कि एक व्यक्ति की सर्वोच्चता, एक व्यक्ति के सिद्धांत में एक वोट का, एक मूल्य का कानूनी भाषान्तर, दोनों राजनीतिक और आर्थिक संरचनाओं का वर्णन कर सकते हैं। भारत जैसे देश को अन्य देशों के अनुभवों का लाभ उठाना चाहिए और संविधान के अंतर्गत ही अर्थव्यवस्था के स्वरूप और संरचना का वर्णन करना चाहिए। लेकिन संविधान सभा ने उनके आमूल परिवर्तनकारी विचारों को स्वीकार नहीं किया। इसके बजाय, उनके ज्ञापन में निर्धारित कई खंड राज्य नीति निर्देश के सिद्धांतों में निहित थे, जो कि प्रासंगिक हैं, लेकिन कानून की अदालत में न्यायोचित नहीं हैं।

सन् 1948 के अंत में जब 'प्रीन्सिपुल्स ऑफ़ डायरेक्टिव' यानि निर्देशक सिद्धांतों के अध्याय को अंतिम रूप दिया गया तो डॉ. अम्बेडकर ने समान रूप से समझौते को स्वीकार किया, हालाँकि उन्होंने सन् 1947 में सिर्फ एक साल पहले सामाजिक-आर्थिक अधिकारों के लिए आग्रह किया था। निरया गोपाल जयल जो एक राजनीतिक वैज्ञानिक ने अपनी पुस्तक जिसका शीषर्क - 'सिटीजनशिप एंड डिसकंटेंट' में उद्धृत किया कि "सामाजिक और आर्थिक अधिकारों पर डॉ. अम्बेडकर की स्थिति कैसे और क्यों बदली एक पहेली बनी हुई है।"

डॉ. अम्बेडकर ने जवाहरलाल नेहरू का विरोध किया, क्योकि उन्हें आर्थिक मामलों की कैबिनेट समिति में शामिल नहीं किया गया और उन्हें अपने कैबिनेट इस्तीफे के कारणों में से एक के रूप में उद्धृत किया, लेकिन उन्होंने अर्थशास्त्र और राज्य की स्थिति पर अपने विचारों पर ध्यान केंद्रित किया। पं. जवाहर लाल नेहरू और डॉ. अम्बेडकर दोनों ने देश की निजी कंपनियों के रास्ते बंद किए बिना ही तेजी से औद्योगिक विकास को बढ़ावा देने के लिए प्रमुख क्षेत्रों में राज्य के स्वामित्व का समर्थन किया। जैसे पं. जवाहर लाल नेहरू, डॉ. अम्बेडकर प्रमुख बौद्धिक आदर्शो ने राज्य की महत्वपूर्ण वित्तीय भूमिका पर बल दिया।

संयुक्त राज्य अमेरिका में फैबियन समाजवादियों और उनके सामाजिक-लोकतांत्रिक समकक्षों के विचारों ने संभवतः दोनों महा शक्तियों को प्रभावित किया। फैबियन सोसाइटी एक ब्रिटिश समाजवादी संगठन है जिसका लक्ष्य क्रांतिकारी तख्तापलट के बजाय क्रमिक और सुधारवादी उपायों के माध्यम से लोकतंत्र में लोकतांत्रिक

समाजवादी मूल्यों को बढ़ावा देना है। डॉ. अम्बेडकर के सबसे बड़े प्रभावों में अमेरिकी शिक्षाविद् और दार्शनिक जॉन डेवी थे, जिन्हें सन् 1939 में लीग ऑफ इंडस्ट्रियल डेमोक्रेसी का अध्यक्ष नामित किया गया था और जिन्होंने सामाजिक लोकतंत्र के व्यापक दृष्टिकोण का समर्थन किया था।

डॉ. बी.आर. अम्बेडकर एक प्रतिष्ठित एवं महान अर्थशास्त्री

डॉ.भीमराव रामजी अम्बेडकर के सार्वजनिक वित्त, कृषि अर्थशास्त्र और राज्य प्रबंधन प्रणाली में आर्थिक योगदान, मजदूरों की समस्याओं, भारतीय जाति व्यवस्था और आर्थिक विकास पर लोगों द्वारा हमेशा चर्चा की जाएगी। डॉ. अम्बेडकर के आर्थिक विचारों को अर्थशास्त्र की मुख्यधारा में इतनी लोकप्रियता नहीं मिली, इसका कारण यह था कि वे एक योग्य अर्थशास्त्री के बजाय सामाजिक रूप से वंचित वर्ग के नेता के रूप में अधिक लोकप्रिय हो गये। हालांकि, यह उनके योजनाओ और दृष्टिकोण के महत्व को कम नहीं करता है। उनके आर्थिक चिंतन के परिणाम का अंदाजा भारत के आर्थिक विकास के विभिन्न स्तरों पर उनके अपनाने से लगाया जा सकता है।

डॉ. अम्बेडकर को भारतीय संविधान के पिता के रूप में जाना जाता है, एक महान सामाजिक रूप से वंचित,बहिकृत,पिछड़े वर्ग के नेता ही नहीं देश के नब्बे प्रतिशत लोगो को नेतृत्व करने वाले राजनेता और एक प्रतिष्ठित अर्थशास्त्री थे। वह एक उच्च और महान बुद्धिजीवी व्यक्ति थे और आज तक उनके जैसे व्यक्तित्व वाला कोई व्यक्ति नहीं हुआ है। वे विदेश से अर्थशास्त्र में डॉक्टर ऑफ़ फिलोसोफी कि डिग्री प्राप्त करने वाले पहले भारतीय व्यक्ति थे। वे लंदन स्कूल ऑफ इकोनॉमिक्स और कोलंबिया यूनिवर्सिटी से अर्थशास्त्र में डबल डॉक्टरेट की डिग्री हासिल करने वाले पहले दक्षिण एशियाई थे। अर्थशास्त्र से संबंधित इतनी मजबूत पृष्ठभूमि के साथ भी और उन्होंने देश के आर्थिक स्तर को विभिन्न तरीकों से उन्नत करने में योगदान दिया, उसके बावजूद भी निर्बाध रूप से अर्थशास्त्र के क्षेत्र में उनका योगदान इतना लोकप्रिय नहीं हो पाया। क्यों कि कालान्तर में उनके इस विधा को तत्कालीन सरकारों ने अहमियत नहीं दिया। संभावित कारण यह हो सकता है कि समाजशास्त्र, कानून, धर्म और राजनीति में उनके असाधारण कार्य देश के लिए अर्थशास्त्र में उनके योगदान पर हावी रहे हैं। इसका मतलब यह नहीं है कि उनका अर्थशास्त्र में योगदान सीमित रहा है। उनका देश के अर्थशास्त्र में योगदान रहा। उन्होंने 'प्राचीन भारतीय वाणिज्य (एसियेंट इंडियन कामर्स) ', 'रुपये की समस्या: इसकी उत्पत्ति और इसका समाधान', 'वर्तमान में भारतीय मुद्रा की समस्या', 'ईस्ट इंडिया कंपनी

का प्रशासन और वित्त', 'ब्रिटिश भारत में प्रांतीय वित्त का विकास: इम्पेरिअल वित्त के प्रांतीय विकेंद्रीकरण में एक अध्ययन', 'भारत में छोटे जोत और उनके उपचार' विषयों पर अपना शोध पत्र प्रकाशित किया।

प्रोफेसर डॉ.एस.आर. केशव, अर्थशास्त्र विभाग, बैंगलोर विश्वविद्यालय, का कहना है कि लोग महान अर्थशास्त्री डॉ. अम्बेडकर के भारतीय अर्थशास्त्र में योगदान से अनजान रहे है। हमें इस बात का पश्चाताप करना चाहिए कि संविधान निर्माता डॉ. अम्बेडकर को केवल सामाजिक-आर्थिक रूप से वंचित,बहिकृत, पिछड़े वर्ग के प्रतीक के रूप में कम कर दिया गया है। उन्होंने कहा कि अगर डॉ. अम्बेडकर की आर्थिक नीतियों को ठीक से लागू किया जाए, तो देश के कई समस्याओं को हल किया जा सकता है।

प्रो. डॉ. केशव के अनुसार "डॉ. बी.आर. अम्बेडकर ने लगभग दशकों पहले कहा था कि कृषि को एक उद्योग में परिवर्तित किया जाना चाहिए जिससे भारत की अर्थव्यवस्था में सुधार हो सके। उस समय उन्होंने कहा था कि अधिशेष खेतिहर मजदूरों को उद्योगों में रोजगार उपलब्ध कराकर उन्हें स्थानांतरित किया जाना चाहिए।"

प्रो.डॉ. केशव ने कहा है कि यदि डॉ. अम्बेडकर की आर्थिक नीतियों को पूरी तरह लागू किया जाए तो देश की अनेक समस्याओं का समाधान मिल सकता है। कृषि क्षेत्र के संबंध में उन्होंने कहा कि दसको वर्ष पहले डॉ. अम्बेडकर ने दावा किया था कि कृषि क्षेत्र को एक ऐसे उद्योग में तब्दील किया जाना चाहिए जो भारत की अर्थव्यवस्था को बढ़ावा दे सके। आज भी, कोई भी सरकार कृषि क्षेत्र को उद्योग में बदलने में सफल नहीं हुई है और अधिशेष कृषि श्रमिकों के लिए रोजगार का वैकल्पिक स्रोत प्रदान करने में असमर्थ रही है। जब वे श्रम मंत्री थे तो उन्होंने प्रत्येक भारतीय के लिए बीमा योजनाओं का सुझाव दिया था। लेकिन दुर्भाग्य से, इसे कुछ साल पहले तक लागू नहीं किया गया था। मौजूदा सरकारों ने इस तरह की योजना हर नागरिक के लिए अलग-अलग रूप में लागू की है। डॉ. अम्बेडकर की ओर से लंदन स्कूल ऑफ इकोनॉमिक्स ने उनकी आर्थिक नीतियों पर शोध करने के लिए एक अलग ही व्यवस्था की है। अपने भाषण में, उन्होंने सरकार से यह सुनिश्चित करने का भी आग्रह किया कि मुद्रा नोटों में महात्मा गांधी के साथ उनका स्केच को स्थान दिया जाय। उन्होंने कहा कि आरबीआई ने हाल ही में प्रस्ताव पेश किया था, लेकिन यह कभी भी अमल नहीं किया गया।

डॉ. अम्बेडकर एक योग्य अर्थशास्त्री थे। वे,जीवन के अधिकांश अन्य पहलुओं की तरह, एक समझौता न करने वाले आर्थिक आधुनिकतावादी थे। उन्होंने दावा किया कि ग्रामीण गरीबी का एकमात्र समाधान भारत का औद्योगीकरण होना चाहिए। एक अर्थशास्त्री के रूप में, पहला उद्धरण उनके पहले वैज्ञानिक और विद्वतापूर्ण के प्रकाशनों में से एक है और दूसरा उनके द्वारा तैयार किए गए स्वतंत्र लेबर पार्टी के घोषणापत्र से है। यह 'स्मॉल होल्डिंग्स इन इंडिया एंड देयर रेमेडीज', सन् 1918 में उद्धृत किया गया है।

डॉ. अम्बेडकर के एक उद्धरण के अनुसार, "भारत का औद्योगीकरण इसकी कृषि समस्याओं का सबसे अच्छा समाधान है, यह कितना अजीब लग सकता है। औद्योगीकरण के संचयी प्रभाव, कम मांग, अधिशेष श्रम, और पूंजी और पूंजीगत वस्तुओं में वृद्धि सहित, आर्थिक कारणों से जोत के विस्तार की आवश्यकता को मजबूर करता है। इसके अलावा, औद्योगीकरण भूमि के मूल्य को कम करके भूमि के विखंडन और उप-विभाजन के लिए कुछ अवसर पैदा करेगा। औद्योगीकरण एक सुरक्षित और प्रभावी उपाय है।"

डॉ. अम्बेडकर के नेतृत्व में 'स्वतंत्र लेबर पार्टी' एक राजनीतिक दल था। पार्टी द्वारा 15 अगस्त 1936 को एक कार्यक्रम आयोजित किया गया था। इसमें भारत में ब्राह्मणवाद और साम्राज्यवादी संगठनों का विरोध किया गया, भारतीय मजदूर वर्ग का समर्थन किया और जाति व्यवस्था को अमूल रूप से समाप्त की सहमती बनी। उन्होंने इंडिपेंडेंट लेबर पार्टी, सन् 1936 के कार्यक्रम में उद्धृत किया - "पार्टी का मानना है कि जोत का खंडीकरण और किसानों की परिणामी गरीबी मुख्य रूप से भूमि पर आबादी के दबाव के कारण होती है, और जब तक खेती की भूमि पर आश्रित रहने वाली अतिरिक्त आबादी को कम नहीं किया जायेगा तब तक आबादी के दबाव से राहत नहीं मिलती, विखंडन जारी रहेगा, और किसानों की स्थिति आज की तरह गरीबी से त्रस्त और ग्रस्त रहेगी। पार्टी की राय में, किसानों की मदद करने और कृषि को अधिक उत्पादक बनाने का प्रमुख साधन प्रांत का औद्योगीकरण है। इसलिए, पार्टी पुराने उद्योगों को पुनर्स्थापित और ऐसे नए उद्योगों को बढ़ावा देने का प्रयास करेगी जो प्रांतों के प्राकृतिक संसाधनों की अनुकूल होगी। पार्टी राज्य प्रबंधन और उद्योग के राज्य के स्वामित्व के सिद्धांत को स्वीकार करती है, जो लोगों के हित में आवश्यक हो सकता है।"

डॉ.बी.आर. अम्बेडकर के अर्थशास्त्रीय विचारधारा और योगदान

डॉ. अम्बेडकर का प्रमुख योगदान सार्वजनिक वित्त अर्थशास्त्र, कृषि और राज्य प्रबंधन की संरचना, श्रम मुद्दों, भारतीय जाति व्यवस्था और आर्थिक विकास के क्षेत्र

में रहा है। अर्थशास्त्र की मुख्यधारा में उनके अर्थशास्त्रीय विचारों पर ज्यादा ध्यान नहीं गया, इसका कारण यह था कि वे सामाजिक रूप से वंचित,बहिकृत, पिछड़े वर्ग के प्रतिनिधि के साथ-साथ एक योग्य अर्थशास्त्री के रूप में अधिक लोकप्रिय थे। लेकिन इस क्षेत्र में उनके विचारों को महत्वहीन बना दिया गया। अब भी अर्थशास्त्र पर उनके विचारों के प्रभाव को विभिन्न चरणों में भारत के आर्थिक विकास की मान्यता के द्वारा मध्यस्थ किया जा सकता है।

भारतीय संविधान के मसौदे के वे एक प्रमुख मसौदाकार थे, जिसे 26 नवंबर 1949 को पूरा कर राष्ट्र को समर्पित किया गया था और 26 जनवरी 1950 को अमल में लाया गया। डॉ. अम्बेडकर को भारतीय संविधान के पिता के रूप में माना जाता है। उन्हें स्वतंत्रता संग्राम में एक नेता, एक महान वकील, सामाजिक रूप से वंचित वर्गों के साथ-साथ धार्मिक पदानुक्रम के अन्य समुदायों के एक बड़े नेता और विभिन्न क्षेत्रों में उनके उत्कृष्ट कार्यों और उपलब्धियों के कारण एक प्रतिष्ठित अर्थशास्त्री के रूप में भी जाना जाता है। वे अपने युग के प्रमुख बुद्धिजीवी व्यक्ति थे।

डॉ. अम्बेडकर का आर्थिक क्षेत्र में महत्वपूर्ण इतिहास रहा है, और उनके विचारों की भागीदारी को देश की अर्थ व्यवस्था में शामिल न करने के कारण, उनका आर्थिक योगदान इतना प्रमुख नहीं बन सका। समाजशास्त्र, कानून, धर्म और राजनीति के क्षेत्र में उनका असाधारण प्रज्ञा, ज्ञान और कार्य इसके लिए सशक्त स्पष्टीकरण और प्रस्तुतीकरण है। हालांकि, इसका मतलब यह नहीं है कि उनका आर्थिक योगदान सीमित था। उनके भाषणों और लेखों को शिक्षा विभाग, महाराष्ट्र सरकार और भारत सरकार द्वारा विभिन्न क्षेत्रों और विभिन्न रूपों में प्रकाशित किया गया है।

डॉ. अम्बेडकर का मुख्य योगदानो में से एक अर्थशास्त्र के क्षेत्र में भी था, जैसे कि सार्वजनिक वित्त, कृषि, और आर्थिक विकास में जाति व्यवस्था की समस्या, आधुनिक जल और ऊर्जा नीतियों की अवधारणा, रुपये का निर्गम: गोल्ड स्टैंडर्ड बनाम गोल्ड एक्सचेंज स्टैंडर्ड; सार्वजनिक वित्त इत्यादि। सार्वजनिक वित्त के योगदान में ब्रिटिश भारत में प्रांतीय वित्त का विकास, खोटी प्रणाली का उन्मूलन और डॉ. अंबेडकर के सार्वजनिक व्यय के सिद्धांत शामिल हैं।

'प्रोविंशियल डिसेंट्रीलाईजेशन ऑफ़ कोलोनियल फाइनेंस इन ब्रिटिश इंडिया' यानि ब्रिटिश शासित भारत में औपनिवेशिक वित्त का प्रांतीय विकेंद्रीकरण' उनकी थीसिस का शीर्षक था,जिसपर उन्होंने लंदन स्कूल ऑफ इकोनॉमिक्स, लंदन से डी.एससी. डिग्री प्राप्त की। उनके शोध का शीर्षक "रुपये की समस्या-इसकी उत्पत्ति और इसका समाधान" था। यह थीसिस सन् 1934 के आर.बी.आई. अधिनियम के लिए एक निर्देशित सर्वश्रेष्ठ

उपाय था। बाद में उन्होंने एल.एल.डी. और डी. लिट. डिग्री कोलंबिया विश्वविद्यालय, न्यूयॉर्क विश्वविद्यालय और उस्मानिया विश्वविद्यालय, हैदराबाद से किये।

कृषि अर्थशास्त्र में उनका महान योगदान 'भारत में छोटी जोत की समस्या ; भारत के आर्थिक विकास में जाति व्यवस्था प्रमुख बाधा ; भारत के आर्थिक विकास में अन्य योगदान; नई जल और बिजली नीति; श्रम कानूनों और राज्य समाजवाद में योगदान' जैसे विषय है।

1. रुपये की समस्या: गोल्ड स्टैंडर्ड बनाम गोल्ड एक्सचेंज स्टैंडर्ड

सन् 1835 से पहले भारत में कई प्रकार के सिक्के प्रचलन में थे जो काफी भ्रमित करने वाला था। ईस्ट इंडिया कंपनी ने सभी मुद्राओं को एकीकृत करके इस समस्या को हल करने का प्रयास किया। द्विधातुवाद की शुरुआत करने के लिए एक अधिनियम पारित किया गया था, दो धातुओं, सोने और चांदी की अप्रतिबंधित मुद्रा को एक दूसरे के लिए एक निश्चित अनुपात पर कानूनी निविदा के रूप में अनुमति देने की एक प्रणाली शुरुआत हुई। ऑस्ट्रेलिया और कैलिफोर्निया के विभिन्न हिस्सों में सोने की खोज के कारण सोने के सिक्कों का मूल्य अधिक हो गया और चांदी के सिक्कों को बाजार से बाहर कर दिया। सन् 1853 में, ईस्ट इंडिया कंपनी ने सोने के सिक्के लेना करना बंद कर दिया और सोने की मुद्रा को विमुद्रीकृत करने का प्रयास किया। इससे चलनिधि या नकदी का संकट पैदा हो गया और साथ ही साथ चांदी के सिक्कों की मांग भी बढ़ गई। भारत सरकार को सोने की मुद्रा के स्थान पर कागजी मुद्रा को शुरू करने और उत्तमतर बनाने के लिए प्राथमिकता दी गयी। इसके बाद, सन् 1861 में कागजी मुद्रा को वैध मुद्रा बना दिया गया। यह बढ़ती हुई मौद्रिक मांग का सामना करने के लिए पर्याप्त नहीं था। सन् 1870 के दशक में दक्षिण अमेरिका और मैक्सिको में चांदी की धातु की खोज की गई थी। चांदी की बड़ी उपलब्धता के कारण, सन् 1873 में सोने के मामले में चांदी के मूल्य में भारी गिरावट आई। नतीजतन, विनिमय दर में गिरावट आई और अंग्रेजों को महंगा आयात का अनुभव हुआ। उस समय रुपये के बड़े पैमाने टकसाल ने उच्च मुद्रास्फीति को उछाल दिया यानि मुद्रास्फीति बढ़ गयी। सोने के मानक को अपनाने और चांदी के सिक्कों की ढलाई बंद करने का सुझाव दिया गया। सन् 1893 में चांदी के सिक्कों को वापस ले लिया गया और भारतीय रुपये को वैध प्रस्ताव के रूप में स्वीकार कर लिया गया। वर्ष 1898 से 1916 की अवधि में, स्वर्ण विनिमय मानक को अपनाया गया और बाहरी स्थिरता यानी विनिमय दर स्थिरता पर अधिक जोर दिया गया। वर्ष 1914-15 में विनिमय दर गिर गई, और भारत पैसे वापस करने के लिए सुनहरा

अवसर था। इससे रुपये की मांग में वृद्धि हुई, और परिणामस्वरूप, भारत सरकार ने स्थिति से निपटने के लिए रुपये का टकसाल में मुद्रीकरण या ढलाई शुरू कर दिया। इसने अर्थव्यवस्था में मुद्रास्फीति का दबाव बनाया।

डॉ. अम्बेडकर ने इस मामले पर व्यापक रूप से चर्चा की और टिप्पणी की कि क्या भारत जैसे देश में सोने के मानक या सोने के विनिमय मानक के साथ मुद्रास्फीति पर अंकुश लगाना सबसे अच्छा है। उन्होंने यह विषय अपने डॉक्टरेट थीसिस में उल्लेख किया है कि मूल्य स्थिरता के बजाय विनिमय दर स्थिरता को अधिक महत्व दिया गया ; विनिमय दर स्थिरता से केवल व्यापारी वर्ग को लाभ होगा, गरीबों को नहीं। गरीबों को तभी फायदा होगा जब आंतरिक स्थिरता होगी।

डॉ. अम्बेडकर एक बहुत ही प्रासंगिक प्रश्न उठाते हैं कि पैसे का उद्देश्य क्या है, हम कितना सोना खरीद सकते हैं या इससे कितनी वस्तुएं खरीद सकते हैं? उनके अनुसार मुद्रा सोने के संदर्भ में नहीं वस्तुओं के संदर्भ में स्थिर होनी चाहिए। वह मुद्रा आपूर्ति को सोने से जोड़ने की अवधारणा के विपरीत थे। उन्होंने कहा कि सरकार स्वर्ण विनिमय मानक के तहत मुद्रा को सोने के मूल्य के बराबर रखने के लिए हेरफेर करने की कोशिश करती है जो एक अच्छी सोच नहीं है।

डॉ. अम्बेडकर धन संचय के सिद्धांत में दृढ़ विश्वास रखते थे। उन्हें यह विचार पसंद नहीं आया कि सरकार को मुद्रा के प्रवाह का प्रबंधन करना चाहिए। उन्हें मालूम था कि सरकार इसे ठीक से नहीं संभाल पाएगी। वह वस्तुओं और सेवाओं के उत्पादन का विस्तार किए बिना मुद्रा आपूर्ति का विस्तार करने के लिए सरकार को खुले हाथ यानि स्वतंत्र अधिकार देने के पक्ष में नहीं थे ; क्योंकि इससे मुद्रा का असंतुलित मूल्य हो सकता है। इसलिए उन्होंने प्रबंधित मुद्रा प्रणाली का तीव्र विरोध किया और कुछ संशोधनों के साथ सोने के मानकों का समर्थन किया।

2. सार्वजनिक वित्त में योगदान

डॉ. अम्बेडकर ने सन् 1925 में ब्रिटिश भारत में प्रांतीय वित्त के विकास के दौरान "ब्रिटिश भारत में प्रांतीय वित्त का विकास" पर एक पुस्तक लिखी,जिसमें प्रांतीय वित्त की उत्पत्ति, विकास और व्यवस्था पर चर्चा की है। उन्होंने भारत सरकार 'अधिनियम 1919' के तहत प्रांतीय वित्त के बारे में भी उल्लेख किया है। उन्होंने इस पुस्तक में वर्ष 1833 से 1921 तक की अवधि के प्रांतीय वित्त को शामिल किया है।

डॉ. अम्बेडकर ने वर्ष 1833 से 1871 तक भारत में सरकारी वित्त के केंद्रीकरण के साथ समस्या के बारे में बात की है। उन्होंने पुस्तक में लिखा है कि उस अवधि में

राजकोषीय प्रणाली विनाशकारी करों से त्रुटिपूर्ण थी और सरकार द्वारा किया गया व्यय अनुत्पादक था। सन् 1858 के बाद, यह देखा गया कि कानून निर्माता के रूप में इम्पेरियल यानि शाही सरकार देश का प्रशासन नहीं करती थी, प्रांतीय सरकार ही देश पर प्रशासित करती थी, उसके पास कानून बनाने का अधिकार नहीं था। प्रांतीय सरकार बजट बनाती थी और इम्पेरियल यानि शाही सरकार को इन बजटों को वित्तपोषित करने का अधिकार था। व्यावहारिक रूप से प्रान्तीय सरकार के पास अपने स्वयं के धन जुटाने और सेवाओं में नियुक्तियाँ करने का अधिकार नहीं था। इसने भारत सरकार को प्रांतीय प्रशासनिक कार्यों में हस्तक्षेप करने और प्रतिबंधित करने का अवसर प्रदान किया। इसलिए, भारत सरकार ने अपने खर्चों का दुरुपयोग करना शुरू कर दिया, परिणामस्वरूप, वे एक भयानक से भयानकतम वित्तीय तनाव में आ गए। अंततः सन् 1871 में यह निर्णय लिया गया कि प्रांतीय सरकार को अपना राजस्व और व्यय बजट स्वयं तैयार करना चाहिए। वर्ष 1871 से 1876 तक बजट के रूप में प्रांतीय वित्त को वहां लागू किया गया था। इस द्वैध शासन प्रणाली के तहत, वित्तीय जिम्मेदारियों को प्रांतीय सरकार और भारत सरकार के बीच विभाजित किया गया था। भारत सरकार अधिनियम ने ब्रिटिश भारत के प्रांतों के लिए समानांतर सरकार की एक द्वैध शासन प्रणाली की स्थापना की। यह पहली बार था जब भारत की कार्यकारी शाखा के ब्रिटिश प्रशासन में लोकतांत्रिक आदर्श पेश किया गया था।

डॉ. अम्बेडकर ने विश्लेषण किया कि इस तरह की योजना से उच्च कर निर्धारण अधिक खतरनाक था। वर्ष 1877 से 1881 तक की अवधि को प्रांतीय वित्त का दूसरा चरण माना गया। इस अवधि में प्रांतीय सरकार नियत या अभिहस्तांकित राजस्व के आधार पर बजट तैयार करती थी। प्रांतीय वित्त के तीसरे चरण में, बजट साझा राजस्व पर आधारित था। उनके अनुसार बजट की पहले की पद्धति शैली में राजस्व के विस्तार के लिए बहुत कम गूंजाइस थी, लेकिन साझा राजस्व पर आधारित बजट की इस नई पद्धति शैली में इस तरह की कमी नहीं है। इम्पेरियल यानि शाही सरकार या प्रांतों द्वारा एकत्र किया गया राजस्व उनके बीच साझा किया जाता था। यह योजना 38 साल तक चली और उसके बाद सन् 1921 में बड़े राजकोषीय सुधार की शुरुआत की गई।

2.1 खोती व्यवस्था का उन्मूलन

'खोती व्यवस्था' - खोतों की प्रशासन व्यवस्था को खोती कहा जाता था। खोत ब्रिटिश भारत के एक गाँव के प्रशासनिक अधिकारी थे। वह गाँव से कृषि उपज इकट्ठा करके सरकार को देते थे। खोटी पद्धति ज्यादातर कोंकण के रायगढ़, रत्नागिरी

और सिंधुदुर्ग में पाई जाती थी। इस व्यवस्था के खिलाफ 1920 से लेकर 1949 तक आंदोलन हुआ। उस आन्दोलन का मुख्य बिंदु था कि तत्कालीन प्रशासन को पहले कोंकण में भूमि संबंधों की खोटी व्यवस्था पर चर्चा करना चाहिए। यहाँ पर यह प्रदर्शित करना अति महत्वपूर्ण हो जाता है कि कैसे दो सबसे महत्वपूर्ण समकालीन राजनीतिक संगठन, यानी भारतीय राष्ट्रीय कांग्रेस और बी.आर.अम्बेडकर द्वारा स्थापित इंडिपेंडेंट लेबर पार्टी इस व्यवस्था को समाप्त करने के लिए अपने आन्दोलन किया। सन् 1936 में अम्बेडकर ने सार्वजनिक बहसों और प्रदर्शनों में इस व्यवस्था को समाप्त करने के सम्बन्ध में संबोधित किया। इंडिपेंडेंट लेबर पार्टी ने जाति और वर्ग के मुद्दों के आधार पर सफलतापूर्वक एक आंदोलन चलाया और किसानों से लेकर बॉम्बे में बसे प्रवासी मजदूरों तक प्रदर्शनकारियों के विभिन्न समूहों ने इस आंदोलन का समर्थन किया।

इस क्षेत्र के सामाजिक विकास में इसकी केंद्रीयता के बावजूद, इतिहासकारों ने खोटी प्रणाली के तहत कृषि स्थितियों के अध्ययन के साथ-साथ कोंकणी किसानों के प्रति राजनीतिक दलों के रवैये की काफी हद तक उपेक्षा की है। यह और भी अधिक आश्चर्यजनक है,लोगों का यह भी मानता है कि कोंकण में कृषि संकट के कारण औद्योगिक शहर बंबई में बड़े पैमाने पर वहाँ के लोगों का प्रवासन हुआ। ऐतिहासिक वृत्तांत राजस्व बस्तियों (जैसे कि रैयतवारी प्रणाली) के कामकाज को कवर करते हैं, जिसके माध्यम से वे औपनिवेशिक नीतियों, उनके सामाजिक प्रभाव के साथ-साथ नई राजस्व व्यवस्थाओं के प्रतिरोध को समझने की कोशिश करते हैं लेकिन खोती व्यवस्था जैसी छोटी राजस्व समाधान का इतिहास अभी तक पूरी तरह से अछूता है। पहले कि घटी हुई घटनाओ में भारतीय किसानों की बुनियादी तौर पर पदानुक्रमित व्यवस्था की भी अनदेखी की गई है, जो जाति व्यवस्था में गहराई से अंतर्निहित थी। जाति-वर्ग संबंधों की उलझी हुई प्रकृति पर बारीकी से ध्यान देने की जरूरत है।

कोंकण में औपनिवेशिक नीतियों ने एकीकरण में योगदान दिया, खोती भूमि स्वामित्व और अंततः इस मध्ययुगीन शोषण के स्वरूप को कायम रखा। इस संबंध में जाति भौतिक आधार का एक अभिन्न अंग थी और बंबई में एक नए शिक्षित वर्ग का उद्भव जातिगत हितों के साथ गहराई से जुड़ा हुआ था। बॉम्बे प्रेसीडेंसी में कांग्रेस नेताओं की कृषि संबद्धता ने पार्टी को खोत के अधिकारों का समर्थन करने के लिए मजबूर किया, जो इस प्रणाली में जमींदार थे। अपनी उच्च जाति और वर्ग अभिविन्यास के कारण, कांग्रेस पूरे औपनिवेशिक काल में खोती प्रणाली की प्रबल समर्थक बनी रही।

बॉम्बे प्रेसीडेंसी के भीतर, रैयतवाड़ी प्रमुख राजस्व प्रणाली थी। जहाँ भू-राजस्व सीधे रैयतों पर लगाया जाता था, गरीब किसान जो ज़मीन जोतते थे, जमींदार के पास आमतौर पर सरकार और किसान के बीच मध्यस्थ की स्थिति नहीं होती थी। दूसरी ओर, खोती प्रणाली में, खोत गांवों के भूम्याधिकारी, भूमि और राजस्व के किसान या खोती रीति-रिवाजों के किसान थे। खोत को अपने पद से कई विशेषाधिकार प्राप्त थे। पूर्व समय में उन्हें प्रथा के अनुसार, पट्टे या कर के हिस्से के रूप में, वंशानुगत धारकों, धारकरियों को छोड़कर, अपने गाँव के सभी कृषकों से आठ दिनों में एक दिन का श्रम भुगतान किए बिना वसूलने की अनुमति थी। कुछ क्षेत्रों में, वंशानुगत अधिकारी सरकार के लिए गाँव का राजस्व एकत्र करते थे। हालाँकि उन्हें औपनिवेशिक राज्य द्वारा इस कार्यालय के लिए नियुक्त किया गया था, ब्रिटिशों का शायद ही कभी खोट्स पर कोई सीधा नियंत्रण था। बंबई प्रेसीडेंसी के कुछ हिस्सों में, विशेष रूप से दक्कन में, उन्नीसवीं सदी की शुरुआत में पाटिलों के कर-संग्रह के अधिकारों को हटाने के बाद किसानों के साथ प्रत्यक्ष भू-राजस्व समझौता लागू किया गया। इसके लिए एक नौकरशाही संरचना की स्थापना की आवश्यकता पड़ी जो पेशवाओं द्वारा अपनाई गई पुरानी कर-कृषि विधियों को प्रतिस्थापित करने में सक्षम हो। लेकिन कोंकण में, जहां इलाके की प्रकृति के कारण संचार प्रतिबंधित था, खोती जमींदारों ने काफी हद तक स्वायत्तता बरकरार रखी, जिसमें कर एकत्र करने और लोगो पर अपना अधिकार क्षेत्र लागू करने का अधिकार भी शामिल था। सभी कोंकण भूमि काश्तकारों में से, दक्षिणी कोंकण में खोती काश्तकार सबसे जटिल था यानि उचित व्यवस्था के अभाव में ऐसा बना दिया गया था। आर.डी. चोकसी के अनुसार खोती प्रणाली का अपना एक इतिहास है, और इसकी कई तरह की परिभाषाएँ दी गई हैं।

सन् 1818 में दक्कन को पेशवाओं से जीत लिया गया था। जबकि थाना तुरंत अंग्रेजों को सौंप दिया गया था, रत्नागिरी के हार मान लेने और आत्मसमर्पण बाद में ऐसा हुआ क्योंकि यह प्रमुख ब्राह्मण परिवारों का घर था और पेशवा का मूल देश था। कोंकण डिवीजन को पांच जिलों में विभाजित किया गया था: कनारा, रत्नागिरी, कोलाबा, थाना और बॉम्बे सिटी। कोंकण तट के बाकी हिस्सों के विपरीत, उत्तरी कोंकण समुद्र तट के किनारे का कछार है, जो पहाड़ी श्रृंखलाओं द्वारा आंतरिक भाग से अलग होती है। दक्षिणी कोंकण की स्थिति ऐसी थी कि वह अपनी आंतरिक अर्थव्यवस्था में किसी भी प्रशासनिक एकता और एकीकरण का विरोध कर सकता था। इसलिए, कोंकण की अर्थव्यवस्था ने कई विशेष समस्याएँ प्रस्तुत कीं।

अंतिम पेशवा (1749-1818) की सरकार ने उनके प्रभुत्व के प्रशासन के साथ खिलवाड़ किया था। पूरे कोंकण में राजस्व किसानों को सामान्य नागरिक और आपराधिक शक्तियाँ प्रदान की गईं। उनकी शिकायतें दर्ज नहीं की जा सकती थी जिसके कारण जिला गरीब होता चला गया और उसके साथ बिना किसी व्यापार के अकेले छोड़ दिया गया।

इसी तरह, उन्नीसवीं सदी में विभिन्न बंदोबस्त प्रणालियों के तहत रहने वाले किसानों को कई उत्पीड़न का सामना करना पड़ा: कठोर राजस्व संग्रह या तो औपनिवेशिक सरकार द्वारा, इनामदारों द्वारा या खोत द्वारा, साहूकारों द्वारा उत्पन्न बाधाएँ, खाद्यान्न की कमी और साथ ही बार-बार पड़ने वाले अकाल मुख्य कारण थे। जमींदार बॉम्बे प्रेसीडेंसी के कुछ हिस्सों में शोषण के अपने पूर्व-औपनिवेशिक रूपों को जारी रखने में सक्षम थे और जारी रखा, क्योंकि उन्होंने गैर-रैयतवारी क्षेत्रों में एक महत्वपूर्ण संरचनात्मक भूमिका निभाई थी। खेती के सघन तरीकों और पारंपरिक रूप से उच्च स्तर के उत्पादन के बावजूद, खोटी दक्षिण कोंकण में कृषि विविधता लाने और एक व्यावसायिक घटक विकसित करने में विफल रही। समान रूप से,इस क्षेत्र में आधुनिक संचार का अभाव था।

ब्रिटिश सरकार कुछ शक्तिशाली और प्रभावशाली व्यक्तियों को नियुक्त करती थी जिन्हें खोट के नाम से जाना जाता है। वे ब्रिटिश सरकार के कर संग्रहकर्ताओं और निम्न भूमिधारक करदाताओं के बीच बिचौलिए थे। खोट पूरे साम्राज्य के लिए एकत्रित कर-राजस्व को ब्रिटिश सरकार को सौंपने के लिए जिम्मेदार थे, इसके लिए वे निम्न भूमिधारकों का स्वतंत्र रूप से शोषण और दुर्व्यवहार किया करते थे। इस प्रकार की व्यवस्था महाराष्ट्र के रत्नागिरी जिले, कोलाबा जिले और थाना जिले में अधिक प्रमुख थी। डॉ. अम्बेडकर चाहते थे कि यह खोटी विरोधी बिल पूरे बॉम्बे प्रेसीडेंसी के साथ पुरे देश में लागू हो।

17 सितंबर, 1937 को अम्बेडकर ने कोंकण क्षेत्र में प्रचलित खोती कार्यकाल प्रणाली को समाप्त करने के लिए बॉम्बे विधान परिषद में एक विधेयक भी पेश किया।बॉम्बे खोती उन्मूलन अधिनियम, 1949 जो 12 अप्रैल, 1959 से लागू हुआ। अधिनियम की धारा 2(1) (iv) में "खोट" शब्द को खोट की के कब्जे में वैध रूप से गिरवी रखने वाले के रूप में परिभाषित किया गया है।"खोती भूमि" का अर्थ वह भूमि है जिसके संबंध में खोत के पास प्रावधानों के अनुसार रत्नागिरी जिले में कोई अधिकार या हित था।खोटी प्रणाली, कोंकण क्षेत्र में मौजूद, खोट (जमींदारों) द्वारा नियंत्रित एक राजस्व प्रणाली थी जिसमें वे *पट्टा धारक किसानो* से राजस्व एकत्र करते थे। ये खोत अंग्रेजों के एजेंट के रूप में काम करते थे और पट्टा धारक श्रमिक

किसानो के खिलाफ 'बेगार' या अवैतनिक श्रम जैसी शोषणकारी और दमनकारी प्रथाओं द्वारा अत्याचार करते थे।

2.2 डॉ.बी.आर.अम्बेडकर के सार्वजनिक व्यय के सिद्धांत

सन् 1945 में, भारत के नियंत्रक और महालेखा परीक्षक के कार्यों पर चर्चा करते हुए डॉ. अम्बेडकर ने कहा कि सरकार को जिम्मेदारी से सार्वजनिक धन खर्च करना चाहिए। जनता से एकत्रित राजस्व को नियमों और विनियमों के अनुसार खर्च किया जाना चाहिए और विश्वसनीयता, ज्ञान और अर्थव्यवस्था को उचित ध्यान दिया जाना चाहिए। सार्वजनिक निधि को खर्च करने के इन सिद्धांतों को उनके सार्वजनिक व्यय के सिद्धांत के रूप में जाना जाता है। आस्था का अर्थ कर्तव्य, प्रतिबद्धता और वादा है। करदाताओं को मूलभूत सुविधाएं उपलब्ध कराना सरकार की प्रतिबद्धता और कर्तव्य है। हम जानते हैं कि जनता को वश में करना आसान है क्योंकि सार्वजनिक निवेश की परिपक्वता अवधि लंबी होती है। इसलिए प्रत्येक सरकार को यह ध्यान रखना चाहिए कि जनता का उन पर अटूट विश्वास है और वे अपने नागरिकों को सड़क, चिकित्सा सुविधा, कानून व्यवस्था प्रदान करने के लिए प्रतिबद्ध रहें। उन्होंने बताया कि भले ही जनता के धन को खर्च करने की मंशा सही हो लेकिन फिर भी अगर इसका इस्तेमाल समझदारी से नहीं किया गया तो योजनायें विफल हो जाती हैं। इस संदर्भ में उन्होंने जनता का पैसा खर्च करने की सरकार की समझदारी की बात की है। उन्होंने अपनी अवधारणा से उस प्रज्ञा, ज्ञान और अनुभव के बारे में संकेत दे रहे थे जिसका उपयोग सार्वजनिक धन को बेहतर तरीके से खर्च करते समय किया जाना चाहिए।उनके सिद्धांत का एक अन्य महत्वपूर्ण सिद्धांत अर्थव्यवस्था था। अर्थव्यवस्था से उनका मतलब कम सार्वजनिक खर्च नहीं था, इसका मूल रूप से मतलब है कि सरकार को सार्वजनिक धन को कैसे खर्च करना चाहिए ताकि उनका इष्टतम उपयोग किया जा सके।

3. डॉ. आंबेडकर का कृषि अर्थशास्त्र में योगदान : भारत में छोटी जोतों की समस्या

भारतीय कृषि की प्रमुख समस्या भूमि की कम उत्पादकता है। कम उत्पादकता का एक मुख्य कारण किसानों की छोटी जोत है। सन् 1917 में बड़ौदा राज्य में छोटी जोत की समस्या पर सुझाव देने के लिए एक समिति का गठन किया गया था। समिति ने प्रशासनिक उपायों के तहत वैयक्तिक किसान द्वारा खेती की जा सकने वाली भूमि को उपजाऊ बनाने का सुझाव दिया।

डॉ. अम्बेडकर भूमि जोत के चकबंदी के पक्ष में थे, लेकिन उनके अनुसार, यह राज्य के स्वामित्व वाला होना चाहिए। राज्य को निजी, मालिकों, किरायेदारों या गिरवीदारों से सभी कृषि भूमि का अधिग्रहण करना चाहिए और उन्हें सही मुआवजा देना चाहिए, अधिग्रहित भूमि को उपजाऊ योग्य बनाने के बाद वह इस भूमि को मूल किसानों को पंथ और धर्मजाति के आधार पर भेदभाव के बिना एक मानक आकार में आवंटित करना चाहिए।उन्होंने ने सवाल किया कि भूमि की उत्पादकता बढ़ाने के लिए जोत का सही पैमाना क्या हो सकता है। उन्होंने बताया कि भूमि उत्पादन का केवल एक कारक है, कृषि उत्पादकता बढ़ाने के लिए पूंजी और श्रम जैसे अन्य कारकों को भूमि के साथ ठीक से शामिल किया जाना चाहिए। भूमि की निम्न उत्पादकता के लिए प्रत्येक कारक उत्तरदायी है। अपर्याप्त पूंजी, अधिशेष श्रम और सिंचाई की कमी के कारण भारत में कृषि उत्पादकता कम है।

उन्होंने ने 'भारत में छोटी जोत और उनके निदान' नामक शीर्षक पर अपने शोध पत्र में राज्य के स्वामित्व वाली सहकारी खेती और औद्योगीकरण को उपचारात्मक उपायों के रूप में सुझाया है। सहकारी खेती उन किसानों द्वारा भूमि जोत का समेकन या एकीकरण है जो सामूहिक रूप से भूमि पर खेती करने के इच्छुक हैं, लेकिन यह सरकार के नियम और विनियम के अधीन होना चाहिए। इस तरह के कार्य से न केवल उत्पादकता बढ़ती है बल्कि उत्पादन की लागत भी कम होती है। उनके अनुसार, भारतीय कृषि क्षेत्र में विशाल प्रच्छन्न बेरोजगारी का औद्योगीकरण एक वैकल्पिक समाधान हो सकता है। कृषि क्षेत्र में अधिशेष श्रम को विनिर्माण क्षेत्र में स्थानांतरित किया जा सकता है। इससे न केवल कृषि क्षेत्र में उत्पादकता बढ़ेगी बल्कि पूंजीगत वस्तुओं का उत्पादन भी बढ़ेगा। यह अप्रत्यक्ष रूप से गरीबी और असमानता को कम करने में मदद करेगा। 1950 के दशक में, नोबेल पुरस्कार विजेता प्रो. आर्थर लुईस ने एक दोहरी अर्थव्यवस्था मॉडल तैयार किया जिसमें उन्होंने निष्क्रिय श्रम को एक क्षेत्र के पूंजीवादी से दूसरे गैर-पूंजीवादी में स्थानांतरित करने की उसी अवधारणा को समझाने की कोशिश की, जिसे डॉ. अम्बेडकर ने पहले ही सन् 1918 में कृषि क्षेत्र में निष्क्रिय श्रम के समाधान के रूप में खोज कर लिया था।

4. भारत के आर्थिक विकास में जाति व्यवस्था प्रमुख बाधा

सन् 1936 में, डॉ. अम्बेडकर ने " एनिहिलेसन ऑफ़ कास्ट " शीर्षक पर एक भाषण लिखा, दुर्भाग्य से यह अधूरा रह गया। यह भाषण सन् 1937 में प्रकाशित हुआ था। इस भाषण में उन्होंने जाति व्यवस्था में निहित बातों के बारे में बात की है। उन्होंने बताने की कोशिश की कि जाति व्यवस्था न केवल श्रम विभाजन नहीं है बल्कि

यह मजदूरों के विभाजन के बारे में भी है। उनका मुख्य दावा यह था कि भारत में जाति व्यवस्था श्रम और पूंजी की गतिशीलता में बाधा है जो वास्तव में भारत के आर्थिक विकास को प्रभावित करती है। ब्राह्मणवाद जाति पदानुक्रम के परिणाम स्वरूप, भारत में जन्म से नौकरियां निर्धारित होती हैं जिससे श्रमिक आंदोलन में कमी आती है। बॉम्बे लेजिस्लेटिव काउंसिल में डॉ. अम्बेडकर ने 'महार वतन' को खत्म करने के लिए सन् 1937 का बिल पेश किया। महार वतन भूमि अनुदान के साथ-साथ वंशानुगत अधिकार भी था। महाराष्ट्र की ग्रामीण प्रशासनिक व्यवस्था दो स्तरों, जिला और ग्राम स्तर पर प्रचलित थी। जिला स्तर के वतनदारों में देशमुख और देशपांडे शामिल थे, जो गांवों में पाटिल और कुलकर्णी की देखरेख करते थे। डॉ. आर. अम्बेडकर ने ग्राम समाज में व्याप्त सामाजिक-आर्थिक शोषण से महार वतन को मुक्त कराने के लिए महार वतन को समाप्त करने का प्रयास किया।। यह तर्क दिया जाता है कि जाति पर आंधारित निश्चित वंशानुगत व्यवसायों के कारण महार वतन व्यवस्था से बंधे थे। इसने उन्हें अपमानजनक कार्यों, बचे हुए भोजन के लिए भीख माँगने, कम पारिश्रमिक, और भूस्वामित्व के अधिकारों से वंचित करने का सामना करने के लिए मजबूर किया, जो मुख्य रूप से उनकी बिगड़ी हुई सामाजिक-आर्थिक स्थिति के लिए जिम्मेदार था। उन्होंने भूमि स्वामित्व विशेषाधिकारों के साथ अलग गांवों की स्थापना का अनुरोध करके महारों के लिए आर्थिक स्वायत्तता और सामाजिक सम्मान करने का प्रयास किया, जो कि जाति के हिंदुओं द्वारा बसाए गए गांवों से हटा दिए गए थे।

5. भारत के आर्थिक विकास में डॉ. अम्बेडकर का अन्य योगदान

5.1 जल और बिजली नीति

लोक निर्माण मंत्री के रूप में डॉ. भीमराव रामजी अम्बेडकर की भूमिका को पूरी तरह भुला दिया गया है। वर्ष 1942-46 अपने लोक निर्माण मंत्री के रूप में उन्होंने नई जल और बिजली नीति शुरूआत की थी। इस नीति का मुख्य उद्देश्य देश के जल संसाधनों का सही तरीके से उपयोग करना था। उन्होंने संयुक्त राज्य अमेरिका की 'टेनेसी घाटी योजना' को ध्यान में रखते हुए भारत की परियोजनाओं के बारे में उनका अपना एक दृष्टिकोण था। वह एक महान दूरदर्शी व्यक्ति थे और यह जानना सही था कि बाढ़, भुखमरी, ऊर्जा की कमी और सिंचाई की समस्याओं को केवल बहुउद्देशीय परियोजनाओं द्वारा ही हल किया जा सकता है। देश के विकास के लिए, उन्होंने बंगाल और बिहार में दामोदर घाटी परियोजना के रूप में जानी जाने वाली पहली बहुउद्देशीय रिवर वैली परियोजना के निर्माण के विचार की शुरुआत की थी।

राष्ट्रीय जल नीति के संयोजन में, इन परियोजनाओं को आसपास के क्षेत्रों में बाढ़ का प्रबंधन करने, किसानों को सिंचाई करने, भुखमरी का प्रबंधन करने और बिजली आपूर्ति की समस्या का समाधान करने में सक्षम बनाने के लिए योजना बनाई गई। यह एकमात्र नदी घाटी परियोजना नहीं है जिसे डॉ अम्बेडकर द्वारा तैयार किया गया था, ऐसे ही कई अन्य परियोजनाएं जैसे उच्चतम उचाई और प्रमूख भाखड़ा-नंगल बांध, हीराकुंड बांध जो कि सबसे लंबा मिट्टी का बांध और सोन नदी घाटी परियोजना थी,जो उनके कार्यकाल में क्रियान्वयन किया गया।

डॉ. अम्बेडकर चाहते थे कि जल संघर्षों और गरीबी की समस्याओं को हल करने की दूरदृष्टि से केंद्र सरकार द्वारा जल संसाधनों का प्रबंधन और नियंत्रण किया जाए। अंतर्राज्यीय नदी विवादों से निपटने के लिए उन्होंने प्रांतों से एक दूसरे के साथ सहयोग करने और सन् 1956 में 'रिवर बोर्ड एक्ट ' के साथ 'अंतर-राज्यीय जल विवाद अधिनियम' के बारे में आग्रह किया, जिसमे राज्यों के बीच विवाद को सुलझाने और अंतरराज्यीय घाटी परियोजनाओं को कैसे विनियमित और विकसित किया जाए,के बारे में था। जब वे सन् 1942 से 1946 की अवधि के लिए वायसराय की कार्यकारी परिषद के सदस्य थे, तो उन्होंने दो संगठन 'केंद्रीय जल आयोग' और 'केंद्रीय विद्युत प्राधिकरण' की स्थापना की थी। इन दोनों संगठनों ने देश में सिंचाई और बिजली आपूर्ति में बड़े पैमाने पर योगदान दिया है। उन्होंने प्रमुख दक्षिण भारतीय नदियों को आपस में जोड़ने का प्रस्ताव रखा था। डॉ. अम्बेडकर राष्ट्रीय पावर ग्रिड के विकास करने वाले व्यक्ति थे, जो अभी भी सफलता पूर्वक काम कर रहा है।

5.2 श्रम कानूनों में डॉ. अम्बेडकर का योगदान

डॉ. अम्बेडकर ने अपने समय में कई श्रम सुधार लाए। सन् 1942 में भारतीय श्रम सम्मेलन के 7वें सत्र में, उन्होंने कारखानो में काम के घंटों को 12 घंटे से घटाकर 08 घंटे करने की पहल किया। जब कि वर्तमान में अपरोक्ष रूप से निजी क्षेत्र के कुछ कल -कारखानों में काम के घंटो को 08 घंटे से अधिक कर दिया गया है। उसी वर्ष, त्रिपक्षीय श्रम सम्मेलन में, उन्होंने कर्मचारियों और नियोक्ताओं के बीच औद्योगिक विवादों को निपटाने के लिए पूर्ण सम्मेलन और स्थायी सलाहकार समिति के निर्माण में शामिल हुए। उन्होंने सम्मलेन में यह भी प्रस्ताव रखा कि रोजगार साझा किया जाना चाहिए और औद्योगिक सांख्यिकी अधिनियम के तहत एकत्रित सांख्यिकीय डेटा एकत्र किया जाना चाहिए। अंबेडकर ने समाज में महिलाओं के उत्थान के लिए भी काम किया है। उन्होंने ' माईन्स मैटरनिटी बेनिफिट एक्ट और 'वूमेंस एंड

चाइल्ड लेबर प्रोटेक्शन एक्ट यानि महिला एवं बाल श्रम संरक्षण अधिनियम' जैसे कानून तैयार किए हैं। उन्होंने कोयला खदानों में महिलाओं के रोजगार पर लगे प्रतिबंध को हटाने का प्रयास किया। उन्होंने 'वूमेन प्रोटेक्शन फण्ड यानि महिला श्रम कल्याण कोष' को भी मान्यता दी और महिला मजदूरों को मातृत्व लाभ देने के लिए संघर्ष किया। सन् 1943 में, उन्होंने सन् 1926 के ट्रेड यूनियन अधिनियम में संशोधन किया। संशोधन में, उन्होंने नियोक्ताओं द्वारा ट्रेड यूनियन की अनिवार्य मान्यता को सामने रखा। भारत कर्मचारी बीमा के बारे में सोचने वाला पहला देश था और इसका श्रेय महान दूरदर्शी डॉ. अम्बेडकर को जाता है। कर्मचारी राज्य बीमा श्रमिकों ने कर्मचारियों को चिकित्सा, शारीरिक और व्यावसायिक दुर्घटनाओं से बचाया। सन् 1944 में उन्होंने कोयला खदानों में काम करने वाले कर्मचारियों की सुरक्षा के लिए एक कोल सेफ्टी अमेंडमेंट बिल लाये। सन् 1945 में, उन्होंने 'माईका माइंस लेबर फंड' की शुरुआत की, जिसने कोयला खदानों में कर्मचारियों को आवास, पानी, शिक्षा, मनोरंजन, परिवहन सुविधाएं, चिकित्सा सुविधाएं, स्वच्छता और बेहतर स्वास्थ्य के लिए मदद की।

5.3 राज्य समाजवाद एवं डॉ.अम्बेडकर

अर्थशास्त्र के जनक एडम स्मिथ ने बाजारों के बारे में सन् 1776 में 'वेल्थ ऑफ नेशन' नामक पुस्तक लिखी। लेकिन डॉ. अम्बेडकर उस पुस्तक में वर्णित सिद्धांत के समर्थन में नहीं थे। एडम स्मिथ 'लैस्सेज़ फेयर पालिसी यानि अहस्तक्षेप-निष्पक्ष नीति' के एक महान समर्थक थे, जिसका अर्थ है मुक्त बाजार, बिना सरकारी हस्तक्षेप वाले बाजार। कुछ लोगों ने तर्क दिया कि इससे किसी देश के आर्थिक विकास को अधिक स्वतंत्रता मिलेगी। लेकिन इसके विपरीत डॉ. अम्बेडकर ने इंगित किया कि राज्य से इस प्रकार की स्वतंत्रता निजी पूंजीवाद को जन्म दे सकती है, जो अपनी तरह के अलग तानाशाह हो सकते हैं। वे निजी उद्यमों के खिलाफ नहीं थे, लेकिन वे धन के समान वितरण के बारे में अधिक चिंतित थे। उन्होंने अंग्रेजों को संबोधित अपने ज्ञापन में कहा कि "लोगों के आर्थिक जीवन की योजना बनाने के लिए राज्य पर एक दायित्व के रूप में रखा जाय, जो निजी फर्मों के लिए हर रास्ते को बंद किए बिना और धन का उचित वितरण सुनिश्चित किए बिना उच्चतम उत्पादकता की ओर ले जाये"।

उनका मानना था कि सार्वजनिक क्षेत्र को भारत के आर्थिक विकास में सक्रिय भूमिका निभानी चाहिए जबकि निजी क्षेत्र को एक निष्क्रिय रूप में माना जाना चाहिए। भारत में औद्योगीकरण, छोटी जोत के चकबंदी और जल परियोजनाओं के

निर्माण पर चर्चा करते हुए उन्होंने कहा कि ये राज्य के स्वामित्व वाले होने चाहिए और राज्य द्वारा प्रबंधित किए जाने चाहिए।

डॉ. बी.आर.अम्बेडकर ने आर्थिक क्षेत्र में जो अद्वितीय महत्वपूर्ण योगदान और कार्य किया है, उसको भारतीय जन को मानस में रखना आवश्यक है। उन्होंने भारत में मुद्रास्फीति के दबाव को सीमित करने के लिए एक मॉडिफाइड गोल्ड स्टैंडर्ड यानि संशोधित स्वर्ण मानक का समर्थन किया। उन्होंने ब्रिटिश शासन के तहत प्रांतीय वित्त के विकास पर चर्चा की। सार्वजनिक धन को कैसे खर्च किया जाए, इस पर चर्चा करते हुए उन्होंने कहा कि खर्च नियमों और विनियमों पर आधारित होना चाहिए। जनता को सरकार पर अटूट विश्वास है, इसलिए उसे इष्टतम परिणाम प्राप्त करने के लिए इन निधियों का बुद्धिमानी से उपयोग करना चाहिए।

डॉ. अम्बेडकर राज्य द्वारा भारत में छोटी जोत के चकबंदी के पक्ष में थे कि बिना किसी भेदभाव के इस समेकित भूमि को मूल काश्तकारों को एक मानक आकार में वितरित करना चाहिए। उनका मानना था कि भूमि उत्पादन का केवल एक कारक है, यह उन सभी कारकों का मिश्रण है जो भूमि के कम उत्पादन के लिए जिम्मेदार हैं। वह चाहते थे कि वे भारी उद्योग सार्वजनिक क्षेत्र के स्वामित्व में हों और निजी क्षेत्र को केवल कुछ निश्चित क्षेत्र के लिए होना चाहिए। वे राज्य समाजवाद के प्रबल समर्थक थे। उनके अनुसार जाति व्यवस्था एक क्षेत्र से दूसरे क्षेत्र में श्रम की गतिशीलता में बाधा के रूप में कार्य करती है। जाति व्यवस्था के कारण श्रम की गतिशीलता में यह बाधा भारत के आर्थिक विकास को सीधे प्रभावित करती है। डॉ. अम्बेडकर के अन्य योगदान चाहे वह बहुउद्देशीय जल और बिजली परियोजनाओं का विकास हो, श्रम कानूनों का पुनर्गठन हो, या महिला सशक्तिकरण में, पूर्ण रूपेण था। ये सभी भारत के आर्थिक विकास के लिए अनिवार्य कारक हैं।

उनके द्वारा अर्थशास्त्र पर तीन वैज्ञानिकपूर्ण और विद्वत्तापूर्ण पुस्तकें और कई शोध पत्र प्रकाशित गए हैं। भारतीय अर्थव्यवस्था एक मिश्रित अर्थव्यवस्था है और इसने स्वतंत्रता से पहले और बाद में सामाजिक, राजनीतिक और आर्थिक परिवर्तनों को प्रभावित किया है।उन्होंने अपने आंदोलनों के माध्यम से ग्रामीण गरीबों के शारीरिक और आर्थिक शोषण की समस्या का प्रतिनिधित्व किया। उन्होंने भारतीय अर्थशास्त्र पर नया सामाजिक और राजनीतिक दृष्टिकोण दिया है। उन्होंने “अर्थशास्त्र से कानून और राजनीति में बदलाव” का फैसला किया, विनिमय दर के लिए निश्चित सोने के मानक के लिए तर्क दिया और कहा कि कम विनिमय दर निर्यात को बढ़ाती है साथ ही साथ आंतरिक कीमतों को बढ़ाती है।

वैश्विक बाजार के युग में उनकी दृष्टि आर्थिक विचारों पर थी। सार्वजनिक धन का आर्थिक रूप से उपयोग और नियोजित उद्देश्यों के लिए उनका उचित उपयोग राष्ट्र की अर्थव्यवस्था को बढ़ा सकता है। जनतांत्रिक लोगों को चाहिए कि वे सार्वजनिक धन और उनके उपयोग के संबंध में अपने सिद्धांतों और न्यायिक प्रावधानों पर एक दूसरे को प्रबुद्ध और जागरूक करें। यह निर्वाचित प्रतिनिधियों पर सकारात्मक प्रभाव का समाधान है। उनका कहना है कि यदि कृषि को एक आर्थिक उद्यम के रूप में माना जाना है, तो, अपने आप में, बड़ी या छोटी जोत जैसी कोई चीज नहीं हो सकती है। उन्होंने कृषि और भारतीय अर्थव्यवस्था दोनों के लिए एक सहायक और प्रभावी समाधान के रूप में 'औद्योगीकरण' का भी सुझाव दिया। अपने प्रारंभिक जीवन में, इस प्रज्ञावान विद्वान ने अपने लेखन के साथ भारतीय अर्थव्यवस्था में अमूल्य योगदान दिया। उन्होंने बीसवीं सदी के मध्य में संवैधानिक प्रयासों से सामाजिक बहिष्कृत लोगों के उत्थान के लिए अपना जीवन समर्पित कर दिया। वह आधुनिक अर्थशास्त्रियों के विद्वान और वर्तमान स्थिति पर अपने विचारों की पृष्ठभूमि के एक महान प्रज्ञावान विद्वान थे। अब आर्थिक रूप से शक्तिशाली राष्ट्र के निर्माण के लिए वास्तविक रूप से आर्थिक पिछड़ों और अति पिछड़ों के उत्थान की आवश्यकता है।

डॉ. अम्बेडकर ने अर्थशास्त्र पर तीन वैज्ञानिक पूर्ण,विद्वता पूर्ण और विद्वानों योग्य पुस्तकें प्रकाशित की हैं। ' एडमिनिस्ट्रेशन ऐंड फाइनेंस ऑफ़ ईस्ट इंडिया कम्पनी यानि ईस्ट इंडिया कंपनी का प्रशासन और वित्त'; "द प्रोब्लेम्स ऑफ़ रुपी : इट्स ओरिजिन एंड इट्स सलूशन यानि रुपये की समस्या: इसकी उत्पत्ति और इसका समाधान; और द इवोलूशन ऑफ़ प्रोवेंसिअल फाइनेंस इन ब्रिटीश इंडिया यानि ब्रिटिश भारत में प्रांतीय वित्त का विकास', जो एम्पेरिअल फाइनेंस के प्रांतीय विकेंद्रीकरण का एक अध्ययन और शोध है।ईस्ट इंडिया कंपनी का प्रशासन और वित्त और ब्रिटिश भारत में प्रांतीय वित्त का विकास सार्वजनिक वित्त के क्षेत्र में उनके योगदान का प्रतिनिधित्व करता है। ईस्ट इंडिया कंपनी की पहली पुस्तक, प्रशासन और वित्त, वर्ष 1792-1858 की अवधि के दौरान ईस्ट इंडिया कंपनी के वित्त का मूल्यांकन करती है।

ईस्ट इंडिया कंपनी, जिसे माननीय ईस्ट इंडिया कंपनी, ब्रिटिश ईस्ट इंडिया कंपनी और अनौपचारिक रूप से 'जॉन' कंपनी के रूप में भी जाना जाता था, एक अंग्रेजी और बाद में ब्रिटिश संयुक्त स्टॉक कंपनी थी, जिसकी स्थापना ईस्ट इंडीज के साथ व्यापार करने के लिए की गई थी। लेकिन मुख्य रूप से भारतीय उपमहाद्वीप और किंग चीन के साथ व्यापार समाप्त कर दिया। शुरुआती दौर में इस कम्पनी का नाम

"गवर्नर एंड कम्पनी ऑफ़ मर्चेंट्स ऑफ़ लंदन ट्रेडिंग" था। कपास, रेशम, इंडिगो डाई, नमक, साल्टपीटर, चाय और अफीम उस फर्म द्वारा कारोबार की जाने वाली बुनियादी जरुरत की वस्तुओं में से एक थी, जिसका वैश्विक व्यापार का आधा हिस्सा था। यह व्यवसाय भारत में ब्रिटिश साम्राज्य के प्रारंभिक दौर का प्रभारी यानि सर्वेसर्वा भी था।

उनके दूसरी पुस्तक जिसका शीषर्क ' द प्रॉब्लम ऑफ रुपी: इट्स ओरिजिन एंड इट्स सॉल्यूशन' है उसका मौद्रिक अर्थशास्त्र में एक महत्वपूर्ण योगदान है। डॉ. अम्बेडकर ने इस पुस्तक में वर्ष 1800 से 1893 तक की अवधि में भारतीय मुद्रा के इतिहास को विनिमय के माध्यम के रूप में विश्लेषण किया और 1920 के दशक की शुरुआत में भारत के लिए एक उपयुक्त मुद्रा प्रणाली के चयन के मुद्दे को संबोधित किया। उन्होंने अपने संबोधन में कहा कि "व्यापार के बिना, इसके सदस्यों के लिए निजी संपत्ति और व्यक्तिगत लाभ की खोज पर स्थापित समाज में अपने श्रम के विशेष उत्पादों को फैलाना मुश्किल होगा।एक प्रशासनिक तंत्र लगभग निश्चित रूप से इसकी प्रकृति के साथ असंगत होगा। अगर अपने विशेषता को बनाए रखना है तो अलग-अलग उद्योग वस्तुओं के आवश्यक वितरण के लिए उचित व्यवहार ही एकमात्र तरीका है। दूसरी ओर, एक व्यापार समाज, एक वित्तीय समाज है, जिसे मौद्रिक संदर्भ में अपने व्यवहार और लेनदेन का संचालन करना चाहिए। वास्तव में, वितरण मुख्य रूप से उत्पाद-से-उत्पाद का लेनदेन है, न कि उत्पाद-से-पैसा व्यापार। ऐसे समाज में पैसा अनिवार्य रूप से वह धुरी बन जाता है जिसके चारों ओर सब कुछ घूमता है। सभी मानवीय गतिविधियों, हितों, आकांक्षाओं और लक्ष्यों के केंद्र बिंदु के रूप में धन के साथ, वाणिज्यिक समाज एक मूल्य निर्धारण व्यवस्था के तहत काम करने के लिए मजबूर है, जहां सफलताएं और विफलताएं सावधानीपूर्वक मूल्य-परिव्यय बनाम मूल्य-उत्पाद गणना का परिणाम हैं।"

उनकी तीसरी पुस्तक जिसका शीषर्क 'ब्रिटिश भारत में प्रांतीय वित्त का विकास,' है, जो एक प्रांतीय अध्ययन के रूप में है,यह पुस्तक वर्ष 1833 -1921 की अवधि से ब्रिटिश भारत में केंद्र-राज्य वित्तीय संबंधों के विकास का विश्लेषण करती है। यदि हम प्रांतीय वित्त के इतिहास को ब्रिटिश भारत के रूप मे अवलोकन करते है तो हमें पता चलता है कि प्रांतीय बजटों में संतुलन की समस्या और समय के साथ इसमें किए गए परिवर्तन तीन अलग-अलग चरणों के माध्यम से विकसित हुआ, जिनमें से प्रत्येक की आपूर्ति का अपना तरीका था। ये श्रेणीबद्ध अभिहस्तांकन, निर्दिष्ट और साझा किए गए राजस्व हैं। परिणामस्वरूप, न्यायमूर्ति रानाडे की यंत्रवत योजना को अपनाने के बजाय, प्रांतीय सरकारों को भारत सरकार की आपूर्ति के तरीके के

अनुसार प्रांतीय वित्त के विकास के चरणों को अलग करना अधिक तार्किक और शिक्षाप्रद माना जाता है। नतीजतन, भाग II, जो प्रांतीय वित्त विकास से संबंधित है, को तीन अध्यायों में विभाजित किया गया है: अभिहस्तांकन बजट, निर्दिष्ट राजस्व बजट, और साझा राजस्व बजट।

भारतीय अर्थव्यवस्था पर डॉ. बी.आर. अम्बेडकर के विचार

डॉ. अम्बेडकर ने आंदोलनों के माध्यम से ग्रामीण गरीबों के शारीरिक और आर्थिक शोषण के मुद्दे को चित्रित किया। खोटी नामक प्रचलित भू-अधिकार प्रणाली के खिलाफ उनका साम्य संघर्ष उनके विचारों का सबसे अच्छा उदाहरण है।

भारतीय अर्थव्यवस्था एक समिश्रित अर्थव्यवस्था है तथा स्वतंत्रता से पहले और बाद में सामाजिक, राजनीतिक और आर्थिक परिवर्तनों पर इसका प्रभाव पड़ता रहा है। उन्होंने भारतीय अर्थशास्त्र के लिए एक नया सामाजिक और राजनीतिक दृष्टिकोण स्थापित किया। जैसा कि डॉ. अम्बेडकर ने 1947 के 'इंडियन इडिशन ऑफ़ द इशू ऑफ़ द रुप्पी यानि रुपये के मुद्दे के भारतीय संस्करण' की प्रस्तावना में टिप्पणी की थी, और 'अर्थशास्त्र से कानून और राजनीति में बदलाव' को प्राथमिकता दी थी।

उन्होंने स्पष्ट रूप से कहा कि 'भारतीय मुद्रा का निरंतर अपस्फीति भारतीय अर्थव्यवस्था के लिए अच्छा नहीं था, हालांकि यह भारतीय निर्यात के लिए अच्छा था। सोने और चांदी के बढ़ते और घटते मूल्य विनिमय दर तय करने के लिए एक समस्याग्रस्त मुद्दा रहा है'।

उस समय सोने और चांदी के सिक्कों का उपयोग मुद्रा के रूप में किया जाता था। इन धातुओं की कीमत में बदलाव के कारण चांदी के सिक्के या विदेशी मुद्रा के साथ सोने के सिक्के के आदान-प्रदान के मानक को ठीक करने में परेशानी होती थी। डॉ. अम्बेडकर के लेखन और जोरदार तर्क ने सोने की मुद्रा के साथ एक उचित सोने के मानक के अनुकूल था क्योंकि वह सोने के विनिमय मानक के अत्यधिक आलोचक थे, हालांकि अंततः जॉन मेनार्ड कीन्स सहित सभी शीर्ष प्रमुख लोगों से प्रभावशाली सैद्धांतिक समर्थन प्राप्त हुआ।

डॉ. अम्बेडकर योजनाबद्ध या अनियोजित विनिमय दर को जानबूझकर कम करने के समर्पित अनुयायी नहीं थे। उन्होंने कहा कि कम विनिमय दर निर्यात को बढ़ाती है और आंतरिक रोज मर्रा की वस्तुओ की कीमतों को बढ़ावा देती है। वर्तमान स्थिति में, वैश्वीकरण और निजीकरण ज्यादातर अर्थव्यवस्था के कारकों को प्रभावित कर

रहे हैं। सरकार निर्यात बढ़ाने का समर्थन कर रही है। इसका लाभ व्यापारी वर्ग को गरीब नागरिकों की कीमत यानि व्यय पर मिलता है।

उनका मुख्य मुद्दा यह है कि जब विभिन्न गठबंधन सरकार बनाने के लिए एक साथ आते हैं, तो वे हमेशा धन का उपयोग उस तरह से नहीं कर सकते हैं जिससे लोगों की मदद हो। उन्होंने इसे इस तरह समझाया: यदि भारत सरकार द्वारा लिए गए निर्णयों से प्रगति नहीं होती है, तो इसका कारण यह है कि सरकार लोगों की जरूरतों और इच्छाओं के अनुरूप नहीं है। सरकार यह नहीं समझती या उसका समर्थन नहीं करती कि लोग क्या चाहते हैं, जैसे शिक्षा और स्वतंत्रता।

इसका मतलब यह है कि लोगों की मदद के लिए धन का अच्छे तरीके से उपयोग करने की योजना होनी चाहिए। यदि सरकार निधि का उचित उपयोग नहीं करती है, तो इसका उपयोग गलत तरीके से किया जा सकता है और समाज के लिए चीजें कितनी अच्छी हो रही हैं, उसे धीमा कर सकती है। फिलहाल, राजनीति संघर्ष हो रहे हैं और लोग भ्रष्टाचारी हो रहे हैं, जिससे भारत में अर्थव्यवस्था के लिए हालात बदतर हो रही हैं। कुछ लोग सोचते हैं कि यदि केंद्र सरकार या राज्य सरकार गरीबों और वंचित लोगों की मदद के लिए कार्यक्रम शुरू करती है, लेकिन बिचौलियों और राजनेताओं का एक चैनल प्रदान किए गए फंड के अधिकांश हिस्से को हजम कर जाता है।

देश और समाज में रहने वाले लोगों के लिए सड़क, कानून व्यवस्था, रक्षा, आपदा प्रबंधन जैसी बुनियादी ढांचे चीजों की आवश्यकता के लिए सार्वजनिक वित्त की आवश्यकता होती है। सरकार के लोकतांत्रिक रूपों में नागरिकों को उनके चुने हुए प्रतिनिधियों द्वारा उनके कल्याण में सुधार के विवेकपूर्ण प्रावधान द्वारा वादा किया जाता है। सरकार को सार्वजनिक सेवाओं और पैसा कैसे खर्च करना है जैसी महत्वपूर्ण चीजों के बारे में निर्णय लेने की शक्ति दी गई है। लोग इन निर्णयों को लेने के लिए सरकार पर भरोसा करते हैं क्योंकि वे जटिल हो सकते हैं। लेकिन कभी-कभी, सरकार ऐसी बातें कहकर लोगों को बरगला सकती है जो ठीक नहीं हैं।

सरकार के लिए यह बहुत महत्वपूर्ण है कि वह जो कहती है वह करेगी। उदाहरण के लिए, यदि सरकार खेती में सुधार के लिए धन अलग रखती है, तो उसे ठीक रूप से बताना चाहिए कि वह पैसा किस पर खर्च किया जाएगा, जैसे कृषि प्रयोगशालाएं, ऋण, नहरें और कृषि बाजारों बांधों, गोदामों और अन्य वस्तुओं पर खर्च करने का एक अधिक विश्वसनीय तरीका होगा। कृषि की अवश्यकताओ के बजाय महँगे दफ्तरों, वातानुकूलित सभागृहों, गाँव के सार्वजनिक स्थानों आदि जैसी फालतू की

चीज़ों के लिए सरकारी धन को विकास के नाम पर खर्च किया जाता है। जिनकी किसानों को वास्तव में आवश्यकता नहीं है।

डॉ. अम्बेडकर का मानना था कि सार्वजनिक धन का बुद्धिमानी से उपयोग करना वास्तव में महत्वपूर्ण है। उन्होंने कहा कि सार्वजनिक धन के समान उपयोग के संदर्भ में आर्थिक ज्ञान आवश्यक है, ताकि सभी के लिए इसका उचित उपयोग हो सके। लेकिन केवल अच्छे विचार और ज्ञान होना यह सुनिश्चित करने के लिए पर्याप्त नहीं है कि सार्वजनिक धन से समाज में सभी को लाभ हो। इससे पता चलता है कि जनता का पैसा सही तरीके से खर्च करना कितना जरूरी है। सार्वजनिक व्यय में 'अर्थव्यवस्था' का अर्थ केवल सार्वजनिक व्यय का निम्न स्तर नहीं है; यह किसी भी देश की क्षमता को अधिकतम करने के लिए धन का बुद्धिमानी से उपयोग है। सार्वजनिक निधियों के प्रभारियों को लीक से बचने के लिए अपने उद्देश्यों को प्राप्त करने के वैकल्पिक तरीकों का मूल्यांकन करने का प्रयास करना चाहिए। नियम इस बात पर जोर देते हैं कि सरकारी निर्णयों, योजनाओं, परियोजनाओं आदि के कार्यान्वयन में मितव्ययिता, दक्षता और प्रभावशीलता सुनिश्चित करने के अलावा, व्यय निर्णय निर्दिष्ट उद्देश्यों और उपलब्ध संसाधनों से निकटता से संबंधित होने चाहिए। सार्वजनिक धन देश के लिए एक मूल्यवान संपत्ति है, लेकिन भ्रष्टाचार और राजनीतिक दबाव के कारण यह पूरी तरह से लक्षित लाभार्थियों तक नहीं पहुंच पाता है।

यद्यपि व्यय का एक समान निर्धारण समग्र रूप से लोगों की लोकतांत्रिक इच्छा के आधार पर समग्र नीति का निर्धारण होता है, प्रतिस्पर्धी मांगों के बीच धन का आवंटन और उपयोग इन नियमों द्वारा नियंत्रित होता है। वर्तमान उच्च राजकोषीय घाटे को देखते हुए, डॉ. अम्बेडकर के कानूनों का सख्ती से पालन करने से सार्वजनिक व्यय की मात्रा को कम करने में मदद मिल सकती है।

सन् 1918 में 'स्मॉलहोल्डिंग इन इंडिया एंड देयर रेमेडीज' शीर्षक से प्रकाशित एक शोध पत्र में उन्होंने एक ऐसी समस्या की ओर इशारा किया जो अभी भी भारतीय कृषि प्रणाली को प्रभावित कर रही है। जैसा कि उन्होंने तर्क दिया, भूमि उत्पादन के कई कारकों में से एक है और उत्पादन के एक कारक की उत्पादकता उस अनुपात पर निर्भर करती है जिसमें उत्पादन के अन्य कारक संयुक्त होते हैं। उन्होंने अपने विचार और अवधारणा व्यक्त की: "एक कुशल उत्पादन का मुख्य उद्देश्य इसके हर कारक को अपना सर्वोच्च योगदान देना है, और यह तभी कर सकता है जब वह आवश्यक क्षमता के अपने साथी के साथ सहयोग कर सके। इस प्रकार, अनुपात का एक मॉडल है जो संयुक्त रूप से विभिन्न कारकों के बीच मौजूद होना चाहिए, हालांकि आदर्श

अनुपात में परिवर्तन के साथ अलग-अलग होंगे।" इसे जारी रखते हुए उनका कहना था कि अगर "कृषि को एक आर्थिक उद्यम के रूप में माना जाना है, तो, अपने आप में, बड़ी या छोटी जोत जैसी कोई चीज नहीं हो सकती है"। वे कहते थे कि "यह भारत के औद्योगीकरण भारत की कृषि समस्याओं का सबसे अच्छा उपाय है"। यह एक अत्यधिक सरप्लस यानि अधिशेष उत्पन्न कर सकता है जो अंततः कृषि को भी लाभान्वित करेगा। उद्योगों को चलाने के लिए कच्चे माल की आवश्यकता होती है और इसका अधिकांश भाग कृषि उत्पादन से उपलब्ध होता है। इससे मांग बढ़ती है और कृषि सरप्लस यानि अधिशेष हो जाती है। भारत में अधिकांश आबादी कृषिं क्षेत्र में लगी हुई है। कृषि में छिपी बेरोजगारी और बढ़ती जनसंख्या पर निर्भरता एक अर्थव्यवस्था के लिए समस्या बन सकती है। औद्योगीकरण डॉ. अम्बेडकर द्वारा जारी एक सकारात्मक समाधान है।

डॉ. अम्बेडकर ने आशा व्यक्त की कि उनके अर्थशास्त्र के अध्ययन से उपयोगी नीतिगत निष्कर्ष निकलेंगे। इस प्रकार, वह आर्थिक परिकल्पनाओं को प्रदर्शित करने के लिए अनुशासन के तकनीकी पहलुओं का अध्ययन करने की तुलना में नीति-उन्मुख कल्याणकारी मुद्दों में अधिक रुचि रखते थे। हालांकि, इसका मतलब यह नहीं है कि उन्होंने दूसरों द्वारा प्राप्त सैद्धांतिक निष्कर्षों के लिए कोई सम्मान नहीं दिखाया। निश्चित रूप से, यह महत्वपूर्ण है कि आर्थिक सिद्धांत का उनका ज्ञान उल्लेखनीय रूप से अद्यतित यानि आधुनिक था। समकालीन आर्थिक साहित्य का उनका पठन न केवल व्यापक और गहरा था, बल्कि उन्होंने बहुत ही कल्पनाशील रूप से, जो कुछ भी अनुशासन में था, उसे ठोस परिस्थितियों में लागू किया। सिर्फ एक उदाहरण देने के लिए, उन्होंने सन् 1918 में लिखे एक शोध पत्र में, अमेरिकी आर्थिक समीक्षा में दिखाई देने वाले योगदानों का उल्लेख किया।

डॉ. अम्बेडकर के अनुसार "समाज हमेशा रूढ़िवादी होता है। यह तब तक नहीं बदलता जब तक कि इसे धीरे-धीरे बहुत मजबूर न किया जाए। जब परिवर्तन शुरू होता है, तो हमेशा पुरातन और नवीनतम यानि आधुनिकता के बीच संघर्ष होता है, और जब तक इसका समर्थन नहीं किया जाता है, तब तक अस्तित्व के संघर्ष में आधुनिकता के समाप्त होने का खतरा हमेशा बना रहता है"। सामाजिक बहिष्कृत वंचितों के उत्थान के अपने व्यावहारिक जीवन में यही उनका अनुभव था। उन्होंने अपना पूरा जीवन समाज के उत्थान के लिए समर्पित कर दिया। उन्होंने उच्च-स्तर और निम्न-स्तर के बहिष्कृत वंचितों के बीच की दूरी को नष्ट करने का काम किया। उन्होंने मानव अधिकारों और प्राकृतिक संसाधनों के समान उपयोग, राष्ट्र का हिस्सा बनने के लिए लड़ाई लड़ी। उन्होंने लोकतंत्र और व्यक्तिगत स्वतंत्रता पर बहुत

अधिक मूल्य दिया, जिसे उन्होंने सोचा था कि यह विवेकपूर्ण राज्य कार्रवाई द्वारा संरक्षित किया जा सकता है। वे सभी पिछड़ी जातियों के लिए एक 'गॉडफादर' थे क्योंकि भारतीय आर्थिक इतिहास के कई क्षेत्रों में, वे वास्तव में एक अग्रणी नायक थे और उन्होंने उन सभी समस्याओं का सामना किया जिनका सामना एक अग्रणी नायक ने अपने प्रांतीय वित्त के विकास की प्रस्तावना में किया था।

डॉ. अम्बेडकर अपने समय के एक प्रज्ञावान एवं बुद्धिमान अर्थशास्त्री थे। उन्होंने न केवल अपने विचारों का योगदान दिया था बल्कि शोषितों के उत्थान के लिए भी जीवन भर संघर्षरत रहे। उनके आर्थिक विचार भारतीय अर्थव्यवस्था के लिए उपयोगी रही हैं और भारत में वर्तमान आर्थिक समस्याओं के सकारात्मक समाधान के रूप में उपयोग किए जा सकते हैं।

आर्थिक विकास का परिप्रेक्ष्य

डॉ. अम्बेडकर को परिषद की पुनर्निर्माण समिति के सदस्य के रूप में, सिंचाई और विद्युत शक्ति पर नीति समिति के अध्यक्ष के रूप में और श्रम विभाग की आधिकारिक समिति में बहुत ही सहयोग दिया। डॉ. अम्बेडकर ने भारत की निवर्तमान नीति के आधार पर जल संसाधन और ऊर्जा पर नीति की स्थापना में बड़ा योगदान दिया है। भारत में स्थिति अभिलेखो और वर्तमान नीति के आधार पर जल संसाधनों और ऊर्जा पर अभिलेख बताते हैं कि अर्थशास्त्र, संवैधानिक कानून और राजनीति जैसे विषयों के अपने विद्वतापूर्ण ज्ञान के माध्यम से उन्होंने इन क्षेत्रों के विकास सिद्धांत को एक नया आकार देने में बहुत ही योगदान दिया है।

आर्थिक नीति पर डॉ. अम्बेडकर के लेखन फलदायी थे, और उनका अध्ययन हमें विकास के बारे में उनके विचार की एक अंतर्दृष्टि देता है। उनके विचारों की गहन समीक्षा से एक सुसंगत आर्थिक विकास संरचना सामने आती है, और इनमें से कुछ विचारों ने उनकी देखरेख में योजना क्षेत्र की प्राथमिकताओं और नीति को सीधे प्रभावित किया। कृषि और औद्योगीकरण में पूंजी निवेश पर ध्यान, राज्य के लिए सम्मिलित और रचनात्मक स्थिति, और सार्वजनिक क्षेत्र पर जोर, जिसका आर्थिक और सामाजिक रूप से वंचित, बहिकृत,पिछड़े वर्गों का देश के अपेक्षित आर्थिक विकास में एक निश्चित स्थान है, उनकी नीति में शामिल है। आर्थिक विकास पर उनके विचार सन् 1918 से पहले के हैं, जब उन्होंने भारत में छोटी जोत और उनके समाधान के मुद्दे पर एक अकादमिक बहस में भाग लिया था। जबकि उनका शोध पत्र 'स्मॉलहोल्डिंग' यानि छोटी जोत के मुद्दे पर केंद्रित था, इसमें सैद्धांतिक निर्माण और निहित समाधान में आर्थिक विकास के लिए एक व्यापक ढांचा शामिल था।

इसकी शुरुआत समग्र रूप से कृषि क्षेत्र के पिछड़ेपन का विश्लेषण करने से हुई, जो कि भूमि जोत के लघुकरण से उत्पन्न समस्या की चर्चा के साथ शुरू हुई और अर्थव्यवस्था के समग्र विकास के लिए कृषि और औद्योगीकरण में पूंजी निवेश के सुझाए गए समाधान के साथ समाप्त हुई।

डॉ. अम्बेडकर के अध्ययन में प्रस्तावित योजना का सावधानीपूर्वक विश्लेषण शामिल था, जिसमें विशेष रूप से छोटी भूमि जोतों के विस्तार और समेकन के मुद्दे को संबोधित किया गया था। मुख्य आधार यह था कि ये खंडित भूमि जोतें लागत-प्रभावी नहीं थीं। कुछ लोगों का मानना था कि इस मुद्दे का समाधान भूमि स्वामित्व के स्वैच्छिक या अनिवार्य विनिमय के माध्यम से था। उन्होंने खेत के आकार को बढ़ाने को एक व्यावहारिक कार्यक्रम के रूप में देखा जिसे प्रशासनिक और कानूनी उपायों के माध्यम से हासिल किया जा सकता है। डॉ. अंबेडकर ने भी भूमि जोत के समेकन को एक व्यावहारिक कार्यक्रम के रूप में देखा, हालांकि उनका दृष्टिकोण अधिक सैद्धांतिक था, जो कि खेत के आकार को नियंत्रित करने वाली आर्थिक अवधारणाओं के बारे में बहस पर केंद्रित था। उन्होंने तर्क दिया कि भारत की छोटी भूमि जोत की समस्या अंतर्निहित नहीं थी, बल्कि इसकी सामाजिक अर्थव्यवस्था में एक बुनियादी दोष से उत्पन्न हुई थी।

उस समय कुसमायोजन का मुख्य कारण मुख्य रूप से घटक उद्योग में विकृतियाँ थीं। भूमि और कृषि संसाधनों की सीमित उपलब्धता की तुलना में पूंजीगत वस्तुओं और कृषि उपकरणों की कमी थी, जो कुछ ग्रामीण क्षेत्रों में भी दुर्लभ थे। परिणामस्वरूप, श्रम शक्ति अनुपातहीन रूप से बड़ी थी। संसाधन इनपुट के कुशल उपयोग पर महत्वपूर्ण सीमाएं एक दूसरे के संबंध में भूमि और संसाधनों की सीमित आपूर्ति के परिणामस्वरूप हुईं। डॉ. अम्बेडकर ने भूमि जोत के औसत आकार और कृषि में नियोजित पूंजीगत वस्तुओं और उपकरणों की मात्रा में कमी का व्यापक प्रमाण प्रस्तुत किया।

डॉ. अम्बेडकर ने सवाल उठाया कि कृषि उपकरणों में पूंजीगत व्यय इतना कम क्यों है। उन्होंने कहा कि पूंजी बचत से प्राप्त होती है, जो अधिशेष होने पर संभव होती है। हालाँकि, भारत की कृषि, जो इसकी आबादी के लिए महत्वपूर्ण है, ने कोई अधिशेष उत्पन्न नहीं किया। भूमि पर जनसंख्या के दबाव के कारण प्रति श्रमिक उत्पादन कम हो गया और भूमि के सापेक्ष बड़ी कृषि आबादी की उपस्थिति के कारण अधिकांश भूमि अनावश्यक हो गई। इससे निष्क्रिय श्रम का आर्थिक महत्व बढ़ गया। सबसे पहले, उच्च जनसंख्या दबाव के कारण अन्य रोजगार के अवसरों की कमी के कारण भूमि को छोटी जोत में विभाजित किया गया। दूसरे, कृषि पर

निष्क्रिय श्रम की निर्भरता ने उनकी आय को केवल निर्वाह स्तर तक कम कर दिया। इससे कृषि में बचत और निवेश करने की क्षमता सीमित हो गई। डॉ. अम्बेडकर ने कहा कि जबकि निष्क्रिय पूंजी कोई लाभ नहीं पैदा करती है, निष्क्रिय श्रम को जीवित रहने के लिए उपभोग की आवश्यकता होती है। दूसरे शब्दों में, बिना कुछ अर्जित किये भी बेकार श्रम का उपभोग किया जाता है।

इसने अंततः औसत वेतन को कम करने में योगदान दिया, यही कारण है कि हमारे आर्थिक संगठन में संसाधनों की कमी की विशेषता थी। पूंजी मूलतः केवल अधिशेष या बचत थी, और अधिशेष प्रयास से उत्पन्न आय पर निर्भर करता था। यदि कोई प्रयास नहीं होता, तो कोई लाभ, बचत या धन नहीं होता।

डॉ. अम्बेडकर का मानना है कि कृषि की दक्षता बढ़ाने में भूमि और श्रम उत्पादकता को बढ़ावा देने के लिए श्रम को कम करते हुए संसाधनों और पूंजीगत वस्तुओं का विस्तार करना शामिल है। सीमित और बिखरे हुए भूमि स्वामित्व के मुद्दे को केवल पूंजीगत वस्तुओं का स्टॉक बढ़ाकर हल नहीं किया जा सकता है; अतिरिक्त श्रम का भी उपयोग किया जाना चाहिए। वास्तव में, यदि निष्क्रिय श्रम जारी रहता है, तो यह समस्या बनी रहेगी और भूमि जोत के और अधिक विखंडन को जन्म देगी, जिससे अंततः श्रम दक्षता कम हो जाएगी।

परिणामस्वरूप, डॉ. अम्बेडकर ने श्रम को कृषि से अर्थव्यवस्था के अन्य क्षेत्रों में स्थानांतरित करने के लिए एक नीति और रणनीति का प्रस्ताव रखा। उन्होंने तर्क दिया कि अतिरिक्त श्रम को गैर-कृषि उत्पादन के भीतर रखने से सीमित श्रम बल पर तनाव कम होगा और भारत की मूल्यवान मिट्टी की कमी को रोका जा सकेगा। यह श्रम, जब कृषि और औद्योगिक दोनों क्षेत्रों में उत्पादक रूप से लगा होता है, तो न केवल अपनी आजीविका कमाता है बल्कि अधिशेष भी उत्पन्न करता है, जिसके परिणामस्वरूप मौद्रिक लाभ में वृद्धि होती है।

डॉ. अम्बेडकर के अनुसार भारत का औद्योगीकरण ही कृषि समस्याओं का सर्वोत्तम समाधान है। औद्योगीकरण का भूमि पर दबाव कम करने और पूंजी और पूंजीगत वस्तुओं में वृद्धि का संयुक्त प्रभाव होगा, इस प्रकार जोत के विस्तार की आवश्यकता को आक्रामक रूप से बढ़ावा मिलेगा। इसके अतिरिक्त, औद्योगीकरण भूमि के बोझ को कम करके भूमि को विभाजित करने के अवसर प्रदान करेगा। भूमि को विभाजित करने और बेचने के खिलाफ मुख्य बाधा औद्योगिकीकरण है, क्योंकि यह अधिशेष कृषि श्रम को उद्योग में पुनर्निर्देशित करके खेती योग्य भूमि के विखंडन को रोक देगा।

डॉ. अम्बेडकर के अनुसार, भूमि उत्पादकता बढ़ाना कृषि समस्याओं का सबसे अच्छा समाधान है। उन्होंने कृषि में प्रत्यक्ष पूंजी व्यय की संभावना को स्वीकार किया, लेकिन इस बात पर जोर दिया कि श्रम उत्पादकता में सुधार कृषि अधिशेष और पूंजी निवेश पर निर्भर करेगा। उनके सैद्धांतिक सूत्रीकरण आर्थिक विकास के आर्थर लुईस मॉडल से उनकी समानता प्रदर्शित करते हैं, जो प्रचुर श्रम की उपलब्धता और श्रम और पूंजी के बीच संबंध पर आधारित है। ये अवधारणाएँ भारत की नियोजित आर्थिक विकास रणनीति के लिए भी प्रासंगिक हैं।

युद्धयोत्तर आर्थिक योजना

द्वितीय विश्व युद्ध के कारण हुई तबाही और अराजकता युद्ध के बाद दुनिया के पुनर्निर्माण के लिए आवश्यक थी। मुख्य चुनौतियों में से पहला कई देशों में युद्धग्रस्त भौतिक संरचनाओं और कारखानों का पुनर्वास था। भारत में तात्कालिक जरूरतों के बजाय दीर्घकालिक योजनाओं पर ध्यान केंद्रित किया गया। सरकार की प्राथमिकता युद्ध से संबंधित उद्योगों में रक्षा कर्मियों और श्रमिकों का पुनर्वास और समर्थन करना, उन्हें युद्धकाल से शांतिकाल की भूमिका में स्थानांतरित करना था। भारत की स्थिति यूरोपीय और एशियाई देशों से भिन्न थी, जिससे देश की आर्थिक पुनर्निर्माण रणनीति के लिए एक अलग उद्देश्य और दायरा सामने आया। भारतीय योजना में युद्ध से क्षतिग्रस्त उद्योगों के पुनर्निर्माण के बजाय नए बुनियादी ढांचे और कारखानों के विकास पर जोर दिया गया जैसा कि यूरोप को करना था। इसमें रक्षा सेवा के सदस्यों और विस्थापित श्रमिकों के पुनर्वास के साथ-साथ उद्योगों को युद्ध से शांति की ओर स्थानांतरित करने के कदम भी शामिल थे। हालाँकि, अंतिम लक्ष्य भारत के दीर्घकालिक आर्थिक विकास को बढ़ावा देना था।

भारतीय आर्थिक पुनर्गठन के सरकार के प्रस्ताव को विभिन्न राजनीतिक दलों और संगठनों ने बहुत महत्व दिया। उन्होंने इसे लागू किया और बड़ी दिलचस्पी और समर्थन के साथ इसका जवाब दिया। केंद्र सरकार को, जिसे 'बॉम्बे प्लान' नाम दिया गया था, जे. आर. डी. टाटा, जवाहरलाल नेहरू के 'पीपुल्स प्लान' और 'कांग्रेस प्लान' और मेघनाद साहा जैसे प्रमुख विद्वानों से वैकल्पिक प्रस्ताव प्राप्त हुए।

भारतीय आर्थिक पुनर्गठन के लिए सरकार के प्रस्ताव को विभिन्न राजनीतिक दलों और संगठनों द्वारा बहुत महत्वपूर्ण माना गया। उन्होंने इसे लागू किया और बड़ी दिलचस्पी और समर्थन के साथ इसका जवाब दिया। वैकल्पिक प्रस्ताव जे. आर. डी. टाटा, जवाहरलाल नेहरू के 'पीपुल्स प्लान' और 'कांग्रेस प्लान' और मेघनाद साहा

जैसे प्रमुख विद्वानों द्वारा तैयार किए गए थे। ये प्रस्ताव केंद्र सरकार के समक्ष प्रस्तुत किये गये और इन्हें 'बॉम्बे प्लान' के नाम से जाना गया।

भारत में आर्थिक नियोजन परिप्रेक्ष्य के विकास के दौरान उद्देश्यों और रणनीतियों के रूप में विशिष्ट योजनाएं प्रस्तुत की गईं और उन पर विचार किया गया, साथ ही योजना के लिए सामान्य दिशानिर्देश भी दिए गए। अलग-अलग लक्ष्यों और रणनीतियों के बावजूद, दोनों वैकल्पिक प्रस्तावों ने भारत के लिए एक राष्ट्रीय सरकार की तैयारी का अनुमान लगाया। अंतर्निहित आधार यह था कि आर्थिक मामलों में पूर्ण स्वायत्तता वाली एक राष्ट्रीय सरकार, केंद्रीय स्तर पर तुरंत बनाई जाएगी।

सरकार ने 15 से 25 वर्षों तक लगातार योजनाओं पर विचार किया। ऐसा इसलिए था क्योंकि वी.के.आर.वी. राव, डी.आर. जैसे कई उल्लेखनीय भारतीय अर्थशास्त्रियों के साथ। गाडगिल, सी.एन. वकील, और पी.एस. लोकनाथन, युद्ध के बाद की पुनर्निर्माण योजना को विकसित करने में शामिल थे। 1950 और 1960 के दशक में आर्थिक नियोजन में राव के व्यापक अनुभव ने इस प्रक्रिया में बहुत मदद की। यह स्पष्ट है कि आर्थिक विकास और पुनर्निर्माण के लिए नीतिगत कार्रवाई और तैयारी 1942-46 की अवधि के दौरान की गई थी, जिसने भारत की स्वतंत्रता के बाद की जल और बिजली नीति का आधार बनाया।

पुनर्निर्माण और आर्थिक विकास के लिए एक व्यापक और टिकाऊ रणनीति को पूरा करने के लिए, सरकार ने पाँच राजनीतिक और कार्य योजनाएँ स्थापित कीं। सामान्य योजना के लक्ष्य परिषद की पुनर्निर्माण समिति द्वारा निर्धारित किए गए थे, जिसने उच्चतम रैंकिंग वाले अधिकारियों को भी प्रेरित किया था। परिषद की पुनर्निर्माण समिति के सदस्यों में सभी केंद्रीय कैबिनेट सदस्य शामिल थे, जिसमें वायसराय अध्यक्ष थे। प्रत्येक समिति का नेतृत्व एक 'राजनीतिक समिति' द्वारा किया जाता था, जो संबंधित परिषद के सदस्यों के साथ-साथ केंद्रीय, प्रांतीय और राज्य सरकारों के प्रतिनिधियों के साथ-साथ व्यापार, उद्योग और व्यावसायिक प्रतिनिधियों से बनी होती थी। इसके अतिरिक्त, प्रत्येक नीति समिति विभाग सचिव की अध्यक्षता में एक 'आधिकारिक समिति' थी और इसमें संबंधित विभागों के सचिव शामिल थे। दोनों समितियों द्वारा किए गए किसी भी राजनीतिक निर्णय को अनुमोदन के लिए परिषद की पुनर्निर्माण समिति के समक्ष प्रस्तुत किया किया जाता था।

परिषद की पुनर्निर्माण समिति की प्रारंभिक बैठकों में चर्चा के दौरान सामान्य सहमति सिंचाई और बिजली सहित अखिल भारतीय प्रांतीय मामलों पर केंद्रित थी। यह सुझाव दिया गया कि अंतिम नीति लागू करने से पहले कुछ तैयारी आवश्यक हो सकती है। इसमें एक व्यापक युद्धोत्तर पुनर्निर्माण और विकास नीति, साथ ही राष्ट्रीय स्तर पर प्रत्येक विषय के लिए विशिष्ट नीति विवरण और प्रांतों और राज्यों द्वारा उनके अधिकार क्षेत्र के भीतर व्यक्तियों के लिए अपनाने की सिफारिशें शामिल हैं। केंद्र और प्रांतों और राज्यों दोनों को इन नीतियों को मूर्त योजनाओं में बदलना होगा।

इस योजना का उद्देश्य लोगों के जीवन स्तर को ऊपर उठाना और सभी के लिए रोजगार के अवसर सुनिश्चित करना है, साथ ही आय के उचित वितरण को बढ़ावा देना है। इन उपायों के बिना, लोग अपने जीवन स्तर में सुधार करने या अपनी क्रय शक्ति बढ़ाने में असमर्थ होंगे। पुनर्निर्माण और विकास योजना का उद्देश्य कृषि, उद्योग और सेवाओं में दक्षता और उत्पादकता में सुधार करके लोगों के जीवन स्तर को बढ़ाना है। योजना दस्तावेज़ में कृषि को भारत के प्राथमिक उद्योग के रूप में रेखांकित किया गया है, जो कायम रहेगा, लेकिन यह वर्तमान आर्थिक असंतुलन को दूर करने के लिए देश के उद्योगों के गहन विकास की आवश्यकता पर भी जोर देता है। इस तरह कृषि और उद्योग दोनों को एक साथ बेहतर बनाया जा सकता है। परिकल्पित योजना से धन का अधिकतम वितरण होगा। सचिव को, विभाग के परामर्श से, युद्ध के बाद के पुनर्निर्माण और विकास को शामिल करते हुए एक नीति वक्तव्य बनाने का काम सौंपा गया था। प्रत्येक विभाग के पास अपनी जिम्मेदारियों को रेखांकित करने वाला एक व्यापक नीति विवरण था, जिसे परिषद की पुनर्निर्माण समिति द्वारा स्वीकार किया जाना आवश्यक था। जुलाई 1943 में, मंत्रालयों के सचिवों के सम्मेलन ने प्रारंभिक मसौदा घोषणा का समापन किया। भारत सरकार के विभिन्न मंत्रालयों की राय के आधार पर एक संशोधित मसौदा रिपोर्ट को सितंबर 1944 में पुनर्निर्माण समिति द्वारा अनुमोदित किया गया था।

इस दोहरे उद्देश्य को प्राप्त करने के लिए, योजना में अल्पकालिक और दीर्घकालिक दोनों रणनीतियों को शामिल किया जाना चाहिए। अल्पकालिक रणनीति, जिसे पुनर्निर्माण या पुनर्प्राप्ति योजना के रूप में जाना जाता है, अनिवार्य रूप से दीर्घकालिक विकास एजेंडे के साथ विलय हो गई। इसमें रक्षा और युद्ध-विस्थापित श्रमिकों, सैन्य कर्मियों के पुनर्वास और पुन: एकीकरण के उपायों को लागू करना, साथ ही उद्योगों को युद्धकाल से शांतिकाल के संचालन में परिवर्तित करना और शांति-संबंधी नियमों को समायोजित करना शामिल था।

इस परियोजना का उद्देश्य सिंचाई और ऊर्जा उत्पादन दोनों के महत्व को पहचानते हुए कृषि और औद्योगिक दोनों क्षेत्रों का संतुलित विकास करना था। इस प्रकार, योजना के दीर्घकालिक लक्ष्यों में सिंचाई और बिजली दोनों को उच्च प्राथमिकता दी गई। परियोजना का मुख्य ध्यान दीर्घकालिक आर्थिक विकास हासिल करने पर था। इसका उद्देश्य भारत के लिए 15 से 25 वर्ष या उससे अधिक अवधि की एक व्यापक योजना बनाना था, जिसमें एक विस्तृत पाँच-वर्षीय चरणबद्ध योजना शामिल थी। दीर्घकालिक योजना में पूंजी क्षेत्र और बुनियादी ढांचे के विकास में महत्वपूर्ण निवेश शामिल था। सिंचाई विकास, मिट्टी के कटाव की रोकथाम, भूमि पुनर्वास और अन्य उपायों जैसी पहलों के माध्यम से कृषि को बढ़ाने के प्रयास किए गए। ग्रामीण विकास को समर्थन देने के लिए बिजली सुधार भी लागू किए गए, जिनमें ट्यूबवेल सिंचाई और हाइड्रो-इलेक्ट्रॉनिक्स का उपयोग भी शामिल है। इसके अतिरिक्त, औद्योगिक विकास, विशेष रूप से पूंजीगत वस्तुओं और उपभोक्ता उत्पादों के उत्पादन के साथ-साथ छोटे कुटीर उद्योगों के संरक्षण और विकास पर जोर दिया गया। इन उपायों को ग्रामीण क्षेत्रों पर विशेष ध्यान देने के साथ सड़क परिवहन और संचार में पर्याप्त निवेश द्वारा समर्थित किया जाना था।

हालाँकि परिषद की पुनर्निर्माण समिति के पास योजना को मंजूरी देने का अंतिम अधिकार था, लेकिन इसमें शामिल मंत्रालय जमीनी कार्य के लिए जिम्मेदार थे। विभागीय स्तर पर, डॉ. अम्बेडकर नीति समिति और आधिकारिक समिति दोनों की अध्यक्षता करते थे। उनसे चार वक्तव्य तैयार करने की अपेक्षा की गई थी, जिसमें युद्ध के बाद के पुनर्निर्माण और आर्थिक विकास पर एक व्यापक नीति वक्तव्य, विभाग के अधिकार क्षेत्र में आने वाले विषयों (जैसे सिंचाई और बिजली) पर एक व्यापक नीति वक्तव्य और एक कार्य योजना वक्तव्य शामिल था। डॉ. बी.आर. अम्बेडकर ने विकास के एक महत्वपूर्ण पहलू पर ध्यानपूर्वक विचार किया। वह केंद्रीय मंत्रिमंडल के सदस्य और परिषद की पुनर्निर्माण समिति के भी सदस्य थे। इसके अतिरिक्त, उन्होंने सिंचाई और बिजली नीति समिति के अध्यक्ष के रूप में कार्य किया और इसकी आधिकारिक समिति के सदस्य थे। इन समितियों ने उन्हें सिंचाई और पनबिजली उत्पादन से संबंधित मुद्दों की जांच करने और व्यावहारिक समाधान सुझाने की जिम्मेदारी सौंपी। तीनों निकायों में डॉ. अम्बेडकर की भागीदारी ने भारत के जल और बिजली संसाधनों के इष्टतम विकास के लिए नीतियों और कार्य योजनाओं के निर्माण में महत्वपूर्ण योगदान दिया।

राज्य या निजी संस्थाओं द्वारा सिंचाई और जलविद्युत परियोजनाओं के स्वामित्व, साथ ही सिंचाई और बिजली उत्पादन में राज्य और केंद्र की भूमिकाओं जैसे

बुनियादी मुद्दों के संबंध में नीतिगत रुख पर विचार किया गया। संघीय सरकार के पास अब इन दो क्षेत्रों में हस्तक्षेप करने या भाग लेने की क्षमता है जो पहले राज्य के नियंत्रण में थे। सन्1935 का अधिनियम, जिसने प्रांतीय सरकारों को सिंचाई और बिजली पर पूर्ण नियंत्रण प्रदान किया, श्रम विभाग के लिए एक बड़ी चुनौती बन गया, क्योंकि इसने प्रांतों या राज्यों के बीच संघर्षों में मध्यस्थता करने की केंद्र सरकार की क्षमता को प्रतिबंधित कर दिया। परिणामस्वरूप, इससे अखिल भारतीय दृष्टिकोण के कार्यान्वयन में बाधा उत्पन्न हुई।

परिषद की पुनर्निर्माण समिति ने निष्कर्ष निकाला कि सिंचाई, बिजली और औद्योगिक विकास में इष्टतम परिणामों के लिए, एक सार्वभौमिक रूप से स्वीकृत अखिल भारतीय योजना या परस्पर जुड़ी योजनाओं का एक सेट होना चाहिए जिसमें समान तत्व साझा हों। हालाँकि, केंद्र सरकार यह कहते हुए सावधानी से आगे बढ़ी कि हालाँकि क्षेत्रीय मामलों के लिए भी राष्ट्रव्यापी योजना बनाना बेहतर है, लेकिन संशोधनों, समझौतों और सहयोग के माध्यम से इसे हासिल करना आवश्यक हो सकता है। इस उद्देश्य को पूरा करने के लिए प्रांतीय और राज्य सरकारों के सहयोग की आवश्यकता है।

राज्यों के बीच भागीदारी और सहयोग के बिना सिंचाई और पनबिजली उत्पादन योजनाओं की क्षमता को पूरी तरह से साकार करना चुनौतीपूर्ण होता। ऐसा इसलिए है क्योंकि जल आपूर्ति को राज्य की सीमाओं तक सीमित नहीं किया जा सकता है। केंद्र सरकार ने मशीनरी, उपकरण और तकनीकी कर्मचारियों के प्रशिक्षण के लिए वित्तीय सहायता प्रदान की। ऐसी स्थितियों में जहां केंद्रीकृत मार्गदर्शन आवश्यक था, राष्ट्रीय स्तर पर एक स्वतंत्र प्राधिकरण का होना फायदेमंद माना गया जो प्रांतों और राज्यों के सहयोग से काम करता हो। इसी प्रकार, ऐसे मामलों में जहां प्रांतों और राज्यों के बीच समन्वय की आवश्यकता होती है, एक क्षेत्रीय प्राधिकरण को वांछनीय माना गया।

पूंजीवाद और संसदीय लोकतंत्र

डॉ. अम्बेडकर के अनुसार, पूंजीवादी संरचना और सरकार के संसदीय स्वरूप, उनके लंबे सह-अस्तित्व के बावजूद, कुछ कष्टकर अंतर्विरोधों से सम्बंधित थे। उन्होंने सन्1943 की शुरुआत में कहा था कि "जो लोग औद्योगिक संगठन के पूंजीवादी मॉडल और संसदीय लोकतंत्र नामक एक राजनीतिक संगठन के रूप में रहते हैं, उन्हें अपनी संरचनाओं की असंगति को समझना चाहिए।"

पहली विसंगति वह थी जो राजनीतिक और आर्थिक प्रणालियों के बीच मौजूद थी। "राजनीति में, समानता का अर्थ है कि सभी का वोट समान रूप से गिना जाता है। अर्थशास्त्र में, असमानता का अर्थ है कि कुछ लोगों के पास दूसरों की तुलना में अधिक धन या संसाधन हैं। लेकिन हमारा राजनीतिक सिद्धांत कहता है कि हर किसी के वोट का मूल्य समान होना चाहिए, जबकि हमारा आर्थिक सिद्धांत कहता है कि कुछ लोगों का पैसा या संसाधन दूसरों की तुलना में अधिक महत्वपूर्ण हैं।" दूसरी विसंगति थी अपार धन और गरीबी और गरीबों का सह-अस्तित्व। इन मतभेदों को कैसे सुलझाया जाए, इस बारे में असहमति हो सकती है, लेकिन उनकी वास्तविकता के बारे में नहीं।

पहली विसंगति के संदर्भ में, डॉ. अम्बेडकर ने देखा कि, संसदीय लोकतंत्र की शुरुआत राजनीतिक समानता के साथ एक व्यक्ति एक वोट की गारंटी के साथ हुई, लेकिन यह स्थिर नहीं रहा। यह सामाजिक और आर्थिक अवसरों का सिद्धांत असमानता को पहचान कर और राजनीतिक अधिकारों की समानता की अवधारणा का विस्तार करके आगे बढ़ा है। हालांकि, गलत विचारधारा और संगठन, या दोनों के कारण, सपना पूरा नहीं हुआ।

विचारधारा के संदर्भ में उन्होंने कहा कि 'अनुबंध की स्वतंत्रता' की अवधारणा ने संसदीय लोकतंत्र पर प्रतिकूल प्रभाव डाला है। यह अवधारणा स्पष्ट हो गई थी कि स्वतंत्रता के नाम पर इसका बचाव किया गया था। आर्थिक असमानता और अनुबंध करने वाली राजनितिक पार्टियों पर 'अनुबंध की स्वतंत्रता' के प्रभाव, यदि वे असमान थे, संसदीय लोकतंत्र द्वारा नजरअंदाज कर दिया गया था। विशेषाधिकार प्राप्त लोगों को 'संविदा स्वतंत्रता' के नाम पर गरीबों को धोखा देने का अवसर दिया गया था। परिणामस्वरूप, विधायी प्रणाली, स्वतंत्रता के चैंपियन होने का दावा करते हुए, गरीबों, दलितों और अपमानित लोगों के आर्थिक अन्याय को बढ़ा रही थी।

इसके अलावा, इस विचारधारा ने इस संभावना पर विचार करने से इनकार कर दिया कि संसदीय लोकतंत्र विफल हो जाएगा, या इसकी नींव में कोई सामाजिक और आर्थिक लोकतंत्र नहीं होने पर व्यापक असंतोष होगा। संसदीय लोकतंत्र के ढांचे और ताने-बाने सामाजिक और आर्थिक लोकतंत्र थे। संसदीय लोकतंत्र ने केवल एक चीज की इच्छा जगाई जो कि स्वतंत्रता है। हालाँकि, स्वतंत्रता के वास्तविक होने के लिए, ऐसी सामाजिक और आर्थिक स्थितियों का पालन करना चाहिए। सबसे पहले और सबसे महत्वपूर्ण, सामाजिक समानता की आवश्यकता है। विशेषाधिकारों ने सामाजिक क्रिया की शक्ति को अपने पक्ष में स्थानांतरित कर दिया। लोग अपने

लोकतंत्र का उपयोग करने के लिए इच्छुक थे यदि उनके सामाजिक अधिकार अधिक समान थे। नतीजतन, अगर स्वतंत्रता को अपने इच्छित गंतव्य तक प्रगति करना था, तो सामाजिक समानता आवश्यक थी। दूसरा, वित्तीय सुरक्षा की भावना होनी चाहिए।

डॉ. अम्बेडकर ने कहा है कि मनुष्य किसी भी पेशे में शामिल हो सकता है यदि वह काम में स्वतंत्रता के बिना है, तो वह स्वतंत्रता की प्रकृति के साथ संघर्ष करते हुए मानसिक और शारीरिक गुलामी का शिकार हो जाता है। वह अपने पेशे में प्रवेश करने के लिए स्वतंत्र नहीं हो पता है। पड़ोसी का निरंतर भय, आसन्न तबाही की भयावह भावना, और शांति और सुंदरता की बेचैन खोज जो अभी भी सभी को भ्रमित करती है, इससे यह प्रदर्शित होता है कि आर्थिक सुरक्षा के बिना स्वतंत्रता का कोई मूल्य नहीं है। पुरुष स्वतंत्र हो सकते हैं, लेकिन वे अपनी स्वतंत्रता के अर्थ को समझने में असमर्थ हैं। उन्होंने लिखा है कि संसदीय लोकतंत्र का आर्थिक समानता के साथ केवल एक परिचित परिचय था। लोगों ने समानता के परिणामों को नहीं समझा, न ही उन्होंने स्वतंत्रता और समानता के बीच संतुलन बनाने की कोशिश की और इसलिए स्वतंत्रता को समान माना और इस तरह असमानता की सन्तति छोड़ दी।

दूसरे अंतर्विरोध के संदर्भ में, डॉ. अम्बेडकर ने देखा कि बहुत से लोगों को, काम करने वाले और बेरोजगार दोनों को, निजी उद्यम पर आधारित कुल संग्रहित अर्थव्यवस्था में अपने अधिकारों का त्याग करना पड़ा और अपने जीवन में उपार्जन के लिए और निजी नियोक्ता के नियम के अनुसार निजी लाभ की खोज में अपने अधिकारों का त्याग करना पड़ा। यह अवधारणा थी कि राज्य को निजी, आर्थिक और सामाजिक हस्तक्षेप से बचना चाहिए जिसके परिणामस्वरूप पूंजीवादी व्यवस्था में स्वतंत्रता होती है। तो स्वतंत्रता किसके लिए है? पूंजीपति कीमतें बढ़ाता है, मजदूरी कम करता है और काम के घंटे बढ़ाता है और वेतन कम करता है। यह एक आर्थिक प्रणाली के लिए कोई अन्य तरीका नहीं हो सकता है जो पूरी तरह से और नियमित रूप से उत्पादों का उत्पादन करने वाले कर्मचारियों के लोगों को काम पर रखता है, श्रमिकों के संचालन के लिए कानून होना चाहिए। यदि राज्य ऐसा नहीं करता है, तो यह एक निजी नियोक्ता द्वारा अपने लाभ के लिए किया जाएगा।वर्तमान सरकारे इसमें अपना योगदान दे रही है। निजी क्षेत्र के नियोक्ता की आय गुणको में बढ़ोत्तरी हो रही है।

डॉ. अम्बेडकर ने आगे कहा, “इटली, जर्मनी और रूस में संसदीय लोकतंत्र का इतनी आसानी से क्यों पतन हो गया? यह इंग्लैंड और संयुक्त राज्य अमेरिका में इतनी

आसानी से क्यों नहीं हुआ? मेरे विचार से इसका एक ही उत्तर है-अर्थात् बाद के देशों में पहले की तुलना में आर्थिक और सामाजिक लोकतंत्र का स्तर अधिक था। सामाजिक और राजनीतिक लोकतंत्र राजनीतिक लोकतंत्र के ऊतक और तंतु हैं। जब ऊतक और रेशे सख्त होंगे तो शरीर की ताकत अधिक होगी।"।

सबसे लोकतांत्रिक सरकारें कर्मचारियों और बेरोजगारों दोनों के स्वतंत्रता और खुशी की खोज के अधिकारों को संरक्षित करने के लिए राजनीति में असंवैधानिक प्रतिबंध लागू करने वाली रही हैं। लेकिन यह एक बहस का विषय बना रहा। विधायिका का हस्तक्षेप गरीबों के अधिकारों के उल्लंघन के खिलाफ एक महत्वपूर्ण सुरक्षा उपाय था, क्योंकि सभी विधायिकाओं और सरकारों में अक्सर उन पर अधिक शक्तिशाली लोगों का प्रभुत्व होता है, तब भी जब राजनीतिक चुनावों में वयस्क मताधिकार प्रदान किया जाता है। इसके बजाय, उन्होंने मनमाने प्रतिबंध लगाने की सरकार की क्षमता को सीमित करने और अधिक शक्ति वाले लोगों के प्रभाव को कम करने का सुझाव दिया। यह लोगों के आर्थिक जीवन पर से उनका नियंत्रण हटाकर पूरा किया गया, जिसका महत्वपूर्ण प्रभाव पड़ा। राज्य को नागरिकों की आर्थिक गतिविधियों की योजना बनाने में सक्रिय भूमिका निभानी चाहिए, जिसका लक्ष्य निजी व्यवसायों को पनपने की अनुमति देते हुए विकास को अधिकतम करना और आय का उचित वितरण सुनिश्चित करना है। डॉ. अम्बेडकर ने कृषि में राज्य के स्वामित्व और उद्योग और बीमा में राज्य समाजवाद के एक संशोधित रूप की वकालत की।

उस समय राज्य को कृषि और उद्योग के लिए आवश्यक पूंजी प्रदान करने की आवश्यकता थी। उच्चतम स्तर की दक्षता के साथ सार्वजनिक क्षेत्र को यथासंभव प्रभावी ढंग से प्रबंधित किया जाना था। उदाहरण के लिए, उन्होंने दामोदर घाटी परियोजना की संरचना और प्रकृति के संबंध में उल्लेख किया और कहा, "मैं यह स्वीकार करने के लिए तैयार नहीं हूं कि परियोजना को गैर-लाभकारी आधार पर चलाया जाना चाहिए। न ही मैं यह स्वीकार करता हूं कि कोई भी लाभ जो सभी उचित शुल्कों को पूरा करने के बाद अर्जित हो सकता है, उसका उपयोग केवल पूंजीगत व्यय में कमी और प्रणाली की बेहतरी के लिए किया जाएगा। इस तथ्य को भूलना असंभव है कि देश के लोगों के दुख-दर्द का एक बड़ा हिस्सा पूरी तरह से सरकार के अपर्याप्त राजस्व संसाधनों के कारण है। सरकारी व्यावसायिक सरोकार का उद्देश्य सरकार को लाभ कमाने में सक्षम बनाना है जैसा कि कोई भी व्यावसायिक संस्था अपने संसाधनों के पूरक के लिए करती है। इसलिए मैं दामोदर

घाटी प्राधिकरण के योगदान से इस महत्वपूर्ण उद्देश्य को खारिज करने का कोई औचित्य नहीं देख पा रहा हूं।"

परिणामस्वरूप, जबकि डॉ. अम्बेडकर ने लोकतंत्र का कोई विकल्प नहीं देखा तो उन्होंने इसे राजनीतिक संगठन के एक स्वीकार्य रूप के रूप में स्पष्ट किया, उन्होंने सामाजिक और आर्थिक संरचनाओं को मजबूत करने के महत्व पर भी जोर दिया, जिसे उन्होंने राजनीतिक लोकतंत्र के ऊतकों और तंतुओं के रूप में देखा। नतीजतन, उन्होंने एक राजनीतिक-आर्थिक प्रणाली का आह्वान किया जो संवैधानिक राज्य समाजवाद को संसदीय लोकतंत्र के साथ जोड़ती है। सामाजिक और आर्थिक संगठन समानता को बढ़ाने के लिए, और इस प्रकार गरीबों और सामाजिक रूप से वंचित,बहिकृत,पिछड़े और महिला वर्ग के लिए राजनीतिक साधन अधिक सार्थक हो सकते हैं। सिंचाई,जल और बिजली नीति के बारे में उनकी सोच ने इस परिप्रेक्ष्य को सकारात्मक रूप से प्रभावित किया है और राज्य बनाम निजी स्वामित्व वाली सिंचाई और बिजली परियोजनाओं, सार्वजनिक निकायों के वित्तीय मूल्यों और गरीबों की स्थिति जैसे मुद्दों पर श्रम विभाग की धारणाओं पर सकारात्मक प्रभाव डाला है। सिंचाई और ऊर्जा परियोजनाओं में भी सकारात्मक प्रभाव डाला।

* * * * * * * * * * *

अध्याय– पांच

राष्ट्र निर्माण एवं आधुनिकीकरण में डॉ.बी.आर.अम्बेडकर का योगदान

"शहरीकरण के साथ-साथ आधुनिकीकरण और औद्योगीकरण तीव्र प्रक्रिया है"।

राष्ट्र निर्माण एवं आधुनिकीकरण में डॉ.बी.आर.अम्बेडकर का योगदान

"डॉ.अम्बेडकर का भारत को एक शहरी, औद्योगिक समाज में बदलने का लक्ष्य आधुनिक यूरोप और अमेरिका के निर्माताओं से मेल खाता है। गांव क्या है,यह स्थानीयता की सिंक, अज्ञानता और संकीर्ण मानसिकता की मांद है?"

यद्यपि संविधान के मुख्य निर्माता के रूप में डॉ. भीमराव रामजी अम्बेडकर के प्रयासों को लंबे समय से याद किया जाता रहा है, सिंचाई और बिजली और जल प्रबंधन के लिए योजना के विकास के लिए उनका अभिनव दृष्टिकोण आम जन में उतना प्रसिद्ध नहीं है जितना बुद्धजीवियो को मालूम है। कावेरी विवाद के तहत, डॉ अम्बेडकर की रणनीति और योजना, जब वे वायसराय कार्यकारी परिषद के श्रम, सिंचाई और उर्जा क्षेत्र के सदस्य थे, नदी जल प्रणालियों पर अंतर-राज्यीय विवादों के व्यवहार्य समाधान का प्रस्ताव किया।

भारतीय अर्थव्यवस्था की कृषि रीढ़ रही है, और सिंचाई इसके विकास में महत्वपूर्ण भूमिका निभाती है।डॉ. अम्बेडकर 20वीं सदी के एक बौद्धिक राजनेता और बहुआयामी व्यक्तित्व वाले थे। भारत के लाखों वंचित,बहिकृत,पिछड़े, महिला और प्रताड़ित लोगों के लिए, वे एक 'आशा की किरण' थे। उनका योगदान संपूर्ण सामाजिक विज्ञान के सरगम में व्याप्त है। इसलिए, उनके अनुभव की विरासत, उन्हें एक समाजवादी, एक इतिहासकार, एक अर्थशास्त्री, राजनीतिक सिद्धांतकारों का रणनीतिकार, नागरिक कानून का संस्थापक, आधुनिकीकरण,राष्ट्रनिर्माता एवं एक सांस्कृतिक क्रांतिकारी बनाती है। उन्होंने देखा कि ग्रामीण क्षेत्रों में कृषि में सुधार करके, आर्थिक और सामाजिक विकास प्राप्त किया जा सकता है।

भारतीय कृषि पर उनके दृष्टिकोण को विभिन्न विषयों में वर्गीकृत किया जा सकता है, जिनमें भूमि राजस्व, लघु भूमि स्वामित्व, भूमि कार्यकाल प्रणाली, कृषि श्रम, सामूहिक खेती और कृषि संगठन शामिल हैं। भारतीय खेती में भूमि का वितरण हमेशा पक्षपातपूर्ण रहा है, विशेष रूप से भारत में ब्राह्मणवादी जाति व्यवस्था के

साथ इसके संबंध पर महत्वपूर्ण जोर दिया गया है। ऊंची जातियां आम तौर पर बड़ी जमींदार रही हैं, जबकि मध्य जातियां किसानों के रूप में काम करती रही हैं, और सामाजिक-आर्थिक रूप से वंचित वर्ग, मुख्य रूप से खेतिहर मजदूर रहे हैं। परिणामस्वरूप, कृषि क्षेत्र की उन्नति, भूमि स्वामित्व की प्रवृत्ति और वंचित समुदायों के व्यावसायिक वितरण पर डॉ. अम्बेडकर के दृष्टिकोण की जांच करना अनिवार्य है। भारतीय अर्थव्यवस्था में कृषि का बहुत महत्व है और इसका विकास मुख्य रूप से भूमि स्वामित्व प्रणाली, सिंचाई, मिट्टी की उर्वरता और प्रौद्योगिकी पर निर्भर करता है। भूमि ग्रामीण लोगों के जीवन में एक महत्वपूर्ण भूमिका निभाती है और आय का एक प्रमुख स्रोत और सामाजिक स्थिति का प्रतीक के रूप में कार्य करती है। भारत की लगभग पचासी प्रतिशत ग्रामीण आबादी प्रत्यक्ष या अप्रत्यक्ष रूप से भूमि और उसके विकास पर निर्भर करती है।

कुल मिलाकर, ग्रामीण क्षेत्रों में आय का स्तर स्वामित्व वाली या प्रबंधित भूमि की मात्रा से निकटता से जुड़ा हुआ है। ग्रामीण क्षेत्रों में सामाजिक असमानता का स्वरुप भूमि वितरण प्रणाली और नागरिकों के बीच बिजली वितरण के बीच अतिछादन को दर्शाता है। ग्रामीण भारतीय सामर्थ्य और वर्चस्व हासिल करने में भूमि की महत्वपूर्ण भूमिका है। हालांकि, भारत में कृषि में भूमि वितरण का स्वरुप पक्षपाती बना हुआ है।

ब्राह्मणवादी जाति व्यवस्था से जुड़े होने के कारण, विशेष रूप से भारत में भूमि का विषम वितरण महत्वपूर्ण है। ब्राह्मणवादी पदानुक्रम में बड़े जमींदार उच्च जातियों के रहे हैं, किसान मध्यम जातियों के रहे हैं, और खेतहर मजदूर ज्यादातर कमजोर वर्ग के रहे हैं, जैसे कि सामाजिक-आर्थिक वंचित वर्ग का अर्थ है पदानुक्रमित व्यवस्था में सामाजिक रूप से वंचित और बहिष्कृत वर्ग। भूमि सुधार के लिए शामिल कदम, जो स्थायी बंदोबस्त अधिनियम 1793 के माध्यम से ब्रिटिश सरकार के लिए रूचिकर था, स्वतंत्रता के बाद सभी राज्यों द्वारा राष्ट्रीय अर्थव्यवस्था की नीतियों के अनुसार, शोषक मध्यवर्ती भूमि कार्यकाल को समाप्त करने के लिए अपनाया गया था और शोषणकारी मध्यवर्ती भूमि के कार्यकाल को समाप्त करने के लिए और इस प्रकार भारतीय खेती में उत्पादकता बढ़ाने और समान विकास को प्रोत्साहित करने के लिए काश्तकारों को स्वामित्व अधिकार प्रदान करना। भारतीय कृषि भी साठ के दशक के मध्य से हरित क्रांति के रूप में जानी जाने वाली उभरती प्रौद्योगिकियों के संपर्क में थी।

खाद्य उत्पादन की पर्यावरण अनुकूल और प्रामाणिक प्रकृति के परिणामस्वरूप, कृषि उत्पादन में उल्लेखनीय वृद्धि हुई है, विशेषकर खाद्य उत्पादन के क्षेत्र में।

हालाँकि, यह ध्यान रखना महत्वपूर्ण है कि इस वृद्धि से मुख्य रूप से बड़े किसानों को लाभ हुआ है, जबकि सीमित संसाधनों, सीमांत भूमि और कृषि श्रम वाले लोगों को महत्वपूर्ण लाभ का अनुभव नहीं हुआ है। यह पता लगाना महत्वपूर्ण है कि भूमिहीन और सीमांत व्यक्तियों की श्रेणी में कौन आता है। इसका उत्तर सामाजिक-आर्थिक रूप से वंचित वर्गों के पास है, जो भूमिहीन और ग्रामीण श्रम शक्ति का लगभग निन्यानबे प्रतिशत हिस्सा हैं। यह निर्धारित करना कि कौन से आर्थिक सिद्धांत इन हाशिये पर पड़े व्यक्तियों की उन्नति में योगदान दे सकते हैं, एक मौलिक प्रश्न है जिसका उत्तर दिया जाना आवश्यक है। कृषि विकास पर डॉ. अम्बेडकर के दृष्टिकोण, विशेष रूप से कृषि सुधारों के संबंध में और कृषि क्षेत्र के लिए उनके सिद्धांतों की प्रासंगिकता को समझने के लिए, राज्य स्तर पर सामाजिक-आर्थिक रूप से वंचित समूहों के लिए भूमि की पहुंच की जांच करना सहायक होगा। आज़ादी के बाद का युग. इन हाशिए पर मौजूद वर्गों पर भूमि सुधारों के प्रभाव का आकलन करने के लिए पहुंच पर शोध करना आवश्यक है।

कृषि विकास और भूमि सुधार पर डॉ. अम्बेडकर के विचार

डॉ. भीमराव रामजी अम्बेडकर ने भारतीय कृषि की समस्याओं का अध्ययन किया और ' इस्माल होल्डिंग्स इन इंडिया एंड दियर रेमिडीज यानि भारत में छोटी जोत और उनके निदान ' में प्रस्तावित समाधानों का अध्ययन किया, जो सितंबर 1918 में इंडियन इकोनॉमिक सोसाइटी की पत्रिका में प्रकाशित हुआ था। डॉ. अम्बेडकर के लेखन और भाषणों को पुन: प्रस्तुत किया गया। वह पहले भारतीय अर्थशास्त्री और अधुनिकिकरण के प्रबल समर्थक थे जिन्होंने उपविभाजित और खंडित भूमि जोत के मुद्दों का अध्ययन किया। डॉ. अम्बेडकर के अनुसार, भारत में संपत्ति के उत्तराधिकार और भूमि पर जनसंख्या के दबाव पर कानून, भूमि जोत के विभाजन और विखंडन में प्रमुख कारक रहे हैं।

उनका मानना था कि यदि छोटी जोत को अधिक सघन बनाया जाये तो कुछ हद तक छोटी जोत के नकारात्मक पहलू कम हो जायेंगे। डॉ. अम्बेडकर ने भारतीय कृषि की समस्या के संभावित समाधान के रूप में समेकन और विस्तार जैसी तकनीकों की व्यवहार्यता और वांछनीयता की आलोचनात्मक जांच की। स्वामित्व का समेकन एक व्यावहारिक मामला है, जबकि होल्डिंग्स का विस्तार एक सैद्धांतिक मामला है, जिसके लिए उन सिद्धांतों पर बहस की आवश्यकता है जो उनके आकार को नियंत्रित करते हैं। विस्तार की सैद्धांतिक समस्या को अलग रखते हुए, हम पुनर्गठन के मुद्दे को इस बात पर विचार करके संबोधित कर सकते हैं कि इन छोटी और

बिखरी हुई जोतों को उनके वर्तमान स्वरूप में कैसे जोड़ा जाए, और यह भी कि एक बार संयुक्त होने के बाद उन्हें बड़े आकार में कैसे लाया जाए। ऐसे में सवाल यह है कि इस नई व्यवस्था को कैसे कायम रखा जाए।

भूमि उपविभाजन को भूमि विखंडन कहा जाना आवश्यक नहीं है। हालाँकि, दुर्भाग्य से, भूमि को उत्तराधिकारियों के बीच विभाजित करने के बजाय, प्रत्येक व्यक्ति प्रत्येक सर्वेक्षण संख्या के एक हिस्से पर दावा करने का प्रयास करता है जो संपूर्ण बनता है, ताकि अधिक से अधिक व्यक्तिगत संख्याएँ प्राप्त की जा सकें। इससे भूमि का विखंडन होता है, न कि इसे सर्वेक्षण संख्याओं के आधार पर विभाजित किया जाता है। हालाँकि यह विखंडन उचित वितरण के उद्देश्य को पूरा कर सकता है, लेकिन अंततः यह भारत में खेती को अस्थिर बना देता है, जैसा कि अतीत में यूरोप में था। इसके परिणामस्वरूप खेतों पर श्रम, पशुधन और संसाधन बर्बाद हो जाते हैं। लोगों का पता लगाने, कुएँ खोदने और श्रम और मशीनरी का उपयोग करने में होने वाला खर्च इस दृष्टिकोण को अव्यवहारिक बनाता है। इसके लिए कृषि में महत्वपूर्ण बदलावों की भी आवश्यकता है, जैसे सड़कों और जल प्रणालियों का निर्माण, जिससे उत्पादन लागत में और वृद्धि होती है। विखंडन के इन मुद्दों पर केवल तभी विचार किया जाता है जब भूमि पर दोबारा काम करने या उसे समेकित करने का प्रयास किया जाता है। इस समस्या से निपटने के लिए कई दृष्टिकोण हैं, लेकिन उनमें से सभी समान रूप से सफल नहीं हैं। प्रशिया में, पश्चिमी भारत में कृषि प्रक्रिया के दौरान, आर्थिक आधार पर भूमि के निपटान के लिए आठ सामान्य आयोग समर्पित हैं। इसे बड़ी संपत्तियों के उप-विभाजन, पुनर्वितरण, या बंजर भूमि पर कब्जे और सुधार के माध्यम से प्राप्त किया जा सकता है।

स्वैच्छिक आदान-प्रदान पर बहुत अधिक भरोसा करना चुनौतीपूर्ण हो सकता है, लेकिन सीमित तरीके से कब्ज़ा या अधिभोग अधिकार से बेचना फायदेमंद हो सकता है। इसलिए, केवल निकटवर्ती भूमि वाले पात्र या व्यक्तियों को उन सर्वेक्षण नंबरों के लिए नीलामी में बोली लगाने की अनुमति दी जाएगी जिन्हें देर से मूल्यांकन के कारण छोड़ दिया गया है या संलग्न किया गया है।

एक बार फिर, विखंडन की प्रक्रिया के लिए अतिरिक्त समर्थन प्रदान करने के लिए, जिन किसानों के पड़ोसी उनकी जमीन बेचने में रुचि रखते हैं, उन्हें छूट दी जा सकती है। यह स्वीकार करना महत्वपूर्ण है कि ये विधियाँ एक निश्चित सीमा तक ही वांछित परिणाम प्राप्त कर सकती हैं। विनिवेश से होने वाले नुकसान काफी हैं, इसलिए एक व्यापक पुनर्गठन योजना के कार्यान्वयन की आवश्यकता है। नतीजतन, यह अनुशंसा की जाती है कि यदि दो-तिहाई भूस्वामी, जिनके पास सामूहिक रूप

से गांव की आधी से अधिक संपत्ति है, आवेदन जमा करते हैं, तो सरकार गांव के भीतर खेतों को सीमित करने के लिए बाध्य होगी।

श्रम, पशुधन और अन्य आदानों का अपव्यय करके, जोत का विखंडन कृषि अक्षमता को बढ़ावा देता है। यहां, डॉ. अम्बेडकर प्रो. जेवन्स द्वारा की गई सिफारिशों और बड़ौदा आर्थिक जांच समिति की कीटिंग पर चर्चा करते हैं। उन्होंने अनिवार्य भूमि प्रतिबंध पर बड़ौदा समिति द्वारा प्रस्तावित 'आर्थिक इकाई' और 'प्रारंभिक स्वामित्व' मानक की आलोचनात्मक रूप से पड़ताल की। पहली अवधारणा के अनुसार, संपत्ति का एक हिस्सा सार्वजनिक उद्देश्यों के लिए अलग रखा गया। शेष भूमि को भूखंडों में विभाजित किया जाय जिसका उपयोग स्थानीय मिट्टी की स्थिति, जुताई के अनुसार एक आर्थिक क्षेत्र बनाने के लिए किया जा सकता है, यानी पूरी तरह से लगे रहने और एक परिवार को बनाए रखने के लिए आवश्यक भूमि का एक भूखंड। इस तरह के नए भूखंडों को पुराने कब्जाधारियों के बीच नीलामी द्वारा बेचा जा सकता है, जिससे बड़ी संख्या में काश्तकारों को बेदखल होने से बचाने के लिए खरीद को प्रतिबंधित किया जा सकता है। तब क्रय धन को कुछ अनुपात में भूखंडों के मूल मालिकों के बीच विभाजित किया जाएगा, एक हिस्सा व्यय के लिए आरक्षित किया जाएगा जिसमें एक हिस्सा सरकार द्वारा भी योगदान के रूप में दिया जाएगा।

दूसरी प्रक्रिया के अनुसार, भूमि खाताधारकों द्वारा अपनी मूल जोत के अनुपात में भूमि को यथासंभव समान मूल्य पर पुनर्वितरित किया जाय। यदि कोई असमानता हो तो उसको नकद भुगतान द्वारा समायोजित किया जाएगा। इस प्रक्रिया में कोई भी भूमि खाताधारक अपनी भूमि से निराश्रित नहीं होता है। सभी को समायोजित किया जाता है और अपने मूल छोटे और बिखरे हुए खेतों के स्थान पर लगभग अपने कुल आकार का एक भूखंड मिलता है। कुछ ही किसान हैं जिनकी जोत बहुत छोटी हो सकती है, और जिन्हें किसान के रूप में बने रहने के लिए अपनी जमीन के छोटे से टुकड़े को जोखिम में नहीं डालना पड़ेगा। लेकिन उन्हें अधिकतम भूमि मूल्य नकद में होने से भी लाभ होता है, जैसा कि वे कर सकते हैं। और इसी आधार पर समिति ने दूसरी चकबंदी प्रक्रिया का समर्थन किया। संयुक्त संपत्ति को बनाए रखने के लिए, आर.बी.सी. ने सिफारिश की कि भूमि संपत्ति विखंडन एक निश्चित राशि तक किया जाए। जब तक प्रत्येक घटक निश्चित सीमा से कम हो जाता है, जो कि अच्छी कृषि के लिए आवश्यक हो सकता है, यह भी एक अलाभकारी है। भूमि के उपखंड की सीमा से आगे जाने के बजाय, यह परिवार के किसी एक सदस्य को दिया जा सकता है और उसे शेष सदस्यों को उनके हिस्से के बाजार मूल्य के अनुसार मुआवजा देना

होगा। सभी एक बिंदु पर समिति द्वारा प्रस्तावित चकबंदी सिद्धांतों से सहमत थे, उन्होंने विशेष रूप से इस बात पर जोर दिया कि समेकित भूमि संपत्ति बड़ी होनी चाहिए।

डॉ. अम्बेडकर समेकित भूमि संपत्ति के निरंतर अस्तित्व के मुद्दे से चिंतित नहीं थे। प्रो. कीटिंग द्वारा यह सुझाव दिया गया था कि एक अधिभोगी या जोतदार के अधीन भूमि केवल उसके नाम पर पंजीकृत होनी चाहिए। पंजीकृत मालिक इसे टुकड़ों में नहीं बेच या गिरवी रख सकता है, लेकिन, एक पूरी इकाई के रूप में इसे बेच सकता है। एक, जोतदार धारक की मृत्यु, यदि उसने वसीयत द्वारा भूमि का निपटान नहीं किया है, तो यह उसे एक उत्तराधिकारी को हस्तांतरित कर देगा। जोत के चकबंदी और स्थायीकरण के मामले में डॉ. अम्बेडकर ने कहा कि उनके अधिवक्ताओं ने इस मुद्दे को समग्र रूप से नहीं देखा। अकेले आर.बी.सी. का लक्ष्य संयुक्त भूमि संपत्ति को मजबूत करना और इसे बनाए रखना है। प्रो. जेवोंस समेकन परिणामों को बनाए रखने के लिए कोई प्रावधान नहीं करते है। प्रो. कीटिंग पुनर्गठन के बिल्कुल अलग रहे हैं। केवल आगे होने वाले विखंडन से बचाव ही उन्हें चिंतित करता है। समिति और प्रो. जेवन्स द्वारा प्रचारित समेकन सिद्धांत लगभग समान हैं और उनके निर्माताओं के कार्यान्वयन सिद्धांत भी समान हैं। समिति द्वारा इस नियम का पालन केवल तभी किया जाएगा जब संपत्ति के विभाजन के परिणामस्वरूप गैर-आर्थिक जोत हो, जबकि प्रो.कीटिंग बिना मुआवजे के ही वारिसों का निपटान करने के बारे में कहते है, जिसका समिति ने विरोध किया था।

कहा जाता है कि भारतीय कृषि को छोटी और बिखरी हुई जोतों से नुकसान हुआ, जिसे हमें न केवल समेकित करना चाहिए, बल्कि विस्तार भी करना चाहिए। यह ध्यान में रखा जाना चाहिए कि चकबंदी बिखरी हुई जोतों के नुकसान को दूर कर सकती है, लेकिन जब तक समेकित जोत एक आर्थिक और विस्तारित जोत नहीं होगी तब तक यह छोटी जोतों के नुकसान को दूर नहीं करेगा। मुद्दे के इस हिस्से ने समिति के साथ-साथ प्रो.कीटिंग की दृष्टि पूरी तरह से अलग कर दिया। प्रो. जेवॉन हमेशा कहते थे कि समेकन को संपत्ति के विस्तार के लिए लाना चाहिए।

प्रो.जेवन्स के शब्दों में आर्थिक जोत वह है जो एक किसान को उच्च जीवन स्तर बनाए रखने के लिए पर्याप्त उत्पादन करती है। समिति के अनुसार आर्थिक जोत इस तरह के पैमाने की होनी चाहिए कि भूमि, कस्बों आदि की स्थानीय स्थिति को ध्यान में रखा जाना चाहिए और एक परिवार द्वारा पूरी तरह से इसमें संलग्न और सहायता प्रदान की जानी चाहिए। प्रो.कीटिंग की आर्थिक सम्पत्ति के अनुसार,

भुगतान करने के बाद एक ऐसी सम्पत्ति की आवश्यकता होती है जो एक व्यक्ति को अपने और अपने परिवार के लिए मूल-भूत अवश्यकताओ को पूरा करे।

डॉ. अम्बेडकर ने आर्थिक जोत की अवधारणा का समालोचनात्मक विश्लेषण किया और तर्क दिया कि यह अवधारणा हैं कि आर्थिक जोत, जोत के आर्थिक स्वरुप का न्याय करने के लिए सही मानदंड नहीं है, बल्कि उत्पादन और उपभोग के बजाय केवल उपभोग के लिए है। एक किसान को सामाजिक परंपरा के अनुसार भुगतान में सभी श्रमिको को अनाज की मदद करनी चाहिए, हालांकि उसका श्रम भुगतान के कुछ हिस्से ज़रूरत से ज़्यादा हैं। जब किसान खेती से अपने परिवार के सभी सदस्यों का भरण-पोषण पूर्ण रूप से नहीं कर पता है, तो कृषि उद्यमों को विफल घोषित किया जा सकता है, हालांकि कुछ का उपभोग मानकों के मानदंड के अनुसार उत्पादक रूप से उपयोग नहीं किया जा सकता।

केवल कुल पैदावार और कृषि खर्च के बीच और जब तक कुल पैदावार कृषि खर्च के लिए भुगतान करता है, तब तक एक अच्छा आर्थिक संबंध होगा; कोई भी कृषि उद्यम बंद नहीं होगा, भले ही वह परिवार के सभी सदस्यों का भरण-पोषण न कर सके। यह इस प्रकार है कि, खपत के बजाय, उत्पादन के संदर्भ में आर्थिक सम्पत्ति को देखा जाना चाहिए। डॉ. अम्बेडकर आगे तर्क देते हैं कि सतर्कता के किसी भी कारक को अपने उच्चतम योगदान के लिए एक अच्छे उत्पादन के मुख्य उद्देश्य की आवश्यकता होती है और वह ऐसा तभी कर सकता है जब वह अपनी क्षमता के सभी साथी के साथ सहयोग कर सके। इसलिए, संयुक्त विभिन्न परिवर्तनों यानि चरो के बीच, एक आदर्श अनुपात है जो अस्तित्व में है, हालांकि आदर्श अनुपात में परिवर्तन के साथ भिन्नता हो सकती है।

प्रतिस्थापन मूल्य सापेक्षता के आधार पर, कारक का अनुपात बदल जाएगा। डॉ. अम्बेडकर का भी मत था कि यदि कृषि को एक आर्थिक गतिविधि के रूप में माना जाए, तो छोटी या बड़ी जैसी कोई चीज अपने आप मौजूद नहीं होगी। इसके समाधान में अन्य कारकों के आधार पर, एक किसान के लिए एक जोत छोटा या बड़ा हो सकता है, केवल भूमि का आकार सभी आर्थिक अर्थों से रिक्त होता है और इस प्रकार यह नहीं माना जा सकता है कि एक बड़ी जोत एक आर्थिक जोत थी, जबकि एक छोटी जोत अल्प लाभकारी थी। यह अन्य उत्पादन कारकों की एक इकाई का सही या गलत अनुपात ही दुसरे को आर्थिक या गैर-आर्थिक बनाता है। इसलिए छोटी खेती आर्थिक होने के साथ-साथ बड़ी खेती भी हो सकती है, क्योंकि आर्थिक कारक, जैसे संपत्ति, भूमि के आकार पर नहीं बल्कि आवश्यक अनुपात पर निर्भर करते हैं। मशीनरी में परिवर्तन के जवाब में, जोत के आकार को बदलने की

अनुमति दी जानी चाहिए, एक किसान को उत्पादक खेती सुनिश्चित करने के लिए एक आर्थिक जोत बनाना चाहिए और इसलिए जोत का आकार एक व्यापक सम्पत्ति हो सकती है, लेकिन वित्तीय संपत्ति नहीं बनाई जा सकती है।

इसलिए, डॉ. अम्बेडकर का तर्क है कि यदि यह देखा जाए कि खेतों का आकार कम हो गया है जबकि कृषि स्टॉक या भण्डार की मात्रा में वृद्धि हुई है, तो हमारी कृषि की कमियों के लिए वर्तमान जोत क्षेत्र के उपाय का विस्तार करने का विचार किया जा सकता है। उनका तर्क है कि मौजूदा जोत अलाभकारी है, वे भी बहुत छोटी हैं, लेकिन क्षेत्र बहुत बड़ा है, और कृषि स्टॉक भंडार और उपकरणों को बढ़ाने की आवश्यकता है, जिसके लिए विस्तारित जोत की आवश्यकता होती है, जो एक आर्थिक जोत भी होगी। इसलिए भारत में कृषि की समस्याओं का समाधान मुख्य रूप से जोत के विस्तार में नहीं है, बल्कि पूंजी और पूंजीगत वस्तुओं की वृद्धि में है। उनका दृढ़ विश्वास था कि भारत की छोटी जोत की बुराई मौलिक नहीं है, बल्कि यह इसकी सामाजिक अर्थव्यवस्था के कु-समायोजन की मूल बुराई से पैदा हुई है।

सामूहिक खेती पर डॉ. अम्बेडकर के विचार एवं दृष्टिकोण

सामाजिक न्याय और आर्थिक समानता की दृष्टि से डॉ. अम्बेडकर ने सामूहिक खेती का समर्थन किया। सन् 1947 में प्रकाशित अपने "स्टेट्स एंड माइनॉरिटीज" नामक पुस्तक में अपने अनुभव का जिक्र किया है कि राज्य समाजवाद तेजी से औद्योगीकरण की ओर प्रवेश कर रहा है। उन्होंने संकेत दिया कि राज्य का कर्तव्य होना चाहिए कि वह आर्थिक जीवन के नागरिकों को निजी उद्यम के सभी रास्ते बंद किए बिना विकास के उच्चतम बिंदु की तर्ज पर तैयार करे और आय का समान वितरण सुनिश्चित करें। खेती की एक सामूहिक पद्धति और उद्योग के क्षेत्र में राज्य समाजवाद के परिवर्तित रूप के साथ, उन्होंने कृषि को राज्य नियंत्रण का सुझाव दिया। कृषि और उद्योग दोनों के लिए आवश्यक संसाधनों की आपूर्ति करना राज्य की जिम्मेदारी होनी चाहिए। उनका यह भी दावा था कि स्वामित्व पुनर्गठन और काश्तकारी कानून बद से भी बदतर हैं। वे कृषि विकास के बारे नहीं सोंचेंगे। भूमिहीन खेतिहर मजदूरों के लिए न तो चकबंदी और न ही काश्तकारी कानून से कोई फायदा हो सकता है। उन्हें केवल सामूहिक खेतों द्वारा समर्थित किया जा सकता है।

डॉ. अम्बेडकर ने जिस सिद्धांत के पीछे भारत में सामूहिक खेती के बारे में सोचा था, वह यह है कि कृषि राज्य का संगठित उद्योग होना चाहिए। राज्य अधिग्रहीत भूमि को मानक आकार के खेतों में विभाजित करेगा और खेतों को काश्तकारो को एक निश्चित अवधि के लिए खेती करने की अनुमति देगा, जो कि शर्तों के तहत

गांवों के निवासियों द्वारा परिवारों के समूहों से बने हैं। कृषि भूमि को एक सामूहिक फार्म पर खेती की जाए और सरकार द्वारा दिए गए नियमों और निर्देशों के अनुसार खेती की जाए और काश्तकारो को निर्धारित नियम के अनुसार उचित रूप से रहने योग्य फार्म शुल्क का भुगतान करने के बाद छोड़े गए खेत के उत्पादों को आपस में साझा करना होगा। अधिभोगी या पट्टाधारी आपस में, निर्दिष्ट तरीके से, उस खेत के उत्पादन को साझा करेंगे, जिसे उन्होंने विधिवत कृषि सेवा शुल्क के भुगतान के बाद छोड़ दिया है। भूमि किसानों को जाति या धर्म के भेद के बिना वितरित की जाएगी और इस तरह से कोई जमींदार या पट्टेदार नहीं होगा और कोई भूमिहीन श्रमिक नहीं होगा। राज्य का दायित्व होगा कि वह सामूहिक खेतों की खेती को आपूर्ति या पानी, जानवरों, खेती के लिए उपकरण, खाद, बीज आदि के माध्यम से करे। राज्य इस दायित्व के लिए भू-राजस्व के एक हिस्से के लिए हकदार होगा, एक हिस्सा डिबेंचर के धारकों को भुगतान किया जाएगा और एक हिस्सा प्रदान किए गए पूंजीगत सामान के उपयोग के लिए भुगतान किया जाएगा। राज्य द्वारा प्रदान किए गए खेती के साधनों का बुनियादी उपयोग करने के लिए असावधानी की शर्त का उल्लंघन करने वाले काश्तकारों पर दंड लगाने के लिए प्राविधान होगा, या जो सामूहिक कृषि योजना के प्रतिकूल कार्य करते हैं।

इस पद्धति को यथाशीघ्र व्यवहार में लाया जाएगा, लेकिन किसी भी स्थिति में यह अवधि संविधान के लागू होने की तिथि से दसवें वर्ष से अधिक नहीं होगी।' डॉ. अम्बेडकर की सामूहिक खेती की अवधारणा बहुत नवीन थी। अगर इसे मंजूरी मिल जाती, तो इसके लिए कृषि का राष्ट्रीयकरण करना होगा। सामूहिक खेती के बजाय, भारत सरकार ने भूमि सुधार के एक आसान उपाय को चुना है। यह सच है कि सोवियत समाजवादी गणराज्यों के संघ में और चीन में छोटे और बिखरे हुए जोत की समस्याओं और कृषि श्रम के मुद्दे को हल करने के लिए राज्य के नियंत्रण में सामूहिक खेतों की शुरुआत की गई थी। धन और मजदूरी के वितरण में असमानता की समस्या को हल करने के अलावा, इसने कृषि श्रमिकों को काम की सुरक्षा और न्यूनतम आय प्रदान की। इस पद्धति के माध्यम से ग्रामीण गरीबी की मूलभूत समस्या का समाधान करने की कोशिश किया गया है।

डॉ. अम्बेडकर का औद्योगीकरण एवं गरीबी उन्मूलन नीति

जाहिर है, डॉ. बी.आर. अम्बेडकर ने भारतीय कृषि समस्याओं के लिए गरीबी कम करने की रणनीति के रूप में भारत के औद्योगीकरण के पक्ष में थे।उन्होंने इस विषय पर तर्कपूर्ण तथ्य रखे थे। उनके दावे का महत्वपूर्ण पहलू यह है कि उनके द्वारा

औद्योगीकरण को भारत में कृषि भूमि की जोत के समेकन का एक आवश्यक लेकिन उचित रूप नहीं माना गया।

अधिक स्पष्ट रूप से, डॉ. अम्बेडकर इस विषय पर विस्तृत शब्दों में लिखते हैं, "यह चुनौती के डर के बिना निर्धारित किया जा सकता है कि औद्योगीकरण जोत के विस्तार को बढ़ावा देगा और यह उप-विभाजन और विखंडन के खिलाफ सबसे प्रभावी अवरोध होगा। इस पर आपत्ति जताते हुए, यह देखा जा सकता है कि औद्योगीकरण समेकन के लिए पर्याप्त उपाय नहीं होगा। यह सच हो सकता है कि इसके लिए प्रत्यक्ष उपाय की आवश्यकता होगी। लेकिन यह भी सच है कि औद्योगीकरण, भले ही यह समेकन या चकबन्दी नहीं ला सकता लेकिन उसकी सुविधा प्रदान करेगा। यह एक अपरिवर्तनीय सत्य है कि जब तक भूमि चकबंदी पर प्रीमियम या अधि शुल्क है तब तक यह आसान नहीं होगा, चाहे वह सिद्धांत कितना भी न्यायसंगत क्यों न हो, इसे लागू करने का प्रस्ताव है। क्या यह एक छोटी सी सेवा है यदि औद्योगीकरण अनिवार्य रूप से प्रीमियम को कम कर देता है? निश्चित रूप से, समेकन के दूसरे पहलू पर विचार न करना भी उसी निष्कर्ष की ओर इशारा करता है; कि औद्योगीकरण समेकन से पहले होना चाहिए। यह कभी नहीं भूलना चाहिए कि जब तक हमने भविष्य के उप-विभाजन और समेकित जोत के विखंडन के खिलाफ एक प्रभावी अवरोध का निर्माण नहीं किया है, यह समेकन के लिए लेआउट योजनाओं के लिए निष्क्रिय है। ऐसा अवरोध केवल औद्योगीकरण में ही पाया जा सकता है, क्योंकि यह अकेले ही अत्यधिक दबाव को कम कर सकता है, जैसा कि हमने प्रस्तुत किया है, भूमि के उप-विभाजन का कारण बनता है। इस प्रकार, यदि छोटी और बिखरी हुई जोत वे बीमारियाँ हैं जिन्हें ठीक करने के लिए हमारी कृषि प्रभावित होती है, तो निश्चित रूप से औद्योगीकरण करना है "।

छोटी जोत विषय पर अपने अध्ययन में, डॉ. बी.आर. अम्बेडकर उद्योग की श्रम को एक मौलिक सामाजिक लाभ या लाभांश के रूप में उपभोग करने की क्षमता मानते हैं। इस प्रकार उद्योग कृषि भूमि पर आश्रित जनसंख्या के बोझ को कम करते हैं। इसलिए, वे स्पष्ट रूप से इस सन्दर्भ में टिपण्णी करते है कि औद्योगीकरण द्वारा भूमि चकबंदी के कदमों का पालन किया जाना चाहिए। भूमि सुधार और कृषि विकास पर डॉ. अम्बेडकर के विचार, भारतीय कृषि की प्रमुख कमियां भूमि जोत का उप-विभाजन और विखंडन हैं। उन्होंने कहा कि मौजूदा जोत गैर-आर्थिक हैं, इस अर्थ में नहीं कि वे बहुत छोटी हैं, लेकिन कृषि विनिमय की वर्तमान उपलब्धता के संबंध में, वे बहुत बड़ी हैं। उनके अनुसार, भारत में इन सभी कृषि कमियों का समाधान पूंजीगत वस्तुओं के कृषि उत्पादन की संख्या के वृद्धि में रहता है जो कि

कृषि उपकरण हैं। भारतीय कृषि की समस्या के अंतिम समाधान के रूप में, उन्होंने कृषि पर अधिक भार कम करने के लिए तीव्र औद्योगीकरण का प्रस्ताव रखा। भूमि वितरण के व्यवस्था में असमानताओं को कम करने के लिए उन्होंने सामूहिक खेती का प्रस्ताव रखा।

डॉ. अम्बेडकर एक अखंड राष्ट्र निर्माता

डॉ. भीमराव रामजी अम्बेडकर को 'विद्रोह का प्रतीक' के रूप में ब्राह्मणवादी मानसिकता के लोगों द्वारा प्रचारित किया जाता रहा है, जब कि स्वतंत्र भारत के पहले प्रधान मंत्री पंडित जवाहरलाल नेहरू ने उल्लेख किया है कि वे आधुनिक भारत के अग्रणी राष्ट्र-निर्माताओं में से एक थे। उन्हें लोकप्रिय रूप से 'अग्रणी' के रूप में जाना जाता है जिन्होंने तत्कालीन भारत के लगभग पैंसठ मिलियन सामाजिक वंचित,बहिष्कृत,प्रताड़ित,महिला और पिछड़े वर्गों के लिए 'मुक्ति आंदोलन' की शुरुआत की। फिर भी, भारतीय संविधान के मुख्य शिल्पकार डॉ. अम्बेडकर ने, जन्म से अनेक बाधाओं के बावजूद, मानविकी, सामाजिक विज्ञान, राजनीति,अर्थशात्र, कानून और अन्य अनेको क्षेत्रों में ज्ञान अर्जन करके, देश की राजनीति में एक अमिट छाप छोड़ी है। उनके विध्वतापूर्ण एवं अनेक लेखन पर एक नज़र स्पष्ट रूप से दिखाती है कि वंचित, बहिष्कृत और तत्कालीन अछूत वर्गों की समस्याओं में व्यस्त रहने के बावजूद, उन्होंने अपने तरीके से समकालीन राजनीतिक विचारों में महत्वपूर्ण योगदान दिया है। डॉ. अम्बेडकर भारत के अपने प्रसिद्ध समकालीनों से मुख्य रूप से तीन तरह से अलग थे। एक महान विद्वान, सामाजिक क्रांतिकारी और राजनेता होने के नाते, उनके पास इन गुणों का एक संयोजन था जो शायद ही कभी भी किसी अन्य के पास हो, इन्ही गुणों ने उन्हें उस समय के अन्य बौद्धिक व्यक्तित्वों से अलग मक़ाम दिया। एक बौद्धिक, विशाल व्यक्तित्व और रचनात्मक लेखक के रूप में, उन्होंने ज्ञान को आत्मसात किया था जो वास्तव में एक विशाल विश्वकोश है।

विषयों की सीमा, दृष्टि की दूरदर्शिता,विश्लेषण की सूक्ष्मता और परिशोधन, दृष्टिकोण की तर्कसंगतता और उनके द्वारा सामने आए तर्कों की आवश्यक मानवता ने उन्हें अपने प्रसिद्ध समकालीनों से अलग सर्वोच्च स्थान दिया। डॉ. अम्बेडकर ने केवल साहित्यिक उद्देश्यों के लिए कभी भी अपने लिये नहीं लिखा। अपनी राजनीतिक गतिविधियों की तरह अपनी विद्वतापूर्ण खोज में, वे अपने समय के महत्वपूर्ण मुद्दों को समझने और भारतीय समाज की समस्याओं के समाधान खोजने की इच्छा से प्रेरित थे। इस प्रेरणा के साथ, उन्होंने अपने प्रारंभिक चरण के दौरान राष्ट्र के

सामाजिक, आर्थिक और राजनीतिक विकास को एक नया आकार देने में कई बार निर्णायक रूप से हस्तक्षेप किया। भारत में 1920 के दशक की शुरुआत और 1950 के दशक के मध्य के बीच शायद ही कोई ऐसा मुद्दा रहा हो, जिस पर डॉ. अम्बेडकर ने अपने तीखे विश्लेषण को लागू नहीं किया हो, चाहे वह अल्पसंख्यकों, राज्यों के पुनर्गठन, विभाजन, संविधान या राजनीतिक का सवाल हो,और स्वतंत्र भारत के लिए आर्थिक ढांचा ही क्यों न हो।

मौजूदा दस्तावेजों, विधेयकों पर टिप्पणियों और सेंट्रल असेंबली में सवालों और बहसों के जवाब, वायसराय काउंसिल और डॉ.अम्बेडकर के सार्वजनिक भाषणों के माध्यम से, हम विकास पर उनके विचारों को देखते,परखते और सिखाते हैं क्योंकि वे इन परिस्थितियों का जोरदार जवाब देते थे। उन्होंने विकास से संबंधित विषयों की एक विस्तृत श्रृंखला को कवर किया, जिसमें प्राकृतिक आपदाओं को कम करने के लिए किसानों के प्रयासों पर भूमि के आकार, करों और ऋणों का आकार, किसानों के संसाधनों पर बाढ़ और सूखे का प्रभाव, बिजली उत्पादन से संबंधित पूंजीगत उपकरण, श्रमिकों की मजदूरी शामिल है। और काम के घंटे, नौकरियों पर काम के घंटे बदलने के प्रभाव, नदियों को जोड़ने और बांध निर्माण, बांधों के कारण लोगो का विस्थापन, और कृषि पर औद्योगीकरण की प्रधानता जैसे बहुत सारे मुद्दे।

डॉ. अम्बेडकर का देश के प्रगति पर उनके विचारों के बारे में जानने के लिए हम उन्हें विभिन्न विषयों में एक साथ वर्गीकृत कर सकते हैं। उनके लेखन और भाषणों को पढ़ने से पता चलता है कि विभिन्न उद्योगों के विकास पर उनके विचार, लैंगिक समानता, काम करने की स्थिति, प्राकृतिक आपदाओं और नौकरियों के कारण विस्थापन जैसे मुद्दों के प्रति संवेदनशील हैं। तीन विकास क्षेत्रों पर उनके विचारों पर चर्चा की जाती है, अर्थात् कृषि, विनिर्माण और अर्थव्यवस्था। इन क्षेत्र के विकास पर उनके विचारों से संबंधित हैं। उन्होंने कृषि और उद्योग के विकास को परस्पर संबंधित मुद्दों के रूप में देखा; पूर्व का विकास बाद वाले से जुड़ा है और इसके विपरीत उन्होंने क्षेत्रीय विकास पर मानवीय दृष्टिकोण अपनाया है। काम करने की स्थिति, कामकाजी महिलाएं और बांध निर्माण परियोजनाओं से विस्थापित लोग के मूलभूत सुविधओं जैसे विषय थे। उन्होंने क्षेत्रीय विकास के लिए आवश्यक रसद और पूंजी उपलब्ध कराने की आवश्यकता पर बल दिया। जब वे वायसराय कैबिनेट के सदस्य थे, तब उन्हें नीतिगत रणनीति बहस में सबसे अधिक कुशलता से भाग लेने का अवसर मिला। उन्होंने वायसराय के मंत्रिमंडल में श्रम विभाग के मंत्री के रूप में स्थान प्राप्त किया, साथ ही साथ सिंचाई और बिजली विभाग का अतरिक्त प्रभार भी उनके पास था, इसलिए वे पुनर्निर्माण परिषद समिति के सदस्य बन गए।

पुनर्निर्माण परिषद समिति द्वारा पांच अलग-अलग पुनर्निर्माण समितियों का गठन किया गया था। इन समितियों को तीन उप समितियों में विभाजित किया गया था। डॉ. अम्बेडकर इन समितियों की एक समिति के सदस्य थे। इसे लोक निर्माण और विद्युत शक्ति के लिए सिफारिश समिति की नीतिगत समिति के रूप में नामित किया गया था। यह समिति द्वितीय विश्व युद्ध के बाद भारत में बिजली के उत्पादन, यानी बिजली, जल विद्युत और सिंचाई के विकास से संबंधित थी, जिसमें बांधों का निर्माण आदि भी शामिल था। इस समिति द्वारा आवश्यक होने पर बिजली क्षेत्र के विकास के लिए सिफारिशें लागू करना था, वे कृषि और औद्योगिक उत्पादन नीति से भी जुड़े थे। डॉ. अम्बेडकर ने मुख्य रूप से समिति के विचार-विमर्श में भाग लेते समय कृषि और उद्योग के विकास पर ध्यान केंद्रित किया करते थे।

भारत गणराज्य के कृषि क्षेत्र के विकास और आधुनिकरण में डॉ. अम्बेडकर की भूमिका

कृषि क्षेत्र के विकास पर डॉ. अम्बेडकर के विचार गरीबी, देश और समाज का बुनियादी ढांचे और बिजली, पनबिजली और सिंचाई, छोटे पैमाने और भूमि जोत के खंडित अस्तित्व जैसी सुविधाओं के साथ मिश्रित हैं। डॉ. अम्बेडकर का सोच ग्रामीण गरीबी का समाधान, कृषि विकास के लिए उपयुक्त परिस्थितियों का विकास, शहरों में श्रम की आवाज, और औद्योगीकरण जैसे अर्थव्यवस्था के अन्य क्षेत्रों में भी था। उनका मानना था कि औद्योगीकरण ही कृषि भूमि जोत विखंडन को रोक सकता है।

डॉ अम्बेडकर और अर्थशास्त्री डब्ल्यू थोराट के विचारों के बीच एक आत्मीयता पूर्ण समानता है। गरीबी कम करने की एक सफल रणनीति को बढ़ावा देने के लिए मूल भूत उपाय होने चाहिए।इसलिए इसके लिए तीव्र और सतत आर्थिक विकास की आवश्यकता होती है। विकास को बढ़ावा देने वाली चुनौतियो और नीतियों को उन नीतियों के साथ जोड़ना चाहिये जो गरीबों को पूरी तरह से उसमें भाग लेने की अनुमति देती हो। उन्होंने सुयोग्य अवसरों को समाने लाने कि कोशिश किया और इसलिए उस विकास में महत्त्व पूर्ण योगदान दिया। इसको बनाने के लिए नीतियां शामिल हैं। विकास और गरीबी में कमी के बीच सकारात्मक संबंध स्पष्ट है। इस संबंध में आय के वितरण का प्रभाव क्या उच्च असमानता विकास द्वारा उत्पन्न गरीबी में कमी को कम करती है – यह कम ही स्पष्ट है। आय असमानता के प्रारंभिक स्तर को निर्धारित करने में महत्वपूर्ण हैं कि गरीबी को कम करने में आय वृद्धि का प्रभाव कितना प्रभावी है।

आर्थर लुईस का सतत विकास मॉडल था जो कि श्रम बाजार बेहतर तरीके से काम करते हैं, लैंगिक असमानताओं को दूर करते हैं और वित्तीय समावेशन को बढ़ाते हैं। लुईस मॉडल एक ऐसे मार्ग का वर्णन करता है जिससे एक विकासशील अर्थव्यवस्था एक नए 'पूंजीवादी क्षेत्र' के विकास को बढ़ावा दे सकती है, जो निर्वाह क्षेत्र से उपलब्ध अतिरिक्त श्रम के बढ़ते हिस्से को रोजगार देगा। निर्वाह कृषि क्षेत्र को इस प्रकार से परिभाषित कर सकते है – जीविका कृषि,कृषि करने का एक प्रमुख प्रकार है। कृषको द्वारा अपने परिवार की आवश्यकताओ को पूरा करने के लिए इस प्रकार की कृषि की जाती है।पारंपरिक रूप से कम उपज प्राप्त करने के लिए निम्न स्तरीय प्राद्योगिक और पारिवारिक श्रम उपयुक्त होता है।जीविका कृषि को पुनः आदिम कृषि और गहन कृषि में वर्गीकृत किया जा सकता है। दोहरे क्षेत्र मॉडल, या लुईस मॉडल, विकासात्मक अर्थशास्त्र में एक मॉडल है जो दो क्षेत्रों, एक पारंपरिक कृषि क्षेत्र और एक आधुनिक औद्योगिक क्षेत्र के बीच श्रम संक्रमण के संदर्भ में विकासशील अर्थव्यवस्था के विकास की व्याख्या करता है।

डॉ. अम्बेडकर की तरह ही लुईस भी अन्य उद्योगों को कृषि श्रम की अप्रतिबंधित आपूर्ति का समर्थन करते हैं। ऐसा लगता है कि डॉ. अम्बेडकर कृषि क्षेत्र के विकास पर उनके विचारों में गांवों के बारे में अपने अनुभव और ज्ञान से प्रभावित हुए हैं। उन्होंने दूसरों के विपरीत, एक भारतीय गाँव में जीवन को आदर्श नहीं बनाया। उन्होंने लिखा है कि ग्रामीण समुदाय के लिए बौद्धिक भारतीयता का प्रेम असीम है, अगर दयनीय नहीं है, तो निश्चित रूप से गाँव क्या है, यह स्थानीयता, सामाजिक एवं आर्थिक अमानता की खाई ; जातीयता, अज्ञानता, सांप्रदायिकता और संकीर्णता का एक स्थायी अड्डा? अनुशंसा समिति के सदस्य के रूप में डॉ. अम्बेडकर ने कृषि पर पड़ने वाले प्रभावों को संबोधित किया और उन्होंने कहा कि कृषि के लिए बिजली; पनबिजली; सिंचाई और बांध; और भू-स्वामित्व मुख्य कारक है। उन्होंने बिजली और सिंचाई की समस्याओं को हल करने में बहुत बड़ा योगदान दिया है। उनके विचारों को दो भागों में विभाजित किया जा सकता है जो सीधे जलविद्युत क्षेत्र के विकास से संबंधित हैं और अप्रत्यक्ष रूप से जलविद्युत क्षेत्र के विकास से संबंधित हैं। परिषद की पुनर्निर्माण समिति, जिसमें अनुशंसा समिति सदस्य थी, बहुउद्देश्यीय से एकल-उद्देश्य का प्रस्ताव किया कि क्षेत्रीय स्तर के बजाय और प्रांतीय विषयों के लिए भी अखिल भारतीय स्तर पर योजना बनाई जानी चाहिए। नतीजतन, समिति की सिफारिशों को भी पूरे भारत में लागू किया जाना था कि कृषि, विनिर्माण और औद्योगिक और कृषि बाजार विकास में संतुलित क्षेत्रीय विकास भी होगा। उनके पहल के प्रमुख लक्ष्यों में से एक गरीबी को कम करना था, अन्य उद्देश्य लोगों के जीवन स्तर को ऊपर उठाना और रोजगार के अवसर प्रदान

करना और उत्पादित धन का समान विकास करना था। डॉ. अम्बेडकर की दृष्टि में गरीबी उन्मूलन का एक तरीका देश के जल संसाधनों का उचित उपयोग करना था। उन्होंने इस संबंध में संयुक्त राज्य अमेरिका की टेनेसी घाटी योजना की तर्ज पर एक योजना के कार्यान्वयन की वकालत की। उन्होंने इस उद्देश्य को पूरा करने के लिए कुछ राष्ट्रीय संस्थानों की स्थापना के विचार का भी समर्थन किया, जैसे केंद्रीय जल मार्ग, सिंचाई और नेविगेशन आयोग और केंद्रीय तकनीकी शक्ति बोर्ड। सन्1945 में स्थापित, केंद्रीय जलमार्ग, सिंचाई और नेविगेशन आयोग का उद्देश्य योजनाबद्ध तरीके से पानी की आपूर्ति का उचित उपयोग करना था।दामोदर घाटी परियोजना की स्थापना सन्1948 में इन संस्थानों के सहयोग से दामोदर नदी पर की गई थी। दामोदर नदी हुगली नदी की एक सहायक नदी है जो अब झारखंड से होकर बंगाल और बिहार से होकर बहती है।

दामोदर घाटी परियोजना के कई कारण थे जैसे सिंचाई, ऊर्जा उत्पादन, बाढ़ नियंत्रण और मृदा संरक्षण, और युद्ध के बाद की रोजगार परियोजना के हिस्से के रूप में द्वितीय विश्व युद्ध से प्रभावित व्यक्तियों के लिए रोजगार प्रदान करना था। दामोदर घाटी में बार-बार आने वाली बाढ़ को नियंत्रित करने के लिए दामोदर घाटी परियोजना की स्थापना महत्वपूर्ण हो गई थी। दामोदर घाटी परियोजना के सम्बन्ध में डॉ. अम्बेडकर ने दो टिप्पणियाँ की थीं। पहला नीतिगत मुद्दों पर है, दूसरा खोज के तरीकों और प्रक्रियाओं के रूप में है। हालाँकि उन्होंने बंगाल और बिहार में दामोदर घाटी के निर्माण की वकालत की, लेकिन उन्होंने महानदी पर संयुक्त राज्य अमेरिका के पैटर्न पर जलाशयों का निर्माण करके उड़ीसा की नदियों के अतिरिक्त पानी के संरक्षण का समर्थन किया कि ऐसे जलाशय सिंचाई, बिजली उत्पादन और नेविगेशन जैसे कई उद्देश्यों की पूर्ति कर सकते हैं। जलविद्युत आधारित परियोजना विस्थापन, कच्चे माल की उपलब्धता आदि। जलविद्युत परियोजनाओं के निर्माण से अप्रत्यक्ष रूप से दो प्रकार की समस्याएं जुड़ी हैं। पहला बुनियादी ढांचे के विकास के कारण लोगों के विस्थापन के कारण होने वाली समस्याएं; और दूसरा इन क्षेत्रों के विकास के लिए आवश्यक बुनियादी ढांचे, संसाधनों और उपकरणों की कमी के कारण होने वाली समस्याएं।

उन्होंने बिजली उपकरण, पानी, और बिजली संयंत्र प्राप्त करने के मुद्दे पर जोर दिया और प्रस्तावित किया कि राज्य सरकारों को आवश्यक उपकरण और मशीनरी की खरीद के लिए अनुदान प्रदान करना चाहिए। डॉ. अम्बेडकर ने यह भी प्रस्ताव रखा कि जहां तक संभव हो बांध निर्माण से विस्थापित हुए किसानों को जमीन के बदले जमीन के साथ पूरी तरह से मुआवजा दिया जाना चाहिए। परिषद की पुनर्निर्माण

समिति, जिसमें अनुशंसा समिति सदस्य थी, बहुउद्देश्यीय से एकल-उद्देश्य का प्रस्ताव किया कि क्षेत्रीय स्तर के बजाय और प्रांतीय विषयों के लिए भी अखिल भारतीय स्तर पर योजना बनाई जानी चाहिए। नतीजतन, समिति की सिफारिशों को भी पूरे भारत में लागू किया जाना था कि कृषि, विनिर्माण और औद्योगिक और कृषि बाजार विकास में संतुलित क्षेत्रीय विकास भी होगा। उनके पहल के प्रमुख लक्ष्यों में से एक गरीबी को कम करना था, अन्य उद्देश्य लोगों के जीवन स्तर को ऊपर उठाना और रोजगार के अवसर प्रदान करना और उत्पादित धन का समान विकास करना था। डॉ. अम्बेडकर की दृष्टि में गरीबी उन्मूलन का एक तरीका देश के जल संसाधनों का उचित उपयोग करना था। उन्होंने इस संबंध में संयुक्त राज्य अमेरिका की टेनेसी घाटी योजना की तर्ज पर एक योजना के कार्यान्वयन की वकालत की। उन्होंने इस उद्देश्य को पूरा करने के लिए कुछ राष्ट्रीय संस्थानों की स्थापना के विचार का भी समर्थन किया, जैसे केंद्रीय जल मार्ग, सिंचाई और नेविगेशन आयोग और केंद्रीय तकनीकी शक्ति बोर्ड। सन्1945 में स्थापित, केंद्रीय जलमार्ग, सिंचाई और नेविगेशन आयोग का उद्देश्य योजनाबद्ध तरीके से पानी की आपूर्ति का उचित उपयोग करना था। दामोदर घाटी परियोजना की स्थापना सन्1948 में इन संस्थानों के सहयोग से दामोदर नदी पर की गई थी। दामोदर नदी हुगली नदी की एक सहायक नदी है जो अब झारखंड से होकर बंगाल और बिहार से होकर बहती है। बिहार और बंगाल की सरकारों ने योजना को मंजुरी दी। लेकिन भूमि, एक प्रांतीय विषय होने के नाते, इसके लिए प्रांतीय सरकारों की जिम्मेदारी होनी चाहिए। उन्होंने बाँध निर्माण से प्रभावित लोगों के लिए इस मुद्दे पर एक सेटलमेंट पालिसी तैयार किया। उन्होंने इस उद्देश्य को पूरा करने के लिए कुछ राष्ट्रीय संस्थानों की स्थापना के विचार का भी समर्थन किया, जैसे केंद्रीय जल मार्ग, सिंचाई और नेविगेशन आयोग और केंद्रीय तकनीकी शक्ति बोर्ड।

डॉ. अम्बेडकर की उद्योग क्षेत्र के नवाचार में भूमिका

डॉ. अम्बेडकर की दृष्टि में कृषि और औद्योगिक नवाचार आपस में उलझे हुए थे। उन्होंने अपने प्रस्तुस्तीकरण को एक संतुलित दृष्टिकोण दिया। वास्तव में, बांध निर्माण से न केवल सिंचाई के प्रावधान के माध्यम से कृषि का समर्थन होगा, बल्कि बिजली उत्पादन के माध्यम से सीधे उद्योगो की सहायता भी मिलेगी। निश्चित रूप से भारत की गरीबी का मुख्य कारण कृषि पर निर्भरता ही रहा है। डॉ. अम्बेडकर ने टिप्पणी की कि, "मेरे विचार से भारत की गरीबी पूरी तरह से कृषि पर निर्भर होने के कारण है।" उन्होंने प्रस्ताव रखा कि भारत की गरीबी का समाधान के लिए कृषि से उद्योग में जनसंख्या का स्थानांतरण होना चाहिए। जबकि ये सुझाव विकास की अवधारणा

पर दिए गए थे, उन्होंने जोर देकर कहा कि भारत की स्थिति अन्य देशों की स्थिति से अलग है। उन्होंने जोर देकर कहा कि भारत के औद्योगीकरण के लिए सस्ती और पर्याप्त बिजली का प्रावधान महत्वपूर्ण है। वे क्षेत्रीय विकास, लैंगिक न्याय,श्रमिकों और वंचितों की भलाई के प्रति चिंताशील थे। उन्होंने सन् 1944 में संसदीय बहसों में भाग लेने पर कोयला खदानों में भूमिगत काम में महिलाओं के रोजगार पर लगे प्रतिबंध को हटाने का समर्थन किया। 1939 में, भारत कोयला खदान अधिनियम द्वारा सन्1923 में भूमिगत कोयला खदानों में महिलाओं के काम करने के अधिकार को समाप्त करते हुए इस तरह के प्रतिबंध को लागू किया गया था। वास्तव में, उन्होंने अधिक-अन्न-उत्पादन अभियान के लिए प्रतिबंध हटाने को प्राथमिकता दी, जो औद्योगीकरण पर कृषि के लिए उनकी प्राथमिकता का संकेत था। उनके विचार में, भूमिगत कोयला खदानों में महिलाओं की भूमिका औद्योगिक श्रम की कमी के मुद्दे को हल करने में मदद करेगी। उन्होंने यह भी प्रस्ताव रखा कि पुरुष और महिला श्रमिकों को उचित मजदूरी का भुगतान किया जाना चाहिए। उनकी राय में औद्योगिक विकास के लिए काम करने की अच्छी अनकूल परिस्थिति बहुत महत्वपूर्ण है।

उन्होंने सुझाव और प्रस्ताव रखा कि कारखाने के कर्मचारियों के लिए पानी और कपड़े धोने की जगह उपलब्ध कराई जानी चाहिए; सरकार को कारखाना निरीक्षकों को कारखाना मालिकों से विशिष्ट विवरण प्राप्त करने की अनुमति देनी चाहिए; कारखाने में आग से बचने की सुविधाएं प्रदान की जानी चाहिए; महिलाओं और बच्चों के काम के घंटों में कमी की जानी चाहिए। उन्होंने कर्मचारियों के लिए अनिवार्य वैतनिक अवकाश और चिकित्सा सुविधाओं का भी समर्थन किया; कारखानों के बंद होने से प्रेरित अनपेक्षित बेरोजगारी से श्रमिकों की सुरक्षा; काम के घंटे में कमी; प्रतिकूल मौसम की स्थिति में कारखाने के श्रमिकों के लिए आवास की सुविधा; श्रमिकों के ओवरटाइम के भुगतान का समर्थन किया। हालांकि, डॉ अंबेडकर ने कहा कि मांग बढ़ाने के लिए "कपड़ा, भुखमरी" के मामले में कारखाने के मालिक काम के घंटे बढ़ाने के लिए स्वतंत्र होंगे। उन्होंने मजदूरों के हड़ताल में शामिल होने का भी विरोध किया। उन्होंने सुझाव दिया कि श्रमिकों को हड़तालों के माध्यम से परेशानी पैदा करने वाले श्रमिक नेताओं की आलोचना करते हुए, राजनीतिक दलों का मुहरा नहीं बनना चाहिए।

बाजार क्षेत्र के विकास में डॉ. अम्बेडकर की भूमिका

अर्थव्यवस्था पर डॉ. अम्बेडकर के दृष्टिकोण के संदर्भ में, बाजार पर उनके दृष्टिकोण और प्रगति में इसकी भूमिका को अधिक प्रभावी ढंग से समझा जा सकता है। वह

इस हद तक लोकतांत्रिक विश्वास रखते थे कि उन्होंने भूमि पर राज्य के स्वामित्व, सामूहिक खेती के तरीकों को अपनाने और बीमा के राष्ट्रीयकरण की वकालत की।

उन्होंने समाजवादी मिश्रित अर्थव्यवस्था को भी बढ़ावा दिया, जिसमें राज्य ने विकास और सामाजिक परिवर्तन को आगे बढ़ाने में महत्वपूर्ण भूमिका निभाई। उन्होंने बाजार के प्रतीक पूंजीवाद की गरीबों के हितों के लिए हानिकारक होने के लिए लगातार आलोचना की। विकास परियोजना में एक प्रमुख व्यक्ति के रूप में, उन्होंने खुद को बाजार के ऊपर राज्य के साथ जोड़ लिया। उन्होंने कानून बनाने की राज्य की जिम्मेदारी पर जोर दिया, जिसका उद्देश्य कर्मचारियों के जीवन को बेहतर बनाना, उनकी स्वास्थ्य देखभाल के लिए धन उपलब्ध कराना, बेघरों के लिए पर्याप्त आवास और कपड़े सुरक्षित करना और तदनुसार आवश्यक उपाय लागू करना है। प्राकृतिक आपदाओं से किसानों को नुकसान होने की स्थिति में, सरकार को उन्हें मुआवजा देना चाहिए और किफायती खाद्य कीमतें बनाए रखनी चाहिए। नागरिकों से एकत्र किए गए करों का उपयोग कर्ज चुकाने, गरीबी से लड़ने और शिक्षा का समर्थन करने के लिए किया जाना चाहिए।

भारत में सिंचाई के विकास में डॉ.अम्बेडकर की भूमिका

डॉ अम्बेडकर सन् 1945 में वायसराय की कार्यकारी परिषद के श्रम सदस्य बनने के दौरान केंद्रीय नदियों, सिंचाई और नेविगेशन बोर्ड के संदर्भ में, केंद्रीय जल आयोग जैसे प्रतिष्ठित संगठनों के संस्थापक थे। डॉ. अम्बेडकर ने मई 1945 में भविष्यद्वाणी करते हुए कहा था कि "मैं कल्पना करता हूँ कि समय के साथ इस क्षेत्र का विकास, इसकी गतिविधियों के साथ एक बहुत बड़े संगठन के रूप में, भारत की पूरी लंबाई और चौड़ाई में फैला हुआ है, और इसकी सहायता और सलाह उत्सुकता से मांगी गई है। सभी प्रांतों और राज्यों, अंत तक कि अधिकतम विकास और एकीकृत विकास के लिए किसी भी क्षेत्र के प्राकृतिक संसाधनों का दोहन किया जा सकता है। संगठन का स्पष्ट उद्देश्य भारत में जल संसाधन क्षेत्र के लिए इसकी भविष्य की संभावनाओं का अवलोकन प्रदान करता है"। 1942 से 1946 तक उन्होंने संयुक्त राज्य अमेरिका में सफल 'टेनेसी वैली योजना' से प्रेरणा लेकर देश के जल संसाधनों के कुशल उपयोग के लिए एक नई रणनीति पेश की। नदी का प्रबंधन और बाढ़ को नियंत्रित करके, उनका लक्ष्य सिंचाई और ऊर्जा की निरंतर आपूर्ति सुनिश्चित करना था, जो गरीब भारतीयों की आजीविका का समर्थन करेगा और खाद्य सुरक्षा सुनिश्चित करेगा।

नदी घाटी घाटियों पर आधारित जल संसाधनों का विकास और नदी घाटी प्राधिकरण की स्थापना, जैसा कि डॉ. अम्बेडकर द्वारा समर्थित था, एक बहुउद्देश्यीय दृष्टिकोण

था। उनकी जल रणनीति का एक प्रमुख घटक संपूर्ण नदी घाटी बेसिन के क्षेत्रीय विकास के लिए जल संसाधन उपलब्ध कराना था। आपूर्ति का उपयोग तदनुसार समायोजित किया गया था। उन्होंने परियोजना से प्रभावित क्षेत्रों के लिए उचित पुनर्जनन और पुनर्वास योजना लागू करने के महत्व पर भी जोर दिया। संक्षेप में, उन्होंने प्रांतों को उनकी सामूहिक जिम्मेदारी की याद दिलाई और उन्हें सहयोग करने के लिए प्रोत्साहित किया। उन्होंने स्पष्ट किया कि यह तभी संभव होगा जब प्रांत पूर्ण सहयोग करेंगे और उन प्रांतीय बाधाओं को दूर करने का निर्णय लेंगे जो लंबे समय से उनके विकास और समृद्धि में बाधा बनी हुई हैं। आज भी अंतर्राज्यीय सहयोग जल समस्या का समाधान हो सकता है।

नदी तट जल अधिकार, जिसे आम तटवर्ती अधिकार के रूप में भी जाना जाता है, एक ऐसी प्रणाली है जो उन लोगों के बीच पानी वितरित करती है जिनके पास इसके रास्ते में जमीन है। श्रम विभाग ने 1944 और 1946 के बीच कई नदी घाटी परियोजनाओं की देखरेख की, जिनमें दामोदर नदी घाटी परियोजनाएं, सोन नदी घाटी परियोजनाएं, महानदी, कोसी, चंबल और डेक्कन नदियों पर हीराकुंड परियोजना शामिल थीं। मूल रूप से बाढ़ नियंत्रण, सिंचाई, नेविगेशन, घरेलू जल आपूर्ति, जलविद्युत और अन्य निर्माण उद्देश्यों के लिए बनाई गई ये परियोजनाएं, जैसे दामोदर नदी घाटी परियोजनाएं और हीराकुंड बहुउद्देशीय परियोजना, अपने पीछे के दूरदर्शी लोगों की स्थायी याद दिलाती हैं।

सन् 1935 के अधिनियम के प्रावधानों के संदर्भ में, जब उन्हें भारतीय संविधान की मसौदा समिति का अध्यक्ष नामित किया गया था, डॉ. अम्बेडकर संवैधानिक मामलों के विशेषज्ञ थे, जिन्होंने श्रम विभाग को वैकल्पिक दृष्टिकोण विकसित करने में मदद की; उनकी विशेषज्ञता और अनुभव सरकार के लिए मूल्यवान थे। यह भारतीय संविधान में अंतर्राज्यीय जल आपूर्ति से संबंधित मुद्दों पर प्रावधान करने में विशेष रूप से सहायक रहा है। बहुउद्देश्यीय परियोजनाओं के मामले में उनकी विशेषज्ञता के संदर्भ में सभी संबंधितों के लिए उपयुक्त समाधान विकसित करने में डॉ. अम्बेडकर ने अहम भूमिका निभाई।

डॉ. अम्बेडकर, जिन्होंने इसकी मसौदा समिति की अध्यक्षता की, देश के संविधान से प्रभावित थे, विशेष रूप से भारत की स्वायत्त जल नीति के संबंध में। अंतर्राज्यीय नदी समस्याओं से निपटने के लिए उनकी सुविचारित दृष्टि सन् 1956 का अंतर्राज्यीय जल विवाद अधिनियम और 1956 का नदी बोर्ड अधिनियम था, अंतर्राज्यीय नदियों और नदी घाटियों के पानी से जुड़े विवादों के लिए। प्रविष्टि 56 के संदर्भ में, नदी बोर्ड अधिनियम अंतर्राज्यीय नदी घाटी के प्रबंधन और विकास के

लिए प्रावधान करता है। "सूची 7 की सूची 1 की प्रविष्टि 56 निर्दिष्ट करती है कि अंतरराज्यीय नदियों और नदी घाटियों का विनियमन और विकास उस हद तक है कि संघ के नियंत्रण में इस तरह के विनियमन और विकास को संसद द्वारा जनहित में कानून द्वारा समीचीन यानि उचित घोषित किया जाता है।"

डॉ. बी.आर. अम्बेडकर की जल प्रबंधन क्षेत्र के विकास के लिए अथाह प्रतिबद्धता लगभग चुनौतीपूर्ण है, और लोग हमेशा उस महा मानव का ऋणी रहेंगे। भारतीय संविधान में जल नीति से संबंधित सुविचारित प्रावधानों और जल आपूर्ति के भारत के विकास को आकार देने में इसकी बेजोड़ सोच के रूप में उन्होंने भारत को अपना असाधारण उपहार दिया। वह आधुनिक जल नीतियों के प्रारूपण में अग्रणी थे और उन्होंने स्वतंत्र भारत में बहुउद्देश्यीय परियोजनाओं के विकास की नींव रखी। वास्तव में, वह उन दिनों दामोदर घाटी, हीराकुंड और कई अन्य परियोजनाओं के पीछे प्रेरक शक्ति थे।

उन्होंने स्वतंत्रता पूर्व और बाद के भारत के दौरान आधुनिक जल नीतियों को आकार देने में एक प्रमुख भूमिका निभाई, जिसमें सन् 1945 में राष्ट्रीय जल, सिंचाई और नेविगेशन आयोग का गठन शामिल है, जो अब केंद्र का केंद्रीय जल आयोग है।उनको भारत के संविधान के प्रमुख वास्तुकार और बहुसंख्यक उत्पीड़ित वर्ग और महिलाओं के प्रमुख भारतीय प्रतिनिधि के रूप में जाना जाता है। हालांकि, भारतीय जल संसाधनों के विकास में उनके योगदान के बारे में कम जाना जाता है, यह मूल प्रश्न है?

डॉ. अम्बेडकर जल और बिजली उत्पादन के संसाधनों के लिए अपने उत्तरदायित्व का निर्वहन किये ; केंद्रीय जलमार्ग, सिंचाई और नेविगेशन आयोग का निर्माण; संबंधित क्षेत्र में नदियों के एकीकृत विकास के लिए नदी घाटी प्राधिकरण या निगम अवधारणा का कार्यान्वयन; संबंधित क्षेत्र में नदियों के एकीकृत विकास के लिए नदी घाटी प्राधिकरण या निगम अवधारणा की रूपरेखा; नदी घाटी में कुछ प्रमुख परियोजनाओं की शुरुआत, विशेष रूप से दामोदर, सोन और महानदी के नदी घाटियों में; संविधान में संशोधन करना और उसके एक हिस्से को 'संघ सूची' में लाना और अंतर्राज्यीय नदी जल विवादों के निपटारे से संबंधित एक अनुच्छेद पेश करना।

डॉ. अम्बेडकर स्वतंत्र भारत के लिए बहुउद्देशीय परियोजनाओं के शुरू करने के क्षेत्र में दूरदर्शी सोच रखने वाले एक युग द्रष्टा व्यक्ति थे। वह शायद दामोदर की घाटी, हीराकुंड और अन्य परियोजनाओं के पीछे चलती आत्मा थे। एक लंबे समय से

सार्वजनिक रूप से जल से संबंधित क्षेत्र में उनकी उपलब्धि का एक विस्तृत विवरण सार्वजनिक करने के लिए महसूस किया गया। हालांकि भारतीय संविधान के मसौदे के रूप में प्रसिद्ध, उन्होंने जल से संबंधित निति में महत्वपूर्ण संशोधन किए, एक लेबर सदस्य के रूप में जल और बिजली के क्षेत्र में उनके द्वारा किए गए कार्यों की सीमा और बारीकियों के बारे में बहुत कम लोगो को जानकारी रही है। उनका योगदान जल संसाधनों के विकास में था, जिसे उन्होंने केंद्रीय मंत्रिमंडल के सदस्य और सिंचाई और बिजली विभाग के प्रभारी के रूप में बनाया गया। यह एक नीति के निर्माण में और स्वतंत्रता के ठीक पहले के समय में देश के सिंचाई और बिजली संसाधनों के नियोजित विकास में उनकी भूमिका को समझने का प्रयास करता है।

जिस युग में डॉ. अम्बेडकर ने अपना कार्यभार संभाला, भारतीय जल नीति स्वतंत्रता के बाद ही प्रकाश में आया। यह उन युगों के दौरान था, जब द्वितीय विश्व युद्ध के बाद के आर्थिक विकास कार्यक्रम के एक भाग के रूप में, श्रम विभाग ने पहली बार विस्तृत अखिल भारतीय पैमाने पर देश में सिंचाई और बिजली संसाधनों के नियोजित विकास के लिए अखिल भारतीय पृष्ठभूमि के लिए एक रणनीति तैयार की थी। उन्होंने और उनकी टीम की ओर से श्रम विभाग में योजना बनाने से कुछ मूलभूत परिवर्तन हुए जिन्होंने भारत की जल नीति की नींव रखी। योजना और ऊर्जा नीति के संदर्भ में भी उल्लेखनीय कदम उठाए गए। केंद्र में एक उच्च-स्तरीय तकनीकी संगठन की स्थापना की गई, एक क्षेत्रीय ग्रिड प्रणाली को अपनाया गया, एक राज्य या अर्ध-राज्य बिजली उपक्रम की स्थापना की गई, और बिजली के विकास के प्रशासनिक, वाणिज्यिक और तकनीकी पहलुओं में विदेशों में विद्युत इंजीनियरों को प्रशिक्षण देने की योजनाएँ बनाई गईं।

भारतीय नीति ने बिजली आपूर्ति विभाग की स्थापना और सार्वजनिक और निजी बिजली उपक्रमों की मूल्य निर्धारण नीति को विनियमित करने वाले सिद्धांतों को विकसित करने के प्रयास भी शुरू किए। कम समय में हासिल की गई उपलब्धियां, जैसे सिंचाई और बिजली, वास्तव में उल्लेखनीय हैं। इस प्रकार, उन्होंने उस भावी नींव की नींव रखी जिसे बाद में जवाहरलाल नेहरू द्वारा 'आधुनिक भारत के मंदिर' के रूप में संदर्भित किया गया।

डॉ.बी.आर.अम्बेडकर राष्ट्रीय जल संसाधन विकास नीति और योजना के अग्रणी

डॉ अम्बेडकर ने 20 जुलाई, 1942 से 29 जून, 1946 तक श्रम सदस्य, कार्यकारी परिषद वायसराय के रूप में कार्य किया। वे चार साल और ग्यारह महीने सामाजिक

दूरदर्शी के मजबूत राष्ट्र निर्माण के प्रयासों के गवाह बने। 14 अप्रैल 2016 को मुंबई में वार्षिक समुद्री भारत शिखर सम्मेलन के उद्घाटन के अवसर पर, भारत के निवर्तमान प्रधान मंत्री नरेंद्र दामोदरदास मोदी ने कहा कि संविधान के पिता जल और नदी नेविगेशन नीति के निर्माता भी थे। उन्होंने कहा, "हम में से बहुत से लोग नहीं जानते होंगे कि बाबासाहेब ने जल, नेविगेशन और बिजली से संबंधित दो शक्तिशाली संस्थान बनाए। जिन्हें केंद्रीय जलमार्ग, सिंचाई और नेविगेशन आयोग और केंद्रीय तकनीकी शक्ति बोर्ड के नाम से जाना जाता है। डॉ अम्बेडकर भारत में जल और नदी नेविगेशन नीति के निर्माता भी हैं। "

शुरुआत में ही इस बात पर जोर दिया जाना चाहिए कि दुर्भाग्य और आपत्ति यह है कि एक मजबूत लॉबी डॉ. अम्बेडकर को भारत की राष्ट्रीय जल नीति और संसाधनों के विकास में उनकी अनूठी उपलब्धियों से वंचित करने के लिए काम कर रही है। विशाल आधिकारिक अभिलेखों के बीच शैक्षिक और सार्वजनिक अनेक संभाषण में दूरदर्शी की सही मान्यता की एक जानबूझकर विद्वतापूर्ण अस्वीकृति प्रतीत होती है।

इन विकास नीतियों और नियोजन की प्रत्यक्ष भागीदारी और डिजाइन में डॉ. भीमराव रामजी अम्बेडकर का योगदान था। वह दो बार नीति-निर्माण में सक्रिय रूप से शामिल रहे; एक बार 1947-51 के दौरान स्वतंत्र भारत के केंद्रीय मंत्रिमंडल में कानून मंत्री के रूप में और इससे पहले, वाइसराय की कार्यकारी परिषद के सदस्य के रूप में, 1942-46 के दौरान श्रम, सिंचाई और बिजली विभाग के प्रभारी के रूप मे थे। 1940 के दशक की शुरुआत में, डॉ. अम्बेडकर ने सिंचाई और बिजली का कार्यभार संभाला, जो कि भारत के अधिकांश हिस्सों में आर्थिक नियोजन के सिद्धांत को आगे बढ़ाने और लागू करने के लिए एक महत्वपूर्ण कालखंड था। भारत के पुनर्वास और आर्थिक समृद्धि के लिए युद्धोत्तर योजना ने तब आकार लिया। सरकार ने एक ऐसा ढांचा विकसित करने का एक बहुत ही महत्वाकांक्षी प्रयास किया है जिसके माध्यम से रचनात्मक वैकल्पिक समाधानों की केंद्रीय रूप से कल्पना की गई है। इस पहल के हिस्से के रूप में जल आपूर्ति और बिजली विकास एजेंडा की कल्पना की गई, पेश किया गया और एक निश्चित स्वरुप दिया गया।

सिंचाई, नदियों और नौपरिवहन के निर्माण की अखिल भारतीय योजना मूल रूप से श्रम विभाग द्वारा शुरू से ही शुरू की गई थी। केंद्र ने समय-समय पर इन विषयों पर दुर्लभ सार्वजनिक जांच और समीक्षा की, लेकिन योजना के प्रयास विशेष रूप से सार्वजनिक आधार पर किए गए। यह पहली बार था जब केंद्र द्वारा नियोजन को आधार के रूप में देखा गया था।

जल आपूर्ति और जलविद्युत शक्ति के विकास पर केंद्र सरकार की नीति तब तैयार की गई और उसे एक निश्चित रूप दिया गया। उन प्रयासों के परिणामों में 'देश के जल और बिजली संसाधनों' के विकास पर एक अखिल भारतीय रणनीति का कार्यान्वयन शामिल था; और नए जल संसाधनों पर आयोग और केंद्रीय विद्युत प्राधिकरण जैसे सिंचाई और ऊर्जा सेवाओं में सुधार के लिए राज्यों की सहायता के लिए केंद्र में नियामक संरचनाओं और तकनीकी निकायों की स्थापना; और भारत में पहली बार क्षेत्रीय और बहुउद्देशीय नदी घाटी बेसिन विकास परिभाषा के कार्यान्वयन सहित नदी घाटी प्राधिकरण या कंपनी को अपनाना; और दामोदर नदी घाटी, सोन नदी घाटी, महानदी नदी योजना, चंबल नदी योजना और दक्कन नदी योजनाओं सहित उड़ीसा नदी योजनाओं सहित नई नदी घाटी, बड़ी और छोटी योजनाओं, में कई बड़ी परियोजनाओं की शुरुआत हुई।

इन उपायों को लागू करने में उन्होंने श्रम विभाग की नीतियों को चलाने में महत्वपूर्ण भूमिका निभाई। अर्थशास्त्र, राजनीति और संवैधानिक कानून के अपने गहन ज्ञान के माध्यम से, उन्होंने केंद्र सरकार और उसके विभाग को जल और बिजली नीति और योजना को स्पष्ट करने में मदद की। यहाँ पर 1942-46 के बीच भारत के विकास के इस पहलू में डॉ. अम्बेडकर और उनके विभाग द्वारा निभाई गई भूमिका और समर्पण को स्पष्ट करने और समझाने का प्रयास किया गया है। उनकी उपलब्धियां नीति निर्माण, केंद्र में प्रशासनिक तंत्र की स्थापना और केंद्र-राज्य की समस्याओं का एक वैकल्पिक समाधान प्रदान करने वाले पेशेवर निकायों की स्थापना और वर्तमान में कई बड़ी और मध्यम नदी घाटी परियोजनाओं को गति देने के संदर्भ में थीं।

डॉ. अम्बेडकर के सिंचाई और बिजली नीति पर वक्तव्य

जब डॉ. बी.आर. अम्बेडकर श्रम मंत्री थे तब श्रम विभाग के पास सिंचाई और बिजली विकास पर विस्तृत नीति वक्तव्य का मसौदा तैयार करने के दो विकल्प थे। एक तो इनपुट के लिए प्रांतों के बीच वितरण के लिए नीति वक्तव्य का मसौदा तैयार करना था, जिसके आधार पर आम सहमति के लिए एक अंतिम नीति वक्तव्य तैयार किया जाना था। दूसरा विकल्प परिषद की पुनर्नियुक्ति समिति के विचार के लिए आगे बढ़कर एक अखिल भारतीय नीति दस्तावेज तैयार करना था। जबकि यह शुरू में पहले विकल्प में बदल गई, दूसरा विकल्प प्रबल था, मुख्य विचार यह था कि यह नीति घोषणा प्रांतों की प्रतिक्रिया के लिए एक अनुबंध के रूप में काम करेगी। इस प्रकार, श्रम विभाग द्वारा नीति वक्तव्य तैयार किया गया था, जिसने

सिंचाई, जलमार्ग और जल निकासी के विकास पर परिषद और प्रांतीय सरकारों की पुनर्निर्माण समिति के लिए केंद्र सरकार के दृष्टिकोण का सुझाव दिया था; बिजली उत्पादन में वृद्धि ; और अंतर्देशीय जल परिवहन शामिल था।

जैसा कि नीति वक्तव्य में कहा गया है, देश के औद्योगिक और कृषि विकास के लिए सिंचाई, नदियाँ और जल प्रणाली,जलमार्ग और जलविद्युत उर्जा का उत्पादन आवश्यक है। खाद्य आपूर्ति और लोगों की समृद्धि विशेष रूप से व्यापक सिंचाई, मृदा सुरक्षा और बाढ़ नियंत्रण पर आधारित थी। खाद्य आपूर्ति बढ़ाने और अधिक भूमि को खेती योग्य बनाने के लिए, बड़ी और मध्यम सिंचाई योजनाएँ आवश्यक थीं। पंपों का बेहतर उपयोग करना, स्थापित नहर नेटवर्क में उपलब्ध पानी की आपूर्ति में सुधार करना और पानी के जमाव के प्रति उचित कदम उठाना भी महत्वपूर्ण था।

नीति की घोषणा में उल्लेख किया गया है कि कार्यसंयोजन और कार्यान्वयन मुख्य रूप से प्रांतों और सरकारों के अधीन होगी। फिर भी, केंद्र सरकार आवश्यक सामग्री की प्राथमिकता से आपूर्ति की व्यवस्था करके और तकनीकी सहायता प्रदान करके हर संभव सहायता प्रदान करेगी; केंद्र सरकार जहां भी संभव हो क्षेत्रीय आधार पर प्रांतीय और राज्य की योजनाओं पर विचार करने में सक्षम होगी। कुछ सार्थक मामलों में, वित्तीय सहायता पर भी विचार किया जा सकता है; केंद्र सरकार प्रांतों और राज्यों को उनके द्वारा प्रस्तावित योजनाओं पर एक विस्तृत प्रश्नावली देगी और इन प्रस्तावों की अपने इंजीनियरिंग विशेषज्ञों द्वारा जांच की जाएगी।

विकास अधिकारी के रूप में काम करने के लिए नदियों के लिए एक सलाहकार इंजीनियर और सिंचाई के लिए एक अन्य अधिकारी को नियुक्त किया जाएगा; केंद्रीय सिंचाई बोर्ड को न केवल सिंचाई बल्कि जल निकासी और संबंधित मुद्दों पर सिफारिशों के समाकलन और अधिक प्रभावी ढंग से कार्य करने के लिए सभी मामलों पर निर्देशी बोर्ड के रूप में भी पुनर्गठित किया जाएगा।

अंतर्देशीय जल परिवहन

पिछली शताब्दी से अंतर्देशीय जल परिवहन के उपयोग में कमी आई है, आंशिक रूप से रेलवे की मांग के कारण और आंशिक रूप से जलमार्ग की कमी के कारण, ज्यादातर सिंचाई गतिविधि में वृद्धि के प्रत्यक्ष परिणाम के रूप में कमी आयी है। द्वितीय विश्व युद्ध के दौरान रेलवे पर अतिरिक्त भार के कारण अंतर्देशीय जल परिवहन बहाल कर दिया गया था। नीति वक्तव्य में, नदियों की स्थिति परिवहन

के इस साधन के महत्वपूर्ण विकास में सबसे बड़ी बाधा थी। अंतर्देशीय जलमार्ग के क्षेत्रीय विषय के रूप में, जहां भी संभव हो, केंद्र की स्थिति मुख्य रूप से सहयोग और प्रयास की होगी। नीति वक्तव्य द्वारा अंतर्देशीय जल परिवहन योजना की सिफारिश की गई थी, जैसे कि नदी की नौवहन क्षमता और अन्य प्राकृतिक जलमार्गों को बढ़ाने के उपायों में, सिंचाई नहरों के अंतर्देशीय यातायात के लिए संभावित उपयोग, आधुनिक कृत्रिम जलमार्गों का निर्माण, स्टीमर द्वारा संचालित बार्ज के उपयोग में वृद्धि, देश और विदेश के लिए शिल्प का विकास; परिवहन प्रतियोगिता के अन्य रूपों के साथ बैठक, साथ ही परिवहन के सभी साधनों का समन्वय करना।

विद्युत उर्जा का विकास

बिजली की जरूरत में देरी से ग्रिड के स्वस्थ विस्तार में बाधा डालने वाले सभी कारक उत्तरदायी है। भारत में बिजली के उत्पादन और वितरण को नीति दस्तावेज़ में एक राज्य या अर्ध-राज्य उपक्रम के रूप में ध्यान में रखा गया है।इस नीति के अनुसरण में, सरकार ने अतिरिक्त भारी बिजली उपकरणों के लिए देश के कुछ प्राथमिक बिजली विकास उपक्रमों को उत्पादन क्षमता का आवंटन सुरक्षित किया है। पूरे भारत के साथ काम करने के लिए केंद्र में एक केंद्रीय तकनीकी पावर बोर्ड भी स्थापित किया जाना था। ऊर्जा के औद्योगिक उपयोग को आगे बढ़ाने की नीति जैसे उर्वरक निर्माण आदि को भी मान्यता दी गई है। भारत में बड़े पैमाने पर बिजली उत्पादन में सुधार के लिए विशेषज्ञ औद्योगिक, प्रशासनिक और तकनीकी कर्मचारियों के साथ बिजली उपक्रम प्रदान करने के लिए कर्मचारियों को विदेशों में प्रशिक्षित किया जाना था।

नई जल नीति

तत्कालीन श्रम विभाग द्वारा तैयार किए गए नीति वक्तव्य में 1935 के अधिनियम के तहत अधिकृत प्रांतों की तुलना में प्रांतों के सिंचाई और जलविद्युत उत्पादन में केंद्र सरकार द्वारा बहुत अधिक भागीदारी और सहयोग का आह्वान किया गया था। जबकि केंद्र ने यह स्पष्ट किया कि वह अपनी योजनाओं को तैयार करने और लागू करने के प्रांतों के अधिकार में हस्तक्षेप नहीं करना चाहता था, यह भी तर्क दिया कि केंद्र को एक से अधिक राज्यों को शामिल करने वाली सिंचाई और जलविद्युत परियोजनाओं में 'अधिक रचनात्मक भागीदारी' की आवश्यकता है। और पर्याप्त नीति से लाभ उठाने के लिए संपूर्ण नदी घाटी बेसिन के रणनीतिक विकास की आवश्यकता है।

सन् 1935 के अधिनियम ने केंद्र सरकार को प्रांतीय विषयों पर कार्यकारी अधिकार लेने और प्रांतों के हित के मामलों में हस्तक्षेप करने से वस्तुतः प्रतिबंधित कर दिया। अधिनियम की धारा 135 में कुछ मामलों की जांच और चर्चा करने और सिफारिशें करने के लिए अंतर-प्रांतीय परिषद की नियुक्ति का प्रावधान था। फिर भी, यह कार्यकारी अधिकार के बिना, अकेले एक सलाहकार निकाय था। इन परिस्थितियों में श्रम विभाग के सामने चुनौतियां थी: एक से अधिक राज्यों के माध्यम से संचालित नदी परियोजनाओं के लिए एक नया क्षेत्रीय विनियमन और प्रबंधन कार्यकारी प्राधिकरण साधन स्थापित करना; जलविद्युत और अंतर्राज्यीय नदी जल संसाधनों के उत्पादन के लिए एक निश्चित दृष्टिकोण तैयार करना; एक राष्ट्रीय सिंचाई योजना शुरू करने और प्रांतों को तकनीकी और अन्य सेवाएं प्रदान करने के लिए विशेषज्ञों के एक विशेष पूल के साथ एक प्रशासनिक संरचना या ढांचा की स्थापना करना था। एक विधायी संरचना के रूप में, प्रांतों और राज्यों से परामर्श किया जाना था।

विस्तृत चर्चा और परामर्श के बाद, विभाग ने "तीन मुद्दों" पर प्रांतों को तथाकथित "तीन प्रसिद्ध पत्र" वितरित किए, पत्रों में केंद्र की सिंचाई और बिजली उर्जा नीतियों को दृढ़ता से व्यक्त किया और इसके परिणामस्वरूप राष्ट्रीय जल और बिजली उर्जा नीति की निरंतरता में एक स्वतंत्र अवधि आई।। नीति संरचना के तीन घटक थे, अर्थात्: नदी घाटी प्राधिकरण या निगम द्वारा अंतर-राज्यीय नदी परियोजनाओं के प्रबंधन और नियंत्रण के लिए एक अवधारणा को अपनाना; भौगोलिक और बहुउद्देशीय नदी घाटी घाटियों दोनों के रूप में समग्र रूप से नदी घाटी बेसिन के निर्माण के सिद्धांत को अपनाना; और केंद्र के प्रशासनिक और तकनीकी विशेषज्ञ निकायों की स्थापना करना। इसी कारण वर्तमान केन्द्रीय जल आयोग के अग्रदूत के रूप में केन्द्रीय मार्ग, नौवहन और सिंचाई आयोग की स्थापना की गई और केन्द्रीय तकनीकी शक्ति बोर्ड केन्द्रीय विद्युत प्राधिकरण था।

नदी घाटी प्राधिकरण

डॉ. अम्बेडकर के नेतृत्व में एक लंबी बहस के बाद, विभाग ने सहमति व्यक्त की कि अंतर-राज्यीय परियोजनाओं को लागू करने के लिए सबसे उपयुक्त तरीका एक स्वायत्त प्राधिकरण या एक कंपनी जो संबंधित प्रांतों और केंद्र के बीच एक समझौते से अपना अधिकार प्राप्त करेगी। दिसंबर 1944 में सभी प्रांतों को भेजे गए एक पत्र में इस मामले की व्याख्या की गई थी। तर्क की अकाट्यता में अपनी सम्मोहक ताकत के लिए श्रम विभाग का एक पत्र क्लासिक था। उस पत्र में संक्षेप में कहा गया था कि देश के जल और बिजली उर्जा स्रोतों में सुधार करना विभाग की प्राथमिकता है,

लेकिन जिन नदियों का पानी कई प्रांतों और राज्यों से होकर बहता था, वह उनके लिए एक विशेष चुनौती थी।

नदी घाटियों में विभिन्न और अलग-अलग समस्याएं थीं, लेकिन बड़ी नदियों को विनाशकारी बाढ़ को रोकने लिए उस पानी का उपयोग करने का कार्य प्रमुख था। इस मामले ने न केवल कई प्रांतों और राज्यों को प्रभावित किया, जहां से ये नदियां बहती थीं, बल्कि समग्र रूप से भारत के विकास से जुड़ी हुई थीं। प्रांतीय बहुउद्देश्यीय नदी प्रबंधन कार्यक्रम और एक से अधिक प्रांतों को शामिल करने वाली नदी परियोजनाओं के लिए एक एकीकृत स्थान पर सहायता की आवश्यकता होती है। जबकि उसमें भाग लेने वाले प्रांत और राज्य, सिद्धांत रूप में, आम सहमति से एक साथ आ सकते हैं और त्वरित विकास प्राप्त कर सकते हैं, वास्तविकता अलग हो सकता है। एक प्रांत एक परियोजना को एक पृष्ठभूमि में स्थानांतरित कर सकता है जो अन्य प्रांतों और राज्यों के लाभ के लिए क्षेत्रीय विकास लाएगा, इसके प्रशासन द्वारा अपने स्वयं के लोगों के लिए अधिक लाभ के लिए समझी जाने वाली परियोजनाओं के लिए अपने अन्य संसाधन और जनशक्ति संसाधनों का पूरी तरह से उपभोग या उपयोग करके। तब यह केंद्र के लिए फायदेमंद होगा, जिसे समग्र रूप से देश के निर्माण का जिम्मा सौंपा गया है, यह सुनिश्चित करने के लिए शुरुआत से ही एक से अधिक राज्यों को लाभ हुआ है, वे किसी समझौते पर पहुंचने की कठिनाइयों और समस्याओं से बाधित नहीं हैं। ऐसे मामलों में, संवैधानिक समस्याओं को देखते हुए, केंद्र प्रांतों और राज्यों के बीच व्यवस्था को सुविधाजनक बनाने की बेहतर स्थिति में हो सकता है। नदियों के संबंध को प्रबंधित करने के लिए एक एजेंसी बनाकर जिसे केंद्र और संबंधित प्रांतों के बीच समझौते द्वारा प्राधिकरण प्रदान किया जाएगा, व्यवस्था लागू करने का सबसे कुशल तरीका होगा।

प्रांतीय प्राधिकरण की स्थिति और जिम्मेदारियों को इस समय पूर्णरूप से निर्धारित नहीं किया गया। सोन नदी के मामले में, यह अवसर संयुक्त प्रांत की सरकार द्वारा और दामोदर नदी के मामले में, बंगाल सरकार द्वारा प्रदान किया गया था। यह माना जाता था कि सोन नदी क्षेत्र को आवश्यक विकास की उत्कृष्ट संभावनाओं के साथ अच्छे परिणाम प्रदान करेगी। कार्यक्रम को आगे बढ़ाने के लिए मार्च 1945 में दिल्ली में एक अंतर्राज्यीय सम्मेलन आयोजित किया गया था।

उत्तर प्रदेश, बिहार, कुछ मध्य भारतीय राज्यों और मध्य प्रांत की आर्थिक विकास योजनाओं के महत्व पर प्रकाश डालते हुए, डॉ. अम्बेडकर ने सम्मेलन में कहा कि सोन की क्षमता के मामले में स्थानीय दृष्टिकोण के बजाय क्षेत्रीय दृष्टिकोण रखना महत्वपूर्ण है। जिसका पूरा दोहन करना था।अंततः, हालांकि, एक प्रभावी निकाय

के गठन की दृष्टि से एक व्यवस्था का गठन किया जाना था, जिसके लिए सभी संबंधित पक्ष, समझौते से, अपने संचालन के क्षेत्रों से संबंधित उन शक्तियों को सौंपेंगे, जिनमें से मुख्य बिजली का प्रावधान है और सिंचाई और नेविगेशन के लिए पानी की पूर्ण उपलब्धता शामिल था। जब सोन घाटी प्राधिकरण बनाने का निर्णय लिया गया तो प्रांतों और राज्यों द्वारा सोन और उसकी सहायक नदियों के पानी पर ऐसे प्राधिकरण को नियंत्रण प्रदान किया जाना चाहिए था ; प्रांतों और राज्यों को यह स्वीकार करना चाहिए कि इस प्राधिकरण को छोटी योजनाओं के अपवाद के साथ प्राधिकरण द्वारा संरक्षित क्षेत्र में बिजली उत्पादन का विशेष अधिकार होना चाहिए। प्राधिकरण की सहमति के बिना, प्रांतों और राज्यों को पानी नहीं निकालने के लिए सहमत होना चाहिए और यह उन प्रांतों और राज्यों के लिए आवश्यक होगा जिनमें बांध स्थल स्थित होंगे, ऐसे रूपों में भूमि के जलमग्न होने की सहमति के लिए व्यवस्था की जा सकती है। इसके अलावा, बांध बनाने और नदी के सरप्लस पानी से निपटने के लिए, प्राधिकरण राष्ट्रीय कानून द्वारा बनाई जाएगी, लेकिन संबंधित प्रांतों और राज्यों को उन्हें सौंपे गए कार्यकारी प्राधिकरण को समझौते या अनुबंध द्वारा प्रदान करना होगा। जलविद्युत पावर और सिंचाई के कुशल उत्पादन को सुनिश्चित करने के लिए प्राधिकरण को भागीदार प्रांतों और राज्यों की कुछ शक्तियों और दायित्वों और प्राधिकरण की स्थापना के लिए वित्तीय स्वतंत्रता की एक सीमा प्रदान करना आवश्यक था।

जब अगस्त 1944 में, पश्चिम बंगाल सरकार ने दामोदर नदी के बाढ़ जांच समिति की रिपोर्ट की एक प्रति विचार के लिए भारत सरकार को प्रस्तुत की गयी, तब डॉ. अम्बेडकर के नेतृत्व में, श्रम विभाग ने नई जल नीति को प्रभावी करने के लिए महत्वपूर्ण फैसला लिया गया।

नदी घाटी क्षेत्र का बहुउद्देशीय और क्षेत्रीय विकास

बहुआयामी विकास ही आधुनिकता का कारण है। 'जल आपूर्ति में हस्तक्षेप' के मामले में,सन् 1935 के कानून के लागू खंड को 'सभी प्राकृतिक आपूर्ति स्रोतों से पानी' तक बढ़ा दिया गया।सन् 1930 के बाद से केवल इंजीनियरिंग, नदी प्रणाली की जल विज्ञान सम्बन्धी एक रूपता और जल आपूर्ति इकाई के रूप में बेसिन के प्रसंस्करण पर ध्यान केंद्रित किया गया। वर्ष 1945-47 में सिंचाई मंत्रालय द्वारा डॉ. अम्बेडकर के नेतृत्व में दामोदर घाटी और महानदी घाटी के लिए बहुउद्देशीय योजनाओं को पहली बार भारत में रखा गया था। जब दामोदर घाटी प्राधिकरण के लिए वर्ष 1948 में दामोदर घाटी के निर्माण के लिए संविधान सभा द्वारा बिहार

और पश्चिम बंगाल में अधिनियम पारित किया गया था, तो इस अधिनियम ने दामोदर घाटी और सहायक नदी के रूप में 'दामोदर घाटी' को सीमांकित किया गया।

विद्युत पर अधिनियम, जिसे सन् 1948 में भी अधिकृत किया गया था, ने नदी के सर्वोत्तम विकास पर सिंचाई, नेविगेशन और बाढ़ नियंत्रण आवश्यकताओं के साथ-साथ राज्य विद्युत बोर्डों द्वारा प्रस्तावित किसी भी अपक्षरण के कार्य के प्रभाव की जांच के लिए केंद्रीय विद्युत प्राधिकरण को जिम्मेदार बनाया गया और बिजली उत्पादन के लिए इसकी सहायक नदियो को शामिल किया गया।इसलिए इस चरण में दामोदर, महानदी, सोन और अन्य नदियों के संयोजन के साथ बहुउद्देशीय नदी घाटियों के विकास पर जोर दिया गया, जिसके लिए डॉ. अम्बेडकर और उनके विभाग ने वर्ष 1944-46 के दौरान अभूतपूर्व कार्य किया।

श्रम विभाग ने दामोदर घाटी परियोजना के लिए बहुउद्देश्यीय नदी बेसिन के आधार पर जल संसाधनों के निर्माण का सुझाव दिया। डॉ.अम्बेडकर ने अपना विचार व्यक्त किया कि, बंगाल सरकार के प्रस्ताव के बावजूद इसके मुख्य प्रस्ताव मुख्य रूप से बंगाल प्रांत की सीमाओं के भीतर बाढ़ के नियंत्रण के उपाय के रूप में तैयार किए गए थे, भले ही बंगाल समिति ने जलविद्युत और सिंचाई पहलूओ को मुद्दों में शामिल किया हो। उन्होंने कहा कि यह रणनीति प्रथम दृष्टया अनुपयुक्त है। संपूर्ण दामोदर घाटी के एकीकृत आर्थिक विकास को देखते हुए और न केवल पश्चिम बंगाल की जरूरतों को देखते हुए, भारत सरकार इंगित करती है कि इसे प्रांतीय सरकार द्वारा देखा जाएगा। दामोदर घाटी योजना की बहुउद्देश्यीय क्षमता पर भी बारीकी से विचार किया जाना चाहिए, जिसमें कृषि के लिए सिंचाई भी शामिल है; नेविगेशन, औद्योगिक के लिए पानी और बिजली की आपूर्ति; वनों की कटाई का क्षरण और रोकथाम; और वानिकी संभावनाएं है।

3 जनवरी 1944 को कलकत्ता में एक सम्मेलन में डॉ. बी.आर. अम्बेडकर ने तर्क दिया कि दामोदर बांध परियोजना न केवल बाढ़ को रोक सकती है, बल्कि बिजली भी पैदा कर सकती है और सिंचाई, नेविगेशन और औद्योगिक उपयोग के लिए पानी उपलब्ध करा सकती है। हमारी जलमार्ग नीतियों को सभी संभावित जल उपयोगों को कवर करने के लिए एक बहु-कार्यात्मक दृष्टिकोण के रूप में पर्याप्त मान्यता नहीं मिली है। इसी तरह, सोन वैली परियोजना को श्रम विभाग द्वारा एक बहुउद्देश्यीय नदी प्रबंधन योजना के रूप में भी देखा गया था, जो न केवल क्षेत्र के लिए नहर सिंचाई और स्थायी जल विद्युत शक्ति की क्षमता को कवर करती है, बल्कि ट्यूबवेल से पंपिंग के लिए सिंचाई के बढ़ते उपयोग को भी कवर करती है। कुओं या नदी

निर्जलीकरण क्षेत्र में वृद्धि हो सकती है। औद्योगिक विकास के लिए सस्ती बिजली का प्रावधान, गंगा नेविगेशन के लिए बेहतर जल आपूर्ति और बेहतर जल नियंत्रण के लिए उनके महत्वपूर्ण सोच और विचार थे।

उनके नेतृत्व में श्रम विभाग ने "योजना और वित्त विभाग, नियोजन शाखा समन्वय, सिंचाई पम्पिंग, ग्रामीण विकास के लिए औद्योगिक और नगरीय आवश्यकता के संबंध में पानी और बिजली दोनों के लिए प्रांतों की आवश्यकताओं के समन्वय" का अध्ययन करने के लिए एक पेशेवर जांच शुरू की। इसने जल और बिजली संसाधन विकास और नदी घाटी बेसिन के आर्थिक और सामाजिक नियोजन और विकास के लिए एक एकीकृत रणनीति पर भी ध्यान केंद्रित किया। मंत्रालय को सर्वविदित था कि पम्पिंग द्वारा अतिरिक्त सिंचाई का प्रावधान, सहकारी विकास, उर्वरक, कृषि डेमो और प्रांतीय और नगर योजना बोर्ड की स्थापना आवश्यक रूप से औद्योगीकरण योजनाओं जैसे मामलों में संबंधित प्रांतों और राज्यों पर लागू होगी। साथ ही साथ सामाजिक कल्याण, वनों की कटाई, आबादी, सड़कों और स्कूलों का स्थानांतरण, प्रांतों के साथ प्राधिकरण का सहयोग। यह स्थानीय के लिए पूर्ण होना चाहिए अधिकारियों और क्षेत्रों में आबादी को यह सुनिश्चित करने के लिए विकसित किया जाना है कि प्राधिकरण का पूरा फायदा है जो वह वास्तव में हासिल कर सकता है।

इस प्रकार, पूरे नदी बेसिन के लिए भौगोलिक और समग्र सामाजिक-आर्थिक विकास के विकास और उपयोग के लिए, श्रम विभाग जो डॉ. बी.आर. अम्बेडकर के अधीन था,ने न केवल जल प्रबंधन के लिए मल्टीमीडिया विकास का प्रस्ताव दिया, बल्कि प्रांत, राज्य प्रशासन और स्थानीय निकाय से सम्बंधित प्रस्ताव भी दिया।

तकनीकी विशेषज्ञ निकायों की संरचनाएं

केंद्र में उपलब्ध तकनीकी विशेषज्ञ संस्थान, जो परियोजनाओं के महत्त्व को ध्यान में रखते थे, आमतौर पर उस अवधि में पर्याप्त नहीं थे। सिंचाई सलाहकार और भारत सरकार ने 'ग्रो मोर फूड' अभियान के संदर्भ में छोटी एवं अत्यावश्यक सिंचाई परियोजनाओं पर ध्यान केंद्रित किया गया। इसकी तुलना में, मुख्य रूप से मुख्य अभियंताओं ने केंद्रीय सिंचाई बोर्ड का गठन की थी। मुख्य रूप से अंशकालिक उपसमितियों द्वारा कार्य करना, प्रांतों और राज्यों की रणनीति का कोई निरंतर प्रभाव नहीं रहा।

दिसंबर 1944 में, श्रम विभाग ने प्रांतीय और राज्य दोनों सरकारों को पत्र लिखा ताकि नए बोर्ड पर उनकी सलाह को लागू करने के लिए पूर्ण सिंचाई समिति की कमियों को ठीक किया जा सके। यह तर्क दिया गया कि एक पेशेवर निकाय की वास्तविक आवश्यकता है, जहां तक क्षेत्रीय स्वायत्तता का सवाल है, भारत सरकार और जहां संभव हो, जलमार्ग और सिंचाई समस्याओं पर प्रांतों को सलाह दे सकता है और जलमार्ग के साथ सहयोग का सुनिश्चित कर सकता है।

यह स्वीकार करते हुए कि प्रांतीय विधायी और कार्यकारी क्षेत्र बड़ी संख्या में ऐसे मुद्दे हैं जो आयोग के प्रस्तावित कर्तव्यों और जिम्मेदारियों का हिस्सा हैं, श्रम विभाग ने यह स्पष्ट कर दिया कि प्रांतों के कर्तव्यों और जिम्मेदारियों को किसी भी तरह से खारिज नहीं किया जाना चाहिए। आयोग को केवल एक जाँच और परामर्शदात्री निकाय माना जाता था। यह भारतीय नदियों के अध्ययन या सिंचाई के मुद्दों के लिए खुद को पूरी तरह से समर्पित करने में सक्षम प्रशिक्षित और पर्याप्त कर्मचारियों के साथ विशेषज्ञों के समाधान में होगा तथा अध्ययन और समर्थन करने के लिए होगा। जलमार्ग के सन्दर्भ में समस्याओं का प्रबंधन समग्र रूप से होगा। उस समय प्रांत अत्यधिक ग्रहणशील थे। मार्च 1944 में, डॉ. अम्बेडकर ने केंद्रीय जलमार्ग, सिंचाई और नेविगेशन आयोग प्रताव रखा और अंततः 4 अप्रैल 1945 को वायसराय ने इस पर फैसला किया।

प्रस्तावित सेंट्रल टेक्निकल पावर बोर्ड, प्रांतीय और राज्य सरकारों के साथ मिलकर, डेटा एकत्र करने, सर्वेक्षण करने और विद्युत उत्पादन की योजना बनाने के लिए स्थापित एक मजबूत तकनीकी निकाय था, और यह 'सार्वजनिक कार्यों और बिजली' पर नीति समिति की पहली बैठक के लिए सुझाव दिया था। वह बैठक 25 अक्टूबर 1943 को आयोजित की गयी और उस बैठक में यह निर्णय लिया गया कि एक ही तकनीकी निकाय का गठन किया जाय। इसे केंद्रीय, क्षेत्रीय और राज्य सरकारों को प्रोत्साहित करने और व्यापक उत्पादन को आगे बढ़ाने के लिए आम तौर पर नीति पर सलाह देने के लिए एक केंद्रीय योजना निकाय के रूप में कार्य करना था। नवंबर 1944 में प्रांतीय सरकारों के अनुमोदन से बोर्ड को एक केंद्रीय योजना निकाय के रूप में स्थापित किया गया था। इन दो तकनीकी संगठनों की स्थापना के साथ, केंद्र ने एक अखिल भारतीय जल और जल-विद्युत ऊर्जा रणनीति के लिए मंच तैयार किया। डॉ. अम्बेडकर के नेतृत्व में श्रम विभाग ने देश की नई जल एवं बिजली नीति के मूल तत्वों को विकसित करने के अपने प्रतिबद्ध कार्य में एक के बाद एक उपलब्धि हासिल की थी। केंद्र ने इन दो मजबूत तकनीकी संगठनों की स्थापना के साथ एक अखिल भारतीय जल और जल-विद्युत ऊर्जा रणनीति के लिए मंच तैयार

किया। श्रम विभाग ने देश की वर्तमान जल एवं विद्युत नीति के आवश्यक तत्वों को निर्धारित करने के अपने प्रतिबद्ध कार्य में एक के बाद एक सफलता प्राप्त की है।

विकास रणनीति पुनर्स्थापित करने के लिए युद्धोत्तर योजना

उस समय योजना समिति को दो प्रमुख मुद्दों पर निर्णय लेने की आवश्यकता थी। योजना का क्या मुख्य लक्ष्य केवल पुनर्निर्माण तक सीमित होना था, या क्या इसमें आर्थिक विकास के लिए प्रगति शील कदम शामिल होने चाहिए ; और, यदि हां, तो विकास नीति क्या होगी। डॉ. बी.आर. अम्बेडकर ने आर्थिक विकास के पक्ष में कार्यक्रम के उन्मुखीकरण को प्रभावित करने वाले सभी मूलभूत विषयों पर अपने विचार साझा किए। एक कार्यक्रम के सार के बारे में बोलते हुए, उन्होंने कहा कि "पुनर्निर्माण समितियां निस्संदेह पुनर्निर्माण समितियों पर आधारित थीं जो अधिकांश यूरोपीय देशों में अस्तित्व में आई थीं, जिनके औद्योगिक संगठन युद्ध में नष्ट हो गए थे, जहां तक संकल्प और उद्देश्य का संबंध था। हालांकि, पूर्वावस्था या पुनर्निर्माण के मुद्दे अलग-अलग हो सकते हैं और जगह-जगह अलग-अलग होने चाहिए। भारत में, पुनर्निर्माण की समस्या में कई अन्य युद्धग्रस्त देशों के लिए चिंता के सभी मुद्दों पर विचार शामिल होना चाहिए। लगभग उसी समय, हमें यह नहीं भूलना चाहिए कि पुनर्निर्माण की समस्या अंततः भारत में अन्य देशों में पुनर्निर्माण की समस्या से अलग है। अन्य देशों में पुनर्निर्माण की समस्या वर्तमान उद्योग के पुनर्वास की समस्या है। उद्योग के पुनर्निर्माण और औद्योगीकरण से अलग, भारत में पुनर्निर्माण की समस्या मुख्य रूप से भारत के औद्योगीकरण की समस्या है।"

डॉ. अम्बेडकर का भी आर्थिक विकास योजना पर निर्णय पर एक बड़ा प्रभाव पड़ा है। विकास रणनीति पर उनकी पहले की सोच कुछ अलग थी। यह दोनों के लिए योजना के लिए उनके दृष्टिकोण में फिर से व्यक्त किया गया था। उन्होंने समग्र आर्थिक विकास के साथ-साथ कृषि क्षेत्र के विकास के लिए औद्योगीकरण की आवश्यकता पर बल दिया। उनकी राय में, भारत में गरीबी एक वर्ग विशेष के चतुराई और चालाकी का प्रतिफल है। उन्होंने समग्र आर्थिक विकास के साथ-साथ कृषि क्षेत्र की उन्नति के लिए औद्योगीकरण की आवश्यकता पर प्रकाश डाला। उनकी राय में, भारत में गरीबी मुख्यतः इसलिए थी क्योंकि भारत पूरी तरह से कृषि पर केंद्रित था। देश की सामाजिक अर्थव्यवस्था के गलत समायोजन के कारण कृषि जनसंख्या के पर्याप्त भोजन उपलब्ध कराने में विफल रही है।

उन्होंने कहा कि सन्1940 के दशक के दौरान भारत मकड़-जाल के बीच फंस गया था, उस परिदृश्य के बारे में लिखे थे, जिसमें से एक पक्ष भूमि पर आबादी में

क्रमिक वृद्धि थी और दूसरा मिट्टी के कटाव में क्रमिक वृद्धि थी। इसका प्रभाव यह हुआ कि, एक दशक के अंत में, हमें जनसंख्या और वृद्धि के बीच एक नकारात्मक संतुलन और रहने की स्थिति के निरंतर समस्या का सामना करना पड़ा। हर दशक में, नकारात्मक जनसंख्या-विकास संतुलन एक खतरनाक स्थिति तक बढ़ गया है, जिससे भारत में गरीबी, अधिक गरीबी और पुरानी गरीबी की विरासत में मिली है।डॉ. अम्बेडकर ने कहा कि इस प्रक्रिया को रोका जा सकता है जब कृषि को लाभदायक बनाया जाए। कृषि को लाभदायक बनाने की संभावनाओं को आसानी से नहीं खोजा जा सकता है, लेकिन यह औद्योगीकरण के लिए एक गंभीर अभियान है। अधिशेष यानि सरप्लस आबादी को, संसाधनों पर इस तरह के भारी दबाव को औद्योगीकरण और कृषि के अलावा अन्य आकर्षक नौकरिया दी जा सकती है।

कृषि क्षेत्र में सतत आर्थिक विकास के लिए प्रत्यक्ष पूंजी व्यय की संभावना से इंकार नहीं किया गया है। हालांकि, डॉ. अम्बेडकर ने औद्योगीकरण के प्रतिवर्त प्रभाव के माध्यम से श्रम उत्पादकता और परिणामी अधिशेष और पूंजी को बढ़ाने के लिए आर्थिक विकास पर जोर दिया। वर्षो बाद उनके पहले समीक्षा किए गए सैद्धांतिक शोध पत्र में प्रस्तावित औद्योगिक विकास के प्रस्ताव को इस प्रकार दोहराया गया था। अंततः दोनों वर्गों को पुनर्निर्माण रणनीति के उद्देश्य में एकीकृत किया गया। यह रणनीति रिपोर्ट में लक्ष्यों की निम्नलिखित घोषणा से स्पष्ट होता है: सभी नियोजन का प्राथमिक उद्देश्य सभी व्यक्तियों के जीवन को समग्र रूप से बेहतर बनाना और सभी के लिए रोजगार सुनिश्चित करना चाहिए। इस उद्देश्य के लिए, एक ओर, उत्पादन के स्तर और, अंत में, रोजगार के स्तर में और दूसरी ओर, कृषि, उद्योगों और सार्वजनिक सेवाएं शामिल है। वर्तमान परिस्थितियों को ध्यान में रखकर किसी लक्ष्य की प्राप्ति के लिए भविष्य की रुपरेखा तैयार करने के लिए आवश्यक क्रियाकलापों के बारे में चिन्तन करना आयोजन या नियोजन कहलाता है। यह प्रबन्धन का प्रमुख घटक है।

बिजली, सिंचाई, राजमार्ग, दूरसंचार और परिवहन सुविधाओं जैसे बुनियादी ढांचे के विकास को आर्थिक विकास के लिए एक महत्वपूर्ण आवश्यकता माना गया है और इसलिए इसे कार्यक्रम की रणनीति में सर्वोच्च प्राथमिकता मिली है। इंफ्रास्ट्रक्चर विकास को ग्रामीण श्रम की तुलना में तुलनात्मक रूप से उच्च वार्षिक औद्योगिक उत्पादन दर और नौकरी में वृद्धि और कृषि से अधिशेष या सरप्लस श्रम को समायोजन करने में मदद करने का अनुमान लगाया गया था। लोक निर्माण और विद्युत शक्ति पर नीति समिति में डॉ. अम्बेडकर ने तर्क दिया कि इस क्षेत्र को 'सस्ती और प्रचुर मात्रा में बिजली' की आवश्यकता है और इसके बिना औद्योगीकरण का

कोई भी प्रयास सफल नहीं होगा। सिंचाई और बिजली का उत्पादन एक दीर्घकालिक पहल है जिसके लिए पर्याप्त पूंजी निवेश की आवश्यकता होती है। औद्योगिक और कृषि विकास के लिए विद्युत शक्ति का उत्पादन महत्वपूर्ण रहा है। कृषि उत्पादकता में वृद्धि के लिए सिंचाई सुविधाओं के उन्नयन यानि बढोत्तरी का अनुमान लगाया गया था।

सिंचाई, मजदूरों और गरीबों के विकास में डॉ.अम्बेडकर का योगदान

डॉ. अम्बेडकर ने संसदीय लोकतंत्र के तहत आर्थिक व्यवस्था के पूंजीवादी मॉडल के जनता के आर्थिक कल्याण में बाधाओं को देखते हुए देश के नियोजित आर्थिक विकास में 'श्रमिकों' और 'सामाजिक और आर्थिक रूप से वंचित वर्गों' के लिए एक महत्वपूर्ण भूमिका का आह्वान किया। वे विशेष रूप से चिंतित थे कि नियोजित आर्थिक विकास न केवल कार्यक्रमों को विकसित करने में सक्षम है, बल्कि उन्हें उन भाषाओं में अनुवाद करने में भी सक्षम है, जिन्हें आम आदमी द्वारा स्थायित्व, आश्रय और शारीर के लिए उपयुक्त वस्त्र, शिक्षा, सार्वजनिक स्वास्थ्य और काम करने के अधिकार के रूप में समझा जा सकता है। उनका कहना था कि आत्म - सम्मान के साथ कार्य करने का अधिकार होना चाहिए। राज्य को मुख्य रूप से काम करने की उचित परिस्थितियों को सुनिश्चित करने के लिए नहीं बल्कि कार्यबल के लिए जीवन के उचित मानकों को सुनिश्चित करने के लिए गहराई से सोचना चाहिए। कमजोर व्यक्तियों को उनकी आवश्यकताओं के अनुसार उन्नत या उन्नति करने के लिए सेवाएं प्रदान करना राज्य की पूर्ण जिम्मेदारी है। इसे हासिल करने के लिए सरकार 'लाईसेज़ फ़ेयर' नहीं हो सकती थी; इसे व्यावहारिक रूप से एक नियामक ढांचे पर आधारित होना होगा। 'लाईसेज़ फ़ेयर' ' का अर्थ है बिना किसी हस्तक्षेप के चीजों को अपने हिसाब से चलने देने की नीति। इस निति का वर्तमान में अधिकांश उच्च कोटि के राजनेता और नौकरशाही समर्थक है।

श्रम के मुद्दों पर डॉ. अम्बेडकर की सोच से प्रभावित होकर, 'श्रम' के प्रश्न को आर्थिक विकास के युद्धोत्तर क्रमादेशित उद्देश्य में एक महत्वपूर्ण भूमिका दी गई, जिसे घोषित किया गया : समग्र रूप से लोगों के जीवन की गुणवत्ता को बढ़ाने के लिए और सभी को रोजगार की गारंटी। इसके लिए, लोगों की क्रय शक्ति को एक ओर उत्पादकता और दूसरी ओर, कृषि और उद्योगों और सेवाओं का धीरे-धीरे विस्तार और पुनर्गठन करके मजबूत किया जाना था।

कई श्रम नीतियों के लिए डॉ. अम्बेडकर द्वरा श्रम विभाग को सलाह दी गयी थी। कृषि और उद्योग में उत्पादकता को अधिकतम करने के लिए कदम उठाकर श्रम को

और अधिक प्रभावी बनाया जा सकता है। शिक्षा, चिकित्सा सहायता, जल आपूर्ति और अन्य सार्वजनिक सुविधाओं जैसी मुफ्त या रियायती विभिन्न सेवाएं प्रदान करके, यह जनसंख्या के कल्याण और प्रतिस्पर्धात्मकता में सुधार करेगा। इस दिशा में अन्य उपायों में नौकरी, मातृत्व और बीमारी की छुट्टी, और अन्य संबंधों के लिए उचित वेतन संरचना बनाने के प्रयास शामिल हैं। इन सभी प्रयासों का एक ही प्रभाव होगा।

डॉ. अम्बेडकर के विचार में, प्रभावी ढंग से योजना बनाने के लिए आबादी के सामाजिक और आर्थिक रूप से वंचित वर्गों को एक अलग समूह के रूप में माना जाना चाहिए, और इस मानदंड को सरकारी कार्यक्रम के उद्देश्यों में जोड़ा जाना चाहिए। उनके विचार में, सरकार की प्राथमिकताओं में पहले अनुसूचित जातियों और पिछड़े वर्गों की स्थिति में सुधार के लिए कदम उठाना चाहिए। यह ध्यान रखना महत्वपूर्ण है कि इस योजना के तहत विशेष रूप से इन समूहों के लाभ के लिए शिक्षा, सार्वजनिक स्वास्थ्य, जल आपूर्ति और आवास जैसी सामाजिक सेवाएं प्रदान की जाएंगी, और अज्ञानता और भेद्यता की बाधा जिसमें वे अब रहते हैं, को समाप्त कर दिया जाएगा। सरकार की यह सुनिश्चित करने की विशेष जिम्मेदारी होगी कि इन वर्गों समुदायों की बाधाओं को दूर करने और उन्हें अपने साथ लाने के लिए शीघ्र उपाय किए जाएं।

वर्ष 1942-44 के बीच, केंद्र सरकार की सिंचाई और ऊर्जा नीतियों ने गरीबों के बारे में डॉ. अम्बेडकर के दृष्टिकोण और राष्ट्र के जल संसाधनों के अपेक्षित आर्थिक विकास में उनकी भूमिका को दर्शाया गया। उन्होंने सांसदों से समाज के वंचितो की मदद के लिए सिंचाई विकास कार्यक्रम में उपायों को शामिल करने का आग्रह किया। इसमें कोई शक नहीं कि डॉ. अम्बेडकर ने उत्पादन की गुणवत्ता में सुधार की वकालत की। उन्हें सार्वजनिक क्षेत्र की कंपनियों को समान लाभ अर्जित करने और नो-लॉस, नो-प्रॉफिट के सिद्धांत पर टिके रहने की आवश्यकता पर बल दिया। लेकिन वे केवल जवाहरलाल नेहरू की तरह राष्ट्रीय राजस्व के विकास-अधिकतमकर्ता नहीं थे। उन्होंने लोगों के लिए पर्याप्त जीवन स्तर बढाने से पहले राष्ट्रीय आय को पर्याप्त रूप से बढ़ाने की अनुमति देने की बात कही। आम आदमी को राष्ट्रीय आय का वितरण उसी समय उनके लिए बहुत महत्वपूर्ण था।

सन् 1943 में, उन्होंने जोर देकर कहा कि हमें मूल्य के पुनर्मूल्यांकन के लिए तैयार रहना चाहिए। भारत के आर्थिक विकास को लक्ष्य बनाना ही काफी नहीं होगा। हमें इस बात से सहमत होना चाहिए कि इस प्रकृति की सभी आर्थिक प्रगति को सामाजिक रूप से उपयुक्त दर पर बनाए रखना चाहिए। सभी भारतीयों के उस धन

को एक सभ्य और सम्मानजनक जीवन के साधन के रूप में साझा करने के प्राकृतिक अधिकार को पहचानने के अलावा, हमें इसे असुरक्षा से बचाने के तरीके और साधन विकसित करने का निर्णय लेना चाहिए।

भारत के लिए सिंचाई और जलविद्युत रणनीति के निर्माण में इस दृष्टिकोण पर बल दिया गया था। अक्टूबर1943 में बिजली पर 'नीति समिति' के अपने अध्यक्षीय भाषण में डॉ. अम्बेडकर ने भारत में बिजली के विकास की आवश्यकता के पीछे के महत्व और समग्र उद्देश्य की ओर इशारा किया और उन्होंने कहा कि "इससे पहले कि मैं निष्कर्ष निकालूं, मैं कुछ टिप्पणियों को इंगित कर सकता हूं कि इसका महत्व और अंतिम उद्देश्य जो भारत में विद्युत विकास की आवश्यकता के पीछे निहित है? यह आवश्यक है कि जिन लोगों को विषय के प्रभारी के रूप में रखा गया है, उन्हें इसके महत्व और उद्देश्यों का पूर्ण बोध होना चाहिए। अगर आप मेरी इस बात से सहमत हैं तो मैं आपसे अनुरोध करूंगा कि आप खुद से एक सवाल पूछें कि हम भारत में सस्ती और भरपूर बिजली क्यों चाहते हैं? इसका उत्तर यह है कि सस्ती और भरपूर बिजली के बिना भारत के औद्योगीकरण का कोई भी प्रयास सफल नहीं हो सकता। दूसरा प्रश्न पूछें, औद्योगीकरण क्यों आवश्यक है? और आपको इसका पूरा महत्व एक ही बार में स्पष्ट हो जाएगा, क्योंकि प्रश्न का उत्तर है; हम चाहते हैं कि भारत का औद्योगीकरण लोगों को गरीबी के शाश्वत चक्र से बचाने का पक्का साधन हो, जिसमें वे फंसे हुए हैं। भारत का औद्योगीकरण अवश्य; इसलिए, इसका तुरंत समाधान होना चाहए। उन्होंने आगे कहा कि भारत सरकार को समान तरीके से मानव जीवन के संदर्भ में बिजली से संबंधित मुद्दे को हल करना होगा, न कि प्रांतीय सरकारो के खिलाफ केंद्र के विरोधाभासी दावों को प्रस्तुत करने से समस्याओ का हल होगा।

* * * * * * * * * * *

अध्याय – छः

पत्रकारिता जगत में डॉ. बी.आर. अम्बेडकर की अद्वितीय पत्रकारिता

"नैतिकता की स्थिति के बिना पत्रकारिता असंभव है। प्रायः हर पत्रकार नैतिकतावादी होता है। यह बिल्कुल अपरिहार्य है। एक पत्रकार वह होता है जो दुनिया को दुनिया के नजरिये से देखता है और जिस तरह से वह काम करता है, हर दिन चीजों को करीब से शुक्ष्मता देखता और परखता है और तब रिपोर्ट करता है कि वह अपने नजरिये से जो कुछ भी देखता है, जो दुनिया का प्रतिनिधित्व करता है, घटना, दूसरों के लिए। वह जो देखता है उसे सोचे -समझे और निर्णय किए बिना अपना काम नहीं कर सकता।"

पत्रकारिता जगत में डॉ. बी.आर. अम्बेडकर की अद्वितीय पत्रकारिता

भारत का प्रेस मीडिया इतिहास देश के स्वतंत्रता आंदोलन का इतिहास रहा है। भारतीय राष्ट्रीय कांग्रेस की प्रतिष्ठा और स्थिति काफ़ी हद तक भारतीय प्रेस के कारण थी, जिस तरह से वर्तमान में सत्ताधारी पार्टी का है। आजादी के आंदोलन का इतिहास कांग्रेसियों का इतिहास बन गया। भारत में प्रेस का इतिहास भी उन अखबारों का इतिहास है जो कांग्रेसी चलाते थे। उत्पीड़ित वर्ग के इतिहास की हमेशा से उपेक्षा की जाती रही है और भारतीय प्रिंट मीडिया सवर्णों के इतिहास को ही बढ़ावा देता रहा है।चाहे प्रेस मिडिया हो या इलेक्ट्रानिक्स मीडिया अधिकांशतः परोक्ष या अपरोक्ष रूप से तत्कालीन सरकार के अनकूल ही रहती है। अधिकांश लोग महात्मा गांधी को एक महान पत्रकार के रूप में मान्यता देते हैं, डॉ अम्बेडकर की पत्रकारिता या उनके समाचार पत्रों के बारे में बात करने से आना–कानी या इनकार करते रहे हैं। हमारी राय से भारत में सभी प्रकार के स्वतंत्रता संग्राम में प्रेस के इतिहास की विभिन्न व्याख्याओं की पहचान की जानी चाहिए।

विभिन्न प्रकार के कार्यों को करने उसके प्रचार के लिए प्रिन्ट मीडिया और इलेक्ट्रोनिक मीडिया एक शक्तिशाली संसाधन युक्त उपकरण है। परंपरागत रूप से, समाचार पत्रों की भूमिकाओं को सूचनात्मक, शिक्षित और मनोरंजक के रूप में वर्णित किया गया है। सामाजिक क्रांति में समाचार पत्र महत्वपूर्ण भूमिका निभा सकते हैं, कुछ समाचार पत्र इस तरह की भूमिकाये निभाए भी हैं। सामाजिक और आर्थिक विषमताओं से प्रदूषित भारत जैसे देश में प्रिन्ट मीडिया और इलेक्ट्रोनिक मीडिया की भूमिका महत्वपूर्ण हो सकती है। लेकिन वैसा नहीं है, इस देश के अधिकांश समाचार पत्र, इलेक्ट्रिनिक मीडिया पक्षपाती रहा है और अपने उत्तर दायित्व का निष्पक्षता पुर्वक निर्वहन नहीं करते रहे हैं।

डॉ. अम्बेडकर ने अपने आंदोलनो का देश में विस्तार एवं प्रस्तार के लिए पत्रकारिता का सहारा लिया। पत्रकारिता एक ऐसी प्रक्रिया है जिसमें विचारों को समग्र जीवन शक्ति प्रदान की जा सकती है। इस माध्यम को चुनकर उन्होंने व्यापक रूप से इस

देश के लोगों को जगाया, और फिर अपने आंदोलन को चहुमुखी फैलाकर और उनके भीतर उनके अपने अधिकारों का प्रसार करके, लोगों को उनके अधिकारों के लिए जागृत करके एक नई ऊर्जा प्रवाह का प्रेरक स्रोत बन गये। उन्हें विदेश में अध्ययन करने का मौका मिला जहाँ उन्होंने प्रेस की महत्व एवं स्थिति को देखा, समझा था। विदेश से वापस आने के बाद वे किसी न किसी सकारात्मक गतिविधियो में सक्रिय रूप से शामिल थे। समयांतराल उन्हें महसूस हुआ कि समाज के वंचित,बहिकृत और प्रताड़ित वर्गों को ब्राह्मणवादी दासता से मुक्त कराने के लिए समाचार पत्रों का इस्तेमाल उनके विचारों को प्रसार के लिए किया जा सकता है।

अपने मिशन के संदर्भ में, डॉ. अम्बेडकर ने 'मराठी नायक ' पत्रिका शुरू करने के बारे सोचा। इस साप्ताहिक पत्रिका का मुख्य लक्ष्य पुरुषों और महिलाओं के मानवाधिकारों, न्याय और आत्म-सम्मान के बारे में जागरूकता पैदा करना था। सामाजिक संरचना की दृष्टि से 'बहिष्कृत हितकरणी सभा' की भी शुरुआत हुई और उसका गठन किया गया। यह बैठक संगठित आंदोलनों में भाग लेने वाले व्यक्तियों के लिए सभी प्रकार के मुद्दों की पूरी तरह से जांच और पहचान करने और उन्हें संबोधित करने में सक्षम थी। उसी समय 'समता सैनिक' दल बनाया गया, जो पूरी तरह एक सेना के रूप में समानता और अपने अधिकारों की लड़ाई के लिए जमीन पर उतर गई थी। उस समय, राष्ट्रीय कांग्रेस पार्टी के ब्राह्मणवादी विचारधारा के अत्याचारों से बचने के लिए, संगठन की बैठकों और व्याख्यानों का उपयोग किया जाता था। महाड़ में सत्याग्रह और पेयजल आंदोलन शुरू हुआ। नासिक में, समानता के अधिकार को मानदंड और प्रतिष्ठा के आधार पर मंदिर प्रवेश की आवश्यकता के साथ बदल दिया गया।

डॉ. अम्बेडकर ने कहा है कि, "अछूतों, सामाजिक और आर्थिक रूप से वंचित वर्ग के उद्धार के लिए व्यक्ति को एक ही स्थिति में काम करने में सक्षम होना चाहिए। मैं यह काम करने में सक्षम था और इसे किया। यह हो सकता है कि मेरे द्वारा अपनाए गए रास्तों में से किसी में सफलता और किसी में असफलता मिली हो। लेकिन मैंने अपने साहस और धैर्य के साथ कुंबलता में अपना काम जारी रखने के लिए आगे बढ़ना जारी रखा। पिछले पच्चीस वर्षों में मैंने लोगों के लिए जो काम किया, मैं अकेला व्यक्ति हूं जिसने इतने कम समय में इस कार्य को पूरा किया। मैं इसे घमण्ड से नहीं बल्कि पूरे स्वाभिमान के साथ बोल रहा हूं, यही हकीकत है। "

उन्होंने अपने लेखों के लिए जो नाम गढ़े, वे समकालीन समाज के प्रति उनकी झुंझलाहट को दर्शाते हैं। वे वास्तव में अछूतों और सामाजिक एवं आर्थिक रूप से वंचित वर्ग के प्रति दृढसंकल्पित और भावुक रहे, क्षण भर में उसकी पीड़ा के निदान

के लिए प्रतिनिधित्व करने के लिए तैयार हो जाते थे। मराठी समाचार पत्र अंततः अंग्रेजी शिक्षा, ईसाई मिशनरियों और सामाजिक सुधार आंदोलनों से प्रेरित थे। मराठी में पहले 'दर्पण' अखबार ने जाति के मुद्दों के प्रति प्रतिबद्धता शुरू की।

दूसरा समाचार पत्र 'प्रभाकर' था जिसने हिंदू समाज की समकालीन सामाजिक बुराइयों की आलोचना शुरू की थी। महात्मा ज्योतिबा फुले के अखबार 'दीनमित्र' ने मानवीय सिद्धांतों का बचाव किया। 'दीनमित्र' में एक श्रृंखला लिखने वाले पहले सामाजिक रूप से वंचित, बहिकृत वर्ग के पत्रकार और कवि गोपाल बाबा वालंगाकर थे,जिन्होंने अस्पृश्यता को मिटाने, बहिष्कार करने और सामाजिक रूप से वंचितों,बहिकृतो को विकसित करने के लिए अथक प्रयास किया। वे चाहते थे कि यह वर्ग स्वावलंबन और स्वाभिमान के मूल्यों को पहचाने और उसी तरह अपना जिंदगी जिए। शिंदे एक गैर-ब्राह्मणवादी नेता थे जिन्होंने 'मनोरंजन', 'सुबोध पटाका' और 'जागृति' अखबारों में छुआछूत के उन्मूलन के पक्ष में कई लेख लिखे।

विनायक दामोदर सावरकर एक चितपावन ब्राह्मण और स्वतंत्रता सेनानी थे। उन्हें आमतौर पर स्वातंत्र्य वीर सावरकर या वीर सावरकर के नाम से जाना जाता था, जिन्होंने 'निर्भीद', केसरी', 'सत्यशोधक', 'श्रद्धान' और 'बलवंत' और 'किर्लोस्कर' अखबारों में छुआछूत को दूर करने के लिए सहानुभूति पैदा करने के लिए कई लेख लिखे। हिन्दू समाज में इस वर्ग के लिए अस्पृश्यता के सन्दर्भ में वीर सावरकर ने ब्राह्मणवादी हिन्दुओ को संबोधित करते हुए लेख लिखा है- "ओह, हिन्दुओं के संगठनकर्ता! उठो और इस बात की परवाह किए बिना कि दूसरे करते हैं या नहीं, उसी क्षण यह प्रतिज्ञा कर लें कि मैं अपने सामाजिक रूप से वंचित और बहिकृत भाई को धर्म में छूने के लिए जिस हाथ से अपनी बिल्ली और कुत्ते को छूता हूं उसका उपयोग करूंगा, ऐसा न करने पर मैं भूखा रहूंगा। कहो, मैं छू लूंगा! और किसी सामाजिक रूप से वंचित और बहिकृत भाई को सरेआम छूकर दुनिया को दिखाओ कि जहाँ तक तुम्हारा संबंध है, तुमने हिन्दू जाति को छुआछूत के पाप से मुक्त करने का वरदान प्राप्त कर लिया है! " हिंदू धर्म में जाति व्यवस्था का कड़ा विरोध विनायक दामोदर सावरकर ने किया था। उन्होंने बार-बार तर्क दिया है कि वंचित,बहिष्कृत लोगों की अस्पृश्यता के बारे में धार्मिक पुस्तकें क्या कहती हैं, यह अप्रासंगिक है। एक समकालीन समाज के साथ सामाजिक संपर्क अस्वीकार्य था। उन्होंने जाति व्यवस्था के दुरुपयोग पर अपने निबंधों की श्रृंखला में अस्पृश्यता को अपराध घोषित करने वाले संवैधानिक संशोधन का स्वागत किया। हिंदू के मुखर धार्मिक जाति व्यवस्था के दुश्मन विनायक दामोदर सावरकर थे। उन्होंने अक्सर तर्क दिया कि छुआछूत के बारे में जो ब्राह्मणवादी हिन्दू धर्म के पवित्र ग्रन्थ कभी

दावा करते हैं, उनका कोई वैधता नहीं है। एक समकालीन समाज में सामाजिक गतिविधि अस्वीकार्य थी। जाति व्यवस्था के दुरुपयोग पर अपने निबंधों की श्रृंखला में उन्होंने संवैधानिक संशोधन का स्वागत किया जिसने अस्पृश्यता को अपराध बना दिया था।

भारतीय संविधान के अनुच्छेद सत्रह के तहत "अस्पृश्यता को समाप्त कर दिया गया है और किसी भी रूप में इसका प्रयोग निषिद्ध है, अस्पृश्यता से उत्पन्न होने वाली किसी भी अक्षमता को लागू करना कानून के अनुसार दंडनीय अपराध होगा"।

इस ऐतिहासिक निर्णय को उन सैकड़ों संतों, समाज सुधारकों और राजनेताओं की जीत माना जा सकता है, जिन्होंने वर्षों से अस्पृश्यता की बेड़ियों को तोड़ने के लिए अथक प्रयास किया है। भारतीय संविधान के अनुच्छेद सत्रह में 'अस्पृश्यता' शब्द का प्रयोग किया गया है। स्पष्टता के लिए एक परिचयात्मक नोट होना चाहिए था। आखिरकार, ऐसे मामले भी हो सकते हैं जिनमें चिकित्सा या व्यक्तिगत उद्देश्यों के लिए अस्पृश्यता की आवश्यकता होती है। शायद वे समाज को नुकसान नहीं पहुंचाते। अनुच्छेद सत्रह का उद्देश्य, स्वाभाविक रूप से, केवल एक विशेष जाति में पैदा होने पर पुरुषों और महिलाओं द्वारा उनके द्वारा अनुभव की गई अक्षुण्णता को हल करना है।

1 जुलाई 1908 को, पहला मासिक समाचार पत्र 'सोमवंशीय मित्र' की स्थापना शिवराम जनाबा कांबले ने की थी, जो एक सामाजिक रूप से वंचित वर्ग के समाज सुधारक और महात्मा ज्योतिबा फूले के अनुयायी थे। सामाजिक रूप से वंचितों ने आत्म-सम्मान और आत्म-विश्वास अपने मे पैदा किया। किसान फागू बंसोडे एक सामाजिक रूप से वंचित वर्ग के समाज सुधारक थे, जिन्होंने नागपुर के असहाय लोगों को शिक्षित करने के लिए 'निराश्रित' साप्ताहिक पत्रिका की शुरुआत की थी।

डॉ. अम्बेडकर ने संयुक्त राज्य अमेरिका से लौटने के बाद सामाजिक और आर्थिक रूप से वंचितों, गैर-ब्राह्मणों और हिंदुओं द्वारा चलाए जाने वाले समाचार पत्रों का अध्ययन किया। वे जानते थे कि हिन्दुओं द्वारा चलाये जाने वाले समाचार पत्रों में सामाजिक रूप से वंचित, बहिष्कृत लोगों की समस्याओं के प्रति केवल सहानुभूति होती है। जबकि गैर-ब्राह्मण समाचार पत्रों ने बहिष्कृत विचारों का सही प्रतिनिधित्व किया लेकिन उनकी अपनी सीमाएँ थीं। जबकि नागपुर के गवई के 'सोमवंशीय मित्र', 'हिंद नागरिक ', वाइटल विध्वंशक','बहिष्कृत भारत' जैसे वंचित वर्गों के अखबार आर्थिक तंगी के चलते पहले ही अपना प्रकाशन बंद कर चुके थे।

डॉ. बी.आर. अम्बेडकर की पत्रकारिता

डॉ. अम्बेडकर अपने आप में एक प्रबुद्ध और प्रसिद्ध पत्रकार थे। उन्होंने अपने लेखन के माध्यम से सामाजिक क्रांति के लिए आवाज बुलंद किया। यह ध्यान देने योग्य है कि गांधी ने वंचित,बहिकृत वर्ग के लिए 1933 में 'हरिजन' नामक पत्रिका की स्थापना किया था। उन्होंने पूना समझौते के बाद ही ऐसा करना शुरू किया। डॉ. अम्बेडकर के कार्यबल, जो देश के नागरिकों के लिए चार समाचार पत्र चलाने के लिए श्रेय हैं, जिसको भारतीय प्रिंट और इलेक्ट्रोनिक मीडिया में कभी भी प्रमुखता से उल्लेख नहीं किया जाता है, जब कि सामाजिक और आर्थिक रूप से वंचित वर्ग के लिए एक समाचार पत्र शुरू करने के गांधी के प्रयासों की प्रशंसा करते हैं। डॉ. अम्बेडकर को एक समाचार पत्र, एक मुखपत्र की आवश्यकता थी, क्योंकि कांग्रेस समर्थक मीडिया ने वंचित लोगों की समस्याओ को प्राथमिकता नहीं देते थे जिस प्रकार से वर्तमान में सरकार समर्पित मिडिया करती है। तत्कालीन सरकार समर्पित मीडिया डॉ. अम्बेडकर के संघर्षों और उनके दर्शन के बारे में सुनने से इनकार कर दिया था। उन्हें विश्वास था कि समाचार पत्र लाखों गरीब लोगों के जीवन में बदलाव ला सकते हैं। उनके मराठी समाचार पत्रों ने एक न्यायसंगत सामाजिक व्यवस्था की भविष्यवाणी किया और एक नई राजनीति और नैतिकता की घोषणा किया। उन्होंने साप्ताहिक 'मूक नायक', अर्धमासिक 'बहिकृत भारत' और साप्ताहिक पत्रिका 'जनता' सहित कई समाचार पत्र प्रकाशित किए।

उस समय देश निर्माण और स्वतंत्रता आंदोलन में शामिल होने के लिए जनता को लामबंद करने में समाचार पत्र सक्रिय रूप से रुचि रखते थे। लगभग उसी समय, डॉ. बी.आर. अम्बेडकर ने अपने समाचार पत्र 'जनता' के माध्यम से सामाजिक और आर्थिक रूप से वंचित और बहिकृत लोगों के बारे में एक अलग दृष्टिकोण का प्रचार-प्रसार शुरू किया, जिसने सामाजिक रूप से दलित वर्ग को राष्ट्र के मुख्यधारा से सम्मान पर जोर दिया। एम.के.गांधी का विचारधारा सामाजिक रूप से वंचित वर्ग को राष्ट्र के मुख्य धारा में लाने के बजाय एक सुसंगत, सजातीय राष्ट्र बनाने के मुख्य एजेंडो में से एक था। डॉ अम्बेडकर ने एक अलग सामाजिक रूप से वंचित वर्ग के लिए समानता का हक़ पाने की मांग की थी। उस समय भास्करराव काद्रेकर साप्ताहिक जनता के संपादक थे।

डॉ. अम्बेडकर ने 32 जनवरी, 1920 को कोल्हापुर के महाराजा की सहायता से एक पाक्षिक समाचार पत्र 'मूक नायक' की स्थापना किया। इस तथ्य के बावजूद कि डॉ. अम्बेडकर आधिकारिक प्रकाशक नहीं थे, वे इसके पीछे एक प्रेरक शक्ति के रूप में थे और इस समाचार पत्र ने उनके सोच और विचार के अनुरूप कार्य किया।

मुखपत्र 'मूक नायक' के विज्ञापन को 'केसरी' अखबार ने विज्ञापित करने से सीधे –सीधे मना कर दिया था। 'केसरी' ने एक सशुल्क विज्ञापन के रूप में ऐसा करने के लिए कहे जाने के बावजूद, इसे प्रकाशित करने से इनकार कर दिया, इससे यह साबित होता है कि उस समय ब्राह्मणवादी मानसिकता का समाचार पत्र के संपादक वर्ग सामाजिक रूप वंचित,बहिकृत वर्ग के प्रति कितना आक्रामक और प्रतिकूल था। यह तब हुआ जब उस समाचार पत्र के प्रकाशक बाल गंगाधर तिलक जीवित थे! सामाजिक रूप से वंचित,बहिकृत गरीब लोगों को छूना न केवल अछूत था, बल्कि उनके विज्ञापन को सवर्ण के अखबार में छापना भी अछूत के समकक्ष था। इस प्रकार तत्कालीन अमेरिकन ब्लैक के मीडिया का इतिहास और भारत के सामाजिक रूप से वंचित, बहिकृत गरीब लोगों इतिहास में बहुत ही समानताएं रही हैं।

इसके अलावा, डॉ. अम्बेडकर मीडिया उद्योग जगत के प्रति जागरूक थे और कई वर्षों तक अमेरिका में रहे और इसके बारे में भी गम्भीरता से अध्ययन किया। उन्होंने सामाजिक रूप से वंचित, बहिकृत गरीब लोगों के लिए एक अलग अखबार चुना, और उन्होंने अपनी प्रज्ञा की योग्यता के कारण उसका प्रकाशन शुरू किया क्यों कि उस समय भी तत्कालीन भारतीय मीडिया केवल ब्राह्मणवादी सवर्ण हिंदुओं की विचारधारा को ही दर्शाता है।

'मूक नायक' तत्कलीन अविवेकियो का नेतृत्व करता था ऐसा माना जाता है, 'जनता' समाचार पत्र का आम लोगों से सम्बंधित था; 'बहिष्कृत भारत' भारत के वंचित और बहिकृत लोग से सम्बंधित था,इन सभी समाचार पत्रों का वंचितों और उत्पीड़ितों से सीधा जुड़ाव था। मार्च 1927 में महाड़ में डॉ. अम्बेडकर के नेतृत्व में सामाजिक रूप से वंचितो, बहिकृतो और उत्पीड़कों ने चावदर तालाब तक पैदल मार्च किया। उस समय इन निहत्थे लोगों को सवर्ण और ब्राह्मणवादी हिंदू के कुछ लोगों के समूहों ने निशाना बनाया। सामाजिक रूप से वंचित एवं बहिकृत लोगों के लिए यह पहला बड़ा, खुलेआम सम्मेलन था। उस समय यह विषय भारत के प्रमुख समाचार पत्रों के लिए प्रमुख विषय बन गया था। आयोजित किए गए दो शिविर को महाराष्ट्र के अखबारों में प्रमुखता से स्थान मिला। उस समय दमित वर्गों के इस साहसिक कदम की निंदा की गयी, कुछ आश्रयों ने कानून के तहत, कुछ ने मगरमच्छों के आंसू बहाए, यह कहते हुए कि शहर में सम्मेलन समाप्त हो गया, जो ठीक नहीं था। जबकि अन्य ने साहस के लिए हिंदुओं की सराहना की।इस प्रकार उन्होंने दलित वर्ग को अपने अधिकारों की रक्षा के लिए एक रास्ता दिखाया है।

तरह-तरह की आलोचना की लहर को अब डॉ. अम्बेडकर का सामना करना पड़ा था। उन्हें ऐसा लगा जैसे मुखपत्र की आवश्यकता पहले कभी नहीं थी। इस प्रकार,

3 अप्रैल, 1927 को उन्होंने मुंबई में अपना मराठी अखबार 'बहिष्कृत भारत' शुरू किया। इस पत्रिका के उद्देश्य की व्याख्या करते हुए उन्होंने कहा कि वह अब एक वकील बन गए हैं। क्योंकि उनका मानना था कि एक स्वतंत्र पेशे को व्यक्ति की भलाई सुनिश्चित करने के लिए समाचार पत्र चलाने के उनके प्रयास का हमेशा समर्थन करना चाहिए।

भारतीय मीडिया में डॉ. अम्बेडकर का प्रतिनिधित्व

डॉ. अम्बेडकर भारत वर्ष के एक राष्ट्रीय प्रतीक हैं। हालांकि, ब्राह्मणवादी मानसिकता के लोगों द्वारा उन्हें सामाजिक रूप से वंचित वर्ग के नेता के रूप में चित्रित करके सीमित कर दिया गया है। किसी भी व्यक्ति के सामाजिक पहचान के उन्नति पर मीडिया का बड़ा बड़ा प्रभाव पड़ता है। उनकी पहचान अभी भी एक सामाजिक रूप से वंचित वर्ग के नेता के रूप में ही की जाती है और इसके आलावा कुछ और नहीं। सामाजिक न्याय के लिए अपनी लड़ाई के बाद से उन्हें भारतीय मीडिया से कम कवरेज मिला है और अभी भी सभी प्रकार के मीडिया ऐसा करना जारी रखा है। उनका मानना था कि भारतीय मीडिया उनके विचारों की अनदेखी कर रहा है। सर्वोच्च भूमिका के लिए किसी को स्वीकार्य पुरुष या महिला के रूप में पेश करने से पहले, भारतीय मीडिया भी ब्राह्मणवाद के मंदिर से स्वीकृति लेता है। तत्कालीन भारतीय मीडिया ने उनकी आलोचना करती रही और उसी मीडिया के दत्तक अपने अग्रजो के बनाये रास्ते पर चल रहे हैं।

समाचार पत्र के प्रकाशन के स्थान, भाषा और उसमे उपयुक्त सामग्री की उपयोगिता की जांच करके, हम समाचार पत्र के दर्शन, विचारधारा और पक्षपात पूर्ण रवैये की पहचान कर सकते हैं। यदि हम ऊपर वर्णित चरों का उपयोग करते हुए डॉ. अम्बेडकर के बारे में खबरों की जांच करते हैं, तो हम पाते हैं कि समाचार पत्रों ने उन्हें उच्च मूल्य यानि उचित स्थान नहीं दिया।

सामाजिक रूप से वंचित एवं बहिकृत वर्ग के पत्रिका 'समथुवम' के 17वें अंक में प्रकाशित संपादकीय में 'स्वदेशीमित्रन' अखबार के पूर्वाग्रह की निंदा की गई थी। सन्1882 में, सुब्रमण्यम अय्यर ने अपना स्वयं का तमिल साप्ताहिक 'स्वदेशमित्रन' शुरू किया था। यह कहा गया कि तमिल के अखबारों ने कांग्रेस नेताओं के मद्रास प्रेसीडेंसी के दौरे को प्रचारित करने के लिए एक ठोस प्रयास किया। हालांकि, वे डॉ. अम्बेडकर की यात्रा के प्रति उदासीन थे। यहां तक कि उनके पूरे भाषण को भी 'समथुवम' ने आधिकारिक नहीं बनाया था।

औपनिवेशिक और उत्तर-औपनिवेशिक राष्ट्रीय मीडिया द्वारा डॉ. अम्बेडकर का चित्रण व्हाइट प्रेस में प्रसिद्ध अश्वेत अमेरिकी प्रवक्ता बुकर टी. वाशिंगटन के बुरे और अमानवीय व्यवहार की याद दिलाता है। वाशिंगटन ने इस तथ्य पर खेद व्यक्त किया कि बड़े पाठको के सामने उनके प्रभावशाली भाषण, जिन्हें आमतौर पर फ्रंट-पेज कवरेज मिलाना चाहिए था, को बैक पेज पर कवरेज मिला और इसके लिए सिर्फ एक इंच या तो कम स्थान प्रदान किया गया। इसके बजाय, पहले पन्ने में हमेशा एक छोटे से आपराधिक अपराध में शामिल एक अश्वेत व्यक्ति की व्यापक कवरेज होती थी।

डॉ. अम्बेडकर के भाषण के लिए समाचार पत्रों में कभी- कभार जितना स्थान आवंटित किया जाता था, वह बहुत ही कम होता था, जिसका अर्थ था कि उन्हें समाचार पत्रों में उचित प्रमुखता नहीं दी जाती थी। उस समय अखबारों ने उनके आंदोलन का समर्थन नहीं किया था। उन्होंने उनकी कठिनाइयों को सच्चे और निष्पक्ष तरीके से कवर नहीं किया। अखबारों ने उनको एक देशद्रोही के रूप में चित्रित किया, जब वह गोलमेज सम्मेलन में अपने नागरिकों के लिए लोकतांत्रिक अधिकारों के लिए लड़ रहे थे। समाचार पत्रों ने यह प्रचार किया कि उन्होंने गोल मेज सम्मेलन और अपने गरीब लोगों की समस्याओं के बीच कोई संबंध स्थापित नहीं किया और वंचित,बहिकृत और पिछड़े लोगों के दृष्टिकोण से समस्या की जांच करने से इनकार कर दिया। इस प्रकार के खबर का निर्धारण ब्राह्मणवाद के अनुयायियों की उच्च जाति के दृष्टिकोण से किया गया था। इसने ब्राह्मणवादी हिंदू मानसिकता का उदाहरण दिया। यह हमें याद दिलाता है कि कैसे अमेरिका में गृहयुद्ध को कवर किया गया था। जिस प्रकार से भारत गण राज्य के सुदूर उत्तर –पूर्व राज्य के मणिपुर प्रान्त के सन्दर्भ में भारतीय मीडिया भेद भाव करा रहा है। यह उजागर करता है कि अमेरिकी गृहयुद्ध को कैसे कवर किया गया था। अमेरिका में सिविल डिसऑर्डर पर कर्नर आयोग ने अपनी रिपोर्ट में कहा कि उत्पीड़ितों ने बहुत लंबे समय तक एक गोरों की दुनिया में जीवन जिया है, कभी-कभी गोरो पुरुषों की आंखों और गोरे परिप्रेक्ष्य से बाहर देख रहे हैं।

डॉ. अम्बेडकर के साथ मुकाबला करने लिए, स्थानीय भाषा के प्रेस अंग्रेजी प्रेस की नकल किया करते थे। जब उन्होंने अलग निर्वाचक मंडल और उत्पीड़ित वर्गों के लिए डबल सिमुल्तेनिअस वोट (डी. एस. वी.) यानि एक साथ दोहरा वोट पाने में सफल रहे, तो कांग्रेस, तल्कलिन प्रिंट मीडिया और नकली देशभक्तों ने उनकी निंदा किया। तमिल प्रिंट मीडिया ने गोलमेज बैठक में उनकी भागीदारी की बहुत ही आलोचना किया। 'विकटन' के संपादक ने अपनी संपादकीय में उनका अपमान

किया। 'विटिकन' तमिलनाडु का एक प्रसिद्ध अखबार हैं। इसने डॉ. अंबेडकर पर गोलमेज बैठक में तोड़फोड़ करने के लिए जिम्मेदार होने का आरोप लगाया था। यह कहा जाने लगा कि उन्होंने बहुमत के साथ विश्वासघात किया है। उन्होंने इस मिथक को फैलाने के लिए भी फटकार लगाई कि एम.के. गांधी वंचितों और बहिकृत लोगों के सबसे बड़े दुश्मन हैं।इसी अंक में सेठ जमनावल का लेख 'कधंबम' प्रकाशित हुआ था। उस समय यह भी कहा जाता था कि डॉ. अम्बेडकर वंचितों और बहिकृतो के लिए एक नया कुआँ खोद रहे है। यह पानी पीने के लिए नहीं, बल्कि उसमें उनको उल्टा लटकाने के लिए है। उस कुएं का नाम है पृथक निर्वाचक मंडल।

उन्हें एक राक्षस, एक कहानीकार और एक भाड़े के व्यक्ति के रूप में प्रचारित किया जाता था। बॉम्बे क्रॉनिकल के अनुसार, उनके विचारों का मुख्य लक्ष्य हिंदू राष्ट्रीय बहुमत को अल्पसंख्यक में कम करना था। वे एम.के. गांधी से सहमत थे। बॉम्बे सम्मेलन की पूर्व संध्या पर, बी.जी. हॉर्निमैन ने बॉम्बे क्रॉनिकल में यह कहते हुए एक उग्र लेख लिखा कि डॉक्टर अम्बेडकर को अपने देशवासियों के साथ तालमेल बिठाना था और इसलिए वह अपनी श्रेष्ठता से चिपके नहीं रह सकते थे जैसे कि वह देश को हुक्म देने की स्थिति में हों।

डॉ. अम्बेडकर ने एम.के. गांधी लिए पूना समझौते के तुरंत बाद मंदिर प्रवेश आंदोलन का समर्थन को अस्वीकृत कर दिया। अपने तर्क में उन्होंने कहा कि सामाजिक रूप से वंचित, बहिष्कृत वर्ग इसका समर्थन करने के लिए इच्छुक नहीं है क्योंकि यह विधेयक बहुमत के सिद्धांत पर आधारित है और अस्पृश्यता को पाप नहीं मानता है। डॉ. अम्बेडकर ने तर्क दिया कि, जबकि अधिकांश लोग अस्पृश्यता का समर्थन करते हैं, इसे बिना किसी हिचकिचाहट के समाप्त किया जाना चाहिए। एम.के. गांधी ने जवाब दिया कि वह उनका समर्थन नहीं कर सकते क्योंकि वे वर्णाश्रम को हिंदू धर्म का अभिन्न अंग मानते हैं। गांधी को बड़े पैमाने पर वर्ण-आश्रम प्रणाली के पैरोकार के रूप में जाना जाता है। गांधी ने वर्ण व्यवस्था का समर्थन किया और गांधी ने वर्ण-आश्रम व्यवस्था से सम्बंधित को ही देश का प्रधान मंत्री होने का दावा किया। हालाँकि, गांधी की वर्ण व्यवस्था आंतरिक थी और हिंदू संस्कृति में वर्ण विपणन योग्य थे। एक दलित को अपनी वंशानुगत जिम्मेदारी निभानी चाहिए, और अगर वह पुरोहितों की जिम्मेदारियों को पूरा करने में सक्षम है, तो उसे गांधी की वर्ण व्यवस्था के अनुसार, अपने पैतृक कर्तव्यों से समझौता या अस्वीकार किए बिना ऐसा करना चाहिए। "डॉ.अम्बेडकर के बयान पर प्रेस की क्या प्रतिक्रिया थी? डॉ. अम्बेडकर द्वारा दिए गए तीखे तथ्यों के बयान पर नाराज होकर, राष्ट्रीय प्रेस का पूरा पदानुक्रम डॉ. अम्बेडकर के खिलाफ घृणा के अभियान में बदल गया,

और उनमें से कुछ ने उन्हें भीमासुर, एक शैतान के रूप में वर्णित किया। एक बॉम्बे मराठी दैनिक ने उन्हें ब्रह्मद्वेष्ठ के रूप में चित्रित किया।"

उत्तर प्रदेश के अनुसूचित जाति संघ,वर्ष 1946-48 के एक अध्ययन से पता चलता है कि जब राष्ट्र विभाजन की ओर जा रहा था तो सन्1946 में डॉ. अम्बेडकर की इच्छा थी कि अनुसूचित जातियां एक तीसरा देश बनाए। मुस्लिम लीग के अलग मांग को डॉ. अम्बेडकर ने स्वीकार कर लिया। उनके भाषण को उत्तर प्रदेश के अखबारों ने खारिज कर दिया था। उनके भाषण को उनके वर्तमान संपादकीय में प्रतिक्रियावादी और भारतीय राष्ट्रवाद के आदर्शों के खिलाफ बताया गया था।

डॉ. अम्बेडकर ने अनुसूचित जाति संघ के लिए सत्याग्रह की संस्तुत किया। उनके सत्याग्रह की ठीक उन्हीं अखबारों में आलोचना की गई थी, जिन्होंने 22 जुलाई, 1946 को हिंदी दैनिक 'वर्तमान ' महात्मा गांधी के सत्याग्रह की प्रशंसा की थी और डॉ. अम्बेडकर की सत्याग्रह को उनकी व्यक्तिगत महत्वाकांक्षाएँ के रूप में सम्पादकीय में प्रकाशित किया था। उनके अहिंसक धरना -प्रदर्शनों को कभी भी सत्याग्रह के रूप में ब्राह्मणवादी दैनिक समाचार पत्रों द्वारा स्वीकार नहीं किया गया। महाड़ संघर्ष और डॉ. अम्बेडकर के नेतृत्व में नासिक के 'काला राम' मंदिर में प्रवेश को देश के मुख्यधारा के लोगों द्वारा सत्याग्रह के रूप में नहीं देखा गया।

डॉ. अम्बेडकर को चित्रित करने के लिए जिस भाषा और अभिव्यक्ति का प्रयोग किया गया था, वह अपमानजनक थी,उस अपमान को प्रकट कर रही थी, जिसे उन्होंने अपने संघर्षों के परिणामस्वरूप प्रिंट मीडिया से झेला था। उनके बारे में आज भी काफी हद तक प्रिंट मीडिया, इलेक्ट्रॉनिक मीडिया आदि समेत तमाम मीडिया के सोच में कोई खास बदलाव नहीं आया है। भारत का संविधान सृजन वाले व्यक्ति को आज भी पूरे मीडिया जगत में पूर्वाग्रह का सामना करना पड़ रहा है। जिसने सभी प्रकार के उत्पीड़न के खिलाफ अभियान चलाया और जिसका मुख्य लक्ष्य समानता और सामाजिक न्याय को बढ़ावा देना था, लेकिन उसे अभी तक मीडिया न्याय नहीं मिला है? अभी भी अधिकांशतः मीडिया जगत भारतीय जन मानस में अदृश्य दहशत पैदा करती दिख रही है

डॉ.अम्बेडकर की भारतीय ब्राह्मणवादी मीडिया जगत पर टिप्पणियां

डॉ.अम्बेडकर ने अपने अभूतपूर्व कार्यों में समाचार पत्रों का भी उल्लेख किया है। उन्होंने देखा कि मीडिया में सामाजिक रूप से वंचित,बहिकृत,पिछड़े और उत्पीड़ित लोगों का प्रतिनिधित्व न्यूनतम से भी न्यूनतम है। उन्होंने यह भी स्पष्ट किया कि

समाचार पत्र उनकी और उनके लोगों की आवाज दबा रहे है, उनके आवाज सोच को आम जन मानस तक पहुचने में पूर्ण रूप से भेद-भाव कर रही है। उन्होंने कहा कि "यह निराशाजनक है कि हमारे पास पर्याप्त संसाधन नहीं हैं। हमारे पास पैसा नहीं है; समाचार पत्र नहीं है; पूरे भारत में, हमारे लोग हर दिन बिना किसी विचार और भेदभाव के अधिनायकवाद या सत्तावादी के तहत पीड़ित हैं; वे समाचार पत्रों में शामिल नहीं हैं। यह एक सोची समझी साजिश के तहत अखबार सामाजिक-राजनीतिक समस्याओं पर हमारे विचारों को खामोश करने में पूरी तरह शामिल हैं।" वर्तमान में भी अधिनायकवाद तहत लोग पीड़ित है और प्रिंट मीडिया,इलेक्ट्रॉनिक मीडिया आदि आम जनमानस की आवाज को चुप कराने और उनमें अदृश्य भय पैदा करने में पूर्णरूप से अपना योगदान दे रहा है।

मीडिया में उत्पीडित और शोषित लोगों के बारे में कोई कवरेज नहीं रहता था। उन्होंने दुनिया के सामने स्पष्टता से पेश किया कि भारतीय समाचार पत्र जातिगत विवादों, उन संघर्षों के कारणों और जाति व्यवस्था के परिणामस्वरूप सामाजिक रूप से वंचित, बहिकृत, उत्पीड़ित और शोषित लोगों की पीड़ा को चित्रित करने के लिए तैयार नहीं थे। डॉ. अम्बेडकर ने अपनी 17वीं खंड पुस्तक में कहा है कि प्रत्येक गांव में हर दिन ब्राह्मणवादी विचारधारा के अनुयाइयो और मूलनिवासियो,सामाजिक रूप से दलित वर्गों के बीच संघर्ष होता रहता है। लेकिन इस बात की जानकारी किसी को नहीं हो पाती है और ब्राह्मणवादी मीडिया भी इन विषयों पर शीघ्र रिपोर्ट करने को तैयार नहीं रहता है। यहाँ तक कि अधिकांश घटनाओ कि रिपोर्ट नहीं होती है और समाचार पत्रों में जगह भी नहीं मिलाता है।

इसके अलावा, डॉ.अम्बेडकर ने मीडिया में भी प्रतिनिधित्व और अन्याय के तहत गरीब लोगों के कारणों की पहचान किया और उन्हें महसूस किया। उन्होंने उनसे कहा कि "अछूतों के पास कोई प्रेस नहीं है। कांग्रेस के ब्राह्मणवादी प्रेस उनके लिए बंद हैं और उन्हें ज़रा भी प्रचार के लिए जगह नहीं देने का फैसला करते हैं। उनका अपना प्रेस और स्पष्ट कारणों से नहीं हो सकता। विज्ञापन राजस्व के बिना कोई भी दस्तावेद जीवित नहीं रह सकता है।"

डॉ. अम्बेडकर के अनुसार, मीडिया में उत्पीड़ित लोगों के बारे में खबरों की साजिश का एक कारण, मीडिया में सामाजिक रूप से वंचित, बहिकृत, उत्पीड़ित और शोषित वर्ग के लोगों की कम संख्या थी। वह स्वामित्व की घटना से अवगत था, जिसका प्रेस पर महत्वपूर्ण प्रभाव पड़ता था। डॉ. अम्बेडकर मीडिया के स्वामित्व को लेकर बहुत चिंतित थे, जो अखबार के उद्देश्यों, राजनीति, सिद्धांतों और विचारधाराओं को तय करने में महत्वपूर्ण है।

डॉ. अम्बेडकर ने माना कि ब्राह्मणवाद के अनुयायी उच्च जातियों का प्रभुत्व प्रेस मीडिया में असमानता का एक दूसरा प्रमुख कारण है। उन्होंने दावा किया कि भारत की मुख्य नई वितरण एजेंसी 'एसोसिएटेड प्रेस ऑफ इंडिया' का कर्मचारी पूरी तरह से मद्रास में ब्राह्मणवाद के अनुयायियों से बना है - वास्तव में, संपूर्ण प्रेस उनके हाथों में है और, विशेष कारणों से, पूरी तरह से कांग्रेस समर्थक है और कांग्रेस के प्रति शत्रुतापूर्ण किसी भी समाचार को प्रचार प्राप्त करने की अनुमति नहीं देगा। सामाजिक रूप से वंचित,बहिष्कृत वर्गों की समझ से परे ऐसे कारक हैं।जिस तरह से वर्तमान में पूरी मीडिया जगत ब्राह्मणवादी सोच वाली सत्ताधारी सरकार के अधीन ही कार्य कर रही है।

स्वराज के लिए मूकनायक समाचार पत्र का प्रकाशन

मूकनायक पत्रिका मराठी भाषा में प्रकाशित हुई थी। मूकनायक का अर्थ है बेजुबान,मौन,लाचारो का नेतृत्व करने वाला। डॉ. अम्बेडकर का पत्रकारिता उद्यम 31 जनवरी 1920 को बॉम्बे के शाहूजी महाराज के संरक्षण में शुरू हुआ था, जो उनके गुरु थे। इस प्रकाशन को शुरू करने में, उनका उद्देश्य स्वराज, सामाजिक एवं आर्थिक रूप से वंचितों,बहिकृतो की शिक्षा, और अस्पृश्यता और बहिष्कार की बुराइयों जैसे मुद्दों पर अपना दृष्टिकोण प्रस्तुत करना था, जिसका पहले मुख्यधारा की हिंदी पत्रिकाओं में प्रतिनिधित्व नहीं किया गया था। ब्राह्मणवाद के निर्माता और मुख्य अनुयायी, जो खुद को दुनिया के भगवान से भी ऊपर अपने को श्रेष्ठ मानते हैं, वे ब्राह्मणवादी हिन्दू जाति पदानुक्रम में सबसे ऊपर हैं, उनके अनुसार उनकी सेवा के लिए स्त्री और पुरुष दोनों का जन्म हुआ। इसलिए वे इन आश्रितों की भक्ति का दावा करने के लिए पूरी तरह से हकदार महसूस करते हैं। हिंदू धर्म के पवित्र शास्त्रों में अपने लेखन के माध्यम से, ब्राह्मणवाद के रचनाकारों को विश्वास है कि उन्होंने अपने कर्तव्यों को जीत लिया है, लेकिन इन ग्रंथों के माध्यम से संकीर्ण दिमाग वाले पाठों,शिक्षा और उदहारण का प्रचार किया जाता है। दूसरी ओर जो लोग ब्राह्मणवाद के अनुयायी नहीं हैं, वे अपर्याप्त संसाधनों और साक्षरता की कमी के कारण पिछड़े हुए हैं। हालांकि, उनके पिछड़ेपन में पूर्ण अभाव से प्रेरित पीड़ा शामिल नहीं है क्योंकि उनके पास आजीविका के लिए उत्पादन, निवेश, कृषि और औद्योगिक व्यवसायों में व्यापार और रोजगार के अवसरों से प्राप्त साधनों की कभी कमी नहीं थी। जो जातियाँ खुद को वंचित, कमजोर और आत्म-सम्मान में नीच या कमी पाती हैं, वे सामाजिकता की सबसे बड़ी शिकार बन गई हैं, और इसलिए इस प्रकार की उनकी दयनीय स्थिति है जिस पर सक्रिय रूप से जोर देने की आवश्यकता

है। उनका एकमात्र उद्धार उनके गुलामी के बंधनों से उनकी आत्म-मुक्ति में निहित है, यह एक ऐसी प्रक्रिया जो अब उम्मीद से शुरू हो गई है।

दुर्भाग्य से, शायद ही कोई संस्थागत संचार मंच, मीडिया संसाधन है जो ईमानदारी और निडर होकर, हिन्दू धर्म के पदानुक्रमित व्यवस्था में सामाजिक रूप से वंचित जातियों के पीड़ा और विभिन्न समस्याओं को उजागर करने में सक्षम है। निःसंदेह कुछ ही समाचार पत्र इन जातियों की समस्याओं को हल करने की आवश्यकता से संबंधित उचित मुद्दों को उठाते रहे हैं, लेकिन इनमें से कोई भी वास्तव में सामाजिक रूप से बहिष्कृत, वंचितों,अवसादग्रस्त वर्ग के अधिकारों के सवाल पर विशेष ध्यान नहीं देता है। 'मूकनायक' नाम की पत्रिका को इस अंतर को भरने के उद्देश्य से योजना बनायी थी और उसको प्रकाश में लाने का पूर्ण रूप से प्रयत्न किया था।

मूकनायक' पत्रिका मराठी भाषा में काशीनाथ रघुनाथ मित्रा के मनोरंजन प्रिंटिंग प्रेस '14 हरारावाला हाउस, बोटलीवाला रोड, पोइबाडी, परेल, मुंबई से मुद्रित और प्रकाशित किया गया था। एक साल के लिए इसका अंशदान केवल दो रुपये था। डॉ.अम्बेडकर ने 'मूकनायक' के पहले अंक में कहा था कि यदि अंशदाताओ से अच्छी वित्तीय सहायता मिलती है, तो केवल मूकनायक ही एक सितारे की तरह चमकेंगा और मूल निवासियों, दलित लोगों की सेवा करेंगा। सन् 1918 में लोकतांत्रिक सुधार ने राष्ट्र को अपनी ओर आकर्षित किया। मोंटेग्यू चेम्सफोर्ड सुधार की शुरुआत करने के लिए, साउथबरो समिति ने समाज के विभिन्न वर्गों का ध्यान में रखा। डॉ. अम्बेडकर राजनीतिक शक्ति के मूल्य को समझते थे, और उन्होंने सोचा कि राजनीतिक अधिकारों के पक्ष में जनमत और जागरूकता बढ़ाने के लिए एक समाचार पत्र आवश्यक है। उन्होंने अपने करीबी सहयोगियों के साथ एक स्वतंत्र समाचार पत्र की स्थापना की संभावना पर चर्चा किया।

जब कोल्हापुर के महाराजा छत्रपति शाहू जी मुंबई पहुंचे, तो उन्होंने इस प्रस्ताव के लिए उनसे चर्चा करने का फैसला किया, तदुपरांत उनके सामने समाचार पत्र प्रकाशित करने का प्रस्ताव रखा। महाराजा उनके प्रस्ताव से इतने प्रसन्न हुए और उन्होंने तुरंत डॉ. अम्बेडकर और उनके सहयोगियों को समाचार पत्र प्रकाशन के लिए आर्थिक दान दिये। डॉ. अम्बेडकर ने बेजुबान जनता को शिक्षित करने के लिए समाचार पत्र प्रतिष्ठान का नेतृत्व संभाला और इसे 'मूकनायक' का नाम दिया। उस समय न केवल आम आदमी, बल्कि महाराजा, कार्यकर्ता और सज्जन ब्रिटिश अधिकारी भी इस नेक काम के लिए धन जुटाने में सक्रिय थे। कोल्हापुर के महाराजा छत्रपति शाहूजी इस कार्य के प्रति इतने समर्पित थे कि उन्होंने प्रदत्त मराठी समाचार पाठको के रूप में अपना नाम शामिल करावा लिया। उनके प्रेसीडेंसी के गांवों

में सामाजिक रूप से वंचित,बहिष्कृत वर्ग की झुग्गी- बस्तियों और पंचायतों में 'मूकनायक' समाचार पत्र के पाठक इस अखबार को पढ़ते थे। महाराजा शाहूजी की इस समाचार पत्र के प्रति दूरदृष्टि और समर्पण था। यह उनकी प्रतिबद्धता, महत्व तथा आदर्श अज्ञानी तथा अनपढ़ जनता को जगाने के महान कार्य को प्रदर्शित करता है। अपनी क्रांति को गति देने के लिए, जनता ने समाचार पत्रों की सामग्री को एक महान संदेश के रूप में व्याख्यायित किया।

'मूकनायक' का अर्थ है असहाय का नेता, जो बोलने में असमर्थ हो। इस परियोजना को निधि देने के लिए, विज्ञापन देने के लिए समाचार पत्र में ही विज्ञापन भी जारी किया जाता रहा। अखबार के बाईं ओर पहले पन्ने पर विज्ञापन की दरें छपी रहती थीं। उन्होंने बेजुबान जनता को शिक्षित करने के लिए एक समाचार पत्र शुरू करने की आवश्यकता के उद्घाटन अंक में लिखा था। उन्होंने कहा कि यदि यह समाज नहीं जगा तो इस समाज पर पहले से किए गए अत्याचार निकट भविष्य में भी अनवरत रूप से जारी रहेगा।

अत्याचारों को समाप्त करने के लिए समाधान खोजना आवश्यक है। इसलिए समाचार पत्र एक ऐसा मंच है जहां हम अपने मुद्दों का समाधान कर सकते हैं। उन्होंने बॉम्बे प्रांत के अखबारों को भी देखा और पाया कि अधिकांश समाचार पत्र अपनी-अपनी और केवल विशिष्ट जातियों के हितों की रक्षा करने पर तुले हुए थे और उन्होंने अपने प्रतिद्वंद्वियों को गलत तरीके से पेश करने की भी कोशिश किया करते थे। डॉ. अम्बेडकर ने सभी समाचार पत्रों को चेतावनी दिया कि यदि विशिष्ट जाति को नीचा दिखाया जाता है तो वे प्रतिशोधी होंगे।

उन्होंने एक अन्य संपादकीय में गैर-ब्राह्मणवाद समर्थित समाचार पत्रों जैसे 'दिनमित्र', 'जागरुक', 'विजय मराठा' और 'ज्ञान प्रकाश' सुबोध पत्रिका की सराहना की, जिन्होंने दलित जनता और सामाजिक रूप से वंचित वर्गों के बारे में समाचार पत्रों में बहुत सारे लेख लिखे। हालांकि, उन्होंने गैर-ब्राह्मणवाद की समस्याओं पर अधिक ध्यान केंद्रित किया। इस प्रकार, हर कोई स्वीकार कर सकता है कि सामाजिक रूप से वंचित और दलित वर्गों के पास एक अलग अखबार होना चाहिए। इस कमी को पूरा करने के लिए 'मूकनायक' की शुरुआत की गई। डॉ. अम्बेडकर द्वारा लिखे गए संपादकीय, विविध विचार, और संपादकीय स्तंभ और विज्ञापन 'मूकनायक' में प्रमुखता से प्रकाशित किए जाते थे।

डॉ. अम्बेडकर ने अंग्रेजी माध्यम के स्कूल में शिक्षा प्राप्त की थी, इस लिए उन्हें मराठी भाषा में लिखने की कुछ समस्या महसूस होती थी। वह अंग्रेजी भाषा में

संपादकीय लिखते थे और उसका मराठी में अनुवाद करवाते थे। अपने साथियों की मदद से उन्होंने धीरे-धीरे इसका मराठी भाषा में अनुवाद करना शुरू किया। जो संदेश जनता तक पहुँच सकता था, वह उनके लिए प्राथमिक महत्व का विषय था। इसी दौरान 'मूकनायक' के प्रबंधन की जिम्मेदारी डॉ. अम्बेडकर और प्रबंधन बोर्ड को उनके करीबी सहयोगी पांडुरंग नंदराम भाटाकर को सौंप दी गई। उन्होंने बॉम्बे के गवर्नमेंट सिडेनहैम कॉलेज में लेक्चरर के रूप में काम किया और अपनी उच्च शिक्षा पूरी करने के लिए लंदन जाने के लिए कोशिश किया। पी. एन. भाटाकर जो वरहाद प्रांत के सामाजिक रूप से वंचित वर्ग से थे और फर्ग्यूसन कॉलेज, पुणे से अपनी इंटरमीडिएट शिक्षा पूरी किये थे। वरहाद प्रांत अब विदर्भ क्षेत्र में महाराष्ट्र के उत्तर-पूर्व में स्थित है। विदर्भ महाराष्ट्र का उत्तर-पूर्वी क्षेत्र है, जिसमें नागपुर डिवीजन और अमरावती डिवीजन शामिल हैं। बरार अमरावती मंडल (मराठी में वरहाद) का पुराना नाम था।

श्री पी. एन. भाटकर आलसी प्रवृति के व्यक्ति थे, और वे इस जिम्मेदारी पूर्ण कार्य को करने के लिए तैयार नहीं थे। नतीजतन, समाचार पत्र का प्रकाशन सुचारू रूप से नहीं हो पा रहा था। डॉ. अम्बेडकर ने बाद में सुझाव दिया कि ज्ञानदेव ध्रुवनाथ घोलप को संपादकीय सौंप दिया जाना चाहिए। वे मूल रूप से प्रकाशन, पठन-पाठन और सामाजिक कार्यों से सम्बन्ध रखते थे। लेकिन उन्हें भी कुछ समय के लिए इस अखबार के संपादन और प्रशासन को संभालने के लिए भी संघर्ष करना पड़ा।

डॉ. अम्बेडकर को खबर मिली कि 'मूकनायक' का प्रकाशन आर्थिक तंगी के कारण बंद कर दिया गया है। बाद में घोलप समाचार पत्र का प्रबंधन संभालने लगे। डॉ. अम्बेडकर की रुचि 'मूकनायक' के पुनः आरंभ करने में थी। हालांकि, घोलप उन्हें जिम्मेदारी सौंपने के लिए तैयार नहीं थे। सन्1923 में, गैर-ब्राह्मणवाद नेताओं की मदद से, जिनमें भावुराव पयागौड़ा पाटिल, के. सी. ठाकर और धनाजी बाई ठाकरे शामिल थे, घोलप 'मूकनायक' को फिर से शुरू करने के लिए सतारा गए। हालाँकि, वे इसे प्रकाशित करने में असमर्थ रहे। डॉ. अम्बेडकर ने अब 'मूकनायक' को फिर से प्रकाशन शुरू करने का विचार छोड़ दिया और 'मूकनायक' के कमियों का विश्लेषण करने की कोशिश किया।

डॉ. अम्बेडकर ने स्वराज्य अवधारणा पर विस्तार से चर्चा करने के लिए 'मूकनायक' के पांच संसकरण को समर्पित किया। उस समय देश में राजनीतिक सुधार चल रहा था। अपने औपनिवेशिक अस्तित्व में, भारत एक नए प्रकार के लोकतांत्रिक शासन के लिए खुद को तैयार कर रहा था। उन्होंने दृढ़ता से महसूस किया कि समाज के अपने सपने को साकार करने के लिए राजनीतिक और प्रशासनिक शक्ति प्राप्त

करना बहुत महत्वपूर्ण है, और इससे दुनिया के सबसे शक्तिशाली लोकतांत्रिक देश का निर्माण होगा। इन परिवर्तनों के बीच, श्री बाल गंगाधर तिलक और भारतीय राष्ट्रीय कांग्रेस ने गैर-ब्राह्मणवाद समुदायों के राजनीतिक अधिकारों के विरोध के पीछे के आदर्श वाक्य को महसूस किया, जिसका अर्थ है सामाजिक रूप से वंचित, बहिष्कृत वर्ग।

'मूकनायक' का पहला संस्करण 'अच्छे राज्य को स्वराज्य की आवश्यकता नहीं है' शीर्षक के तहत प्रकाशित हुआ था। डॉ. अम्बेडकर ने कहा है कि "अधिकांश लोगों के लिए स्वराज्य एक अलौकिक स्वप्न बन गया है। ऐसा होना बहुत स्वाभाविक है। यह उनके दिमाग में उनके साथी नागरिकों यानि ब्राह्मणवादी अनुयायियो द्वारा उन पर किए गए अत्याचार, उत्पीड़न और अन्याय को याद कराता है। उन्हें डर है कि स्वराज्य के तहत इन उल्लंघनों की पुनरावृत्ति हो सकती है।"

डॉ. अम्बेडकर की अवधारणा में, स्वराज्य का अर्थ है "जनता को उनकी समस्या से मुक्त करने के लिए उसी पुरानी सामाजिक व्यवस्था को स्थापित करना।" उसी विषय पर बोलते हुए उन्होंने लोगो को समझाया कि "सज्जनों, यदि आप एक पल के लिए अतीत को भूल जाते हैं और भविष्य के स्वराज्य को वर्गों से बचाने के लिए अपने स्वस्थ संसाधनों के साथ कल्पना करते हैं, तो आप पाएंगे कि स्वराज्य एक अलौकिक स्वप्न होने के कारण बहुत दूर है। सरकार की एक प्रणाली होने जा रही है जिसमें आप खुद को मौका देते हैं, अन्य चीजें समान होती हैं। उन लोगों में से होने के नाते जिन्हें देश के राजनीतिक संप्रभु के रूप में स्थापित किया जाएगा। इसके मोह में न पड़ें। अपना निर्णय लेने पर किसी भय या पक्षपात से प्रभावित न हों। अपने सर्वोत्तम हितों से परामर्श करें और मुझे विश्वास है कि आप स्वराज्य को अपने लक्ष्य के रूप में स्वीकार करेंगे।"

गैर-ब्राह्मणवाद संस्कृतियों ने भी सामाजिक रूप से वंचित, बहिष्कृत वर्गों के साथ बहुत बड़ा सामाजिक-आर्थिक अन्याय किया। चूँकि सामाजिक रूप से वंचित, बहिष्कृत वर्गों को ब्राह्मणवादी पदानुक्रमित श्रेणीबद्ध असमानता संरचना के सबसे निचले पायदान पा रखा गया है, वे सामाजिक रूप से वंचित वर्ग हैं, वे दूसरों की केवल सेवा करने के पात्र हैं। इन वर्गों के लिए अस्पृश्यता अभिशाप था। डॉ. अम्बेडकर ने इस तथ्य को समझा और कहा, "वंचित,बहिकृत वर्ग के हितों का प्रतिनिधित्व केवल वंचित और बहिकृत वर्ग के लोग ही कर सकते हैं। उनके अपने अलग हित हैं, और कोई भी वास्तव में उनकी आवाज को दूसरा कोई नहीं समझ सकता और न ही उठा सकता है। ब्राह्मण, मुसलमान या मराठा मुक्त व्यापार हित में समान रूप से मतदान कर सकते हैं। हालांकि, इनमें से कोई भी इन वर्गों के

हितों के लिए नहीं बोल सकता क्योंकि वे लोग इन वर्गों से सम्बन्ध नहीं रखते नहीं हैं; अस्पृश्यता उनके हितों का एक निश्चित वर्ग है जिसके लिए केवल वंचित और बहिकृत वर्ग के लोग ही बोल सकते हैं। इसलिए यह स्पष्ट है कि हमें इन वर्गों की शिकायतों का प्रतिनिधित्व करने के लिए ढूंढना चाहिए जो उनके हित में हो और दूसरी बात, हमें उन्हें इतनी संख्या में ढूंढना चाहिए जो निवारण का दावा करने के लिए पर्याप्त बल का गठन करें।"

भारत के विकास में डॉ. अम्बेडकर की महत्वपूर्ण भूमिका थी। यह राष्ट्र की उन्नति और विकास के लिए उनकी चिंता को प्रदर्शित करने के प्रमाण के रूप में है। उन्होंने कहा है कि, "यह एक ऐसा देश है जो जातियों और पंथों में विभाजित है और यह एक संयुक्त स्वशासी समुदाय नहीं हो सकता है जब तक कि अल्पसंख्यकों की सुरक्षा के लिए पर्याप्त सुरक्षा उपायों को संविधान का हिस्सा नहीं बनाया जाता है जिस पर कोई आपत्ति नहीं हो सकती है। लेकिन अल्पसंख्यकों को यह ध्यान रखना चाहिए कि यद्यपि हम आज 'परिसंपत्तियो द्वारा दिए गए और जातियों द्वारा अणुबद्ध' हैं, हमारा आदर्श अखंड भारत है।"

ऐसा प्रतीत होता है कि निम्नीकृत असमान सामाजिक व्यवस्था में केवल कुछ ही समुदायों को विशेष अधिकार प्राप्त थे। लोगों को इस विशेषाधिकार से एक प्रकार की नाखुशी और घृणा से वंचित कर दिया गया था। दूसरी ओर शोषित का अमानवीय शोषण यानी तथाकथित विशेषाधिकार प्राप्त वर्ग भी फल-फूल रहा है। इसने आदर्श स्वराज्य की अवधारणा को नष्ट करना शुरू कर दिया, जो धीरे-धीरे 'प्रबंधन तानाशाही' के रूप में जाना जाने वाला विचार उत्पन्न करने लगा। उन्होंने कहा है कि "अक्सर काम के दबाव में या परिस्थितियों की कठिनाइयों में कानून को प्रशासनिक विभागों के प्रमुखों के हाथों में विवेकाधीन शक्ति का एक अच्छे निर्णय को त्यागना पड़ता है। लोगों का कल्याण बहुत हद तक इस बात पर निर्भर होना चाहिए कि यह विवेकाधीन शक्ति कितनी निष्पक्षता से प्रयोग की जाती है। भारत जैसे देश में जहां एक समुदाय के लोग लगभग विशेष रूप से सार्वजनिक सेवा का प्रबंधन करते हैं, वहां एक वर्ग के उत्थान के लिए इस विशाल विवेकाधीन शक्ति का दुरुपयोग होने का एक बड़ा खतरा है"। इसके खिलाफ सबसे अच्छा उपाय यह है कि देश की सार्वजनिक सेवाओं में शासन और प्रशासन द्वारा दलित वर्गों सहित अन्य जातियों और पंथों के उचित अनुपात पर जोर दिया जाए।

इस तथ्य को छत्रपति शाहू जी ने महसूस किया, जिन्होंने मराठा, बल्कि संबद्ध समुदायों के लिए भी सोचा। ये सीटें प्रांतीय परिषद में मराठा, कुनबी, माली,

कोली, भंडारी, शिम्पी, लोहार, कुंभार, भोई, बारी, लोनारी, देवली और शिंदे की जातियों के लिए आरक्षित थीं।

मूकनायक के तीसरे संस्करण में, 'यह स्वराज्य नहीं है, लेकिन हम पर तानाशाही कठोर शासन' शीर्षक के तहत, उन्होंने स्वराज्य के बारे में बात करना जारी रखा। ड्रेकोनियन एक एथेनियन कानून है जिसके तहत छोटे अपराधों में भारी सजा दी जाती थी। इस तरह के कानून अपरोक्ष रूप से इस देश में है जिससे अनगिनत भारत के मूल निवासी प्रभावित हैं। डॉ. अम्बेडकर ने स्थिति का गहराई से और अत्यंत गम्भीरता से अध्ययन किया और राजनीतिक शक्तिहीन पिछड़े वर्गों को राजनीतिक शक्तिहीन बनाने के लिए सामाजिक व्यवस्था में उच्च जातियों द्वारा बेईमान और भेद भाव पूर्ण इस तरह की योजना तैयार किया गया है। इस तथ्य के कारण उस व्यक्ति के लिए कोई प्रतिनिधित्व नहीं किया गया था जो प्रशासनिक क्षेत्र में ब्राह्मणवाद के निर्माता के लोग नहीं थे,उस समय असंतोष पैदा हुआ। अंग्रेजों ने इस तथ्य को महसूस किया और अपने सोच को प्रशासनिक व्यवस्था के विभिन्न क्षेत्रों के उचित प्रतिनिधित्व में बदल दिया, जो ब्राह्मणवाद निर्माता समुदाय से नहीं थे।

इसके बाद, पूंजीपति और ब्राह्मणवादी वर्गों को इसका एहसास हुआ, वास्तव में, उन्होंने सदियों से समाज के विभिन्न वर्गों को मूर्ख बनाने की साजिश रची थी। ब्राह्मणों और अन्य मुख्य जातियों को गैर-ब्राह्मण जनता द्वारा रोका जा सकता था जो इस साजिश को नहीं जानते थे। ब्राह्मणवाद के अनुसार केवल ब्राह्मण और कुछ चुनी हुई जातियाँ ही नागरिकों को प्रतिबंधित करेंगी। लेकिन किस बात ने ब्राह्मणवाद को मुसलमानों पर प्रतिबंध लगाने के लिए प्रेरित किया? अगर मुसलमान उन्हें नहीं बचा सकते तो होमरूल एक सपना होगा। इसलिए मुसलमानों को एक साथ रहने की इजाजत दी गई।अब वे धर्मों, वेदों, पुराणों, स्मृतियों, शास्त्रों को भूल जाने को तैयार हो गए। हालाँकि ब्राह्मणवाद के निर्माता उन्हें हिंदू होने का दावा करते हैं, लेकिन उन्होंने सामाजिक रूप से वंचितों बहिष्कृत अछूतों को अंतर्भोजन करने की अनुमति नहीं देते थे और वर्तमान में भी इस तरह की सार्वजनिक व्यवस्था नहीं है।परन्तु वर्तमान में भी वही ब्राह्मणवादी पुरातन परम्परा परोक्ष और अपरोक्ष रूप से जीवित है।

इस तथ्य को देखते हुए कि गैर-ब्राह्मण सांप्रदायिक प्रतिनिधित्व के पक्ष में थे, ब्राह्मणवाद की सबसे उच्च पायदान के लोगो और पूंजीपतियों ने महसूस किया कि वे ब्राह्मणवाद की निचली सीढ़ी और सामाजिक रूप से वंचित,बहिष्कृत से सत्ता प्राप्त कर सकते हैं। ब्राह्मणवाद की निचली सीढ़ी और सामाजिक रूप से वंचित,बहिष्कृत की मांगों को दबाने के लिए उन्होंने एक प्रस्ताव रखा। डॉ. अम्बेडकर ने ब्राह्मणवाद

की धार्मिक सर्वोच्चता की ऊपरी सीढ़ी की जांच की; उन्होंने दावा किया कि यह सामाजिक रूप से आर्थिक और वंचित पिछड़े वर्ग के अधिकांश नागरिकों को राजनीतिक प्रभाव से दूर रखने और गुमराह करने का एक और प्रयास था। उनके अनुसार, शताजी और भाटाजी को भूदेवता नाम दिया गया था, जिसका अर्थ है भारत में शासक वर्ग द्वारा जमींदार की संज्ञा।

सामाजिक रूप से वंचित और पिछड़े वर्ग के अधिकांश लोग, जो जनसंख्या के सबसे बड़े अनुपात में हैं, यह मानने के लिए बाध्य थे कि वे केवल एक निम्न, पापी और ब्रहामणवाद के अनुयायी हैं। यह शब्द तब से शुरू हुआ जब से वे यानि सदियों से एक साथ रह रहे हैं। उन्हें ब्राह्मणवादी शासक वर्ग की इच्छा और इच्छाओं के अनुसार कार्य करने के लिए मजबूर किया गया और उन्हें यह महसूस करने के लिए मजबूर किया गया कि वे दूसरों से कमतर यानि निचले स्तर के हैं।

उन्होंने स्वयं में अंतर्निहित हीनता को भी सत्य के रूप में स्वीकार किया और पीढ़ियों - पीढ़ियों तक स्वीकार करते चले गए। सभी सामाजिक रूप से वंचित वर्ग ब्राह्मणवाद रुपी दुश्मन के नियंत्रण में थे और उन्हें यह स्वीकार करने के लिए मजबूर किया गया था कि वे गुलाम थे, गुलाम है और गुलाम रहेंगे। यही कारण है कि, “एक स्वशासित भारत में, जो भारतीय समाज के तथ्यों और राजनीतिक सत्ता की डोर को नहीं पहचानता, भारतीय समाज के उच्च वर्ग के महत्वाकांक्षी सदस्यों के हाथों में होगा, जो उच्च पद से नवाजे जाते हैं, सुशिक्षित और धनी जातियाँ। सत्ता,धन, शिक्षा और सामाजिक प्रतिष्ठा के अभिजात वर्ग के हाथों में रहेगी।”

ब्राह्मणवाद और कुलीन वर्गों के ऊपरी तबको द्वारा अंग्रेजों को चुनौती दी गई थी कि किसी भी देश को दूसरे देश पर शासन करने का अधिकार नहीं है। तब डॉ. अम्बेडकर ने सवाल किया कि यह गलत नहीं है, एक वर्ग दूसरे सामाजिक रूप से वंचित वर्ग को गुलाम के रूप में व्यवहार क्यों करता है, उन पर शासन और तानाशाही के रूप में हुक्म क्यों देता है? डॉ. अम्बेडकर ने स्वतंत्रता संग्राम के राजनीतिक नेताओं से 'मूकनायक' द्वारा कहा, “आप अंग्रेजों से नफरत करते हैं क्योंकि वे आप पर शासन कर रहे हैं, लेकिन सात करोड़ वंचित,बहिकृत लोगो की गरिमा,प्रभुता का विरोध करने के लिए आप में क्या कोई भी नैतिकता है।”

अधिकांश भारतीय जो ब्राह्मणवाद के अनुयायी निचले तबके के थे, उन्होंने देश के हिंदू स्वराज्य को स्वीकार नहीं किया। वे ब्रिटिश सरकार से निम्न समुदायों के विभिन्न वर्गों को उचित प्रतिनिधित्व देने की मांग कर रहे थे। उन्होंने अंग्रेजों से वंचित और बहिकृत वर्गों के प्रतिनिधित्व का समर्थन करने का आग्रह किया, “यदि

आप सवर्ण हिंदुओं को स्वराज्य देना चाहते हैं, तो हमारे कुछ मूल भूत अधिकार इसमें जोड़े यानि सम्मलित किया जाना चाहिए क्योंकि सवर्ण हिंदुओं के लिए पूर्ण स्वराज्य देश और मानवता को नष्ट कर देगा।"

सन् 1916 में लखनऊ में भारतीय राष्ट्रीय कांग्रेस और मुस्लिम लीग के बीच एक समझौता हुआ, जिसमें एक साथ मिलकर राजनीति में मुस्लिम प्रतिनिधित्व प्रदान करने के लिए 'अलग निर्वाचक मंडल' की मांग को आगे बढ़ाया जाय। डॉ. अम्बेडकर ने इसकी बहुत कड़ी निंदा की क्योंकि मुसलमानों को दिया गया प्रतिनिधित्व उनकी आबादी से अधिक था। इसके विपरीत, मुसलमानों के लिए, उन्होंने 'पृथक निर्वाचक मंडल' का समर्थन किया, जहाँ निर्वाचन क्षेत्रों में मिश्रित मतदान प्रणाली थी और लोग वास्तव में अपने सच्चे प्रतिनिधियों का चुनाव करने में सक्षम थे।

डॉ. अम्बेडकर द्वारा 'मूकनायक' में सामाजिक रूप से वंचित,बहिकृत वर्गों के प्रतिनिधित्व का व्यापक रूप से पता लगाया गया था। 27 जनवरी 1919 को, साउथबोरो समिति के समक्ष, उन्होंने साक्ष्य प्रस्तुत किए और सामाजिक रूप से वंचित समाजों के लिए विशेष प्रतिनिधित्व की वकालत की थी। ब्राह्मणवाद द्वारा सामाजिक रूप से वंचित, बहिष्कृत वर्गों को हर प्रकार की धार्मिक और सामाजिक भागीदारी से अलग कर दिया गया था। सामाजिक रूप से वंचित,बहिष्कृत वर्गों को सामाजिक-धार्मिक अक्षमताओं द्वारा दासों की स्थिति के लिए लगभग अमानवीय बना दिया गया और नागरिकता के व्यापक रूप से मान्यता प्राप्त विशेषाधिकारों से वंचित कर दिया गया था।

इसके अलावा, डॉ. अम्बेडकर ने कहा, "कांग्रेस काफी हद तक ऐसे पुरुषों से बनी है जो राजनीतिक कट्टरपंथी और सामाजिक अपरिवर्तनवादी,अनुदारपंथी को योजनाबद्ध करते हैं।" कट्टरपंथी दो राजनीतिक दलों के सदस्य हैं। इसलिए डॉ. अम्बेडकर ने 'सामान्य निर्वाचक मंडल' के प्रतिनिधित्व में सामाजिक रूप से वंचित,बहिष्कृत वर्गों की कोशिश करने के लिए भारतीय राष्ट्रीय कांग्रेस के दृष्टिकोण की निंदा की थी। चूंकि उनके पास कम समर्थक हैं, सामाजिक रूप से वंचित,बहिष्कृत वर्ग आम चुनाव नहीं जीतेंगे। उनको दी गई धनराशि करदाताओं, किरायेदारों और शिक्षित व्यक्तियों तक सीमित थी। गरीब, अनपढ़ और भूमिहीन मजदूर वंचित और बहिकृत हो गए।

परिषद में उनका प्रतिनिधित्व करने की संभावना नहीं थी। परिषद की सामाजिक रूप से वंचित वर्गों के सदस्य की अनुपस्थिति में डॉ. अम्बेडकर ने सोचा कि इन वर्गों की पूरी तरह से उपेक्षा की जाएगी। जैसा कि "विधायिका, कुछ सामाजिक परिस्थितियों का उत्पाद है और इसकी शक्ति समाज को निर्धारित करती है। इस वजह

से विधायिका विकास में एक बड़ी बाधा बन जाती है।" सामाजिक वंचित,बहिष्कृत वर्गों का प्रतिनिधित्व 'उनकी शिकायतों के निवारण के लिए लड़ने के लिए परिषद हॉल' में होना चाहिए। इस तथ्य को महसूस करते हुए, डॉ अम्बेडकर ने बॉम्बे लेजिस्लेटिव काउंसिल ऑफ बॉम्बे की अध्यक्षता में आठ से नौ सदस्यों को शामिल करने का आह्वान किया।

डॉ. अम्बेडकर ने 'मूकनायक' में स्वराज्य का विश्लेषण किया और कहा कि "अंग्रेजों द्वारा बनाया गया शासन महत्वाकांक्षी उच्च जाति के हिंदुओं के रास्ते में आया। उच्च जाति के लोगों ने सभी वंचित वर्ग के लोगों को एक हजार गुना अधिक अपने अधीन कर लिया। छह करोड़ सामाजिक वंचित,बहिकृत वर्ग ने सवर्ण हिंदुओं द्वारा सामाजिक और धार्मिक प्रभुत्व के बारे में कैसा महसूस किया?"

सामाजिक वंचित वर्ग पर लागू सामाजिक परंपराओं द्वारा सभी विशेषाधिकारों से इनकार किया गया था। सभ्य जीवन जीने के लिए ये अधिकार आवश्यक हैं: व्यक्तिगत स्वतंत्रता और सुरक्षा का अधिकार, व्यक्तिगत संपत्ति का अधिकार, समानता का नियम, सकारात्मक विचारों के साथ रहना, बोलने की स्वतंत्रता और धर्म का अधिकार, सम्मेलन करने का अधिकार, राजनीतिक और अपने राजनीतिक प्रतिनिधियों को विधान मंडल में भेजने का अधिकार और सरकार में नौकरी पाने का अधिकार। इसलिए, 'मूकनायक' में, उन्होंने स्वराज्य के अपने दर्शन की पुरजोर वकालत की, जहां सभी लोगों को समान रूप से लाभ और अधिकार मिलना चाहिए।

डॉ. अम्बेडकर ने 'मूकनायक' में भारतीय जनता की राजनीति पर ही नहीं, बल्कि सामाजिक मुद्दों पर भी लिखा। सभी सामाजिक मुद्दों पर चर्चा का केंद्रीय स्थान 'मूकनायक' था। लेख और राय भी कई पाठको द्वारा संपादक के कॉलम में योगदान दिया गया था। 'मूकनायक' में किए गए सामाजिक अन्याय को देश के विभिन्न हिस्सों में व्यापक रूप से प्रलेखित किया गया है। डॉ. अम्बेडकर ने प्रचलित सामाजिक अन्याय और पूर्वाग्रहों के खिलाफ बहुसंख्यक जनता की वकालत किया। इसलिए डॉ. अम्बेडकर ने अपने जीवन के दौरान समानता, लोकतंत्र और बंधुत्व के सिद्धांतों पर आधारित एक समान समाज के निर्माण के लिए जाति व्यवस्था को खत्म करने का काम किया। इस प्रकार तीन साल तक 'मूकनायक' का प्रकाशन प्रचलन में रहा।

बहिष्कृत भारत समाचार पत्र का प्रकाशन

इस समाचार पत्र का प्रकाशन भारतीय सामाजिक और धार्मिक सुधारवादी आंदोलनों के लिए शुरू किया गया था। मोरेश्वर चिंतामन लेले के विक्रम प्रिंटिंग प्रेस

में 'बहिष्कृत भारत' का पहला अंक प्रकाशित हुआ था। लेकिन अखबार के प्रकाशन का स्थान कई बार बदला गया। डॉ. अम्बेडकर ने समाचार पत्र प्रकाशन के साथ - साथ पूरे मराठी साहित्य पर शोध करने का संकल्प लिया। इससे यह बिंदु यह दर्शाता है कि इस देश के सामाजिक-धार्मिक समाचार पत्र शुरू करने का निर्णय लेने के बाद भारतीय सामाजिक और धार्मिक सुधारवादी आंदोलनों के साथ-साथ अन्य आंदोलनों ने अपने उद्देश्य के लिए प्रेस का सफलतापूर्वक उपयोग किया। उन्हें महत्वपूर्ण मराठी साहित्य प्रकाशनों को पढ़ने में उन्हें लगभग सात महीने लगे। उन्होंने मुकुंदराय, मुक्तेश्वर, ज्ञानेश्वर, तुकाराम और रामदास जैसे संतों का इस क्षेत्र किये गये कार्यों का भी अध्ययन किया। उन्होंने केसरी, ज्ञान प्रकाश, संदेश, चित्रमय जगत, विविध ज्ञान विस्तार, मनोरंजन और कई अन्य समाचार पत्रों का गहनता पूर्वक अध्ययन किया। उन्होंने अगरकर के विशेष संपादकीय, केसरी के विशेष संपादकीय, और हरि नारायण आप्टे, के.पी. खादिलकर, एन.सी. केलकर, के. कोल्हाताकर, और बी.वी. वरेरकर जैसे महान गणमान्य व्यक्तियों की पुस्तको का बहुत ही गहनता पूर्वक अध्ययन किया।

डॉ. अम्बेडकर विभिन्न विषयों में विशेष रुचि रखते हुए प्रत्येक विषय का संपादन किया करते थे। उन्होंने 'बहिष्कृत भारत' के लिए अपने व्यस्त और चुनौतीपूर्ण कार्यक्रमों के बीच लिखने का समय निकाल लिया करते थे। उनके ज्यादातर लेख समसामयिक विषयों पर रहते थे। गांधीजी, नेहरू जैसे राष्ट्रीय नेताओं और यहां तक कि हिंदू महासभा और ब्राह्मण सभा जैसे संगठनों के साथ, उन्होंने ब्राह्मणवादी समाचार पत्रों की कड़ी आलोचना किया करते थे। समाचार पत्र में लेख लिखने की उनकी शैली बहुत ही दिलचस्प और रोचक रहती थी। वे वाद-विवाद के साथ-साथ अपने सहयोगियों को विशेष पत्र-पत्रिकाएँ तथा सम्पादकीय निर्देशित करते रहते थे।

इसलिए समाचार का एक सटीक संस्करण प्रिंट के लिए तैयार किया गया था। उन्होंने 'बहिष्कृत भारत' के लिए एक अलग कार्यालय की स्थापना किया, जहां कॉलेज के छात्र रहते थे। वे डॉ. अम्बेडकर को उनके काम में सहायता करने के लिए संकल्पित थे। अखबार लिखने और संपादित करने के तीन घंटे के भीतर, ये छात्र थक जाया करते थे। क्योकि वे इस समाचार पत्र के लिए अथक मेहनत करते थे। डॉ. अम्बेडकर उन्हें समझाते थे कि वे लोग काम को गंभीरता से क्यों नहीं लेते। वे उनको अपनत्व पूर्ण ढंग से समझाते थे कि 'आप में समाज के लिए कुछ सकारात्मक करने की क्षमता होनी चाहिए।' 'बहिष्कृत भारत' को निर्धारित समय पर प्रकाशित करने के लिए अक्सर दिन-रात मेहनत करनी पड़ती थी। 'बहिष्कृत भारत' के तेरह

अंक समय पर ही प्रकाशित होते रहे। फिर बाद में कुछ कारणों से नियमितता नहीं रखा जा सका।

चांगदेव भावनराव खैरमोड़े ने कहा है कि डॉ. अम्बेडकर पाठकों को सामाजिक आंदोलन के बारे में शिक्षित करने में अधिक रुचि रखते थे। इसलिए, उन्हें सामाजिक आंदोलनों के भारतीय संदर्भ के लिए प्रासंगिक बहुत सारी सामग्री इकट्ठी करनी पड़ती थी। डॉ. अम्बेडकर जनवरी 1927 में विश्राम करने वसई गए। वहाँ पर उस क्षेत्र के एक वकील और सामाजिक गणमान्य व्यक्ति थे जो हर दिन उनसे मिलने आते थे। एक दिन, सबनीस, जो एक वकील थे, ने उन्हें रात के खाने पर आमंत्रित किया। उन्होंने उनके घर में लोकहितवादी शता पात्रे की सुलेख पुस्तक देखी, जिसका अर्थ है 'लोक कल्याण के सौ पत्र।' उन्होंने तुरंत उनसे वह पुस्तक माँग ली ऊसके कुछ अंशो का अध्ययन किया, उनको बहुत अच्छा लगा और अपने सहयोगियों को इसके प्रकाशन के लिए इसे 'बहिष्कृत भारत' में संपादित करने का निर्देश दिया। उस पुस्तक का पत्र क्रमिक रूप से 'बहिकृत भारत' में प्रकाशित होते रहे।

डॉ. अम्बेडकर का विचारधारा सामाजिक रूप से वंचित, बहिकृत लोगों के विकास लिए के बीच क्रांतिकारी आंदोलन 'बहिष्कृत भारत' स्थायी रूप से विद्धमान है। उन्होंने इस प्रकाशन में संत ज्ञानेश्वर के संदेश को नारे के रूप में चुना। संत ज्ञानेश्वर के सन्देश में ऐसा कहा जाता है कि "आप एक साहसी और साहसिक कदम उठाकर स्वधर्म की भावना और प्रतिष्ठा को बनाए रखेंगे।"

'बहिष्कृत भारत' समाचार पत्र को आर्थिक समस्याओं का भी सामना करना पड़ा। इस समाचार पत्र के प्रकाशन के एक साल बाद, इस अखबार पर मौजूद एक कर्ज को चुकाया गया था। उन्होंने किसी भी अभिदाता को भुगतान नहीं किया। 'बहिष्कृत भारत' की कुछ अंशधारियों के प्रति नरम रूख था। उनमें से सतारा के एक ज्योतिबा जोदगे गुराजी थे, जिन्होंने सदस्यता के लिए समय पर भुगतान करने में असमर्थ होने के कारण बाद में सदस्यता राशि के साथ अतिरिक्त राशि भी भेजी थी। इसके लिए डॉ. अम्बेडकर द्वारा उन्हें बधाई पत्र दिया गया था।

उन्होंने इन कारणों के साथ 'बहिष्कृत भारत' में मौजूद विशेष मुद्दों को सूचीबद्ध किया। उस समय नव नियुक्त शिक्षको ने भी इस समाचार पत्र के प्रकाशन में मदद किये थे। फिर भी, वे अक्सर अपने कर्तव्यों की उपेक्षा करते थे। उन्होंने उनकी कटु आलोचना की। उन्होंने उन्हें आश्वासन दिया कि, जैसा कि अधिकांश समाचार पत्र के संपादक करते हैं, वर्तमान संपादक को धन प्राप्त करने की कोई इच्छा नहीं है।

लेकिन लोगों के बीच अपने स्वयं के उत्थान की पहचान बनाने का उनका एक सम्मानजनक लक्ष्य है।

उन्होंने महसूस किया और समाज को बताया कि 'बहिष्कृत भारत' के विकास में योगदान देना सभी का नैतिक दायित्व है, और वे वंचित जमीनी स्तर के सबसे शक्तिशाली प्रतिनिधियों में से एक थे। उन्होंने कई उदाहरणों के साथ इसका समर्थन किया कि कैसे इस समाज के विकास में महत्वपूर्ण योगदान दिया जाय। उन्होंने धार्मिक शास्त्रों के खंड को साक्ष्य के रूप में प्रस्तुत किया, जिसमें कहा गया था कि जिन लोगों ने ज्ञान, धन और शक्ति प्राप्त की है, उन्हें योगदान देना चाहिए और समाज को उसी रूप में वापस देना चाहिए। यह उनकी संस्कृति के लिए उनकी मौलिक जिम्मेदारी भी थी। परिणामस्वरूप, जिन उत्पीड़कों ने ज्ञान, अधिकार और शक्ति प्राप्त की है, उन्हें दान देना चाहिए और इसे एक मौलिक दायित्व के रूप में समाज के साथ साझा करना चाहिए।अपने समाज की सुरक्षा से ही व्यक्ति आगे बढ़ सकता है। यदि समाज की रक्षा नहीं किया गया तो व्यक्ति असुरक्षित हो जायेगा। डॉ. अम्बेडकर ने माना और कहा कि दूसरों की सेवा करना न केवल मुक्ति प्राप्त करने का एक साधन है, बल्कि अपने स्वयं के उत्थान में भी एक आवश्यक पृष्ठिभूमि और योगदान है। व्यक्तिगत जवाबदेही काफी बढ़ गई है क्योंकि उनकी संस्कृति की स्थिति खराब हो गई है। उन्होंने लोगों को अपनी उन्नति के लिए लड़ने के लिए अनेक रूपों में प्रोत्साहित किया।

डॉ. अम्बेडकर ने अपना पूरा करियर यानि जीवन-यात्रा सामाजिक कल्याण के लिए समर्पित कर दिया था, इस तथ्य के बावजूद कि उनके पास आय का कोई अन्य दैनिक स्रोत नहीं था। यहां तक कि ब्रिटिश सरकार ने भी उन्हें सरकारी नौकरी की पेशकश की थी, जिसे उन्होंने अस्वीकार कर दिया था। वे एक वकील के रूप में अपना कार्य जारी नहीं रह सके क्योंकि यह एक ऐसा पेशा था जो पूरी तरह से धनी ब्राह्मणवादी हिंदुओं पर निर्भर था। वे धार्मिक और राजनीतिक अन्याय के निवारण के प्रति महत्वाकांक्षी थे।

उन्हें एक ओर उन्हें समाज के भीतर की समस्याओं से जूझना पड़ा, वहीं दूसरी ओर ब्राह्मणवाद और मनु के अनुयायियों ने उन्हें उनके द्वारा शुरू किए गए आंदोलन से लड़ने का संकल्प लेने के लिए मजबूर किया। उन्होंने कई बार तथाकथित झूठे देशभक्तों, धार्मिक कट्टरपंथियों और कट्टरपंथियों की सेवा करने वाले अखबारों द्वारा अपमान और उत्पीड़न का सामना करना पड़ा।

हालांकि, उन्होंने कभी यह निरुपित नहीं किया यानि कभी नहीं कहा कि मैंने गरीबों के लिए अपना जीवन समर्पित कर दिया। उनका मानना था कि भगवान ने उन्हें उत्पीड़ित जमीनी स्तर पर मदद करने का अवसर प्रदान किया है। उन्होंने गरीबों की मदद करने की क्षमता प्रदान करने के लिए भगवान का आभार व्यक्त किया। डॉ. अम्बेडकर भी आम जनता से समाचार पत्र के लिए पर्याप्त वित्तीय सहायता प्राप्त करने में असमर्थ थे। सन् 1929 में धन की भारी कमी के कारण इसका प्रकाशन बंद कर दिया गया था। एक अन्य प्रमुख घटक देश के राजनीतिक विकास में उनकी तेज-तर्रार और मजबूत रूप से रुचि बढ़ी।

साइमन कमीशन की सिफारिशों पर तरह-तरह की प्रतिक्रियाएं आईं। डॉ.अम्बेडकर 'बहिष्कृत भारत' को पर्याप्त समय नहीं दे सके। इन सभी कारकों ने 'बहिष्कृत भारत' समाचार पत्र को बंद करने की साजिश रची गयी। 'बहिष्कृत भारत' में अंतर-भोजन और अंतर्जातीय विवाह की खबरें व्यापक रूप से प्रकाशित हुआ करती थी। इंटर डाइनिंग प्राथमिक सामाजिक गतिविधि थी, जिसमें विभिन्न जातियों के लोगों ने जाने - अनजाने में सांस्कृतिक मूल्यों और मानदंडों तथा विचारों का आदान-प्रदान किया। यह समाचार पत्र विभिन्न जातियों के बीच मानवीय संबंधों में सुधार किया और जातिगत पूर्वाग्रह और घृणा को खत्म करने में मदद किया और उन लोगो के मन मस्तिष्क में एक नया प्रतिबिम्ब प्रकाशित किया।

परिणामस्वरूप, डॉ. अम्बेडकर ने व्यक्तिगत रूप से इन कार्यक्रमों में भाग लिया, जिन्हें 'सहभोजन' कार्यक्रम के रूप में जाना जाता है और ब्राह्मणवाद एवं मनु के अनुयायियों और सामाजिक रूप से वंचित, बहिकृत अछूत जातियों दोनों के लिए खुले थे। इस प्रकार के कार्यक्रमों ने कई हिंदू महासभा और ब्राह्मण सभा के नेताओं के दोगले सोच को उजागर किया,जो सार्वजनिक रूप से घोषणा किया करते थे कि वे वंचितों, बहिकृतो के शुभचिंतकों के साथ भोजन साझा करेंगे, और उन्होंने उद्देश्यपूर्ण सहभोजन रोकने के लिए कुछ जल्दी और कुछ देर से पहुंचे।

समता साप्ताहिक पत्रिका का प्रकाशन

इस साप्ताहिक प्रकाशन का मुख्य उद्देश्य लोगों में समाज के उत्थान के लिए अपने आप को समर्पित करना था। उनका कहना था कि हमें अपने काम के लिए लाभ की उम्मीद नहीं करनी चाहिए और ऐसी अप्रिय कार्य भी नही करनी चाहिए जो लोगों के लिए अकल्याणकारी हों।

बी.वी. प्रधान, डी.वी. नाइक, और आर.डी. दलव ने 4 सितंबर, 1928 को 'समता समाज संघ' का गठन किया। समता के कई सदस्य डॉ. अम्बेडकर के आंदोलन में सक्रिय थे, और उन्होंने वास्तव में सामाजिक रूप से वंचित, बहिष्कृत वर्गों के संघर्ष के लिए खुद को समर्पित किया। इस संघ की ओर से 'समता' नामक साप्ताहिक समाचार पत्र का शुभारंभ किया गया। 'बहिकृत भारत' की ओर से डॉ. अम्बेडकर ने 'समता' का समर्थन किया। 7 दिसंबर, 1928 को, उन्होंने 'समता' के समर्थन में 'बहिष्कृत भारत' में लेख प्रकाशित किए, जिसमें कहा गया कि दोनों समाचार पत्र एक ही है। 'बहिष्कृत भारत' का नाम बाद में बदलकर 'समता' कर दिया गया है। अखबार का शीर्षक बड़े, काले अक्षरों में लिखा जाता था। संपादक का नाम और उसका पता बाईं ओर छपता था, और प्रकाशक का नाम और पता दाईं ओर छपता था। अखबार के शीर्ष ने दावा किया जाता था कि यह डॉ. अम्बेडकर के निर्देशन में प्रकाशित हुआ है। पहले अख़बार के पहले पन्ने पर "द राइज़ ऑफ़ इक्वैलिटी" नामक गीत प्रकाशित हुआ करता था। अखबार ने समाज में समानता स्थापित करने के उद्देश्य से लेख और कविताएँ प्रकाशित की जाती थी।

समता के हर अंक में संदेश रहता था, "अपने काम के लिए लाभ की उम्मीद न करें और ऐसी अप्रिय चीजें न करें, जो लोगों के कल्याण के पक्ष में न हों।" महाभारत के कुछ अंश भी लिखे जाते थे। अखबार ने उन्तीस प्रमुख संपादकीय प्रकाशित किए, जिनमें से अधिकांश संपादकीय डी. वी. नाइक द्वारा लिखे गए थे। समसामयिक घटनाओं पर ये गतिशील और गहन संपादकीय इसके द्वारा प्रकाशित किए गए थे। इसने समता समाज संघ के एजेंडे और लक्ष्यों को भी संबोधित किया।

जनता समाचार पत्र का प्रकाशन

डॉ. अम्बेडकर 'बहिष्कृत भारत' के निलंबन से व्यथित थे। उन्होंने एक नया अखबार शुरू करने का फैसला किया। इसलिए, 24 नवंबर, 1930 को, उन्होंने एक साल से भी कम समय में मुंबई से एक नया मासिक समाचार पत्र, 'जनता', लॉन्च किया। इसके संपादक श्री देवराव विष्णु नाइक थे और इसके प्रकाशक और प्रबंधक बी. आर. काद्रेकर थे। देवराव विष्णु नाइक डॉ. अम्बेडकर के निकटतम सहयोगी थे। उसी परिसर में एक मुद्रणालय था। लोग 'बहिष्कृत भारत' को इसके नाम से नहीं खरीद रहे थे, इसलिए डॉ. अम्बेडकर ने इसका नाम बदलकर 'जनता' कर दिया। इस तथ्य के बावजूद कि उन्होंने अखबार की स्थापना की, उन्होंने अपने व्यस्त कार्यक्रम के कारण 'जनता' के संपादन की जिम्मेदारी नहीं ली। इस पत्रिका को उनसे

कई महत्वपूर्ण लेख और पत्र प्राप्त हुए। उनके भाषणों को 'जनता' में भी बड़े पैमाने पर प्रकाशित किया गया था।

डॉ. अम्बेडकर 'समता' और 'जनता' दोनों समाचार पत्रों के सर्जनात्मक संपादक थे। वह समाज समता संघ के प्रमुख थे, जिन्होने उन सभी मुद्दों के खिलाफ लड़ाई लड़ी, जिसका निम्न वर्ग ने सदियों से सामना किया। देवराव विष्णु नाइक जो जन्म से ब्राह्मण जाति के थे, उन्होंने ब्राह्मणों और अन्य जातियों से पूछा जो ब्राह्मणवाद को जीवित रखना चाहते थे। नतीजतन, वे गरीबों की भलाई के लिए काम करना चाहते थे। वे जीवन भर 'जनता' और डॉ. अम्बेडकर के साथ घनिष्ठ रूप से जुड़े रहे। भास्कर राव रघुनाथ काद्रेकर एक अन्य प्रभावशाली व्यक्ति थे जो 'जनता' समाचार पत्र के सह-संपादक थे। उन्होंने सामाजिक समानता को बढ़ावा देने के लिए 'जनता' में कई लेखों के संपादन में योगदान दिया। 'जनता' मराठी भाषा की एक साप्ताहिक पत्रिका थी।

डॉ. अम्बेडकर का संदेश जिसमें लिखा गया था कि 'दास से कहो कि वह गुलाम है, तब वह विद्रोह करेगा '। यह कोटेशन 'जनता' अखबार के संपादकीय के ऊपर लिखा गया था। चौथे वर्ष से, इसने संत तुकाराम के क्रांतिकारी पत्र को प्रकाशित शुरू किया, जिसमें कहा गया था, "जब भी हम आपके शासन में रहे तब आप ने हमारा उपहास किया है।" कुछ साल बाद, धार्मिक परिवर्तन पर एक किताब प्रकाशित हुई। 'जनता' ने न केवल सामाजिक और राजनीतिक मुद्दों पर रिपोर्टिंग की बल्कि अपने स्तर पर आम लोगों तक पहुंचने का भी प्रयास किया। यह अपनी अंक में कविताएँ, कहानियाँ और उपन्यास भी प्रकाशित किया।

सन् 1931 के बाद से, डॉ. अम्बेडकर ने गोलमेज सम्मेलन के विचार-विमर्श में भाग लिया। 'जनता' समाचार पत्र के लिए उन्होंने पत्र के रूप में अपने विचार-विमर्श के साथ-साथ अपने दौरे के अनुभव के बारे में भी लिखे। समाचार पत्र के प्रतेक पृष्ट के ऊपर लिखा था कि यह जनता के लिए खास है। 'जनता' समाचार पत्र में इन पत्रों को क्रमानुसार प्रकाशित किया गया।

गोलमेज सम्मेलन में, डॉ. अम्बेडकर और राव बहादुर श्रीनिवासन को नए संविधान के प्रारूपण में वंचित,उत्पीड़ित वर्गों के हितों के प्रतिनिधित्व करने के लिए चुना गया था। उन्होंने इस बैठक में अपने मन की बात कहने के लिए महसूस किया। उन्होंने 'पृथक निर्वाचक मंडल' योजना के लिए जोरदार तर्क दिया। उन्होंने आशा व्यक्त की कि इस योजना का उपयोग करके उत्पीड़ित जनता को आवाज दी जाएगी और उन्हें अपने सच्चे प्रतिनिधियों को चुनने की क्षमता और अधिकार दिया जाएगा।

'जनता' समाचार पत्र ने दो गोलमेज सम्मेलनों की पूरी कार्यवाही को पत्रों के रूप में कवर किया और लोगों तक पहुचने का प्रयत्न किया। अपनी राजनीतिक भागीदारी के अलावा, वे नियमित रूप से समाचार पत्र के संपर्क में रहते थे। उन्हें विश्वास था कि उनका समाचार पत्र 'जनता' अखबार पाठकों के लिए लाभकारी रहेगा। उन्होंने संपादकों डी.वी. नाइक, बी.आर. काद्रेकर, और बी.वी. प्रधान को 'जनता' समाचार पत्र के संपादन और संचालन में उनकी मदद के लिए उन्हें धन्यवाद दिया। उसी पत्र में, उन्होंने अपनी चिंता व्यक्त की कि 'समता' और 'बहिष्कृत भारत' समाचार पत्र एक ही समय में बंद किए जा रहे हैं। और वे एक नए अखबार की तलाश कर रहे थे, और उनके लिए यह सामान्य और अनकूल था कि हम अपना खुद का अखबार शुरू कर लें। उन्होंने प्रकाशन की निरंतरता सुनिश्चित करने के लिए संपादकीय कर्मचारियों की प्रशंसा किया करते थे।

'जनता' को लिखे अपने एक पत्र में, डॉ. अम्बेडकर ने अपने लोगों से 'जनता अखबार' का समर्थन करने का आग्रह किया, महाराष्ट्र के पिछड़े वर्गों से भी ऐसा करने का आग्रह किया। उन्होंने कहा की किसी भी सामाजिक रूप से वंचित,बहिष्कृत की भी यह जिम्मेदारी है कि वह इस समाचार पत्र की सहायता करे क्योंकि यह उनका अपना समाचार पत्र है। प्रत्येक परिवार को जनता में योगदान देना चाहिए, और मैं नहीं मानता कि सामाजिक बहिष्कृत विशेष रूप से गरीब है,और यह आत्म-सम्मान की बात भी है। मुंबई में हजारों सब्सक्राइबर का आंकड़ा अपने आप ही पहुंचाया जा सकता है। मैं बड़े और छोटे सभी नेताओं और कार्यकर्ताओं से अपनत्व पूर्ण आग्रह करता हूं कि वे निर्धारित समय सीमा में इस लक्ष्य को हासिल करने में हमारा समर्थन और मदद करें। इस प्रकार इस अखबार के लिए डॉ. अम्बेडकर का महान योगदान था।

एक अन्य संदेश में उन्होंने पाठकों से समाचार पत्र को एक सफल स्थान पर लाने में मदद करने का आग्रह किया ताकि हमारा अपना स्वयं की सहायता और आंदोलनो से राजनीतिक अधिकारों के लिए लड़ सके। 'जनता' समाचार पत्र का महत्व आप अभी नहीं समझ सकते हैं, लेकिन बाद में समझेंगे। मेरे लंदन जाने से पहले आप पाठको की संख्या को दोगुना कर सकते हैं। उन्होंने अपने लक्ष्य को पूरा करने वाले सभी पाठकों और अंशदाताओ को बधाई दिया।

जनता समाचार पत्र में साम्प्रदायिक हिंसा पर डॉ. अम्बेडकर का लेख

डॉ. अम्बेडकर ने " नो रेमेडी फॉर कम्युनल वायलेंस " शीर्षक से 'जनता' अखबार के एक लेख में कहा कि एकजुट भारत ने बीसवीं शताब्दी के पहले पांच दशकों के

भीतर सबसे अधिक सांप्रदायिक हिंसा का अनुभव किया। इस अपराध के लिए मुख्य रूप से शिक्षित जनता को दोषी ठहराया गया। ये पढ़े-लिखे ठग हिंदू और मुस्लिम पाए गए। दूसरे शब्दों में, उन्हें पंडितों और मौलानाओं के बीच इसका कारण खोजा। वास्तव में इसका धर्म से कोई लेना देना नहीं था।

धार्मिक पुस्तके, जिनमें कई भ्रांतियाँ और गलत व्याख्याएँ शामिल थीं और वर्तमान में भी हैं, को सामाजिक वर्गों द्वारा पूर्वाग्रह की दृष्टि से देखा जाता था और वर्तमान में भी पूर्वाग्रह दृष्टि से देखा जाता है। इन तत्वों का इस्तेमाल समाज में सांप्रदायिक संघर्ष के लिए किया जा सकता है। सामाजिक रूप से वंचित,बहिष्कृत वर्ग के आंदोलन के लिए अपनी प्रमुख चिंता के बावजूद, डॉ अम्बेडकर ने सामाजिक रूप से वंचित,बहिष्कृत और अन्य वर्गों, समुदायों की चिंताओं की उपेक्षा नहीं की, जैसा कि उनके कथनो से पता चलता है।

डॉ. अम्बेडकर ने परिमाणित किया कि "दलित वर्ग आंदोलन को अन्य समुदायों के मजदूर वर्गों के साथ एक आम मोर्चा बनाना चाहिए। उस उद्देश्य को ध्यान में रखते हुए, मैं दस साल तक गैर-ब्राह्मण पार्टी से इस उम्मीद से जुड़ा रहा कि देर-सबेर यह महान मजदूर वर्ग के मेहनतकश जनता स्वतंत्रता के लिए संघर्ष करने के अपने महान मिशन की उच्चतम ऊंचाई तक पहुंच जाएगी। उस पार्टी में लोकतंत्र के महान सिद्धांतों के बीज थे। इसके नेताओं ने, दुर्भाग्य से, अपने कर्तव्यों और जिम्मेदारियों का एहसास नहीं किया और सरकार और कांग्रेस के संरक्षण के दोहरे प्रभाव में पार्टी को टुकड़ों में तोड़ दिया। अब भी, अगर उन्होंने इस मामले में कुछ किया तो मैं उनका स्वागत करूंगा। मैं इस बात पर बिल्कुल भी जोर नहीं देता कि गैर-ब्राह्मण मेहनतकश जनता हमारी पार्टी में शामिल हो जाए। यदि वे चाहें तो वे अपनी पार्टी बना ले ; लेकिन हम ब्राह्मणों, पूंजीपतियों, जमींदारों और अन्य शोषक वर्गों के खिलाफ अपने आम संघर्ष में शोषकों की बेडियों के खिलाफ एक आम मोर्चा जरूर बना सकते हैं। पार्टी को तोड़कर गैर-ब्राह्मणों ने राजनीतिक आत्महत्या कर ली है।"

प्रबुद्ध भारत समाचार पत्र का प्रकाशन

4 फरवरी 1956 को 'जनता' समाचार पत्र का नाम बदलकर 'प्रबुद्ध भारत' कर दिया गया। डॉ. अम्बेडकर की मृत्यु के बाद भी यह समाचार पत्र प्रकाशित होता रहा। वे इस समाचार पत्र के संपादकीय बोर्ड के अध्यक्ष थे। इसके सह-संपादक श्री आर. डी. भंडारे, श्री बी. सी. कांबले और मुकुंदराव अंबेडकर थे।

'प्रबुद्ध भारत' ने ऐतिहासिक धर्मान्तर का दस्तावेजीकरण किया। नागपुर में डॉ. अम्बेडकर और उनके लगभग पचास लाख अनुयायियों ने बौद्ध धर्म ग्रहण किया। उनका कहना था कि नागपुर को धर्मांतरण के लिए इसलिए चुना गया क्योंकि वही से प्राचीन नागा समुदाय का उदय हुआ था। उन्होंने कहा कि उन्होंने बौद्ध धर्म अपनाकर अपनी पुरानी आस्था को पुनर्जीवित किया है। गरीबों के लिए धर्म महत्वपूर्ण था क्योंकि वे अपना जीवन धार्मिक आस्था में जीते थे। उन्होंने पूरे भारत को प्रबुद्ध भारत में बदलने का भी वादा किया। इसके बावजूद उन्होंने देश के राजनीतिक घटनाक्रम को नजरअंदाज नहीं किया और देश के सभी लोगों के लिए रिपब्लिकन पार्टी ऑफ इंडिया बनाने का वादा किया।

एक पत्रकार के रूप में अंबेडकर की संलिप्तता की जांच करने का प्रयास किया गया था। उन्हें कई मुद्दों,मसले का सामना करना पड़ा क्योंकि वे निम्न सामाजिक स्थिति से आते थे। हालाँकि, उन्होंने किसी को भी अपने विचारों को निर्देशित या प्रभावित करने की अनुमति नहीं दी। वे जो कर रहे थे उन्हें उस पर पूरा भरोसा था। उनके साथ बदसलूकी की गई जिससे उनके परिजनों को बहुत बुरा लगा।कोई भी सभ्य समाज इस तरह के व्यवहार को बर्दाश्त नहीं करेगा। डॉ. अम्बेडकर के अनुसार प्रेस वास्तव में एक मजबूत और उपयुक्त साधन है। नतीजतन, उन्होंने पत्रकारिता को अपनी विभिन्न गतिविधियों में शामिल किया और बाकी दुनिया के ध्यान में दलित वर्गों की दयनीय परिस्थितियों को लाने में प्रभावी रहे, जिनसे वे संबंधित थे।

उन्होंने यह सिद्ध किया कि अनेको बाधाओं के बावजूद, प्रेस लोगों को उनके मुद्दों के बारे में शिक्षित करने और विभिन्न प्रकार की असामाजिक,बुरी ताकतों से लड़ने की आवश्यकता में महत्वपूर्ण भूमिका निभा सकता है। विभिन्न विषयों पर उनके विचार सच्चे, साहसी और प्रेरक थे। वे सभी से गहरा संबंध रखते थे। वे भारतीय समाज की बुराइयों को पूरी दुनिया के सामने साहस के साथ उजागर करना चाहते थे।। वे इसमें काफी हद तक सफल रहे। डॉ. अम्बेडकर कई आंदोलनों, संगठनों और जिम्मेदारियों में सक्रिय थे। तब भी उनका पूरा फोकस पत्रकारिता पर ही था। हालाँकि, उन्होंने समकालीन मुद्दों और दलितों और अन्य पिछड़े वर्गों की प्रासंगिक समस्याओं के बारे में खुलकर लिखा।

डॉ. अम्बेडकर और द्वितीय विश्व युद्ध

डॉ. अम्बेडकर युद्ध के परिणामों के बारे में बहुत चिंतित थे। उनका मानना था कि अगर जर्मन और उनके सहयोगियों ने युद्ध जीत लिया, तो यह भारत के लिए एक बड़ा झटका होगा, जो आजादी की राह पर चल है। यदि वे इस क्षेत्र पर आक्रमण

करते हैं, तो भारतीयों को एक और क्रूर उपनिवेशवादी तानाशाही के खिलाफ लड़ना मुश्किल होगा। उन्होंने 'जनता' अखबार में एक लेख लिखा जिसका शीर्षक "स्वतंत्र लेबर पार्टी का एजेंडा 'युद्ध की ओर' और तर्क दिया कि क्या अन्याय को दूर करने के लिए युद्ध आवश्यक था"

कुछ शर्तों के तहत, 'इंडिपेंडेंट लेबर पार्टी' ने द्वितीय विश्व युद्ध के दौरान अंग्रेजों का समर्थन किया था। डॉ. अम्बेडकर ने केवल उच्च वर्ग के लोगों को नौसेना और वायु सेना के लिए शिक्षित करने की ब्रिटिश नीति पर आपत्ति जताई थी,जिसके बारे में उनका मानना था कि इससे राष्ट्र को खतरा हो सकता है। नतीजतन, उनका मानना था कि "यदि ब्रिटिश लोग लोगों की वफादारी को बढ़ाना चाहते हैं, तो उन्हें ऐसी रणनीति विकसित करनी चाहिए कि सेना में सर्वोच्च पदों को अमीर जाति के लोगों तक सीमित नहीं किया जाना चाहिए, जो वंशानुगत शासन को जन्म दे सकती है।"

तत्कालीन समाचार पत्र सामाजिक रूप से वंचित,उत्पीड़ित लोगों और इनके प्रति सामाजिक न्याय के लिए संघर्ष करने वाले नेताओं के बारे में छापने को तैयार नहीं थे। जिस तरह से ब्राह्मणवादी समाज वंचित,बहिष्कृत, अलग-थलग पड़े उत्पीड़ित लोगों के साथ व्यवहार किया करता था उसी तरह उस समय की भारतीय प्रिंट मीडिया भी वर्ताव करती थी। डॉ.अम्बेडकर अस्पृश्यता को मिटाने की कोशिश कर रहे थे तो उनको प्रिंट मीडिया द्वारा भारतीय समाज के खिलाफ 'भीमासुर' के रूप में चित्रित किया गया था। डॉ. अम्बेडकर ने प्रदर्शित किया है कि उन्हें स्थानन,भाषा के उपयोग और भाषण को कवरेज कम महत्व मिला, बल्कि नकारात्मक रूप से चित्रण किया गया था। डॉ. अम्बेडकर को मीडिया का स्वामित्व और मीडिया की सामाजिक संरचना के बारे में पता था। स्वतंत्रता आंदोलन के दौरान अधिकांश समाचार पत्रों का स्वामित्व कांग्रेसियों और ब्राह्मणवादी सवर्ण हिंदुओं के पास था। ये समाचार पत्र स्पष्ट रूप से हिंदू धर्म और कांग्रेस पार्टी के विरोध में किसी भी राय के खिलाफ थे। जिस प्रकार से वर्तमान में सत्ताधारी पार्टी और सरकार के विरोध में किसी भी राय के खिलाफ में प्रिंट मीडिया और इलेक्ट्रॉनिक मीडिया रहती है। महात्मा गांधी की दांडी यात्रा को सत्याग्रह के रूप में चित्रित करने वाले सामाचार पत्रों ने डॉ अंबेडकर के महाड आंदोलन को सत्याग्रह मानने से इनकार कर दिया था। डॉ. अम्बेडकर ने कांग्रेस समर्थक प्रेस मीडिया पर अपने समाचार और राय प्रकाशित करने का विकल्प चुना। क्योंकि उससे सहमत होना ही काफी नहीं था।

मीडिया संस्थानों को 'सत्ता का बंदीगृह' माना जाता है और इसलिए मुख्य रूप से मार्क्सवादी मीडिया विश्लेषण में समाज के प्रमुख संस्थानों के अनुसार व्यवहार करते हैं। इस प्रकार मीडिया ने प्रमुख संस्थानों के दृष्टिकोण को एक महत्वपूर्ण और 'प्रत्यक्ष

' या 'स्वाभाविक ' दृष्टिकोण के रूप में अनुकरण किया, न कि कुछ विकल्पों में से एक के रूप में। भारतीय अखबारों ने भी ब्राह्मणवादी जाति व्यवस्था के विचारों को अनुकरण करता है। क्योकि वे जाति के पदानुक्रम में सर्वोपरि हैं।

यह भी कहा गया है कि भारतीय मीडिया ने हिंदू समाज में उन सामाजिक रूप से वंचित उत्पीड़ित लोगों को मान्यता नहीं दी जो उस समय बहुसंख्यक थे। भारतीय मीडिया ने केवल कांग्रेस के आंदोलन को ही प्रमुखता देते थे और उसी का रिपोर्टिंग करते और समाचार पत्रों में प्रमुखता से प्रकाशित करते थे। उन्हें गरीबों के जीवन की गुणवत्ता में, सामाजिक रूप से वंचित,बहिष्कृत अछूतो के प्रति हो रही क्रूरता में या डॉ अम्बेडकर की करिश्माई आवाज में कोई दिलचस्पी नहीं थी।

वर्तमान मीडिया का सामाजिक ढांचा चाहे वह प्रिंट मीडिया हो या इलेक्ट्रॉनिक मीडिया हो डॉ. अंबेडकर युग जैसा ही दिखता है, उन्ही के युग जैसा वर्ताव करता है। आधुनिक मीडिया में भी ब्राह्मणवादी विकृति कूट -कूट कर भरी है जो कि भेद-भाव करने में तनिक भी संकोच नही करती है। योगेंद्र यादव (सीएसडीएस), अनिल चमरिया और जितेंद्र कुमार द्वारा संयुक्त रूप से किए गए एक हालिया सर्वेक्षण के अनुसार, भारत के "राष्ट्रीय मीडिया" में सामाजिक विविधता का अभाव है और यह देश की सामाजिक रूपरेखा का प्रतिनिधित्व नहीं करता। इन्होंने यह भी कहा है कि "सामाजिक, आर्थिक रूप से वंचित वर्ग निर्णय लेने वालों के बीच उनकी अनुपस्थिति से सुस्पष्ट हैं। तीन सौ पंद्रह प्रमुख निर्णयकर्ताओं में से एक भी अनुसूचित जाति या अनुसूचित जनजाति से संबंधित नहीं था।"।

डॉ.बी.आर.अम्बेडकर की पत्रकारिता का वर्तमान में महत्व

यह प्रत्यक्ष रूप से स्पष्ट है कि ज्ञान का सामाजिक पदानुक्रमित, चयनात्मक और असमान वितरण प्रेस मीडिया में था और यह तब तक जारी रहेगा जब तक प्रतेक समाज को मीडिया में पर्याप्त स्थान नहीं मिल जाता। डॉ. अम्बेडकर चाहते थे कि इस असमानता को दूर करने के लिए सामाजिक,आर्थिक रूप से वंचित वर्गों के पास अपना स्वयं का समाचार मीडिया हो। उनका मानना था कि सामाजिक और आर्थिक रूप से वंचित वर्गों के सामने आने वाली असमानता से केवल पत्रकारिता ही लड़ सकती है। जिस प्रकार से वर्तमान में बहुत सारी प्रिंट मीडिया, इलेक्ट्रिनिक मीडिया केवल एक विशिष्ट राजनितिक पार्टी विशेष और विशिष्ट वर्ग के लिए ही काम कर रही है जिस प्रकार से कालान्तर में प्रायः सभी प्रिंट मिडिया तत्कालीन कांग्रेस पार्टी के लिए किया करती थी।

डॉ. बी.आर. अम्बेडकर ने इस बात के लिए लोगों को राजी किया कि सामाजिक रूप से वंचित,उत्पीड़ित वर्गों को जागृत और प्रेरित करने के लिए, उन्हें अपने स्वयं के प्रकाशनों की आवश्यकता है। इसी लक्ष्य को ध्यान में रखते हुए उन्होंने 31 जनवरी 1920 को मराठी पाक्षिक 'मूकनायक' का प्रकाशन शुरू किया। "मूकनायक" शब्द का अर्थ है "आवाज़हीनों का नायक"। मूकनायक के उद्धाटन अंक के संपादकीय में, डॉ अम्बेडकर ने कहा, "वर्तमान में हमारे लोगों के साथ जो अन्याय हो रहा है और भविष्य में भी किया जाएगा, उसके खिलाफ उपाय सुझाने के लिए समाचार पत्र से बेहतर कोई साधन नहीं है, और यह भी भविष्य में हमारी प्रगति के तरीकों और साधनों पर चर्चा करेगा।" उसी संपादकीय में उन्होंने लिखा, "हिंदू समाज एक मीनार की तरह है जिसमें बिना सीढ़ी या प्रवेश द्वार के कई मंजिलें हैं। वह व्यक्ति जो निचले वर्ग में पैदा हुआ है, वह ऊपरी वर्ग में प्रवेश नहीं कर सकता, चाहे वह कितना भी योग्य क्यों न हो और जो व्यक्ति ऊपरी वर्ग में पैदा हुआ है, उसे निचले वर्ग में बाहर नहीं निकाला जा सकता है, चाहे वह कितना भी अयोग्य क्यों न हो ... अंतर-भोजन और अंतर-जातीय विवाहों की अनुपस्थिति से उत्पन्न अलगाव ने अस्पृश्य और वंचित, बहिकृत की भावनाओं को इतना बढ़ावा दिया है कि ये वंचित और बहिकृत वर्ग की जातियां, हालांकि हिंदू समाज का एक हिस्सा हैं, वास्तव में अलग दुनिया में रह रही हैं।"

डॉ. अम्बेडकर का दशकों पूर्व का लेखन एक स्थायी तथ्य को अक्षुण्ण रखता है। भारतीय मीडिया चाहे वह प्रिंट मीडिया हो या इलेक्ट्रोनिक मीडिया,एक इकाई के रूप में, जातिवादी पूर्वाग्रहों से भरा हुआ है, और चूंकि उच्च जातियां अपने उच्च स्तरों को नियंत्रित करती हैं, मीडिया असमानता के बारे में खबरों को प्रायः अनदेखा कर देता है। मीडिया कर्मियों के सामाजिक इतिहास का समाचार चयन और प्रस्तुतिकरण पर महत्वपूर्ण प्रभाव पड़ता है। यह स्पष्ट है कि ज्ञान का एकतरफा, आग्रहपूर्ण और असंतुलित वितरण तब तक जारी रहेगा जब तक समाज के हर वर्ग का मीडिया में पर्याप्त प्रतिनिधित्व नहीं हो जाता। डॉ. अम्बेडकर चाहते थे कि सामाजिक रूप से वंचित वर्ग के पास इस असमानता का मुकाबला करने के लिए अपने स्वयं के मीडिया आउटलेट हों यानि एक बाजार हो जहा इस वर्ग को भी प्रधानता मिले। उनका मानना था कि देश में वंचित वर्गों के सामने आने वाली असमानता से अकेले पत्रकारिता ही लड़ सकती है।

डॉ. अम्बेडकर इस विषय पर मुखर थे। उन्होंने मूकनायक के 14 अगस्त 1920 के अंक में लिखा, "कुत्ते और बिल्लियाँ सामाजिक वंचित,बहिष्कृत लोगो का बचा हुआ खाना खाते हैं; वे उनके शिशुओं का मुँह भी चाटते हैं। जब ये कुत्ते और बिल्लियाँ

ब्राह्मणवादी लोगों के घरों में जाते हैं, तो वे उन्हें अपवित्र नहीं करते हैं। वे इन प्राणियों को छूते और गले लगाते हैं। इन जीव और जानवरों का उनकी थालियों में मुंह डालने पर ब्राह्मणवाद के रचनाकारों को कोई आपत्ति नहीं है। हालांकि, अगर कोई इस वर्ग का व्यक्ति काम के लिए उनके घर आता है और बाहर खड़ा होता है, तो घर का मालिक उस पर चिल्लाता है, "दूर रहो, बच्चे के मल को डंप करने के लिए 'खापड़ा', मिट्टी की खपरैल रखी है। अब तुम उसे भी छूने जा रहे हो?" वर्तमान में भी ये हृदयविदारक पंक्तिया भारतीय समाज को आईना दिखाने का काम करती हैं। ये परेशान करने वाली पंक्तिया अब भी ब्राह्मणवादी हिन्दू भारतीय समाज का प्रतिनिधित्व करती हैं।

यह स्पष्ट है कि ज्ञान का एकतरफा, पांडित्यभिमानी और असंतुलित रूप से तब तक दिया जायेगा जब तक कि समाज के हर वर्ग का मीडिया में पर्याप्त प्रतिनिधित्व नहीं हो जाता। डॉ. अम्बेडकर इस असमानता को दूर करने के लिए सामाजिक-आर्थिक रूप से वंचित वर्गों के पास उनके अपने स्वयं के मीडिया आउटलेट के बारे में चाहत थी। उनका सोच था कि इन वर्गों के प्रति हो रहे अन्याय का मुकाबला पत्रकरिता और मीडिया ही कर सकती है।

डॉ. अम्बेडकर ने कालांतर में जो कुछ भी समझा, अनुभव किया और लिखा, वह आज भी एक कटु सत्य है। मीडिया, एक संगठन के रूप में, जातिवादी पूर्वाग्रहों से भरा हुआ है, और चूंकि ब्राह्मणवाद की उच्च जाति की सामाजिक पदानुक्रमित व्यवस्था अपने उच्च सोपानों पर हावी है, इसलिए यह अक्सर अन्याय की खबरों की अनदेखी करती है। पत्रकारों के सामाजिक इतिहास का उनके द्वारा चुनी गई और प्रस्तुत की जाने वाली खबरों पर बड़ा प्रभाव पड़ता है। यह स्पष्ट है कि ज्ञान का एकतरफा, आग्रहपूर्ण और असंतुलित वितरण तब तक जारी रहेगा जब तक कि समाज के हर वर्ग का मीडिया में पर्याप्त प्रतिनिधित्व नहीं हो जाता।

डॉ. अम्बेडकर ने न केवल मीडिया, बल्कि जीवन के सभी क्षेत्रों में सामाजिक आर्थिक रूप से वंचित वर्गों को समान रूप से शामिल करने का आह्वान किया। 28 फरवरी, 1920 को मूकनायक के तीसरे अंक में प्रकाशित 'दिस इज नाट सेल्फ रुल बट रुल ओवर अस ' शीर्षक से संपादकीय में उन्होंने स्पष्ट रूप से कहा कि यदि स्वराज पारित हुआ, तो सामाजिक रूप से वंचित वर्गों को इसमें अपनी बात रखनी चाहिए। डॉ. अम्बेडकर स्वराज पर विचार करते रहे। 27 मार्च, 1920 के मूकनायक के पांचवें अंक के संपादकीय का शीर्षक था 'अवर एसेंट टू स्वराज,इट्स एविडेंस एंड मेथड', इस विशेष संपादकीय में, डॉ. अम्बेडकर ने निम्नलिखित बिंदु रखे:

"भविष्य का भारतीय राज्य सत्तावादी या संवैधानिक नहीं होगा बल्कि जन प्रतिनिधियों द्वारा शासित होगा। नतीजतन, स्वतंत्रता के लिए वोट के अधिकार को व्यापक बनाना और जाति-आधारित प्रतिनिधित्व प्रदान करना महत्वपूर्ण है। हिंदू धर्म में, ब्राह्मणवाद द्वारा अधिग्रहित, कुछ जातियों को उच्च और सर्वोच्च के रूप में वर्गीकृत किया जाता है, जबकि अन्य को निम्न और अपवित्र माना जाता है। निम्न जाति के लोग जिनमें आत्मसम्मान की कमी होती है, वे उच्च जातियों को पूजा के योग्य मानते हैं, जबकि अनैतिक उच्च जाति के सदस्य निचली जातियों को नीच और घृणा योग्य मानते हैं। हालांकि ब्राह्मणवाद उच्च जाति के मतदाता सामाजिक रूप से वंचित वर्ग के उम्मीदवार को वोट नहीं देंगे क्योंकि उन्हें निचली जाति माना जाता है और यही वंचित, बहिष्कृत जातियां ब्राह्मणवाद के उच्च जाति के उम्मीदवारों के चरणों में पड़ते और उनके पीछे -पीछे चलते हैं, इसे इन जातियों की सेवा करने का एक सुनहरा अवसर माना जाता है। यदि सार्वभौमिक मताधिकार लागू किया जाता है, तो चुनावी संरचना को प्रत्येक जाति के जनसंख्या अनुपात के आधार पर जाति-आधारित प्रतिनिधित्व सुनिश्चित करना चाहिए। यदि स्वतंत्रता की स्थापना की जाती है, तो सभी जातियों को स्वशासन में भाग लेना चाहिए ताकि स्वतंत्रता ब्राह्मणवादी शासन में न बदल जाए।"

डॉ. अम्बेडकर ने 'मूकनायक' के लिए कुल मिलाकर लगभग चालीस लेख लिखे, जिनमें इसके शुरुआती मुद्दों में एक दर्जन संपादकीय शामिल थे। वे जातिवाद के मुखर आलोचक भी थे। डॉ. अम्बेडकर और इसके दूसरे प्रकाशक, ध्रुवनाथ घोलप के बीच असहमति के कारण अप्रैल 1923 में मूकनायक को बंद कर दिया गया था। डॉ. अम्बेडकर ने अपना दूसरा मराठी पाक्षिक, बहिष्कृत भारत, चार साल बाद, 3 अप्रैल 1927 को प्रकाशित किया, और यह सन् 1929 तक छपता रहा। डॉ. अम्बेडकर सामाजिक रूप से वंचित बहिष्कृत लोगो की खामियों से अच्छी तरह वाकिफ थे और उनकी आलोचना करने में संकोच नहीं करते थे।

उन्होंने 22 अप्रैल 1927 को बहिष्कृत भारत के दूसरे अंक के संपादकीय में लिखा: "यदि आचरण और विचार शुद्ध नहीं होंगे; वंचित,बहिष्कृत समुदाय में जागृति और प्रगति के बीज कभी अंकुरित नहीं होंगे। वर्तमान पथरीली, बंजर मनःस्थिति से कुछ भी अंकुरित नहीं हो सकता। इसलिए संस्कारी बनने के लिए पढ़ने-लिखने की आदत डालनी चाहिए।" डॉ. अम्बेडकर ने आलोचनात्मक सोच के महत्व पर प्रकाश डालने के अलावा, इन जातियों के लिए आरक्षण की मुखर वकालत भी की थी। उन्होंने बहिष्कृत भारत के चौथे अंक दिनांक 20 मई 1927 के संपादकीय में लिखा कि प्रगतिशील लोगो को इस तथ्य को स्वीकार करने में कोई समस्या नहीं है कि

पिछड़े वर्ग को आगे बढ़ाने के लिए सरकारी नौकरी में पिछड़े वर्ग को प्राथमिकता दी जानी चाहिए, लेकिन यदि धन के देवता कुबेर द्वारा अपनी संपत्ति को सभी में समान रूप से बांटने का मामला सामने आता है, यहां तक कि प्रगतिवादी भी इस बात पर विश्वास नहीं करेंगे कि अति-अछूत जाति को भी उनका हिस्सा मिले और वह ऐसा करेंगे।

डॉ. अम्बेडकर ने 'आजकल के प्रश्न' कॉलम में, 'बहिष्कृत भारत' के दिनांक 3 जून 1927 के पांचवें अंक में एडिनबर्ग में भारतीय छात्रों के प्रति पूर्वाग्रह का कड़ा जवाब दिया। उन्होंने कहा, "जो लोग पढ़ने के लिए इंग्लैंड जाते हैं, वे उसके बेटे हैं जो धनी है। उनके लिए, पढ़ाई बस खेल है और उनके लिए अत्यधिक सहानुभूति रखने का कोई जरूरत नहीं है। जातिगत भेदभाव से जीने वालों द्वारा की गई जातिगत भेदभाव की शिकायतों से कौन चिंतित होगा? वे स्वयं जातिगत भेदभाव में इतने डूबे हुए हैं कि किसी भी संसथान में वंचित,बहिकृत वर्गों के लिए कोई स्थान नहीं दिया गया है।"

डॉ. अम्बेडकर ने 'बहिष्कृत भारत'के चौथे भाग में 'महार्स एंड देयर कंट्री' शीर्षक से एक लेख संपादकीय में प्रकाशित किया। 23 दिसंबर 1927 के बहिष्कृत भारत के संपादकीय का शीर्षक 'वंचित बहिकृत वर्ग के विकास का आधार' है। संक्षेप में, उनकी पत्रकारिता सामाजिक रूप से बहिष्कृत लोगों की उन्नति और विकास की लड़ाई के लिए समर्पित थी।

उन्होंने सन् 1928 में समता नामक एक और पाक्षिक प्रकाशित किया। बाद में, इसका नाम बदलकर 'जनता' कर दिया गया और सन् 1954 में इसका नाम बदलकर 'प्रबुद्ध भारत' कर दिया गया। उस समय तक यह साप्ताहिक पत्रिका हो गया था। इसके सभी शीर्षक के नीचे 'डॉ अम्बेडकर द्वारा स्थापित' पंक्ति दिखाई दी - "बुद्धम शरणं गच्छामि, धम्मम शरणं गच्छामि, संघम शरणं गच्छामि," साप्ताहिक वाक्यांश के तहत लिखा गया था।'

'मूकनायक', 'बहिष्कृत भारत' और 'समता' समाचार पत्रों में डॉ. अम्बेडकर की तीक्ष्ण तथा जोरदार संपादकीय टिप्पणियों को ब्राह्मणवाद और भारतीय सामाजिक व्यवस्था के साथ उनके संघर्ष के प्रमाण के रूप में उद्धृत किया जा सकता है। डॉ. अम्बेडकर पर्यवेक्षक बनकर खुश नहीं थे। वह एक हस्तक्षेपवादी थे जो सामाजिक, आर्थिक और धार्मिक व्यवस्था में सुधार की तलाश में थे। हालांकि उन्होंने आस्था, जाति और पदानुक्रम व्यवस्था की विसंगतियों की गहराई से जांच- पड़ताल की, उन्होंने उस सामाजिक व्यवस्था की भी बारीकी से जांच -पड़ताल की जिसके तहत

वे कार्य करते थे। इसलिए जाति-पदानुक्रमित संरचना का उनका आकलन इतना सटीक और विश्वसनीय और मूल्यवान है। क्योंकि यह पूरे परिवेश और परिस्थिति पर विचार करता है जिसमें जाति व्यवस्था संचालित होती है और सभी प्रासंगिक मुद्दों को उठाती है।

डॉ. अम्बेडकर के लेखन आज भी उतने ही महत्वपूर्ण और प्रेरक और प्रासंगिक हैं जितने पहले हुआ करते थे। उनकी पत्रकारिता हमें बताती है कि हमें समाज को जाति, जाति पदानुक्रम, वर्ग, लिंग और क्षेत्रीय विभाजन के शोषक सार के बारे में जागरूक करने और उनके द्वारा पैदा किए गए पूर्वाग्रहों से मुक्त करने का प्रयास करने के लिए खुलकर काम करना चाहिए। साथ ही हमें लोगों को पूर्वाग्रहों के खिलाफ लड़ने के लिए शिक्षित करना चाहिए।

* * * * * * * * * * * * *

अध्याय-सात

डॉ.बी.आर. अम्बेडकर एक महान धर्म परिवर्तनकारी नायक

"जन्म से कोई भी व्यक्ति याजक या बहिष्कृत नहीं होता है । व्यक्ति का व्यवहार और ज्ञान उसको याजक या बहिष्कृत बनाता है ।"

डॉ.बी.आर. अम्बेडकर एक महान धर्म परिवर्तनकारी नायक

"सत्य को सत्य और असत्य को असत्य के रूप में जाना जाता है।"

"हम जानवर थे और अब भी हैं, लेकिन खतरनाक वाले। अगर लोग हमारे साथ खिलवाड़ करना चाहते हैं, तो हम जानते हैं कि इससे कैसे निपटना है। हम इन्हें कच्चा भी खा सकते हैं। हम गुस्से में हैं और हमारे अंदर का गुस्सा अतुलनीय है। भारत के मूल निवासी अधिसंख्यक के मसीहा बाबासाहेब डॉ. भीम राव रामजी अम्बेडकर एक ऐसे व्यक्ति थे, जिन्होंने मानवता के लिए सही मार्ग खोजा-यह मानव मुक्ति है-बुद्ध का मार्ग। उन्हें निज़ाम ने इस्लाम में धर्मांतरण के लिए लाखों उपहार का पेशकश किया था। सिख अपनी मांगों के साथ आए। कैथोलिक भी कतार में थे। लेकिन उनके लिए, बुद्ध ही थे जो मानवकृत हो सकते थे। हमें मानवीकृत करने के लिए और मनुष्यों को मानव और समानता के रूप में पहचानने के लिए हमारे पास बुद्ध के अलावा कोई अन्य विकल्प नहीं है।" -साहिब राव येरेकर

डॉ.बी.आर.अम्बेडकर का जन्म तत्कालीन धार्मिक और सामाजिक रूप से वंचित,बहिष्कृत और हिंदू धर्म के अनुयायी दलित वर्ग में हुआ था। उन्होंने अपने जीवन में सभी प्रकार के धार्मिक,सामाजिक,आर्थिक दुखों का अनुभव किया। उन्होंने वंचित बहिकृत मूल निवासियों मे अवसाद, अपमान को महसूस किया और उनकी भलाई, कल्याण और खुशी के लिए भरसक और दृढता से प्रयत्न भी किया। उन्हें अपने जीवन में महसूस हुआ कि हिंदू धर्म यानी ब्राह्मणवाद उनके प्रति दुर्व्यवहार और कुप्रथा,दुस्प्रयोग का मुख्य कारण है, इसमें बदलाव लाने की कोशिश किये। उन्होंने यह भी जानने और समझाने कि कोशिश किया कि क्या धर्म हमारे लिए आवश्यक है और क्या कोई ऐसा धर्म है जो प्रतेक मानव को मानव की तरह समान व्यवहार और वर्ताव करता है, अपने अथक प्रयासों और शोधों से उन्होंने इस निष्कर्ष पर पहुचे कि बौद्ध धर्म सामाजिक वंचित,बहिष्कृत वर्गों के लिए उपयुक्त है और अंत में लाखों धार्मिक और सामाजिक वंचित,बहिकृत, दलित लोगों के साथ खुद भी बौद्ध धर्म ग्रहण कर लिया। इस बारे में एक गंभीर सवाल है कि डॉ. अम्बेडकर बौद्ध धर्म

को क्यों अपनाना चाहते थे, उन्होंने नागपुर में धर्मांतरण का फैसला क्यों किया? उन्होंने निष्पक्ष रूप से नहीं, बल्कि मुख्य रूप से भारत के मूल निवासी सामाजिक रूप से वंचित, बहिकृत दलित वर्ग के साथ - साथ अन्य वर्गों के जीवन और जीवन शैली को बदल दिया।

डॉ.अम्बेडकर ने वर्षों पहले हिन्दू धर्म के प्रति अपने विश्वास, धर्म, श्रद्धा को बदलने के लिए निर्णय ले चुके थे,जिसे उन्होंने "स्वतंत्रता के लिए खतरा" कहा था। वे उस जाति व्यवस्था को त्यागने की कोशिश कर रहे थे जिसे हिंदू धर्म प्रचारित करता है। वे इस विश्वास से अप्रसन्न थे कि ब्राह्मणवादी हिंदू धर्म वर्ण व्यवस्था का एक अभिन्न अंग है। उन्होंने लोगों को अपनी जोरदार वक्तव्य में कहा कि मूल निवासियों और सामाजिक रूप से दलित एवं अन्य वर्गों के लिए जाति व्यवस्था को अस्वीकार करने के लिए धर्मांतरण ही एकमात्र तरीका है।

डॉ. अम्बेडकर ने महार समुदाय को संबोधित किया। उस समय मुंबई में अन्त्यज माने जाने वाले सामाजिक रूप से बहिष्कृत और वंचित समुदाय का एक वर्ग को बौद्ध धर्म में परिवर्तित होने के अपने निर्णय के बारे में बताया। उन्होंने लंबे समय तक अपने प्रभावशाली भाषण में आग्रह किया: "धर्म मनुष्य के लिए है, न कि मनुष्य धर्म के लिए। मानव अपने अच्छे वर्ताव करने के लिए स्वयं को परिवर्तित करें,संगठित होने के लिए अपने में आवश्यक बदलाव लाये, मजबूत बनने के लिए अपने में बदलाव लाये, समानता हासिल करने के लिए अपने में बदलाव लाये, स्वतंत्रता प्राप्त करने के लिए स्वयं को परिवर्तित करें, धर्म परिवर्तन करें ताकि आपका गृहस्थ जीवन सुखी हो।"

डॉ. अंबेडकर लंबे समय से हिंदू धर्म के आलोचक रहे थे और मानते थे कि यह अंग्रेजों की तुलना में ब्राह्मणवादी हिन्दू धर्म भारतीय समाज के लिए बहुत बड़ा खतरा है। मई 1936 में, उन्होंने कहा था: "मैं आप सभी को विशेष रूप से बताता हूं, धर्म मनुष्य के लिए है न कि मनुष्य धर्म के लिए। मानव जैसा व्यवहार और सम्मान पाने के लिए, आप अपने आप को परिवर्तित करें।

उन्होंने यह भी कहा: "एक धर्म, जिसमें मनुष्य का मनुष्य के प्रति एक समान मानवीय व्यवहार निषिद्ध है, वह धर्म नहीं है, बल्कि बल,शक्ति का प्रदर्शन है। एक धर्म जो मनुष्य को मनुष्य के रूप में नहीं पहचानता वह धर्म नहीं बल्कि एक बीमारी है। जिस धर्म में जानवरों के स्पर्श की अनुमति है, लेकिन मनुष्यों के स्पर्श की मनाही है, वह धर्म नहीं है, बल्कि एक उपहास है। एक धर्म जो कुछ वर्गों को शिक्षा से रोकता है, उन्हें धन संचय करने और हथियार रखने से मना करता है, वह

धर्म नहीं बल्कि मनुष्य का उपहास है। जो धर्म अज्ञानी को अज्ञानी और गरीब को गरीब होने के लिए मजबूर करता है, वह धर्म नहीं बल्कि सजा है।"

डॉ. बी.आर.अम्बेडकर एक धार्मिक व्यक्ति थे, लेकिन धर्म के नाम पर उन्हें पाखंड पसंद नहीं था। उनके लिए धर्म अध्यात्म था। धर्म का प्रभाव उनके द्वारा व्यक्त और अनुभव किया गया था। उनके अनुसार, एक धर्म, जैसे चरित्र, व्यवहार, प्रतिक्रिया, पसंद और नफरत, प्रत्येक व्यक्ति के जीवन को प्रभावित करता है। उन्हें ब्राह्मणवादी हिंदू धर्म गहरा और कड़वा अनुभव था और उन्होंने जाति व्यवस्था की कड़वाहट का भी अनुभव किया था तथा उसकी आलोचना भी किया करते थे। इस प्रकार,उन्होंने हिंदू धर्म का विरोध किया और भारत के मूल निवासियों, सामाजिक रूप से वंचित, बहिकृत वर्गों के मुद्दों के धार्मिक समाधान के रूप में बौद्ध धर्म को स्वीकार किया। उन्होंने इस्लाम, सिख और ईसाई धर्म का नकार दिया, दो कारणों से बौद्ध धर्म को प्राथमिकता दी। सबसे पहले, बौद्ध धर्म की उत्पत्ति भारतीय देश में हुई है, दूसरी बात यह है कि नैतिकता, आचार विचार, शिक्षा में समानता का भाव तथा धर्म में जाति व्यवस्था के लिए कोई जगह नहीं है। उन्होंने उन लोगों के लिए दीक्षा की सिफारिश की जो बौद्ध धर्म को अपनाना चाहते थे।

उन्होंने भारत मूल निवासी दलित, उत्पीड़ित और वंचित वर्गों के जीवन में एक महत्वपूर्ण क्रांति लाई। उन्होंने बौध्य धर्म की दीक्षा और सपथ ली ताकि ब्राह्मणवादी हिंदू धर्म के साथ संबंध पूरी तरह से विच्छेद किया जा सके। ये सभी हिंदू धर्म के मूल्यों और परंपराओं की नींव पर आघात करती हैं; बौद्ध धर्म गलत फहमी और अंतर्विरोधों से बचाने के लिए एक कवच के रूप में काम करता है। ये शपथ धर्मान्तरित लोगों को अंधविश्वासों और अनावश्यक और व्यर्थ अनुष्ठानों से मुक्त कर सकती थी, जो व्यापक रूप से गरीबी और हिंदुओं की उच्च जातियों के संवर्धन में योगदान करते थे। इस प्रकार से बाईस प्रसिद्ध शपथो का जिक्र किया गया है जो इस प्रकार है-

"मुझे ब्रह्मा, विष्णु और महेश में कोई विश्वास नहीं होगा और न ही मैं उनकी पूजा करूंगा। मुझे राम और कृष्ण में कोई विश्वास नहीं होगा, उन्हें भगवान का अवतार नहीं मानूगा और न ही मैं उनकी पूजा करूंगा। मैं 'गौरी', गणपति और हिंदुओं के अन्य देवी-देवताओं में कोई विश्वास नहीं करूगा और न ही मैं उनकी पूजा करूंगा। मैं भगवान के अवतार में विश्वास नहीं करता। मैं नहीं मानता और न मानूंगा कि भगवान बुद्ध विष्णु के अवतार थे। मैं इसे सरासर पागलपन और झूठा प्रचार मानता हूं। मैं 'श्राद्ध ' नहीं करूंगा और न ही मैं 'पिंड-दान' दूंगा।मैं बुद्ध के सिद्धांतों और शिक्षाओं का उल्लंघन करने वाले तरीके से कार्य नहीं करूंगा। मैं ब्राह्मणवाद के

निर्माताओं द्वारा किसी भी समारोह को करने की अनुमति नहीं दूंगा। मैं मनुष्य की समानता में विश्वास करूंगा। मैं समानता स्थापित करने का प्रयास करूंगा। मैं 'बुद्ध के महान अष्टांगिक मार्ग' का अनुसरण करूंगा। मैं बुद्ध द्वारा निर्धारित 'परमिताओं' का पालन करूंगा। मैं सभी जीवों पर दया और करुणा करूंगा और उनकी रक्षा करूंगा। मैं चोरी नहीं करूंगा। मैं झूठ नहीं बोलूंगा। मैं शारीरिक पाप नहीं करूंगा। मैं शराब, नशीले पदार्थ आदि का सेवन नहीं करूंगा। मैं महान अष्टांगिक मार्ग पर चलने का प्रयास करूंगा और रोजमर्रा के जीवन में करुणा और प्रेम –कृपा का अभ्यास करूंगा। मैं हिंदू धर्म का त्याग करता हूं जो मानवता के लिए हानिकारक है और जो मानवता की उन्नति और विकास में बाधा डालता है क्योंकि यह असमानता पर आधारित है, और बौद्ध धर्म को अपना धर्म मानता हूं। मेरा दृढ़ विश्वास है कि बुद्ध का धम्म ही सच्चा धर्म है। मुझे विश्वास है कि मेरा पुनर्जन्म हो रहा है। मैं सत्यनिष्ठा से घोषणा करता हूं और पुष्टि करता हूं कि मैं इसके बाद बुद्ध और उनके धम्म के सिद्धांतों और शिक्षाओं के अनुसार अपना जीवन व्यतीत करूंगा "।

भारत के मूल निवासियो,सामाजिक रूप से बहिष्कृत और वंचित वर्गों के खिलाफ उच्च वर्ग के हिंदू लोगों की बर्बरता बढ़ती रही। डॉ. अम्बेडकर द्वारा सुरक्षित किए गए राजनीतिक अधिकार तत्कालीन कांग्रेस द्वारा धोखे से छीन लिए गए। वे इस निष्कर्ष पर पहुंचे कि उच्च जाति के हिंदुओं से न्याय की अपेक्षा करना व्यर्थ है। इसलिए उन्होंने सन् 1935 में आत्म-सम्मान और आत्म-विकास में परिवर्तन की घोषणा की। धर्म परिवर्तन की अपील डॉ अम्बेडकर द्वारा की गई और इसे जनता समाचार पत्र में विस्तार से प्रकाशित किया गया।

डॉ. अम्बेडकर को धर्म के प्रति बहुत लगाव था लेकिन उन्होंने धर्म के नाम पर पाखंड की बहुत कड़ी आलोचना किया करते थे जो समाज और देश के विकाश में अवरोध पैदा करता है। चूंकि हिंदू धर्म का अर्थ है ब्राह्मणवाद श्रेणीकृत और वर्गीकृत असमानता के अवधारणा,अमानवियता, और मनुष्य का मनुष्य के प्रति घृणा एवं द्वेषपूर्ण अलगाव वाद की शिक्षा और सिद्धांतों की वकालत करना। यह अमानवीयता और शातिरता का प्रचार करता है। उन्होंने हिंदू धर्म की कड़ी आलोचना की और कहा कि हिंदू धर्म एक धर्म नहीं है बल्कि एक राजनीतिक विचारधारा है जो अधिकांश लोगों को मानसिक गुलामी में रखने के लिए है। हिंदू धर्म ने नैतिकता और प्रेम–कृपा की शिक्षा नहीं देता है कि एक उच्चश्रेणी के व्यक्ति को दूसरों के साथ कैसा व्यवहार करना चाहिए। यह धर्म हमेशा पुरुष से पुरुष, पुरुष से महिला और जाति से जाति प्रति पक्षपाती रहा है।

डॉ. अम्बेडकर ने संत कबीर, संतशिरोमणि रविदास, महात्मा ज्योतिबा फुले, छत्रपति शाहूजी महाराजा और भगवान बुद्ध जैसे महान लोगों के मार्ग को अपनाया और उनके सिद्धांतों का पालन किया, जिन्होंने वेदों की सर्वोच्चता, चतुर्वर्ण की प्रणाली और भगवान का अवधारणा को स्वीकार नहीं किया था। उन्होंने जाति व्यवस्था के उन्मूलन और अस्पृश्यता के प्रति तथाकथित राष्ट्रीय नेता के रवैये का असली चेहरा उजागर किया। उन्होंने सामाजिक वंचित, बहिकृत मूल निवासी वर्ग के लोगो के प्रति उनके रवैये के लिए उनकी कड़ी आलोचना किया है।

डॉ.अम्बेडकर सामाजिक रूप से वंचित वर्ग के लोगों से पूछते और सलाह देते हैं "आप एक ऐसे धर्म में क्यों जी रहे हैं जो आप को एक इंसान के रूप में नहीं मानता है? आप उस धर्म के अनुयायी क्यों हैं जो आपको मंदिर में प्रवेश करने से मना करता है? आप ऐसे धर्म में क्यों रहते हैं जो आपको सार्वजनिक कुएं से पीने का पानी लेने से रोकता है? आप उस धर्म में क्यों रहते हैं जो नौकरी पाने के अवरोध प्रदान करता है? आप ऐसे धर्म में क्यों रहते हैं जो हर कदम पर आपका अपमान करता है?"

डॉ बी आर अम्बेडकर और बौद्ध धर्म

डॉ. अम्बेडकर भारतीय संविधान के विधि विधाता रहे हैं। वे जानते थे कि बौद्ध धर्म सामाजिक, राजनीतिक और धार्मिक समस्याओं को हल करने में मदद करेगा। बुद्ध की तर्कसंगत, तार्किक और वैज्ञानिक अवधारणा एवं शिक्षा ब्राह्मणवाद की निरक्षरता, अंधविश्वास प्रणाली की जड़ को हिलाकर रख देगी। बौद्ध धर्म के मूल्यों ने मनुष्यता के जीवन में महत्वपूर्ण भूमिका निभाई। बुद्ध ने ईश्वर को मिथ्या मना है। उन्होंने वेदो की कड़ी आलोचना की क्योंकि ब्राह्मणवाद के रचयिता ने मिथक की रचना है जो यह कहता है कि वेद एक ऐसा ग्रंथ है जो ईश्वर द्वारा प्रदत्त हुआ है और इसलिए किसी को भी वेदों के सार के बारे में प्रश्न पूछने का अधिकार नहीं है।

वेदों की दृष्टि में मानव मानव एक समान नहीं हैं, और बुद्ध ने कहा कि सभी मानव अभिन्न और समान हैं। बौद्ध धर्म में प्रत्येक व्यक्ति को अपनी पसंद से अपना पेशा चुनने की स्वतंत्रता है। इस बुद्ध उपदेश ने एक आधुनिक, राजनीतिक व्यवस्था को जन्म दिया जिसका अर्थ है एक लोकतांत्रिक व्यवस्था। बुद्ध वंशानुक्रम के नियम की निंदा करते हैं। यह गलत नहीं होगा; इसलिए, यदि आप दावा करते हैं कि फ्रांसीसी क्रांति के परिणाम के बारे में कुछ लोगों के दृष्टिकोण के बजाय लोकतंत्र का विचार भारतीय संस्कृति में उत्पन्न हुआ है। डॉ.अम्बेडकर का गहरा विश्वास था कि भारतीयों को सामाजिक लोकतंत्र की आवश्यकता है।

डॉ. अम्बेडकर समानता, स्वतंत्रता और बंधुत्व के बारे में चिंतित थे। उनका विचार था कि यह सामाजिक और धार्मिक व्यवस्था का आधार होना चाहिए। धर्म सिद्धांतों पर आधारित लोकतंत्र के अस्तित्व के लिए जरूरी है। वे आधुनिक विचारों में विश्वास करते थे क्योंकि वैज्ञानिक प्रकृति, तर्क और तर्कसंगतता भारत की सामाजिक-धार्मिक समस्याओं को हल करने के लिए मुख्य अवयव हैं। उन्होंने अंधविश्वास और पाखंड के साथ धर्म के नाम को खारिज कर दिया और स्वीकार किया कि हिंदू धर्म एक आदर्श धर्म नहीं था और न है, बल्कि अधिकांश लोगों को मानसिक गुलामी में रखने का राजनीतिक दर्शन रहा है।इस धर्म के अनुयायी हमेशा चातुर्वर्ण श्रेणी में एक विशेष वर्ग द्वारा धार्मिक जंजीर की गुलामी में बुरी तरह से जकड़ें रहेंगे। जिसके कारण किसी का भी किसी भी प्रकार का विकाश असंभव होगा।

उन्होंने ईसाई धर्म को भी खारिज कर दिया क्योंकि " ईसाई धर्म भी भारत में विभेद और जातियों से नहीं बच सका है "। वे शायद जानते थे कि सामाजिक रूप से वंचित वर्गों के ईसाई धर्म में परिवर्तन से उनकी सामाजिक स्थिति पर कोई फर्क नहीं पड़ेगा। इसलिए उन्होंने अन्य धर्मों को खारिज कर दिया और बौद्ध धर्म को चुना। सन् 1935 में उन्होंने हिंदू धर्म को बौद्ध धर्म में बदलने के अपने इरादे का खुलासा किया। फिर भी, अगले बीस वर्षों के लिए, वे एक हिंदू बने रहे, अध्ययन किया और फिर बौद्ध धर्म का पालन करना शुरू किया, और अपनी मृत्यु से कुछ सप्ताह पहले नव-बौद्ध धर्म यानि नवयान को अपनाया। नवायना का अर्थ है 'नया पन ' और डॉ. बी.आर. अम्बेडकर जो भारत के औपनिवेशिक युग के दौरान भारत के मूल निवासी और सामाजिक रूप से वंचित, बहिकृत परिवार में पैदा हुए थे।

जब से डॉ. अम्बेडकर ने बौद्ध धर्म स्वीकार किया है, महायान बौद्ध धर्म की शुरुआत हुई। 14 और 15 अक्टूबर 1956 को भारत के मूल निवासी,सामाजिक रूप वंचित,बहिकृत वर्गों के आलावा अन्य वर्गों के लाखों लोग हिंदू से नवायन में परिवर्तित हो गए। तब से हर साल चौदह अक्टूबर को दीक्षाभूमि, नागपुर में धम्मचक्र प्रवर्तन दिवस के रूप में मनाया जाता है, जहाँ पर यह दोहराया जाता कि "मैं बुद्ध की शिक्षाएँ को अंगीकार, स्वीकार करूंगा और उसका पालन करूंगा।"

जाति व्यवस्था के बारे में व्यक्तिगत बौद्ध दृष्टिकोण और ज्ञान प्राप्त करने की उपेक्षा ने भारत के पिछड़े वर्ग, दलित जातियों के लोगों को आकर्षित किया। बौद्ध धर्म के अनुयायों को महसूस हुआ कि व्यक्ति इस जीवन में ज्ञान इसी धर्म में प्राप्त कर सकता है और जाति को पिछले जन्म के कर्मों की सजा नहीं मानते हैं। धम्म बौद्ध दर्शन की बात करता है और इसे ज्यादातर "बुद्ध की शिक्षा" के रूप में लिया जाता है। यह बौद्धों को नेक मार्ग का अनुसरण करने और ध्यान करने में मदद करता है।

बुद्ध के सहज मार्ग

बौद्धों के लिए बुद्ध के बुनियादी पद्धति कर्म निम्नलिखित हैं: तीन सार्वभौमिक सत्य; चार आर्य सत्य; और नोबल अष्टांगिक पथ।

तीन सार्वभौमिक सत्य - अन्निका (अस्थायीता), दुक्का (पीड़ा) और अनात्त (कोई स्व नहीं) हैं। इन नियमों या सत्यों में न केवल मानवीय समस्याएं बल्कि हमारे आसपास की दुनिया और ब्रह्मांड को स्पष्ट किया गया है। जब बुद्ध एक दिन एक पेड़ के नीचे बैठे ध्यान में थे,तो उन्हें सत्य का ज्ञान हुआ। उन्होंने अपने चारों ओर जीवन का चक्र देखा। सब कुछ प्यारा लग रहा था, फूल खिल रहे थे और सूरज की किरणें पत्तों से टकरा रही थी। फिर भी इस तरह के जीवन और सुंदरता के बीच बहुत दर्द था। उन्होने देखा कि एक किसान बैल को पीट रहा है, एक कबूतर कीड़ा खा रहा है और एक चील कबूतर को खा रही है। वे सवाल करते है कि भोजन के लिए जीवन को क्यों समाप्त करना चाहिए। बुद्ध को अपने ध्यान के माध्यम से तीन सार्वभौमिक सत्यों की अनुभूति हुई और उसमे में महारत हासिल की।

अन्निका निराधार है और निर्दिष्ट करती है कि जीवन में सब कुछ बदल रहा है। ऋतु परिवर्तन के साथ मेरा नया जीवन बदल रहा है। वसंत ऋतु में पतझड़ आता है। शरद ऋतु में पत्तियाँ लाल और नारंगी हो जाती हैं; सर्दियों में, सब कुछ हरा हो जाता है, और पृथ्वी सोती है। चूंकि जीवन एक ही है। हम पैदा होते हैं; हम बड़े होते हैं, शादी करते हैं, बच्चे पैदा करते हैं, बूढ़े होते हैं और फिर मर जाते हैं। हमारे पास मृत्यु तक सबसे अधिक आत्मविश्वास रहता है। हमें जीवन से कभी भी पूर्णरूप से लगाव नहीं रहेंगा और इसलिए बदलाव को गले लगाना होगा। इस प्रकार परिवर्तन ही शेष है और स्थिर है।

अन्निका हमें त्याग की राह दिखाती है। यहां तक कि जो चीजें हमें खुश करती हैं, उन्हें भी विदा करने की जरूरत होती है क्योंकि हम कभी भी चीजों को पूरी तरह से पकड़ कर नहीं रख सकते हैं। फिर भी नश्वरता हमें यह भी आश्वासन देती है कि समस्याएं शाश्वत नहीं हैं। यथार्थ और उद्वेग हमारी आत्मा को छोड़ने वाले है। जब हम मरते हैं तो मृत्यु नया जीवन लाती है और सूक्ष्म जीवों और पक्षियों को पोषण देती है।

दुक्ख को कष्ट के रूप में जाना जाता है। बुद्ध की शिक्षाओं में से एक मर्म पीड़ा के बारे में है। यह कई शिक्षाओं का विषय है। बुद्ध हमें सिखाते हैं कि दुःख,दर्द हमारे जीवन का हिस्सा है। हम भी अपने जीवन, पुनर्जन्म और पुनर्जागरण में पीड़ित होते हैं। इसके अलावा, सुख -दुःख का कारण हो सकता है, क्योंकि कुछ भी स्थायी नहीं है।

इच्छा ही दुःख का कारण

मनुष्य एक वांछित प्राणी हैं। हम अपनी इच्छाओं से निर्देशित होते रहते हैं। हम खाने के भूखे हैं। हम तब तक बेहतर खाना चाहते हैं जब तक हमारे पास खाना न हो। हम खुश रहना कभी नहीं सीखेंगे। कभी-कभी, हमारी इच्छाएं अक्सर हमें बुरा और क्रूर व्यवहार करने का कारण बनती हैं। लोग अक्सर अपना बचाव करना चाहते हैं और जिन चीजों को मानते और समझते हैं कि वह उनकी हैं इसलिए वे और अधिक चाहते हैं।

मनुष्य लगतार अपना प्रभाव और एक निश्चित स्थिति बनाये रखना चाहता है। सत्ता के लालच के कारण मानव जाति ने युद्ध और बड़ी-बड़ी क्रूरता में योगदान दिया है। हालाँकि, हमारी इच्छाओं को अष्टांगिक दिशा का पालन करके नियंत्रित किया जा सकता है। यथार्थ विचार, यथार्थ उद्देश्य, यथार्थ व्यवहार और यथार्थ बोल से नियंत्रित कर सकते हैं, यथार्थ जीवन का अर्थ है सही प्रतिबद्धता, सही चेतना और सही ध्यान। यह हम सही सोच से कर सकते हैं। इससे हम दया और ज्ञान का मार्ग बनाएंगे।

अनात्त का अर्थ 'कोई स्व नहीं' है। बौद्ध धर्म खुद को हिंदू धर्म के आत्मान की शिक्षाओं से अलग करता है। हिन्दू धर्म के अनुसार आत्मान,(संस्कृत: 'स्व','श्वास') हिंदू धर्म में सबसे बुनियादी अवधारणाओं में से एक,सार्वभौमिक स्व,व्यक्तित्व के शाश्वत मूल के समान है जो मृत्यु के बाद या तो एक नए जीवन में स्थानांतरित हो जाता है या अस्तित्व के बंधन से मुक्ति (मोक्ष) प्राप्त करता है। बौद्ध धर्म में आत्मा को आत्मा या व्यक्तिगत सार के रूप में परिभाषित किया गया है। यह हमें बताता है कि कोई आत्मा नहीं है,लेकिन एक अव्यय फिर से पैदा होता है या एक अवर्णनीय आत्म है। यह यह भी सिखाता है कि क्योंकि "स्वयं नहीं है" कोई तर्क नहीं हो सकता। बौद्ध विद्वानों ने भी अनात्त का अहंवाद में अनुवाद किया, जिसका अर्थ है कि कुछ भी मुखर या व्याख्या नहीं की जानी चाहिए। दूसरी ओर, "स्वयं नहीं" की शिक्षा पर बहुत बहस हुई। कुछ लोग कहते हैं कि यह अहंकार को हटाने के बारे में है, जबकि अन्य कहते हैं कि यह एक सच्ची आत्मा की अनुपस्थिति है। कुछ सिद्धांत एक 'महान आत्म' सिखाते हैं, एक ऐसा आत्म जो अहंकारी नहीं है और अहंकारी तरीकों से नहीं सोचता है। इसका का अर्थ है कि हमारा स्वभाव निर्वाण की स्थिति में बिना इच्छा और लालसा के पूर्ण "निस्वार्थता" की स्थिति में प्रवेश करता है।

इसका अर्थ है कि "मैं हूं,वह मेरा है" के विचार को छोड़ देना। अनात्त का सिद्धांत हमें अहंकारी नहीं होने के लिए कहता है। हम नहीं चाहते कि चीजें हमारी हों, या

चीजों को अपना बनाने की कोशिश करें। हम अपने आवेगों को बिना खुद को बहुत ज्यादा समझे बिना निष्क्रिय कर सकते हैं। यदि आप आत्मज्ञान की स्थिति में प्रवेश करना चाहते हैं तो आपको अपनी "स्व" धारणा को मुक्त करने और निस्वार्थ बनने की आवश्यकता है।

चार आर्य सत्य और अष्टांगिक मार्ग

बुद्ध को जब ज्ञानोदय हुआ तो वे अपनी शिक्षाओं का प्रसार करना चाहते थे। उन्होंने माना कि जीवन ने दुक्ख पैदा किया है और इससे मुक्त होने के लिए हमें कुछ निश्चित तरीकों, नियमो का पालन करना चाहिए और कुछ विशेष ज्ञान को जानना चाहिए। ऐसा करते हुए, उन्होंने चार आर्य सत्य, अष्टांगिक मार्ग और बौद्ध धर्म के सबसे आवश्यक तत्व की शिक्षा दी। चार आर्य सत्य बताते हैं कि कैसे दर्द हमारे जीवन और उत्तरजीवियों के एक हिस्से का हिस्सा है। दूसरी ओर, अष्टांगिक मार्ग दर्द और ओज से मुक्ति पाने के लिए जीने का सर्वोत्तम तरीका सिखाता है। बुद्ध के तीन रत्न बौद्ध धर्म के हृदय हैं। ये बुद्ध,धम्म और संघ हैं।

बुद्ध के त्रिरत्न

बुद्ध

गौतम बुद्ध प्रबुद्ध सिद्धार्थ हैं। गौतम बुद्ध केवल बुद्ध द्वारा मानव जाति के लिए पथ प्रदर्शक के रूप में जाने जाते हैं, उनसे पहले कई बुद्ध हो चुके हैं और भविष्य में बहुत बुद्ध होंगे। वह निर्वाण के शिक्षा के सहायक है जिसे निर्वाण के बारे में जानकारी है। उन्होंने लोगों को ज्ञान द्वारा यह सिखाया कि कैसे दुख या दर्द से मुक्त हो सकते हो।

धर्म

धर्म को शाब्दिक रूप दिव्य व्यवस्था के रूप में जाना जाता है। बौद्ध धर्म में, इसे दुक्ख मुक्ति पर बुद्ध के पाठ के रूप में मान्यता प्राप्त है। धर्म मुख्य रूप से जीवन जीने का एक दार्शनिक तरीका है, न केवल ज्ञान के लिए बल्कि रोजमर्रा की जिंदगी, रिश्तों को निभाने, पैसा कमाने और परिवार और जीवन के हर पहलू पर सभी आयामों के शिक्षण के लिए।

संघ

वस्तुतः संघ का अर्थ संस्कृति, संगठन या सभा है। यह उन लोगों का समूह है जो आम तौर पर दूसरों को बुद्ध की शिक्षाओं को सिखाते और उसे बनाए रखते हैं

चार आर्य सत्य

दुक्ख के बारे में चार आर्य सत्य हैं। क्रमशः दुःख,दुःख की उत्पत्ति,दुःख से मुक्ति और दुःख निरोध मार्ग बुद्ध के चार आर्य सत्य बताये गये है। दुक्ख एक अंतहीन जीवन का दर्द है। दुःख के सभी कारण, जो हमारे चारों ओर विद्धमान हैं, जिनमें आनंद लाने वाले कारक भी शामिल हैं, सभी अनित्य हैं। यह नश्वरता हमें दीर्घकालीन बनाती है, इसलिए यह उन्हें और अधिक दुखी और पीड़ित रखना चाहती है। क्या हमने कभी ऐसा महसूस किया कि हम सुबह बिस्तर पर वापस जाना चाहते हैं और दिन का सामना करने के लिए नहीं उठना चाहते हैं? क्या हमने कभी थोड़ा सा केक खाया है ताकि हम मोटा महसूस कर सकें, या क्या हम चाहते थे कि आइसक्रीम को एक और स्कूप और एक स्कूप फिर एक और स्कूप मिले, इससे पहले कि हम पूरा पिंट खा लें? हाँ, यह प्रकृति में दर्द है। मनुष्य ने शरीर के आवेगों को जीने और संतुष्ट करने के लिए संघर्ष किया है।

1. दुःख की सच्चाई

ससार में दुःख है, हम लगातार इच्छुक, वांछनीय, दर्दनाक, असहज और पीड़ादायक, और दुःख में व्याकुल होते रहते हैं। हम विभिन्न भावनाओं का सामना करते हैं और इसलिए हमें गुस्सा आता है। यह इस तथ्य से भी संबंधित है कि हम इच्छा और पीड़ा की स्थिति में पुनर्जन्म लेते हैं। बीमारी, निराशा, अकेलापन, चिंता और असंतोष जैसे सभी दुखों को आसानी से पहचाना और समझा जा सकता है। अक्सर इसका सम्बंध हमारे आसपास के माहौल से भी नहीं होता है – हो सकता है कि हम अपने सबसे घनिष्ठ मित्र के साथ हों और अपना पसंदीदा भोजन कर रहे हों, फिर भी हम दुखी हो सकते हैं।

यदि हम किसी भी चीज़ का सुख ले रहे हों, यह सुख कभी स्थायी या संतोष प्रदान करने वाला नहीं होता है, और कुछ ही समय में यह सुख दुख में बदल जाता है। जब हमें ठिठुराने वाली सर्दी महसूस हो रही हो तो हम उससे बचने के लिए किसी गर्माहट वाले कमरे में जा सकते हैं, लेकिन वह गर्मी भी कुछ देर के बाद असहनीय हो जाती है, और एक बार फिर हम ताज़ा हवा को तलाश करने लगते हैं। कितना

अच्छा होता कि यह सुख सदा के लिए कायम रहता, लेकिन समस्या यह है कि ऐसा कभी नहीं होता है।

सबसे ख़राब बात यह है कि जीवन के उतर-चढ़व का सामना करने के लिए जिन तरीकों का प्रयोग करते हैं,उससे अधिक समस्याए उत्पन्न होती है। उदहारण के लिए, यदि किसी व्यक्ति के साथ हमारा सम्बन्ध ख़राब हो तो जिस प्रकार से हम उस व्यक्ति के साथ बर्ताव करते हैं उससे हमारा सम्बन्ध और ज्यादा बिगड़ता है। हम उस सम्बन्ध को तोड़ लेते हैं, चूँकि उस व्यक्ति ने हमारी बुरी आदतों को और अधिक बढावा दिया है, इस लिए अगले सम्बन्ध में हम उसी व्यवहार को दोहराते हैं परिणामतः वह सम्बन्ध बिगड़ जाता है।

2. दुःख के यथार्थ कारण

हम स्वयं को पीड़ित महसूस करते हैं क्योंकि हममें बहुत कुछ चाहत की इच्छा हैं। दुःख -दर्द का मुख्य कारण इच्छा है। यह हमें दुःख-दर्द दे सकता है, चाहे वह अच्छी चीज हो या बुरी चीज। जीवन को ही दर्द की आवश्यकता होती है। इच्छा और पोषण की आवश्यकता कुपोषण में योगदान करती है। चाहत और आश्रय का न मिलना बेघर होने में योगदान देता है। हम जीना चाहते हैं, भले ही हम पीड़ित,कष्ट में हों। जीवन ही मानव की सबसे बड़ी इच्छा है। एक जैविक शरीर में जीवित रहें जो अंततः रखने और मरने के लिए नियत है। चूँकि हम जीवन चाहते हैं, हम मृत्यु से डरते हैं। और कई बार मौत का यही डर हमें दुःख -दर्द देता है।

हम कई तरह से इच्छा को महसूस कर सकते हैं। हम धन की चाह के लिए बहुत मेहनत करते हैं; क्योंकि हमें लगता है कि अगर हमारे पास धन होगा तो हम ज्यादा सुख और आराम करेंगे। हम प्यार चाहते हैं, इसके बिना हम उदास और अकेला महसूस करते हैं। हम इस पर विचार करना चाहेंगे। हम भौतिक चीजें चाहते हैं। हम अपना नियंत्रण चाहते हैं। हम बहुत कुछ चाहते हैं और इसलिए हम आश्वस्त हैं। हमारा दुख और क्षणिक सुख अकारण ही उत्पन्न नहीं होते हैं, बल्कि अनेक प्रकार के कारणों और परिस्थितियों से उत्पन्न होते हैं। हमारे आसपास के समाज जैसे बाहरी तत्व हमारे दुख की उत्पत्ति की स्थितियों का निर्माण करते हैं; लेकिन बुद्ध ने हमें सिखाया कि दुःख के वास्तविक कारण को हमें अपने चित्त में तलाश करना चाहिए। घृणा, ईर्ष्या, लोभ आदि जैसे हमारे अपने अशांतकारी मनोभाव हमें मन, वचन और कर्म से आवश्यक रूप से आत्मनाशकारी ढंग से व्यवहार करने के लिए प्रेरित करते हैं।

बुद्ध ने इससे भी अधिक गहराई में चिंतन करके इन मनोभावों के पीछे छिपे दुख के वास्तविक कारण, वास्तविकता के बारे में हमारे मिथ्या बोध को उजागर किया। इसका सम्बंध हमारे व्यवहार के दीर्घगामी प्रभावों के बारे में चेतनता का अभाव और भ्रम तथा हमारे अपने, दूसरों के और समस्त सृष्टि के अस्तित्व के बारे में व्यापक गलत धारणा से है।

3. दुःख से यथार्थ मुक्ति

यदि हम अपनी इच्छा को नियंत्रित करे यानि इच्छाविहीन हो जाय तो दुक्ख अपने आप समाप्त हो जाएगा। अगर हम भौतिक वास्तु, लोगों, धन या यहां तक कि जीने की जरूरत नहीं चाहते हैं, तो हम निर्वाण पा सकते हैं। हां, जीवन महत्वपूर्ण है लेकिन हमें मृत्यु से डरने की जरूरत नहीं है। हमें दुःख से डरने की जरूरत नहीं है।

प्रबल इच्छाओ को स्वीकार करके, हम सीखेंगे कि इन इच्छाओ को कैसे रोका जाए और कैसे कम किया जाए,इस पर कैसे विजय पाया जाय। हमने आत्मज्ञान की ओर पहला कदम इसलिए उठाया है क्योंकि हमें किसी चीज की इच्छा नहीं है। लेकिन हमारे दिलो - दिमाग से ड्राइव को मिटाना मुश्किल है। बुद्ध को इसकी जानकारी थी; इसलिए उन्होंने चार आर्य सत्यों की अंतिम शिक्षा, दुःख से मुक्ति के अष्टांगिक मार्ग को सत्य कहा। बुद्ध ने कहा कि हमें इसे सहते रहने की आवश्यकता नहीं है, यदि हम दुःख के कारण को ही नष्ट कर दें, तो उसका परिणाम उत्पन्न नहीं होगा। यदि हम यथार्थ के बारे में अपने भ्रम को समाप्त कर दें तो दुक्ख फिर कभी नहीं वापस लौटेगा। बुद्ध हमारी किन्हीं एक-दो समस्या की बात नहीं कर रहे थे- – उन्होंने कहा कि हम नई समस्याओं की उत्पत्ति को ही पूरी तरह से समाप्त कर सकेंगे।

4. चित्त का यथार्थ मार्ग

बुद्ध जानते थे कि हम मनुष्य होने के नाते, इच्छाओं, पीड़ा, कष्ट, दुःख और क्रोध हमारे अंदर निहित हैं। वह जानते थे कि मनुष्य गलत है, और इसलिए उन्होने एक अष्टांगिक पथ का निर्माण किया, जो जीवन का सही रास्ता दिखता है। अगर इसका अनुसरण किया जाए तो हम निर्वाण की राह पर जायेंगे। अपने भोलेपन और अनभिज्ञता से मुक्ति के लिए हमें इनका प्रतिरोध करने वाले भावों के बारे में विचार करना होगा; तात्कालिक सुख प्राप्त करने के लिए अति उत्साहित होने के बजाय लम्बी अवधि के लिए योजना तैयार करें। जीवन के किसी एक छोटे से पहलू पर केंद्रित रहने के बजाए उसके व्यापक परिदृश्य को देखें। आज सुविधाजनक दिखाई

देने वाले काम को करने के बजाए यह विचार करें कि हमारे कृत्यों का हमारे शेष जीवन और आने वाली पीढ़ियों पर क्या प्रभाव होगा।

अष्टांगिक मार्ग

यह मार्ग बुद्ध की शिक्षाओं के केंद्र में तीसरा चक्र है। दुःख से मुक्ति के आठ उपायों को बुद्ध ने आष्टांगिक मार्ग कहा है। ये है सम्यक दृष्टि, सम्यक संकल्प, सम्यक वाणी, सम्यक कर्मात, सम्यक आजीविका, सम्यक व्यायाम, सम्यक स्मृति और सम्यक समाधि। ये पाठ जीवन जीने के लौकिक, आध्यात्मिक और यथार्थवादी तरीकों में से हैं। अष्टांगिक मार्ग के माध्यम से, हम दया और सदाचार से भरा जीवन व्यतीत करते हैं और ज्ञान प्राप्त करते।

जीवन दर्द से भरा है। हमें चार आर्य सत्यों को स्वीकार करना चाहिए और उनसे सीखना चाहिए। इसका अर्थ है जीवन, मृत्यु और पुनर्जन्म को समझना। इसके लिए आत्मज्ञान के मार्ग को समझने की आवश्यकता है। जीवन के तीन विशेषताए, जैसे कि अनित्यता, पीड़ा, शुन्यता, और 'अहंकार विहीन' को समझाना और जीवन को उसी रूप में ढालना होता है।सभी मिश्रित घटनाये अनित्य है,सभी दूषित घटनाये संतुष्टि के बिना हैं यही दुःख है,सभी घटनाये स्वय के बिना अनात्मन है,निर्वाण ही शांति है।

सम्यक दृष्टि

सम्यक दृष्टि का अर्थ है कि हम जीवन के दु:ख और सुख का सही अवलोकन करें। आर्य सत्यों को समझें। सम्यक दृष्टि में जीवन के तीन लक्षण, चार आर्य सत्य और कर्म शामिल हैं। वास्तव में, बुद्ध की शिक्षाएँ ज्ञान और धारणा हैं। हमें ज्ञान को समझने का प्रयास करना चाहिए, क्योंकि यह ज्ञान की कुंजी है।

सम्यक आशय

बुद्ध कहते हैं, सम्यक संकल्प का अर्थ होता है, जो करने योग्य है, वह करना। जो करने योग्य है, उस पर पूरा जीवन दांव पर लगा देना है।हमारे विचार और कार्य हमारी योजनाओं से प्रभावित होते हैं। वे हमें दिखाते हैं कि हमारे आस-पास के लोग कैसा महसूस करते हैं, सोचते हैं और जीवन के प्रति प्रतिक्रिया करते हैं। बुद्ध हमें बताते हैं कि हमारा लक्ष्य अपने अहंकार को 'स्वयं नहीं' या 'छोड़ देना' है। हमें विवेक और लालचविहीन, भ्रम और इच्छाविहीन का प्रदर्शन करना चाहिए।

सम्यक् कर्म

जब कोई व्यक्ति किसी अन्य व्यक्ति को अपनी वाणी की कठोरता से पीड़ित करता है तब वह वाचिक हिंसा कर रहा होता है और इसी प्रकार अपने व्यवहार से जो किसी को मानसिक अशांति देता है वह मानसिक हिंसा करता है। इन सभी प्रकार कि हिंसाओं से बचना सम्यक कर्म कहलाता है। इस प्रकार के कर्म से पाप से मुक्ति मिल जाति है। लोगों की हत्या और नुकसान, चोरी, यौन उत्पीड़न, नशीली दवाओं और शराब जैसे गलत कामों में लिप्त होना सही कर्म नहीं है। बुद्ध हमें क्रूरता और बुरे कार्यों का विरोध करना और केवल अच्छाई और प्रेम के कार्यों प्रति संलग्न होना सिखाते हैं।

सम्यक वाणी

इसमें कहा गया है कि यह सही समय पर बोली जाती है, सच बोला जाता है, प्यार से बोली जाती है, लाभकारी बोली बोली जाती है और, सद्भावना के मन से बोली जाती है। इसका अर्थ है कि हम केवल तभी बात कर सकते हैं जब हमारे शब्द किसी की मदद करते हो, हम जो कहते हैं वह वास्तविक हो। यदि भाषण विनम्र और सहायक है और यदि व्यक्ति केवल अच्छा करने की इच्छा को प्रेरित करने के लिए बोलता है। इसका मतलब यह है कि हम बदनामी, गपशप, तर्कपूर्ण भाषण, चिल्लाना, गलत गवाहों और बोली जाने वाली निर्दयता से दूर रह सकते हैं। हमें कभी भी अफवाहें नहीं फैलानी चाहिए और रोकने की कोशिश करनी चाहिए।

सम्यक आजीविका

सम्यक आजीविका जीविका को प्रभावित नहीं करती है। इसमें व्यभिचार, जहर की बिक्री या मरे हुए जानवरों की बिक्री शामिल नहीं है। हालांकि, कुछ बौद्धों का दावा है कि मांस बेचा जाता है। आम आदमी के लिए, सही आजीविका का अर्थ है मित्रवत, आज्ञाकारी और काम में अच्छा होना। यह प्रश्न उठता है कि "हमारी नौकरी हमें और दूसरों की पीड़ा को कम करने में कैसे मदद करती है?" यह चुनौती भी देता है कि क्या हम अपने काम के बावजूद स्वस्थ जीवन जी सकते हैं।

सम्यक प्रयास

सम्यक पहल या प्रयास का मतलब है कि दु:ख से मुक्ति पाने के लिए कर्म और उद्देश्य को एकीकरण करना। इसका मतलब उन आवेगों को ध्यान में नहीं रखना है

जो किसी के स्वयं और दूसरे दर्द का कारण बनते हैं। ध्यान के लिए समय निर्धारित करना महत्वपूर्ण है। इसका अर्थ है यौन अनैतिकता के अधीन न होना। इसका मतलब है कि इसके प्रति सचेत रहना जब कि ऐसा करना कष्टदायक हो सकता है। संघ में एक सामान्य व्यक्ति भी सही प्रयास के बिना सभी बौद्ध धर्म की सभी शिक्षाओं का पालन नहीं कर सकता। मनुष्य को आत्मज्ञान प्राप्त करने के लिए प्रयास करना चाहिए।

सम्यक प्रयास का अर्थ है कि हम अपनी ऊर्जा को हानिकारक, विनाशकारी विचार श्रृंखलाओं से दूर रखें और उसे लाभकारी गुणों को विकसित करने की दिशा की ओर लक्षित करें। इसके लिए हम "चार सम्यक प्रहाणों" की बात करते हैं। संस्कृत और तिब्बती साहित्य में इन्हें "सम्यक मुक्ति की प्राप्ति के चार तत्व" कहा जाता है – दूसरे शब्दों में, हमारे दोषों से मुक्ति के लिए "चार शुद्ध परित्याग" हैं : पहले तो हम ऐसे अकुशल धर्मों की उत्पत्ति को रोकने के लिए प्रयास करते हैं जो अभी तक हमारे भीतर उत्पन्न नहीं हुए हैं। उदाहरण के लिए, यदि हमारा व्यक्तित्व ऐसा हो कि हमें चीज़ों की लत बहुत जल्दी लग जाती हो तो फिर हमारे लिए यही बेहतर होगा कि हम किसी ऑनलाइन मूवी स्ट्रीमिंग सेवा की सदस्यता न लें क्योंकि उस स्थिति में एक के बाद एक धारावाहिक कार्यक्रम देखते हुए पूरा दिन बर्बाद कर देंगे। ऐसा करना बहुत नुकसानदेह साबित होगा और उससे एकाग्रता नष्ट होगी।

फिर, हमें अपने आप को ऐसी बुराइयों से मुक्त करने के लिए प्रयास करने की आवश्यकता होती है जो पहले से ही हमारे भीतर उत्पन्न हो चुकी हैं। यदि हमें किसी चीज़ की लत हो तो हमें उसके प्रयोग को कम करना ही हमारे हित में होगा। उदाहरण के लिए, हम सभी ऐसे कुछ लोगों को जानते हैं जिन्हें अपने आईपॉड का प्रयोग करने की ऐसी लत होती है कि वे संगीत सुने बिना कहीं जा ही नहीं सकते हैं। उनकी स्थिति लगभग ऐसी होती है जैसे उन्हें शांति से डर लगता हो, कुछ भी सोचने से डर लगता हो, और इसलिए वे लगातार संगीत सुनते रहना चाहते हैं। बेशक, जब आप लम्बी दूरी तक गाड़ी चला कर जा रहे हों तो तेज़ संगीत आपको जगाए रखने की दृष्टि से उपयोगी हो सकता है या व्यायाम करते समय गति को बनाए रखने में सहायक हो सकता है, लेकिन जब आप वार्तालाप करते समय किसी की बात पर ध्यान केंद्रित कर रहे हों तो संगीत निश्चित तौर पर उपोयगी नहीं हो सकता। उल्टे, उससे ध्यान ही भटकता है। इसके बाद हमें नए कुशल धर्म विकसित करने की आवश्यकता होती है। और फिर, हम उन कुशल धर्मों को बनाए रखने और उनकी वृद्धि करने के लिए प्रयास करते हैं जो हमारे भीतर पहले से मौजूद होते हैं। कुशल धर्म में प्राणियों कि हिंसा न करना, चोरी न करना,व्यभिचार न करना,झूठ

न बोलना,चुगली न करना, कठोर वचन न बोलना,व्यर्थ प्रलाप न करना,लोलुपता का आभाव,प्रतिहिंसा का आभाव,और सम्यक दृष्टि,सही धारण और कुशल मूल है –अलोभ,अद्वेष तथा अमोह।इनके बारे में विचार करना और इनके व्यावहारिक प्रयोग तलाश करना बहुत दिलचस्प है। तो यहाँ कुशल धर्म क्या होगा?

हम तीन अभ्यासों, प्रयासों के बारे में विचार कर रहे हैं कि अष्टांगी मार्ग की साधना के माध्यम से ये तीनों का पुनरावृत्ति, आवृत्ति हमारे रोज़मर्रा के जीवन में किस प्रकार उपयोगी हो सकते हैं। ये तीन आवृत्ति हैं: नैतिक आत्मानुशासन,एकाग्रता और विवेकी सचेतनता। नैतिक आत्मानुशासन विकसित करने के लिए हम सम्यक वाक, कर्म और जीविका का पालन करते हैं। अब हम एकाग्रता की साधना के बारे में चर्चा करेंगे जिसके लिए सम्यक प्रयास, सम्यक सचेतनता और सम्यक एकाग्रता की आवश्यकता होती है।

सम्यक प्रयास से हमारा आशय विनाशकारी विचार श्रृंखलाओं से मुक्ति पाने और ऐसी मनोदशाएं विकसित करने से होता है जो ध्यान साधना के लिए सहायक हों। *सचेतनता* जोड़ने वाले एक ऐसे गोंद के समान होती है जो हमें जोड़े रखता है और हमें भूलने नहीं देता है ताकि हम अपने शरीर, अपनी भावनाओं, चित्त और मानसिक तत्वों की वास्तविक प्रकृति को न भूलें ताकि वे हमारे ध्यान को न भटका सकें।

अपने विभिन्न नैतिक मार्गदर्शी सिद्धांतों, नियमों, और यदि हमने कुछ प्रतिज्ञाएं ली हों, तो उन्हें न भूलें जिस लक्ष्य पर हमने अपना ध्यान केंद्रित किया हो, उससे अपने ध्यान को न डिगने दें। जब हम ध्यान साधना कर रहे होते हैं तो हमें सचेतन रहने की आवश्यकता होती है ताकि जिस लक्ष्य पर हम अपना ध्यान केंद्रित कर रहे हों वह हमसे ओझल न हो। यदि हम किसी से बात कर रहे हों तो हमें उस व्यक्ति और उसके द्वारा कही जा रही बात पर अपना ध्यान बनाए रखने की आवश्यकता होती है।

एकाग्रता का अर्थ ध्यान को किसी लक्ष्य पर केंद्रित करना होता है। इसलिए, जब हम किसी की बात को सुन रहे होते हैं तो हमारा ध्यान उस व्यक्ति द्वारा कही जा रही बात, उस व्यक्ति की वेश-भूषा और उस व्यक्ति द्वारा की जा रही चेष्टाओं आदि पर केंद्रित होता है। सचेतनता एकाग्रता को बनाए रखने में सहायक होती है, किसी मानसिक गोंद की भांति हमारे ध्यान को वहाँ बनाए रखती है, ताकि हम मंद न हो जाएं और हमारा ध्यान भटके नहीं।

प्रयास अष्टांगी मार्ग का यह पहला तत्व है जिसका उपयोग हम एकाग्रता को विकसित करने के लिए करते हैं। हम भटकाने वाले विचारों और ऐसी मनोदशाओं

से अपने आपको मुक्त करने का प्रयास करते हैं जो एकाग्रता को बढ़ाने में सहायक नहीं होते हैं। सामान्य दृष्टि से यदि हम अपने जीवन में कुछ भी हासिल करना चाहते हैं तो हमें उसके लिए प्रयास करने की आवश्यकता होती है। चीजें अपने आप ही नहीं हो जाती हैं, और कुछ भी आसान नहीं होता है। लेकिन यदि हम दूसरों के साथ अपने व्यवहार, वचन और आचरण की दृष्टि से नैतिक आत्मानुशासन को अपनाते हुए थोड़ा आत्मिक बल विकसित कर लें तो उससे हमें अपनी मानसिक और भावात्मक दशाओं को सुधारने के लिए प्रयास करने की ताकत मिलती है।

गलत दिशा में किया गया प्रयास हमारे ध्यान को भटकाने वाली और एकाग्रता को असंभव बनाने वाली नुकसानदेह और विनाशकारी विचार श्रृंखलाओं पर अपनी ऊर्जा को लक्षित करना गलत दिशा में किया गया प्रयास होता है। विनाशकारी विचारों के तीन प्रमुख प्रकार होते हैं: लोभपूर्ण विचार करना,दुर्भावपूर्ण विचार करना,शत्रुता के भाव से विकृत विचार करना।

लोभ पूर्ण विचार वह विचार है जिसमे दूसरों की उपलब्धियों के प्रति इर्ष्या या दूसरों द्वारा भोगे जाने वाले आमोद प्रमोद के बारे में सोचते हैं और भौतिक सुखों के प्रति ईर्ष्या का भाव होता है कि "मैं इस वास्तु को अपने लिए कैसे प्राप्त कर सकता हूँ"। इसकी उत्पत्ति आसक्ति के कारण होती है। चाहे सफलता हो, सुंदर जीवन साथी हो, नई कार या कोई और वस्तु हो – हम यह बर्दाश्त नहीं कर पाते हैं कि जो कुछ हमारे पास न हो वह किसी दूसरे व्यक्ति के पास हो। हम लगातार उसी के बारे में सोचते रहते हैं, और यह चित्त को बहुत अशांत करने वाली मनोदशा होती है। इससे हमारी एकाग्रता एकदम भंग हो जाती है। पूर्णतावादी होने की इच्छा को इस श्रेणी में रखा जा सकता है – हम हमेशा यही सोचते रहते हैं कि हम अपने प्रदर्शन को और अच्छा किस तरह बनाएं। यह दशा लगभग अपने आप से ईर्ष्या करने जैसी होती है।

दुर्भावपूर्ण विचार करने का अर्थ होता है कि हम किसी दूसरे को नुकसान किस तरह से पहुँचाएं, जैसे कि, "यदि इस व्यक्ति ने ऐसा कुछ कहा या किया जो मुझे नापसंद है, तो मैं बदला लूँगा।" हम यह सोचने लगते हैं कि अगली बार जब हम उस व्यक्ति से मिलेंगे तो उसके साथ कैसा व्यवहार करेंगे या उससे क्या कहेंगे, और हम इस बात का अफसोस करते हैं कि जब उस व्यक्ति ने हमसे कुछ कहा तो हमने उसे पलटकर जवाब क्यों नहीं दिया। हम इसके बारे में इतना अधिक सोचते हैं कि यह भावना हमारे मन से निकलती नहीं है।

शत्रुता के भाव से विकृत विचार तब उत्पन्न होता है जब, उदाहरण के लिए, यदि कोई व्यक्ति अपने आप में सुधार करने या दूसरों की सहायता करने का प्रयास कर

रहा हो, तब हम सोचते हैं, "कैसा यह मूर्ख है – ऐसा करने का कोई लाभ नहीं। किसी की सहायता करना मूर्खता है। कुछ लोगों को खेलकूद से लगाव नहीं होता और वे सोचते हैं कि जो लोग खेलकूद पसंद करते हैं और टेलीविजन पर या फुटबॉल का खेल देखते हैं या किसी टीम को खेलते हुए देखने के लिए जाते हैं वे निरे मूर्ख हैं। लेकिन खेलकूद पसंद करने में कोई हानि नहीं है। ऐसा सोचना कि यह मूर्खतापूर्ण है या समय की बरबादी है, एक बहुत ही शत्रुतापूर्ण मनोदशा है। या, जब कोई व्यक्ति किसी भिखारी को कुछ पैसे देकर उसकी सहायता करने का प्रयास करता है, और आप सोचने लगते हैं, "अरे, आप तो बहुत की मूर्खता का काम कर रहे हैं।" यदि हम हर समय यही सोचते रहें कि दूसरे लोग कितने मूर्ख हैं और जो कुछ भी वे करते हैं वह कितनी नासमझी का काम है, तो हम कभी भी अपने ध्यान को केंद्रित नहीं कर सकेंगे। ये कुछ ऐसे विचार हैं जिनसे हम मुक्त होना चाहते हैं।

सम्यक प्रयास में एकाग्रता विकसित करने के मार्ग की पाँच बाधाओं को दूर करने के लिए प्रयत्न करना भी शामिल होता है, ये पाँच बाधाएं इस प्रकार हैं: पाँच प्रकार के अभीष्ट इंद्रिय अनुभवों में से किसी भी अनुभव का अनुशीलन करने का संकल्प-सुंदर दृश्य, ध्वनियाँ, सुगंध, स्वाद और भौतिक इन्द्रियबोध पाँच अभीष्ट संवेदी उद्देश्य हैं। यह बाधा, जिस पर हम विजय पाने के लिए प्रयत्न करते हैं, तब उत्पन्न होती है जब हम किसी चीज़ पर अपना ध्यान केंद्रित करने का प्रयास कर रहे होते हैं, जैसे हम अपने काम पर ध्यान केंद्रित करने का प्रयत्न करते हैं लेकिन हमारी एकाग्रता "मैं फिल्म देखना चाहता हूँ" या "मैं फ्रिज तक जाकर कुछ खाना चाहता हूँ" जैसे विचारों से भंग हो जाती है। यहाँ हम खाने की इच्छा, संगीत सुनने की इच्छा आदि संवेदी आमोद –प्रमोद या इच्छाओ की बात कर रहे हैं सम्यक प्रयास का अर्थ है कि हम अपनी ऊर्जा को हानिकारक, विनाशकारी विचार श्रृंखलाओं से दूर रखें और उसे लाभकारी गुणों को विकसित करने की दिशा की ओर लक्षित करें।

इस उदाहरण में हमें एक अकुशल धर्म, एक बहुत ही अनुत्पादक आदत के बारे में और एक कुशल धर्म के बारे में जानकारी मिली। हमने अकुशल धर्म से बचने के लिए प्रयास किया और एक उचित फाइल व्यवस्था तैयार की ताकि अकुशल धर्म को जारी रहने से रोका जा सके। साधना के एक बहुत ही सामान्य स्तर पर हम इसी बात का अध्ययन करते हैं। आवश्यकता इस बात की है कि जब भी इस प्रकार के भाव जाग्रत हों तो हम इन इंद्रिय अनुभवों का अनुशीलन न करने की दिशा में प्रयास करें ताकि हमारी एकाग्रता बनी रहे।

द्वेषपूर्ण विचार का सम्बंध किसी व्यक्ति को कष्ट पहुँचाने के बारे में विचार करने से है। यदि हम हमेशा इसी प्रकार के द्वेषपूर्ण विचार करते रहें कि "इस व्यक्ति ने मुझे

चोट पहुँचाई थी, मुझे यह व्यक्ति पसंद नहीं है, मैं इससे बदला कैसे लूँ?" – ऐसे विचार एकाग्रता के मार्ग में एक बड़ी बाधा हैं। हमें प्रयास करना चाहिए कि हम न केवल दूसरों के बारे में अप्रिय और नुकसान पहुँचाने वाले विचार रखने से बचें, बल्कि हमें अपने बारे में भी ऐसे विचार नहीं रखने चाहिए।

मानसिक उलझाव और सुस्ती वह स्थिति होती है जहाँ हमारे चित्त में अस्पष्टता होती है, हम अपने आप को दिग्भ्रमित महसूस करते हैं और स्पष्ट तरीके से सोच नहीं पाते हैं। निष्चेष्टता की स्थिति वह स्थिति होती है जिसमें हम अपने आप को उनींदा अनुभव करते हैं। हमें प्रयास करके इस स्थिति का मुकाबला करना चाहिए। चाहे आप यह मुकाबला कॉफी की सहायता से करें या ताज़ी हवा लेकर करें, लेकिन हमें कोशिश करनी होती है कि हम इस स्थिति के सामने पराजय को स्वीकार न करें। लेकिन, यदि ध्यान केंद्रित करना बहुत अधिक मुश्किल हो जाए, तो हमें एक सीमा तय करनी होगी। यदि आप घर पर काम कर रहे हों तो, "मैं बीस मिनट की नींद लूँगा या काम से छुट्टी लूँगा।" यदि आप अपने दफ्तर में हों तो, "मैं कॉफी पीने के लिए दस मिनट का अवकाश लूँगा।" एक सीमा तय करें और फिर उसके बाद अपने काम पर लौट जाएं।

चित्त की स्वेच्छाचारिता से आशय उस स्थिति से है जब हमारा चित्त अचानक फेसबुक, या यूट्यूब या किसी और चीज़ की ओर चला जाता है। पश्चाताप होना उस स्थिति को कहा जाता है जब हमारा चित्त अपराध बोध की ओर भटक जाता है, "मुझे इस बात का बहुत अफसोस है कि मैंने ऐसा किया या वैसा किया।" ऐसे भाव ध्यान को भंग करने वाले होते हैं और हमारी एकाग्रता के मार्ग में बाधक होते हैं।

अंतिम बाधा जिस पर हमें विजय प्राप्त करने के लिए प्रयास करने की आवश्यकता होती है वह है अस्थिरमति के कारण हिचकिचाहट होना और संदेह होना। "मुझे क्या करना चाहिए?" "दोपहर के भोजन में मैं क्या खाऊँ? मुझे यह लेना चाहिए। या शायद मुझे वह खाना चाहिए?" निर्णय न कर पाने के कारण बहुत सारा समय बर्बाद होता है। यदि हमारे मन में अनिश्चय और संदेह हो तो हम न तो अपने ध्यान को केंद्रित कर पाते हैं और न ही अपने काम को कर पाते हैं। इसलिए हमें इस स्थिति को ठीक करने के लिए प्रयास करना चाहिए।

सम्यक सोच

सम्यक सोच वर्तमान क्षण की एक सटीक और यथार्थ जागरूकता का विकास है, जो विचारों, यादों, विश्वासों, अपेक्षाओं आदि से अप्रभावित होता है। किसी के जीवन

के प्रत्येक क्षण में, सम्यक सोच का अर्थ है चेतना का अभ्यास करने में सक्षम होना। ध्यान का अर्थ है उस सटीक क्षण के प्रति सचेत होना जिसमें हम मौजूद रहते हैं, न कि अतीत या भविष्य में जी रहे हैं। इसका मतलब यह भी है कि हम दूसरों के बारे में जानते हैं। ध्यान हमें जीना सिखाता है। यदि हम थके हुए हैं तो काम न करना, आराम करना आवश्यक है। इसका मतलब है यह कि हर पल में पूरी तरह से जीना है।

हम क्या करें? हम कैसे करें? अगर हम हमेशा पूल में रहे हैं, लेकिन हम सुंदरता का आनंद लेने के बजाय अपना मोबाइल फोन लेते हैं और एक स्नैपशॉट लेते हैं। या हम कभी रात का खाना खाते हैं, लेकिन अपने आस-पास के लोगों से बात करने के बजाय, हम अपने टैबलेट पर स्क्रॉल करते हैं। यह आजकल बुद्ध के सबसे उपयोगी उपदेशो में से एक है क्योंकि हम लगातार इसमें शामिल होते हैं। जब बुद्ध ने विचारों को "गलत" या "सही" के रूप में परिभाषित कर रहे थे, तो वे दुनिया को देखने का एक हठधर्मी या नैतिक तरीका प्रस्तुत नहीं कर रहे थे, बल्कि यह इंगित कर रहे थे कि कुछ विचार दुखों के अंत की ओर ले जाते हैं।

बौद्ध ध्यान के एक महत्वपूर्ण हिस्से के साथ-साथ ज्ञान के अष्टांगिक पथ में सबसे महत्वपूर्ण कदमों में से एक के रूप में सम्यक सोच होने पर जोर देते हैं। सम्यक सोच होने का अर्थ है इस बात से पूरी तरह अवगत होना कि हमारे साथ और हमारे अंदर क्या हो रहा है और केवल इन चीजों पर ध्यान केंद्रित करना। बौद्ध ध्यान के अभ्यास में सही जागरूक होने की स्थिति, जिसे "धारणा के लगातार क्षणों में वास्तव में हमारे साथ और केवल हमारे साथ क्या होता है, के बारे में स्पष्ट और जागरूकता" के रूप में परिभाषित किया गया है। यही अवधारणा उन लोगों के लिए लाभदायक हो सकती है जो बौद्ध धर्म का अभ्यास,सम्यक प्रयास भी नहीं करते हैं। ध्यान की अवस्था में जीवन जीने से विश्राम, जागरूकता, दक्षता और नियंत्रण को बढ़ावा मिलता है। ये सभी गुण, जिन्हें सम्यक सोच के चमत्कार के रूप में भी जाना जाता है, बौद्ध ध्यान का आधार हैं और सम्यक सोच विकसित करने का लक्ष्य है। व्यापक अर्थ में, ये कई संस्कृतियों में मूल्यवान गुण हैं और सभी के लिए बेहतर जीवन को बढ़ावा देते हैं।

बौद्ध धर्म में सही सचेतनता आवश्यक है क्योंकि यह जागरूकता और एकाग्रता के लिए एक आधार प्रदान करती है जो बौद्ध ध्यान में आवश्यक है। बुनियादी ध्यान में अभ्यासी का ध्यान किसी एक वस्तु या विचार पर, और केवल उसी चीज़ पर, बढ़ते हुए समय के लिए होता है। किसी विशेष वस्तु पर ध्यान केंद्रित करने से व्यक्ति को "इसे गहराई से देखने" या एकाग्रता की वस्तु को यथासंभव पूर्णता के साथ जानने

की अनुमति मिलती है। इसका लाभ दूसरों के साथ संबंधों में सबसे अधिक स्पष्ट होता है। उदाहरण के लिए, एक पिता के लिए अपने बेटे के साथ बातचीत करते समय पूरी तरह से ध्यान केंद्रित करना न केवल बेटे के लिए फायदेमंद है, बल्कि पिता और उनके रिश्ते के लिए भी फायदेमंद है।

सम्यक ध्यान

सही ध्यान या एकाग्रता हमारे बुद्धि,प्रज्ञा को किसी चीज पर केंद्रित करने की क्षमता है, आमतौर पर हमारी सांसों को। जैसे-जैसे दुनिया उन चीजों से भरी होती है जिन्हें हम देखते हैं, हमारा दिमाग हमेशा चलता रहता है। हमारा मन एकाग्र नहीं होता है। हम ध्यान करना सीखकर अपने आस-पास की दुनिया को छोड़ देते हैं। वर्तमान में हम जितने व्यस्त हैं, ऐसा कहा जाता है कि हमें उतना ही अधिक ध्यान करना चाहिए। ऐसा क्यों होता है? चूंकि चिंता, दर्द, क्रोध, घृणा और हमारे मन और हृदय में जो कुछ भी मंथन करता है, उसका इलाज ध्यान ही है। ध्यान करते समय हम शांत महसूस करते हैं। यदि मन शांत हो तो हम अच्छाई और सदाचार का जीवन जी सकते हैं।

दैनिक जीवन में बौद्ध धर्म

बौद्ध धर्म मानव जाति की सबसे व्यावहारिक शिक्षाओं में से एक है। सदियों पहले शुरू हुए ये शिक्षाये आज भी लोगों के जीवन में जीवन्त हैं। चार आर्य सत्य और अष्टांगिक मार्ग हमें बताते हैं कि हम स्वयं को दुःख से बचा सकते हैं। ये शिक्षायें आज भी मान्य हैं। हमारे पास अपने आप में दिव्य दृष्टि पाने की क्षमता है। हालाँकि, ज्ञानोदय के लिए भागीदारी की आवश्यकता होती है, और दुःख -दर्द से मुक्त होने के लिए हर दिन इन शिक्षाओं का पालन करना चाहिए।

बौद्ध मानते हैं कि कुछ भी स्थिर या स्थायी नहीं है, और इसमे परिवर्तन हमेशा संभव है। आत्मज्ञान का मार्ग नैतिकता, ध्यान और ज्ञान के अभ्यास, सम्यक प्रयास और विकास के माध्यम से होता है। बौद्ध जीवन को अनंत और अनित्य, कष्टदायक और असुरक्षित मानते हैं। कर्म,शाब्दिक रूप से "क्रिया," पुनर्जन्म की अवधि तय करता है। बौद्ध परंपरा में, कर्म कारण (चेतन) से प्रेरित कृत्यों को संदर्भित करता है, जो जानबूझकर शरीर, वाणी या दिमाग द्वारा किया गया कार्य है, जो भविष्य के लिए परिणाम देता है। हमें महसूस होता है कि हमसे कोई गलती हुई थी। इसलिए, कर्म का एक नहीं, बल्कि कई अर्थ हैं। कर्म (कार-मा) एक ऐसा शब्द है जिसका अर्थ है किसी व्यक्ति के कृत्यों का परिणाम। कारण और प्रभाव की अवधि एक अवधारणा

है। कर्म सिद्धांत के अनुसार, किसी व्यक्ति के साथ जो कुछ होता है वह उसके कर्मो के कारण होता है। यह दंड या प्रतिपूर्ति के बारे में कर्म नहीं है।

बौद्ध धर्म में, धर्म का अर्थ "ब्रह्मांडीय कानून और व्यवस्था" है, क्योंकि यह बुद्ध की शिक्षाओं को संदर्भित करता है और इसका उपयोग दार्शनिक के लिए या मन को जानने के लिए किया जा सकता है। धम्म बौद्ध दर्शन में " किसी भी घटना" के लिए भी शब्द है। यह नियम को संदर्भित करता है कि किसी भी कार्रवाई की भविष्य में या तुरंत किसी भी बिंदु पर समान प्रतिक्रिया होती है। संसार, एक सतत चक्र है जिसमें आत्मा क्रिया और प्रतिक्रिया के नियम के अनुसार बार-बार जन्म लेती है, पुनर्जन्म प्रक्रिया कहलाती है।

डॉ. अम्बेडकर का अंतिम लक्ष्य बौद्ध धर्म

डॉ. बी.आर. अम्बेडकर के बौद्ध अनुयायी, जिनकी संख्या हर साल बढ़ती जा रही है, बौद्ध धर्म परिवर्तन में लाखों धार्मिक और सामाजिक रूप से वंचित और उत्पीड़ित वर्गों को एक महत्वपूर्ण सन्देश वादी पथ प्रदान किया, जिसके माध्यम से उनकी पहचान को देखा जा सके और भारत की ब्राह्मणवाद-आधारित जाति व्यवस्था के तहत राष्ट्र में उनकी जगह को फिर से बनाया जा सके। सन्1956 में, डॉ. अम्बेडकर ने इस मुद्दे पर गंभीरता से विचार करने के बाद कहा कि सभी को इस बात से सहमत होना होगा कि इन वर्गों के लिए धर्मांतरण ठीक उसी तरह आवश्यक था, जैसे भारत के लिए स्वशासन आवश्यक था। दोनों का अंतिम लक्ष्य एक ही है। उनका अंतिम उद्देश्य दोनों मामलों में एक ही है। अंतिम लक्ष्य स्वतंत्रता प्राप्त करना है। यदि स्वतंत्रता मानव के अस्तित्व के लिए आवश्यक है, तो इन वर्गों का धर्मांतरण जो उन्हें पूर्ण स्वतंत्रता प्रदान करता है, किसी भी तरह से बेकार नहीं माना जा सकता है।

14 अक्टूबर, 1956 को, नागपुर में दीक्षाभूमि में, डॉ. अम्बेडकर और उनके लाखों अनुयायियों ने एक सादे, पारंपरिक समारोह में बौद्ध धर्म ग्रहण किया। भले ही बड़े पैमाने पर धर्मांतरण के कई उदाहरण रहे हैं, यह कहना उचित होगा कि हाल के भारतीय इतिहास में यह एकमात्र उदाहरण है जिसमें हिंदू धर्म से बौद्ध धर्म में धर्मांतरण को भौतिक लाभ के बजाय नेता के प्रति वफादारी के लिए चुना। डॉ. अम्बेडकर अचानक बौद्ध धर्म में परिवर्तित नहीं हुए थे। यह हिंदू धर्म और ब्राह्मणवाद के साथ-साथ तथाकथित "निचली जाति" या सामाजिक रूप से वंचित,बहिकृत वर्गों के साथ होने वाले हजारों वर्षो से अन्याय की अस्वीकृति थी। यह धर्म, समाज और

अर्थव्यवस्था के मामले में देश के वंचित समुदायों के लिए जीवन के एक नए तरीके के लिए भी एक वोट था।

येओला, नासिक में एक छोटे से सम्मेलन में, डॉ. अम्बेडकर ने कहा था कि मैं हिंदू धर्म में पैदा हुआ हूँ, लेकिन इस धर्म में मारूंगा नहीं, उन्होंने पहले ही सन् 1935 में हिंदू धर्म त्याग दिया था। उन्होंने अपने अनुयायियों को स्पष्ट रूप से बता दिया कि उन्होंने यह क्यों तय किया। उन्होंने कहा कि " जाति भावना के आधार पर भेदभाव, जो हमारे मन में गहराई तक बसा हुआ है, तब तक नहीं जा सकता जब तक हम एक ऐसे धर्म में रहेंगे,जो एक आदमी को दूसरे आदमी को कोढ़ी की तरह व्यवहार करना सिखाता है। जाति और अस्पृश्यता को खत्म करने का एकमात्र उपाय धर्म परिवर्तन है।

डॉ. अम्बेडकर ने यह भी कहा कि हिंदू धर्म अपने लोगों के लिए जातिगत अन्याय के बजाय मौलिक मानवाधिकारों को सुरक्षित करने में विफल रहा है। हालाँकि, उन्हें विभिन्न धर्मों और आस्थाओं को सीखने के लिए अपना समय समर्पित करने में, बौद्ध धर्म का पालन करने में बीस साल से अधिक का समय लगा। डॉ. अम्बेडकर ने कई बैठकों में भाग लिया, जिसमें न केवल भारत की बल्कि दुनिया के दृष्टिकोण से धार्मिक, आर्थिक और सामाजिक रूप से वंचित आबादी पर परिवर्तन के लाभों और नतीजों और इसके प्रभावों पर चर्चा की गई। सन् 1956 में, उन्होंने यह दावा करते हुए बौद्ध धर्म अपनाने के लिए सहमति व्यक्त की कि "बुद्ध का धर्म ही सबसे अच्छा है, और बौद्ध धर्म ही सबसे अधिक वैज्ञानिक धर्म" है। उन्हें दुनिया में इन वर्गों की सामाजिक प्रतिष्ठा को बढ़ाने के लिए भी राजी किया गया।

डॉ. अम्बेडकर ने ऋग्वेद के स्त्रोत,ऋचा को उद्धृत किया जो हिंदू धर्म का एक महाकाव्य है, "हम देखते हैं कि मनुष्य का विचार वाह्यग्रही, स्वयं से दूर, देवताओं के वचन की ओर ध्यानाकर्षित हो गया"। उन्होंने कहा कि बौद्ध धर्म ने अंततः मानव खोज का नेतृत्व किया, और उनका दृढ़ विश्वास था कि बौद्ध धर्म में परिवर्तन उन्हें मजबूत करेगा और उन्हें सम्मान और स्वतंत्रता का जीवन प्रदान करेगा, इस भूमि पर सबसे अधिक सामाजिक रूप से दलित वर्गों की सामाजिक स्थिति दयनीय है। धर्मांतरण समारोह के दो महीने बाद, उनका निधन हो गया। हालाँकि, उन्होंने धार्मिक समुदाय की स्थापना की, जिसमें अब लाखों बौद्ध शामिल हैं।

इस समय यह कहना उचित है कि धार्मिक, आर्थिक और सामाजिक रूप से वंचित, बहिकृत वर्गों ने न केवल एक नई पहचान और सम्मान हासिल किया बल्कि अपनी जाति की जड़ों के लिए पूरी तरह से समर्थन की और एक नए भारत की प्रगति में

दृढ़ता से योगदान दिया। जबकि अभी और हासिल किया जाना बाकी है, वह एक समतावादी भारत के अपने दृष्टिकोण में हर दिन छोटे-छोटे उपाय करना जारी है।

डॉ. बी.आर. अम्बेडकर का बौद्ध धर्म पर लोकप्रिय भाषण

बौद्ध धर्म ग्रहण करने के एक दिन बाद 15 अक्टूबर 1956 को नागपुर में डॉ. अम्बेडकर का प्रसिद्ध भाषण दिया जिसमे उन्होंने कहा कि, "हिन्दू धर्म छोड़ने का आंदोलन हमारे हाथ में सन्1935 में था जब येओला में एक प्रस्ताव किया गया था। उन्होंने सपथ ली कि भले ही मैं हिंदू धर्म में पैदा हुआ हूं लेकिन मैं हिंदू धर्म में नहीं मरूंगा। यह शपथ मैंने पहले ली थी; कल, मैंने इसे सच साबित कर दिया। मुझे खुशी हुई ; मैं उत्साहित हूँ! मैंने नरक छोड़ दिया है - मुझे ऐसा ही लगता है। मुझे कोई अंध अनुयायी नहीं चाहिए। जो बौद्ध धर्म में आते हैं उन्हें समझ के साथ आना चाहिए। उन्हें बोध या ज्ञान की वृति के साथ उस धर्म को स्वीकार करना चाहिए।"

डॉ. अम्बेडकर ने कम्युनिस्टों पर निशाना साधते हुए कहा: "मानव जाति की प्रगति के लिए धर्म बहुत ही आवश्यक है। मैं जानता हूं कि कार्ल मार्क्स के लेखन के कारण एक संप्रदाय का उदय हुआ है। उनके पंथ के अनुसार, धर्म का कोई मतलब नहीं है। उनके लिए धर्म महत्वपूर्ण नहीं है। उन्हें सुबह का नाश्ता मिलता है, ब्रेड, क्रीम, मक्खन, चिकन लेग आदि; उन्हें चैन की नींद आती है, उन्हें फिल्में देखने को मिलती हैं और बस इतना ही उन्हें मिलाता है, यही उनका दर्शन है। मैं उनके राय से सहमत नहीं हूं।" डॉ. अम्बेडकर के हिंदू धर्म को छोड़े लगभग सात दशकों के बाद के वर्तमान परिदृश्य से यह एक महत्वपूर्ण प्रश्न है कि जमीनी स्तर पर 'सामाजिक रूप से वंचित वर्गों' की हिंदुओं के बीच स्थिति क्या है? क्या पिछले सात दशकों में हिंदुओं के विचारधारा में कोई बदलाव आया है? तब आप एक उचित उत्तर पा सकते हैं कि केवल ब्राह्मण द्वारा शासित इस धर्म में अन्धविश्वास के आलावा मार्गदर्शक के कोई सिद्धांत नहीं हैं।

वहां पर सामाजिक रूप से वंचित वर्ग के लिए अलग ही श्मशान हैं, कोई 'सामान्य' पंडित और पुरोहित नहीं हैं जो जन्म से लेकर मृत्यु तक किसी भी अवसर पर पूजा उनके लिए करता हो। फिर, सामाजिक रूप से दलित वर्गों के लिए ऐसे समारोहों के लिए आर्य समाज और गायत्री परिवार ने वकालत करते है। सामाजिक रूप से वंचित वर्गों को छोड़कर मृत्यु के देवता यमराज अलग हैं। कुछ संस्थानों और संगठनों को सभी हिंदुओं से अपील करनी पड़ी कि वे यह सुनिश्चित कर सकें कि मंदिर, जल स्रोत और श्मशान सभी हिंदुओं के लिए बिना किसी पूर्वाग्रह के बने हैं क्योंकि उन्होंने सोचा था कि वे यह सुनिश्चित कर सकते हैं कि मंदिर, जल संसाधन

और श्मशान बिना पूर्वाग्रहों के सभी हिंदुओं को उपलब्ध कराए जाएं। उन्होंने सोचा था कि वे सामाजिक रूप से दलित वर्गों के नागरिकों के बिना भारत में शासन नहीं कर सकते हैं।

हिंदू परंपरा के अनुसार, उत्तराखंड को हिंदू धर्म के विश्वासियों द्वारा स्वर्ग की भूमि के रूप में माना जाता है। आप यह जानकर चौंक जाएंगे कि वहाँ के एक मंदिर में सामाजिक रूप से वंचित बहिष्कृत लोग मंदिर में पूजा करना चाहते थे, उन्हें मंदिर प्रवेश के लिए मना कर दिया गया और उन लोगों पर मंदिर में उपस्थित लोगों द्वारा पत्थर फेंके गए और उन्हें मारने का प्रयास किया गया। उन लोगो ने कहा कि क्या आप कल्पना कर सकते हैं कि आप किसे पत्थरों से मारने जा रहे हैं? उन्होंने कहा कि आप हिन्दू लोग केवल हिंदू देवताओं पूजा करने के लिए हमें कहते है फिर भी हमें इस तरह से प्रताड़ित करते हैं। दूसरा हमला और भी भयानक था, जब बागेश्वर में निम्न सामाजिक वर्ग के एक सदस्य ने अनजाने में उच्च जाति के गेहूं के आटे की बोरी को छू लिया, तो उन्हें दंडित किया गया।

कुछ लोगों ने डॉ. अम्बेडकर को दोष दिया, कर्मकांडी उच्च जाति के हिंदू को नहीं, क्योकि वह हिंदू धर्म छोड़ रहे थे। उन्होंने अपने शब्दों से उन्हें कड़ी टक्कर देते हुये कहते है, "कुछ लोगों की आलोचना कठिन होती है। उनकी राय में, मैं अपने गरीब असहाय सामाजिक रूप से वंचित वर्गों के अस्पृश्य लोगों को भटका रहा था। वे कहते हैं, 'आज जो अछूत हैं, वे अछूत ही रहेंगे और अछूतों के जो अधिकार प्राप्त हैं, वे नष्ट हो जाएँगे' और हममें से कुछ लोग विस्मित हैं। वे कहते हैं कि हमारे बीच के अनपढ़ लोगों के लिए 'पारंपरिक पथ ही अपनाना होगा '। हमारे बीच के कुछ वरिष्ठ नागरिको और जवानों पर, वे प्रभावशाली हो सकते हैं। यदि इससे लोगों के मन में शंका उत्पन्न हुई है तो उस संशय को दूर करना हमारा कर्तव्य है; और उस संदेह को हमेशा के दूर करना हमारे आंदोलन की नींव को मजबूत करना है"।

डॉ. अम्बेडकर ने कहा, "अगर हम बौद्ध धर्म स्वीकार करते हैं, तब भी मुझे राजनीतिक अधिकार मिलेंगे। मुझे इस बात का पूरा यकीन है।" यह राजनीतिक अधिकार समानता, गरिमा और सामाजिक मान्यता है। उन्होंने संरक्षणवाद, अभिरक्षा और संरक्षकता के लिए नहीं बल्कि समानता, गरिमा और सामाजिक कृतज्ञता के लिए संघर्ष किया और उसमे सफल रहे। वे दिन चले गए जब आपको लगता था कि आप उनके घर पर उपेक्षित जातियों के एक परिवार को खाना खिला रहे है। अब वह इन लालची उच्च जाति के पाखंडियों को अपने घर में खाने के लिए मजबूर करता है।

वह दिन दूर नहीं जब सामाजिक रूप से वंचित लोग उत्त्साहित भारतीयों के रूप में भारत के विकास का नेतृत्व करने के लिए उठ खड़े होंगे। उसके साथ अपना संरक्षणवाद बनाए रखें। उनकी शक्ति और हिंदू धर्म और देश के प्रति प्रेम उनकी सर्वोच्च भूमिका है। उन्हें सरकार के नाम पर उचित विकल्प चाहिए न कि कॉस्मेटिक भूमिकाएं और कंक्रीट हॉल। इस लिए देश में वास्तविक रूप में समान नागरिकता की आवश्यकता है।जो कि पिछले पचहत्तर वर्षो में अभी तक नहीं हो पाया है।

आज आम हिंदुओं के सामने सबसे बड़ी चुनौती चुनाव जीत या हार नहीं है, बल्कि इसके सामाजिक ताने-बाने पर आक्रमण किया है। यदि हम वास्तविक रूप से सामंजस्य नहीं करते हैं,तो हिंदू बहुल देश के भविष्य के लिए खतरा होगा। सम्मान और समानता के लिए संघर्ष डॉ.अम्बेडकर का मुख्य उद्देश्य था; जातिवादी हिंदुओं के कारण उन्होंने उन्हें हिंदू धर्म छोड़ दिया। आज के दिन डॉ. अम्बेडकर को बिना कुछ जाने, सीखे, कुछ लिखे या पढ़े बिना प्रशंसा करना आम बात हो गई है।

उदहारण के लिए यदि लिंकन के सम्मान में कही गई कोई भी लाइन को आगे बढ़ाई जा सकती है तो डॉ. बी.आर.अंबेडकर का नाम भी प्रतिस्थापित किया जा सकता है और यह मांग के अनुरूप होगा। देश के जो मिथ्था दानकर्ता हैं और धर्म उन्हें सुनता है, वे सुनते और समझते है। डॉ. अम्बेडकर का कभी भी हिंदू धर्म छोड़ने का इरादा नहीं था, लेकिन वे लालची,धनी जाति-संचालित हिंदू वर्ग द्वारा मजबूर थे। एक हिंदू के रूप में समानता उनकी इच्छा थी। इसलिए उसे अस्वीकृत कर दिया गया। ऐसे लोग भी हैं जिन्होंने समाज के सामाजिक आर्थिक रूप से वंचित लोगों को भी बिगाड़ा है और कहते हैं कि वे उच्च जातियों की तरह हमारे के लिए बोझ हैं।

धार्मिक रूप से सामाजिक-आर्थिक रूप से वंचित लोगों को उस पीड़ा को अब महसूस करने की आवश्यकता है जो लोग बार-बार समरसता की बात करने वाले लोगों के बीच निम्न जाति के जीवन के हिंदुओं के रूप में अनुभव करते हैं। घोड़े पर सवार धार्मिक और सामाजिक रूप से वंचित जाति के दूल्हे के समर्थन में कोई नहीं आता है, जिसकी बारात को उसकी दुल्हन के घर के रास्ते में रोक दिया जाता है। यह चुनौतीपूर्ण है- “अरे! हमारे घरों में घोड़े पर सवार होने की तुम्हारी हिम्मत कैसे हुई? तुम अपने वास्तविक हैसियत को नहीं जानते हो?”

तमिलनाडु में धार्मिक और सामाजिक समस्याओं के साथ कोलार की राधाम्मा, मदुरै की कौशल्या, और अनगिनत अन्य वर्गों की कहानिया है। हिंदू से ईसाई और इस्लाम में धर्मांतरण में चिंताजनक बेतहासा वृद्धि हुई है- अरुणाचल प्रदेश में आश्चर्यजनक रूप से तीस प्रतिशत लोग हिन्दू से ईसाई बन गए हैं। देहरादून के सबसे

प्रमुख हनुमान मंदिर से सटे एक गाँव, जो बड़े पैमाने पर धार्मिक और सामाजिक रूप से वंचित थे, ईसाई बन गये जिसका नेतृत्व ग्राम समुदाय का प्रधान ने किया।

ब्राह्मणवादी हिंदू प्रबंधन में विशेषज्ञ बनने के विश्वाश रखते हैं। विशाल आयोजन, बड़े कार्यक्रम, समाचार पत्रों से प्रचार, उनके भोज में शामिल होने वाले शीर्ष नेता, पांच सौ प्रतिशत के प्रीमियम पर मानसरोवर को पवित्र जल चढ़ाते हैं और मंदिर के देवताओं में रासायनिक सिंदूर का उपयोग करते हैं। लेकिन समानता की गारंटी के लिए उनके द्वारा कोई भी प्रयास नहीं किया गया और वर्तमान में कोई प्रयास नहीं किया जा रहा है। हिंदू पारंपरिक धार्मिक परंपराओं के बीच बने हुए हैं, और जाति-आधारित उत्पीड़न अभी भी तेजी से और धार्मिक रूप से सामाजिक रूप से उत्पीड़ित वर्गों के बीच चलता है। क्या ब्राह्मणवादी वर्णक्रम के निचले पायदान को जाति के लिए आरक्षण न होने पर भाई-बहनों के लिए अत्याधुनिक शिक्षा केंद्र खोलने वाले बड़े दिल वाले अरबपति हिंदू का नाम लिया जाएगा? क्या हम कल्पना कर सकते हैं? मुंबई में, एक बहु-अरबपति, अंतर्राष्ट्रीय स्कूल अभी हाल ही में फिल्मी सितारों के बच्चों और उच्च पदों पर धनी राजनेताओं के लिए लॉन्च किया गया है। क्या वे लोग सामाजिक वंचित,बहिकृत,उत्पीडित वर्गों के लिए उस प्रकार का शिक्षा संसस्थान शुरू कर सकते है,उत्तर होगा नहीं।

धार्मिक, आर्थिक और सामाजिक रूप से उत्पीड़ित वर्ग के लोग जो भी हों, आज हम केवल डॉ. अम्बेडकर के कारण हैं जिन्होंने उनकी मदद की और दबाव में हिंदू उच्च जाति से निपटने के लिए संघर्ष किया। राजनीतिक प्रभाव के धार्मिक रूप से आर्थिक रूप से सामाजिक रूप से उत्पीड़ित वर्गों के कई वर्ग हैं, डॉ अम्बेडकर की प्रेरणा के कारण और इसलिए भी कि निचली जाति के कुछ योग्य लोग देश और अपने धर्म के लिए गहराई से जुड़ने के लिए प्रतिबद्ध हैं।

धार्मिक परिवर्तन के आलोचकों को डॉ अम्बेडकर का करारा जवाब

धर्म परिवर्तन की आलोचना करने वाले आलोचकों को डॉ. अम्बेडकर ने करारा जवाब दिया था कि धार्मिक, सामाजिक और आर्थिक रूप से वंचित,बहिकृत लोगों की एक बड़ी संख्या जो अपने मुद्दों के साथ एक साथ आए हैं, वे मानते हैं कि इस वर्ग के मुद्दे, मूलभूत समस्या को ठीक करने का एक तरीका है कि अतातायियो से बचने के लिए खुद को हिंदू धर्म से दूसरे धर्म में परिवर्तन ही एक अच्छा विकल्प हैं। इस आशय का एक प्रस्ताव 31 मई 1936 को मुंबई में एक महार सम्मेलन में सर्वसम्मति से पारित किया गया। हालांकि यह बैठक महार बैठक के रूप में आयोजित की गई थी, लेकिन प्रस्ताव को भारत में धार्मिक, सामाजिक और आर्थिक

रूप से वंचित बहिकृत लोगों की एक बड़ी संख्या का समर्थन प्राप्त हुआ। यह समाज किसी अन्य संकल्प से इतने प्रभावित नहीं हुआ जितना धर्म परिवर्तन के प्रस्ताव से हुआ। ब्राह्मणवादी हिंदू समुदाय गुस्से में था और इस परिवर्तन के लिए इन लोगों को शाप देने और अन्य प्रकार की चेतावनी दिया गया। इस धार्मिक परिवर्तन से ब्राह्मणवादी हिन्दुओ में असीम चिंताएँ पैदा कर दिया था।

धर्म परिवर्तन से सामाजिक-आर्थिक रूप से वंचित,उत्पीड़ित वर्गों को क्या लाभ होगा? एकमात्र आपत्ति जिस पर गंभीरता से विचार किया जाना चाहिए। आपत्ति इस आधार पर है कि मनुष्य और ईश्वर के बीच धर्म पूरी तरह से व्यक्तिगत मामला है। यह बहुत ही अलौकिक है। इसका सामाजिक संबंधों से कोई लेना-देना नहीं है। नि:संदेह दावा जायज है। फिर भी इसके मूल सिद्धांत काफी गलत हैं। यह किसी भी बिंदु पर, धर्म की एकतरफा व्याख्या है और यह भी पूरी तरह से ऐतिहासिक और धर्म के वास्तविक पहलुओं पर आधारित है। इन वर्गों की स्थिति को धर्मांतरण के बिना नहीं बदला जा सकता है। लेकिन इस सवाल का जवाब क्या बेहतर है, क्या धर्मों में समानता नहीं हैं? निश्चित रूप से, वे इसमें भिन्न हैं। एक धर्म दावा करता है कि भाईचारा ठीक है, और दूसरा यह कि जाति प्रथा ही ठीक है। जाति प्रथा का विचार सभी धर्मों में मौजूद नहीं है। अधिकार निर्धारित करने वाली संस्था होने के अलावा, विश्वास 'अधिकार' को बढ़ावा देने और प्रचारित करने का एक अवसर है। क्या वे जिस तरह और रणनीतियों को प्रोत्साहित और प्रचारित करते हैं, क्या वे सभी धर्मों में स्वीकृत हैं?

सभी धर्म सत्य हैं, और सभी धर्म अच्छे हैं। धर्म परिवर्तन करना व्यर्थ है। इस आपत्ति का आधार यह है कि कोई भी धर्म यही बात सीखता है। यह इस अवधारणा से निकलता है कि एक धर्म को दूसरे धर्म के पक्ष में करने की कोई आवश्यकता नहीं है, क्योंकि दोनों धर्म एक ही बात सिखाते हैं। यह स्वीकार किया जाना चाहिए कि सभी धर्म यह मानते है कि जीवन का उद्देश्य "शांति" की उपलब्धि में है।

सामाजिक रूप से वंचितों को परिवर्तनशील में परिवर्तित करना सामाजिक रूप से विशेषता है। यह एक आपत्ति है जिस पर विचार नहीं किया जा रहा है। किसी ने यह वर्णन नहीं किया है कि उनके धर्म परिवर्तन से इन वर्गों के लिए क्या राजनीतिक लाभ होगा। किसी ने यह नहीं बताया कि राजनीतिक लाभ होने पर धर्मांतरण का यह स्पष्ट अवसर है। धर्मांतरण आलोचक यह भी नहीं मानते हैं कि किसी को लाभ के बीच अंतर करने की आवश्यकता है जो धर्मांतरण और अवसर लाभ के लिए एक स्पष्ट प्रेरणा है। यह नहीं माना जा सकता कि यह अंतर बिना किसी भेद के है। सामाजिक रूप से वंचित वर्गों के धर्मांतरण से राजनीतिक लाभ होगा। इसकी केवल

अनैतिक या अवैध के रूप में निंदा की जा सकती है यदि कोई प्रत्यक्ष प्रोत्साहन लाभ देता है। इसलिए, जब तक धर्मांतरण के आलोचक एक राजनीतिक लाभ साबित नहीं होते और सामाजिक रूप से वंचित,बहिकृत वर्गों को धर्मांतरण की आवश्यकता कम होती है, तब तक उनका आरोप निराधार है।

यदि राजनीतिक लाभ सिर्फ एक आकस्मिक लाभ है, तो धर्मांतरण आपराध नहीं है। यह सत्य है; हालाँकि, धर्मांतरण सामाजिक रूप से वंचित,बहिकृत वर्गों को कोई नया राजनीतिक लाभ नहीं दे सकता है। प्रत्येक धार्मिक समुदाय भारत के संवैधानिक कानून के तहत राजनीतिक प्रावधानों को अलग करने के लिए बाध्य है। उनकी वर्तमान स्थिति में, उन वर्गों के पास राजनीतिक विशेषाधिकार हैं जो ईसाइयों और मुसलमानों द्वारा प्राप्त किए गए हैं। ऐसा कहा जाता था कि यदि वे अपना धर्म बदते हैं तो परिवर्तन के परिणामस्वरूप लोकतांत्रिक अधिकार नहीं होंगे जो पहले नहीं थे। यदि वे अपना धर्म परिवर्तन नहीं करते हैं तो वे लोकतांत्रिक अधिकारों को बरकरार रखेंगे जो उनके पास हैं। वास्तव में राजनीतिक लाभ और धर्मांतरण के बीच कोई संबंध नहीं है। इसका अहमियत एक अज्ञानी पागलपन का आवेश है

लोग कहते है जो लोग सामाजिक रूप से वंचित,बहिकृत उत्पीडित हैं उनका धर्मांतरण प्रामाणिक नहीं है, क्योंकि यह धर्म पर आधारित नहीं है। यह बताने की जरूरत नहीं है कि इस प्रकार कि आपत्तियां बेकार और अप्रासंगिक हैं। ब्राह्मणवादी धर्म जिसको वर्तमान में सनातन धर्म से संदर्भित किया जा रहा है, अब प्राचीन संपत्ति वाला बन गया है। जिसमे विरासत पिता से पुत्र को स्वतः हस्तांतरित होती है। उन मामलों में, किसकी असलियत है? यदि वे धर्म के महत्व और विभिन्न धर्मों के गुणों पर पूर्ण विचार करने के बाद, सामाजिक रूप से वंचित,बहिकृत, उत्पीड़ित वर्गों की अक्षुण्ण धर्म परिवर्तन होगा तो कोई कैसे कह सकता है कि ऐसा धर्म परिवर्तन वास्तविक धर्म परिवर्तन नहीं है? दूसरी ओर, यह इतिहास में सच्चे परिवर्तन का पहला उदाहरण होगा। इसलिए यह समझ पाना असंभव है कि कोई भी सामाजिक-आर्थिक रूप से वंचित वर्गों के धर्मांतरण की वास्तविकता को चुनौती दे।

क्या ऐसा कोई धर्म नहीं है जो हिंसा की वकालत करता हो? क्या अहिंसा की वकालत करने वाला कोई धर्म नहीं है? तथ्यों को देखते हुए, यह कैसे कहा जा सकता है कि सभी धर्म एक जैसे हैं और एक को दूसरे के मुकाबले पसंद करने का कोई कारण नहीं है?

ब्राह्मणवादी हिंदू केवल यह आपत्ति प्रस्तुत करके हिंदू धर्म और ब्राह्मणवाद के विश्लेषण को रोकने का प्रयास कर रहा है कि सभी धर्म सत्य हैं, और सभी धर्म अच्छे हैं। धर्म परिवर्तन करना व्यर्थ है। यह असाधारण है कि धर्मांतरण को लेकर हुए हंगामे में एक भी हिंदू व्यक्ति में धार्मिक और सामाजिक रूप से वंचित वर्गों को हिंदू धर्म के बारे में कुछ भी झूठ बोलने की धमकी देने की हिम्मत नहीं है। हिन्दू वस्तुतः तुलनात्मक धार्मिक विज्ञान की वृत्ति का आश्रय ले रहा है। तुलनात्मक विश्वास के अनुभव ने सभी वर्तमान धर्मों के अभिमानी तर्क को बाधित कर दिया है कि वे अकेले ही सत्य हैं और अन्य सभी धर्म जो रहस्योद्घाटन के उत्पाद नहीं हैं, झूठे हैं। यह खोज एक वास्तविक धर्म को एक झूठे धर्म से अलग करने के लिए बहुत ही व्यक्तिपरक, बहुत सनकी उपाय था। तुलनात्मक धर्म के विज्ञान के माध्यम से यह निश्चित रूप से धर्म के उद्देश्य के लिए एक उत्कृष्ट सेवा थी। हालाँकि, यह कहा जाना चाहिए कि इस विज्ञान ने सभी धर्मों के लिए सद्गुणों की सामान्य अवधारणा और उनकी कट्टरता में बहुत कम उपयोग और उद्देश्य पैदा किया है।

धर्म को आध्यात्मिक समझना महत्वपूर्ण है। इस तथ्य को न मानना कि धर्म का मूल तत्व सामाजिक है। अगर यह सामाजिक नहीं है तो यह अनुचित हो सकता है। जीविका और जीवन की रक्षा का संबंध आदिम समाज से है और यही जीवन चक्र ही आदिम समाज के धर्म का सार और आधार बनाते हैं। आदिम समाज का जीविका और जीवन के प्रति प्रेम इतना महान था कि उसने अपने विश्वास की नींव रखी। जन्म, पुरुषत्व की प्राप्ति, यौवन, विवाह, बीमारी, मृत्यु और युद्ध की घटनाओं के अलावा, आदिवासी संस्कृति के संस्कार भोजन के साथ-साथ जुड़े हुए थे।

जिस तर्क की ओर विशेष ध्यान आकर्षित किया जाना चाहिए और जिस पर पूर्ववर्ती बहस पूर्ण समर्थन प्रदान करती है वह यह है कि धर्म को एक स्वतंत्र, निजी और व्यक्तिगत मामले के रूप में मानना एक त्रुटि है। वास्तव में, जैसा कि देखा जा सकता है, जब यह इकाई, निजी और व्यक्तिगत रहता है, तो विश्वास जोखिम नहीं तो सकारात्मक का स्रोत बन जाता है। यह सोच कि धर्म व्यक्ति के स्वभाव में जन्मजात से एक विशेष दैवीय आवेग का उत्कर्ष है, इसी प्रकार पथभ्रष्ट भी है। सही मत यह है कि धर्म आध्यात्मिक है, भाषा की तरह, चूंकि यह प्रत्येक सामाजिक जीवन के लिए आवश्यक है और मनुष्य के पास यह होना भी चाहिए क्योंकि वह इसके बिना समाजिक जीवन से सम्बद्ध नहीं हो सकता।

सामाजिक रूप से वंचित,बहिकृत, उत्पीडित वर्ग ब्राह्मणवादी हिंदू धर्म के नायकों से वही सवाल पूछ सकते हैं जो प्रत्यक्षवादियों द्वारा लॉर्ड बालफोर द्वारा पूछे गए थे। बाल फोर ने सन्१९१७ में प्रथम विश्व युद्ध के दौरान ब्रटिश सरकार द्वारा

फिलिस्तीन में यहूदी लोगों के लिए समर्थन की घोषणा करते हुए एक सार्वजनिक बयान दिया था कि छोटी अल्प संख्यक यहूदी के लिए एक तुर्क क्षेत्र हो। वास्तव में, धार्मिक, आर्थिक और सामाजिक रूप से वंचित वर्गों द्वारा और भी बहुत कुछ मांगा जा सकता है। वे पूछ सकते हैं: क्या हिंदू धर्म, मनुष्य के रूप में, उनको योग्य समझता है यानि उनकी योग्यता का समझता है? क्या यह उनकी समानता को दर्शाता है? क्या स्वतंत्रता का लाभ उन पर लागू होगा? क्या यह कम से कम उनके और हिंदुओं के बीच भाईचारे का बंधन बनाने में मदद करेगा? क्या यह हिंदुओं को सिखाता है कि उनके रिश्तेदार धार्मिक, आर्थिक और सामाजिक रूप से दलित वर्ग हैं? क्या यह हिंदुओं को सिखाता है कि धार्मिक, आर्थिक और सामाजिक रूप से वंचित वर्गों के साथ न तो मनुष्य और न ही जानवर के रूप में व्यवहार करना पाप है? क्या हिंदू कहता है कि नैतिक रूप से ये सामाजिक रूप से वंचित,बहिकृत,उत्पीडित वर्ग धर्मी हैं? क्या यह उन्हें हिंदुओं के प्रति न्यायपूर्ण और दयालु होने का उपदेश देगा? क्या यह हिंदुओं के अनुकूल होने का गुण पैदा करता है? क्या यह हिंदुओं को बताता है कि वे उनसे प्यार करते हैं, उनका सम्मान करते हैं, कि वे कोई गलत काम नहीं करते हैं? संक्षेप में, क्या हिंदू धर्म, बिना किसी भेदभाव के, जीवन के मूल्य को सार्वभौमिक बना देता है?

डॉ. अम्बेडकर के अनुसार कोई भी ब्राह्मणवादी हिंदू धर्म के सृजन कर्ता के वंशज और अनुयायी इनमें से किसी भी प्रश्न का सकारात्मक उत्तर देने का साहस नहीं करेगा। इसके विपरीत, ब्राह्मणवादी हिंदू धर्म द्वारा अनुमोदित गतिविधियां वे त्रुटियां हैं जिनके लिए धार्मिक,आर्थिक और सामाजिक रूप से बहिष्कृत और दलित वर्ग हिंदुओं के अधीन हैं। ये सभी गलतियाँ ब्राह्मणवादी हिंदू धर्म के नाम पर किए जाते हैं और ब्राह्मणवादी हिंदू धर्म के नाम पर उचित हैं। ब्राह्मणवादी हिंदू धर्म की शिक्षाएं उस भावना और परंपरा का स्तंभ और समर्थन करती हैं जो धार्मिक,आर्थिक और सामाजिक रूप से दलित वर्गों के खिलाफ ब्राह्मणवादी उच्च हिंदुओं की अराजकता को वैध बनाती हैं। ब्राह्मणवादी हिंदू धार्मिक,आर्थिक एवं सामाजिक रूप से दलित वर्गों द्वारा हिंदू धर्म को अपनाने और हिंदू धर्म में बने रहने पर सवाल क्यों उठाते हैं?उनके अनुसार हिन्दू धर्म ही सबसे अच्छा धर्म है,धर्म परिवर्तन नहीं करना चाहिए।

डॉ. अम्बेडकर के अनुसार हिंदू धर्म, ब्राह्मणवाद, जो मुख्य रूप से भारत के मूल निवासियों, सामाजिक वंचित, बहिकृत, उत्पीडित वर्गों के विनाश के लिए जिम्मेदार है,तो इस वर्ग के लोगों को उसके साथ क्यों रहना चाहिए? यह वर्ग इस हिंदू धर्म में क्यों रहेगा, उसका अनुयायी क्यों बनेगा? यह किसी मनुष्य के पतन

को अधिकतम गहराई, तह तक ले जाया जा सकता है, वह सामाजिक,आर्थिक और धार्मिक बहिष्कार और वंचित करता है। कमजोर होना अभिशाप है, लेकिन इतना नहीं जितना कि सामाजिक वंचित,बहिष्कृत होना। गरीब लोगों को अपने पर गर्व हो सकता है, परन्तु सामाजिक वंचित, बहिकृत को अपने पर गर्व नहीं हो सकता है। गरीब माना जाना बुरा है, लेकिन सामाजिक रूप से वंचित, बहिष्कृत होना जितना बुरा नहीं है। गरीब उच्च वर्ग अपने रैंक से ऊपर उठ सकता है, और सामाजिक रूप से वंचित,बहिकृत लोगों के लिए इस प्रकार की संभावना नगण्य यानि नहीं के बराबर है। पीड़ित होना बुरा है, लेकिन इतना बुरा नहीं कि जितना सामाजिक रूप से वंचित,बहिष्कृत होना। सामाजिक रूप से वंचित,बहिकृत वर्ग के पास इसकी करने की इच्छा शक्ति नहीं रह गयी है। नम्र होना बुरा है, लेकिन इतना बुरा नहीं जितना सामाजिक रूप से वंचित,बहिष्कृत होना। नम्र लोग, कम से कम, शक्तिशाली होंगे यदि वे संसार के उत्तराधिकारी हो सकते है, यह सामाजिक रूप से वंचित,बहिकृत वर्ग के लिए एक सपना भी नहीं हो सकता है।इस बारे में अब सोच नही सकते है। लेकिन वर्तमान में कुछ लोग इस पर सकारात्मक सोच रख रहे है और सफल भी हो रहे है।

डॉ. अम्बेडकर कहते है कि हिंदू धर्म में सामाजिक रूप से वंचित,बहिष्कृत लोगों के लिए कोई मोक्ष नहीं है। लेकिन यही एक मात्र कारण नहीं है कि इस वर्ग लोग ब्राह्मणवादी हिंदू का गला नहीं काटते। लेकिन उससे यह अपेक्षा नहीं की जा सकती कि वह यह स्वीकार करे कि वह एक सामाजिक रूप से वंचित,बहिष्कृत व्यक्ति है और ठीक ही ऐसा है। वे कौन सामाजिक रूप से वंचित,बहिष्कृत वर्ग के लोग हैं जिनकी आत्माएं इतनी मृत हैं कि हिंदू धर्म और ब्राह्मणवाद का पालन करके ऐसी स्वीकृति दे सकती हैं? यह कि हिंदू धर्म और ब्राह्मणवाद सामाजिक वंचित, बहिष्कृत वर्गों के स्वाभिमान और सम्मान के साथ असंगत हैं, सबसे मजबूत आधार है जो इन वर्गों के दूसरे और कुलीन धर्म में परिवर्तन को सही ठहराता है।

डॉ. अम्बेडकर के अनुसार सामाजिक वंचित,बहिष्कृत लोगों को हिंदू धर्म छोड़ने की जरूरत है। एक अन्य कारण से हिंदू धर्म छोड़ना उनके लिए अनिवार्य हो जाता है, हिंदू धर्म का एक हिस्सा इन लोगों के साथ असामाजिक व्यवहार करता है। जो लोग इस बात पर विवाद करते हैं कि प्रबुद्ध सुधारकों के रूप में कार्य करने के लिए सामाजिक वंचित,बहिष्कृत वर्ग हिंदू धर्म का हिस्सा हैं,उन्हें केवल वंचित, बहिष्कृत के रूप जीवन जी कर समझाना होगा। एक हिंदू के लिए हिंदू धर्म और ब्राह्मणवाद में विश्वास करना आवश्यक नहीं है। इस ज्ञान के कारण उनके पीछे लाखों सामाजिक रूप से वंचित, बहिष्कृत लोग हैं, यह उसके वर्चस्व की भावना को बढ़ाता है। क्या

वह दावा करता है कि वह हिंदू धर्म में विश्वास करता है? इससे पता चलता है कि वे स्वीकार करते हैं कि वे सामाजिक रूप से बहिष्कृत लोग हैं और दैवीय व्यवस्था का परिणाम यह है कि वे सामाजिक वंचित,बहिष्कृत हैं। ब्राह्मणवाद के अनुसार चूंकि हिंदू धर्म एक ईश्वरीय व्यवस्था है। एक सामाजिक रूप से वंचित,बहिष्कृत द्वारा एक ब्राह्मणवादी हिंदू का गला नहीं काटा जा सकता है। फिर भी उसे स्वीकार करने के लिए मजबूर नहीं किया जा सकता है, और समझ में आता है कि वे सामाजिक वंचित, बहिष्कृत और उत्पीडित हैं। आखिर क्या है इस वर्ग के लोग इतने मरे हुए विवेक के साथ है कि हिंदू धर्म और ब्राह्मणवाद का पालन करके यह ऐसी स्वीकृति देते है? सबसे बड़ा आधार जो सामाजिक रूप से वंचित,बहिष्कृत समुदाय के दूसरे और अधिक सम्मानजनक धर्म में परिवर्तन को सही ठहराता है, वह यह है कि हिंदू धर्म और ब्राह्मणवाद सामाजिक रूप से वंचित,बहिष्कृत लोगों के स्वाभिमान और गरिमा के साथ असंगत हैं।

डॉ. अम्बेडकर के अनुसार धर्म परिवर्तन का तर्क निर्विवाद था। वे और अधिक सवालों के जवाब देने पर जोर देंगे। एक सवाल है जिसे वे अभी भी उठाने के लिए उत्सुक हैं, मुख्यतः क्योंकि उन्हें लगता है कि यह आश्चर्यजनक और अनुत्तरित है: सामाजिक रूप से वंचित वर्ग के लोग अपने धर्म को भौतिक रूप से बदलकर क्या हासिल कर सकते हैं? प्रश्न बिल्कुल भी दुर्जेय नहीं है। इसका उत्तर देना सीधा है। इस वर्ग के लोग नहीं हैं जो आर्थिक लाभ के लिए धर्मांतरण को प्रोत्साहन देने की योजना बना रहे हैं। यह सच है कि सामाजिक बहिष्करण, धर्मांतरण से, धन अर्जित नहीं करेगा। हालांकि, कोई नुकसान नहीं है, क्योंकि हिंदू के रूप में रहने के दौरान उनका कमजोर होना तय है। राजनीतिक रूप से उन्हें दिए गए संवैधानिक विशेषाधिकारों को खो देंगे। हालांकि, कोई बड़ा नुकसान नहीं है, क्योंकि वे उस संस्कृति में प्रवास द्वारा आरक्षित राजनीतिक विशेषाधिकारों के लाभ के हकदार होंगे, जिसमें वे शामिल होंगे। राजनीतिक दृष्टि से न तो लाभ होता है और न ही हानि। सामाजिक रूप से, चूंकि सामाजिक बहिष्करण एक ऐसे समूह का हिस्सा होगा, जिसके विश्वास ने धर्मांतरण के माध्यम से जीवन के सभी मानकों को सार्वभौमिक और समान कर दिया है, वे पूरी तरह से और बड़े पैमाने पर समृद्ध होंगे। हालांकि वे हिंदू धर्म में हैं, उनके लिए ऐसा उपहार असंभव है।

इसका एक जवाब है। लेकिन इसकी संक्षिप्तता के कारण, धर्म परिवर्तन के विरोधियों को संतुष्टि देने की उम्मीद नहीं है। सामाजिक रूप से वंचित,बहिष्कृत लोगों द्वारा तीन वस्तुओं की आवश्यकता होती है। उन्हें सबसे पहले समाज से अपने अलगाव को खत्म करने की जरूरत है। दूसरा बिंदु है कि उन्हें अपनी हीन भावना को समाप्त

करना चाहिए। तीसरा बिंदु यह है कि -क्या धर्म परिवर्तन से उनकी मनोकामनाएं पूरी हो सकती हैं? धर्म परिवर्तन के आलोचकों का मानना है कि धर्म परिवर्तन के पैरोकारों के लिए कोई तर्क नहीं है। इसलिए वे सवाल पूछने लगे हैं। तर्क धर्म परिवर्तन के पक्ष में सर्वोत्तम तर्क से बेहतर है। इतना सरल क्या है, यह साबित करने के लिए केवल एक लंबा समय बर्बाद करना चाहता है। सभी सवालों को खत्म करने की जरूरत है। हमे प्रत्येक बिंदु को अलग से विचार करना चाहिए।

ब्राह्मणवाद अपना सामाजिक अलगाव कब खत्म कर पाएगा? सामाजिक रूप से वंचित,बहिष्कृत लोगों के लिए, उनके सामाजिक अलगाव को समाप्त करने का एकमात्र तरीका जाति की भावना से मुक्त एक अन्य समूह के साथ संबंध विकसित करना और खुद को एकीकृत करना है। समाधान बहुत सीधा है और फिर भी सभी इसकी वैधता को आसानी से स्वीकार नहीं करेंगे। बहुत कम लोग सगोत्रता का अर्थ और महत्व जानते हैं। हालांकि, इसका मूल्य और महत्व वास्तव में स्थायी है।

अब तक जो तर्क दिया गया उसका उद्देश्य यह स्पष्ट करना था कि सामाजिक रूप से बहिष्कृत लोगों और ब्राह्मणवादियों के बीच मौजूद खाई के प्रश्न को धर्मांतरण द्वारा कैसे समाप्त किया जा सकता है। दो अन्य मुद्दों पर विचार करने की आवश्यकता है। एक तो यह कि क्या धर्मांतरण से उनकी हीन भावना समाप्त हो जाएगी? आप निश्चित रूप से हठधर्मिता,संकीर्णता नहीं करते हैं। लेकिन समस्या को सकारात्मक रूप में संबोधित करने में कोई संदेह नहीं हो सकता है। सामाजिक रूप से वंचित,बहिकृत वर्ग के लोगों की हीन भावना उनके आपसी अलगाव, भेदभाव और सामाजिक परिवेश की शेष समाज के प्रति मित्रता का परिणाम है। यह वह है जिसने शक्तिहीनता की भावना भी पैदा की है,जो हीनता की उस जटिलता के लिए जिम्मेदार है, जिसने उसे आत्म-पुष्टि की शक्ति से वंचित कर दिया। क्या धर्म सामाजिक वंचित, बहिष्कृत लोगों के मानस को प्रभावित करेगा?

मनोवैज्ञानिकों का मानना है कि यदि यह सही उदार भावना का धर्म है तो वह इसका उपचार भी करेगा; यदि धर्म व्यक्ति को एक अपमानित, वंचित, बहिष्कृत के रूप में नहीं बल्कि एक साथी इंसान के रूप में मानता है; यदि धर्म उसे ऐसा वातावरण प्रदान करता है जिसमें वह सीख सके कि किसी अन्य मनुष्य के समान महसूस करने की संभावनाएं हैं। ऐसा कोई कारण और संदेह नहीं है कि इस तरह के धर्म में सामाजिक वंचित,बहिष्कृत वर्ग धर्मपरिवर्तन उनकी सदियों पुरानी निराशावाद को समाप्त नहीं करेगा जो उनकी जटिल हीनता के लिए भी सदियों से जिम्मेदार है।

एक प्रश्न यह है कि कौन सा धर्मांतरण दलित लोगों की सामाजिक स्थिति के लिए सम्मान जनक है। यह समझना कठिन है और इस मुद्दे पर दो दृष्टिकोण होंगे। नाम में क्या है, इस प्रश्न का शेक्सपियर का बहुधा उद्‌धृत किया गया समाधान शायद ही किसी नाम की दुविधा की पर्याप्त समझ को दर्शाता है। यदि नामों से कोई कारण नहीं बनता, और लोग नामों पर ध्यान केंद्रित करने के बजाय, प्रत्येक मामले की जांच करने का कष्ट उठाते और उनके विश्लेषण के आधार पर उसके बारे में अपने विचार और दृष्टिकोण तैयार करते है।

यह बहुत अफसोस की बात है कि भारत वर्ष में विशेष कर ब्राह्मणवादी हिन्दू धर्म में शीर्षकों अर्थात उपनामो, कुलनामो की बहुत महत्वपूर्ण भूमिका होती है। सम्पुर्ण अर्थव्यवस्था में, वे एक महत्वपूर्ण भूमिका निभाते हैं। प्रतीक नाम हैं। प्रत्येक नाम कुछ विचारों और धारणाओं के साथ एक निश्चित वस्तु की पहचान को दर्शाता है। यह सिर्फ एक टैग है। लोग जानते हैं कि इस टैग के कारण क्या है। यह उन्हें प्रत्येक मामले का स्वतंत्र रूप से विश्लेषण करने और स्वयं निर्णय लेने की चुनौती से बचाता है कि क्या वस्तु से जुड़े सिद्धांत और धारणाएं अक्सर मान्य होती हैं। लोगों को समाज में इतनी सारी चीजों के साथ बातचीत करनी पड़ती है कि उनके लिए किसी घटना का विश्लेषण करना मुश्किल हो जाता है। उन्हें इसी नाम से जाना है। इसलिए सभी विज्ञापन दाता अपने लिए एक अच्छा नाम खोजने के लिए उत्सुक रहते हैं। यदि नाम आकर्षक नहीं है तो लेख व्यक्तियों के साथ नहीं जुड़ता है। सामाजिक वंचित,बहिकृत जिसे तत्कालीन 'अछूत' शीर्षक कहा जाता रहा है, एक नकारात्मक टैग है। यह लोगों की मानसिकता में अलग ही छाप छोड़ता है, लोगो को लोगो से बहिष्कृत करने का एक अलग ही तरह का उत्पाद है जो कि भारतीय जन मानस में एक अलग ही सोच उत्पन्न करता है। इस टैग के प्रति हिंदू की सामाजिक मानसिकता को 'अछूत' शब्द से ही परिभाषित किया गया। इस टैग में निहित धारणा 'अछूतों' के प्रति ब्राह्मणवादी हिन्दू धर्म के अनुपलाको में एक अलग ही निर्धारित रवैया रहा है। वर्तमान में भी उन अनुपलाको में उनके प्रति वैसा ही रवैया है,अभी तक कुछ खास नहीं बदला है।बल्कि कुछ वर्षो में इसमें गुणात्मक वृद्धि हुयी है।

डॉ. अम्बेडकर का मानना था कि ब्राह्मणवाद की अवधारणा रही है कि के सामाजिक वंचित,बहिष्कृत लोगों के कोई सोच या दिमाग नहीं होता है, चाहे वे कितने भी मेधावी क्यों न हों। यह सभी सामाजिक वंचित वर्गों को महसूस कराया जाता रहा है। उन्हें किसी अन्य नाम से 'सामाजिक बहिष्कृत' के बजाय बुलाने का एक आम प्रयास है। चमारों ने खुद को रविदास या जाटव नाम दिया। डोम ने अपना नाम शिल्पकार रखा। पारिया खुद को आदि-द्रविड़ घोषित किया है, अरुंधत्य खुद को

मदीगा घोषित किया है, चोखामेला या सोमवंशी खुद को महार घोषित किया है और भंगी खुद को बाल्मिकी मानते हैं। यदि वे अपने शहरों से दूर होते तो उनमें से कई स्वयं को ईसाई कहते है। कोयरी अपने को मौर्या और कुशवाहा,अहीर अपने को यादव तो कुर्मी अपने को वर्मा के रूप में घाषित किये है।

सामाजिक रूप से वंचित, बहिष्कृत लोग जानते हैं कि अगर वे खुद को अपने वास्तविक वर्ग समुदाय उजागर करेगे तो ब्राह्मणवादी हिंदू धर्म के अनुपलक उनको बाहर निकाल देंगे और उनको बेनकाब कर देंगे। यही कारण है कि वे खुद को अन्य नामों से नामित करते हैं जिनकी तुलना रक्षात्मक मलिनकिरण प्रक्रिया से की जा सकती है।

यह रक्षात्मक मलिनकिरण शायद ही कभी अपने उद्देश्य को पूरी तरह से पूरा करने में विफल रहता है। हिंदू होना हिंदुओं के लिए सर्वश्रेष्ट के बजाय एक सामाजिक श्रेणी है। जाति, वास्तव में उप-जाति, उप-जाति की उपजाति के रूप है। जब हिंदू हिन्दू से मिलते हैं तो प्रथम वाक्य के अदन -प्रदान में पूछा जाता है आप कौन हैं, यही एक ऐसा प्रश्न जिसके पूछने की संभावना होती है। 'मैं एक हिंदू हूं' इस मुद्दे पर संतोषजनक प्रतिक्रिया नहीं होने वाली है। अंतिम वक्तव्य के रूप में, इसे निश्चित रूप से स्वीकार नहीं किया जाएगा। जांच को आगे बढ़ाया जाना तय है। 'हिन्दू' उत्तर के बाद कोई दूसरा उत्तर देना अनिवार्य है' कौन सी जाति? उसके जवाब का जवाब इस सवाल से मिलना तय है कि 'कौन सी उपजाति? पूछताछ तब भी नहीं रूकती है जब तक प्रश्नकर्ता अंतिम सामाजिक श्रेणी, जो कि जाति या उप-जाति तक नहीं पहुँच जाता है।

सामाजिक वंचित,बहिष्कृत लोग, जो नए नाम को रक्षात्मक मलिनकिरण रूप ग्रहण करते हैं, यह महसूस करते हैं कि नया नाम मदद नहीं करता है और वह, इसलिए बोलने के लिए, निरंतर पूछताछ के दौरान अधिकतम निचले स्तर में चला जाता है और यह स्वीकार करने के लिए मजबूर किया जाता है कि वह एक सामाजिक वंचित,बहिकृत समाज में से है। नया स्वांग उसे अपने पिछले परिवेशीय पर्दाफास की तुलना में अधिक आक्रोश का शिकार बनाता है।

इस बहस से दो बातें सामने आई हैं, कि जो लोग सामाजिक वंचित, बहिकृत, दलित और जो अप्रतिष्ठित है,उन्हें ब्राह्मणवादी अनुयायियों द्वारा बदनाम किया जाता रहा है। जब तक नाम नहीं बदला जाता, तब तक इसकी सामाजिक स्थिति में सुधार की कोई उम्मीद नहीं है। दूसरा यह है कि हिंदू धर्म में नाम परिवर्तन अस्वीकार्य होगा। ब्राहमणवादी हिंदू धर्म के अनुयायी इस तरह के नाम को भेदने

में नहीं हिचकिचाएंगे और सामाजिक वंचित, बहिष्कृत लोगों को खुद को दलित के रूप में ही प्रस्तुत करेंगे। नाम बहुत मायने रखता है। इसके लिए,नाम इस वर्ग के लोगों की स्थिति को विद्रोह कर देगा। हालाँकि, नाम हिंदू धर्म के बाहर और उसके खराब और अपमानजनक प्रभाव के बाहर एक संस्कृति का नाम होना चाहिए। अगर वे धर्म परिवर्तन चाहते हैं तो उनका नाम ऐसा नाम प्रभाव शाली होना चाहिए।ब्राह्मणवादी हिंदू धर्म के भीतर, नाम बदलकर एक धर्मांतरण एक गुप्त परिवर्तन है जो किसी काम का नहीं हो सकता है।

धर्म परिवर्तन कुछ हद तक असंबद्ध प्रतीत हो सकता है। वे ऐसा करने के लिए दृढ़ संकल्प हैं। जब तक यह नहीं समझा जाएगा कि सामाजिक वंचित,बहिष्कृत लोग किस धर्म को स्वीकार करना चाहते हैं, यह भौतिक सुख के लिए नहीं होगा। लोगो द्वारा चुना गया धर्म और उस धर्म के अनुयायियों की सामाजिक स्थिति इस बात पर निर्भर करेगी कि धर्मांतरण से क्या विशेष लाभ होगा। एक धर्म उन्हें तीनों लाभ प्रदान कर सकता है, दूसरा केवल दो, और एक तिहाई उन्हें धर्म परिवर्तन के लाभों में से केवल एक ही प्रदान कर सकता है। विषय यह नहीं है कि सामाजिक रूप से वंचित,बहिष्कृत लोग किस धर्म का चयन कर सकते हैं। विषय यह है कि क्या धर्म परिवर्तन से सामाजिक बहिष्कार की समस्या को दूर किया जा सकता है। उस प्रश्न के लिए उत्तर दृढ़ता से सकारात्मक ही है।

बेशक,तर्क की ताकत धर्म के उस दृष्टिकोण पर निर्भर करती है जो सामान्य दृष्टिकोण से बहुत अलग है कि धर्म का संबंध ईश्वर से मनुष्य के लगाव और उसमें शामिल हर चीज से है। इस मत के अनुसार धर्म का अस्तित्व जीवन बचाने के लिए नहीं है, बल्कि मानवता और व्यक्ति की रक्षा के लिए है। यह केवल वे लोग हैं जो विश्वास के पूर्व दृष्टिकोण का समर्थन करते हैं, जिन्हें यह समझना मुश्किल लगता है कि धर्मांतरण द्वारा बहिष्करण की समस्या को कैसे हल किया जा सकता है। निष्कर्ष की सत्यता को स्वीकार करने में, अपनाए गए धर्म के दृष्टिकोण को स्वीकार करने वालों को थोड़ी परेशानी होगी।

मानव जीवन में धर्म और उसके दर्शन की आवश्यकता-डॉ. अम्बेडकर

"लोगों और धर्म को सामाजिक नैतिकता के आधार पर सामाजिक मानकों द्वारा आंका जाना चाहिए। यदि धर्म लोगों की भलाई के लिए आवश्यक रूप से अच्छा माना जाए तो किसी अन्य मानक का कोई अर्थ नहीं होगा।"-डॉ.बी.आर. आंबेडकर

यहां पर डॉ. अम्बेडकर की विचारधारा, सिद्धांत और धर्म की आवश्यकता और सामाजिक जीवन में इसके महत्व और धर्म के दर्शन दोनों के बारे में आलोचनात्मक विचार के तरीके पर चर्चा किया गया है। डॉ. अम्बेडकर स्वयं एक विलक्षण और महान दार्शनिक थे, जिन्होंने अपनी प्रकृति और कार्यक्षेत्र पर गहन शोध किया और कहा, "मैंने इस विषय पर बहुत कुछ पढ़ा है, लेकिन मैं स्वीकार करता हूं कि मुझे धर्म के दर्शन का अर्थ बहुत स्पष्ट नहीं है। यह शायद दो तथ्यों के कारण है। सबसे पहले जबकि धर्म कुछ निश्चित है कि दर्शनशास्त्र शब्द में क्या शामिल किया जाना है। दूसरे स्थान पर, दर्शन और धर्म विरोधी रहे हैं जैसा कि दार्शनिकों की कहानियो में देखा जा सकता है और धर्मशास्त्रियों को धर्म के दर्शन को समझने के लिए, दर्शन की शर्तों को समझना आवश्यक है। "

1. दर्शनशास्त्र

जैसा कि प्लेटो ने बहुत पहले कहा था, दर्शन को "वस्तुओ का एक संक्षिप्त दृष्टिकोण" के रूप में वर्णित किया जा सकता है। यह एक साधारण विशेषाधिकार नहीं है बल्कि व्यापक व्युत्पत्ति संबंधी अर्थों में जीवन की आवश्यकता है; यह मनुष्य से संबंधित 'ज्ञान के प्रेम' का सुझाव देता है। दर्शन मनुष्य के समझने के लिए इस तर्कसंगत डिजाइन को पूरा करने का एक प्रयास है। कार्ल मार्क्स के लिए दर्शन का प्राथमिक लक्ष्य न केवल दुनिया की प्रकृति की व्याख्या करना है बल्कि इसे बदलना भी है।

डॉ. अम्बेडकर के अनुसार "दर्शन मनुष्य के आचरण को मापने के लिए एक मानक के अलावा और कुछ नहीं है"। उन्होंने दर्शन को 'मानव अनुभव' के रूप में भी लिया, जो मनुष्य के संबंध में, कार्य प्रक्रिया और विश्व आधार का अध्ययन और वर्णन करता है। फिर भी यह विकासवाद के महत्वपूर्ण कार्य को पूरा करने में विफल नहीं होता है। इसलिए, मानव आचरण की प्रासंगिकता की आलोचनात्मक जांच करने के लिए दर्शन की मुख्य भूमिका ही सत्य की खोज है।

2. धर्म

धर्म को "स्वयं से परे एक शक्ति में मनुष्य के विश्वास" या "एक अनन्त भगवान में विश्वास" के रूप में वर्णित किया गया है। धर्म की मूल और निर्णायक प्रकृति में अलौकिक विश्वास और मान्यताये है। डॉ. अम्बेडकर ने धर्म को "ईश्वरीय सत्ता की एक आदर्श योजना का प्रतिपादन" के रूप में परिभाषित किया, जिसका उद्देश्य और लक्ष्य उस सामाजिक व्यवस्था को बनाना है जिसमें मनुष्य एक नैतिक व्यवस्था के अंतर्गत रहता है। प्रोफेसर बेट्टनी ने "धर्म को मोटे तौर पर अदृश्य शक्ति के प्रति

मनुष्य के दृष्टिकोण के रूप में परिभाषित किया और जो भी परिणाम वह मानता है या उसके आचरण पर उत्पन्न मनोभाव, मानव का मानव से संबंध स्थापित करता है "।

यह सुस्पष्ट है कि यद्यपि धर्म की एक निश्चित और मौलिक अवधारणा की संभावना नहीं है, यह कहा जा सकता है कि किसी प्रकार की सर्वव्यापी और सर्वज्ञ 'दिव्य शक्ति' में मनुष्य का विश्वास ही धर्म की नींव है, और यह दिव्य शक्ति मनुष्य में एक भावना पैदा करती है। सर्वोच्च सत्ता के प्रति समर्पण ही धर्म है। चाहे आप आस्था की उचित भावना या धारणा में विश्वास करें या आध्यात्मिक विश्वास, विश्वास या धर्म के अंतर्ज्ञान में। दर्शन विज्ञान के कुछ क्षेत्रों पर आधारित है, जबकि धर्म विश्वास पर आधारित है और इसमें अलौकिक के प्रति समर्पण शामिल है।

3. देवत्व

देवत्व एक ऐसा विषय है जिसका अर्थ है "ईश्वरीय सृजन से संबंधित प्रवचन या सिद्धांत"। अब इसे आम तौर पर उन सिद्धांतों की प्रणाली के रूप में समझा जाता है जो ईश्वर के व्यक्तिगत गुणों और कार्यों से संबंधित हैं। अत्यधिक हठधर्मिता, अधिनायकवाद और विद्वतावाद धर्मविज्ञान के प्रमुख लक्षण हैं। प्रकृति के दर्शन के एक महत्वपूर्ण अंग के रूप में डॉ. बी.आर. अम्बेडकर देखते हैं कि प्राकृतिक धर्मशास्त्र विश्वास से जुड़ा है, जो ईश्वर और अलौकिक का सिद्धांत है। उनके दिव्यता पर विचार के तीन मूलभूत सिद्धांत, अर्थात्: ईश्वर का अस्तित्व; ब्रह्मांड की ईश्वर की सर्वोच्च सत्ता, और मानव जाति की ईश्वर की नैतिक सत्ता।

4. धर्म दर्शन

धार्मिक दर्शन एक धार्मिक अनुभव नहीं है, क्योंकि इसका नैतिक सापेक्षवाद, अधिनायकवाद, विद्वतावाद, या किसी भी प्रकार की प्रेरणा और दैवीय प्रभाव से, किसी भी धर्म, पूजा और कर्मकांड से कोई संबंध नहीं है। ईसाई धर्म, बौद्ध धर्म, हिंदू धर्म, इस्लाम, जैन धर्म, सिख धर्म और यहूदी धर्म सहित, यह महान विश्व धर्म के सम्मान में निहित नहीं है। इन धर्म को देखने का इनका अपना तरीका है जो कि अधिकांश धार्मिक विश्वास के नायक के लिए निष्पक्ष हो सकता है।

धर्म के दर्शन का मुख्य उद्देश्य विशेष धार्मिक सामाजिक और नैतिक मानदंडों की प्रासंगिकता की जांच करना,परखना है, और इस प्रकार, मानव जाति को हठधर्मिता

और हानिकारक,अपकारी प्रथाओं से बचाना है। डॉ. अम्बेडकर ने दर्शन शब्द को दो अर्थों में समझा जा सकता है जो इस प्रकार है:

धर्म का अर्थ धर्मशास्त्र से संबंध है। इसका अर्थ शिक्षाओं से है जैसा उन्होंने तब किया था जब लोग सुकरात के दर्शन या प्लेटो के दर्शन के बारे में बात करते थे, और दूसरे अर्थ में, यह दोनों प्रकार के पदार्थो और घटनाओं पर निर्णय पारित करने में उपयोग किया जाने वाला महत्वपूर्ण कारण है और वह यह भी कहता है कि धर्म के दर्शन का अध्ययन में तीन आयामों का निर्धारण शामिल है, जिनमें से दोनों उच्चतम आध्यात्मिक सार और दैवीय निग्रह से संबंधित हैं। दूसरा,धर्म का दर्शन उस आदर्श योजना को जानना है जिसके लिए धर्म मौजूद है और उसे सही ठहराता है।

सही आध्यात्मिक शासन प्रणाली के महत्व को पहचानने की कसौटी, जिसके लिए एक विशिष्ट धर्म मौजूद है, को अपनाया जाना चाहिए। धार्मिक सिद्धांत उन क्रांतियों या बिन्दुओ का पता लगाना है जिन्होंने धर्म का अनुभव किया है। गलत प्रमाणों के लेखन में, एक धार्मिक क्रांति अभी भी एक निर्णायक भूमिका निभाती है।

डॉ. अम्बेडकर ने धार्मिक क्रांति को सबसे महत्वपूर्ण और विशाल माना क्योंकि धार्मिक क्रांति ईश्वर और मनुष्य के बीच, समाज और मनुष्य के बीच, और मनुष्य और मनुष्य के बीच संबंधों की नियामक अवधारणाओं के सार और सहमति को प्रभावित करती है। यह वह है, जबकि बहुत कम लोग इसके बारे में सचेत दिखाई देते हैं, इसने धर्म के सार में एक पूर्ण परिवर्तन ला दिया है, जैसा कि इसे वनवासी संस्कृति और सभ्य समाज द्वारा लिया जाता है।

डॉ. अम्बेडकर ने कहा कि सबसे पहले, एक चल रहा आंदोलन जो उस क्षेत्र से संबंधित है जिसमें धर्म की शक्ति का शासन था, लेकिन यह वास्तव में एक धार्मिक आंदोलन नहीं था। क्योंकि यह उस क्षेत्र पर विज्ञान का विद्रोह था जो धर्म द्वारा ग्रहण किए गए अतिरिक्त इम्पीरियल अधिकार क्षेत्र और शक्ति से संबंधित नहीं था। दूसरा आंतरिक विद्रोह, जो कि सच्ची क्रांति है, ने धार्मिक शासन की संरचना को बदल कर उसका पुनर्गठन किया। ईश्वर का अंध उपासक होने के कारण, व्यक्ति ने उसके आदेशों का पालन करने के अलावा 'कुछ नहीं करना' है। आंतरिक क्रांति धर्म की परिभाषित नैतिकता की शासन प्रणाली के रूप में क्रांति है। इसका मुख्य उद्देश्य किसी धर्म के मूल्य के मूल्यांकन के लिए मानदंड निर्धारित करना है।

डॉ. अम्बेडकर का धर्म दर्शन विशिष्ट धर्म से संबंधित सही और गलत विचारों और प्रथाओं का मूल्यांकन करने के लिए उपयोगिता और समानता के मानदंडों का पालन करता है। उपयोगिता और निष्पक्षता के सिद्धांत का एक सिद्धांत हैं,हिंदू

धर्म के दर्शन की जांच करने के लिए, डॉ अम्बेडकर ने अपनाने का सुझाव दिया, लेकिन इसकी शुरुआत एक जांच से होनी चाहिए क्यों कि कोई भी धर्म इस जाँच का सामना करने के लिए तैयार नहीं है, क्योंकि यह धर्म के सिद्धांतों को चुनौती दे सकता है।

डॉ.अम्बेडकर के धर्म दर्शन को उनके धर्म दर्शन के वर्णनात्मक अर्थ में होने के रूप में परिभाषित किया जा सकता है। जैसा कि इसका अध्ययन किया जाता है, और पाया जाता है कि एक विशिष्ट धर्म के बारे में उसकी राय महत्वपूर्ण है। इसलिए, प्रामाणिक शोध में, हमें इसे शामिल करना चाहिए। लेकिन एक तरफ, डॉ. अम्बेडकर न केवल बौद्ध धर्म जैसे धर्म में विश्वास करते थे, बल्कि उन्होंने हिंदू धर्म में ब्राह्मणवाद जैसे धर्म का भी विरोध किया था, और दूसरी तरफ उनका धर्म का सिद्धांत दोनों ही मामलों में कुछ धार्मिक विचारों और प्रथाओं को सही घोषित करता है। एक तरफ गलत धार्मिक विचारों और प्रथाओं की जांच करता है और उन पर विचार करता है। धार्मिक दर्शन एक धार्मिक अभ्यास नहीं है। यह एक प्रकार का धार्मिक तर्क है, जो किसी दिए गए विश्वास में विश्वास किया जाता है, और एक धार्मिक-विरोधी मानसिकता का एक परिणाम है।

विभिन्न धर्मों के धर्म दर्शन के बीच अंतर

डॉ. अम्बेडकर ने अपनी बात रखी कि “अंतर शायद इस तथ्य के कारण है कि मैं धर्म दर्शन को एक मानक अध्ययन और वर्णनात्मक अध्ययन के रूप में मानता हूं। मुझे नहीं लगता कि धर्म के सामान्य दर्शन जैसी कोई चीज हो सकती है। यह मान्यता है कि प्रत्येक धर्म का एक विशेष दर्शन होता है। मेरे लिए, धर्म का कोई दर्शन नहीं है। इसमें कोई संदेह नहीं है कि प्रत्येक क्षेत्र का अपना दर्शन है जैसे कि हिंदू धर्म, इस्लाम और ईसाई धर्म का दर्शन, लेकिन इसका क्या अर्थ है? इसका सीधा सा अर्थ है किसी विशेष धर्म के मूल सिद्धांतों को प्रस्तुत करना और उनका विश्लेषण करना। जब हम हिंदू धर्म के दर्शन के बारे में बात करते हैं, तो हम यह सिर्फ यह विश्लेषण करने के लिए करते हैं कि यह भगवान, आत्मा, कर्म के सिद्धांत, स्वर्ग और नरक की अवधारणा, मृत्यु के बाद आत्मा के जीवन का उद्धार, मनुष्य का भगवान से संबंध, नैतिक विचारों की व्युत्पत्ति, के बारे में क्या विचार है। दैवीय सामाजिक व्यवस्था, उससे जुड़े कर्मकांड को शामिल करते है। इसी तरह, जब हम बौद्ध धर्म के दर्शन की बात करते हैं, तो हम बौद्ध के प्रतीत्य समुत्पाद के सिद्धांत चार महान सत्य, अष्टांग मार्ग, निर्वाण,अआत्मा के सिद्धांत, निरंतर परिवर्तन के सिद्धांत की प्रकृति

और महत्व की व्याख्या करते हैं। इस्लाम और ईसाई धर्म जैसे अन्य धर्मों के साथ भी यही सच है। "

किसी विशेष धर्म के दर्शन का अर्थ उसके निरंतर अस्तित्व के लंबे इतिहास के दौरान विकसित उसके आदर्शों और प्रथाओं का विश्लेषण है। धर्म के दर्शन के इस पहलू का अपने प्रति कोई आलोचनात्मक रवैया नहीं है। जब डॉ. अम्बेडकर ने घोषणा की कि "धर्म का एक दर्शन है", तो उनका मतलब था कि और कुछ नहीं, मुझे यकीन है, और हर धर्म की अपनी विचारधारा होती है, यानी दुनिया में मनुष्य और सृजन को देखने का अपना दृष्टिकोण होता है।

डॉ. अम्बेडकर के अनुसार, धर्म में अंतर संभवतः इस तथ्य के कारण है कि धर्म के दर्शन को एक मानक अध्ययन और वर्णनात्मक अध्ययन के रूप में देखा जा सकता है। मैं नहीं मानता कि धर्म का सामान्य दर्शन संभव है। यह मान्यता है कि प्रत्येक धर्म का अपना दर्शन है। इसमें कोई संदेह नहीं है प्रत्येक क्षेत्र का अपना दर्शन होता है, जैसा कि हिंदू धर्म, इस्लाम और ईसाई धर्म में पाया जाता है। लेकिन वास्तव में इस दर्शन का क्या अर्थ है? इसका सीधा सा अर्थ है किसी धर्म की मूल मान्यताओं की रूपरेखा तैयार करना और उन पर चर्चा करना।

धर्म की आवश्यकता पर डॉ. बी.आर.अम्बेडकर का दृष्टिकोण

मनुष्य के जीवन के सभी पहलुओं में धर्म की अहम् भूमिका होती है, जो मनुष्य के लिए आवश्यक है। डॉ. अम्बेडकर के जीवन में धर्म एक आवश्यकता थी, और वे इसका विरोध करने वालों, विशेषकर मार्क्सवादी विचारकों से सहमत नहीं थे। फिर एक प्रश्न उठता है कि क्या डॉ. अम्बेडकर इस विचार से सहमत हैं कि धर्म प्रतिक्रियावादी है और मानव जीवन में इसकी कोई आवश्यकता नहीं है? कम से कम नहीं, जैसा कि उन्होंने कहा, जैसा कि कुछ लोग मानते हैं कि सभ्यता के लिए धर्म महत्वपूर्ण नहीं है। डॉ. अम्बेडकर ने कहा है कि "यह राय मैं नहीं रखता। मैं सोचता हूँ कि धर्म का आधार समाज के अस्तित्व और व्यवहार के लिए महत्वपूर्ण है।"

डॉ. अम्बेडकर ने यह स्वीकार नहीं किया कि कार्ल मार्क्स और अन्य मार्क्सवादी विचारकों के साथ मानव जीवन में धर्म का अर्थ ही नहीं है। उसने पाया कि लोग का अस्तित्व केवल भोजन तक सीमित नहीं है। उसके पास एक मष्तिक है जिसे सोचने के लिए भोजन की आवश्यकता होती है। धर्म मनुष्य में विश्वास पैदा करता है और उन्हें कार्य करने के लिए प्रेरित करता है। उन्होंने ब्राह्मणवाद का विरोध किया और हिंदू धर्म को एक आस्था के रूप में खारिज कर दिया, लेकिन मानव जीवन में

विश्वास की एक भूमिका थी जिसे मानवता शायद ही अनदेखा कर सकती है। यह एक अलग ही विषय है।

डॉ. अम्बेडकर को पूरा विश्वास था कि धर्म न केवल एक सम्मोहक मानसिकता का निर्माण करते हैं बल्कि मानव समाज के प्रणालीगत आयामों को भी प्रभावित करते हैं। प्रश्न उठता है की उन्होंने धर्म को मानव जीवन का एक अनिवार्य घटक क्यों माना? चूंकि धर्म मुख्य रूप से मनुष्य के विचारों के बजाय विश्वास का एक दृष्टिकोण और इच्छा और भावनाओं का सार्वभौमिकरण है। वे उन लोगों से सहमत नहीं थे जो सोचते थे कि जादू -टोना ही धर्म है। उन्होंने धर्म के लिए एक सामाजिक आधार की आवश्यकता पर बल दिया, सामाजिक जीवन के अभाव में किसी धर्म की कोई आवश्यकता नहीं होती है, और धर्म को एक सामाजिक जीवन के लिए अनिवार्य है। इसका अर्थ यह है कि यह मुख्य रूप से संस्कृति से संबंधित है, न कि व्यक्ति के साथ, धर्म सामाजिक है।

धर्म का मुख्य उद्देश्य और कार्य; सबसे पहले, यह पूरी दुनिया में और संसार के मानव व्यक्तित्व और मानव समाज के सार्वभौमिक सिद्धांतों को पेश करना होता है। उसके बाद आध्यात्मिक मूल्य, विशेष रूप से व्यक्तिगत और सामाजिक जीवन से जुड़ाव और सार्वभौमिक वास्तविकता के रूप में पेश करना है।

यह एक ऐसा तंत्र या व्यवस्था है जिसके द्वारा समाज सामाजिक शक्ति के एक प्रतिनिधि के रूप में व्यवहार करने के लिए सामाजिक व्यवस्था की रक्षा के लिए व्यक्ति के कार्यों पर अपनी शक्ति लगाता है जो व्यक्ति के अस्तित्व को नियंत्रित करने वाले समुदाय का है,और धर्म की भूमिका के समान ही कानून और सरकार की भूमिका है। धर्म सामाजिक प्रभाव के रूप में कार्य करता है, और डॉ अम्बेडकर इस बात पर सहमत थे कि धर्म उस व्यक्ति की चेतना में सामाजिक आदर्शों पर जोर देता है, सार्वभौमिक बनाता है और सामाजिक आदर्शों को उस व्यक्ति की चेतना में ले जाता है जिससे समाज के स्वीकृत सदस्य के रूप में कार्य करने के लिए उन्हें समझने की अपेक्षा की जाती है।

डॉ. बी.आर. अम्बेडकर का नागपुर में विश्व विख्यात धर्म परिवर्तन

बौद्ध धर्म क्या है? एक बुनियादी सवाल है। बौद्ध धर्म एक ऐसा मार्ग है जो ध्यान और आध्यात्मिक विकास के माध्यम से सत्य के वास्तविक स्वरूप में ज्ञानोदय की ओर ले जाता है। चेतना, करुणा और प्रज्ञा के मूल्यों को विकसित करने के लिए, ध्यान जैसे बौद्ध अनुष्ठान स्वयं को बेहतर बनाने के सही मार्ग हैं। उन सभी लोगों के

लिए जो एक पथ का अनुसरण करना चाहते हैं, एक मार्ग जो अंततः ज्ञानोदय या बुद्धत्व में परिणत होता है, बौद्ध परंपरा के भीतर हजारों वर्षों से स्थापित ज्ञान ने एक अतुलनीय संसाधन प्रदान किया है। एक प्रबुद्ध व्यक्ति सत्य के सार को बिल्कुल सरलता से देखता है, ठीक वैसे ही, और उस दृष्टि के साथ पूरी तरह से और सहज रूप से काम करता है। यह बौद्ध धर्म के आध्यात्मिक जीवन का उद्देश्य है, जो इसे पूरा करने वाले प्रत्येक व्यक्ति के लिए दुख के अंत का प्रतिनिधित्व करता है।

चूंकि बौद्ध धर्म में भगवान की पूजा करने की अवधारणा नहीं है, सामान्य तौर पर, पश्चिमी संदर्भ में, कुछ लोग इसे धर्म के रूप में नहीं देखते हैं। बौद्ध शिक्षा के मूल सिद्धांत सरल और व्यावहारिक हैं: कुछ भी निर्धारित या स्थायी नहीं है; कार्यों के निहितार्थ हैं; सुधार अपरिहार्य है। इसलिए, जाति, राष्ट्रीयता, और लिंग की परवाह किए बिना, बौद्ध धर्म सभी व्यक्तियों को समाहित करता है। अपनी समझ और ज्ञान चक्षु को बदलने के लिए, यह रचनात्मक दृष्टिकोण सिखाता है जो व्यक्तियों को अपने जीवन के लिए पूरी तरह से जिम्मेदार होने के लिए उनकी शिक्षाओं को समझने और उनका उपयोग करने की अनुमति देता है।

लाखों बौद्ध हैं, केवल पश्चिमी देशों के लोगों की संख्या ही नहीं बल्कि चहुमुखी इस जीवन पद्धति को अपनाया जा रहा है। लोग बौद्ध धर्म को अलग-अलग रूपों को अपनाते हैं, यह अहिंसा, हठधर्मिता से बचना, असमानताओं पर विचार करना और, आम तौर पर, ध्यान का अनुशीलन और पुनरावृति के प्रथाओं को परिभाषित करता है।

मध्य भारतीय शहर नागपुर में, जो बौद्ध पौराणिक कथाओं और संस्कृति से भी जुड़ा हुआ है, महान धार्मिक परिवर्तन यानि धर्म दीक्षा 14 अक्टूबर को हुई, जो सम्राट अशोक के बौद्ध धर्म में परिवर्तन से जुड़ी है। वह 272 से 236 ईसा पूर्व तक इस भूभाग में शासन करते थे। 14 अक्टूबर 1956 को लाखों सामाजिक रूप से वंचित,बहिष्कृत, जिनमें से कई पैदल ही भारत के विभिन्न हिस्सों से उस महान उत्सव में भाग लेने के लिए आए थे। उस बहुत बड़े जन समूह की उपस्थिति में डॉ.अम्बेडकर और उनके साथी शारदा ने त्रिरत्न में शरण ली, पांच सिद्धांतों का पालन करने का प्रतिज्ञा लिया,और उनके द्वारा लिखित एक खंड में हिंदू धर्म के विश्वासों और अनुष्ठानों को अस्वीकार करने का वचन दिया। भारत के सबसे पुराने बौद्ध भिक्षु यू चंद रमानी महा थेरा द्वारा पहले डॉ अम्बेडकर को प्रतिज्ञा दिलाई गयी, और फिर डॉ. अम्बेडकर द्वारा उनके उत्साही अनुयाइयों को प्रतिज्ञाए दिलाई गयी।

महान धर्मांतरण के अरसठ वर्षों में, शायद ही लाखों सामाजिक रूप से वंचित बहिष्कृत लोगों ने बौद्ध धर्म में एक साथ शरण ली हो। संख्या के अनुमान अधूरे हैं। इस तथ्य को स्वीकार करते हुए कि डॉ. अम्बेडकर के भारतीय संविधान ने आधिकारिक तौर पर अछूत शब्द गैरकानूनी घोषित कर दिया था, अधिकांश नए बौद्ध पश्चिमी-मध्य राज्य महाराष्ट्र में रहते हैं, लेकिन उनकी संख्या पूरे भारत में दिन- प्रतिदिन बढ़ रही है।

नागपुर, पुणे, औरंगाबाद और बॉम्बे के बौद्ध समुदाय ऐसे हैं जहां धार्मिक पुनरुत्थान के संकेत देखे जा सकते हैं।। ट्रैफिक जंक्शनों पर डॉ अम्बेडकर की मूर्तियां, धर्म चक्र और अन्य प्राचीन बौद्ध प्रतीकों के साथ चिह्नित घरों, और मोमबत्तियों, धूप के साथ गंभीर जुलूस, और बुद्ध और डॉ अम्बेडकर के जन्मदिन पर बौद्ध शरण और उपदेशों का गायन होता है। "एक आगंतुक घरों के अंदर चश्मा पहने हुए, पश्चिमी पोशाक वाले डॉ. अम्बेडकर के प्रतिष्ठित पोस्टर या दीवार कैलेंडर को देखता है और प्यार से उन्हें बाबासाहेब या पिता कहता है, जिसमें 'स्वाधीनता, स्वतंत्रता, बंधुत्व' और "शिक्षित, संगठित,आंदोलन" का भाव है। हर कोई भी डॉ. अम्बेडकर के जीवन का अंतिम कार्य, "बुद्ध और उनके धम्म" के प्रति भी अपरिहार्य रूप से अवलोकन करता है।

बुद्ध और उनके धम्म का बौद्ध धर्म, और डॉ.अम्बेडकर के अनुयायियों का, किसी भी पिछले बौद्ध धर्म से अलग है। लुप्तप्राय बुद्ध और बोधिसत्वों का ध्यान दिव्य बुद्ध लोकों और परलोक से वैरागी जीवन, ध्यान और ज्ञान, तंत्र और धर्मक्रिया, और दैवीय हस्तक्षेप पर केंद्रित है। वे ऐसे लोग हैं जो कम से कम बुद्ध के प्रथम चरण में पहुंच चुके हैं।

डॉ. अम्बेडकर ने एक सामाजिक रूप से वंचित वर्ग को बौद्ध धर्म की दिशा दिया जो अपने समय में धर्म चक्र के दिशा को आर्थिक न्याय, राजनीतिक स्वतंत्रता और आध्यात्मिक पर केंद्रित किया था। राजकुमार सिद्धार्थ को बुद्ध और उनके धम्म द्वारा अपने समय की राजनीतिक शक्तियों के साथ-साथ बुढ़ापे, बीमारी और मृत्यु की अस्तित्व संबंधी समस्याओं के साथ एक सम्राट के रूप में चित्रित किया गया है। वास्तव में, सामाजिक अन्याय के शिकार लोगों पर आरोप लगाने के लिए, डॉ अम्बेडकर ने कर्म और पुनर्जन्म के सामान्य सिद्धांतों को चुनौती दी, जो हिंदू संस्कृति में शुतुरमुर्ग का वर्णन और बचाव करने के लिए उपयोग किए जाते हैं। उन्होंने बौद्ध भिक्षुओं की स्थिति को भी चुनौती दी, जो अपने आसपास के लोगों के भौतिक कष्टों की उपेक्षा करते हुए आध्यात्मिक पूर्णता में लगे रहते हैं।

विरोधियों ने लंबे समय से धर्म की प्रामाणिकता के बारे में डॉ. अम्बेडकर की व्याख्या पर सवाल उठाते रहे है। महाबोधि समीक्षक ने आरोप लगाया कि डॉ. अम्बेडकर द्वारा बुद्ध की अचूकता को नकारना, उनके द्वारा कर्म, ज्ञानोदय, और चार महान सत्यों को खारिज करना, और उनके पहले उपदेश को जो "एक साधारण सामाजिक संरचना" को कम करना "एक वास्तविकता को झकझोरने के लिए बौद्ध लोगो के लिए पर्याप्त था। " एक अन्य बौद्ध पत्रिका ने अपने स्रोतों का हवाला देने में विफल रहने और मूल के अपने स्वयं के दावों के लिए शास्त्रों के समर्थन को गढ़ने के लिए डॉ. अम्बेडकर की आलोचना की।

वास्तव में, डॉ. अम्बेडकर ने बौद्ध धर्म के इतिहास और साहित्य पर प्रमुख विद्वानों के कार्यों पर ध्यान दिया था, जिसमें संपूर्ण त्रिपिटक, बुद्ध की महत्त्व पूर्ण मौखिक शिक्षाओं का संकलित सिद्धांत शामिल है। वे जानते थे कि बुद्ध के कथनों की प्रामाणिकता को स्थापित करने की समस्या विद्वानों की बहस में उच्च स्थान पर है, और उनका मानना था कि बुद्ध की संभावित शिक्षाओं को बाद की वृद्धि से अलग करने के लिए स्पष्ट मानदंडों की आवश्यकता थी। उन्होंने तीन मानदंड प्रस्तावित किए: तर्कशीलता, सामाजिक लाभ, और निश्चितता; बुद्ध ने ऐसी शिक्षाओं की पेशकश नहीं की होगी जो तर्कहीन, हानिकारक या अस्थायी हो।

डॉ अम्बेडकर ने पूछा "बुद्ध की शिक्षाएँ क्या हैं?" कुछ कहते हैं समाधि, कुछ कहते हैं विपश्यना, दूसरे कहते हैं करुणा, रहस्यवाद, ज्ञानोदय, या संसारिकता से दूर जाना। लेकिन सामाजिक वंचित बहिष्कृत लोगों के लिए महत्वपूर्ण प्रश्न था, "क्या बुद्ध के पास कोई सामाजिक संदेश था?" क्या उन्होंने न्याय, प्रेम, स्वतंत्रता, समानता और बंधुत्व की शिक्षा दी? क्या बुद्ध कार्ल मार्क्स को जवाब दे सकते थे? डॉ. अम्बेडकर ने कहा, "बुद्ध के धम्म पर चर्चा में ये प्रश्न शायद ही कभी उठाए जाते हैं।" "मेरा उत्तर है कि बुद्ध के पास एक सामाजिक संदेश है। वह इन सभी सवालों का जवाब देता है। लेकिन उन्हें आधुनिक लेखकों ने दफना दिया है।"

डॉ. अम्बेडकर के बौद्ध धर्म का मूल्यांकन

यह ध्यान रखना आवश्यक है कि बुद्ध के संदेश की अत्यधिक पुनर्व्याख्या को कभी-कभी इसकी मूल या वास्तविक शिक्षा के रूप में देखा जाता था। समकालीन विद्वानों ने तर्क दिया है कि, चूंकि शाक्यमुनि ने एक फूल धारण किया और मौन में मुस्कुराया, बौद्ध धर्मशास्त्र, बुद्ध की शिक्षाओं के भिन्न पाठों का अध्ययन और नए अर्थों और व्याख्याओं की खोज चल रही है। प्रश्न उठता है कि शक्य मुनि कौन थे। चूँकि उनका जन्म शाक्यों के राजकुमार के रूप में हुआ था, इसलिए उनके ज्ञानोदय

के बाद उन्हें "शाक्यमुनि" या "शाक्यों के ऋषि" के रूप में जाना जाता था, और उनके अनुयायियों द्वारा उन्हें बाद में गौतम बुद्ध कहा जाने लगा। शाक्यमुनि बुद्ध सबसे प्रसिद्ध शाक्यों में आते हैं, यानी गौतम बुद्ध के रूप में जाने जाते हैं। ये लुंबिनी के एक राजवंश से थे और इन्हें शाक्यमुनि, पाली में साकमुनि, आदि नामों से जाना जाता है। विरुधक द्वारा कपिलवस्तु में शाक्यौं के नरसंहार करने के बाद जो शाक्य लोग बच गए, वह कपिलवस्तु के उत्तर में अवस्थित पहाड़ियों में छुप कर रहने लगे।

डॉ. अम्बेडकर के बौद्ध धर्म का आकलन करने में, बुद्ध के संदेश की मौलिक पुनर्व्याख्या को भी उनकी वास्तविक या प्रारंभिक शिक्षा के रूप में चित्रित किया है। समकालीन विद्वानों ने सुझाव दिया है कि बौद्ध तत्वमीमांसा, बुद्ध की शिक्षाओं के विभिन्न पठन का अध्ययन और नए विचारों और अनुभवों की खोज तब से चल रही है जब भावनात्मक शिक्षा एक विकसित अवस्था को धारण करती है और मौन में विश्रांति करती है।

बदलाव के लिए समय चक्र को घुमना चाहिए; प्रत्येक मोड़ पर बौद्ध धर्म पर एक नया दृष्टिकोण प्रदान करता है। इस संदर्भ में, डॉ. अम्बेडकर के इस दावे को देखना संभव है कि वर्ग संघर्ष मानव पीड़ा की जड़ है, बुद्ध की शिक्षाओं की एक प्रगतिशील व्याख्या के रूप में, न कि एक मौलिक प्रस्थान के रूप में। बुद्ध और उनका धम्म संघ में महिलाओं और वंचित बहिष्कृत लोगों को शामिल करने के लिए बौद्ध धर्म की प्रारंभिक प्रतिबद्धता का वर्णन करता है, निस्संदेह दुनिया में यह एक आंदोलन है।

पाली स्रोतों के आधार पर बुद्ध द्वारा विभिन्न सामाजिक वर्गों के धर्म परिवर्तन के लिए अलग-अलग खंड समर्पित हैं। यह तर्क दिया जा सकता है कि डॉ. अम्बेडकर के लेखन का बौद्ध धर्म आत्मा की सामयिक पुन: पुष्टि है और, कई चरणों में, प्राचीन बौद्ध धर्म के ग्रन्थ के रूप में है। भिक्षु और सौम्य बोधिसत्व प्राचीन बौद्ध आदर्श थे। न केवल डॉ. अम्बेडकर बल्कि अमेरिकी थियोसोफिस्ट हेनरी स्टील ओल्कोट और सिंहली सुधारक अंगारिका धर्मपाल से प्रभावित, दक्षिण एशिया में पुनर्जीवित बौद्ध धर्म के उभरते रोल मॉडल थेरवाद और महायान के गुणों को मानवाधिकार कार्यकर्ता के आवेगों और आधुनिक प्रबंधक के कौशल के साथ जोड़ते हैं।

वर्तमान बौद्ध नेता उच्च शिक्षा, कानूनी और राजनीतिक अनुभव और सार्वजनिक संचार के लिए एक प्रतिभा से प्रतिष्ठित हैं: श्रीलंका में सर्वोदय श्रमदान के संस्थापक, टी. अरियारत्ने; वियतनामी ज़ेन मास्टर और शांति कार्यकर्ता, थिच नहत हान; थाई असंतुष्ट और समाज सुधारक, सुलक शिवराक्सा; और बर्मी(म्यांमार) विपक्षी नेता और नोबेल पुरस्कार विजेता, आंग सान सू मुख्य रूप से है।

डॉ. अम्बेडकर इन बहादुर बौद्ध कार्यकर्ताओं की तरह, उन संघर्षों के बारे में पूरी तरह से जागरूक थे, जो दुख और हतोत्साहित समुदाय के थे। उनके धर्मांतरण आंदोलन के धार्मिक पहलुओं ने अनगिनत पूर्व-अछूतों को भारतीय संविधान द्वारा अनिवार्य कानूनी अधिकारों, छात्रवृत्ति और रोजगार के अवसरों, विशेष रूप से जीवन में नई गरिमा और संभावना की भावना का लाभ उठाने के लिए प्रोत्साहित किया। इस तरह, डॉ.अम्बेडकर के बौद्ध धर्म के आध्यात्मिक, सामाजिक और राजनीतिक पहलू परस्पर प्रबल बने हुए हैं

आधी सदी के बाद डॉ. बी.आर. अम्बेडकर के अनुसार, विश्व का ध्यान संयुक्त राज्य अमेरिका, लैटिन अमेरिका, अफ्रीका, दक्षिण पूर्व एशिया, मध्य पूर्व, पूर्व सोवियत देशों और बाल्कन में आम स्वतंत्रता और मानवाधिकार आंदोलनों पर केंद्रित था। आत्मनिर्णय की मांग और भारतीय स्वतंत्रता के लिए संघर्ष की विशेषता वाली परिष्कृत रणनीति शीत युद्ध के पतन और महाशक्तियों के पुनर्गठन के साथ अहिंसक सामाजिक परिवर्तन के लिए सामान्य मानक बन गए हैं।

डॉ. अम्बेडकर, जॉन डेवी के नक्शेकदम पर चलते हुए, कोलंबिया विश्वविद्यालय में उनके गुरु, ने अपने सामाजिक न्याय आंदोलनों को यूरोपीय ज्ञानोदय में तर्क और अनुभव की अवधारणाओं और सार्वभौमिक शिक्षा की खोज पर आधारित किया। अपने वर्ग के युवाओं के लिए शैक्षिक अवसर प्रदान करने के लिए, उन्होंने पीपुल्स एजुकेशन सोसाइटी और उससे संबद्ध कॉलेजों, बॉम्बे में सिद्धार्थ कॉलेज और औरंगाबाद में मिलिंद कॉलेज की स्थापना की। डॉ. अम्बेडकर के लिए, सोचने की स्वतंत्रता का सबसे अच्छा उदहारण बुद्ध का है, जिन्होंने स्वतंत्र जांच के पक्ष में, हठधर्मिता का विरोध किया।

जॉन डेवी से उधार ली गई भाषा का उपयोग करते हुए डॉ. अम्बेडकर ने लिखा, “बुद्ध चाहते थे कि उनका धर्म अतीत की मृत लकड़ी से प्रभावित न हो। वह चाहते थे कि यह सदाबहार रहे और हर समय उपयोगी रहे। यही कारण है कि उन्होंने अपने अनुयायियों को स्थिति की आवश्यकता के अनुसार स्वतंत्रता दी। किसी अन्य धर्मगुरु ने ऐसा साहस नहीं दिखाया है।” डॉ. बी.आर. अम्बेडकर का सबसे स्थायी योगदान, उनके शैक्षिक दर्शन और आधुनिक भारत के राजनीतिक स्वरूप में उनके योगदान से भी अधिक, एक नई सदी के लिए बुद्ध-धर्म चक्र को फिर से स्थापित करने में निहित है। सन्1942 में अखिल भारतीय दलित वर्ग सम्मेलन में, सत्तर हजार कार्यकर्ताओं को संबोधित करते हुए, डॉ. अम्बेडकर ने बौद्ध धर्म के सक्रियता के एक नए रूप का उदाहरण दिया, जब उन्होंने कहा: शिक्षित, कुपित और संरचित आपके लिए मेरी अंतिम सलाह है। खुद पर भरोसा रखें। न्याय हमारे पक्ष में है तो

समझ में नहीं आता कि हम अपनी लड़ाई कैसे हार सकते हैं। मेरे लिए लड़ना खुशी की बात है। पूर्ण अर्थों में युद्ध आध्यात्मिक है। इसमें ऐसा कुछ भी नहीं है जो भौतिक या सामाजिक हो। चूंकि हमारा युद्ध धन के लिए नहीं बल्कि सत्ता के लिए है। यह आजादी की लड़ाई है। यह मानव व्यक्तित्व को पुनः प्राप्त करने की लड़ाई है।

* * * * * * *

बिब्लियोग्राफी

1. अहीर, डी.सी. ; *द लिगेसी ऑफ डॉ. अंबेडकर बी.आर., 1990*, पब्लिशिंग कॉर्पोरेशन, नई दिल्ली।
2. अंबीराजन. एस ; *अम्बेडकर कंट्रीब्युसन्स टू इंडियन इकोनामिक्स*,इकोनोमिक एंड पोलितिकली वीकली, वालुम 34,नम्बर 46 /47 (नवम्बर20 -26,1999)पी.पी .3280 -3285 .।
3. अम्बेडकर डॉ. बी. आर. ; *कास्ट इन इंडिया, डॉ. बाबासाहेब अम्बेडकर राइटिंग्स एंड स्पीचेज़*, 1979, वॉल्यूम-1, महाराष्ट्र सरकार।
4. अम्बेडकर डॉ. बी. आर ; *राइटिंग एंड स्पीच*, 1982, वॉल्यूम -2, किंडल इडिशन।
5. अम्बेडकर डॉ. बी.आर ; *वीमेन एंड काउंटर रेवोल्यूशन* " रिडल्स ऑफ हिंदू वीमेन" इन बाबासाहेब डॉ.बी.आर.अंबेडकर: राइटिंग्स एंड स्पीचेज, 1987, वॉल्यूम -3, महाराष्ट्र सरकार।
6. अम्बेडकर डॉ. बी. आर. ; *अनटचबल्स ऑर द चिल्ड्रेन ऑफ़ इंडियाज़ घेटो*, डॉ. बाबासाहेब डॉ. बी. आर. अम्बेडकर राइटिंग्स एंड स्पीचेज़, 1989 वॉल्यूम-5. महाराष्ट्र सरकार।
7. अम्बेडकर डॉ. बी.आर. ; *राइटिंग्स एंड स्पीचेज़, वॉल्यूमा-14, भाग* दो: डॉ. अम्बेडकर और हिंदू कोड बिल, क्लॉज बाय क्लॉज डिस्कशन (5 फरवरी 1951 से 25 सितंबर 1951), किंडल संस्करण।
8. अम्बेडकर डॉ. बी. आर ; *स्मॉल होल्डिंग्स इन इंडिया एंड देयर रेमेडीज*, किंडल संस्करण।
9. अम्बेडकर डॉ. बी. आर ; *एनीहिलेशन ऑफ कास्ट*: विथ ए रिप्लाई टू महात्मा गांधी, किंडल संस्करण।
10. अम्बेडकर डॉ. बी.आर. ; *बुद्ध एंड हिज धम्म*, किंडल संस्करण।
11. अंबेडकर डॉ. बी. आर; *रिडल इन हिंदूइज्म*, किंडल संस्करण।
12. अम्बेडकर डॉ. बी. आर; *द प्रॉब्लम ऑफ द रुपी*, किंडल एडिशन।

13. अम्बेडकर डॉ. बी. आर.; *डॉ. भीमराव रामजी अम्बेडकर का बुक कलेक्शन* : वोल्युम -2, 1993, भारत सरकार।
14. अम्बेडकर डॉ. बी. आर. ; *डॉ. भीमराव रामजी अम्बेडकर का बुक कलेक्शन* : वोल्युम -17, 1993, भारत सरकार।
15. अम्बेडकर डॉ. बी. आर.; *द एवोलुसन ऑफ़ प्रोवेंसिअल फिनांस इन ब्रिटिश इंडिया* : ए स्टडी इन प्रोवेंसिअल 1720 डी सेंट्रललाई ऑफ़ इम्पीरियल फिनांस, कल्पज़ पब्लिकेशन (1 जनवरी 2017)।
16. अम्बेडकर डॉ. बी. आर. ; *स्टेट्स एंड मिनोरीटीज*, व्हाट आर दियेर राइट्स एंड हाउ टू सेक्योर देम इन द फ्री कान्सटीट्युशन ऑफ़ इंडिया, किंडल संस्करण।
17. अम्बेडकर डॉ. बी. आर ; *राइटिंग्स एंड स्पीचेज़*, वॉल्यूम- 8, पाकिस्तान या द पार्टीशन ऑफ़ इंडिया, किंडल संस्करण।
18. अम्बेडकर डॉ. बी. आर ; *राइटिंग्स एंड स्पीचेज़*, वॉल्यूम- 9, किंडल संस्करण।
19. आर्य, सुधा ; *वीमेन जेंडर एकुआलीटी एंड द स्टेट* 2000, दीप और दीप प्रकाशन, नई दिल्ली।
20. बग्गा, पी.एस. ; *द प्रैक्टिस ऑफ इकोनॉमिक्स बाई डॉ. अम्बेडकर एंड इट्स रेलीवेंस इन कंटेम्परेरी* इंडिया, जर्नल ऑफ बिजनेस मैनेजमेंट एंड सोशल साइंसेज रिसर्च (जेबीएम एसएसआर) वॉल्यूम 3, नंबर 10, अक्टूबर 2014।
21. क्रिस्टोफ़ जाफ़रलॉट; *डॉ. अम्बेडकर एंड अनटचेबिलिटी: एनालिसिस एंड फाइटिंग कास्ट*, 2006, प्रकाशक परमानेंट ब्लैक।
22. क्रिस्टोफ़ जाफ़रलॉट ; *इंडियाज़ साइलेंट रेवोल्यूशन: द राइज़ ऑफ़ द लोअर कास्ट्स*, 2003, सी हर्स्ट एंड कंपनी पब्लिशर्स लिमिटेड।
23. चंद्र भान प्रसाद, देवेश कपूर, डी. श्याम बाबू: *द राइज ऑफ़ दलित इंटरप्रेंयूर्स*, किंडल संस्करण।
24. क्यूरन, जेम्स, माइकल गुरेविच और जेनेट वूलाकॉट ; *द स्टडी ऑफ़ थे मीडिया मीडिया* : थ्योरेटिकल एप्रोच, 1982, गुरेविच एट अल (इड्स),।
25. गेल ओमवेट ; *बुद्धिज़्म इन इंडिया : चल्लेंजिज्ग ब्राहनिज्म एंड कास्ट* (सेज क्लासिक्स), 25 जुलाई 2013, सेज पब्लिकेशन प्राइवेट लिमिटेड।
26. गेल ओमवेद ; *अंडरस्टैंडिंग कास्ट: फ्रॉम बुद्धा टू अंबेडकर एंड बियॉन्ड*, 2012, ओरिएंट ब्लैक स्वान पब्लिकेशन।
27. गेल ओमवेट; अंबेडकर – *टुवड्‌र्स ऐन इनलाइतेंड*, पेंगुइन बुक्स।

28. गायकवाड एस. एम.; *अम्बेडकर ऐंड इन्डियन नेशनलिजम*,इकोनामिक ऐंड पोलिटिकल वीकली, 7 मार्च, 1998।
29. जॉर्ज, जी.एम.; *कास्ट डिसक्रीमीनेसन ऐंड दलित राइट्स ओवर नाचुरल रिसोर्सेस* . थीम पेपर ऑफ़ नेशनल कन्वर्जन ऑन कास्ट डिसक्रीमीनेसन ऐंड दलित राइट्स ओवर नाचुरल रिसोर्सेस आर्गेनाइज्ड बाई दलित मुक्ति मोर्चा ऑन 17-18 सेप्टेम्बर 2011 ऐट रायपुर, छत्तीस गढ़, रीट्राइइव्ड ऑन जनवरी 5, 2020।
30. जॉर्ज, जी.एम.; *दि टर्निंग पॉइंट इन अम्बेद्कर्स क्वेस्ट फार इमान्सिपेसन* . फॉरवर्ड प्रेस, 25 दिसंबर, (2019)। रीट्राइइव्ड ऑन जनवरी 5, 2020।
31. गुंजल वी.आर.*; बाबासाहेब डॉ. अम्बेडकर एंड वूमेन इम्पावरमेंट*, सोसल वर्क, (2012) (2012) Vol.XI (1),पी.पी. 84-85।
32. गुरु गोपाल ; *अंडरस्टैंडिंग अंबेडकर्स कंस्ट्रक्शन ऑफ नेशनल मूवमेंट*, इकोनॉमिक एंड पॉलिटिकल वीकली, 24 जनवरी, 1998।
33. इंगले एम आर ; *रिलवेंस ऑफ़ डॉ. अंबेडकर्स* इकोनामिक फिलोसोफी इन *करेंट सेनेरियो*,इंटरनेशनल रिसर्च जर्नल, सितम्बर 2010।
34. इशिता आदित्य रे, सर्बप्रिया रे ; *बी.आर. अम्बेडकर एंड हिज फिलॉसफी ऑफ लैंड रिफॉर्म*: एन इवैल्यूएशन, एफ्रो एशियन जर्नल ऑफ सोशल साइंसेज, 2011, खंड 2, संख्या 2.1।
35. जाफरलॉट, सी.; *डॉ. अम्बेदकर्स स्ट्रेटेजीज अगेंस्ट अनटचबिलीटी एंड दि कास्ट सिस्टम*, वर्किंग पेपर सीरिज, इंडियन इंस्टिट्यूट ऑफ़ दलित स्टडीज (2009), वॉल्यूम। III, नंबर 04. नई दिल्ली।
36. जाधव नरेंद्र ; *नेगलेक्टेड इकोनॉमिक थॉट ऑफ बाबासाहेब डॉ. बी.आर. अम्बेडकर*, इकोनॉमिक एंड पॉलिटिकल वीकली, 1991, वॉल्यूम 26, नंबर 15
37. जगन्नाथन। ए.; *प्रोविंग इन्टू डबल वोट सिस्टम*, 2006, केविन फ्रेंड्स, मदुरै।
38. कांचा इलैया; *शेफर्ड व्हाई आई एम नॉट ए हिंदू: ए शूद्र क्रिटिक ऑफ हिंदुत्व फिलोसोफी,* कल्चर एंड पोलिटिकल इकोनामी, 2019, सेग पब्लिकाशन प्राइवेट लिमिटेड।
39. कांचा इलैया; *शेफर्ड बफैलो नेशनलिज्म, ए क्रिटिक ऑफ़ स्पीरिचुअल फासिस्म*, सेज पब्लिकेशन
40. कदम के.एन. ; *डॉ. बाबासाहेब अम्बेडकर एंड द सिग्निफिकेंट ऑफ़ हिज मूवमेंट* ; ए क्रोनोलोजी, 1991, बॉम्बे: पॉपुलर पब्लिकेशन।

41. कीर धनंजय ; *डॉ. अम्बेडकर: लाइफ एंड मिशन*, 1987, पॉपुलर प्रकाशन प्राइवेट लिमिटेड, मुंबई।
42. कोत्ज़ी बी *; इंट्रोडक्शन : एजुकेशन, सोसिएल एपीस्टेमोलोंजी एंड वर्चु एपीस्टेमोलोंजी*, जर्नल ऑफ फिलॉसफी ऑफ एजुकेशन, 2013, वलुम 47, न. 2.।
43. कुबेर डब्ल्यू. एन.; *अंबेडकर: ए क्रिटिकल स्टडी, 1992*, साउथ एशिया बुक पब्लिशर।
44. मोहम्मद साद उद्दीन ; *थाट ऑफ़ बी.आर. अम्बेडकर इन द कॉन्टेक्स्ट ऑफ़ इंडियन इंडस्ट्रियल पालिसी*, (मिर्जा गालिब कॉलेज, गया, बिहार, इंटरनेशनल रिसर्च जर्नल ऑफ मैनेजमेंट, श्री परम हंस एजुकेशन एंड रिसर्च फाउंडेशन ट्रस्ट।
45. मंदार अनंत ठाकुर; *पीपुल्स रोल एंड कॉन्ट्रिब्यूशन इन नासिक कालाराम टेम्पल इंट्री सत्याग्रह*, प्रोसेडिंग्स ऑफ़ द इंडियन कांग्रेस, 2008 वॉल्यूम 69.
46. मजूमदार, अरबिंदो ; *इंडियन प्रेस एंड फ्रीडम स्ट्रगल* 1937-42,1993 पी.पी.117, ओरिएंट लॉन्गमैन लिमिटेड, कलकत्ता।
47. . मुखर्जी एन ; *एकेडमिक फिलॉसफी इन इंडिया*, इकोनॉमिक एंड पॉलिटिकल वीकली, 2002), वॉल्यूम। XXXVII, न. 10।
48. नाइक सी.डी. ; *थाट एंड फिलोसोफी ऑफ़ डॉ. बी.आर. अंबेडकर*, 2003, सरूप एंड संस, नयी दिल्ली।
49. नारायण, बी. ; *हाउ द फ्रैग्मेंट्स इमेजिन द नेशन*: पर्सपेक्टिव्स फ्रॉम सम नॉर्थ इंडियन विलेजेज, डायलेक्टिकल एंथ्रोपोलॉजी 2005, स्प्रिंगर पब्लिकेशन।
50. नरेंद्र जाधव;*अम्बेडकर: अवेकनिंग इंडियाज़ सोशल कॉन्शियस*, 2014, कोणार्क पब्लिशर्स प्राइवेट लिमिटेड।
51. ओलिवर हेरेनश्मिड्ट; *अम्बेडकर एंड द हिंदू सोशल ऑर्डर।* इन रिकंस्ट्रक्टिंग द वर्ल्ड: अंबेडकर एंड बुद्धिज्म, एडिटेड बाय जोहान्स बेल्ट्ज एंड एस. जोंधले 2004, दिल्ली: ऑक्सफोर्ड यूनिवर्सिटी प्रेस।
52. ओमप्रकाश सोनोने ; *इकनोमिक थाट्स ऑफ़ डॉ. बी आर अम्बेडकर*।
53. पुनीता पांडियन ; *प्रैक्टिसिंग जर्नलिज्म - वैल्यूज़, कॉन्स्ट्रेंट्स एंड* इंप्लीकेशन्स, 2005, सेज पब्लिकेशन्स
54. रफाकी एम.; *दलित एजुकेशन एंड गवर्नमेंट पॉलिसीज*, रिसर्च जर्नल ऑफ ह्यूमैनिटीज एंड सोशियल साइंसेज, 2013, खंड- 3, इसु - 3.।

55. रामनारायण सिंह रावत; *पार्टीशन पॉलिटिक्स एंड अछूत आइडेंटिटी: ए स्टडी ऑफ द शेड्यूल्ड कास्ट्स फेडरेशन एंड दलित पॉलिटिक्स इन यू.पी., 1946-48*।
56. रामास्वामी सुशीला ; *हेडगेवार और आरएसएस – रिविजिंग हिस्ट्री इन दि लाईट ऑफ़ बी.जे.पी .* परसेप्शन रे ए.आर.; *ऐन इनसाइट इन्टू बी. आर. अम्बेडकर आइडिया ऑफ़ नेशनलिज्म इन दि कांटेक्स्ट ऑफ़ इंडियाज फ्रीडम मूवमेंट*, आईआईएसटीई जर्नल वॉल्यूम-1,2011।, द स्टेट्समैन, 26 जून 2003.।
57. डॉ. शर्मिला ; *डॉ. बी.आर. अम्बेडकर एंड वीमेन एम्पावार्मेंट इन इंडिया*, https://www.researchgate. net/publication।
58. रोड्रिग्स वेलेरियन; द *एसेंशियल राइटिंग ऑफ बी.आर. अम्बेडकर*, 2004, ओयूपी इंडिया प्रकाशक।
59. साईनाथ ;द *फियर ऑफ डेमोक्रेसी ऑफ द प्रिविलेज्ड*, ttp://www. hindu.com/2006/12/08/stories।
60. स्टालिन राजंगम; द *इडीटोरिअल पब्लिषड इन सामथुवम*, कोटेड इन बुक दलित प्रिंटिंग इनिशिएटिव इन द ट्वेंटी सेंचुरी,पी.पी. 31-32।
61. सरकार बी. ; *डॉ. बी.आर. अम्बेडकर्स थ्योरी ऑफ़ स्टेट सोसिएलिज्म*, इंटर्नेशनल रिसर्च जर्नल ऑफ़ सोसिएल साइंस, वॉल्यूम-2(8). (2013)।
62. शर्मा, के. *; अम्बेडकर इंडियन कान्स्टीट्यूशन*, आशीष पब्लिकेशन, नई दिल्ली।
63. शौरी अरुण (2004); वर्शिपिंग फाल्स गॉड्स: अंबेडकर एंड द फैक्ट्स विच हैव बीन इरेज्ड, पब्लिशर रूपा एंड कंपनी।
64. सिंगरिया डॉ. एम.आर.; *डॉ. बी.आर. अम्बेडकर: ऐन इकोनॉमिस्ट*,इंटरनेशनल जर्नल ऑफ़ ह्यूमैनिटीज एंड सोशल साइंस, वॉल्यूम। 2, इशू 3,2013।
65. सिंगरिया डॉ. एम.आर.; *डॉ. बी.आर. अम्बेडकर एंड वीमेन एमपावरमेंट इन इंडिया*, क्वेस्ट जर्नल्स जर्नल ऑफ रिसर्च इन ह्यूमैनिटीज एंड सोशल साइंस, वॉल्यूम 2, अंक 1,2014।
66. सिरसवाल आर.डी. ; *डॉ. अम्बेडकर्स आइडिया ऑन एजुकेशन एंड सोशल चेंज*, वेस्लेयन जर्नल ऑफ रिसर्च, (2011), वॉल्यूम 2 4, संख्या 1।
67. सूर्यकांत वाघमोर ; *सिविलिटी अगेंस्ट कास्ट:* दलित पॉलिटिक्स एंड सिटिजेनशिप इन वेस्टर्न इंडिया, 2013, सेज पब्लिकेशन प्रा. लिमिटेड।

68. थापर आर.; *द फ्यूचर ऑफ द इंडियन पास्ट*,सेवेंथ डी टी . लकडावाला मेमोरियल लेक्चर डीलिवेर्ड ऐट फिक्की आडीटोरीयम, नई दिल्ली में 21फरवरी 2004, आर्गेनाइज्ड बाई द इंस्टीच्युट।

69. त्यागराजन ए.पी. ; *ए स्टडी ऑफ़ द सिडूल्ड कास्ट स्टूडेंट्स इन सम सेकेंडरी स्कूल ऑफ़ तमिलनाडु*, इंडियन एजुकेशन, 1981, वॉल्यूम। 11, नंबर 5।

70. वेंकटेश ; *लेटर्स टू एडिटर*, द हिंदू, एक्सेस ऑन 12 नवंबर 2007।

71. विल्सन, सी. एंड गुतिरेज़, एफ ; *माईनोरिटीज एंड मिडिया*, बेवर्ली हिल: सेज पब्लिकेशन।

72. वलेस्कर पी . ; *एजुकेशन फॉर लिबरेशन* : डॉ. अम्बेडकर्स थाट एंड दलित वीमेन्स पर्सपेक्टिव -9(2) 245-271, सेज पब्लिकेशन।

73. ज़ेलियट, प्रो. एलेनोर; *डॉ. बाबासाहेब अम्बेडकर एंड द अनटचएबल मूवमेंट*,:ब्लमून बुक्स, 2004।. नई दिल्ली।

74. जेलियट प्रो. एलेनोर; *डॉ. अम्बेडकर एंड अमेरिका*, ए टॉक एट द कोलंबिया यूनिवरसीटी अम्बेडकर सेंचुनरी,1991, इंट्रोडक्टरी रिमार्क।

www.ingramcontent.com/pod-product-compliance
Lightning Source LLC
LaVergne TN
LVHW091247150826
845673LV00006B/1345

* 9 7 9 8 8 9 1 3 3 4 1 9 9 *